# MATREIER GESPRÄCHE

## Otto Koenig 70 Jahre

UEBERREUTER

CIP-Kurztitelaufnahme der Deutschen Bibliothek

*Otto Koenig 70 (siebzig) Jahre.* Kulturwissenschaftliche Beiträge zur Verhaltensforschung / Matreier Gespräche. – Wien; Heidelberg: Ueberreuter, 1984.
ISBN 3-8000-9022-8

NE: Koenig, Otto: Festschrift; beigef. Werk

Die Gesellschaft der Freunde der Forschungsgemeinschaft Wilhelminenberg widmet dieses Buch Herrn Professor Otto Koenig in Dankbarkeit zum 70. Geburtstag

Für die Unterstützung bei der Drucklegung dieses Werkes bedanken sich Herausgeber und Verlag bei:

Bundesministerium für Wissenschaft und Forschung – Magistratsabteilung 13 der Stadt Wien, Bildung und außerschulische Jugendbetreuung – Austria Faser Werke GmbH – Austria Tabakwerke AG – ARBÖ, Auto-, Motor- und Radfahrerbund Österreichs – Dr. Margot Berghaus, Hamburg – Donau Allgemeine Versicherungs AG, Wien – Elektrizitätswerk Göstling V. Franz – Eternit-Werke Ludwig Hatschek – Elfriede Görnet, Wien – Wilhelm Görnet, Wien – Dr. Barbara Graefe, Donnerskirchen – Dr. Gernot Graefe, Donnerskirchen – Gmundner Zementwerke Hans Hatschek – Haarkos Parfumeriewaren und Kosmetika GmbH, Wien – Henkel Austria GmbH, Wien – Dr. Hartmut Heller, Nürnberg – Prof. Dr. Horst Jürgen Helle, München – Judith Kleinowitz, Wien – Dr. Uwe Krebs, Regensburg – Prof. Dr. Max Liedtke, Nürnberg – Dr. h. c. Julius Meinl, Wien – Dr. Johann Günther Muhri, Nürnberg – Niedermeyer GmbH, Fotohandel, Wien – Österreichische Landesjagdverbände, Wien – Österreichischer Gewerkschaftsbund – Gewerkschaft der Privatangestellten – Österreichische Kontrollbank AG, Wien – Raiffeisen-Zentralkasse – Raiffeisenbank Matrei in Osttirol – Dr. Franz Simon, Göttingen – Prof. Dr. Günter Smolla, Frankfurt am Main – Unifrost GmbH – Vereinigte Metallwerke Ranshofen-Berndorf AG – Wiener Städtische Wechselseitige Versicherungsanstalt – Zellstoff- und Papierfabrik Frantschach AG – Prof. Dr. Jürgen Zwernemann, Hamburg.

J 1526/1

Umschlag von Brigitte Schwaiger

Papier und Gesamtherstellung: Salzer – Ueberreuter, Wien
Printed in Austria

# *Inhalt*


Ein neuer Wissenschaftszweig – die Kulturethologie (Univ.-Prof. Dr. Konrad Lorenz) . . 7
Otto Koenig zum 70. Geburtstag (Dr. Hasso Kuczka) . . . . . . . . . . . . . . . . . . . . 9
Otto Koenig 70 Jahre – Beschreibung eines Lebensweges (Kurt Berger) . . . . . . . . . . . 11
Aus Otto Koenigs Schulheften, Skizzenbüchern und Schriften (Prof. Lilli Koenig) . . . . . 17
Neujahr . . . . . . . . . . . . . . . . . . . . . . . . . . . . . . . . . . . . 37
Speck . . . . . . . . . . . . . . . . . . . . . . . . . . . . . . . . . . . . . 38
Religion und Jugendbewegung . . . . . . . . . . . . . . . . . . . . . . . . . . 40
Der biologische Inhalt des Führerbegriffes . . . . . . . . . . . . . . . . . . . 41
Begegnung mit dem Mond . . . . . . . . . . . . . . . . . . . . . . . . . . . . 45
Kimungasena . . . . . . . . . . . . . . . . . . . . . . . . . . . . . . . . . . 46
Geschichte eines Abends . . . . . . . . . . . . . . . . . . . . . . . . . . . . 50
Die letzte Weihnacht . . . . . . . . . . . . . . . . . . . . . . . . . . . . . 52
Die Schwarzen von der Au . . . . . . . . . . . . . . . . . . . . . . . . . . . 54
Zur Wiederansiedlung des Kormorans . . . . . . . . . . . . . . . . . . . . . . 69
Bibliografie Otto Koenig . . . . . . . . . . . . . . . . . . . . . . . . . . . . 71

Matreier Gespräche (Univ.-Prof. Dr. Walter Hirschberg) . . . . . . . . . . . . . . . . . . 85
Matreier Gespräche für interdisziplinäre Kulturforschung – Wege zur Integration von Wissenschaft (Univ.-Prof. Dr. Max Liedtke) . . . . . . . . . . . . . . . . . . . . . 86

Matreier Gespräche 1981: »Haus und Wohnung« . . . . . . . . . . . . . . . . . . . . . . . 89
Der Lebenslauf an den Wänden – Ein Versuch mit Wandschmuck (Dr. Christine Burckhardt-Seebass) . . . . . . . . . . . . . . . . . . . . . . . . . . . . . . 91
Kulturanalytische Anmerkungen zur Gartenstadtbewegung (Dr. Hartmut Heller) . . . . . 95
Geschlechtsspezifisches Bauen und Wohnen in Schwarzafrika (Univ.-Prof. Dr. Walter Hirschberg) . . . . . . . . . . . . . . . . . . . . . . . . . . . . . . . . . . . 106
Soziale Probleme bei Planung und Bau von Großsiedlungen (Univ.-Prof. Dr. Janpeter Kob) . . . . . . . . . . . . . . . . . . . . . . . . . . . . . . . . . . . . . . . 114
Wohnung und Haus, dargestellt an Texten und Bildern historischer Schulbücher (Univ.-Prof. Dr. Max Liedtke) . . . . . . . . . . . . . . . . . . . . . . . . . . . . . . . 117
Das Rautensymbol im Viertel ober dem Wienerwald (Dr. Elisabeth Mayr) . . . . . . . . . 129
Material und Funktion – Grundelemente der Volksarchitektur (Prof. Dr. Viktor Herbert Pöttler) . . . . . . . . . . . . . . . . . . . . . . . . . . . . . . . . . . . . . . . 150
Gehöft und Haus bei den Kassena in Obervolta (Prof. Dr. Jürgen Zwernemann) . . . . . 165

Matreier Gespräche 1982: »Tradition und Familie« . . . . . . . . . . . . . . . . . . . . . 173
Kulturgeschichtliche Aspekte der durch Friedrich Eberhard von Rochow maßgeblich beeinflußten Volksschulentwicklung (Dr. Michael Freyer) . . . . . . . . . . . . . . . 175
Zur Evolution von Familienformen in der Kulturgeschichte (Univ.-Prof. Dr. Horst Jürgen Helle) . . . . . . . . . . . . . . . . . . . . . . . . . . . . . . . . . . . . 193
Über den Umgang mit Tradition auf Trödelmärkten (Dr. Hartmut Heller) . . . . . . . . . 199
Tradition – Ein Beitrag zur Frage ihrer Entstehung (Univ.-Prof. Dr. Walter Hirschberg) 211

Traditionsbildung und Kulturentwicklung im Humanbereich: Voraussetzungen – Strukturmerkmale – Entwicklungstendenzen (Univ.-Prof. Dr. Max Liedtke) . . . . . . . . . . 217
Werden und funktioneller Wandel von Bräuchen (Prof. Dr. Bertl Petrei) . . . . . . . . . . 225
Bemerkungen zur Bedeutung von »Tradition« in der prähistorischen Archäologie (Univ.-Prof. Dr. Günter Smolla) . . . . . . . . . . 232
». . . unsere Ahnen haben das so gemacht . . .« Gedanken über Traditionen (Prof. Dr. Jürgen Zwernemann) . . . . . . . . . . 236

Matreier Gespräche 1983: »Essen und Trinken« . . . . . . . . . . 241
Von der Tischgemeinschaft zur Konsumgesellschaft – Gemeinschaftsbildung durch Essen und Wandlungen in der sozialen Bedeutung des Essens (Dr. Margot Berghaus) . . . . . 243
Stationen einer Wanderung, abzulesen am Speisezettel (Dr. Iris Barbara Graefe) . . . . . 260
Essen und Trinken im Stoffkreislauf – Ergänzungen zum Thema aus ökologischer Sicht (Dr. Gernot Graefe) . . . . . . . . . . 275
Über die einende Wirkung des Teilens beim Essen – Die Mahlzeit als Ausgangspunkt für soziale Beziehungen (Univ.-Prof. Dr. Horst Jürgen Helle) . . . . . . . . . . 279
Wein oder Bier? Volksgetränke vor dem Hintergrund wechselhafter Produktions- und Nachfragebedingungen (Dr. Hartmut Heller) . . . . . . . . . . 285
Das festliche Mahl (Univ.-Prof. Dr. Walter Hirschberg) . . . . . . . . . . 298
Soziale Disziplinierung individueller Bedürfnisbefriedigung – Soziologische Bemerkungen zu Eßnormen (Univ.-Prof. Dr. Janpeter Kob) . . . . . . . . . . 304
Einige quantitative Aspekte der Nahrungsaufnahme im Tier-Mensch-Vergleich (Dr. Uwe Krebs) . . . . . . . . . . 308
»Ob der Philipp heute still / Wohl bei Tische sitzen will?« Historische und systematische Marginalien zu leidigen Erziehungsfragen (Univ.-Prof. Dr. Max Liedtke) . . . . . . . . 315
Der Haushalt im 19. Jahrhundert – Kostproben aus alten Kochbüchern (Dr. Elisabeth Mayr) . . . . . . . . . . 334
Formen der Askese (Ak. Rat Dr. Johann Günther Muhri †) . . . . . . . . . . 341
Die Paprikalinie (Prof. Dr. Bertl Petrei) . . . . . . . . . . 353
Gemeinsames Essen als Mittel zur Stärkung der Gemeinschaft (Dr. Franz Simon) . . . . . 356
Kochen und Kultur (Univ.-Prof. Dr. Günter Smolla) . . . . . . . . . . 363
Verhaltensvorschriften beim Essen und Trinken (Univ.-Prof. Dr. Hans Trümpy) . . . . . 367
Essen und Trinken bei den Moba in Nord-Togo (Prof. Dr. Jürgen Zwernemann) . . . . . 371

*Bildnachweis:* Die in den Beiträgen der Matreier Gespräche verwendeten Fotos wurden mit freundlicher Genehmigung der Autoren zur Verfügung gestellt.
Alle anderen Fotos stammen aus dem Archiv von Otto Koenig.

*Konrad Lorenz:*
# *Ein neuer Wissenschaftszweig – die Kulturethologie*

Eines der Gesetze, die alle geistesgeschichtlichen Entwicklungsvorgänge beherrschen, besagt, daß ein neuentstandener Wissenszweig sich alsbald weiter verzweigt, und zwar um so schneller, je wichtiger die Erkenntnisse sind, die von neuentstandenen Fragestellungen zugänglich gemacht werden. Ich bin keineswegs der »Vater der vergleichenden Verhaltensforschung oder Ethologie«, höchstens einer der Geburtshelfer, die zu ihrer Entstehung beitrugen. Dank eines langen Lebens übersehe ich aber den Entwicklungsgang der jungen Wissenschaft über eine relativ lange Periode. Es ist – eingestandenermaßen – mein Stolz, daß aus der Ethologie schon zu meinen Lebzeiten so viele aussichtsreiche Spezialwissenschaften entstanden sind. Die Anwendung der klassischen Methoden der Ethologie auf menschliche Belange hat eine Humanethologie im engsten Sinn des Wortes entstehen lassen, die auch beim Menschen genetisch festgelegte Verhaltensprogramme bis in kleinste Einzelheiten nachgewiesen hat; das kam für einen Teil der zeitgenössischen Psychologen unerwartet und schien trotz zwingender Nachweise geradezu unglaubwürdig. Auf ähnliche und zum Teil auch ähnlich motivierte Widerstände stießen auch die Folgerungen, die sich aus ethologischen Tatsachen für die Erkenntnistheorie ergaben. Der erste, der diese Konsequenzen klar erkannte, war Ludwig Boltzmann, der schon vor fast einem Jahrhundert die Frage stellte, ob nicht die von Immanuel Kant aufgestellten und als absolut denknotwendig betrachteten Kategorien und Anschauungsformen als genetisch verankerte, stammesgeschichtlich gewordene Anpassungen an eine reale Außenwelt zu verstehen seien.

Neue Gedanken pflanzen sich oft gewissermaßen in ihrem unterbewußten Untergrund unbemerkt fort, wie das Myzel eines Pilzes, aus dem dann an ganz verschiedenen Stellen und scheinbar voneinander unabhängig Fruchtkörper hervorwachsen. Den durch diese Pilze symbolisierten Wissenschaftlern ist die gemeinsame Abstammung ihres Gedankengutes zunächst gar nicht bewußt, es mögen sich sogar Fragen der Priorität ergeben. Als älterer Vertreter eines im ganzen immer noch sehr jungen Wissenszweiges schätze ich diejenigen neuen Fragestellungen und Erkenntnisse besonders hoch, ja, am höchsten, deren Ergebnisse am wenigsten erwartet werden, die die überraschendsten sind.

Für den Schreiber dieser Zeilen am wenigsten erwartet war die Entwicklung einer echten ethologischen Forschung, die in stammesgeschichtlichen Untersuchungen erprobte Fragestellungen auf kulturgeschichtliche Entwicklungsvorgänge anwendet. Es gehört ein gutes Maß von Eigenwilligkeit, vielleicht sogar von Einsamkeit, dazu, vom getretenen Weg abzuweichen und einen völlig neuen einzuschlagen. Otto Koenig war von seiner frühen Jugend an ein Einsamer und Eigenwilliger. Vielleicht hat sein Verhältnis zu seinem Vater eine große Rolle gespielt, vielleicht war es ein Glück für die Entwicklung seines Genies, daß sein Vater ein etwas autokratischer Pädagoge war, der in ihm sehr früh einen Widerstand gegen jegliche akademischen Zwänge erweckte.

Ich kenne Otto Koenig seit der Zeit kurz nach meinem zoologischen Doktorat, in der ich an der Wiener Urania einen Kurs über Ethologie hielt. Unter den Teilnehmern fiel mir ein braungebrannter, blonder, meist in Loden gekleideter Jüngling auf, dessen Fragen außerordentliche Intelligenz und erstaunlich großes Wissen bekundeten. Er erzählte mir, daß er am Neusiedler See Tiere, vor allem Wasservögel, beobachtete und fotografierte. Wir freundeten uns schon damals an, aber unser wirklich enger Kontakt entstand erst nach dem Zweiten Weltkrieg. Als ich im Februar 1948 aus russischer Kriegsgefangenschaft zurückkehrte, war die

Biologische Station Wilhelminenberg fertig organisiert und in voller Arbeit begriffen. Was da betrieben wurde, war eindeutig beste Ethologie, aber mit einer eigenwilligen und höchst eigenartigen Auswahl der Objekte. Das zentrale Interesse Otto Koenigs lag von Anfang an in der Frage, wie sich der Organismus mit seinem System genetisch fixierter, also angeborener Verhaltensnormen in seinen Lebensraum einfügt, wie er sich mit den anderen Organismen dieses Lebensraums auseinandersetzt. Diese Fragestellung Otto Koenigs brachte es mit sich, daß er nicht wie andere Ethologen und auch die meiner näheren Umgebung seine Hauptaufgabe in einer möglichst genauen Erforschung möglichst vieler zur selben Verwandtschaftsgruppe gehörigen Arten sah, sondern im Gegenteil möglichst verschiedene und aus den verschiedensten Gruppen des Tierreichs stammende Lebewesen erforschte. Es war also keineswegs eine Suche oder gar eine Sucht nach dem Bizarren, sondern eine wohlbegründete Frage nach dem Zusammenhang zwischen angeborenem Verhalten und Umwelt, die Koenigs Wahl bestimmte, wenn er so »ausgefallene« Lebewesen wie Elefantenspitzmäuse, Kolibris, Quezals, Wüstenfüchse, Bienenfresser und Dickdicks, die kleinsten Huftiere der Welt, auf ihr Verhaltenssystem und auf die Wechselwirkung zwischen dieser Ethologie und der Ökologie ihrer Lebensräume untersuchte. Vom Menschen wurde zunächst selten gesprochen. Aber rückblickend ist offensichtlich, daß Otto Koenig sich schon sehr früh mit der Frage beschäftigte, aus welchen Gründen sich der Mensch in seinem eigenen Lebensraum wie ein »Schädling« verhalte, vergleichbar einem Tier, das in ein Land versetzt wurde, dessen Lebensbedingungen grundsätzlich von jenen verschieden sind, unter denen sich seine Art samt ihrem Verhaltenssystem entwickelt hat, wie etwa das Kaninchen in Australien. Das merkwürdig unausgewogene Verhältnis, das zwischen dem Menschen und seiner Umwelt besteht, und die Anpassungen, die er in kultureller Entwicklung findet, waren stets der eigentliche Gegenstand der Untersuchungen Otto Koenigs, und zwar zu einer Zeit, wo sich niemand über die Notwendigkeit des Umweltschutzes viele Gedanken machte.

Damit habe ich so ungefähr die Grundlagen skizziert, auf denen die Kulturethologie erwachsen ist. Es ist eine unerklärte Leistung der Gestaltwahrnehmung, die das Genie befähigt, das günstigste Objekt herauszufinden, bei dem sich erst unklar erahnte Gesetzlichkeiten am einfachsten und klarsten auswirken. Solche Ahnungen haben einst Gregor Mendel zu Untersuchungen an Kreuzungen geführt, deren Eltern nur in einem Erbfaktor verschieden waren. Ich glaube nicht, daß Otto Koenig die Grundprinzipien der Kulturethologie bewußt verstanden hatte, als er sich plötzlich für Uniformen zu interessieren begann. Ich gestehe, daß ich völlig ratlos vor dem Wechsel stand, den der Forscher in seiner Objektwahl vollzogen hatte, als ihn Eigenschaften altösterreichischer Uniformen, die mir rein äußerlich zu sein schienen, plötzlich mehr interessierten als das Verhalten der Reiher am Neusiedler See. In Wirklichkeit hatte Koenig eine Entdeckung gemacht, deren Wichtigkeit gar nicht hoch genug eingeschätzt werden kann: Es gibt unter den traditionell weitergegebenen Verhaltensnormen des Menschen solche, die gegen Einwirkungen rationalen Denkens ebenso immun sind wie genetisch programmierte, angeborene. Koenig entdeckte, daß die Begriffe der Homologie und Analogie nicht nur mit Recht auf diese angewendet werden können, sondern daß es die Pflicht eines Kulturgeschichtsforschers ist, eben das zu tun. An den in systematischer Ordnung aufbewahrten Exponaten des Heeresmuseums vollzog Otto Koenig eine Forschungsarbeit, die derjenigen der ersten Erforscher phylogenetischer und populationsdynamischer Vorgänge an der von so vielen Naturforschern verachteten Balgsammlung der Museen geleisteten erstaunlich ähnlich ist.

Aus den Erkenntnissen einer im wahrsten Sinn vergleichenden Kulturethologie ergibt sich die unausweichliche, aber vielen Geisteswissenschaftlern wahrscheinlich höchst unerwünschte Folgerung, daß die Entwicklung einer menschlichen Kultur keineswegs von Vernunft und Moral gelenkt und beherrscht wird, sondern von viel einfacheren Faktoren, die aufs engste mit jenen verwandt sind, die für den Gang der Stammesgeschichte verantwortlich sind. Die Ergebnisse der Kulturethologie widersprechen dem Optimismus der modernen Soziobiologen auf das schärfste. Sie sind geeignet, die kulturelle Verantwortlichkeit der Menschheit zu wecken.

## *Hasso Kuczka:*
## *Otto Koenig zum 70. Geburtstag*

Armeen von Zinnsoldaten, Masken, bunt und bizarr, frei im Raum fliegende Bienenfresser, hier und dort Geckos, die Wände hoch- und an der Decke entlanglaufend. Überall, hängend, stehend, liegend: Gerätschaften, kostbare Besonderheiten aus verschiedenen Kulturkreisen und alles, ob draußen oder drinnen, umrankt von üppiger Vegetation.

Was bei einem Rundgang am »Wilhelminenberg« alles zu entdecken ist: Es könnte Museen füllen!

»Eine Unmenge heterogener Gegenstände« wird der von allzu spezialisierter Forschung Geplagte darin sehen. Er wird nicht erkennen können, daß er sich an einer der (leider so seltenen) Stätten »fachübergreifend-vergleichender Verhaltensforschung« befindet. Gleichermaßen Geburtsort der »Kulturethologie« ist dieses ungewöhnliche Akademieinstitut – in Eigenwilligkeit und Vielfalt seine Gründer Lilli und Otto Koenig widerspiegelnd – kaum einer herkömmlichen Forschungsstätte vergleichbar.

Wie selbstverständlich sind Schneideraum und Dunkelkammer von Anfang an fester Bestandteil dieses Institutes. Ohne Film, ohne Bild wäre der »Wilhelminenberg« sicherlich nicht zu seiner heutigen Bedeutung evoluiert. Ein seltener Glücksfall war es, als sich in der Person von Otto Koenig die vergleichende Verhaltensforschung mit dem »Kamera-Profi« vereinte.

Es wundert daher auch nicht, daß die Mitarbeiter schon frühzeitig mit »optischen Notizbüchern«, kleinen, leichten 8-mm-Filmkameras ausgerüstet wurden. Otto Koenig hatte erkannt, daß der Blick durch den Sucher zu genauerer Beobachtung zwingt, was er selbst so beschreibt:

»Für den Ethologen, der Bewegungsweisen und längere Abläufe untersucht, bietet die Kinematografie die verläßlichste Protokollierungs- und Konservierungsmethode. Der Film registriert wirklichkeitsgetreu den Ablauf und ermöglicht spätere Auswertung nach vielen Gesichtspunkten und unterschiedlichsten Methoden. Mitschreiben auf Papier oder Mitsprechen auf Magnetband kann die Komplexität und Naturtreue des Laufbildes nicht ersetzen. Hinzu kommt noch ein grundsätzlich wichtiges, von den allzuhäufig sachunkundigen Filmgegnern meist nicht berücksichtigtes Phänomen, daß nämlich der Blick durch ein Okular infolge

Abschaltens des peripheren Sehens sich viel besser auf das Objekt konzentriert als bei gewöhnlicher Beobachtung.«

Diese Feststellung befindet sich durchaus im Einklang mit gutfundierten wahrnehmungspsychologischen Ergebnissen.

Durch eine derartige »Schule des Sehens« gegangen, ist der Wilhelminenberger Mitarbeiterkreis im Zuge eigener Forschungsarbeiten längst mit Erfolg dabei, wissenschaftliche Filmdokumente (heute natürlich auf 16-mm-Film) zu erstellen und zu veröffentlichen. Inzwischen sind es mehr als 300 Filme, wobei allerdings die überwältigende Mehrzahl von Lilli und Otto Koenig selbst stammen. In der Frühzeit der »Encyclopaedia Cinematographica« haben sie mit ihren zahlreichen, in schneller Folge veröffentlichten Filmeinheiten wie keine andere Institution geholfen, die Anfangsdurststrecke der erst aus wenigen Filmdokumenten bestehenden Film-Enzyklopädie zu verkürzen.

Viele Jahre lang war Otto Koenig im internationalen Redaktionsausschuß zusammen mit Persönlichkeiten wie Otto Koehler, Konrad Lorenz und E. J. Slijper tätig und hat wesentlichen Anteil an der heutigen Ausprägung des wissenschaftlichen Dokumentationsfilms.

Auf seine Initiative hin wurde im Institut für den Wissenschaftlichen Film ein Quellenarchiv geschaffen, so daß heute wertvolles Filmmaterial »gerettet« werden kann, das bislang zurückgewiesen oder gar vernichtet wurde, nur, weil es für die übliche Veröffentlichungsform wegen des zu großen Umfangs oder zu speziellen Inhalts nicht geeignet war.

Wir erinnern uns an so manche Tagung des Redaktionsausschusses der Enzyklopädie, wo es bei den Filmabnahmen und Diskussionen über formale und inhaltliche Fragen oft heiß herging – besonders, wenn sich Otto Koenig und Konrad Lorenz gegenseitig die Bälle zuwarfen. Immer wieder beeindruckten dabei nicht allein die reichen Kenntnisse in den verschiedenen Fachbereichen, sondern vor allem das anscheinend mühelose Auffinden von Zusammenhängen, wie man sie selbst nicht so leicht und schnell erkannt hätte.

Otto Koenig 70 Jahre? Es ist kaum zu glauben! Seine ungebrochene geistige und körperliche Vitalität haben ihn längst vor diesem einschneidenden Datum sprichwörtlich zu »neuen Ufern« aufbrechen lassen.

Ein Zitat aus der Einladung zur Eröffnung des Institutes für angewandte Öko-Ethologie am Enns-Stausee Staning in Haidershofen durch Herrn Bundespräsidenten Dr. Rudolf Kirchschläger am 29. April 1982 macht dies deutlich:

»In Zusammenarbeit von Verbundgesellschaft, Ennskraftwerke AG und der Forschungsgemeinschaft Wilhelminenberg unter der Leitung von Professor Otto Koenig entstand am Enns-Stausee Staning eine Forschungsstelle für angewandte Öko-Ethologie. Hier sollen Möglichkeiten untersucht und Methoden erarbeitet werden, Biotopschädigungen in industriell genutzten Gebieten den Naturgesetzen folgend zu korrigieren. Die Rückführung der durch ein technisches Projekt veränderten Landschaft in eine Natur- und Kulturlandschaft, unter dem Aspekt ›Lebensraum aus zweiter Hand‹, ist das Ziel der partnerschaftlichen Zusammenarbeit zwischen Technik und Naturschutz.«

Das sieht Otto Koenig ähnlich! Wieder hat er sich als Institutsgründer durchgesetzt – und wieder ist es eine Institution auf ganz »eigen-artiger« Basis.

Wir kommen nicht umhin, ihm unsere Bewunderung zu zollen!

In unsere Gratulation mischt sich Hochachtung vor dem hochrangigen Verhaltensforscher; unser Dank gilt der treuen Mitarbeit an der internationalen Film-Enzyklopädie und den vielen Ratschlägen und Anstößen, die wir in fast drei Jahrzehnten freundschaftlicher Zusammenarbeit erhalten haben und auch sicherlich weiterhin erhalten werden.

*Kurt Berger:*

# *Otto Koenig 70 Jahre – Beschreibung eines Lebensweges*

Die »Gesellschaft der Freunde der Forschungsgemeinschaft Wilhelminenberg« widmet Otto Koenig zu seinem 70. Geburtstag den vorliegenden Band. Hier bietet sich die Gelegenheit, einen Überblick über diese 70 Lebensjahre zu geben. Vielleicht ist es gewagt, auf einigen wenigen Seiten zu schildern, was mühelos ein Buch füllen könnte. Als langjähriger Freund und Pfadfindergefährte will ich aber trotzdem versuchen, die Persönlichkeit Otto Koenigs an Hand einiger wesentlicher Mosaiksteinchen darzustellen, um so dem Leser Gelegenheit zu geben, diesen unserer Meinung nach außergewöhnlichen Menschen näher kennenzulernen.

Otto Martin Lothar Koenig kommt am 23. Oktober 1914 in Wien zur Welt. Sein Vater Otto Martin Julius Koenig studierte an der Wiener Universität Germanistik, klassische Philologie, Archäologie, Epigrafik und Pädagogik. Bereits vor dem Ersten Weltkrieg als Volksbildner tätig, wurde er Mitarbeiter der Arbeiter-Zeitung in Wien und ab 1913 Redakteur der Dresdner Volkszeitung. Den Krieg über diente er als Offizier in der österreichischen Armee. 1919 berief man ihn von Dresden weg als Kulturredakteur an die Wiener Arbeiter-Zeitung. Darüber hinaus hielt er nun regelmäßig Kurse und Vorträge an den Wiener Volkshochschulen. Bereits 1909 hatte er seine fleißigste Schülerin Mathilde Hruby geheiratet. Sie wurde zur toleranten Mutter des einzigen Sohnes Otto.

Seine Kindheit verlebt Koenig junior in Klosterneuburg bei Wien im Elternhaus, das inmitten eines großen Gartens steht. Schon als vorschulpflichtiges Kind zeigt er brennendes Interesse an Tieren. Mit 5 Jahren bringt er seinen ersten selbstgefangenen Feuersalamander heim, kurz darauf eine fast meterlange Ringelnatter. Mit 6 Jahren hat er ein unauslöschliches Erlebnis. Ein im Garten aufgehängter kleiner Spielzeugkäfig mit Stoffkanari wird in seiner Abwesenheit von den Eltern gegen ein richtiges Vogelhaus mit lebendem Kanarienvogel ausgetauscht. Dieses »Verwandlungswunder« nährt die Tierbegeisterung enorm. Gleichzeitig entwickelt sich ein besonderes Interesse für Trachten, fremde Völker und Uniformen. Bereits in der Volksschule beginnt Otto Koenig eifrig Zinnfiguren und Zinnsoldaten zu sammeln. Die vorhandenen Interessen und daraus resultierenden Ideen waren eigentlich schon von Anfang an auf den späteren Lebensweg ausgerichtet: Beschäftigung mit Tieren, Forschungstätigkeit, »interdisziplinäre« Neigungen, soziale Gruppenbildung, Gründung einer Forschungsstelle, all dies kommt bereits im Kindheitsverlauf zur Geltung und wird in einer Art einfallsreichem »Wunschdenken« durchgespielt und grafisch ausgedrückt. Von der Mutter sorgsam gesammelte Zeichnungen, Briefe und Aufsätze legen davon eindrucksvolles Zeugnis ab.

Das erste Schuljahr 1921/22 wird zusammen mit dem gleichaltrigen Freund Richard Kretschmayer (später Gemeindearzt in Klosterneuburg) im Privatunterricht absolviert, um nicht »vorzeitig schädlichen Einflüssen durch schlimme Kinder« ausgesetzt zu sein. Trotzdem gibt es schon in dieser Zeit einen großen Kreis von Spielkameraden um Otto Koenig. Nach der Volksschule in Klosterneuburg und drei Bundesrealgymnasien in Wien, wo er sich als ebenso begabt wie ungebärdig erweist (Betragensnoten zwischen »gut« und »nicht entsprechend«), besucht Koenig von 1933 bis 1936 zielgerichtet und mit Freude die Graphische Lehr- und Versuchsanstalt in Wien, Abteilung Fotografie, um am Neusiedler See Vögel nicht nur beobachten, sondern auch sachgerecht fotografieren und filmen zu können.

Eine sicherlich für den späteren Lebensweg Otto Koenigs grundlegende und entscheidende Rolle spielt die Jugendbewegung. Sie hatte für ihn immer Vorrang vor der Schule. 1926, als Zwölfjähriger, gründet er mit gleichaltrigen Freunden die selbsterfundenen »Freiheitspioniere« und führt sie längere Zeit. Darauf folgt eine kontinuierliche Arbeit in regulären Jugendorganisationen, zuerst bei den Roten Falken und ab 1934 bei den Pfadfindern. Der »Gruppenführer« Otto Koenig zeigt schon in diesen frühen Jahren sein Talent, einen Kreis Gleichgesinnter um sich zu scharen und zu begeistern. 1938 beendet der Nationalsozialismus jede erlaubte Gruppentätigkeit. Otto Koenigs Flußpfadfindergruppe trifft sich trotzdem noch einige Zeit weiter.

Im Herbst 1939 möchte Rudolf Hans Hammer, Verleger von Otto Koenigs erstem Neusiedler-See-Buch »Wunderland der wilden Vögel«, ein illustriertes Vagabunden- und Wanderbuch von ihm herausbringen. Dadurch kommt die Bekanntschaft mit der Zeichnerin Lilli Frischauf (Tochter des Schuldirektors Franz Frischauf und Frau Franziska) zustande, die ebenfalls Absolventin der Graphischen Lehr- und Versuchsanstalt ist. Der Krieg bricht jedoch aus, am 10. Januar 1940 rückt Koenig zum Flieger-Ausbildungsregiment 1 in Stammersdorf bei Wien ein. Nach dem Besuch der Fliegerbildschule in Neubiberg bei München kommt er zur Stabsstaffel Stuka 1, die in Frankreich, Sizilien (hier entsteht Koenigs Buch »Briefe aus dem Süden«) sowie in Rußland (Minsk, Smolensk, Roslawl) eingesetzt wird. Nach längerem Lazarettaufenthalt bekommt er 1942 drei Wochen Sonderurlaub für wissenschaftliche Arbeiten am Neusiedler See. Anschließend erfolgt die Versetzung zur Hauptbildstelle des Reichs-Luftfahrtministeriums in Berlin.

Am 8. Mai 1943 heiraten Otto Koenig und Lilli Frischauf in Wien und leben mit Unterbrechungen bis Anfang 1945 in Berlin. Nun wird Koenig zum Ersatztruppenteil nach Hildesheim versetzt und einer Kampfeinheit zugeteilt. Seine Frau Lilli erhält die Einberufung zum Sanitätsdienst nach Wien. Anfang Mai 1945 gerät er für einige Zeit in Kriegsgefangenschaft, am 15. Mai kehrt er zurück nach Wien.

Nach Kriegsende nimmt Otto Koenig, inzwischen Gründer der »Biologischen Station Wilhelminenberg« und intensiv mit ihrem Aufbau beschäftigt (darüber wird noch zu berichten sein), die Pfadfinderaktivitäten wieder auf. Im österreichischen Pfadfinderbund wird er Kommissär für Rover (das sind Jugendliche ab dem 16. Lebensjahr). Er sammelt bald einen Kreis engagierter Roverführer um sich und gründet den »Feuerring der Wiener Rover«. Neben seiner schon beachtlichen Tätigkeit in der Biologischen Station Wilhelminenberg kümmert er sich um die Ausbildung der Roverführer. Mit diesen organisiert er dann das »Pädagogische Führerseminar« an der Volkshochschule Wien-Ottakring. Koenig übernimmt in der Folge die gesamte Führerausbildung im österreichischen Pfadfinderbund. Das Baden-Powellsche »Patrouillensystem« erweckt sein besonderes Interesse, er kann hier für seine späteren wissenschaftlichen Arbeiten Erfahrungen über die Entwicklung von Kleingruppen sammeln. Der starke Anteil von Pfadfindern am Aufbau der Biologischen Station Wilhelminenberg darf schon hier vorweggenommen werden. Im Jahre 1958 legt Koenig aus Zeitgründen seine Funktionen in der Bundesleitung des österreichischen Pfadfinderbundes zurück und arbeitet noch einige Zeit als Gruppenführer. Die Verbindung zu einigen Pfadfinderkameraden ist bis heute aufrecht geblieben.

Die ernsthaften wissenschaftlichen Aktivitäten Otto Koenigs beginnen bereits in der Mittelschulzeit. In den Klosterneuburger Donau-Auen wird von ihm fleißig beobachtet und fotografiert. Ab 1932 zeltet er den Sommer über regelmäßig am Neusiedler See, um die Tierwelt der Rohrwälder zu studieren. 1936 ergibt sich die Bekanntschaft mit Konrad Lorenz. Koenig erzählt in dem Buch »Verhaltensforschung in Österreich«:

»Altenberg, der Lorenz-Wohnsitz an der Franz-Josephs-Bahn, war vor dem Krieg von Wien aus mit dem Personenzug in etwa einer halben Stunde zu erreichen. Auf halbem Weg liegt meine Heimatstadt Klosterneuburg. Nach den Kursstunden über Verhaltensforschung in der Urania hatte ich daher immer das große Glück, mit Konrad Lorenz ein Stück gemeinsam fahren zu dürfen. Es war eine herrliche Lernzeit, denn Lorenz erzählte und erklärte während der ganzen Fahrt . . .«

Diese Begegnungen mit Lorenz vertiefen die ethologischen Interessen und festigen den Entschluß zur Gründung einer biologischen Station. Im Frühsommer 1938 besuchen Otto Koehler (Zoologieprofessor an der Universität Königsberg) und Konrad Lorenz mit einer Studentengruppe Koenigs Lager im Rohrwald und bleiben mehrere Tage. Koenig schildert das Ereignis wie folgt:

»Mein Zelt stand einsam im Neusiedler-See-Rohrwald an der Wulka. Ich hauste unter Rallen, Rohrsängern, Wasserratten, Spitzmäusen und Reihern. Eines Vormittags planschten leise Paddelschläge den trägen Bach herauf. Stimmen wurden hörbar. Ich schlich gut gedeckt durch den tiefen Uferschlamm an den Schilfrand und lauerte geräuschlos gleich einer Dommel. Da kam ein Faltboot und noch eines – und als ich, innerlich empört, die ungebetenen Eindringlinge stellen wollte, erkannte ich urplötzlich meinen Lehrer Konrad Lorenz. Er war mit Professor Koehler und Königsberger Studenten gekommen, um mein Arbeitsparadies zu sehen und zu erfahren, was ich da so alles treibe. Wie gesagt, ich stand halbnackt und sumpfgewohnt bis weit über die Knie im schwarzen Schlamm und blickte den Ankömmlingen ebenso überrascht wie erfreut entgegen . . .«

Es ist das erste Zusammentreffen mit Otto Koehler, der später zum tiefverehrten Lehrer und überzeugten Förderer Otto Koenigs wurde.

1939 ist Koenig, zusammen mit dem Ornithologen Friedrich Goethe, wissenschaftlicher Berater bei einem UFA-Filmprojekt in den Rohrwäldern des Neusiedler Sees. Anschließend filmt er erstmals selbst mit einer Schmalfilmkamera im Auftrag des Reichsbundes für Vogelschutz. Am 24. August 1939 schickt er aus Donnerskirchen folgende Postkarte nach Klosterneuburg:

»Liebe Eltern!

Habe wieder mal Glück – filmen ist recht nett. Kriege das, was die Ufa nicht bekam: Fischende Wasserralle. Jedenfalls ist es recht unterhaltlich, mit einer Kamera zu arbeiten, die man nicht kennt, und damit Dinge zu tun, die man noch nie getan hat – nämlich filmen! 30 Meter sind schon weg. Insgesamt bekam ich 60. Essig war übrigens nicht in Eurem Paket. Bitte um Düsennadeln [Anm.: für den Petrolgaskocher im Zelt] und Konservenöffner. Aber gleich!

Gruß an alle
Otto

Werde doch zum Filmen übergehen!«

Während seiner Kriegsausbildung an der Fliegerbildschule Neubiberg bei München (1940) verwendet er jede freie Stunde für Beobachtungen an den vogelreichen Ismaninger Speicherseen. 1942 gibt es gute Kontakte zur »Deutschen Ornithologischen Gesellschaft«, die auch das Zusammentreffen mit Erwin Stresemann vermitteln. Vor allem entstehen persönliche Beziehungen zum Ehepaar Oskar und Katharina Heinroth (Berliner Zoo), die nicht mehr abreißen sollten. Im Sommer 1943 wird Otto Koenig von Professor Koehler an die Königsberger Universität eingeladen und hält dort als Obergefreiter in Fliegeruniform einen Vortrag über den Neusiedler See. Hier ergibt sich auch die erste Begegnung mit Heinz Sielmann, der damals noch Student war.

Nach Kriegsende 1945 kommt es dann zur Gründung der »Biologischen Station Wilhelminenberg«. Die seit Kindesalter vorhandene, in der Jugend durch den Kontakt mit Lorenz intensivierte gedankliche Beschäftigung mit dem Aufbau einer Forschungsstation findet nun ihre ethologisch ausgerichtete Verwirklichung. Schon während des Kriegsdienstes kann Koenig an den Fronten verschiedenste Materialien sammeln, die für den Aufbau seiner nun schon fix geplanten Station zu brauchen sind. Er schickt sie nach Wien. Dort werden sie von Lilli Frischauf (bzw. Koenig) zur späteren Verwendung gesammelt und aufbewahrt. Als Gründungsort erweist sich der nahe dem Elternhaus Lillis gelegene Wilhelminenberg, auf dem sich ein leerstehendes Militärbarackenlager befindet, als hervorragend tauglich. Das Gebiet wird von dem Ehepaar im Alleingang »besetzt« und gegen Angriffe der eifrig nach Öfen, Fensterglas, Holz und ähnlichen in der Nachkriegszeit so wertvollen Dingen suchenden Bevölkerung verteidigt und erfolgreich »gehalten«. Später wird das Areal samt Baracken legal gepachtet und zunächst völlig mit eigenem Geld und freiwilligen, vorwiegend aus Pfadfinderkreisen stammenden Helfern für die Forschung funktionsfähig gemacht. Erst allmählich beginnen Subventionen zu tröpfeln. Die Zielsetzung der Forschungsstelle lautet: »Ethologische Beobachtung von Tieren in freier Wildbahn und Gefangenschaft, Auswertung der Erkenntnisse für die ethologische Erforschung des Menschen.« Die Reiher, schon vor dem Krieg eifrigst am Neusiedler See beobachtet, werden für Otto Koenig Hauptforschungsobjekte im Bereich tierischen Verhaltens.

Der erste sich um »die Koenigs« bildende festgefügte Wilhelminenberger Mitarbeiterkreis besteht aus der Tierpflegerin (und »Mädchen für alles«) Minnerl Böhm sowie den Studenten Irenäus Eibl-Eibesfeldt, Ilse Gilles, Kurt und Edith Gratzl, Friedrich Haiderer, Heinz Prechtl, Wolfgang Schleidt und Eberhard Trumler. Sie haben in der allerschwersten »Pionierzeit« am Aufbau der Station mitgearbeitet. Alle späteren Mitarbeiter, deren große Zahl nicht namentlich genannt werden kann, wirken bei der weiteren Gestaltung in hervorragender Weise mit. In den Jahren 1954 bis 1965 belegt Koenig teils als ordentlicher, teils als außerordentlicher Hörer folgende Fächer an der Universität Wien: Anthropologie bei Josef Weninger, Kinderpsychologie bei Sylvia Bayr-Klimpfinger, Morphologie bei Wilhelm Marinelli, Ökologie bei Wilhelm Kühnelt, Pädagogik bei Richard Meister, Psychologie bei Hubert Rohracher, Soziologie bei August Knoll, Urgeschichte bei Richard Pittioni, Volkskunde bei Richard Wolfram, Völkerkunde bei Josef Haekel und Walter Hirschberg. Diese Studienkombination ermöglicht und fördert die spätere interdisziplinäre Arbeit.

1948 kehrt Konrad Lorenz aus russischer Kriegsgefangenschaft zurück. Es entstehen tiefe freundschaftliche Beziehungen zum Wilhelminenberg, die auch fortdauern, als Lorenz 1951 nach Deutschland abwandert. Einige der durch Koenig bereits auf die Verhaltensforschung eingeschworenen ersten Mitarbeiter des Wilhelminenberges, bislang nur ehrenamtlich tätig, erhalten im Lorenz-Institut definitive Anstellungen und werden zu erfolgreichen Ethologen.

Die Entwicklung des Wilhelminenberges schreitet fort. Ab 1949 führen Studienfahrten das Ehepaar Koenig samt Mitarbeitern nach Italien, Afrika, in den Balkanraum und die Türkei. Andere Gruppen des Mitarbeiterkreises werden mit Forschungsaufträgen nach Afrika, Australien, Bali, Israel, Jugoslawien und in die Türkei entsandt.

1967 wird die »Biologische Station Wilhelminenberg« der Österreichischen Akademie der Wissenschaften eingegliedert, besondere Verdienste darum hat sich der damalige Präsident der Akademie, Hofrat Prof. Dr. Richard Meister erworben. Ihm schuldet der Wilhelminenberg großen Dank. Unter der neuen Bezeichnung »Institut für Vergleichende Verhaltensforschung der Österreichischen Akademie der Wissenschaften« setzt der Mitarbeiterkreis seine

Tätigkeit kontinuierlich fort und erlebt unter dem Nachfolger von Hofrat Meister, dem Akademiepräsidenten Prof. Dr. Erich Schmid, seine wohl glücklichste Arbeitsepoche. In dieser Zeit bauen auch Gernot und Bärbel Graefe in Donnerskirchen am Neusiedler See die so erfolgreiche Abteilung 2 des Institutes auf. Später entsteht in Oberweiden die Abteilung 3. Konrad Lorenz, 1973 emeritiert und aus Deutschland nach Österreich zurückgekehrt, findet über Initiative Koenigs in Grünau im Almtal für seine Gänseforschungen eine neue Arbeitsstätte. Bald darauf wird dieser Forschungsstützpunkt als Abteilung 4 in das Wilhelminenberger Akademieinstitut integriert.

Der 1957 ins Leben gerufene Trägerverein, die »Forschungsgemeinschaft Wilhelminenberg«, bleibt auch nach der Stationsübernahme durch die Akademie bestehen. Auf der Basis dieses Vereins gründet Koenig 1980 das »Institut für angewandte Öko-Ethologie« mit den drei Abteilungen Staning, Leopoldsdorf und Rosenburg. Der Vogelpark Schmiding schließt sich an. Zielsetzung der neuen Einrichtung ist der Versuch, technische Eingriffe in die Natur nach biologischen Gesichtspunkten zu steuern und zerstörte Biotope als »Lebensraum aus zweiter Hand« ökologisch sinnvoll zu revitalisieren. Besonders Stauseen bieten sich für solche Aktivitäten an. Auch die Anlage von Trappenschutzäckern im Marchfeld, einem Gebiet mit extrem technisierter, den Bestand der Großvögel gefährdender Bodennutzung, zielt in diese Richtung.

Neben der wissenschaftlichen Arbeit zählen auch Wissenschaftspopularisierung und Volksbildung zu Otto Koenigs Anliegen. Bereits 1945 hält er Volkshochschulkurse unter dem Titel »Vom Einzeller zum Menschen«. Es folgt eine langjährige volksbildnerische Kurs- und Vortragsaktivität, auch unter Beiziehung der Mitarbeiter, um deren Redegewandtheit zu schulen. 1956, in der Pionierzeit des Österreichischen Fernsehens, läuft in den improvisierten Studios in der Meidlinger Singrienergasse Otto Koenigs erste Fernsehsendung »Wunder der Tierwelt« an, die ein sehr großes Echo findet. Später wird die Serie in »Rendezvous mit Tieren« und schließlich in »Rendezvous mit Tier und Mensch« umbenannt. Seit dieser Zeit läuft die Sendung in ununterbrochener Folge bis zum heutigen Tag. Nebenbei bemerkt ist sie die älteste gleichbleibende Sendung im deutschen Sprachraum. In ihr warnte Koenig bereits zu Zeiten, als die Begriffe »Umweltbedrohung« und »Umweltzerstörung« in das Bewußtsein der Menschen noch überhaupt nicht vorgedrungen waren, vor den immensen Gefahren und sagte kommende negative Entwicklungen voraus. Und dies – es sei eigens betont – zu einer Zeit, als viele der heutigen »Grünen« noch keinerlei Aktivitäten in dieser Richtung entfalteten und Koenig die Hauptlast der unbequemen Popularisierung des »Umweltschutzgedankens« zu tragen hatte.

Die interdisziplinären Kontakte und Forschungen sind durch die Zielsetzung des Wilhelminenberger Institutes, nämlich auf dem Weg über Tierbeobachtungen das Verhalten des Menschen zu erforschen, von Anfang an beabsichtigt und angestrebt. Ihre Realisierung gelingt dann im Studienkontakt mit den Universitätsfächern und akademischen Lehrern. Für den allgemeinen Verhaltensbereich werden Psychologie und Kinderpsychologie bedeutsam, im kulturellen Sektor erweisen sich Volkskunde, Völkerkunde und Urgeschichte als überragend wichtig. Auch aus der langen Tätigkeit Otto Koenigs als Hersteller zahlreicher wissenschaftlicher Filme und als Mitglied des Redaktionsausschusses der Encyclopaedia Cinematographica (Institut für den wissenschaftlichen Film Göttingen) ergeben sich viele Kontakte mit anderen Disziplinen.

1965 führt der Osterurlaub das Ehepaar Koenig nach Lienz in Osttirol, wo es zur Begegnung mit einem Maskenschnitzer und in der Folge mit dem Klaubaufbrauchtum kommt.

Hieraus entstehen neue Impulse für interdisziplinäre Forschungen, die sich in vieler Beziehung überaus interessant und wichtig gestalten. Zur gleichen Zeit gelangt Koenig an Hand des Studiums von Uniformen zur sicheren Erkenntnis, daß biologische und kulturelle Wandlungsvorgänge nach gleichen Grundgesetzlichkeiten ablaufen. Daraus erwächst der Forschungszweig »Kulturethologie«, der 1970 in Koenigs Buch »Kultur und Verhaltensforschung« definiert wird. Neben der Arbeit an kulturethologischen Problemen forscht Koenig weiterhin an Tieren, die immer wieder neue Ergebnisse liefern und sich als unversiegbarer Erkenntnisquell für die Menschenforschung erweisen. Auf diesem interdisziplinären Weg gelangt er zum Problem »Auge«, zeigt die überragende Bedeutung der Augengestalt als Signalempfänger und Signalgeber für die höheren Lebewesen einschließlich des Menschen auf, analysiert das Phänomen »böser Blick« und erklärt die große Verbreitung von Augensymbolen im gesamten menschlichen Ornamental- und Amulettbereich. 1975 wird der Gesamtkomplex in dem 556 Seiten starken und reich illustrierten Buch »Urmotiv Auge« niedergelegt. Die Forschungen und damit zusammenhängenden Aktivitäten Koenigs haben sich selbstverständlich auch in zahlreichen anderen Publikationen niedergeschlagen. Im Abschnitt »Bibliografie« ist das Gesamtwerk chronologisch aufgelistet.

Auf Grund des Buches »Kultur und Verhaltensforschung« wird Otto Koenig 1970 mit dem Hamburger Ordinarius für Volkskunde Walter Hävernick bekannt und von diesem 1971 und 1972 zu drei Symposien nach Hamburg eingeladen, die dem Aufbau einer Zusammenarbeit zwischen Verhaltensforschung und Volkskunde dienen sollen. Hier lernt Koenig zahlreiche Wissenschaftler aus human- und geisteswissenschaftlichen Disziplinen kennen und tritt mit ihnen in regen Gedankenaustausch. Im Dezember 1972 organisiert Koenig das 4. Hamburger Symposium in Matrei/Osttirol. Diese Veranstaltung kann als das »1. Matreier Gespräch« bezeichnet werden. 1976 finden die »2. Matreier Gespräche« in erweiterter Form statt und dann jährlich in ununterbrochener Folge bis 1983. 1984 werden es bereits die »10. Matreier Gespräche« sein. Die interdisziplinären Kontakte reichen auch zur »Katholischen Akademie in Bayern«, der »Schweizerischen Gesellschaft für Geisteswissenschaften«, der »Erziehungswissenschaftlichen Fakultät der Universität Erlangen-Nürnberg«, dem »Hamburger Museum für Völkerkunde« und vielen anderen Institutionen. Die »Matreier Gespräche« aber sind zu einem bewährten ideellen Zentrum für interdisziplinäre Kulturforschung geworden.

So hat der Traum des jungen Otto Koenig, den wir in seinen Zeichnungen und frühen Aufsätzen verfolgen können und der sich fantasievoll immer um Tiere, Trachten, Uniformen, Organisation und Gruppenbildung drehte, in den »Matreier Gesprächen« einen Höhepunkt der Verwirklichung gefunden.

Mir aber bleibt nur die Hoffnung, in diesen kurzen Zeilen der Person Otto Koenigs doch einigermaßen gerecht geworden zu sein und dem Leser genügend Mosaiksteinchen geliefert zu haben, um daraus ein brauchbares Persönlichkeitsporträt zusammenzusetzen. Und vielleicht ist es mir auch gelungen, das Interesse am Lesen seiner Bücher und Publikationen anzuregen.

Dies alles – und daher ein herzliches »Danke schön« – wäre nicht möglich gewesen ohne Lilli Koenig, die ihrem Mann als getreue und nimmermüde Mitarbeiterin seit über vier Jahrzehnten zur Seite steht, mir aber als hilfsbereite Auskunftgeberin die Arbeit sehr erleichtert hat.

*Lilli Koenig:*
# *Aus Otto Koenigs Schulheften, Skizzenbüchern und Schriften*

Mathilde Koenig, die Mutter Otto Koenigs, hat mit erstaunlichem Eifer jede Zeichnung, jeden Aufsatz, jedes Schulheft des heranwachsenden Sohnes gesammelt und aufbewahrt. So konnte kürzlich eine Schiefertafel des Achtjährigen samt Griffelschrift (aus dem Jahre 1922) der Sammlung des Bayerischen Schulmuseums in Ichenhausen übergeben werden.

Sieht man nun die Kritzeleien des kleinen Buben, seine späteren Zeichenhefte, Skizzenbücher und Aufsatzhefte durch, so wird eine unglaublich konsequente Interessenslinie sichtbar, die eigentlich niemals unterbrochen oder auch nur abgebogen wurde. Von klein an befaßt sich Otto Koenig sehr viel mit Tieren, Soldaten und Volkstrachten. Pflanzen sind weniger gefragt, Mathematik, Physik und Chemie stehen weit im Hintergrund. Tier- und Naturschutz sind ihm von Kind an wichtig, gleichzeitig interessiert er sich für Kleidung und Gerätschaften von Bauern und Jägern. Unter dem Brauchtum des städtischen Lebensbereiches stehen Nikolaus, Krampus und Weihnachten in erster Reihe. All dies wird in Zeichnung und Sprache ausgedrückt.

Der Bub entwirft aber auch immer wieder Uniformen für fiktive Truppen und wünscht sich Zinnfiguren. Taschengeld oder Prämien für gute Schularbeiten, mit denen ihn der humanistisch ausgebildete Vater auf sein eigenes Studiengebiet hinlocken möchte, werden jeweils sofort in Zinnsoldaten umgesetzt. Tierhaltung ist in der kleinen Koenig-Villa trotz großen Gartens nicht sonderlich erwünscht. Die Großmutter war eine Art fanatischer Tiernärrin gewesen, unter deren wechselnden Menagerien die ganze Familie hatte leiden müssen. In dieses Fahrwasser durfte Otto Koenig junior keineswegs geraten! Doch es nützte nichts – zuletzt setzte der Heranwachsende doch den Volierenbau im Garten durch.

Der starke Hang zur Gruppenbildung, ein von früh an vorhandenes Talent zur Aktivierung und Motivierung Gleichaltriger sowie auch das starke Interesse für Trachten führen den Vierzehnjährigen – abermals gegen den Willen des Vaters – in die Jugendbewegung. Seine Gruppen setzt er dann in den Donauauen und am Neusiedler See zur Tierbeobachtung ein. Schulbücher und Hefte werden mit all den Dingen vollgekritzelt, die der Bub gern haben, organisieren oder sehen möchte. Aufstellungen für Gruppenausrüstung, Wimpelentwürfe, Pläne für Sommerfahrten wechseln mit Soldaten, Waffen, verschiedensten Tieren. Im Rahmen des meist recht lockeren Zeichenunterrichts entwirft er ein ganzes Institut mit einem tropischen Glashaus zur Tierhaltung. Hier wird ein Weg, durch äußere Einflüsse unverrückbar, aus eigenem Antrieb gegangen.

Das erträumte Institut entsteht Jahrzehnte später auf dem Wilhelminenberg, ebenso wie die zahllosen Zeichnungen von Militäruniformen und Militärkopfbedeckungen in eine wissenschaftliche Uniformarbeit münden. In der ganzen langen Linie von Otto Koenigs Fachpublikationen einschließlich des Buches »Urmotiv Auge« findet sich kaum eine, die nicht mit seinen Kindheitsspielereien im Zusammenhang steht. Auf die Frage, was er einmal werden möchte, gab er als frischgebackener Mittelschüler zur Antwort, daß er sich den »Beruf erst erfinden« müßte. Und seinem Vater erklärte er, daß er nicht Offizier (wie jener im Ersten Weltkrieg es war), sondern »reichsunmittelbarer Feldwebel« werden möchte. Mit dieser Scherzbezeichnung wird einerseits das Desinteresse an hohen Rangpositionen, andererseits der Wunsch nach möglichst großer Wirkungsvielfalt und Entscheidungsfreiheit charakterisiert.

In der Jugendbewegung trug Koenig keine Führerabzeichen, beim Militär verweigerte er den Unteroffizier und blieb Obergefreiter. Gleichwohl nahm er auch in der Truppe eine gewisse Sonderstellung ein und beschäftigte sich soweit irgend möglich mit dem, was ihn interessierte. Als Luftwaffensoldat in Sizilien baute er sich unter das Bett ein Terrarium, in Rußland zeichnete und fotografierte er ein Album für die Stukastaffel, und nebenbei sammelte er volkskundliche Gegenstände.

Als wahres »Schlüsselerlebnis« aber bezeichnet Koenig noch heute einen Dialog, den er als Zehnjähriger mit seinem Vater während der Ferien in Südfrankreich führte. Die beiden sprachen über Segelboote, von denen fast alle bereits über Zusatzmotoren verfügten. Da begann der Vater nachsinnend zu spekulieren, daß die nun nicht mehr benötigten Segel vielleicht mit der Zeit immer kleiner konstruiert würden, bis sie zum Schluß nur noch auf dem Bug der Motorboote als winzige Attrappen säßen, deren Herkunft dann niemand mehr zu erklären wüßte. Der Bub fand diese Aussicht wenig spaßig, aber der Gedankengang ließ ihn dann nicht mehr los. Die Voraussagen des Vaters wurden in der vermuteten Form zwar nicht erfüllt, aber sie haben dem Sohn irgendwie den Schlüssel zur Kulturethologie in die Hand gedrückt.

Die hier wiedergegebenen Beispiele von Kinderzeichnungen, Schulaufsätzen und Jugendmanuskripten sollen nicht nur einen konsequent verfolgten Weg charakterisieren, sondern auch zeigen, wie ererbte Anlagen, Elternhaus und Kindheitserlebnisse letztlich für den Lebensweg eines Menschen bestimmend werden.

1920 (5 Jahre): Schon in diesem Alter konzentriert sich das Interesse Otto Koenigs auf Vogelhaltung, Fischfang und die breiten Hüte der auf Bergen lebenden Tiroler

Sehr geehrter Dozent!

Otto hat schon wieder eine Zeit schrankenloser Wildheit (wahrscheinlich mit der Jahreszeit zusammenhängend), und ich möchte vielmals bitten, ihm nahelegen zu wollen, daß er sich und den anderen Jungen und schließlich auch dem Lehrer die Arbeit nicht unnötig erschweren sollte.

In Hochachtung
ergebenst
Breit

1923 (8 Jahre): Verzweifelter Lehrer-Hilferuf an den Vater eines manchmal sehr schwierigen Schülers

1923 (8 Jahre): Krampus und Nikolaus hatten für den Buben immer sehr große Bedeutung

1924 (9 Jahre): Die Adriaschiffe interessierten Otto Koenig vor allem auch wegen der Abwehraugen am Bug, die ihn später zur Amulettforschung führten

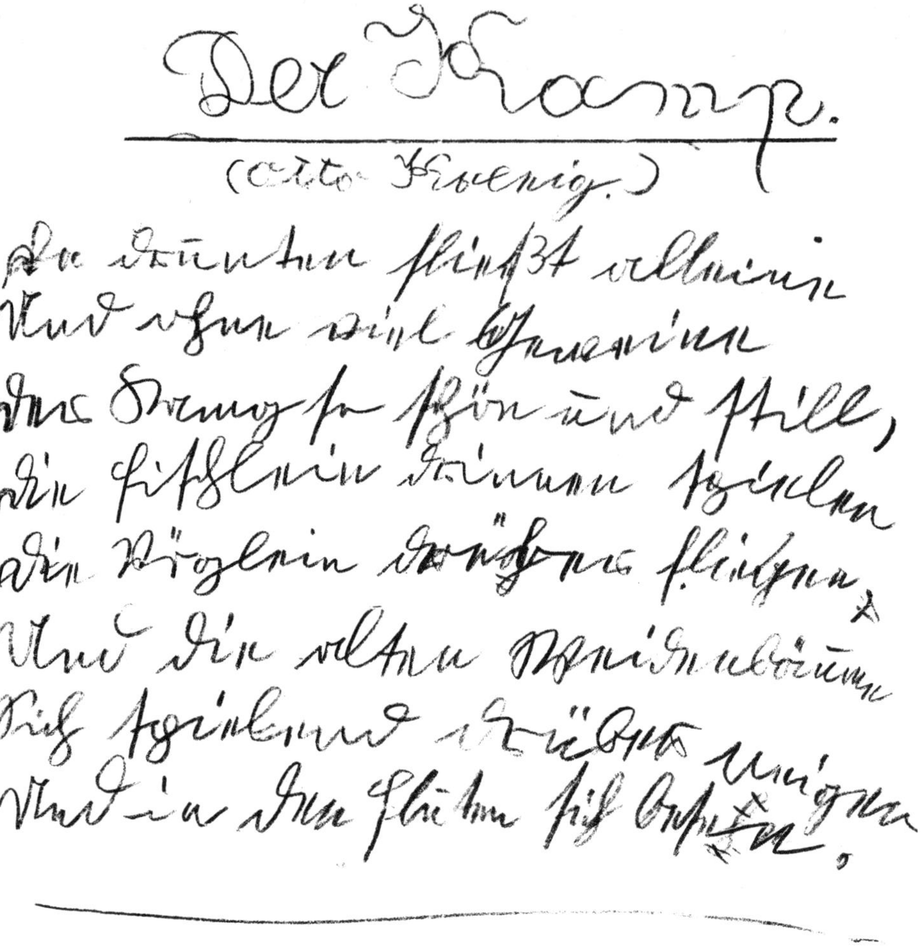

1924 (9 Jahre): Spontane Dichtung während eines Ausfluges mit den Eltern nach Drosendorf am Kamp

Der Kamp (Otto Koenig)

Da drunten fließt alleine
Und ohne viel Geweine
Der Kamp so schön und still
Die Fischlein drinnen spielen
Die Vöglein drüber fliegen
Und die alten Weidenbäume
Sich spielend drüber neigen
Und in den Fluten sich besehen.

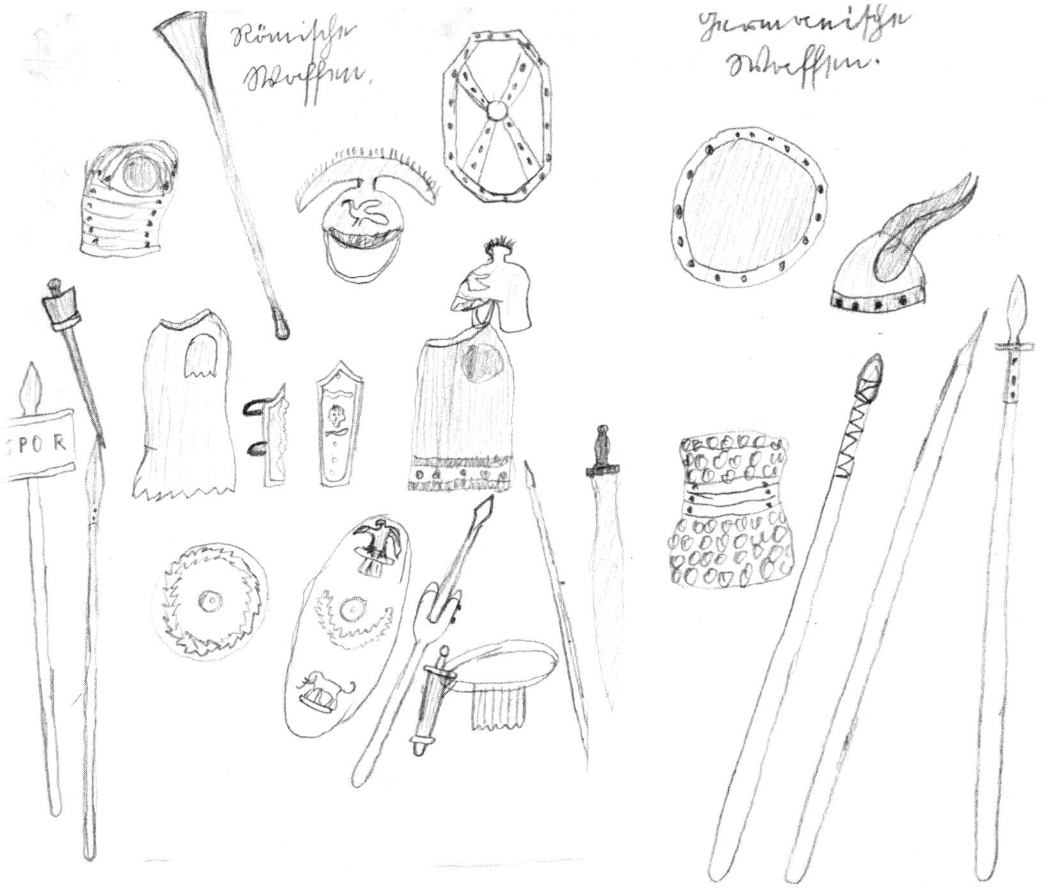


1924 (9 Jahre): Militärische wie zivile Ausrüstungsgegenstände wurden sehr gerne und immer wieder in musealer Anordnung gezeichnet

1925 (10 Jahre): Schularbeit zum Thema »Tiroler Freiheitskampf«

Andreas Hofer.

Andreas Hofer war ein sehr mutiger Mann. Er lebte im Passeiertal und hatte ein Gasthaus. Er hieß allgemein der Sandwirt vom Passeiertal. Man kannte ihn in ganz Tirol als einen ehrlichen Mann. Als aber Napoleon Tirol den Bayern schenkte, mußten die Tiroler die alten Wappen verkaufen und bayrische kaufen. Die Tiroler wollten aber bei Österreich bleiben und kämpften mit Andreas Hofer als Führer gegen Napoleon. Der Sandwirt warf mit den Seinigen die Franzosen dreimal zurück. Erst das vierte Mal trugen die Franzosen den Sieg davon. Hofer mußte auf eine Almhütte flüchten, denn auf sein Haupt war viel Geld gesetzt. In einer mondhellen Nacht hörte Dörninger das Auftreten beschlagener Schuhe. Im Anfang glaubte er, es sei Rehwild oder Gemsen. Da sah er schon einen Mann heranschleichen. Dieser legte das Ohr an die Türe und horchte. Dann sprach er zu einem der Schergen, die ihm folgten, es seien Leute drinnen. Die Krieger pochten mit dem Gewehrkolben an die Türe. Da plötzlich entstand Leben in der Hütte. Der Sandwirt wurde gebunden abgeführt. Am Wege warf ein rothaariger Mann aus einer Hütte Schnee in das Gesicht Hofers. Es war Raffl, der ihn verriet. Als sie in Mantua waren, wurde Andreas Hofer eingesperrt. Nach einigen Tagen kamen zwei Offiziere und verkündeten Hofer das Urteil: begnadigt zu Pulver und Blei. Am nächsten Tage wurde er hinaus auf den Richtplatz geführt. In dem Gange, der dorthin führte, waren viele Tiroler. Als sie Hofers ansichtig wurden, fingen sie zu weinen an. Andere versperrten ihm den Weg. Ein Greis fiel ihm zu Füßen und sprach: »Anderl!« Als sie am Richtplatz waren, hatte Hofer nur noch einen Wunsch: Man solle ihm auf sein Grab eine Schaufel Tiroler Erde legen. In dem Augenblick rief der Kommandant: »Feuer!« Die erste Salve traf nicht. Da sprach Hofer: »O, Franzosen, wie schießt ihr schlecht!« Erst der dreizehnte Schuß machte seinem Leben ein Ende.

Vermerke des Lehrers:

Sehr gut

Bis auf die Schrift sehr brav gearbeitet.

1925 (10 Jahre): Schularbeit zum Thema »Tirol und seine Menschen«

Die Beschäftigung der Bewohner Tirols.

Die wenigsten Tiroler betreiben Ackerbau. Denn wie können in einem Land, das aus Steinen und Wald besteht, Äcker sein? Dafür ist die Viehzucht sehr beliebt. Hoch oben auf den Bergen sind Almen und Sennhütten. Darauf weiden Kühe, Stiere und Ochsen. Der im Sommer (Johanni bis 15. September) zubereitete Käse und die Butter werden dann an Fremde verkauft, aber auch fortgeführt. Auch im Walde kann man verdienen. Die Holzknechte müssen schon im Frühjahr mit ihrer Arbeit beginnen. Sie müssen alle Bäume, die der Förster markiert, fällen. Die gefällten Bäume werden durch Wasserwiesen oder über Wände in Seen hinuntergelassen. Im Winter schnitzen sie allerhand Sachen oder machen Besen und Hackenstiele. Die meisten Häuser haben ein bis zwei Stockwerke, denn im Sommer kommen viele Fremde. Da werden die Zimmer im ersten und zweiten Stock vermietet. Auch im Winter kommen viele Fremde, hauptsächlich Schneeschuhläufer und Rodler. Die Tiroler wissen auch die Gebirgsflüsse auszunützen, sie bauen Turbinen, die erzeugen Licht und treiben Kreiselpumpen und Mühlen an.

Vermerke des Lehrers:

Recht gut gedacht! »Kehse«, »Behsen«, zeigen, daß du über den Gebrauch des »h« noch immer nicht nachgedacht hast. Siehe in der 1. Arbeit! Deine Schrift nur etwas gefälliger zu machen, scheint dir ganz überflüssig, vielleicht wirst du dich später einmal ärgern, wenn du täglich 20 Briefe in dieser Schrift lesen mußt.

gut.

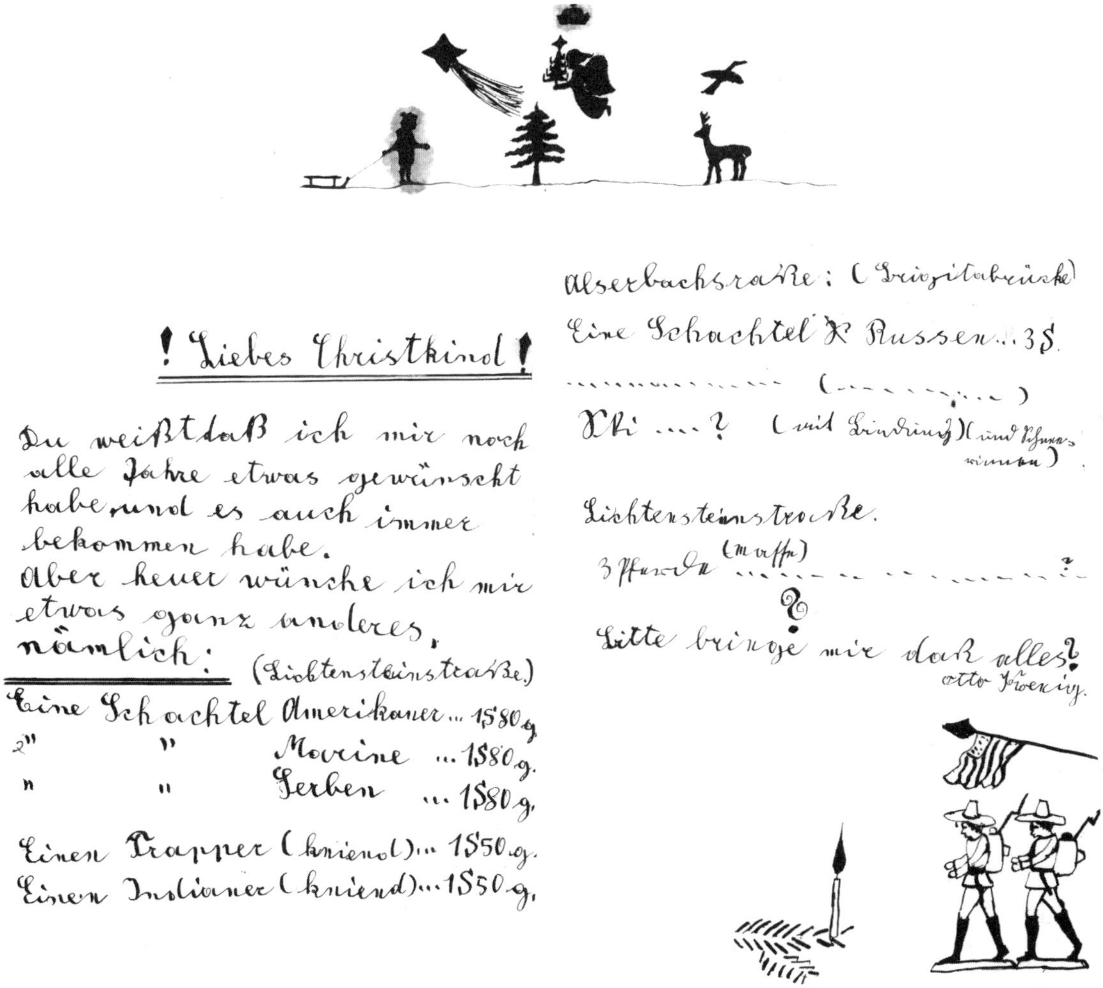

! Liebes Christkind !

Du weißt daß ich mir noch alle Jahre etwas gewünscht habe und es auch immer bekommen habe.
Aber heuer wünsche ich mir etwas ganz anderes, nämlich: (Lichtensteinstraße)

Eine Schachtel Amerikaner ... 1S80 g.
2" " Marine ... 1S80 g.
" " Serben ... 1S80 g.

Einen Trapper (kniend) ... 1S50 g.
Einen Indianer (kniend) ... 1S50 g.

Alserbachstraße: (Brigittabrücke)
Eine Schachtel K. Russen ... 3 S.
.................... (..........)
Xki ....? (mit Lindwurm)(und Schwan-nimmen)

Lichtensteinstraße.
3 Pferde (m...) ..........................?

Bitte bringe mir das alles?
Otto Koenig.

1925 (10 Jahre): Brief an das Christkind mit der Bitte um Soldaten, Indianer, Trapper und Tiere (Bezugsquellen und Preise sicherheitshalber angeführt)

1925 (10 Jahre): Die Tiroler Freiheitskämpfe und die Gefangennahme Andreas Hofers waren wichtige Themen

1926 (11 Jahre): Alles Kriegsvolk und dessen Kleidung faszinierten den Buben sehr stark

1926 (11 Jahre): Die Zeichnung geht auf aktuelle Kriegsberichte zurück, ist aber hinsichtlich Landschaft und Lage Jerusalems frei erfunden

1926 (11 Jahre): Die Pfadfinder begannen Otto Koenig stark zu interessieren, doch war er noch nicht Mitglied und mit der Lagersituation kaum vertraut

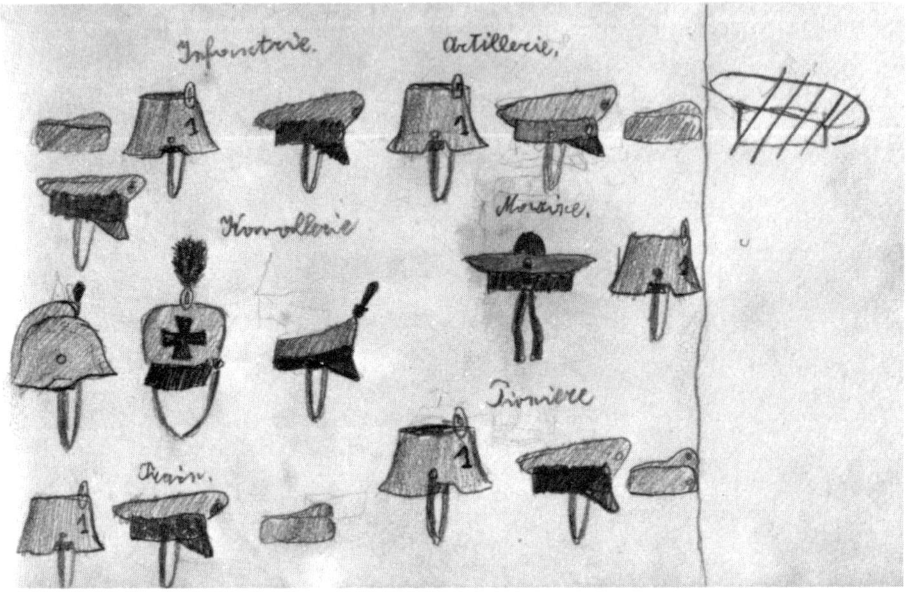


1927 (12 Jahre): Entwürfe militärischer Kopfbedeckungen für eine fiktive Armee

1928 (13 Jahre): Entwurf eines in der Landschaft stehenden »Forschungsinstitutes« samt Dachglashaus . . .

. . . Innenansicht des »Instituts-Arbeitsraumes« mit Anklängen an den Schulphysiksaal . . .

. . . Innenansicht des reichbepflanzten Glashauses im geplanten »Institut«, das Jahrzehnte später auf dem Wilhelminenberg weitgehend verwirklicht wurde

Sonntag d. 30 XI. 1930 war Gruppenausflug.

An diesem Sonntag hatte die Horde ein Geländespiel gegen die übrige Gruppe zu bestehen. Leo mußte bei unseren Gegnern mitarbeiten da diese sonst zu schwach gewesen wären. Die Aufgabe war folgende: Jede Parte hatte ein den Gegnern unbekanntes Lager von zehn Schritt Durchmesser, in dem eine Skijacke versteckt war. Die Gegenpartei mußte dieses Lager finden und die Jacke zu ihrem eigenen bringen.
Als Lager erwählten wir uns ein altes Bahnwächterhaus an der Zahnradbahnstrecke auf den Kahlenberg. Die Einrichtung desselben war zum größten Teil zerstört. Theo und Steffi blieben zur Verteidigung zurück während wir übrigen vier uns auf die Suche nach dem gegnerischen Lager machten. Wir fanden es allerdings nicht, dafür ~~die Geo~~ aber die Gegner das unsere. Wir haben das Spiel glänzend verloren. Bei näherer Untersuchung des Bahnwächterhauses fanden wir einen kleinen Keller, der natürlich aufs genaueste untersucht wurde und ein schönes Stemmeisen, das in Hordenbesitz überging. Die Hütte war allem Anschein nach zuletzt von einem Einsiedler (an einem sehr begangenen Weg des Kahlenberges) bewohnt worden, da an den Wänden lauter sehr fromme Sprüche standen.

1930 (15 Jahre): Auszug aus dem Hordenbuch der von Otto Koenig geführten »Rote Falken«-Horde

1931 (16 Jahre): Pfadfinder und Mittelsäger mit Küken, nach der Natur skizziert

1933 (18 Jahre): Schularbeit mit dem Wahlthema »Schutz den Tieren«, in der bereits leidenschaftlich gegen Zivilisationsgefahren, Übertechnisierung und Umweltzerstörung Stellung bezogen wird

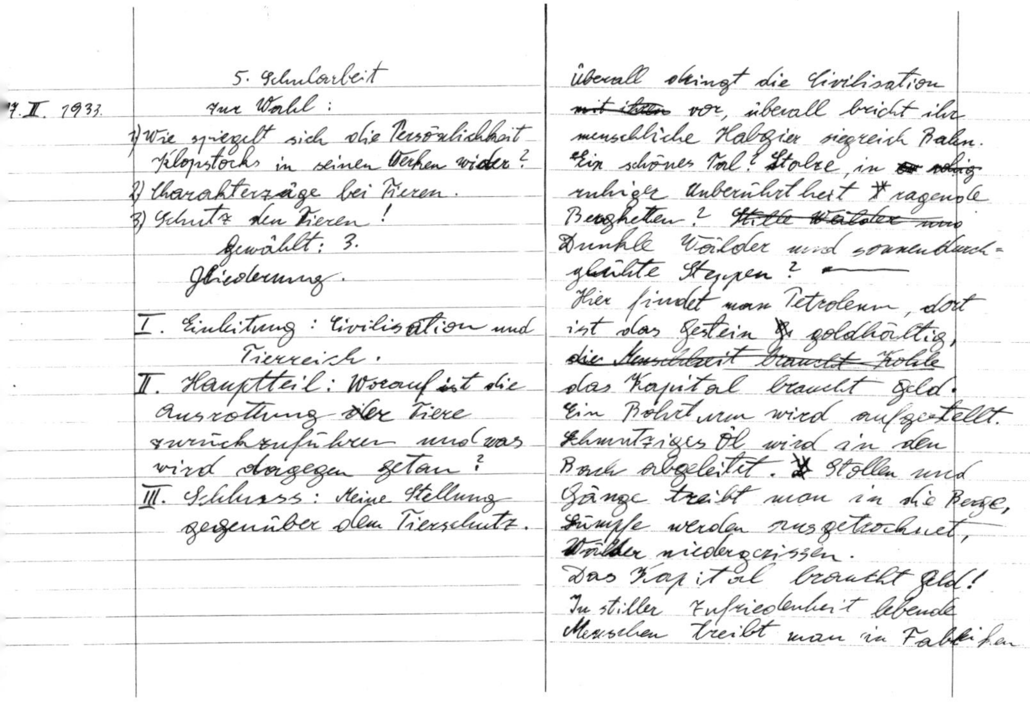

5. Schularbeit

7. II. 1933. zur Wahl:

1) Wie spiegelt sich die Persönlichkeit Klopstocks in seinen Werken wider?

2) Charakterzüge bei Tieren.

3) Schutz den Tieren!

Gewählt: 3.

Gliederung.

I. Einleitung: Civilisation und Tierreich.

II. Hauptteil: Worauf ist die Ausrottung der Tiere zurückzuführen und was wird dagegen getan?

III. Schluss: Meine Stellung gegenüber dem Tierschutz.

überall dringt die Civilisation ~~mit ihren~~ vor, überall bricht ihr menschliche Habgier siegreich Bahn. Ein schönes Tal? Stolze, in ruhiger Unberührtheit ragende Bergketten? ~~Stille Wälder und~~ Dunkle Wälder und sonnendurchglühte Steppen? —

Hier findet man Petroleum, dort ist das Gestein goldhältig, ~~die Menschheit braucht Kohle~~ das Kapital braucht Geld. Ein Bohrturm wird aufgestellt. Schmutziges Öl wird in den Bach abgeleitet. Stollen und Gänge treibt man in die Berge, Sümpfe werden ausgetrocknet, Wälder niedergerissen. Das Kapital braucht Geld! In stiller Zufriedenheit lebende Menschen treibt man in Fabriken presst

heraus

und presst aus ihnen für weniger Lohn höhere Arbeitsleistungen heraus. Das Kapital braucht Geld!

Nutzen

Profit

Das ist das Werk der Zivilisation, der Technik, des Kapitals. Aber nicht nur der Mensch wird unterdrückt, nein alles, alles was lebt, alles was nicht genügend Profit abwirft. Den Tieren nimmt man ihre Lebensbedingungen. Dieses Sumpfgebiet muss ausgetrocknet werden. Es gibt in zehn Jahren 1000 km² neuen Ackerboden. Ja, neuer Ackerboden gibt es, neue Profite für hohe Herren.

Profit

Aber ein Tierparadies ist weniger. Ein Pflanzenparadies ist nicht mehr da. Der Reiher kann im Weizenfeld nicht fischen; das geheimnisvolle Sumpfvölkervolk findet hier keine Lebensbedingungen. Fort ziehen sie aus ihrer ungastlichen Heimat, fort in andere, noch unberührte Gebiete. Doch eines Tages werden sie auch hier aufgestöbert, auch von hier vertrieben.

fischen

Einst gab es in der Schweiz eine Ibisart, den Waldrapp. Vor Jahrzehnten lebten auf Nordlands Klippen Millionen von Riesenalken. In Deutschland zog der Wiesent und über den Donauauen kreiste der Fischadler. Wo sind sie heute? Verstaubtes von Motten zerfressenes Museumsexemplar. „Letzter Steinadler Tirols. Geschossen am ... ..."

Was helfen schöne Vorträge, was helfen „aufklärende" Bücher zu „volkstümlichen Preisen", wenn es laut Verordnung vom Jahre 1883 gestattet ist, Eulen, Reiher, verschiedene Raubvögel, Würger, Enten und noch eine grosse Anzahl anderer nützlicher oder wenigstens unschädlicher Vögel das ganze Jahr hindurch abzuschiessen und ihre Eier auszunehmen. Sicher wird viel auf dem Gebiet des Tierschutzes getan. Winterfütterung, Aufhängen von Nistkästen, tierärztliche Kliniken. Alles sehr schön und sehr gut, aber dass man den Tieren ihre Lebensbedingungen wegnimmt und dagegen | dass man sie aus forst- jagd- und fischereiwirtschaftlichen Gründen oft sinnlos verfolgt, dagegen gibt es noch fast gar nichts. Und die Naturschutzvereine sind noch herzlich schwach. Das Tier- und Pflanzenreich hat sich durch Jahrtausende herrlich und vollkommen erhalten. Niemand ist früher mit Abschussmassnahmen gekommen, niemand sagte: „Diese Tierart ist schädlich, sie muss ausgerottet werden". Trotzdem konnten alle Tiere leben. Erst seit der Mensch in die Natur regelnd eingreift, sterben ganze Tierarten aus.

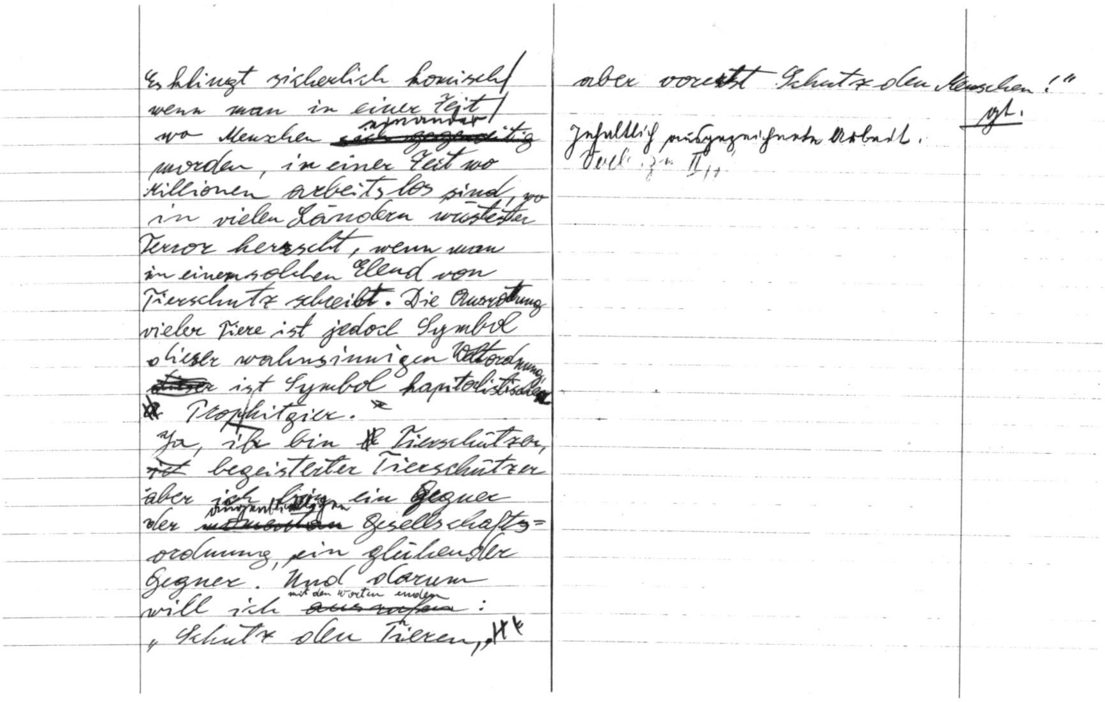
Es klingt sicherlich komisch, wenn man in einer Zeit wo Menschen ~~sich gegenseitig~~ aufeinander [illegible] werden, in einer Zeit wo Millionen arbeitslos sind, wo in vielen Ländern wüstester Terror herrscht, wenn man in einem solchen Elend von Tierschutz schreibt. Die Ausrottung vieler Tiere ist jedoch Symbol dieser wahnsinnigen Weltordnung, ~~diese~~ ist Symbol kapitalistischer Profitgier.

Ja, ich bin ~~ein~~ Tierschützer, ~~ein~~ begeisterter Tierschützer aber ich bin ein Gegner der ~~[illegible]~~ [illegible] Gesellschaftsordnung, ein glühender Gegner. Und darum will ich ~~ausrufen~~ mit den Worten enden:

„Schutz den Tieren, aber vorerst Schutz den Menschen!"

Inhaltlich ausgezeichnete Arbeit.
[illegible] zu II

22. 10. 1915, Otto Koenig genau 1 Jahr alt

1919, mit der Mutter

1923, als Volksschüler (hinten Mitte), etwas finster

1925, 1. Klasse Gymnasium (hinten rechts)

1926, mit Freunden (links) bereits in »Tracht«

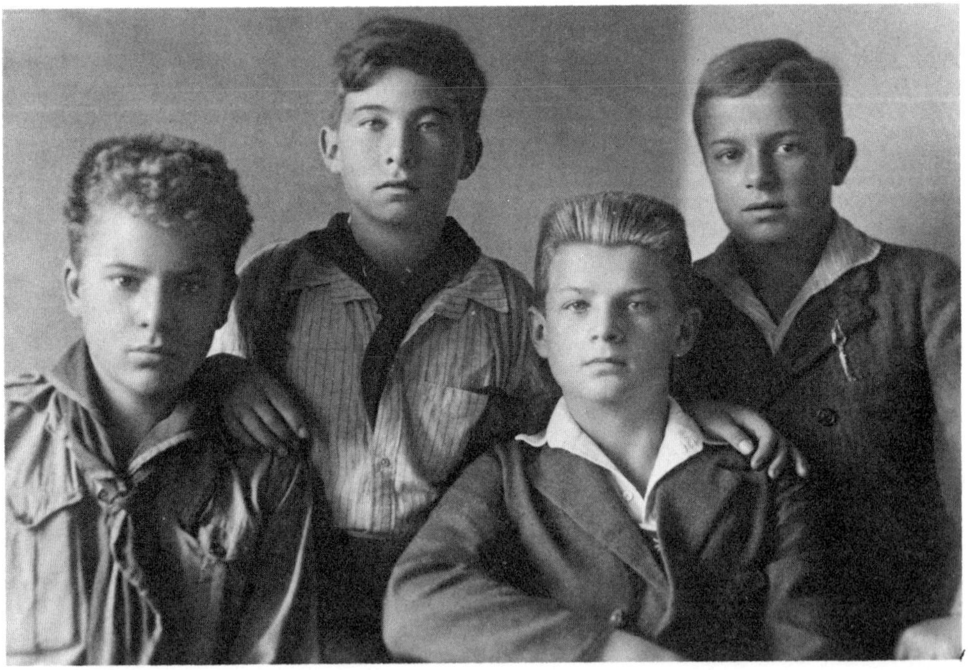

1929, im Zeltlager beim Essen

1933, 1. Jahrgang Graphische Lehr- und Versuchsanstalt

1938, im Schilf des Neusiedler Sees

1941, Soldat in Rußland

1946, Ehepaar Koenig auf dem Wilhelminenberg

1947, im Schilf des Neusiedler Sees

1951, Filmarbeit im Eschkel-See in Nordafrika

1965, im Wilhelminenberger Institut

1965, Filmarbeit auf dem Wilhelminenberg

1979, Handhabung einer sizilianischen Marionette

1980, mit Klaubaufmaske

1980, im Gespräch

1981, mit zahmem Graureiher

*Die nun folgenden, aus Otto Koenigs Jugendzeit stammenden Aufsätze waren – neben vielen anderen – für Buchprojekte bestimmt, die aber wegen Ausbruchs des Zweiten Weltkrieges nicht realisiert werden konnten. Es handelt sich also mit einer Ausnahme um bislang unveröffentlichte Manuskripte.*

*Die erste Geschichte »Neujahr« (1934/35), zum geplanten »Fahrtenbuch eines Vagabunden« gehörend, entspricht in ihrer lyrisch-romantischen Art ganz dem Geist der für Koenig in sehr starker Weise richtunggebenden damaligen Jugendbewegung, mit der sich sein großes Anliegen, nämlich die ornithologische Erforschung des Neusiedler Sees, in zwangloser und erfolgreicher Weise verbinden ließ. Der zweimal erwähnte »Kamerad« in der Schilfhütte ist niemand anderer als der nachmalige bekannte Verhaltensforscher und Nürnberger Zoodirektor Alfred Seitz, der damals als Student gerade für sein Rigorosum lernte. Man muß sich klar darüber sein, daß die Forscher jener Zeit weder über Geld noch Ausrüstung im heutigen Sinn verfügten und sich völlig in die örtlichen Gegebenheiten einpassen mußten. Koenig und Seitz zählten zu den ganz wenigen, die sich in die endlosen Rohrwälder hineinwagten und darin monatelang leben konnten. So stellte für die beiden auch das Verbringen der Neujahrsnacht in einer abgelegenen Schilfhütte durchaus kein ungewöhnliches Abenteuer dar.*

## Neujahr

Es war so bitter kalt, daß man meinte, den Atem schneiden zu können. Durch die Ritzen und Fugen der engen Schilfhütte blies der Heidewind von Nord. Der Boden war hart, und die schmale Tür hatten wir nur notdürftig mit einem Büschel Kukuruzstroh verschließen können. Wir waren mit dem Boot den Rufen der Wildgänse nachgefahren über den breiten See. Nun lagen wir frierend da und zerkauten ein letztes Stück Brot. Sonst taten wir nichts. Oder doch – mein Kamerad las manchmal halblaut beim zuckenden Kerzenlicht aus einem Botanikbuch, und ich träumte.

Ich träumte so andächtig, wie man nur träumen kann, wenn man mitten in der Neujahrsnacht in einer einsamen Schilfhütte liegt, zu der ab und zu das Windesbrausen aus einem weitab liegenden Dorf ferne Musikfetzen herüberträgt, die sich unter das Rufen der ziehenden Gänse mischen. Gegen Mitternacht begannen die Hirten mit ihren Peitschen zu knallen.

Ich träumte vom Schnee. Ja, irgendwo mußte jetzt Schnee liegen. Vielleicht auf einem hohen Berg, über dem sicher auch Sterne leuchteten – oder vielleicht der Mond? Ich weiß es nicht – ich sah seit Wochen nur mehr Grau.

Man müßte mit den Schiern aufwärtssteigen durch weißen Pulverschnee, unaufhörlich aufwärts. An nächtlichen Wäldern vorbei, oder auch mittendurch. Dann würde es manchmal rätselhafte Kühle niederstäuben von einem entlastet hochschwingenden Ast. Und alles wäre still, so feierlich still. Nur die Bindungsriemen würden knirschen, und leise tönte das gleichmäßige Voreinander der schleifenden Bretter. Lichter im Tal? Am nächsten Waldhang sind sie verschwunden. Nichts wäre mehr als der Berg, der Schnee, die Nacht.

Dann müßte man eine Tanne finden, eine ganz kleine Tanne, von der man nichts sieht als eine große weiße Haube mit etwas Grün darunter. Man müßte ein wenig Schnee von ihr herunterschütteln und Kerzen an ihre Zweige stecken, zwölf rote Kerzen. Rot wie das Leben, die Liebe – wie das Blut, wenn du willst. Man würde sie entzünden, und plötzlich breitete sich ihr heller Schein um das Bäumchen mitten im verschneiten Wald. Das Bäumchen wäre mit einemmal erwacht zu einem lebendigen Wesen, das fühlen kann wie du, das deine Einsamkeit mit seiner strahlenden Wärme durchbricht und lindert.

Man würde stehen und schauen und warten. Vielleicht auf ein Wunder – vielleicht auch nur auf das Niederbrennen der zwölf roten Kerzen. Rot wie das Leben, die Liebe – kannst du es wissen? Und dann müßte man sich einen Ruck geben und sich losreißen von dem wärmenden, sterbenden Glanz, Abschied nehmen von dem Kameraden Bäumchen und talwärts fahren durch wirbelnden Schneestaub über Wiesen und Hänge, alles vergessend. Ja, dann wäre alles neu, wie das Jahr . . .

Hat der Wind die Kerze verlöscht? Oder schläft mein Kamerad? Es ist so bitter kalt in dieser Neujahrsnacht, so einsam und dunkel . . .

---

*Auch diese 1936 entstandene, für das »Fahrtenbuch eines Vagabunden« bestimmte Geschichte »Speck« ist nur aus der Zeit heraus zu verstehen. Im Seewinkel trat immer wieder Schweinepest auf, und namentlich die sehr armen Kleinbauern schlachteten ihre Schweine möglichst vor dem Krankheitsbefall. Fotografie war in diesem Gebiet damals noch Seltenheit, und so kam es denn zu dem Tauschhandel Fotos gegen Speck. Da der Autor aber selbst absolut geldlos war, bildeten solche Ereignisse eine willkommene Subvention seines ornithologischen Tatendranges und zugleich Stimulierung der guten Laune.*

## *Speck*

Speck ist gut – sogar sehr gut. Ich meine geschnitten und aufs Brot gelegt mit ein bißchen Salz dazu. Rein zu schmatzen könnte einer anfangen. Die Eskimos, hab ich mir sagen lassen, stopfen sich den Mund ganz voll damit, und was draußen bleibt, schneiden sie dann mit dem Messer ab – den rohen Seehundspeck. Bei uns kriegst du geselchten Schweinespeck.

Ich lebte da einmal in einem Seewinkeldorf, der Raoul war mit von der Partie. Wir wollten Vögel fotografieren. Die Bauern aber sagten von sich: »So schön wie Säbelschnäbler san mir a« und wollten geknipst werden. Weil ich einigermaßen höflich bin, kann ich manchmal nicht nein sagen. Zum Schluß sollten wir ihnen dann aber auch Bilder geben.

»Ja, lieber Herr, so ein Bild kostet Geld.«

Geld hatten sie keines, dafür aber Speck.

»Aber bitte, mit Vergnügen!«

Und so bekamen wir Speck. Vom Müllner, vom Moser, vom Horvath und vom Ihasz, vom Greiner und vom Schwarz, vom Schmied, vom Ertely und und und . . . Das konnte nicht ohne Wirkung auf unseren Speisezettel sein, der sich bald folgendermaßen darbot:

Morgens: Speck mit Brot.

Mittags: Speck mit Brot.

Abends: Speck mit Brot.

Zwischendurch: Speckbrot.

Den ersten Tag, den zweiten, den dritten, den vierten . . . Sieben Tage sind eine Woche und vier Wochen ein Monat. Zwei Monate blieben wir in der Gegend. Als wir heimfuhren, hatte jeder zwei Kilo Speck im Tornister.

Im Jahr vorher war Schweinepest gewesen, und da mußte eben manches der netten Grunzetierchen notgeschlachtet werden. Was nämlich nicht rechtzeitig ins Jenseits befördert wurde, starb früher oder später aus eigenem Antrieb. So beeilte man sich mit dem Schlachten, und es ist daher durchaus verständlich, daß sich in den Rauchfängen des Dorfes gewaltige Speckmassen anhäuften. Und sonntags strömten die Bauern nach dem Kirchengang in hellen Scharen zum Naturalhandel mit Raoul und mir. Männer, Greise, Kinder, Frauen, Mädchen. Unsere Geschäftsregeln lauteten folgendermaßen:

1. 20 Dekagramm Speck = eine Aufnahme und ein Abzug im Format 6×9 Zentimeter.
2. Jedes weitere Bild = 10 Dekagramm Speck.
3. Für größere Formate Speckaufschlag nach freier Vereinbarung.
4. Brot ist dem Speck beizulegen.

Mit der Zeit bekamen wir Übung. Sowohl in der Porträtfotografie als auch im Speckessen. Ich knipste, Raoul sammelte ab. »Danke, der Nächste bitte . . .« Unsere Vorräte türmten sich.

»Setzt man das Messer etwas schräg zur Schwarte geneigt knapp zwischen dieser und der Speckschicht an, so geht bei dem die beiden voneinander trennenden Schnitt von der dem Genuß zuzuführenden Quantität nichts verloren.« Diesen von uns geprägten Lehrsatz finde ich recht anschaulich und ökonomisch.

Bald vertieften sich unsere Kenntnisse derart, daß wir die einzelnen Bauern dem Geschmack nach unterschieden: »Der ›Salzige‹ hat einen recht interessanten Kopf . . . Dem ›Zähen‹ sind wir noch ein Bild schuldig . . . Der ›Halbrohe‹ ist ein netter Kerl . . .«

Jawohl, so sprachen wir damals zufrieden, und auch einen Sport legten wir uns zu – einen ganz individuellen. Wir steckten alle Schwartenstückchen sorgsam an die Innenwand unserer Hütte. Es war eine der kleinen Schilfhütten, wie sie überall in der Heide zu finden sind als Regen- und Sonnenschutz für Bauern und Feldhüter. Aber auch in anderen Hütten wurde dieser Wandschmuck von uns angebracht – wir waren ja oft genug in der Gegend unterwegs.

Rund ein halbes Jahr später geschah es dann, daß mich ein Bekannter folgendermaßen ansprach:

»Sagen Sie – Sie sind doch Fachmann für Neusiedler-See-Angelegenheiten – ist es ein Bauernbrauchtum im Seewinkel, in die Hüterhütten Speckschwarten zu stecken, ich meine so von wegen Erntedank oder Fruchtbarkeitszauber . . .?«

»Ja«, antwortete ich, »doch, doch – für jedes Foto nämlich, das einer daheim hat, deponiert er eine ebensogroße Speckschwarte in seiner Feldhütte – wollen Sie noch etwas wissen?«

---

*Die beiden folgenden, 1937 in der Situation des sehr diktatorisch und konfessionell ausgerichteten Ständestaates abgefaßten Artikel sind Teil von Otto Koenigs Pfadfinder-Feldmeisterarbeit. Sie waren aber darüber hinaus im Sinne eines Jugendführerbuches konzipiert. Die gesamten Jugendorganisationen sollten damals vom Staat her nach Konfessionen aufgeteilt, ihre Führer von der Obrigkeit ernannt oder bestätigt werden. Die Trennung zwischen Christen und Juden war bereits angeordnet. Der Autor wandte sich ganz offen dagegen und legte diese seine Meinung in den beiden Abhandlungen nieder. »Religion und Jugendbewegung« stellt die vorgeschriebene Fragebeantwortung im Rahmen der Feldmeisterarbeit dar, »Der biologische Inhalt des Führerbegriffes« ist ein aus Eigeninitiative zusätzlich geschriebenes Kapitel, das bereits sehr stark durch die Lorenz-Vorlesungen beeinflußt ist.*

## *Religion und Jugendbewegung*

Die religiöse Erziehung in der Jugendgruppe ist notwendig, und ohne sie wird keine wirklich gute Gemeinschaft bestehen können.

Ich weiß, religiöse Erziehung ist bei vielen verpönt. Schuld daran trägt aber nicht die Religion, sondern die Tatsache, daß man sie mit Konfession verwechselt. Schon in der Schule heißt der Konfessionsunterricht »Religionsunterricht«. Jede Konfession erhebt selbstverständlich in ihrer Selbstbewußtheit den Anspruch, *»die Religion«* zu sein. Konfession ist bei verschiedenen Völkern verschieden, Konfession ist zeitbedingt, sie ist nur ein Kleid der Religion. Konfessionalität kann, wie die Geschichte lehrt, zu Spaltung, Zwietracht und Streit führen. Religion dagegen ist das Große, das Einigende im Dasein der Menschheit. Wenn wir Kameraden irgendwo in einem dunklen Wald ums Feuer sitzen, wenn wir ganz still in die knisternden Flammen blicken, so liegt darin Besinnlichkeit, Versenkung – Religiosität.

Die Jugendbewegung will und darf nicht Schule sein. Sie braucht ganz andere, eigene Formen; nur dann hat sie Lebensberechtigung. Vor allem darf aber wahre Jugendbewegung nicht nach Rassen oder Konfessionen trennen – Jugendbewegung muß jeden Kastengeist überwinden. Wir Jugendführer wollen nicht Schulnachhilfeunterricht erteilen, indem wir Dinge durchpauken, die in der Schule ohnedies Lehrstoff sind – wie eben auch die Glaubensregeln der verschiedenen Konfessionen. Würde es den Lehrern in der Schule gelingen, die Jugend im totalen Konfessionsglauben zu erziehen, dann bedürfte es keiner Jugendbewegung mehr. Aber diese Totalität liegt den Buben und Mädeln nicht. Von sich aus aufgeschlossen sind sie jedoch für eine aus tiefstem Inneren kommende Religiosität. Worin soll nun die religiöse Erziehung in der Jugendgruppe bestehen?

Zuvor noch einige Worte über den Jugendführer selbst:

Es ist nicht so, daß die Jungengemeinschaft sich einen Führer wählt, sondern die Gemeinschaft hat sich allmählich, bewußt oder unbewußt, um einen Führer kristallisiert. Wie entstehen denn all die wilden Gruppen, die Bubenhorden auf Straßen und Plätzen? Irgendein Junge ist besonders stark, irgendeiner kann besonders gut fußballern, schwimmen, radfahren, laufen oder Äpfel stehlen. Er wird von seinen Kameraden bewundert, mit ihm will jeder befreundet sein, so wie er wollen sie alle sein – und schon hat sich die Gemeinschaft um ihn zusammengeschlossen. In ihr haben wir die Urform der Jugendbewegung vor uns. Ein Unterschied zwischen dem echten Jugendführer und jenem Anführer von der Straße besteht allerdings, und zwar der, daß der Jugendführer über dem Niveau seiner Jungen steht und das ihre zu heben sucht. Ein Baustein dafür ist das behutsame Erwecken und Pflegen der natürlichen Neigung zur Religiosität.

Ich erzähle also meiner Bubengruppe beispielsweise vom Aufbau eines Atoms, wie die Elektronen um den Atomkern kreisen. Ich erzähle ihnen vom Weltraum, von den Bahnen der Sterne, vom Sonnensystem, das vielleicht ganz ähnlich aufgebaut ist wie das kleine Atom. Ich erzähle ihnen, daß es noch viele, viele solcher Systeme gibt, endlos aneinandergereiht, ineinander verwoben – unfaßbar, unbegreiflich für uns Menschen. Und vielleicht ist unser Sonnensystem wieder nur ein kleines Atom einer anderen unermeßlich größeren Welt. Ich erzähle von den Naturgesetzen, denen alles unterworfen ist, erzähle, wie sich alles Leben entwickelt hat durch unzählige Jahrmillionen, vom einzelligen Protoplasmaklümpchen bis hinauf zum komplizierten Zellenstaat des menschlichen Körpers.

Die Bahnen der Gestirne sind Spiralen. Auch die Entwicklung des Lebens, die Geschichte der Menschheit und des einzelnen Menschen verläuft in Spiralen: Alles wiederholt sich auf höherer Ebene! Eine der frühesten grafischen Darstellungsformen des Menschen war die Spirale. Ist das nicht unermeßlich schön? Liegt da nicht tiefstes Geheimnis verborgen?

Der menschliche Körper ist ein Wunderwerk in all seinen tausend Funktionen. Immer wieder entstehen neue Menschen, und immer wieder ist es der gleiche, den uralten Gesetzen gehorchende Mechanismus. Jeder Mensch macht sehr verkürzt in seiner körperlichen Eigenentwicklung die bisherige Evolution des gesamten Lebensstammbaumes durch. Erweckt dieser Gedanke nicht tiefste Religiosität?

Unzählige Beispiele für solch andächtiges Nachsinnen ließen sich aufzählen: Der Begriff der vier Dimensionen, das ewig gesetzmäßige Wachsen der Kristalle und vieles mehr. Es mag einer sagen, die Buben verstehen das nicht, es ist ihnen das alles zu hoch. O nein! Wenn ein Junge nach etwas fragt, dann versteht er auch das Tiefste, das Religiöse im Gefragten. Wäre er nicht fähig, das Problem zu begreifen, so würde er sich nicht damit beschäftigen und dann eben auch nicht fragen.

Selbstverständlich muß man den Buben alles in geeigneten Formen, in ihnen geläufigen Worten erzählen. Eine große Rolle spielen hier Vergleiche und Bilder. Wenn ich sage, es besteht die Möglichkeit der Existenz einer höheren Macht über unseren Welten, so wird diese abstrakte Vorstellung dem Jungen gar nichts bedeuten. Ganz anders aber, wenn ich folgenden Versuch schildere: Wir geben einem Flußkrebs in sein Gleichgewichtsorgan anstatt der Kalkkörnchen Eisenfeilspäne. Bringen wir nun in seine Nähe einen Magnet, so wird er diesem brav nachlaufen, wird sich, wenn der Magnet über ihm ist, auf den Rücken legen – kurz, er wird nach unserem Willen herumtanzen. Dabei »glaubt« er aber, alles nach eigenem Willen zu tun, hält seine Bewegungen für selbstverständlich und normal, denn er weiß ja nichts von der magnetischen Kraft. So ist es vielleicht auch mit uns Menschen, wir glauben vieles freiwillig zu tun und gehorchen dabei doch den Einflüssen unbekannter Kräfte. Das wird jeder Junge ohne weiteres verstehen und auch gerne aufnehmen – weil das gegenständliche Beispiel ihn fesselt.

Und noch eins:

Ich kann nicht als Jugendführer in das Heim kommen und sagen: »So, jetzt machen wir religiöse Jugenderziehung.« Ganz im Gegenteil! Die Buben müssen von selber kommen und nach solchen Dingen fragen. Und sie kommen gewiß! Aber nicht in der angetretenen Formation, nicht an einem Heimabend zwischen Spielen und Singen, zwischen Lernen und Erzählen. Nein! Irgendwann, zufällig – wie es sich gibt – am Abend, wenn wir alle ums Lagerfeuer sitzen, wenn wir unser zwei oder drei gemeinsam Nachtwache halten, wenn wir im Zelt liegen und auf das Einschlafen warten. Aber vielleicht auch im Heim nach einem Ausflug, wenn wir uns noch in eine dämmrige Ecke hocken, nur um der Gemeinschaft willen.

Die Jungen fragen nicht alle zugleich, sie fragen nicht laut, o nein! Heute der, morgen der – leise – der Freund den Freund.

## *Der biologische Inhalt des Führerbegriffes*

Um das Leben, unsere gesamte Umwelt zu verstehen, ist es notwendig, die Entwicklung des Lebens, der Umwelt kennenzulernen. Wir können nicht über ein Bauwerk urteilen, wenn wir weder seinen Baustoff kennen noch die Zeit, aus der es stammt. Und wir können nicht über die Eigenarten eines Menschen urteilen, wenn wir nicht wissen, wie er zu diesen gekommen ist. Ebenso ist es zum Studium hochentwickelter Organismen unerläßlich, sich mit dem biologischen Entwicklungsgang von den Anfängen her vertraut zu machen. Und diesen biologischen Entwicklungsgang sollten wir in allen Fragen des Lebens zu erkennen suchen, um zu einem tieferen Verständnis der vorhandenen Probleme zu gelangen.

Das Gehirn ist die Führungszentrale des Körpers. Und der Jugendführer ist das lenkende, leitende Gehirn seiner Gemeinschaft. Aus dieser Perspektive müßten in ihren speziellen Aufgabenbereichen zwischen Gehirn und Führer Parallelen zu finden sein, die vielleicht wertvolle Aufschlüsse über den Inhalt des Begriffes »Führer« geben können.

Die einzelne kleine, selbständige Zelle, zum Beispiel das Pantoffeltierchen oder die Amöbe, kann alles. Sie kann fressen, verdauen, kann negative und positive Reize wahrnehmen beziehungsweise darauf reagieren, und sie kann flüchten und sich vermehren. Der Weg der Höherentwicklung ist zugleich ein Weg der Komplizierung. Aus den Einzellern werden Mehrzeller. Da gibt es Tiere, die wohl schon mehrzellige Organismen darstellen, deren Zellen aber noch selbständige Lebewesen sind, die nur im Rahmen einer Gemeinschaft bestimmte Aufgaben übernommen haben: Die Zellen beginnen sich im Interesse einer Gesamtheit verschieden zu spezialisieren. Jedes Einzelwesen »weiß«, was es zu tun hat, und wird zeitlebens diese Tätigkeit und keine andere ausüben.

Eine ähnliche Organisation sehen wir auf weit höherer Ebene im Bienen- und Ameisenstaat. Jedes Einzelindividuum hat seine bestimmte, genau umrissene, ihm angeborene Funktion, die es zum Nutzen der Gesamtheit ausübt. Die »Königin« ist keine wirkliche Königin, sondern nur jenes Einzelindividuum, dem die Fortpflanzung obliegt. Bienen- und Ameisenstaat sind im Grunde führerlose Staaten, genau wie die niedrigen Mehrzeller als sogenannte »Reflexrepubliken« führerlose (gehirnlose) Organismen sind.

Im weiteren Entwicklungslauf tritt die Zelldifferenzierung immer stärker hervor, große Zellgruppen werden zu hochspezialisierten Organen, die wohl außerordentlich leistungsfähig sind, dafür aber auch in hohem Maße abhängig werden von der Tätigkeit der übrigen Körperorgane. Das Lebewesen wird zur unteilbaren Einheit, zum Individuum.

Die langsame Erweiterung und Komplizierung des Zellenstaates, auch die Herausbildung immer mehr spezialisierter Organe wie zum Beispiel Fangeinrichtungen, Freßwerkzeuge, Verdauungsapparat usw., verlangt aber auch eine Zusammenordnung dieser Organe, eine Verbindung untereinander. Für diese Aufgabe spezialisierten sich abermals bestimmte Zellgruppen, es entstanden die Nervenstränge. Diese wiederum bekamen an verschiedenen Stellen Verdickungen, sogenannte Ganglien, kleine Zentralen. Da im einzelnen Nervenstrang in regelmäßigen Abständen mehrere solcher Ganglien auftreten, sprechen wir von »dezentraler Leitung«. Allmählich aber, parallel mit der Höherdifferenzierung und Spezialisierung, geht die Leitung des Gesamtorganismus auf ein zentrales Ganglion über, und aus dem wird letztlich das Gehirn. Der Führer der Zellgemeinschaft ist da.

Diese Entwicklung hat sich unendlich langsam in kaum meßbaren Zeiträumen abgespielt und erstreckt sich über unzählbar viele Generationen verschiedenster Tierarten – in allmählicher Evolution, nicht Revolution. Solche Entwicklungen gehen unmerklich vonstatten, es gibt keine Einschnitte und Grenzen, es gibt nur Übergänge. Die Tierwelt um uns stellt durchwegs Nebenäste dieses Entwicklungsstammes dar, die auf den verschiedensten Höhen der Gesamtentwicklung abzweigten. So können wir denn auch, was die Entstehung des Gehirnes betrifft, vom niedrigsten nervenlosen Einzeller bis zum Menschen mit seinem maximal ausgebauten unvorstellbar komplizierten »Zentralbefehlsstand« alle möglichen Zwischenstufen beobachten. Da gibt es viele Lebewesen, für die das Gehirn (bzw. auf niedrigerer Stufe das einfache Zentralganglion) noch lange nicht die entscheidende Bedeutung hat wie etwa für höhere

Wirbeltiere. Ein geköpfter Frosch vermag noch stundenlang zu leben, ja sogar zu hüpfen und sich (ohne Gehirn!) mit den Hinterbeinen ätzende Säuren vom Körper zu wischen. Eine enthirnte Schildkröte lebt noch ohne nennenswerte Funktionsstörungen viele Tage, und einem Flußkrebs fällt es wohl gar nicht weiter auf, wenn man ihn seines Zentralganglions beraubt. Aber – und das soll der für uns entscheidende Versuch sein: er überfrißt sich. Er verliert das Gefühl für »satt«. Er ist hungrig, frißt, frißt, frißt – solange, bis er daran stirbt.

Der gehirnlose Krebs frißt also hemmungslos. Hemmungslos ist aber auch zum Beispiel ein betrunkener Mensch, dessen graue Gehirnrinde durch den Alkohol in ihrer Funktion gestört ist. Demnach käme dem Gehirn unter anderem auch die Funktion eines Hemmorganes zu. Es treibt die Bewegungen und Handlungen nicht zum Exzeß, sondern es bremst ihren Ablauf im geeigneten Augenblick. Diese Tatsache beweisen noch zahlreiche andere Versuche, deren Aufzählung hier allerdings zu weit führen würde.

Wir haben gesagt, Führer ist gleich Gehirn, Gehirn ist gleich Hemmorgan – folglich muß auch der Führer Hemmorgan sein. Beispiel: ein Wolfsrudel. Der Leitwolf drängt in bestimmten Situationen sein Rudel mit Schnappen und Beißen zurück. Nicht um als Rudelführer zu brillieren, sondern weil die ganze Meute zu überstürzter Handlung drängt. Der Leitwolf bremst in diesem Fall. Freilich eine angeborene, in ihrer Zweckmäßigkeit aber bewundernswerte Leistung.

Noch ein Beispiel: eine Horde Buben beim Spiel. Erst geht alles gut, jeder ist mit Eifer dabei. Plötzlich, nach dem soundsovielten Spiel, wird dem einen fad. Beim nächsten Spiel fällt wieder einer aus und wendet sich einer anderen Beschäftigung zu. Und so geht es weiter, bis auch der letzte Spielbegeisterte die Sache sein läßt. Die Bubenhorde hat sich überfressen, sie ist geplatzt wie der gehirnlose Flußkrebs. Es fehlte das Hemmorgan, es fehlte der Führer, der den Höhepunkt erkannt und im geeigneten Moment abgepfiffen hätte, um eine andere, völlig neue Tätigkeit zu beginnen.

Die führerlose oder schlecht geführte Gruppe wird geschlossen auf einen Ausflug gehen und zersprengt in kleinen Trupps heimkehren. Sie wird am Badeplatz so lange in der Sonne liegen bleiben, bis die Mehrzahl der Leute einen Sonnenbrand hat und raunzend heimgeht – sie wird alles bis zur Übersättigung, bis zum Platzen tun. Es fällt nicht schwer, eine Gemeinschaft für etwas zu begeistern. Aber sehr schwer ist es, sie im richtigen Moment, gerade dann, wenn noch alle mit Feuereifer dabei sind, abzubremsen und auf ein anderes Ziel umzupolen. Das ist die Kunst des Führers, das ist seine Funktion als Gehirn, als Hemmorgan.

Dieses Abbremsen ist ungeheuer wichtig. Man erinnert sich zum Beispiel nur an solche Speisen gern, an denen man sich nicht überessen hat, und man freut sich auch nur auf solche. Gute Erinnerung an das Vergangene und Freude an der nächsten Zukunft sind überall wesentliche Elemente einer gedeihlichen Gemeinschaftsarbeit.

Nicht der ist als Führer geeignet, der in seinen Heimabenden 30 bis 40 »Teilnehmer« zählt, die dauernd wechseln, sondern ausschließlich jener, der eine kleine, aber gleichbleibende und begeisterte Gemeinschaft aufbaut. Er imponiert nicht durch goldene Streifchen oder kraft einer besonderen Rangposition – nein, er imponiert durch irgendwelche Fähigkeiten, durch sein Auftreten, durch seine Erscheinung, seine Überlegenheit. Die Buben folgen freiwillig, weil sie ihn als Führer anerkennen. Das »Ich« des Führers wird zum »Ich-Ideal« der Geführten. Völlig fehl am Platz hingegen ist jener Typus, der immer hinter seiner Gruppe her sein muß, um sie vorwärts zu jagen. Er ist nicht Führer, sondern Antreiber. Verleiht man ihm die nötige Macht, so werden ihn seine Leute fürchten – erstrebenswertes Vorbild kann er niemals sein.

Doch auch das so wichtige Hemmen darf nicht mit zwingender Gewalt geschehen. Der Führer muß sein Ziel einerseits durch persönliche psychische Stärke, andererseits durch geschicktes Ablenken erreichen. Führen ist keine Frage der Befehlsgewalt, sondern eine Frage des Einfühlungsvermögens, der Anpassungsfähigkeit an psychische Eigenarten anderer, und vor allem eine Frage des vorlebenden Beispiels. Dieser letzte Faktor ist so wesentlich, daß er sogar den Zeitpunkt bestimmt, an dem der Jugendführer aus der konkreten Jugendarbeit, also aus seiner Gruppe ausscheiden muß.

Vorbild ist Vorleben. Die Gruppen bestehen aus Buben und Mädeln bis zu etwa 16 Jahren. Will ich als Führer ihnen Vorbild sein, dann müssen sie mich zum einen Teil so sehen, wie sie selbst gerne sein möchten, und zum anderen Teil so, wie ich sie gerne hätte. Ein Vorbild ist in der Jugenderziehung nur dann von Bedeutung, wenn es dem Jugendlichen irgendwie erreichbar scheint – selbst wenn es in der Realität letztendlich unerreichbar ist. Unerreichbar deshalb, weil der Jugendführer es, kaum merkbar für die Gefährten, stetig langsam höherschrauben wird. Der Führer darf nicht, auf irgendeinem hohen Gipfel ruhend, seinen mühsam aufwärtsstrebenden Leuten gute Ratschläge zurufen, sondern er muß mit ihnen gehen – und doch ein oder zwei Schritte voraus. Das Wesen des Jugendführers besteht darin, daß er sich an die Zeit, als er selbst im Alter seiner Buben oder Mädel war, genau erinnert. Diesen seinen eigenen Entwicklungsweg muß er ihnen nun vorangehen. Immer ein Stück vor ihnen, immer unmittelbares, erstrebtes Ziel, aber wegen des kleinen, vorwärtsgetragenen Abstandes doch nie erreichbar.

Es handelt sich nicht darum, der Jugend Wegschwierigkeiten zu ersparen, Pfade abzukürzen oder gar breite Straßen zu errichten, sondern einzig und allein darum, einen erstrebten Gipfel, ein lohnendes Ziel zu weisen, das ein gewisses, im Erwachsenenleben notwendiges sozialethisches Niveau verkörpert. Dieses Ziel und den Weg dahin muß der Jugendführer kennen, diesen Weg muß er bis zum Ziel vorleben können. Das ist die unabdingbare Forderung an den Jugendführer.

Man muß sich aber auch klar sein, daß die Aufgabe des Vorlebens, des Vorangehens, das Ende der Jugendführertätigkeit bestimmt. Für jeden kommt einmal die Zeit, wo er diesen geschilderten Jugendweg nicht mehr gehen kann, wo er für sich mehr Rechte und Freiheit beanspruchen muß, als seine Gruppe ihm zu gewähren bereit ist. Ein nur scheinbares Miteinander, hinter dem die grundsätzliche Trennung von Privat- und Gruppenleben steht, gibt es für den Führer jedenfalls nicht, denn Jugend ist überaus hellhörig für solche Täuschung und äußerst kritisch. Sie ist ständig bereit, jenem Menschen, der ihr Ich-Ideal darstellt, wegen geringster Verstöße den eben noch verliehenen Glorienschimmer von der Stirn zu reißen. Es geht dem Jugendführer dann wie Rudyard Kiplings altem Leitwolf Akela, dessen Schultern, dessen Fang zu schwach geworden sind, die Meute zurückzuhalten. Die jungen Wölfe knurren, sie beißen und zerfetzen den alten, ermatteten Leitwolf, um über ihn hinwegzustürmen.

Es ist nicht wahr, das Sprichwort: »Man ist so jung, wie man sich fühlt.« Der Führer, der nicht mehr so leben kann, wie er es von seinen Leuten verlangt, der muß gehen, so munter er sich auch noch wähnt, so gern er auch noch bliebe. Vorher aber muß er sich seinen Nachfolger herangebildet haben, der so tüchtig sein soll, daß er ihn, den alten Führer, im gegebenen Augenblick verdrängt. Nicht jene Gemeinschaften sind gut, die mit dem gealterten Führer fallen, sondern diejenigen, die aus seinem Scheiden neue Lebensimpulse schöpfen. Für jeden Führer kommt die Zeit, abzutreten. Er muß sie erkennen und nützen, bevor er totgebissen wird – totgebissen wie Akela, der alte Wolf aus dem Dschungelbuch.

*Ganz von der Romantik der Jugendbewegung und ihrer Literatur beeinflußt, schrieb Otto Koenig 1939 die folgende Geschichte. Er träumt darin von einer Begegnung, deren Realitätsgehalt freilich nur verstehen kann, wer allein monatelang in den damals völlig einsamen Rohrwäldern des Neusiedler Sees gezeltet hat. Auch Koenigs Pfadfinderbuben empfanden die Faszination von Nachtwanderungen, die mit zu den beliebtesten Gruppenunternehmungen zählten. Als »gefährlich« galten solche Abenteuer damals nicht.*

## *Begegnung mit dem Mond*

Es muß Mitternacht gewesen sein. Durch das Zelt schimmerte wie eine ferne weiche Melodie ein unendlich blaues Licht.

Draußen planschte es plötzlich im Wasser, und aus dem aufrauschenden Rohr flogen zwei Wildenten hoch. Dann war es wieder still – nur eine kleine Welle plätscherte leise weiter, und auf der gespannten Zeltbahn wiegte sich der zarte Schatten einer unruhigen Schilffahne.

Es ist heute schwer zu sagen, wie es kam, aber dieses geisterhaft fremde Licht, dieser pendelnde Schatten jagten in mir eine Neugier auf, hinauszuschauen in die klare Taunacht. Ich kroch also aus dem Schlafsack, schlug das Zelttuch zurück, das den Eingang deckte und – oh – das war doch der Mond?!

Bestürzt verblieb ich in meiner kauernden Stellung – unleugbar der Mond! Und er badete im Bach! Nein, er schwebte! Er lag auf den Wellen gerade so, wie er in der Tiefe schimmerte. Das sonst so trübe Wasser war mit einemmal klar, und über den grauen Uferschlamm rieselte quecksilbernes Sprühen.

»Entschuldigen«, hörte ich mich da zu meinem eigenen Schrecken sagen, »entschuldigen Sie, aber sind Sie nicht der Mond?«

»Ja« war die Antwort. So klar und einfach, als handle es sich um die gewöhnlichste Sache der Welt.

»Und – und Sie baden hier?«

»Ja.« Und dabei warf er zwei blaue Glitzerblitze in den dunklen Rohrwald.

»Es ist nett hier«, sprach er weiter, »es ist nett zu baden zwischen Schilf. Überhaupt liebe ich den hohen Rohrwald sehr. Man kann da so hübsche schwarze Schatten zeichnen neben tanzende Lichter, daß die weite Landschaft aussieht wie ein Netz aus feinem Silbergarn, in dem man nächtliche Tauperlen fängt!«

»Ach, schön haben Sie das gesagt, Herr Mond, aber –«

»Nein, nein, wir werden doch nicht ›Sie‹ zueinander sagen, wo wir uns doch schon so lange kennen – erinnerst du dich übrigens noch daran, wie wir gemeinsam durch das Lavanttal gewandert sind? An die enge Schlucht und das rauschende Wasser?«

»Freilich erinnere ich mich, Herr – nein, Sie – ach so, du, Herr – du Mond!«

Weiter weiß ich nun nimmer, was geschah – jedenfalls bin ich später aufgewacht, denn die Glieder schmerzten mich in der feuchten Kühle dieser seltsamen Nacht. Ich lag noch draußen vor dem Zelt, und über mir stand rund und blau der volle Mond.

Seit dieser Zeit stehen wir beide auf du und du. Wenn ich nächtlich durch Wälder streife, dann guckt er hinter jedem Stamm hervor, als wollte er sagen:

»Na, bist du wieder da?«

Dann seh ich zu ihm auf und winke ihm einen schönen guten Abend zu. Ja – und wenn wir mal nicht zu zweien wandern, so haben wir beide unsere guten Gründe dafür.

*Das Märchen »Kimungasena« entstand 1939 kurz vor dem Einrücken zum Militär. Vor dem Anziehen des »Grauen Rockes« läßt der Autor noch einmal die gesamte Romantik der längst vergangenen Fahrten und Abenteuer in sich lebendig werden. Der Traum stellt symbolhaft die Sehnsucht nach fernen Ländern, abenteuerlichen Lebewesen, aber auch nach Gesundung eines von Größenwahn und Selbstüberschätzung befallenen Zeitgeistes dar. Zugleich bildet er eine Absage an die bereits damals für die menschliche Um- und Innenwelt als schädlich erkannte kritiklose Technikgläubigkeit. Die Geschichte sollte in das »Fahrtenbuch eines Vagabunden« aufgenommen werden, dessen Grundidee zweifellos durch Koenigs Jugend-Lieblingsautoren, nämlich Rilke und Hausmann, angeregt und gestaltlich beeinflußt wurde.*

## *Kimungasena*

Es war am blauen Meer.

Das Meer hieß nicht nur so, es war wirklich blau. Blau wie der Himmel. Und den Horizont konnte man nur erahnen, wenn eines der großen weißen Segel über ihm auftauchte. Dann staunten alle Menschen am Ufer. Die einen, weil sie den Horizont weiter oben, die anderen, weil sie ihn weiter unten vermutet hatten. Kam das Segelschiff näher, verloren die Leute wieder die Grenze zwischen Himmel und Wasser aus den Augen. Die Pessimisten wurden traurig, die Optimisten schlossen Wetten ab, wann und wo der nächste Segler auftauchen würde.

Ja, seht ihr, so blau war dieses Meer, genauso blau wie der Himmel. Zogen aber weiße Wolken auf, dann lagen ihre Bilder klar und rein im tiefen Wasser, als wäre die ganze blaue Weite vom Strand unter den Füßen bis hin zu den grünen Palmenwäldern von weißen Wattebäuschchen übersät.

Wunderbare Tiere lebten im Wasser. Große rote Seesterne, grüne Korallen, getigerte Schnecken und zahllose Seerosen mit langen weichen Armen, deren schimmernde Farben im Sonnenlicht irisierten. Da gab es zalamylfarbene Tiere und solche mit einem Hauch von Indemanyl oder Kararausa und Damasyleil. Ihr kennt diese Farben nicht, aber im großen blauen Meer sind sie so gewöhnlich wie anderswo Spatzen. Das Herrlichste jedoch waren die flossenlosen Tamamura-Fische mit den Eisemajon-Augen. Sie schwammen immer in Scharen zwischen dem roten Rosentang, den auch die schwarzen Goldnadeln so sehr liebten.

Alle Tamamura-Fische nahmen gleichzeitig die gleiche Stellung ein. Dies gab den Schwärmen ein feierliches Aussehen. Es erweckte den Eindruck, als wären sie ein einziges Wesen. Oft kamen sie ganz dicht unter die spiegelnde Oberfläche und streckten ihre langen Fangfäden zum blauen Himmel empor, daß es schien, als wüchse plötzlich ein wiegender Halmenwald aus dem Meer. Wehe den tanzenden Lailasunga-Mücken! Erbarmungslos verschwanden ihre schimmernden Körper in den roten Silbermündern der tauchenden Fische.

Hoch oben in den Lüften flogen Paradiesvögel schön geschwungene Bögen. Manchmal verschwanden sie jubilierend zwischen blühenden Palmen, oder sie ließen sich nieder auf blauen Oleandern. Ihre langen, absonderlich geformten Federn wetteiferten an Farben mit Blüten und Kolibris.

Die Häuser der Menschen waren hier alle aus feinpoliertem schwarzem Ebenholz und ähnelten in Form und Konstruktion überdachten Lilienkelchen. Überall auf Straßen und Plätzen hingen an langen, zwischen Magnolienbäumchen gespannten Bändern zartwandige

Glöckchen, Windtrommeln und Basalisong-Harfen, auf denen Vorübergehende nach Herzenslust spielen durften. Dies klang aber nicht wirr und störend, sondern unendlich weich und träumerisch, denn die Menschen am blauen Meer waren sehr musikalisch und hatten ein gutentwickeltes Einfühlungsvermögen, so daß jeder, der zufällig an eines der öffentlichen Instrumente trat, sich willig einordnete in den Gesamtklang der Stadt.

Und eines Nachts kam ich mit meinem Kameraden, der nebenbei bemerkt in Mathematik Vorzugsschüler war, am Strand des blauen Meeres an. Wir wußten beide nicht, woher und wohin. Wir waren eben nur angekommen – sonst gar nichts. Die Sonne stand hoch im Mittag, und über Strand und Palmenwald lag ein violetter Hauch, den die Leute hier den Okalamyra-Zauber nannten.

Ich sagte, daß es Nacht war und daß die Sonne im Mittag stand. Dies ist weiter kein Widerspruch. Ich war nämlich abends eingeschlafen und seither meines Wissens nicht aufgewacht. Da ich aber andererseits in der Frühe regelmäßig aufzuwachen pflege, nehme ich an, daß es eben noch Nacht war am blauen Meer, obgleich die Sonne hoch am Himmel stand.

Ich saß leicht vorgebeugt auf einem grüngeäderten Stein und beobachtete einen azalytbunten Polypen, der Tamamura-Fische jagte. Namen und Farben waren mir vom ersten Moment an so geläufig, als hätte ich schon immer mit ihnen zu tun gehabt – zumindest aber stand fest, daß ich sie seit langem erträumt hatte. Und wie die Erfüllung einer ewigen Sehnsucht rieselten Spektren durch mein Denken.

Mein Kamerad stand dicht neben mir, und doch schienen wir durch ebendiese Spektren getrennt. Ich hörte seine ferne Stimme erstaunt berichten, daß kein Horizont hier zu sehen sei, trotz der klaren Sicht. Ich hörte ihn sagen, daß dies physikalisch paradox sei. Und doch schien es mir das allernatürlichste Ding der Welt. Ja, braucht ein blaues Meer mit Tamamura-Fischen, ein Meer mit einem Spektrum von Indemanyl zu Damasyleil einen Horizont wie irgendein alltägliches Meer, auf dem nur Kohlendampfer fahren statt Quangaquoree-Piroguen?

Nein!

Ein solches Meer braucht Menschen, die auf grüngeäderten Steinen sitzen und träumen vom violetten Okalamyra-Zauber, von Lailasunga-Mücken und dem Eisemajon-Schimmermärchen. Aber mein Kamerad wollte den Horizont berechnen . . . Er sah nicht, daß die hochspringenden Tamamura-Fische Paradiesvögel wurden, daß sich der ganze Schwarm flatternd niederließ auf blauen Oleandern, an dessen Stämmen die sanften Harfen im Wind sangen. Und plötzlich – ich weiß nicht wie – waren wir umringt von Menschen, und ein alter Mann in blauen Gewändern mit platingestickten Arabesken machte es uns zur Pflicht, den Horizont zu finden.

Wie? dachte ich, die Menschen, die den Klang der Basalisong-Harfen hören, die den Ruf der Windtrommel kennen, die in klingenden Chören singen und bei denen die herrlichsten Pipiapajos, Paradiesvögel und Kolibris in den azurenen Goldpegonien am Fenster brüten – diese Menschen wollen nichts als einen lächerlichen Horizont? Und ich stellte mich hinaus auf die große Mole und wartete ein weißes Segel ab. Als es dann auftauchte aus dem runden Blau, wies ich mit der Hand nach ihm und sprach:

»Leute, folgt meinem ausgestreckten Arm – dort ist der Horizont!«

Erst waren alle starr, dann drängten sie herbei, meinem Arm entlang zu blicken, später murrten sie und einige lachten:

»Es ist blau dort, aber kein Horizont.«

Mein Kamerad stand als einzig grauer Fleck im Kararausa-Spektrum mit einem Zeichenbrett, mit Dreiecken, Winkelmessern, Bussolen und Rechenschiebern. Er suchte den Horizont des blauen Meeres. Er sah nicht ein, daß der Sinn dieses Meeres nicht der Horizont war, daß sein Sinn vielmehr in den tausendfarbigen Eisemajon-Augen der flossenlosen Tamamura-Fische verborgen lag. Doch es half nichts: Die Menschen wollten einen Horizont zu ihrem blauen Meer.

Da stieg ich in ein Boot aus geschnitztem Orangenholz. Körbe wurden mir hineingereicht mit köstlichen Früchten, und Segenssprüche erklangen vom Ufer. Ich warf ein Kailalasol-Tier in die mit Maisöl gefüllte Azalyt-Schale, damit sein nickendes Fühlerpaar mir die Richtung weise nach der Weltgegend Kalaniana. Dann band ich das Ruder und den schrägen Großbaum fest, zog die weißen Seidensegel auf, und schäumend rauschte das Boot vor dem Wind in die Richtung, wo der Horizont zu suchen war.

Ich selbst lag vorn im Bug und sah in das blaue Meer. Delphine schwammen herzu, große Seeschildkröten tauchten vor mir davon, und tief unten am Grund glitten bunte Seepferdchen und Korallenfische an weißen Lilientangblüten vorbei.

Später dann warf ich einen Blick zurück. Das Land war nur mehr ein ferner dunkler Strich – ein Strich genau zwischen Himmel und Wasser. Doch auch der versank, und ich war allein. Als ich wieder auf den Meeresgrund sehen wollte, war er verschwunden, und nichts lag unter mir als eine mählich mit sinkender Sonne blauer werdende Tiefe.

Und dann stand die Sonne schräg unter mir. Ich begriff sofort, was geschehen war. Ich fuhr an der tiefsten Stelle des blauen Meeres. So tief war es hier, daß es mitten hindurchging durch die ganze Weltkugel. Der Boden war zurückgetreten, und ich sah hinunter in einen fremden Himmel. Ich sah die Sonne hinter dem Meer. Und da fielen mir auch winzig kleine Schatten auf im Gegenlicht – Schiffe, die auf der anderen Seite fuhren. Von hier waren freilich nur die Kiele zu sehen.

Magisch blausilbernes Licht schimmerte durch dieses so unendlich klare Wasser. Breiten, vom Wind bewegten Schlangenbändern vergleichbar, spannte sich Regenbogen neben Regenbogen. Doch dies ist nur ein Wort. Farbbögen waren es vielmehr von ungeheurer emotioneller Suggestivität. Die wenigsten trugen ein vollkommenes Spektrum in sich. Fast alle waren nur von einer Farbe, doch diese leuchtete in allen Sättigungsgraden und Helligkeitswerten, vom reinsten kräftigsten Ton bis hin zum wunderlichsten Pastellakkord. Herden fliegender Fische mit langen Fahnenflossen flitzten hindurch und spiegelten so die ganze Farbenorgel wider.

Ich muß viel Zeit verträumt haben über all dem Wunderbaren, denn plötzlich schien die Sonne wieder hinter mir, und vor mir lag ein schmaler schwarzer Strich genau dort, wo Himmel und Wasser zusammentreffen mußten. »Der Horizont!« rief ich erstaunt, denn einen solchen hätte ich hier nie erwartet. Im Näherkommen sah ich dann, daß er größer und größer wurde, daß er sich in weißen Strand und grüne Palmen auflöste.

Es war nichts anderes als das Land am blauen Meer. Nachdem ich kreisrund um den ganzen Erdball gesegelt war, erreichte ich es von der anderen Seite. Da kam eine große Erkenntnis über mich, und so rasch es mir möglich war, eilte ich zur Stadt, um diese Erkenntnis kundzutun.

Doch wie traurig sah es hier aus! Kein Musikklang, kein Windtrommelruf, keine flatternden Pipiapajos und keine Tamamura-Fische, die zu Paradiesvögeln wurden. Ja, selbst der Okalamyra-Zauber war verschwunden, und das Kararausa-Spektrum war verblaßt zu ganz gewöhnlichen Farben, wie man sie sonstwo hat in der Welt. Dafür stand im Hafen ein großer, grauer Pfosten mit Röhren und Linsen, mit Visieren und Okularen. Es war dies eine recht sinnreiche Konstruktion, die beim Hindurchsehen einen haardünnen schwarzen Faden hinausprojizierte aufs Meer, genau dorthin, wo der Himmel beginnen mußte. In großen schwarzen Buchstaben stand daneben »Horizontometer«. Darunter jedoch etwas kleiner der Name meines Kameraden.

Ich wollte ihn suchen, doch sagte man mir mißvergnügt, er sei schon lange fort. Er habe pünktlich zur Schule kommen wollen und hätte hier ja seine Sendung erfüllt und das Problem gelöst. Da wurde ich böse und zornig und stellte mich auf den grüngeäderten Stein und rief die Menschen herbei. Langsam nur kamen sie mit traurigen Gesichtern. Als aber auch die letzten erschienen waren, begann ich zu berichten, was alles ich geschaut.

Das war ein Seufzen und Jammern! »Oh«, stöhnten sie, »was haben wir für einen armseligen Horizont! Wo sind die Eisemajon-Augen der flossenlosen Tamamura-Fische? Wo sind all unsere wunderbaren Farben? Wir haben nichts als einen schwarzen Strich, und der ist nicht echt, sondern nur projiziert!«

Da taten mir die Leute leid, und ich sagte etwa folgendes:

»Hört, Bewohner am blauen Meer! Euer Land selbst ist der Horizont, und es gibt keinen zweiten neben ihm. Als ich weit draußen war im Orangenholzboot, da lag diese Küste hier genau zwischen Himmel und Ozean. Als ich aber die ganze Weltkugel umsegelt hatte und dies Land hier wiedererblickte, da war es an gleicher Stelle – an jener nämlich, wo in anderen Weltgegenden der Horizont zu liegen pflegt. Statt daß ihr nun Gott danktet für die Gnade, die er euch erwiesen hatte dadurch, daß ihr als einzige Menschen direkt auf dem Horizont wohnen dürft – statt dieses Dankes suchtet ihr einen fremden Horizont. Ja, ihr ließet euch sogar von einem Mathematik-Vorzugsschüler ein Horizontometer errichten, einen lächerlichen Apparat, der euch einen Strich zwischen Meer und Himmel projiziert! Seht, ihr habt einen Horizont ins Nichts projiziert, ihr habt euch selbst ins Nichts projiziert! Fahrt hinaus in euren Booten aufs Meer, so weit, daß ihr euer Land zwischen Himmel und Wasser seht, jubelt und kehret wieder heim und zerstört dieses errechnete Horizontometer. Vielleicht wird dann alles wieder gut!«

Und die Menschen fuhren hinaus und kehrten singend wieder heim, und sie fällten mit eimanaryllblanken Äxten den grauen Pfahl. Da wurde plötzlich das Krachen des splitternden Holzes zu weichen Klängen – die Basalisong-Harfen begannen zu tönen, die Windtrommeln riefen wieder, und über den blühenden Palmwäldern hoben sich singende Paradiesvögel aus violettem Okalamyra. Die negative Kraft des falschen Horizonts war gebrochen! Die Menschen eilten an die Silberglöckchen, blaue Oleanderblüten brachen auf und strömten Düfte aus in überschwenglicher Fülle. Von überall her aber klang der Freudenruf: »Kimungasena!«

Mit einemmal trennte mich ein schwacher, rauchiger Karamonyx-Nebel von all dieser Pracht. Die Sonne wurde größer, eilte mir zu – nein, es war keine Sonne, es war das riesige Eisemajon-Auge eines flossenlosen Tamamura-Fisches. Es füllte den ganzen Raum, und schwere, kararausafarbene Freudentränen tropften aus ihm nieder.

Dann schwand mir diese Welt, und nichts blieb als die Sehnsucht. Denn welchem Menschen aus unseren Gegenden war es je vergönnt, so lange im Land des Horizonts zu verweilen?

---

*Anlaß zur folgenden 1940 geschriebenen Erzählung bot ein sehr netter, ebenfalls der Jugendbewegung entstammender Feldwebel an der Fliegerbildschule Neubiberg bei München. Dieser legte Koenig eines Tages, in eigenem Zwiespalt befindlich, ein Päckchen ihm zugefloge-*

*ner »reformmedizinischer« Werbeschriften zur Begutachtung vor. Die Heftchen entpuppten sich als Elaborate von so unglaublicher Naivität, daß sie sofort zur Satire anregten. Die vollkommen im Vokabular der Reklamebroschüren abgefaßte »Geschichte eines Abends« sollte aber keineswegs gegen die Naturheilkunde als solche gerichtet sein, die in ihrer ernst zu nehmenden Form dem »Vagabunden« und »Waldläufer« Koenig ja durchaus liegen mußte. Aufs Korn genommen wurde lediglich die wahrhaftig kuriose Darstellungsform, mit der auf Biegen und Brechen, über alle stilistischen, orthografischen und typografischen Regeln hinweg, neue »Naturheilapostel« und Käufer zugehöriger Präparate angeworben werden sollten.*

## *Geschichte eines Abends*

Es war ein Maiabend nach einem Regen. Blauer Himmel mit sich auflösenden blaßgrauen Wolken und fernen Lerchenliedern. Die Sonne stand tief hinter dunklen Fichtenwäldern, und rundum breiteten sich blühende Wiesen und weite Felder.

Nie noch hatte ich so frische Luft mittels des Vokaltypenatemsystems in mich gesogen. Staunend stand ich da – in der linken Hand ein in den letzten Sonnenstrahlen goldig aufglänzendes Naturbernsteinpendel haltend.

Ich befand mich auf dem Weg zum empfindenden Selbst. Wo war jetzt der Gedanke an die Verschlackung meines Körpers? Wo blieb die Abschiedsfrage meiner Mutter: »Willst du heute alkalische oder saure Ernährung?« Nein – ich dachte nicht daran. In mir klang nur das Geheimnis des schaffenden Wortes, die Massensuggestion zum Glück.

Oh, wie konnte ich die Krähe bewundern, die mit langsamem Flügelschlag dem Feldgehölz zustrebte! Der linde Abend wirkte auf mich wie metabiologische Selbstheilung. Was galt da Gewinnen und Verlieren? Es war der Einbruch des Jenseits ins Diesseits. Ja – das war es, und ich wollte diese Stunde seelisch-bewußt unbewußt hoffend erleben, um die Kraftfelder meines körperlichen Zustandes reif werden zu lassen für parapsychologische Esoterik. Doch welches Staunen rieselte da in mir? Welcher astralische Psychomagnet zog mich den sachten Hügel hinab durch die wogenden Wiesen voll weißer Margeriten? Warum mußte ich gerade jetzt meine Taschenwünschelrute zücken?

Handlich und bequem war sie – ein entzückendes Modell, das mir erfahrene Wünschelrutengänger sehr warm empfohlen hatten. Kaum fügte sich ihre elegante Form in meine Finger, da schlug sie auch schon aus, kräftig und unwiderstehlich – ja, sie peitschte beinahe mit magischer Sicherheit das Gras.

Hier mußte etwas sein! Gold, Silber?

Mit bloßen Händen begann ich zu graben. Andere hätten dies vielleicht nicht ertragen, aber meinem durch naturheilendes Fasten und Schlenzen von Verdauungsrückständen befreiten Körper war es ein Spiel. Die Taschenwünschelrute hatte ich beiseite gelegt, doch sprang sie hier munter aus eigenen Stücken weiter und umtanzte mit bewunderungswürdiger Sicherheit, einem schwanzwedelnden Hund gleich, den Ort, an dem ich scharrte.

Tiefer drang ich in die Erdkrume ein mit zielbewußter Kraft – und plötzlich griff ich Hartes. Augenblicke später hob ich ein Metallkästchen heraus. Die Taschenwünschelrute tobte, sich selbst übersteigernd, und das Naturbernsteinpendel pendelte sachte.

Was aber war in dem Kästchen? O unaussprechliche Wonne! Hier lag fein säuberlich verpackt das köstlichste Buch »Magie des Glücksspiels«. In etwas kleineren Buchstaben stand unter dem Haupttitel der Nebentitel, nicht weniger vielversprechend: »Magie des Spielglücks«.

Außer diesem Buch fand ich noch ein Paket Horoskopformulare in der beliebten Ausführung mit Gradeinteilung und bildlicher Darstellung im Durchmesser von 20 Zentimeter und mit schöner Horoskopfigur. Im Handel hätte ich ohne weiteres bei Barzahlung ohne Kassaskonto eine Mark dafür zahlen müssen.

Befriedigt ermattet sank meine Taschenwünschelrute um, doch das Naturbernsteinpendel pendelte weiter selige Freude in den Abend hinein. Ich legte mich ins weiche Gras und begann gerührt meinen wundersamen Fund zu lesen. Da gab es herrlich interessante Kapitel:

Das Leben ein Spiel – ein Spiel das Leben.

Zufall und Zahl – zahlenmäßiger Zufall.

Kann der Zufall denken?

Das Glücksspiel als Heilmittel.

Industrie des Glücks.

Zufall der Bosheit – Bosheit des Zufalls.

Und noch viele andere!

Ich habe an diesem Abend Wunderbares gelernt. Ich habe gelernt, bei jedem Hasardspiel mit 50 Prozent Sicherheit zu gewinnen. 50 Prozent Gewinnsicherheit sind viel für einen Abend! Es gibt Menschen, die haben das bis an ihr Lebensende nicht erreicht. Ich studierte voll Eifer das Kapitel »Physik des Zufalls«. Ich verbohrte mich in »Ebbe und Flut des Glücks«. Mit einem Wort: ich schwelgte in Seligkeit.

Doch es wurde dunkler. Kaum sah ich mehr die Grenze zwischen Wald und Wiese vor mir. Da legte sich auf meine Schulter eine weiche Hand. Ich fühlte sofort, daß diese Hand sich von Fruchtkörnerkost nährte, denn nie hätte sie sonst bar jeder grobkörperlichen Schwingungspotenz meine heilkräutergenährte Haut tangieren können. Und eine zarte Stimme fragte:

»Weißt du um die Kraft des friedlichen Sterbens?«

»Nein«, antwortete ich beschämt, »all mein Denken konzentrierte sich bisher auf Heilung durch überkonfessionelles Beten und Fasten. Ich habe Schicksale gesucht in Namen, ich habe geschlenzt, meine Niere – dieses wunderbare Entlastungsventil – gemeinsam mit der Lunge zum ephemeristischen Vokaltypenatmungsorgan geschult – doch friedliches Sterben habe ich vergessen.«

»Schade«, flötete die Stimme, »du mußt dies Werk studieren, welches jener Erkenntnis kühne Bahn bricht, daß Sterben nur eine entschlackende Fortsetzung irdischen Daseins in astralen Formen darstellt. Große Männer haben dies entdeckt, haben es ausgebaut zum kosmobiologischen System. Ein berühmter Irrenarzt hat zu diesem zauberhaft hypnotisch-suggestiven Buch ein tiefgründiges Vorwort geschrieben. In Leinen gebunden drei Mark fünfzig.«

Da wagte ich, aufs tiefste erschüttert, den Kopf zu wenden. Ein Mädchen stand neben mir – leicht vorgeneigt, schwarze Silhouette vor nachtblauem Himmel.

»Ach . . .« stotterte ich, sprang auf und nahm sie in die Arme. »Du wunderbar metaphysisch gereinigte Unbekannte, die du vokaltypenatmest wie ich – werde die Meine!«

»Ja«, sprach sie, »und wir wollen einander durch gemeinsames Aneignen des Gedankenkomplexes aus der Broschüre ›Göttliche Denkschulung im Dienste grafologischer Seelenchemie‹ um nur neunzig Pfennig näher erforschen und verborgene Möglichkeiten für unser Lebensglück ausnützen . . .«

Der Mond stieg auf. Meine Taschenwünschelrute hopste munter in suggestivem Takt um unsere Beine, und regelmäßig pendelte das im Gebrauch unverwüstliche Naturbernsteinpendel an elegantem, leicht rollbarem, nach neuartigen astronomischen Grundsätzen geflochtenem Seidenfaden für nur sieben Mark zwanzig.

Vergebens aber wartete daheim meine Mutter mit der erkaltenden alkalischen Gemüsekörnerabendkost.

---

*Bei diesem 1945 entstandenen Aufsatz »Die letzte Weihnacht« handelt es sich weniger um die stimmungsvolle Situationsschilderung an sich, sondern mehr um die zeitgeschichtliche Information für die neuen jungen Mitglieder des nach dem Krieg wiedererweckten Pfadfinderbundes. Koenig wollte die Jugend geistig einstimmen, ihr den Anschluß an das alte Gedankengut ermöglichen, um 1945 dort fortsetzen zu können, wo man 1938 die Jugendbewegung gewaltsam ausgelöscht hatte. Dieses Manuskript wurde, als einziges in dieser Reihe, bereits einmal in einer improvisierten selbsthergestellten Nachkriegs-Jugendschrift veröffentlicht.*

## *Die letzte Weihnacht*

Es war unsere letzte Weihnacht in unserem Heim. Wir wußten das damals noch nicht, denn es war ja erst Dezember des Jahres 1937, und keiner von uns hätte wohl glauben wollen, daß man uns dieses Heim drei Monate später wegnehmen und zerschlagen würde.

Die ganze Gruppe saß zusammen bei halbdunklem Kerzenschein unter dem riesigen grünen Tannenkranz – ja, das war so Brauch bei uns. Der Kranz hatte denselben Durchmesser wie unser Tisch, und der war sehr groß, waren wir doch vierzehn Pfadfinder und zehn Wölflinge, alle um diesen einen Tisch versammelt. An der Wand über uns hing ein großes Bild: Pfadfinder aller Erdteile um ein Lagerfeuer sitzend, Symbol unserer Gemeinsamkeit.

Wir sangen – ganz leise sangen wir unsere alten Lieder – vom Wandern, vom Lagerfeuer. Der Tisch war weiß gedeckt, und es türmten sich Berge von Kuchen und Bäckereien darauf. Unsere Gruppenkessel dampften, voll mit heißem duftendem Tee, und dazu gab es noch Heringsalat. Das war bei uns Tradition. Nun dürft ihr aber nicht glauben, daß da lauter reiche Leute saßen, deren Eltern das Geld nur nach Kilo berechneten – o nein, weit gefehlt! Wir waren sogar recht knapp bei Kasse, und viele Buben kannten von ihrem Elternhaus her nur allzu genau, was Arbeitslosigkeit bedeutet.

Wißt ihr, damals war das so, daß man wohl alles kaufen konnte, was das Herz begehrte – doch nur einige wenige Menschen hatten das Geld dafür. Ein paar Besitzenden ging es gut, aber draußen in den Fabriksarbeitervierteln saß die Not in jeder Wohnung.

Wir wurden auf unsere Weise damit fertig: Jeder brachte so viel, wie er von daheim bekommen konnte, und das wurde dann unter allen verteilt. Dazu hatten wir durch Sammeln und Verkaufen alter Flaschen ein bißchen Geld verdient, hatten gespart, und so kam bei der Weihnachtsfeier doch ein recht ansehnlicher Berg guter Dinge zusammen.

Der kleine Eisenofen glühte, die dichten grünen Tannenzweige hingen tief und dufteten so weihnachtlich frisch durch den Raum, daß uns allen ganz feierlich zumute wurde. Wir sangen und aßen und lasen vor, und als die Kerzen schon ganz niedrig brannten, begann einer zu erzählen . . .

Vom Sommer natürlich. Von unserer großen Fahrt, von den Nächten im Zelt, von den Tagen auf der Landstraße, von den hohen Bergwäldern und der Holzfällerhütte in der Karawankenschlucht. Und plötzlich sprach einer vom alten Keutschachbauern. Wißt ihr, das war ein ganz armer Kleinhäusler, dem hatten wir im Sommer zwei Tage lang bei der Arbeit geholfen. Er litt an einem krummen Fuß, und seine Frau war krank und ging am Stock – da werkten wir eben zwei volle Tage lang, soviel wir nur konnten, in der kleinen Wirtschaft. Unser Zelt hatten wir auf der Seewiese aufgestellt, dort blieb unsere »Kochbereitschaft« zurück, während wir anderen gleich nach dem Baden in aller Früh zum Keutschachbauern zogen. Freiwillig natürlich – und als die zwei Tage vorbei waren, packten wir unser Zelt zusammen, schnallten die Rucksäcke um und marschierten weiter durch den Turiawald hinüber ins Rosental . . .

Alle hörten aufmerksam zu, redeten mit, schwelgten in Erinnerungen. Ich weiß heute nimmer genau, wie alles kam, jedenfalls erhob sich der Feri – er liegt in Rußland begraben – plötzlich vom Tisch und meinte, wir müßten eigentlich dem alten Keutschachbauern und seiner Frau einen Weihnachtsbrief schreiben. Und da rief auch schon ein anderer dazwischen, wir sollten ihm auch ein paar Keks dazulegen – und zwei Stück Kuchen, meinte der Raoul – ja, und der Ewald fischte aus dem hintersten Winkel unseres Heimes eine ganz große Schachtel hervor, in die wir unsere sämtlichen Süßigkeiten hineinpackten. Ein kleiner Tannenzweig wurde abgebrochen, die längste Kerze dazugelegt, schnell ein paar Zeilen geschrieben – und zu guter Letzt drehten wir noch unsere Gruppenkassa um und fanden etliche Groschen drinnen. Ich glaube, es hat keine zwanzig Minuten gedauert, da war das Paket postfertig. Freilich, aufgeben konnten wir es erst am nächsten Tag, denn es ging schon reichlich gegen Mitternacht.

Lange saßen wir noch zusammen in dieser Nacht, fast bis zum Morgen. Die letzten Kerzen waren längst vertropft, der Ofen allmählich ausgegangen. Aber in uns glühte es und brannte es, Lied um Lied wurde gesungen, es wurde erzählt, geplant – und geträumt. Nur dann und wann spielte einer leise auf seiner Mundharmonika.

Seht, das war die letzte Weihnacht in unserem Heim, bevor wir verboten wurden.

---

*Mit »Die Schwarzen von der Au« (das Manuskript entstand 1954) sind die Kormorane gemeint, die man noch nach dem Zweiten Weltkrieg an der ganzen österreichischen Donaustrecke beobachten konnte und die oft und oft unter den Wiener Stadtbrücken hindurchgeflogen kamen. Alle Kolonien wurden inzwischen systematisch von Fischern zerstört.*

*Koenig, wie Lorenz an der Donau und in deren Auwäldern aufgewachsen, wollte einmal ein Donaubuch schreiben, kam aber im Kampf um Aufbau und Erhaltung seiner »Biologischen Station Wilhelminenberg« über das vorliegende Einleitungskapitel nicht hinaus. Die Schilderungen betreffen die Zeit vor und nach dem Zweiten Weltkrieg und führen von der so romantischen Jugendbewegungszeit in die exakte wissenschaftliche Arbeit der »Biologischen Station Wilhelminenberg« und des 1967 daraus hervorgegangenen »Institutes für Vergleichende Verhaltensforschung der Österreichischen Akademie der Wissenschaften« hinüber.*

## *Die Schwarzen von der Au*

Leise singt und summt das graue Wasser des Stroms, dreht sich in Wirbeln, rauscht auf über Buhnen, zischt in flachen Trichtern zum Grund, wird glucksend hochgeworfen, strömt in Kehren zurück und strebt doch unaufhaltsam talwärts – immer weiter talwärts dem fernen Meer entgegen. Ästchen treiben, ein Korkstöpsel schlingert hopsend auf und nieder, ein Apfel schwimmt vorbei, und man weiß nicht recht, warum gerade er jetzt der Schnellste ist. Sausend gleitet das Wasser spiegelglatt in weicher Linie in ein Buhnental, schwillt sprudelnd wieder hoch.

Weite Kurven macht der Strom, schwingt von links nach rechts, von rechts nach links, aber sein Wasser zieht immer auf kürzestem Weg der nächsten Kurve entgegen, es trägt ab, schwemmt an, führt Schotter und Erde der Berge und die Abfälle der Städte mit sich, alte entwurzelte Stämme, einen hilflos noch halbseitig flügelschlagenden Falter – und es trägt unser Boot. Leichtes Boot aus Stäben, Spanten und mehreren Lagen Gummihaut.

Nein, wir paddeln nicht. Mein Freund und ich liegen weit zurückgelehnt, blinzeln in die grau, grün und blau flimmernde Helle, lassen uns treiben und drehen, wie es dem Wasser gefällt. Kühle spürt die Hand, die über den Süllrand hängt, Hitze die andere, die das Paddel hält, damit es nicht entgleitet. Sonne und Wasser, die graugrünen Auen aus Silberpappeln und Weiden zu beiden Seiten des Stromes – und hoch oben ein kreisender Milan. Manchmal flattern Möwen auf, wenn wir zu nah an einer Sandbank vorübertreiben, oder ein Reiher wuchtet mit rundem Schwingenschlag und heiserem Warnschrei davon. Dazwischen erklingt auch manchmal das helle Rufen des Regenpfeifers, das Locken einer Bachstelze oder eines niedrig über dem Wasserspiegel abstreichenden Flußuferläufers. Dann wieder Stille. Nur das Singen des Flusses bleibt überall. Aber man hört es nicht mehr bewußt, weil es so allgegenwärtig ist wie das Pochen einer alten Schwarzwälderuhr in kühler Bauernstube.

Glückliches Dehnen und Strecken, Sich-Räkeln – doch dann ein jäher Ruck, Weidenzweige drehen sich in das Blickfeld über dem Boot, stärkeres Rauschen – höchste Zeit für ein paar rasche, starke Paddelschläge, die uns wieder hinaustragen in das freie Wasser, fort von dem steinernen Ufer, dem wir in unserem selbstvergessenen Dösen allzu nahe gekommen waren. Ja, man muß schon aufpassen, daß die elastische Faltboothaut nicht über die scharfen Blöcke scheuert oder der Strom einen forttreibt, dessen Gewalt man nur allzu leicht unterschätzt.

Einmal bei Hochwasser fuhren Raoul und ich im letzten verblassenden Tagesschimmer am linken Ufer bergwärts. Wir legten alle Kraft in den Zug der Paddelblätter, arbeiteten weit vorgebeugt in langen und doch raschen Zügen. Langsam ging es voran. Dann aber stießen wir auf eine Buhne und kamen über den ziehenden Schwall nicht hinaus. Wir versuchten es weiter draußen, dann wieder knapp am Ufer – aber trotz aller Kraftanstrengung war das Boot wie festgewurzelt, während das Wasser reißend dahinschoß. Da legt Raoul – wir stehen gerade hart am Damm – das Paddel vor sich hin. Noch ehe ich einen Ton aus der Kehle bringe, um die Wahnsinnstat zu verhindern, packt er einen Weidenzweig – und schon ist es zu spät! Das Boot neigt sich, kentert, kippt uns in den Strom. Paddel, Sitzbretter, Rückenlehnen – alles treibt Richtung Schwarzes Meer, und das Boot sackt mitten im Buhnenwirbel ab. Tauchend erhasche ich gerade noch den Bug, gewinne Boden unter den Füßen, verliere ihn wieder – mein Gott, die Kamera!

Jetzt hat Raoul den Bootsbug gefaßt, klammert sich gleichzeitig an einen Uferblock. Das Heck ist tief unter Wasser. Aber ich erwische die Seitentasche mit der Kamera, reiße sie aus der Halterung und werfe sie in hohem Bogen auf den Damm – Gott sei Dank! Jetzt rasch das

Boot auf die Steine gesetzt und den Paddeln nach. 500 Meter weiter erreiche ich sie, und Raoul ergattert noch die beiden Lehnen und einen Sitz. Klatschnaß stapfen wir am Ufer zurück, tragen das Boot über die Buhne hinauf und fahren dann fröstelnd zu unserem Zelt auf der Sandbank. Die ganze Nacht sitzen wir am Feuer, trocknen unsere Trainingsanzüge und – die Kamera. Es war mein erster wertvoller Apparat. Er hat es nicht überstanden. Zu Raouls Entschuldigung sei es gesagt: er war damals 14 Jahre alt, saß zum erstenmal in einem Faltboot und fuhr zum erstenmal auf dem Strom.

Ja, wenn man am Ufer steht und zuschaut, wie das Wasser vorbeizieht, wie ein Floß talwärts treibt und bunte Paddelboote dahinfahren, wenn man die winkenden Menschen auf weißen, buntbeflaggten Dampfern sieht, da möchte man meinen, hier am Strom sei nichts als Wonne und Glück. Aber da ist auch viel harte Arbeit, viel zerstörte Hoffnung. Ein kleines Erlebnis tritt da wieder in meine Erinnerung – ganz unbedeutend vielleicht und doch bezeichnend. Es war Mai, Mauersegler flogen über dem Strom, stürzten im Bogen nieder, tranken im Flug, schwangen sich wieder steil hinauf. Nur einer trieb im Wasser fort und schlug immerzu mit der einen schmalen Sichelschwinge, die in die Luft hinausragte, schlug und schlug – und schlug vergeblich. Das war alles. Kennt einer den Friedhof der Namenlosen unten bei Albern? Hat einer schon einmal Rehe gesehen, die im Winter auf Eisschollen treiben weitab vom Ufer? Strom der Güte und des Todes, so nannte ihn ein Dichter. Ja, des Todes.

Ich will eine Geschichte erzählen von diesem Strom, die anfängt wie so viele Geschichten: Es war einmal – es war einmal ein großer Strom. Breit und mächtig ergoß er sich durch ein weites Tal, zerteilte das Land mit seinen hundert Armen und Adern in hundert Inseln. Hohe, alte Weiden ragten an seinen Ufern, mächtige Silberpappeln überschatteten Tümpel und Teiche. Da wuchs Schilf und blühten Seerosen. Da steckten die Teichrosen ihre gelben Köpfe über grüne glatte Blätter, und an den Ufern wucherten Goldruten. Waldreben rankten an hohen Bäumen empor, am Boden vermoderten Äste und Stämme, zersplittert in ihrem Sturz. Reich war die Stromau an Wild. Rehe gab es und Hirsche von seltener Größe. Wenn Hirschbrunft war im Herbst, hörte man sie röhren, urkräftig und rauh. In den Praterauen bei Wien, in der Lobau, bei Heiligenstadt und Klosterneuburg genauso wie bei Tulln, bei Hollenburg, Hainburg oder sonst irgendwo in dem weiten wilden Gebiet.

Was gab es da für Fische! Lese einer doch die alten Marktberichte vom Wiener Fischmarkt durch! Da waren die riesigen Waller oder Welse Alltäglichkeit. Da gab es Karpfen und Rapfen, Hechte, Huchen und Barben in reicher Auswahl. Man fing noch den mächtigen Hausen und den Sterlet, Zuzügler vom Schwarzen Meer bis über Wien hinaus. Was ist das heute für ein Aufsehen, wenn ein Fischer einen winzigen Sterlet, den kleinsten aus der Familie fängt! Höchstens ein- oder zweimal passiert das im Jahr. Vom Hausen ist schon lange keine Rede mehr. In den Auwäldern gab es Graureiher, Nachtreiher und Kormorane. Die Dommeln riefen, und auf den Sandbänken brüteten Heere von Seeschwalben. Sie alle fingen Fische, lebten davon, auch der Otter machte Jagd, und kein Mensch hatte Sorge, daß deswegen die Fische für den eigenen Tisch rar werden könnten. Reichlich war für alle da.

Freilich barg dieser mächtige, ungebändigte Strom auch seine Gefahren. Im Frühling, wenn in den Bergen der Schnee schmolz, überflutete er die Auen weithin und riß mit tödlicher Gewalt fort, was zu schwach war, ihm zu trotzen. Von wieviel Hochwassernot weiß doch die Geschichte Wiens und die einer jeden Menschensiedlung an der Donau zu berichten! Ganze Wohnviertel wurden überschwemmt, und nicht nur einmal mußten die Bewohner niedrig liegender Häuser auf den Dächern Zuflucht suchen. Gebäude wurden weggerissen, Mensch und Vieh ertrank. Strom der Güte und des Todes . . .

Jeder weiß, was dann geschehen ist, und jeder sieht auch die Notwendigkeit ein: Man hat im vorigen Jahrhundert die Donau reguliert. Heute fließt der Strom breit und mächtig, beinahe einem riesigen Kanal vergleichbar, zwischen zwei endlosen Steindämmen talwärts. Man hat eine technische Lösung gefunden für ein biologisches Problem. Und das ist meistens schlecht, denn die Techniker fühlen sich allwissend und glauben, die Herren zu sein. Sie lösen jedes Problem auf dem Zeichenbrett, und wenn die Rechnung aufgeht und die Kosten nicht zu hoch sind, so wird ihr Projekt verwirklicht. Zum Schluß setzt man eine Tafel darauf mit ein paar Namen unter bronzenen Palmzweigen: »Den Erbauern . . .«

Handel und Verkehr blühten, Schiffe befuhren den Strom in jeder Richtung. Die Siedlungen waren gesichert, und alles mußte sich nun zum Besten wenden. Der Bauer pflügte, wo einst der Fischer hauste und der Fährmann. Felder entstanden, wo früher die Biber ihre Burgen bauten. Die beiden Dämme haben die Arme des Stromes von ihm getrennt, sie wurden zu Tümpeln. Im Herbst fiel das Laub hinein, im Frühling brachte das Hochwasser neuen Schlamm. Schmäler und schmäler wurden die Arme. Ich kenne Gebiete, die man vor 20 Jahren noch mit dem Faltboot befahren konnte, ganze Systeme von Wasseradern, Teichen und Tümpeln. Es brauchte gar nicht Hochwasser zu sein, um in diese versteckten, geheimnisvoll schönen Wasserreviere hineinfahren zu können. Es genügte, das Boot über den Damm zu tragen, auf das stille Wasser zu setzen – und schon konnte man dahinfahren entlang von Biegungen und Buchten, durch Weidengestrüpp und Schilf, zwischen hohem Auwald oder saftigen Wiesen den ganzen lieben Tag. Blaukehlchen sah ich dort im zeitigen Frühling, Jungreiher im Sommer. Stockenten flogen erschrocken auf, Rehe standen an Tränken, und immer wieder stoben blauschimmernde Eisvögel von ihren Lauerplätzen davon.

Heute gibt es dort kein Wasser mehr, und wo die Wildente ihre Jungen führte, brütet jetzt der trockenheitsliebende Fasan. Als Buben haben wir in tiefen Autümpeln heimlich Fische gefangen – heute steigt man auf drei Trittsteinen durch eine kleine Pfütze. Die Au verlandet. Es gibt Kahlschläge, die man jetzt mit Föhren, Eschen und Eichen aufforstet anstatt mit Weiden, Schwarz- und Silberpappeln. So trocken ist der Boden.

Und was ist aus der Fischwaid geworden? Gehe doch einer hin auf die Märkte und schaue sich die Donaufische an: Rotfedern, Brachsen – lauter Kleinzeug, und das in geringer Zahl. Wer fängt heute noch einen Huchen, einen großen Wels? Sicherlich gibt es noch einzelne stattliche Fische im Strom und den wenigen Auwässern – aber es sind nur letzte Reste einstmaligen Reichtums. Dabei ist diese Verarmung gar kein Rätsel. Die Fische laichen nämlich nicht im Strom, sondern in den Ausständen. Die Jungfische brauchen das pflanzendurchwucherte, dicht veralgte Seichtwasser mit seinem reichen Plankton. Sie brauchen die Ruhe darinnen, den Schutz vor den Räubern. Hier findet der winzige Jungfisch seine Nahrung, hier kann er sich verstecken. Die großen Fische dagegen finden in den seichten, schmalen Gewässern nicht ihr Auskommen. Die kommen nur zur Laichzeit hierher und schwimmen dann wieder zurück in größere, tiefere Wasserläufe, in die Arme, Seen und in den Strom. Heute tun sie es nicht mehr, denn man hat durch zwei Steinbarrieren den Strom vom Auwald getrennt.

Früher gab es wild zerrissene, tief unterhöhlte Ufer, gab es ausgewaschenes Wurzelwerk, Kehren und tiefe Gumpen. Da konnten Fische stehen, konnten sich verbergen und lauern. Nahrung bot sich hier in Hülle und Fülle. Jede Art fand, was sie suchte und brauchte, denn die Wasserrinnen und Stromarme waren so tausendfach verschieden: Groß, klein, breit, schmal, tief, seicht, gerade – oder verwinkelt in die Irre führend! Da lagen Seen mit Schilf und schattenden Seerosen, es boten sich weite, seichte, sonnendurchglühte Wasserflächen und tiefe kühle Löcher. Klar und trüb, still und strömend – unzählige Varianten und Kombinationen einer Wasserlandschaft! Und überallhin gab es Verbindungswege.

Die beiden Donaudämme haben also die Fische von ihren Laichplätzen getrennt. Ein rumänischer Fischereifachmann hat dies einmal sehr klar verdeutlicht, als er sich auf einer internationalen Tagung für die Donauregulierung bedankte. Weil nämlich durch sie die Donau zum raschfließenden Kanal geworden sei, würden nun viele Fische zum Abwandern gezwungen, und außerdem würden auch nahrhafte Abfallprodukte auf raschestem Wege stromabwärts geführt, was der rumänischen Fischerei sehr zustatten käme. Das war deutlich genug. Der Plan, das Donauwasser zur Beseitigung größerer Hochwassergefahren möglichst schnell meerwärts zu befördern, ist voll geglückt – nur strömte auch der Segen talwärts.

Da klagt man über Dürre und Trockenheit in den einstmals fruchtbaren Gebieten jenseits der Auen, wundert sich vielfach, daß Steppentiere wie Ziesel, Hamster und Gottesanbeterin sich mehr und mehr verbreiten, unmittelbar an den verbliebenen schmalen Augürtel heranrücken – ja warum sollten sie es nicht? Es fehlt doch das Wasser, der Segen des Stromes. Strom der Güte und des Todes – man hat den Tod beschnitten und die Güte auch. Hätte man den Altwässern eine Verbindung mit dem Strom belassen, dann wären auch Segen und Güte geblieben. Aber die Techniker hatten eben keine Ahnung, daß es große Fische nur in großen Gewässern gibt, daß der Fisch sich im Wachstum dem Lebensraum anpaßt. Und sie wußten auch nicht, daß in den seichten, stillstehenden, vom Strom getrennten Tümpeln in der Sommerhitze die Fische manchmal zu Tausenden sterben würden.

Flach ist das Auland, da und dort von langen Gräben und Senken durchzogen. Das war das Paradies meiner Kinderjahre. Hier konnte man schleichen, sich verstecken, konnte beobachten, ohne selbst entdeckt zu werden. Höhlen haben wir in die sandigen Böschungen gegraben, unsichtbar im Gestrüpp verborgen. In spärlichen kleinen Tümpeln fingen wir Unken, Wasserfrösche und Kammolche. Nach Hochwässern gab es ab und zu auch zurückgebliebene Fische darinnen. Eine romantische Welt war das für uns Buben, und wir kannten alle heimlichen Plätze, versteckten Gräben in der Au. Wir freuten uns über sie und hatten keine Ahnung, daß sie eigentlich die alten Donauarme sind, und daß dort, wo wir ein paar winzige »Spennadler« aus Löchern und Tümpeln holten, einst die großen Fische standen.

Hütten und Krandaubeln am Donauufer – ein friedliches Bild, das zum Strom gehört wie die silbrigen Auen. Da ragt ein Holzgatter ein paar Meter in den Strom, um Mist und Treibholz abzufangen und das rasch ziehende Wasser zu bremsen. In Kehre und Gegenstrom dahinter ein überdachtes Boot oder eine kleine Bretterbude am Damm – und die große Daubel. Geruhsam rauchend sitzt der Fischer daneben, wartet ab, kurbelt das weitgespannte Netz herauf, bis es, vom Wasserzug befreit, hochwippt und eine Weile über den dahineilenden wirbelnden Fluten schwankt. Silbern tropft das Wasser ab – keine Beute darinnen. Mit stillem Seufzer gibt der Fischer die Kurbel wieder frei, und surrend fällt das Netz zurück in den Strom.

Das Daubeln ist eine ruhige Beschäftigung für Eigenbrötler, Arbeitslose und Pensionisten. Aber sie führen ein herrliches Leben unten in der Lobau zwischen Strom und Auwald, ungestört und großstadtfern. Im Gespräch mit ihnen wird deutlich, daß sie Zeit und Ruhe haben. Man kann sich zu ihnen in die Sonne legen und ruhig zwischen zwei Sätzen eine Stunde dösen. Auf Zeit kommt es hier nicht an. Sie wissen, wo die Bisamratten hausen, und manch einer macht sich mit dem Fang der braunfelligen Nager einen guten Nebenverdienst. Sie wissen auch, wo die Hechte stehen und wo die Enten ihre Jungen führen, wo der Eisvogel lauert und wo die Fasane nächtigen. Richtige Waldstrotter sind manche, sonnenverbrannt und stoppelbärtig. Ja, es ist ein eigenes Völkchen da in der unteren Lobau, die Siedler und Fischer, die Klaubholzsammler und Waldgeher. Sie führen ihr eigenes Pionierleben abseits der zivilisierten Alltäglichkeit, und man kann von ihnen viel erfahren, wenn man sie kennt und sich gut steht mit ihnen. Sind arme Teufel allesamt, mißt man sie mit städtischen Maßen.

Mein Freund und ich hatten unser Boot an Land gehoben und lagen in der Sonne am Damm. Von allerlei sprachen wir mit dem alten Fischer, vom Fang, vom Wetter, vom weiten Weg und vom Kostenpunkt der Lizenz. Da zog von unten her niedrig über das Wasser mit hastigen Flügelschlägen ein großer schwarzer Vogel – ein Kormoran. Raoul deutete hinaus und meinte scherzhaft: »Die Konkurrenz!« Der Fischer nahm die ausgebrannte Pfeife aus dem Mund, spuckte herzhaft aus und deutete mit dem Mundstück hinter sich zum Auwald hinüber: »Durt haben s' brüat früher . . .« Und nach einer Pause fügte er mit einem bösen Unterton hinzu: »Aber damit is's vorbei . . .«

»Und warum . . .?« fragte ich pro forma, obwohl ich es haarklein wußte, aber ich wollte die Ansichten des Fischers hören, um mit ihm darüber näher ins Gespräch zu kommen.

Meine Frage schien ihm Stichwort zu sein, denn sofort legte er los und tischte bereitwilligst sämtliche Anschuldigungen und Märchen auf, die jemals über Kormorane erzählt worden sind. Richtig in Rage redete er sich und war einfach nicht zu bremsen.

»Fünf Kilo Fisch frißt so a Luder am Tag wia nix – aner größer wia der andere! Wird kane Fisch in der Donau geben, bevur die Lackeln net furt san. Dabei züchten s' wia Küniglhasen. Die Nester hamma alle hin gmacht. A paar Jahrln is scho her, aber allweil kummen s' no und mechtn neu anfangen. Aber da wird nix draus – wär ja die Fischerei hin!«

Hatte er mich anfangs überhaupt nicht zu Wort kommen lassen, so tat er jetzt jedes meiner Gegenargumente einfach ab. Ich schien ihm überhaupt nicht berechtigt, auch nur ein Wort über den Kormoran zu sagen. »Schaun S', Se san a Paddler – Se bewundern die Natur« – die letzten drei Worte hatte er in betont feierlichem Schriftdeutsch ausgesprochen – »was verstengan Se von de Fisch? I bin a Fischer – vierzig Jahr' bin i auf der Donau – a alter Daubelfischer, jawohl – und Se wollen mir was darzöhln von an Kormoran? Wia alt san Se? Soviel Monat' leben Se no net, als was i scho Kormoran gsegn hab . . .«

Es war einfach nichts zu machen, und Raoul tippte mich leise von der Seite an. Laß ihn, wollte er damit sagen – es hat keinen Sinn. Nein, es hatte wirklich keinen Sinn, und wenn ich dennoch weiterstritt, so geschah dies weniger, um den Mann zu überzeugen, sondern aus Zorn über so viel Ahnungslosigkeit. Aber es wurde nur schlimmer, und zum Schluß forderte er uns rundweg auf, weiterzufahren oder still zu sein. Da fuhren wir. Hinter uns zog der Kormoranfeind seine Daubel hoch, und wir sahen gerade noch eine kleine Rotfeder darinnen zappeln. Die Fischer würden wohl niemals einsehen, daß die Kormorane nicht Schuld haben am Rückgang der Fischbestände. Aber es ist schon so, wenn die Ware knapp wird, gönnt einer dem anderen nichts mehr und schiebt die Schuld allen in die Schuhe, nur nicht den Richtigen.

Alles bisher Erzählte geschah vor dem Zweiten Weltkrieg. Jahre später bekam ich wieder Streit wegen der Kormorane. Diesmal allerdings mit einem namhaften Autor, der schon viele Bücher geschrieben hatte und sich über meine schlechte Kritik empörte. Der Mann hatte da glattweg behauptet, ein Kormoran würde im Tag so viel Nahrung aufnehmen wie eine vierköpfige Menschenfamilie. Außerdem fräße er Schwalben in Mengen, brüte regelmäßig zweimal im Jahr und wäre somit ein ungeheurer Fischereischädling. Die schriftlich geführte Diskussion war seitens meines Widersachers zwar geringfügig höflicher als jene mündliche mit dem Fischer, aber die Grundeinstellung war doch die gleiche. »Ich habe meine Biologierigorosen mit Auszeichnung bestanden – und ich habe seit soundso vielen Jahren eine Jagdkarte – ich habe schon soundso viel geschrieben – und was haben Sie . . ?«

Mein Gott, man braucht doch wohl nur den zweiten Band von Heinroths Werk »Die Vögel Mitteleuropas« zu lesen – und wenn Heinroth vom Kormoran sagt, der fräße nur 75 Dekagramm Fische im Tag, so kann man ihm das glauben. Bis 2,5 Kilogramm wird ein Kormoranmann schwer, die Weibchen höchstens 2 Kilogramm. Wie sollte ein Vogel von dieser Größe das Doppelte des eigenen Gewichtes vertilgen? Bekanntlich fressen kleine Tiere verhältnismäßig mehr als große, denn bei ihnen ist das Verhältnis von Volumen zu Körperoberfläche ungünstiger und die Wärmeabgabe daher größer. Das hat schon im Jahre 1910 der Ornithologe Rörig experimentell nachgewiesen.

Da fressen zum Beispiel unsere kleinsten heimischen Vögel, nicht schwerer als 5 bis 9 Gramm, täglich 30 Prozent ihres Körpergewichtes (gerechnet in Trockensubstanz), ein 75 Gramm schwerer Star braucht nur mehr 12 Prozent, und Vögel von über 400 bis 500 Gramm Lebendgewicht gar nur noch 4 Prozent. Rechnet man zu dieser Trockensubstanz vier- bis fünfmal soviel Flüssigkeit dazu, um dem tatsächlichen Nahrungsgewicht nahe zu kommen, zeigt sich, daß nur die kleinsten Arten täglich mehr zu sich nehmen, als sie selbst schwer sind. Es ist einfach lächerlich zu behaupten, daß nun ausgerechnet der Kormoran in seinem ganzen Stoffwechselhaushalt vollkommen aus der Reihe tanzt und etwa sein doppeltes Eigengewicht pro Tag verzehrt. Und was wird ihm da nicht noch alles angedichtet! 40 Meter tief soll er tauchen können – dabei erbrachten genaue Untersuchungen eine maximale Tauchtiefe von 9,5 Meter! Auch bleibt der Kormoran höchstens einige Minuten unter Wasser. Er schwimmt nämlich mit seitlich abgehaltenen Flügeln, und da er seine Federn nicht so gut einfettet wie andere Tauchvögel, wird er natürlich sehr schnell naß. Wie oft sah ich doch Kormorane wie schwarze Wappenadler mit zum Trocknen seitlich abgehaltenen Flügeln auf Pfählen oder Steinen in der Sonne sitzen! Eindrücke, die ich nie vergessen werde.

Aber sogar in völliger Ruhe soll der Kormoran noch Unheil anrichten, indem er tieffliegende Schwalben wegfängt. Ein Autor beschrieb dies ganz genau und tat, als hätte er es selbst erlebt. In der uralten Brehm-Auflage von 1892 entdeckte ich dann den entsprechenden, ohne Namen eines Gewährsmannes zitierten Bericht. Ja, ja – es ist schon so, daß immer wieder Bücher über Tiere von Leuten geschrieben werden, die von ihnen nur so viel wissen, als schon in anderen Büchern steht. Wie ein Gerücht bauschen sich dann die Dinge auf, und wo Brehm sagt, der Kormoran nähme mehr Nahrung zu sich als ein Mensch, redet der nächste bereits von einer vierköpfigen Familie. So wird der Kormoran langsam zum gefährlichen Drachen, und wenn es noch lange weitergeht, wird man die Paddler vor ihm warnen, weil er ihnen Fleischstücke aus dem Leib reißt und Menschenkinder an seine Jungen verfüttert.

Wieder war eine schöne Zeitspanne verstrichen, wir schrieben 1950, da klingelte eines Tages kurz vor Pfingsten auf dem Wilhelminenberg das Telefon. Im Moment war ich von dem Anruf gar nicht sehr begeistert, weil gerade ein neugeborener Reiher abzuwägen und mit Zirkel und Lineal zu messen war. In der linken Hand den Reiher, in der rechten den Zirkel, preßte ich den Hörer mit der Schulter gegen das Ohr und meldete mich mißmutig. Jetzt wird bestimmt jemand mitteilen, daß im Stadtpark oder am Laaerberg eine Krähe gerade ein Finkennest plündert, weswegen wir sofort hinkommen und helfen sollen, denn die Feuerwehr hat sich geweigert, es zu tun! Dieses oder ähnliches dachte ich bei mir, denn derartige Anrufe sind Alltäglichkeit. Aber ausnahmsweise sollte es anders kommen:

»Im Gebiet von Zwentendorf besteht eine kleine Kormorankolonie. Die Fischer haben angesucht, man möge die Vögel abschießen – könnten Sie sich die Sache nicht anschauen und in der Zeitung darüber berichten, ob dort wirklich die Fischerei geschädigt wird?«

Und ob ich das konnte! Mit größter Begeisterung klingelte ich bei meinem alten Freund

Karli an. »Kannst du fahren . . .?« Und ob er konnte! Drei Stunden später brausten wir zu zweit durchs Tullnerfeld.

Äcker, Wiesen, Äcker. Weitab rechts die Auen der Donau und links die Hänge des Wienerwaldes. Hin und wieder hoppelte ein Hase davon oder duckte sich ein erschrecktes Rebhuhn in eine Furche. Nichts konnte uns ablenken. Wir wollten zu den Kormoranen. Wir brannten schon darauf, die großen Vögel über uns fliegen zu sehen, freuten uns auf das vielstimmige Rufen und die großen Horste. Hinter Tulln bog ein Karrenweg ab zu einem kleinen Dörfchen. Wir hatten nur die Adresse eines alten Försters, der uns dann zur Kolonie bringen sollte. Es klappte wunderschön. Der Mann war zu Hause und sah aus wie der Förster im Bilderbuch. Gleich stieg er zu uns in den Wagen, rief seiner Frau ein paar erklärende Worte zu und erzählte uns dann, während er Karli über holprige Feldwege dirigierte, die ganze Geschichte der Kolonie. Wir waren hellauf begeistert. Allerdings sollte dieser Zustand nicht lange währen, und die große Enttäuschung folgte schlagartig. Meine Frage nämlich, wie man denn wohl am besten zu den Bäumen kommt, beantwortete er mit der freundlichen Mitteilung, daß wir da erst einmal ein Boot brauchen würden.

Ein Boot? Überrascht starrten wir dem Mann ins Gesicht, und Karli hätte vor Schreck beinahe einen Grenzstein mitgenommen. »No freilich«, erwiderte der Förster, »die Kolonie liegt ja am drüberen Ufer!« Da hatten wir also den Salat! »Ja«, tröstete uns der Förster, »ja, aber von herüben haben S' a wunderbare Aussicht auf die ganze Kolonie – nix is dazwischen, nur die Donau!« – »Nur die Donau«, echote Karl lakonisch. »Sonst gar nix«, ergänzte ich. Und es war auch kein Boot weit und breit, wie sich bald herausstellte, weder eine Zille noch ein Kajak. Zu blöd der ganze Mist – und dabei hätten wir doch nur ein Schlauchboot von Wien mitnehmen müssen!

Rotgolden stand die Sonne niedrig zwischen schmalen Wolkenbänken über den schon dämmrig düsteren Auwäldern, und von den kahlen Astzinken der höchsten Bäume hoben sich als schwarze Silhouetten die Kormorane ab. Da standen wir und staunten, und der Strom floß dahin als helles breites Band – singend, glucksend wie vor vielen Jahren. Schön war das, und es hätte des weichen Rotkehlchenliedes nicht mehr bedurft, um uns über die Enttäuschung wegzuhelfen.

Am nächsten Tag fuhren wir wieder hin. Zwar wollte Karli am Motor arbeiten, aber ich hatte ihm beigebracht, daß man zu Pfingsten besser an der Donau ist. Diesmal fuhren wir zu dritt. Während Karli und ich im Schlauchboot zur Kolonie ruderten, fuhr Ernstl mit dem Wagen nach Tulln hinunter, da wir mit dem etwas plumpen Boot ja nicht gegen den Strom fahren, sondern nur weiter unten wieder an Land gehen konnten. Alles schien klaglos zu gehen. Wir pumpten das Boot auf, setzten es aufs Wasser und ruderten los. Bald ließen wir uns treiben, bald steuerten wir ein bißchen und legten nach kaum 10 Minuten auf einer großen Schotterbank vor der Kolonie an. Hier war richtige Wildnis. Angeschwemmte Äste, festgeklemmt in niedrigem Weidenbuschwerk, grobes, in der Sonne weiß leuchtendes Schottergeröll, und der Damm dahinter überwuchert mit Büschen und hohen Goldruten. Die Kormorane waren bei unserer Landung natürlich sofort abgestrichen und zogen nun in kleinen Trupps über uns hin, schwenkten ein, verschwanden hinter den hohen Kronen und kamen wieder zurück, um neuerlich bei unserem Anblick abzuschwenken.

Durch Gras und Geranke, durch Gestrüpp und Brennesseln bahnten wir unseren Weg. Unter den Horstbäumen wuchsen überhaupt nur noch mannshohe Brennesseln, denn keine Pflanze außer ihnen verträgt den scharfen Kot der großen Vögel. Alte, vom Sturm herabgewehte Horste lagen vermodernd am Boden, dazwischen die Reste toter junger Kormorane, und da und dort ein großer herabgefallener Fisch. Man mußte schon zugeben, daß es sich hier um ganz ordentliche Exemplare handelte, und wir fanden insgesamt drei Rotflosser, einer davon 40 Zentimeter lang. Das mußte jedes Fischerherz empören, besonders dann, wenn der Inhaber dieses Herzens vielleicht selbst nur gelegentlich einmal einen mittelgroßen Fisch an der Angel hat. Wie die Vögel es fertigbrachten, so große Fische zu fangen und zu verschlukken? Mein Gott – die Chinesen werden schon wissen, warum sie Kormorane zum Fischen abrichten. Die geben den Vögeln Ringe um den Hals, damit sie nur kleine Beute durch den Schlund bringen. Die großen apportieren sie dann im Schnabel, und der Fischer kann sie ihnen leicht abnehmen. Dutzende Kormorane haben die Leute auf ihren Booten und kommen auf billige Weise zu der ersehnten Nahrung, denn der Kormoran erhält ja nur sein Futter und keinen Arbeitslohn.

Was soll man nun aber wirklich einem Fischer sagen, der einem einen Riesenfisch unter die Nase hält und erklärt, den hätte ein Kormoran auf dem Gewissen? Soll man ihm sagen, daß das nur eine Ausnahme ist? Daß die Kormorane laut Heinroth gar nicht so schädlich sind? Der Mann mit dem stinkigen Fisch in der Hand wird einen auslachen und erklären, daß er auf eigene Faust Schluß machen wird mit den Schwarzfischern ohne Lizenz. Das Endergebnis sind dann wieder zerstörte Kolonien, abgeschlachtete Jungvögel und zerschlagene Eier. Man muß neue Beweise sammeln. Man müßte unwiderlegbare Argumente besitzen aus eigenster Anschauung.

»Sag, Karli – du bist doch einwandfrei der Leichtere von uns beiden und außerdem ein geübter Kletterer – könntest du nicht . . .?« Und ich deute vielsagend zu den Horsten über uns. Karli weiß sofort Bescheid und hat erfaßt, daß ich zu Beobachtungszwecken ein paar junge Kormorane haben möchte. Sofort peilt er den günstigsten Stamm aus. Ja, die Graureiherhorste, die vereinzelt in der Kolonie stehen, wären ja leicht zu erreichen, aber die Kormorane sind alle ganz hoch oben in den letzten Astgabeln. Dennoch versucht er es. Es ist wahrlich kein Honiglecken, hier zu klettern. Die meisten Äste sind kahl, denn der scharfe Kot der Vögel bringt alles Grün zum Absterben. Ich muß auf die Lichtung hinaustreten, um Karli zu sehen. Das dichte Bodengestrüpp hindert die Sicht. Von oben über den Horstrand späht ein junger Kormoran nach dem Störenfried, zieht sich gleich wieder zurück und bleibt für den Rest der Aktion unsichtbar. Nach 20 Minuten Kletterei reicht Karli bereits mit der einen Hand bis knapp unter den Horst. Aber die toten, rindenlos glatten Äste vibrieren so eigen, daß einem von unten schon angst und bange werden kann. Sie haben nicht die weiche schwingende Elastizität des grünen Holzes, das einem Sicherheit verleiht und dessen Wiegen man so gerne spürt. Die dürren zittern bei jeder Erschütterung, und man merkt ihre Bereitschaft zum Brechen und Splittern. Krach – ein Astzacken stürzt hinunter ins Buschwerk. Nein, das hat keinen Sinn. Karli schaut herunter – »nix gut«, ruft er mir zu und verzieht bedenklich den Mund. Dann tritt er den womöglich noch schwierigeren Rückweg an. Nach einer Viertelstunde steht er etwas ramponiert und zerschunden, aber aufatmend wieder auf festem Grund. »Zehn Kilo leichter müßt' man sein«, das ist alles, was er sagt.

»Mann gesucht, der zehn Kilo leichter ist als Karli, oder gut dressierter Affe« – das gäbe einen guten Text für ein Zeitungsinserat. Wir beratschlagen hin und her, während hoch über uns vereinzelt Kormorane kreisen. Es sind nur mehr wenige und auch die nicht in geordnetem Flug. Die Masse ist der langen Störung wegen fortgeflogen und treibt jetzt irgendwo auf der Donau dahin. Es ist höchste Zeit, die Kolonie zu verlassen.

Eine bleigraue Gewitterwand ist im Westen aufgezogen, türmt sich empor über die zackigen Kronen der dürrästigen Silberpappeln, greift mit dunklen Fetzen nach der Sonne – und schon kommt Wind auf, rüttelt oben an den Horsten, fegt kalt über den Strom, gefolgt von ersten klatschenden Tropfen. Fort aus der Kolonie – die Altvögel müssen an die Horste, um die Jungen zu schützen. Wir hasten zum Boot, werfen unser Zeug hinein, schieben es in den Strom und fahren los, während schon der Regen niederprasselt. »Huii«, so fegt es über das graue, jetzt glanzlose Wasser, kräuselt Wellen darauf und wirft einen Kohlweißling gegen unser nasses Gummiboot, an dem er hilflos klebenbleibt. Stromauf kommen vor dem letzten Stück blauen Himmels drei schwarze Kreuze gezogen – die ersten heimkehrenden Kormorane! Dann sind es viele, zehn, zwanzig und mehr, die hastig ihren Horsten zufliegen, während wir ebenso eilig talwärts rudern. Eine halbe Stunde danach, als wir klatschnaß beim wartenden Wagen landen, spannt sich ein weiter, bunter Regenbogen über den Auwäldern hinter uns. Die Sonne scheint wieder.

Wie war das doch? Zehn Kilo leichter? Vielleicht würden auch fünf oder sechs genügen? Aber vielleicht ist er wirklich um zehn Kilo leichter – ich meine diesmal unseren Mitarbeiter Petz – und bei der Marine war er auch, also klettern muß er können . . .

»Du, Petz«, frage ich ihn auf dem Wilhelminenberg, »möchtest du nicht am Pfingstsonntag mit zu den Kormoranen kommen?« Und diesmal klappt alles von Anbeginn, Karli hat in seiner Werkstatt während der Nacht ein paar Haken zurechtgeklopft. Einen Hammer nimmt er mit, ein Seil – wir ziehen los, als ginge es an die Erstbesteigung eines gefährlichen Berggipfels. Und Petz schafft es auch wirklich. Er kommt bis an den Horst, wird unfreundlich in die Hand gehackt und läßt nach kurzer Auseinandersetzung den beinahe schon flüggen Jungvogel, der als letzter noch in der Nestmulde saß, in einem Sack an dem Seil hinunter. Dann erklettert er noch einen Baum. Für unsere Aufzuchtversuche benötigen wir wenigstens drei oder vier Vögel, und wenn die nicht in einem Horst sitzen, muß man sie eben aus zweien oder gar dreien holen. Petz hat die Aufgabe jedenfalls tadellos bewältigt.

Junge Kormorane sind die drolligsten Lebewesen, die man sich vorstellen kann. Ihr Körper erinnert an den einer etwas länglichen Ente, die Füße ähneln jenen der Pelikane, der Hals ist lang wie bei einer Gans, und das ganze kohlschwarz bedaunte Wesen fühlt sich weich an wie ein Lämmchen. Wenn es hungrig ist, spreizt es seine schneeweiße Kehlhaut zu einem kleinen Sack vor, zittert mit dem Kopf hin und her und ruft dazu wie ein schlechtgeschmierter Schubkarren. Vier Stück dieser schwarzen Quietschfiguren brachten wir in die Station. Das jüngste Kormorankind war noch winzig klein und kaum vier Tage alt, das älteste hingegen hatte es nimmer weit bis zum Flüggewerden.

Die beiden größten wurden auf einen künstlichen Horst gesetzt, dessen Plattform aus einer runden, einem in die Erde gerammten Pfahl verkehrt aufgesetzten Tischplatte bestand. Dieses Bauwerk war im ersten Jahr der Station für Störche errichtet worden, diente später jungen Graureihern als »Wiege« und beherbergte nach den Kormoranen noch Kuhreiher. Heute ist es ein Sandbade- und Futterplatz für Bienenfresser. Wahrlich eine vielseitige Verwendung für einen alten Tisch, und ich glaube kaum, daß es in der Tischgeschichte viel Vergleichbares geben wird. Um die Sache möglichst kormorangerecht zu gestalten, wurden noch große, bizarre Äste einer dürren Föhre darangenagelt, die Mulde mit Zweigen gepolstert, und eins, zwei, drei stand der künstliche Horst fertig da. Die beiden Vögel waren bald zahm, und es gefiel ihnen sichtlich in ihrer neuen Wohnung. Die Kleinen wurden einstweilen in ein transportables Kistchen gesetzt, denn wir konnten die noch Unbefiederten nachts nicht draußen lassen. Den Großen schadete natürlich weder Regen noch Wind. Auch in freier Natur werden sie in diesem Alter von den Eltern nicht mehr gehudert.

Es gab jetzt nur noch ein Problem für uns, das wichtigste von allen: Wie viele Fische fressen unsere Kormorane? Im Betonbecken hatten wir 200 Kilogramm Donaufische aller Arten und Größen untergebracht, eine Waage stand bereit, Protokollheft und Bleistift – die Arbeit konnte beginnen.

An ihrem ersten Gefangenschaftstag wogen die Kormorane, der Größe nach geordnet, 19, 26, 77 und 152 Dekagramm. Ebenso der Reihe nach fraßen sie 11, 14, 29 und 47 Dekagramm Fische. 24 Stunden später wogen sie 21, 29, 90 und 159 Dekagramm, an Nahrung nahmen sie an diesem Tag 11, 11, 42 und 27 Dekagramm zu sich. Die Tierchen hatten also sichtlich Launen, denn genaugenommen hätten sie ja am zweiten Tag mehr fressen müssen als am ersten. Mit der Zeit spielte sich die Sache aber doch recht gut ein. Als der größte unserer Pfleglinge 190 Dekagramm erreichte, fraß er 81 Dekagramm Fische, was etwa der Hälfte seines Körpergewichtes entsprach. Das ist schon eine ganz gehörige Leistung. Dafür wog er am folgenden Tag 192 Dekagramm, fraß aber nur 50 Dekagramm Fisch, also rund ein Viertel seines Eigengewichtes. Daraufhin nahm er nicht zu, fraß aber am nächsten Tag 78 Dekagramm und stieg auf 196 Dekagramm Gewicht.

Gespannt erwarteten wir alle, was er nun vertilgen würde, aber der Vogel enttäuschte uns gewaltig. Sein Appetit nahm zusehends ab. Zwar schlug er den halben Tag lang eifrig mit seinen eigentlich schon fertigen Schwingen und tat ganz so, als wollte er im nächsten Augenblick auf und davon fliegen, dennoch aber stieg sein Hunger nicht, was man in Anbetracht der starken Anstrengung doch hätte annehmen sollen. 54 Dekagramm Fisch fraß er – und die nur mit Ach und Krach auf gutes Zureden. Am nächsten Tag wog er nur 190 Dekagramm. Sorgenvoll betrachteten wir unseren Vogel, denn einem Tierpfleger kann nichts Unangenehmeres passieren, als wenn ein junger, noch wachsender Vogel plötzlich an Gewicht verliert. Wir standen um den Kormoran herum, schauten ihn schief und gerade an, konnten aber keinerlei Krankheitszeichen an ihm bemerken. Weiterhin schlug er so eifrig mit den Flügeln, daß er sich kaum noch am Sitzast halten konnte, ja manchmal stieg er richtig ein paar Zentimeter in die Höhe, was ihn aber sichtlich erschreckte, denn er hörte dann sofort zu schlagen auf und setzte sich still in die Nestmulde. An diesem Tag fraß er gar nur mehr 40 Dekagramm. So viel hatte sein kleiner Stiefbruder mit 90 Dekagramm Eigengewicht, also der Hälfte des augenblicklichen Gewichtes unseres Hungerkünstlers, geschluckt.

Dabei zeigte das Sorgenkind keinerlei Federscharten, die ein untrügliches Zeichen für schlechte Ernährung sind. Federn pflegen sich nämlich während der Entwicklung in gleichmäßigem Tempo fortzuentwickeln, unabhängig vom Nahrungsangebot. Ist dieses zu gering, so wächst die Feder zwar so wie bisher, doch in dünnerer Ausführung. Es wird ein gleich großes Stück aus weniger Material gebaut. Hält man eine solche Feder gegen das Licht, so erkennt man die Hungertage ganz genau an den dünneren Stellen, den sogenannten Scharten, die sich quer hindurchziehen. Nun erhalten aber die für den Flug wichtigsten Federn, nämlich die Schwungfedern, am längsten genügend Baustoffe zugeführt, so daß zuerst das Kleingefieder, dann der Schwanz und zu allerletzt die Flügelfedern betroffen sind. Unser Kormoran hatte nicht einmal im Kleingefieder Scharten, was für besten Ernährungszustand zeugt, denn selbst in freier Wildbahn von ihren Eltern aufgezogene Vögel zeigen häufig genug einzelne Schadstellen im Kleingefieder. Zu dumm war die Sache mit dem Kormoran, wir beratschlagten hin und her und beschlossen dann, alles auf sich beruhen zu lassen und abzuwarten. Das war die klügste Idee des Tages.

Am nächsten Morgen wog unser Kormoran zwar nur 185 Dekagramm, machte aber seinen ersten Flug und fraß 65 Dekagramm Fisch. Ja, und bei diesem Gewicht ist es geblieben. Uns ging gewissermaßen eine Raketenfabrik mit Scheinwerferbeleuchtung auf. Die Angelegenheit war plötzlich sonnenklar, und wir verfügten gleichzeitig über den schönsten Beweis für die Richtigkeit der von Heinroth angegebenen Nahrungsgewichte. Um es gleich vorwegzunehmen: die anderen drei Kormorane verhielten sich genau wie der erste.

Der Sachverhalt war folgender: Junge Vögel fressen während des Wachstums im Verhältnis zu ihrem Körpergewicht wesentlich mehr als erwachsene. Sie müssen ja nicht nur den Stoffwechsel bestreiten, sondern auch ständig aufbauen. Während des Wachstums der Kormorane entsprach die größte Nahrungsmenge dem halben Körpergewicht. Das ist relativ sehr viel, machte aber niemals ein volles Kilogramm aus. Kurz vor dem Flüggewerden sind die meisten Vögel dann viel zu schwer für die Tragfähigkeit ihrer Flügel und müssen nun abnehmen bis zum richtigen Gewicht. Dies haben wir nicht nur an Kormoranen, sondern auch an Reihern, Bienenfressern und vielen anderen beobachtet. Manche nordischen Lummen und Alke werden so schwer, daß sie vor Verlassen des Nistplatzes eine volle Woche überhaupt fasten. Diese fetten Nestlinge werden von den Bewohnern mancher Inseln getötet und getrocknet, mit einem Docht versehen und dann einfach als Tranlampe verwendet. So arg ist die Fettleibigkeit der Kormorane zwar nicht, aber eine kurze Abmagerungskur ist zum Abschluß ihrer Horstzeit doch unumgänglich. Ja, und mit dieser Tatsache sind alle Argumente, die besagen wollen, der Kormoran fräße pro Tag bis zu 4 Kilogramm Fische, über den Haufen geworfen. Kein erwachsener Vogel nimmt nach unseren Beobachtungen jemals so viel zu sich wie ein Nestling vor seiner Abmagerungskur. Was soll ich noch sagen? 1:0 für Heinroth gegen alle anderen!

Aber noch eine Frage war zu klären, nämlich die der Beutegröße. Ich muß zwar zugeben, daß ein Kormoran unter Umständen ganz ordentliche Brocken schluckt. Wir haben manchen Besucher in Erstaunen versetzt, wenn wir unseren schwarzen Ziehkindern stattliche Speisefische von 40 Zentimeter Gesamtlänge in den Schlund steckten, die dann scheinbar mühelos hinunterglitten. Um aber ehrlich zu sein: Die Zuschauer gerieten wohl in Erstaunen, die Kormorane aber hatten wenig Freude daran. Ihnen waren kleinere Fische zwischen 15 und maximal 30 Zentimeter Länge am liebsten. Wenn man nicht nachhalf, warfen sie größere einfach über den Horstrand hinunter. So ist es kein Wunder, daß Fischer ausgerechnet große Exemplare unter den Horstbäumen finden. Es sind jene Extremgrößen, die Kormoraneltern im Eifer des Gefechts für ihre Brut erbeuten, ohne einzukalkulieren, daß zwar sie selbst den Brocken gerade noch mit größter Mühe bewältigen könnten, die Kinder am Horst aber nicht. Begreiflich, daß der Fischer, der dann einen großen Karpfen oder Rotflosser verwesend auf dem Boden findet, empört über solche Verschwendung ist.

Eines Tages strich unser ältester Kormoran mit entenartig hastigem Flügelschlag vom Kunsthorst ab. Er hatte lange auf dem höchsten Astzacken mit den Flügeln geschlagen, dann aber hatte er plötzlich Wind unter die Schwingen bekommen, war geflogen, und in flachem Bogen ging es über die sich talwärts senkende Wiese davon. Schon im Geradeausflug gewann der Vogel an Höhe, denn der Wilhelminenberg ist eben einmal ein Berg und beinahe ringsherum von Tälern gesäumt. Ich kam gerade vom Teich herauf, als der Kormoran eifrig dem gegenüberliegenden Heuberg zustrebte. Überrascht und irgendwie ergriffen blieb ich stehen. Jetzt mußte es sich zeigen, ob man Kormorane frei fliegend halten kann! Der Vogel beschrieb einen weiten Bogen und flog, unverkennbar durch sein schwarzes kreuzförmiges Flugbild als Kormoran charakterisiert, hoch über unseren Bäumen in Gegenrichtung zum Liebhartstal. Aber wieder wendete er, diesmal jenseits des Schlosses, und entschwand dann meinen spähenden Blicken. Nach einer halben Stunde kam er vom Predigtstuhl her auf die Station zugebraust. Vielleicht fünf Minuten kreiste er so, und ich hatte den Eindruck, daß er sich orientieren wollte, wie dies Störche und Reiher bei ihren ersten Flügen immer tun. Dann war er verschwunden. Ich wartete und schaute und wartete und schaute und begann letztlich sogar das gesamte Gelände abzusuchen. Der Kormoran blieb verschollen. Schöne Bescherung, dachte ich mir – jetzt macht der seinen ersten Flug und zieht gleich auf und davon, anstatt nach ein paar Minuten zu landen, wie es sich für einen anständigen Jungvogel gehört. Sorgen hat man mit den Kindern!

Nach etwa einer Stunde wurde draußen am Zaun gerufen. Erst reagierte ich nicht, denn es galt anscheinend keinem von uns. Dann tauchte innerhalb unseres Geländes ein Telefonarbeiter auf, schaute nach allen Seiten und brüllte laut »Hallo!«.

»Bitte schön – Sie wünschen?« rief ich zur offenen Tür hinaus.

»Gehn S', da draußen vorm Tor steht a schwarzer Vogel und möcht eini, aber mir traun eam uns net angreifen, weil er so an großen Schnabel hat und peckt!«

Ja, das konnte nur der Kormoran sein, und mit einem innerlichen, um den Mann nicht zu erschrecken, völlig lautlosen Freudengeheul stürzte ich zum Tor. Tatsächlich – da saß frisch und munter, mit etwas staubigen Schwimmlatschen allerdings, »Watschkerl«, unser ältester Kormoran. Als ich in seinem Blickfeld erschien, begann er sofort hungrig mit dem Kopf zu wackeln und nach Schubkarrenart zu quietschen. Ich sperrte ihm die Gittertür auf, und er trippelte kurzschrittig herein. Sofort hob ich ihn auf und untersuchte seine Flügel – alles in Ordnung, nichts gebrochen. Sonderbar, wirklich – da fliegt ein stolzer Kormoran vom Horst davon, kreist langmächtig über seinem »Koloniegebiet«, verschwindet dann und kehrt nach einer Stunde müde und staubig zu Fuß auf der Straße zurück. Vor allem ist natürlich überraschend, daß er genau wußte, wo man versuchen muß, hineinzukommen. Schön – der ganze lange Zaun ist mit Büschen verwachsen, und nur beim Tor sieht man in unser Gebiet, aber dennoch: die Leistung war gut.

Natürlich bekommt unser »Wandervogel« sofort einen Fisch und wird dann auf die Wasserfläche des Betonbeckens gesetzt. Es ist dies ein sehr großer, aber fast leerer und teilweise mit Weiden verwachsener ehemaliger Karpfenteich. Doch zu meinem größten Erstaunen will der Bursche weder schwimmen noch baden – er will heraus. Kurz entschlossen setzt er zum Flug an, kommt aber nicht hoch, sondern prallt nur gegen die senkrechte Wand. Etwas erstaunt und verdutzt guckt er sich um, watschelt dann bis in Teichmitte und versucht die Sache neuerlich. Es geht nicht. Quer über die ganze Breite des Betonbeckens, also über eine Strecke von rund 20 Meter, versucht er seinen Start und erreicht dennoch nicht das zweieinhalb Meter hohe Betonufer. Gut – es mögen die Windverhältnisse im Becken besonders ungünstig sein, und außerdem ist der Vogel noch sehr jung; aber erstaunlich ist die Sache für uns doch. Endlich beim sechsten Versuch kommt er knapp über die Kante, dreht sofort eine Kurve und zieht zwischen den Bäumen durch, über die Baracken weg auf die Wiese hinaus und weiter über den Andergraben zum Heuberg. Das ist die beste Ein- und Abflugschneise im Stationsgebiet. So flogen die Reiher jedes Jahr, so flogen die Löffler, die Enten und die Graugänse. Im anderen Geländeteil reicht der Wald bis hinunter zum Schilfteich.

Wieder ist der Kormoran in der Luft, wieder zieht er seine Kreise. Jetzt aber habe ich den Eindruck, daß er landen möchte und nicht kann. Er setzt richtig an, steuert gegen den Wind herein, steigt aber dann doch wieder hoch und kreist von neuem. Ungemütlich ist so etwas, denn es endet so leicht mit einer Bruchlandung oder dem Sichverfliegen. Man sieht es dem Vogel an, daß er der Situation einfach nicht gewachsen ist. Er weiß, wohin er gehört, aber er kommt nicht hin. Noch fünf Minuten dreht er Kreise, fliegt an, streicht ab, dann bleibt er fort. Ich weiß genau: irgendwo ist er zu Boden gegangen – aber wo? Es kann unten in der Stadt sein, oder jenseits des Heuberges am Hanselteich, auf der Donau vielleicht oder in einer der zahlreichen Siedlungen ringsherum. Zur Sicherheit jedenfalls gehe ich vorerst zum Schilfteich hinunter – nichts. Im ganzen Stationsgebiet – nichts. Aber beim Tor vorn reden Leute. Da muß etwas los sein. Schon vom Rand des Betonbeckens aus sehe ich eine Gruppe Telefonarbeiter stehen – das kann sich nur um unseren Kormoran handeln. Und wirklich, Watschkerl ist wieder da! Er hängt fast schon oben am Gitter, zieht sich mit dem Kinn hinauf und hilft mit den großen Ruderfüßen eifrig nach. Ein letzter, kräftiger Klimmzug noch und – platsch! – liegt er herinnen auf dem Boden, rappelt sich auf, schüttelt sich, ordnet ein paar Schwungfedern, schüttelt sich nochmals und beginnt dann zu betteln. Watschkerl ist abermals auf der Straße gelandet, marschierend heimgekehrt und über den Zaun geklettert, ohne auf das Öffnen des Tors zu warten. Ich packte ihn fest unter meinen Arm und trug ihn auf kürzestem Weg zu seinem Horst.

Uns war aus wissenschaftlichen Gründen natürlich sehr an freifliegenden Kormoranen gelegen, und wir stellten es uns auch wunderschön vor, wie die Vögel auf dem großen Schilfteich einfallen und dort tauchen würden. Schon vor geraumer Zeit hatte ich mit Karli einen Baum gefällt und ins Wasser stürzen lassen, damit die Reiher darauf sitzen konnten. Auf diese dürren, aus dem Wasser ragenden Äste hatte ich im Geist die schwarzen Kormorane projiziert und malte mir romantisch aus, was das für prachtvolle Fotos geben würde. Ja, ich muß gestehen, daß ich manchmal von da oder dort zu jenem toten Baum hinüberpeilte, ein Auge zukniff und mit dem anderen Auge Vordergrund und Hintergrund abschätzte. Das muß man nämlich tun, wenn man schöne Bilder haben will – und ich war wild entschlossen, solche von unseren Schwarzen zu bekommen. Aber bekommen habe ich sie nie.

Am nächsten Morgen fehlte der älteste Kormoran. Erst nahmen wir die Sache nicht so tragisch und schauten nur gelegentlich auf die Straße hinaus, aber als er gegen Mittag noch nicht zurückgekommen war, machten wir uns allmählich Sorgen. Immer wieder blickten Lilli oder ich am Nachmittag zum klaren Himmel auf, ob da nicht zufällig ein schwarzes Kreuz vorüberzöge, doch nichts war zu sehen außer den kreisenden Bussarden. Am Abend blieb der Sitzast auf dem Horstbaum leer, und als auch am nächsten Morgen der Kormoran nicht zur Fütterung kam, waren wir alle überzeugt, daß er nur verunglückt sein konnte. Auch die Tierpflegerin Minnerl trauerte sehr um den großen Vogel, obwohl sein Verschwinden für sie eine Erleichterung bedeuten mußte. Dies kann in vollem Umfang nur erfassen, wer jemals längere Zeit einen zahmen Kormoran betreut hat. Kormorane haben nämlich an der Schnabelspitze einen beachtlichen Haken, und wenn sie hungrig sind, fassen sie einen mit ihrem gefährlichen Fischereigerät an der Hand und zerren ganz ordentlich daran herum. Blutige Striemen und Kratzer hat das zur Folge, und bald ist man so weit, daß man den lieblichen Tierchen die Fische immer aus größerer Entfernung zuwirft, damit man sie sich vom Leibe hält. In Ermangelung von Händen packen sie sogar auch Beine oder was ihnen sonst vor die hungrigen Schnäbel kommt. Übrigens sind Kormorane vollendete Akrobaten und fangen zugeworfene Fische mit einer Geschicklichkeit, die einer Zirkusnummer würdig wäre.

Ja, unser ältester Kormoran hatte sich endgültig von der Heimat seiner Jugend losgesagt. Als der nächstjüngere zu fliegen begann, gaben wir ihn vorsorglich in den Tiergarten Schönbrunn. Dafür legten wir all unser Augenmerk auf die zwei Kleinen. Wir hatten nämlich die komische Vorstellung, daß die beiden, fast von Geburt an auf dem Wilhelminenberg lebend, uns treu bleiben und sich nicht davonmachen würden. Diese mehr gefühls- als verstandesmäßig aufgekommene Ansicht war einfach da, und wir vertrauten auf sie, bis die kleinen Kormorane groß und fluglustig waren. Da zog eines schönen Vormittags der ältere von beiden schräg über das Barackendach davon, schlug weite Bogen, genau wie der erste Vogel, wollte zur Landung ansetzen, riß sich wieder hoch und verschwand auf Nimmerwiedersehen. In diesem Augenblick brach unsere Hoffnung, auf die wir uns so fest gestützt hatten, zusammen. Wir lagen psychisch auf der Erde. Was tun? hieß die Frage. Keinen mehr fliegen lassen! lautete die Antwort.

Kurz entschlossen packten wir den vierten, als er mehr und mehr mit den Schwingen zu schlagen und sich schon ein wenig vom Sitzast zu heben begann, in eine Kiste, adressierten sie nach Innsbruck an Herrn Hans Psenner, den wir als guten Tierfachmann kannten und der sich schon lange einen Kormoran gewünscht hatte. Mit dem Abendzug ging die Bahnexpreßsendung ab. Das war das Ende der Wilhelminenberger Kormoranhaltung.

Aber es war nicht das Ende unserer Untersuchungen. Da kannten wir also die Nahrungsmenge und die ungefähre Größe der Beutefische. Wir wußten, wie ein Kormoran wächst, wie rasch sein Gewicht zunimmt und wieviel er von klein an jeden Tag verbraucht – aber warum er bei uns nach dem Flüggewerden nicht zum Horst zurückkommt, davon hatten wir keine blasse Ahnung. Und so fuhr ich denn wieder einmal zur Zwentendorfer Kolonie mit der Hoffnung auf Erleuchtung. Fast war es wie im Märchen, wo manchmal Kinder, Hirten, Prinzen oder arme Leute mit besonders heiklen Problemen zu Froschkönigen, weißen Hirschen, Elfenkommandeusen, weißen Karpfen oder alten Hexen gehen, um sich Rat zu holen. Wieder trieben Karli und ich, vor uns hinträumend, im Schlauchboot den Strom hinunter an den grauen Kulissen der Auwälder vorbei. Da meinte Karli so ganz am Rande – eben weil er gerade an diesem Tag etwas knapp mit Zeit und wir beide wie immer knapp mit Geld und somit auch arm an Autosprit waren – ja, da meinte er also, daß es doch wirklich nett wäre, wenn sich die Donau um den Wilhelminenberg schlängelte oder wenigstens die Station an der Donau läge. So gleich neben der Kormorankolonie. Ich streckte mich und grunzte nur hervor, daß er dann seinen Volkswagen in ein Motorboot umbauen müßte. Das hätte ich natürlich nicht sagen dürfen, denn Karli greift derartige Ideen immer prompt auf, spinnt sie weiter und steht eines Tages mit konkreten Plänen vor der Tür. »Schwimmwagen« war diesmal seine Antwort, und schon entwarf er die Möglichkeiten, wie er auf der Savoyenstraße beziehungsweise auf der Donau . . .

Da wurde ich plötzlich hellwach. Donau – Savoyenstraße – Donau – Savoyenstraße – kreiste es in meinem Hirn herum, und dann rastete es hörbar ein: Kormoran! »Jawohl, Karli, der Kormoran hat die Savoyenstraße für die Donau angeschaut!« Karli war sprachlos, und ich sah direkt, wie bei ihm die Zündung versagte. Aber ich palaverte weiter: »Natürlich hat der Vogel nicht gewußt, was die Donau ist, aber das lange helle Band hat ihm angeborenermaßen gefallen – die Straße, sie war wie ein Fluß, sie war die gottgewollte Landepiste für ihn!« Zack – zack – zack – rasteten die Gedanken ein, und alles war plötzlich grenzenlos einfach. Jetzt war mein Redefluß nicht mehr zu bremsen:

»Kormorane sind Bewohner weiter, offener Wasserflächen. Ströme, weite Seen, das Meer – da tauchen, fischen und fliegen sie. Diese Vögel brauchen freien Raum um sich, weswegen sie ja auch immer hoch oben auf den höchsten Baumspitzen brüten. Freier Anflug, freier Abflug, weite Start- und Landebahnen – das brauchen sie und nicht das unübersichtliche Wald- und Wiesengelände des Wilhelminenberges. Unser erster Kormoran hat ja direkt Verstandeswunder geleistet, als er zwar auf der Straße landete, dann aber zu Fuß nach Hause watschelte! Er konnte den tief zwischen Bäumen eingebetteten Horst aus der Luft nicht erreichen und wollte doch hin. Mein Gott, daß mir das nicht gleich eingefallen ist! So engstirnig kann einer werden, der dauernd nur mit Reihern zu tun hat, die natürlich zu sehr steilen Sinkflügen befähigt sind, um zwischen Bäumen oder an kleinen Tümpeln landen zu können. Tadellos flogen unsere Silber- und Purpurreiher vom Betonbecken durch den Wald hinunter zum Teich, obwohl sie immer noch als Vögel der offenen schilfbestandenen Lagunenseen gelten können. Grau- und Nachtreiher, das sind die richtigen Auwaldbewohner, denen Altwässer und sumpfige Wiesen ihre Nahrung bieten, die geschickt zwischen Bäumen durchschwenken und fast senkrecht starten und landen können.

Ganz anders der Kormoran! Allein schon sein rascher, hastiger Flug charakterisiert ihn als Vogel offenen Geländes. Es wäre ja auch ökologisch unzweckmäßig, wenn es in den Stromauen zwei verschiedene Fischfressertypen gäbe, die an gleichen Plätzen jagen. O nein, viel feiner hat sich die Tierwelt der Landschaft angepaßt! Da lauert der Graureiher als Oberflächenfischer an Tümpeln und schmalen Wasserarmen, während der Kormoran im tiefen Strom, in den großen Buchten und den breiten Gerinnen nach Beute taucht. Darum darf man die beiden aber auch nicht aus der gleichen Perspektive betrachten. Sie sind Spezialisten, von denen jeder sein Handwerk an anderem Ort und in anderer Weise ausübt!«

Richtig in Hitze habe ich mich geredet, und Karli hat schön still zugehört, ohne daß ihn meine Überlegungen besonders in Feuer gebracht hätten. »Wie mit den Autos ist das«, meint er jetzt sachlich, »da gibt es Rennautos und kleine wendige Straßenwanzen – die einen fahren blitzschnell geradeaus und die anderen wuzeln sich durch den Verkehr und durch die winkeligsten Gassen – und außerdem sind wir bereits in der Kolonie. Vorsicht, wir müssen in die Kehre steuern!« Ja, und da hielten wir wieder an der sonnenweißen Schotterbank, während über uns die schwarzen Vögel von ihren Horsten aufstiegen.

Anders sieht es jetzt in der Kolonie aus als im frühen Sommer. Die Jungen sind flügge geworden, kreisen hoch über den Horsten. Weiß gekalkt die Bäume bis hinunter zum Boden, und übler Aasgeruch liegt stellenweise in der Luft. Viele der schwarzen Kerle sind in den Horsten gestorben oder auch abgestürzt und zwischen Gestrüpp und Brennesseln kläglich zugrunde gegangen. Verweste, halbverdaute Fische unter den Horsten, Fliegensummen, ein paar schwarze Totengräber, und ab und zu das helle Zwitschern von Spitzmäusen. Mächtig angekurbelt hat die Kolonie mit ihrem vielen Abfall das kleine Leben auf dem Erdboden. Karli jagt sich mit einer raschen Handbewegung einen dicken Brummer aus dem Gesicht. »Herrliche Gerüche« – dabei schnuppert er demonstrativ in der Gegend herum – »ein Hochwasser müßte kommen, damit der ganze Dreck rausgeschwemmt wird.«

Ja, ein Hochwasser! Oh, es wird schon kommen – im Herbst vielleicht, wenn es viel regnet, oder im Frühjahr nach der Schneeschmelze. Das Wasser wird steigen, wird über den Damm rinnen, die Gräben der Auen füllen, wird anschwemmen und forttragen – wird wieder absinken und die Auen gereinigt freigeben. Nichts wird zurückbleiben als die grauen Flutmarken an den Bäumen, die wie ein geheimnisvoller Nebelschleier um alle Stämme liegen und den Auboden beinahe dunstig erscheinen lassen. Fortgespült ist dann auch der Schmutz der Kormorankolonie. Und was das Hochwasser nicht schaffen konnte, das tun Regen und Schnee. Wenn dann im Frühling die schwarzen Brutvögel wiederkommen, ist alles sauber und rein. Der Schmutz wird im Wasser zur Nahrung für Myriaden kleinster Organismen, die selbst wieder Existenzbasis sind für größere.

Nahrungskette – ein schöner Begriff, den man sich einmal an Hand eines konkreten Beispiels vor Augen führen muß, um zu erkennen, was dahintersteckt: Das Plankton, wie man die kleinen im Wasser frei schwimmenden Organismen nennt, lebt also von verwesenden Abfällen, von im Wasser gelöstem Kot der Vögel, von Fäulnisstoffen der Nahrungsreste und Kadaver und schließlich von allem, was der Strom so mit sich trägt und in den Tümpeln ablagert. Das Plankton ernährt die Jungfische, und diese wiederum werden größeren Fischen, diversen Vögeln, Würfel- oder auch Ringelnattern und anderen Jägern zur Beute. Die großen Fische bilden den Speisezettel der Kormorane, und von ebendiesen werden sie wiederum zu Exkrementen und Abfall verarbeitet, auf den sich sofort jenes Plankton stürzt, das den Jungfischen als Nahrung dient. So schließt sich der ewige Kreis. Nahrungskette, da hängt eines vom anderen ab, ist aneinandergeschlossen wie die Glieder einer Kette, die selbst nur ein Kettenglied in der höheren Ordnung darstellt. Kein Stück ist da sinnlos, und alles hat seinen Platz – der Fisch, die zahllosen kleinen Daphnien und Cyclops, der Reiher und der Kormoran.

Habt keine Angst, ihr Vögel dort oben – ihr jungen mit dem weißen Brustgefieder, die ihr vor Tagen erst die Horste verließet, und auch ihr alten grünschwarz schillernden Taucher und Flieger – wir verlassen schon wieder euer Reich, eure Stromau. Hier seid ihr zu Hause, hier sollt ihr bleiben und leben, solange der Strom lebt. Ihr gehört hierher wie die alten Silberpappeln, wie Reiher und Milane, wie die Dörfer, die Boote, die Fischer mit ihren Daubeln – und wie das ewige Singen und Wirbeln des talwärts ziehenden Wassers. Fliegt zu, aber haltet dem Strom die Treue, damit er romantisch bleibt und sein Rauschen nicht einsam wird und die Aulandschaft leer . . .

---

*Dieser kurze sachliche Bericht aus dem Jahr 1984 entstand aus den letzten Kämpfen um das Donaukraftwerk Hainburg. Koenig weiß genau, was an der Donau alles verlorenging, und er kämpft mit dem Reservoir seiner ethologischen Kenntnisse und ökologischen Erfahrungen dafür, daß diese Auen wieder zu dem werden, was sie in seiner Jugend waren. Hier stehen nicht mehr Rainer Maria Rilke und Manfred Hausmann dahinter, sondern Oskar Heinroth und Konrad Lorenz, in deren wissenschaftlichem Vorkriegs-Briefwechsel immer wieder die Pläne zur Schaffung von freifliegenden Kormorankolonien bei Altenberg zur Sprache kamen.*

## *Zur Wiederansiedlung des Kormorans*

In den Jahren nach 1960 verschwand der Kormoran als Brutvogel aus den Augebieten entlang der österreichischen Donau. Wohl streifen die Vögel noch heute von dem großen Überwinterungsplatz unterhalb Thebens und von den tschechischen Brutplätzen her die Donau aufwärts bis in den Raum Enns, aber es gibt keine sicher nachgewiesene Kolonie. Dem wollte das »Institut für angewandte Öko-Ethologie« Abhilfe schaffen, liegt es doch im Sinne eines modernen Naturschutzes, einen möglichst hohen Artenreichtum zu erhalten und verdrängte oder gar gefährdete Tierformen wieder anzusiedeln.

Gerade der Kormoran war neben dem Graureiher immer einer der charakteristischsten und auffälligsten Vögel im Stromgebiet. Es ist nicht einzusehen, daß die relativ kleine Bevölkerungsgruppe der Sportfischer – Berufsfischer gibt es an der Donau kaum noch – das alleinige Recht haben soll, auf Grund rein persönlicher Vergnügungsinteressen über Vorhandensein oder Nichtvorhandensein einer Tierart zu entscheiden. Noch dazu über eine, die wohl bereits länger an der Donau lebt als der fischende Mensch. Bedenkt man, daß durch die Zivilisation Jahr für Jahr zahlreiche Tierarten unwiederbringlich ausgerottet werden und daß von dem, was älteren Menschen vertraute Umwelt war, nur noch Reste an Nachfolgegenerationen vererbt werden können, hat man die Pflicht, in jedem nur irgend möglichen Fall für die Rettung von Tierarten zu kämpfen, selbst dann, wenn dies für manche einen Verzicht auf bestimmte Annehmlichkeiten bedeuten sollte. Der Kormoran muß wieder gesicherter Brutvogel an der Donau werden!

Die Voraussetzung für eine Wiederansiedlung wurde in Zusammenarbeit zwischen dem Institut für angewandte Öko-Ethologie, der Verbundgesellschaft, den Ennskraftwerken und den Donaukraftwerken geschaffen. Wichtige Vorarbeiten leistete der Vogelpark Schmiding bei Wels, der gemeinsam mit der Institutsabteilung Staning Kormoran-Zuchtgruppen heranzog. Den Grundstock an Vögeln stellten die zoologischen Gärten Nürnberg und München zur Verfügung, in denen die Zucht tadellos funktioniert. Nürnberg besitzt sogar eine gut eingewöhnte freifliegende Kolonie.

Die Ansiedlungsmethode ist einfach. Man hält flügelbeschnittene Kormorane auf geeigneten Gehegeteichen und läßt sie dort brüten. Die flüggegewordenen Jungen schwärmen dann in die Umgebung aus. Einige von ihnen kehren in den nächsten Jahren an den Geburtsort zurück und gründen dort Nester. Durch dieses neuentstandene Kormoranzentrum werden dann auch freilebende Durchzieher angelockt. Bei konsequenter Betreuungsarbeit und Fütterung kann so nach einigen Jahren eine feste Freikolonie entstehen. Die Methode ist vielerorts erprobt und bedarf keiner Diskussion. Auch Konrad Lorenz plante schon vor dem Krieg, als er in seinem Heimatort Altenberg eine ethologische Forschungsstelle aufbauen wollte, eine zahm freifliegende Kormorankolonie mit ein.

Der Krieg hat all diese Pläne zunichte gemacht. Doch im Jahre 1984 gelang es dank finanzieller Förderung durch die Donaukraftwerke, gegenüber von Altenberg einen äußerst zweckmäßigen Stützpunkt zur Ansiedlung von Kormoranen aufzubauen, der zur Erinnerung an den großen Ornithologen und Begründer der Verhaltensforschung den Namen »Ethologische Forschungsstelle Oskar Heinroth« erhielt. Dort leben jetzt auf einem etwa 90 Meter langen, 30 Meter breiten und 2 Meter tiefen, mit Baumstämmen und Sandinseln strukturierten Teich 10 Kormorane, die wir vom Tierpark Herberstein erhielten. Im Wasser schwimmen reichlich Fische, deren Bestand von einer Fischzuchtanstalt regelmäßig ergänzt wird. Von der etwas erhöht darüber errichteten Wohn- und Arbeitshütte aus ist gut zu beobachten, wie die Vögel tauchen, einander begrüßen und Nistmaterial übergeben, Anzeichen dafür, daß sie sich wohl fühlen und im kommenden Frühjahr auch wahrscheinlich schon brüten werden.

Der Winter bringt den Kormoranen keine Gefahr, denn das Offenbleiben der Teichoberfläche ist durch den Zufluß von Frischwasser und drei Umlaufpumpen gewährleistet. Die günstige Lage des Beobachtungsstützpunktes und die reiche Gelände- und Teichstrukturierung wird es ermöglichen, hier nicht nur Kormorane, sondern auch andere Vögel in der näheren und weiteren Umgebung zu studieren. Gegenüber von Greifenstein und Altenberg, am Rande des größten geschlossenen Augebietes in Mitteleuropa, ist somit eine neue Forschungsstelle entstanden, die dem Naturschutz und der Verhaltensforschung gleichermaßen dient.

*(Verbindungstexte S. 37–70: Lilli Koenig)*

# *Bibliografie Otto Koenig*

I. *Zeitschriftenbeiträge, Bücher*

1. 1937: Aus einem kleinen Paradies. Hain (Zeitschrift des Österreichischen Naturschutzbundes), Folge 2, S. 18–20.
2. 1937: Die Vogelwelt am Neusiedler See (Burgenland). Österreichische Woche, Nr. 48, S. 6.
3. 1939: Porträt und Kunstlicht. Der Lichtbildner, Jg. 34, S. 329–336.
4. 1939: Familienleben in Schilf und Rohr. Frau und Mutter, 2. Maiheft, S. 13.
5. 1939: Wunderland der wilden Vögel. 99 S. Verlag Gottschammel und Hammer, Wien (Buch).
6. 1939: Rallen im Sumpf. Blätter für Naturkunde und Naturschutz, S. 172–175.
7. 1939: Makrofotografie unter Wasser. Der Lichtbildner, Jg. 35, H. 6, S. 6, 10.
8. 1943: Rallen und Bartmeisen. Niederdonau – Natur und Kultur, H. 25, S. 5–63, Tafeln I–XII.
9. 1946: Briefe aus dem Süden. 133 S. Scholle-Verlag, Wien (Buch).
10. 1946: Ornithologische Nachkriegsbeobachtungen am Neusiedler See. Aquila, LI–LIV, S. 96–98.
11. 1946: Verstandesleistungen bei Scheibenbarschen. Umwelt, Jg. 1, H. 1, S. 22.
12. 1947: Anormales Verhalten bei Pterophyllen. Umwelt, Jg. 1, H. 2, S. 64–65.
13. 1947: Die Psyche des Menschen. Umwelt, Jg. 1, H. 2, S. 87.
14. 1947: Neue Wege in der Aquarientechnik. Umwelt, Jg. 1, H. 2, S. 88–89.
15. 1947: Kleine Geschichte um ein Reh. Umwelt, Jg. 1, H. 3, S. 128–129.
16. 1947: Grundsätzliches zu Tierfang, Tierhandel, Tierhaltung. Umwelt, Jg. 1, H. 3, S. 134–135.
17. 1947: Biologie und Schule. Umwelt, Jg. 1, H. 3, S. 138–139.
18. 1947: Urform und Entwicklung des menschlichen Imponiergehabens. Umwelt, Jg. 1, H. 4, S. 180–181.
19. 1947: Imkerei und Naturschutz. Umwelt, Jg. 1, H. 4, S. 187.
20. 1947: Aufzucht von Putenküken. Umwelt, Jg. 1, H. 4, S. 187.
21. 1947: Vom Wesen der Vereine. Umwelt, Jg. 1, H. 4, S. 191.
22. 1947: Das Verhalten der Bartmeise. Umwelt, Jg. 1, H. 5, S. 220.
23. 1947: Vögel im Rohrwald. Umwelt, Jg. 1, H. 6, S. 256–258.
24. 1947: Säugetiere am Neusiedler See. Umwelt, Jg. 1, H. 6, S. 262–263.
25. 1947: Aufzucht von Vögeln in freier Wildbahn. Umwelt, Jg. 1, H. 6, S. 268.
26. 1947: Bei uns und anderswo. Umwelt, Jg. 1, H. 6, S. 269.
27. 1947: Brutpflege – Beobachtungen an Makropoden. Umwelt, Jg. 1, H. 7, S. 289.
28. 1947: Einbürgerung ausländischer Säuger. Umwelt, Jg. 1, H. 10, S. 400–401.
29. 1948: Umwelt und Verstand. Umwelt, Jg. 2, H. 1, S. 4–5.
30. 1948: Bewegungsweisen von Pantoffeltierchen in natürlicher Umwelt (gemeinsam mit F. Haiderer, R. Kirchshofer, L. Koenig, K. Palat). Umwelt, Jg. 2, H. 2, S. 1–4.
31. 1948: Gestalt und Leistung. Umwelt, Jg. 2, H. 3, S. 12–14.
32. 1948: Schema Artgenosse. Umwelt, Jg. 2, H. 3, S. 14–15.
33. 1949: Über die Schädlichkeit der Reiherarten. Österreichs Weidwerk, H. 12, S. 113–114.
34. 1949: Weg ins Schilf, Erlebnisse mit Tieren. 181 S. Ullstein-Verlag, Wien (Buch).

35. 1950: Zucht der Bartmeise in Gefangenschaft. Zoologische Informationen, Nr. 2, S. 1.
36. 1950: Beitrag zur Fortbewegung der Eidechsen. Zoologische Informationen, Nr. 2, S. 2.
37. 1950: Beobachtungen über die Bedeutung der Bankiva-Kükenzeichnung. Zoologische Informationen, Nr. 3, S. 3–4.
38. 1951: Das Aktionssystem der Bartmeise (Panurus biarmicus L.), Teil 1. Österreichische Zoologische Zeitschrift, Bd. III, S. 1–82.
39. 1951: Das Aktionssystem der Bartmeise (Panurus biarmicus L.), Teil 2. Österreichische Zoologische Zeitschrift, Bd. III, S. 247–325.
40. 1952: Ökologie und Verhalten der Vögel des Neusiedlersee-Schilfgürtels. Journal für Ornithologie, Bd. 93, S. 207–289.
41. 1952: Auf sonnigen Straßen. Erlebnisse mit Tieren und Menschen in Italien. 205 S. Büchergilde Gutenberg, Wien (Buch).
42. 1952: Erlebnis mit einer Zwergrohrdommel. Du (Schweizerische Monatsschrift), Jg. 12, H. 10, S. 21–27.
43. 1953: Individualität und Persönlichkeitsbildung bei Reihern. Journal für Ornithologie, Bd. 94, S. 315–341.
44. 1953: Die biologischen Grundlagen des Symbolbegriffes. Studium Generale, Jg. 6, S. 185–194.
45. 1954: Tierkinderpsychologie – ein neuer Forschungszweig. Kontinente, Jg. 8, S. 16–21.
46. 1956: Tierkinder und Kinderpsychologie. Du (Schweizerische Monatsschrift), Jg. 16, H. 4, S. 47–50.
47. 1957: Neue Wärmestrahler für die Tierhaltung. Mitteilungen aus der Biologischen Station Wilhelminenberg, Nr. 1, S. 1–8.
48. 1957: Werden und Wesen des Menschen aus der Perspektive der vergleichenden Verhaltensforschung. Mitteilungen der Anthropologischen Gesellschaft in Wien, Bd. 87, S. 87–90.
49. 1957: Erfahrungen mit Korallenfischen. Die Aquarien- und Terrarien-Zeitschrift (DATZ), Jg. 10, S. 156–158.
50. 1958: Beobachtungen am Textorweber. Die Gefiederte Welt, Jg. 82, S. 101–103.
51. 1958: Tiergärtnerei. Der Anblick. Jg. 13, S. 69–70.
52. 1959: Ein Beitrag zur Fortpflanzungsbiologie von Dascyllus trimaculatus. Die Aquarien- und Terrarien-Zeitschrift (DATZ), Jg. 11, S. 107–111.
53. 1959: Die Pflege von Kolibris und Nektarvögeln in Gefangenschaft. Die Gefiederte Welt, Jg. 14, S. 161–163.
54. 1959: Angeborene Verhaltensweisen und Werbung. Bericht 6. Werbewirtschaftliche Tagung in Wien, S. 94–100.
55. 1959: Die ökologische Einpassung der Schreitvögel des Neusiedler Sees. Landschaft Neusiedler See, Wissenschaftliche Arbeiten aus dem Burgenland, H. 23, S. 181–184.
56. 1959: Die Biologische Station Wilhelminenberg. Mitteilungen aus der Biologischen Station Wilhelminenberg, Nr. 2, S. 3–40.
57. 1959: Die Haltung von Riesenaktinien und Korallenfischen. Mitteilungen aus der Biologischen Station Wilhelminenberg, Nr. 2, S. 60–67.

58. 1959: Der Mensch zwischen Steinzeit und Heute. Mitteilungen aus der Biologischen Station Wilhelminenberg, Nr. 2, S. 76–81.
59. 1960: Beitrag zur Methodik der Ansiedlung und Einbürgerung verschiedener Tierarten. Der Anblick, H. 3/4, 4 S.
60. 1960: Kreuzung zwischen Stockente (Anas platyrhynchos) und Kolbenente (Netta rufina). Wissenschaftliche Informationen, in: Die Pyramide, Jg. 8, S. 17.
61. 1960: Geiß von Antilope cervicapra in einem Jahr zweimal trächtig. Wissenschaftliche Informationen, in: Die Pyramide, Jg. 8, S. 17.
62. 1960: Verhaltensuntersuchungen an Anemonenfischen. Wissenschaftliche Informationen, in: Die Pyramide, Jg. 8, S. 52–56.
63. 1960: Platzen von Blutkielen bei Kälte. Wissenschaftliche Informationen, in: Die Pyramide, Jg. 8, S. 56.
64. 1960: Beobachtungen zum Nahrungserwerb des Nachtreihers (Nycticorax nycticorax). Wissenschaftliche Informationen, in: Die Pyramide, Jg. 8, S. 80.
65. 1960: Zeichnungsänderung bei Glühkohlenfischen (Amphiprion ephippium). Wissenschaftliche Informationen, in: Die Pyramide, Jg. 8, S. 115.
66. 1960: Neue Wege zur Erforschung der Reiherkolonien des Neusiedler Sees. Burgenländische Heimatblätter, Jg. 22, S. 15–22.
67. 1961: Über Besiedlungsdichte und Nestfeinde in einem Zwergrohrdommel-Brutgebiet. Wissenschaftliche Informationen, in: Die Pyramide, Jg. 9, S. 23–24.
68. 1961: Beringung von Reihern und Löfflern im Rohrwald. Wissenschaftliche Informationen, in: Die Pyramide, Jg. 9, S. 24–26.
69. 1961: Reiherschutz. Wissenschaftliche Informationen, in: Die Pyramide, Jg. 9, S. 170.
70. 1961: Flugkontrolle von Reiherkolonien. Wissenschaftliche Informationen, in: Die Pyramide, Jg. 9, S. 170–172.
71. 1961: Phacochoerus aethiopicus africanus (Suidae), Spiel der Jungtiere. E 202/1959, Filmbeiheft. Institut für den Wissenschaftlichen Film, Göttingen.
72. 1961: Testudo graeca (Testudinidae), Paarungsaufforderung (abnorme Objektwahl). E 203/1959, Filmbeiheft. Institut für den Wissenschaftlichen Film, Göttingen.
73. 1961: Crossoptilon auritum (Phasianidae), Futterzeigen (Eltern mit Küken). E 286/1958, Filmbeiheft. Institut für den Wissenschaftlichen Film, Göttingen.
74. 1961: Caretta caretta (Cheloniidae), Nahrungsaufnahme bei Jungtieren. E 287/1960, Filmbeiheft. Institut für den Wissenschaftlichen Film, Göttingen.
75. 1961: Elephantulus rozeti (Macroscelidae), Rüsselbewegungen. E 288/1959, Filmbeiheft. Institut für den Wissenschaftlichen Film, Göttingen.
76. 1961: Probleme tierischer Verständigung. Schriften des Vereines zur Verbreitung naturwissenschaftlicher Kenntnisse in Wien, Vereinsjahr 1960/61, S. 149–173.
77. 1961: Hinweise zur Schildkrötenpflege. Merkblatt der Biologischen Station Wilhelminenberg, 4 S.
78. 1961: Reiher sind nützlich. Merkblatt der Biologischen Station Wilhelminenberg, 2 S.
79. 1961: Das Buch vom Neusiedler See. 284 S. Wollzeilen-Verlag, Wien (Buch).
80. 1962: Steinzeitjäger unterwegs. Liewers-Post, S. 22–24.
81. 1962: Über die langen Schwänze von Hahnschweifwidah und Paradieswitwe. Wissenschaftliche Informationen, in: Die Pyramide, Jg. 10, S. 23–24.

82. 1962: Weiße Rauchschwalben. Wissenschaftliche Informationen, in: Die Pyramide, Jg. 10, S. 72.
83. 1962: Die Gefangenschaftshaltung des Quetzals (Pharomacrus mocinno). Wissenschaftliche Informationen, in: Die Pyramide, Jg. 10, S. 74–75.
84. 1962: Das »Spielen« der Rüsselfische. Wissenschaftliche Informationen, in: Die Pyramide, Jg. 10, S. 75–76.
85. 1962: Ungewöhnliches Nistmaterial. Wissenschaftliche Informationen, in: Die Pyramide, Jg. 10, S. 170.
86. 1962: Brachschwalben am Neusiedler See. Wissenschaftliche Informationen, in: Die Pyramide, Jg. 10, S. 170–171.
87. 1962: Der Schrillapparat der Paradieswitwe Steganura paradisaea. Journal für Ornithologie, Bd. 103, S. 86–91.
88. 1962: Amphiprion xanthurus (Pomacentridae), Reviereroberung. E 294/1959, Filmbeiheft. Institut für den Wissenschaftlichen Film, Göttingen.
89. 1962: Amphiprion percula (Pomacentridae), Verhalten zur Riesenaktinie III. E 293/1959, Filmbeiheft. Institut für den Wissenschaftlichen Film, Göttingen.
90. 1962: Amphiprion xanthurus (Pomacentridae), Verhalten zur Riesenaktinie I. E. 295/1959. Filmbeiheft. Institut für den Wissenschaftlichen Film, Göttingen.
91. 1962: Amphiprion ephippium (Pomacentridae), Verhalten zur Riesenaktinie I. E. 291/1959, Filmbeiheft. Institut für den Wissenschaftlichen Film, Göttingen.
92. 1962: Kif-Kif. Menschliches und Tierisches zwischen Sahara und Wilhelminenberg. 239 S. Wollzeilen-Verlag, Wien (Buch).
93. 1964: Die Biologische Station Rust. Mitteilungen aus der Biologischen Station Wilhelminenberg, in: Natur und Land, H. 3, S. 1–2.
94. 1964: Einige Beobachtungen an zahmem Auerwild. Mitteilungen aus der Biologischen Station Wilhelminenberg, in: Natur und Land, H. 4, S. 80–81.
95. 1964: Drei Purpurreiher an einem Horst. Mitteilungen aus der Biologischen Station Wilhelminenberg, in: Natur und Land, H. 4, S. 87–88.
96. 1964: Naturpark Breitenbrunn. Mitteilungen aus der Biologischen Station Wilhelminenberg, in: Natur und Land, H. 6, S. 137–140.
97. 1964: Führer rund um den Neusiedler See. 133 S. Verlag für Jugend und Volk, Wien–München (Buch).
98. 1964: Zwiespalt zwischen Tier- und Naturschutz? Das Tier, Jg. 4, H. 10, S. 3.
99. 1965: Rendezvous mit Tieren. 262 S. Wollzeilen-Verlag, Wien (Buch).
100. 1966: Ixobrychus minutus (Ardeidae), Brüten und Hudern. E 276/1962, Filmbeiheft. Institut für den Wissenschaftlichen Film, Göttingen.
101. 1966: Ixobrychus minutus (Ardeidae), Raumorientierung beim Beuteerwerb. E 278/1962. Filmbeiheft. Institut für den Wissenschaftlichen Film, Göttingen.
102. 1966: Premnas biaculeatus (Pomacentridae), Verhalten zur Riesenaktinie I. E 290/1959, Filmbeiheft. Institut für den Wissenschaftlichen Film, Göttingen.
103. 1967: »Böse Räuber« unter den Tieren. Das Tier, Jg. 7, H. 6, S. 3.
104. 1967: Klaubaufforschung und Klaubauferleben. Osttiroler Bote, Jg. 29, H. 51, S. 41–43.
105. 1968: Biologie der Uniform. Naturwissenschaft und Medizin (N+M), Jg. 5, S. 2–19, S. 40–50.

106. 1968: Großer Wilhelminenberger Wildtierschutzkalender 1969. Einleitungstext und 13 Farbbilder. Tusch-Druck, Wien.

107. 1969: Großtrappen in Niederösterreich (gemeinsam mit L. Lukschanderl). Kulturberichte, Aprilheft, S. 1–8.

108. 1969: Verhaltensforschung und Kultur. In: Kreatur Mensch, S. 57–84. Moos-Verlag, München.

109. 1969: Großer Wilhelminenberger Wildtierschutzkalender 1970. Einleitungstext und 13 Farbbilder. Tusch-Druck, Wien.

110. 1970: Otis tarda (Otididae), Jugendentwicklung (gemeinsam mit L. Lukschanderl). E 289/1960, Filmbeiheft. Institut für den Wissenschaftlichen Film, Göttingen.

111. 1970: Otis tarda (Otididae), Schlüpfen (gemeinsam mit L. Lukschanderl). E 313/1960. Filmbeiheft. Institut für den Wissenschaftlichen Film, Göttingen.

112. 1970: Das Gemeinschaftsarchiv für Filme aus der Verhaltensforschung. In: Gemeinschaftsarchiv für Filme aus der Verhaltensforschung, Nr. 1, S. 2–6.

113. 1970: Kultur und Verhaltensforschung. Einführung in die Kulturethologie. Mit einem Vorwort von Konrad Lorenz. 290 S. dtv, München (Buch).

114. 1970: Otis tarda (Otididae), Verhalten im strengen Winter (gemeinsam mit L. Lukschanderl). E 957/1966. Filmbeiheft. Institut für den Wissenschaftlichen Film, Göttingen.

115. 1970: Triebstauung auf der Autobahn. Deutsche Zeitung / Christ und Welt, Nr. 33, S. 9.

116. 1970: Großer Wilhelminenberger Wildtierschutzkalender 1971. Einleitungstext und 13 Farbbilder. Tusch-Druck, Wien.

117. 1971: Das Paradies vor unserer Tür. Ein Forscher sieht Tiere und Menschen. 447 S. Molden, Wien (Buch).
Übersetzungen:
1972, Schwedisch: Paradiset utanför dörren. Morstedt, Stockholm.
1973, Französisch: Un paradis a notre porte. Flammarion, Paris.

118. 1971: Großer Wilhelminenberger Wildtierschutzkalender 1972. Einleitungstext und 13 Farbbilder. Tusch-Druck, Wien.

119. 1972: Gnathonemus petersi (Mormyridae), Rüsselbewegungen bei der Nahrungssuche (gemeinsam mit A. Schmied). E 617/1964, Filmbeiheft. Institut für den Wissenschaftlichen Film, Göttingen.

120. 1972: Menschheit in Gefahr (Festvortrag Landestagung Bamberg des »Bund Naturschutz Bayern«). Blätter für Natur und Umweltschutz, Jg. 52, Juliheft, S. 60–64.

121. 1972: Die Auseinandersetzung zwischen Eltern und Kindern. Das Tier, Jg. 12, H. 2, S. 20–27.

122. 1972: Die Erde ist nur eine Leihgabe. Das Tier, Jg. 12, H. 3, S. 3.

123. 1972: Augzeichnungen schützen vor Angriffen und vor dem »bösen Blick«. Das Tier, Jg. 12, H. 4, S. 17–20.

124. 1972: Netta rufina (Anatidae), Fütterung im Paarverhalten. E 605/1964, Filmbeiheft. Institut für den Wissenschaftlichen Film, Göttingen.

125. 1972: Der Film als wissenschaftliches Publikationsmittel. In: Wissenschaftlicher Film in Forschung und Lehre, 1962–1972. Festschrift der Bundesstaatlichen Hauptstelle für Wissenschaftliche Kinematographie, Wien, S. 67–69.

126. 1972: 15 Jahre Gesellschaft der Freunde der Biologischen Station Wilhelminenberg, 1957–1972. Gesamtgestaltung und Text, S. 14–37, S. 46–47.
127. 1972: Großer Wilhelminenberger Wildtierschutzkalender 1973. Einleitungstext und 13 Farbbilder. Tusch-Druck, Wien.
128. 1973: Bevölkerungswachstum und seine Folgen. In: Neue Ziele für das Wachstum, S. 51–62. R. Piper & Co. Verlag, München.
129. 1973: Das Kind in der Großstadt. Vortrag anläßlich des Symposiums des Wiener Jugendhilfswerks vom 12. April 1972. Sammelbroschüre, S. 19–36.
130. 1973: Großer Wilhelminenberger Wildtierschutzkalender 1974. Einleitungstext und 13 Farbbilder. Tusch-Druck, Wien.
131. 1974: Umwelt und Verhalten. Vortrag anläßlich des 16. Mainauer Gesprächs vom 24. April 1974. Tagungsbericht, S. 2–11.
132. 1974: Blickfang Auge. In: Werbepolitik, S. 89–103. Verlag H. Böhlaus Nachf., Wien – Köln – Graz.
133. 1974: Rendezvous mit Tier und Mensch. 205 S. Molden, Wien (Buch).
134. 1974: Das Tier in der Erholungslandschaft. Broschüre »IFPRA-IFLA«-Kongreß, S. 42–44.
135. 1974: Großer Wilhelminenberger Wildtierschutzkalender 1975. Einleitungstext und 13 Farbbilder. Tusch-Druck, Wien.
136. 1975: Urmotiv Auge. Neuentdeckte Grundzüge menschlichen Verhaltens. 556 S. R. Piper & Co. Verlag, München – Zürich (Buch).
137. 1975: Großer Wilhelminenberger Wildtierschutzkalender 1976. Einleitungstext und 13 Farbbilder. Tusch-Druck, Wien.
138. 1976: Die Kleidung aus kulturethologischer Sicht. Ausstellungskatalog »200 Jahre Mode in Wien«, S. 31–42.
139. 1976: Angeborenes im Dienste der Werbung. Bericht 23. Werbewirtschaftliche Tagung in Wien, S. 161–164.
140. 1976: Mensch, Tier und Pflanze. Natur und Land, Jg. 62, H. 4, S. 93–94.
141. 1976: Großer Wilhelminenberger Wildtierschutzkalender 1977. Einleitungstext und 13 Farbbilder. Tusch-Druck, Wien.
142. 1977: Kolibrihaltung. Die Gefiederte Welt, Jg. 101, H. 10, S. 181–184.
143. 1977: Großer Wilhelminenberger Wildtierschutzkalender 1978. Einleitungstext und 13 Farbbilder. Tusch-Druck, Wien.
144. 1978: Grundzüge des Arbeitssystems der Abteilung 1, Allgemeine Verhaltensforschung und Kulturethologie. 12 S. Heft der Forschungsgemeinschaft Wilhelminenberg, Wien.
145. 1978: Die pädagogische Bedeutung von Spielzeugtieren in der Gegenwartssituation, 4 S. Heft der Forschungsgemeinschaft Wilhelminenberg, Wien.
146. 1978: Lebende Tiere für Kinder. 8 S. Heft der Forschungsgemeinschaft Wilhelminenberg, Wien.
147. 1978: Das Auge als biologische Wurzel kultureller Phänomene. In: Die Psychologie des 20. Jahrhunderts, Bd. VI: Lorenz und die Folgen. S. 495–504. Kindler Verlag, Zürich.
148. 1978: Haltung, Zucht und Ansiedlung von Auerwild (Tetrao urogallus). 24 S. Heft der Forschungsgemeinschaft Wilhelminenberg, Wien.
149. 1978: Mitteleuropa, Tirol – Maskenschnitzen in einer Großfamilie (Verhaltens-

studien). E 1452, Filmbeiheft. Institut für den Wissenschaftlichen Film, Göttingen.

150. 1978: Mitteleuropa, Tirol – Riesenmasken beim Klaubaufgehen (Verhaltensstudien). E 1453, Filmbeiheft. Institut für den Wissenschaftlichen Film, Göttingen.

151. 1978: Mitteleuropa, Tirol – Kinder beim Klaubaufgehen (Verhaltensstudien). E 1454, Filmbeiheft. Institut für den Wissenschaftlichen Film, Göttingen.

152. 1978: Über Ursprung und Entwicklung der menschlichen Kleidung. 17 S. Heft der Forschungsgemeinschaft Wilhelminenberg, Wien.

153. 1978: Konrad Lorenz 75 Jahre. Natur und Land, H. 6, S. 211–213.

154. 1978: Uniform als Beispiel kultureller Evolution. In: Das Bildlexikon der Uniformen von 1700 bis zur Gegenwart, S. 8–12. Südwest Verlag, München.

155. 1978: Schlechtes Wohnen schafft Neurosen. In: Broschüre »Besser wohnen, besser leben«, S. 14–15.

156. 1978: Großer Wilhelminenberger Wildtierschutzkalender 1979. Einleitungstext und 13 Farbbilder. Tusch-Druck, Wien.

157. 1979: Bedeutung und Methodik der Ansiedlung von Bibern (gemeinsam mit U. Krebs). 14 S. Heft der Forschungsgemeinschaft Wilhelminenberg, Wien.

158. 1979: Die Großtrappe (Otis tarda L.), Gegenwartsprobleme und Rettungsmöglichkeiten. 18 S. Heft der Forschungsgemeinschaft Wilhelminenberg, Wien.

159. 1979: Ethologie als Beitrag zu den Sozialwissenschaften. In: Gesellschaftspolitik mit oder ohne Weltanschauung? S. 193–211. Internationale Stiftung Humanum, Scientia Humana Institut, Bonn.

160. 1979: 33 Jahre Wilhelminenberg – Von den Reiherkolonien des Neusiedler Sees zur Kulturethologie (gemeinsam mit dem Mitarbeiterkreis). Katalog zur Ausstellung (27. März bis 1. Mai 1979) in der Wiener Secession. 229 S.

161. 1979: Mitteleuropa, Tirol – Klaubaufgehen in Prägraten (Verhaltensstudien). E 1456, Filmbeiheft. Institut für den Wissenschaftlichen Film, Göttingen.

162. 1979: Mitteleuropa, Tirol – Klaubaufgehen in Virgen (Verhaltensstudien). E 1455, Filmbeiheft. Institut für den Wissenschaftlichen Film, Göttingen.

163. 1979: Großer Wilhelminenberger Wildtierschutzkalender 1980. Einleitungstext und 13 Farbbilder. Tusch-Druck, Wien.

164. 1980: Mitteleuropa, Niedersachsen – Verwendung von Schlittenhunden im Watt bei Wremen (gemeinsam mit E. Lokaj). E 2515, Filmbeiheft. Institut für den Wissenschaftlichen Film, Göttingen.

165. 1980: Jynx torquilla (Picidae) – Abwehrverhalten. E 2546, Filmbeiheft. Institut für den Wissenschaftlichen Film, Göttingen.

166. 1980: Klaubaufgehen. Ein Maskenbrauch in Osttirol und der Gastein. Broschüre des Hamburgischen Museums für Völkerkunde, Hamburg. 89 S.

167. 1980: Mensch und Zivilisation. Vortrag Symposion »Fremdenverkehr zwischen Technik und Umweltschutz«. In: Bericht Ziviltechnikertage Schladming 21./22. März 1980. S. 46–53.

168. 1980: Lebensraum Neusiedler See. Text zur Wanderkarte 1 : 50. Freytag-Berndt u. Artaria, Wien.

169. 1980: Mitteleuropa, Oberösterreich – Verwendung von Hunden beim Holztransport mit Schlitten in Aigen-Schlägl (gemeinsam mit E. Lokaj). E 2523, Filmbeiheft. Institut für den Wissenschaftlichen Film, Göttingen.

170. 1980: Großer Wilhelminenberger Wildtierschutzkalender 1981. Einleitungstext und 13 Farbbilder. Tusch-Druck, Wien.

171. 1981: Tier und Mensch. Tiere halten, pflegen, kennenlernen (mit Beiträgen von Mitarbeitern). 616 S. Jugend und Volk, Wien (Buch).

172. 1981: Kulturethologische Betrachtung des Klaubaufgehens. In: Matreier Gespräche, Maske – Mode – Kleingruppe. S. 45–58. Jugend und Volk, Wien – München.

173. 1981: Wissenschaft und Volksbildung, Möglichkeiten und Methoden der Popularisierung. 156 S. Reihe Pädagogik der Gegenwart, 502. Jugend und Volk, Wien (Buch).

174. 1981: Schützt gefährdete Tiere. Merkblatt zum österreichischen Sonderpostmarkensatz: Großtrappe, Biber, Auerhahn. 3 S.

175. 1981: Ethologische Grundlagen der Tieransiedlung. Tagung »Wiedereinbürgerung gefährdeter Tierarten«, Augsburg 7. – 9. Dezember 1981. Tagungsbericht 12/81, S. 74–78.

176. 1981: Zur Entstehung der Matreier Gespräche. In: Matreier Gespräche, Maske – Mode – Kleingruppe, Beiträge zur interdisziplinären Kulturforschung. S. 5–6. Jugend und Volk, Wien.

177. 1981: Kulturethologische Betrachtung des Klaubaufgehens. In: Matreier Gespräche, Maske – Mode – Kleingruppe, Beiträge zur interdisziplinären Kulturforschung. S. 45–58.

178. 1981: Großer Wilhelminenberger Wildtierschutzkalender 1982. Einleitungstext und 13 Farbbilder. Tusch-Druck, Wien.

179. 1981: Tiroler Schützenkalender 1982. 13 Textseiten und 13 Farbbilder. Tusch-Druck, Wien.

180. 1981: Kalender »Lebensraum aus zweiter Hand« 1982. 13 Textseiten und 13 Farbbilder. Verbund.

181. 1982: Ökologie und Kultur. Festrede zur Bundestagung 1982 anläßlich Verleihung der Bodo-Manstein-Medaille. Broschüre des »Bund für Umwelt und Naturschutz Deutschland«, S. 31–36.

182. 1982: Kumulationseffekte im Kulturbereich. Pädagogische Rundschau (Sankt Augustin), 36 S. 359–366.

183. 1982: Dromaius novaehollandiae (Dromaiidae), Baden. E 2579, Filmbeiheft. Institut für den Wissenschaftlichen Film, Göttingen.

184. 1982: Casuarius casuarius (Casuariidae), Baden. E 2644, Filmbeiheft. Institut für den Wissenschaftlichen Film, Göttingen.

185. 1982: Memorandum zur Eröffnung der Abteilung Leopoldsdorf des Instituts für angewandte Öko-Ethologie. Eröffnungsmerkblatt (9. September 1982), S. 1–2.

186. 1982: Wissenschaftliche Hintergründe des Instituts für angewandte Öko-Ethologie. Eröffnungsbroschüre Staning (29. April 1982), S. 6–22.

187. 1982: »Darum bin ich für die Schützen . . .« Tiroler Bauernzeitung, Nr. 7, S. 5.

188. 1982: Farbe als Symbol weltlicher und kirchlicher Herrschaft. Vortrag Rias – Funkuniversität. In: Die Farbe, Bd. 30, S. 13–30.
Abdruck in: Farbe – Material, Zeichen, Symbol. S. 52–68. Schriftenreihe Forschung und Information. Colloquium-Verlag Berlin.

189. 1982: Großer Wilhelminenberger Wildtierschutzkalender 1983. Einleitungstext und 13 Farbbilder. Tusch-Druck, Wien.

190. 1982: Tiroler Schützenkalender 1983. 13 Textseiten und 13 Farbbilder. Tusch-Druck, Wien.
191. 1982: Kalender »Lebensraum aus zweiter Hand« 1983. 13 Textseiten und 12 Farbbilder. Verbund.
192. 1983: Steinzeitverhalten und industrielle Gesellschaft. 33 Volt (Österreichisches Magazin für Elektronik und Elektrotechnik), H. Jänner/Februar.
193. 1983: Haltung des Siedelwebers (Philetairus socius). Die Gefiederte Welt, Jg. 107, S. 92–94.
194. 1983: Quellenarchiv im Institut für den Wissenschaftlichen Film, Göttingen. Heft der Forschungsgemeinschaft Wilhelminenberg, Wien.
195. 1983: Fischfang mit Vögeln am Dojransee. In: Fischerei einst und jetzt. Katalog der Landesausstellung (15. April bis 13. November 1983) Schloß Orth an der Donau, S. 67–72.
196. 1983: Arbeitsteilung. Vortrag 1. Kolloquium der Schweiz. Geisteswissenschaftlichen Gesellschaft 1976. In: Menschliches Verhalten, Hrsg. B. Sitter. S. 29–35. Universitätsverlag, Freiburg, Schweiz.
197. 1983: Tracht. Vortrag 1. Kolloquium der Schweiz. Geisteswissenschaftlichen Gesellschaft 1976. In: Menschliches Verhalten, Hrsg. B. Sitter. S. 123–135. Universitätsverlag, Freiburg, Schweiz.
198. 1983: Kulturelle Bedeutung von Lernen und Lehren. In: Schulgeschichte im Zusammenhang der Kulturentwicklung, Hrsg. L. Kriss-Rettenbeck und M. Liedtke. S. 33–39. Verlag Julius Klinkhardt, Bad Heilbrunn Obb.
199. 1983: Verhaltensforschung in Österreich – Konrad Lorenz 80 Jahre (mit Beiträgen anderer Autoren). 528 S. Verlag Ueberreuter, Wien – Heidelberg (Buch).
200. 1983: Klaubauf – Krampus – Nikolaus. Maskenbrauch in Tirol und Salzburg. 23 S., 60 Bildtafeln. Tusch-Varia, Wien (Buch).
201. 1983: Viel Feind, viel Ehr. Tiroler Schützenzeitung, Jg. 7, Nr. 1, S. 1–2.
202. 1983: Steinzeitverhalten und industrielle Gesellschaft. 33 Volt (Österreichisches Magazin für Elektronik und Elektrotechnik), H. Jänner/Februar, S. 30–31.
203. 1983: Vorwärts zum Jahr 1920. Politicum (Josef Krainer Haus Schriften), Jg. 4, Märzheft, S. 30.
204. 1983: Großer Wilhelminenberger Wildtierschutzkalender 1984. Einleitungstext und 13 Farbbilder. Tusch-Druck, Wien.
205. 1983: Tiroler Schützenkalender 1984. 13 Textseiten und 13 Farbbilder. Tusch-Druck, Wien.
206. 1983: Kalender »Lebensraum aus zweiter Hand« 1984. 13 Textseiten und 12 Farbbilder. Verbund.
207. 1984: Beziehungen zwischen Tracht und Uniform. In: Tracht in Österreich, Hrsg. Lipp, Längle, Tostmann, Hubmann. S. 200–208. Verlag Christian Brandstätter, Wien.
208. 1984: Jugendbewegung und Schule. In: Schule des 19. und 20. Jahrhunderts in Mitteleuropa. Vergleichende Studien zur Schulgeschichte, Jugendbewegung und Reformpädagogik im süddeutschen Sprachraum. S. 206–222. Verlag Julius Klinkhardt, Bad Heilbrunn.
209. 1984: Wesen und Wert der Heimat. Tiroler Schützenzeitung, Festausgabe 1984, S. 39.
210. 1984: Tiroler Schützen. 23 S., 60 Bildtafeln. Tusch-Varia, Wien (Buch).

Außerdem wurden von Otto Koenig rund 200 weitere Artikel zu den Themenkreisen Ethologie, Kulturethologie und Naturschutz in diversen Tages- und Wochenzeitungen veröffentlicht.

## II. *Wissenschaftliche Filme (Ethologie, Kulturethologie)*

### *a) Im Rahmen der Encyclopaedia Cinematographica (Institut für den Wissenschaftlichen Film, Göttingen)*

1. E 199 Jaculus jaculus (Dipodidae) – Graben von Gängen. 1961.
2. E 202 Phacochoerus aethiopicus africanus – Spiel der Jungtiere. 1954.
3. E 203 Testudo graeca (Testudinidae) – Paarungsaufforderung (Abnorme Objektwahl). 1955.
4. E 247 Amphiprion percula (Pomacentridae) – Laichablage. 1959.
5. E 248 Amphiprion percula (Pomacentridae) – Laichbetreuung. 1959.
6. E 249 Amphiprion xanthurus (Pomacentridae) – Laichablage. 1959.
7. E 250 Amphiprion xanthurus (Pomacentridae) – Laichbetreuung. 1959.
8. E 275 Ixobrychus minutes (Ardeidae) – Schlüpfen, erste Lebensstunde. 1960.
9. E 276 Ixobrychus minutes (Ardeidae) – Brüten und Hudern. 1960.
10. E 277 Ixobrychus minutes (Ardeidae) – Zum-Nest-Schleichen. 1960.
11. E 278 Ixobrychus minutes (Ardeidae) – Raumorientierung beim Beutefang. 1960.
12. E 284 Merops apiaster (Meropidae) – Jugendentwicklung. 1958.
13. E 285 Paradisaea rubra (Paradisaeidae) – Solobalz. 1958.
14. E 286 Crossoptilon auritum (Phasianidae) – Futterzeigen (Eltern mit Küken). 1958.
15. E 287 Caretta caretta (Cheloniidae) – Nahrungsaufnahme bei Jungtieren. 1958.
16. E 288 Elephantulus rozeti (Macroscelidae) – Rüsselbewegungen. 1958.
17. E 289 Otis tarda (Otididae) – Jugendentwicklung. 1958.
18. E 290 Premnas biaculeatus (Pomacentridae) – Verhalten zur Riesenaktinie I. 1958.
19. E 291 Amphiprion ephippium (Pomacentridae) – Verhalten zur Riesenaktinie I. 1958.
20. E 292 Amphiprion percula (Pomacentridae) – Verhalten zur Riesenaktinie II. 1958.
21. E 293 Amphiprion percula (Pomacentridae) – Verhalten zur Riesenaktinie III. 1958.
22. E 294 Amphiprion xanthurus (Pomacentridae) – Reviereroberung. 1958.
23. E 295 Amphiprion xanthurus (Pomacentridae) – Verhalten zur Riesenaktinie I. 1958.
24. E 313 Otis tarda (Otididae) – Schlüpfen. 1958.
25. E 355 Amphiprion sebae (Pomacentridae) – Verhalten zur Riesenaktinie I. 1957.
26. E 356 Amphiprion sebae (Pomacentridae) – Verhalten zur Riesenaktinie II. 1957.
27. E 357 Amphiprion melanopus (Pomacentridae) – Verhalten zur Riesenaktinie I. 1957.
28. E 358 Amphiprion melanopus (Pomacentridae) – Verhalten zur Riesenaktinie II. 1957.

29. E 459 Marmota marmota (Sciuridae) – Paarungsverhalten. 1960.
30. E 464 Bubulcus ibis (Ardeidae) – Schlüpfen, erste Lebensstunde. 1958.
31. E 465 Bubulcus ibis (Ardeidae) – Fütterung verschieden großer Jungvögel. 1959/60.
32. E 466 Egretta garzetta (Ardeidae) – Fütterung verschieden großer Jungvögel. 1961.
33. E 467 Egretta garzetta (Ardeidae) – Gefiederpflege. 1961.
34. E 468 Myiopsitta monachus (Psittacidae) – Fütterung der Jungen. 1959.
35. E 469 Ardea purpurea (Ardeidae) – Nahrungserwerb (Jungvogel). 1960.
36. E 604 Ardea cinerea (Ardeidae) – Putzen des Kleingefieders. 1963.
37. E 605 Netta rufina (Anatidae) – Fütterung im Paarverhalten. 1963.
38. E 606 Dipodillus dasyurus (Muridae) – Jugendentwicklung (noch nicht sehende Jungtiere). 1961.
39. E 607 Dipodillus dasyurus (Muridae) – Jugendentwicklung (sehende Jungtiere). 1961.
40. E 614 Ardea purpurea (Ardeidae) – Putzen des Kleingefieders. 1963.
41. E 615 Ardea purpurea (Ardeidae) – Begrüßung am Horst, Fütterung kleiner Jungvögel. 1963.
42. E 616 Ardea purpurea (Ardeidae) – Imponierverhalten kleiner Jungvögel. 1963.
43. E 617 Gnathonemus petersi (Mormyridae) – Rüsselbewegungen bei der Nahrungssuche. 1963.
44. E 618 Platalea leucorodia (Plataleidae) – Demutsverhalten großer Jungvögel. 1963.
45. E 619 Platalea leucorodia (Plataleidae) – Putzen des Kleingefieders. 1963.
46. E 620 Casmerodius albus (Ardeidae) – Putzen des Kleingefieders. 1963.
47. E 621 Casmerodius albus (Ardeidae) – Nestbaubewegungen. 1963.
48. E 622 Casmerodius albus (Ardeidae) – Fütterung kleiner Jungvögel. 1963.
49. E 623 Platalea leucorodia (Plataleidae) – Begrüßung am Horst, Fütterung großer Jungvögel. 1963.
50. E 624 Testudo graeca (Testudinidae) – Paarung. 1962.
51. E 625 Testudo graeca (Testudinidae) – Eiablage. 1962.
52. E 626 Tyto alba (Strigidae) – Verschlucken von Mäusen. 1963.
53. E 866 Remiz pendulinus (Paridae) – Ambivalentes Sexualverhalten in der Pubertät. 1963.
54. E 901 Casmerodius albus (Ardeidae) – Fütterung großer Jungvögel. 1963.
55. E 902 Ixobrychus minutus (Ardeidae) – Füttern der Jungen. 1960.
56. E 903 Ixobrychus minutus (Ardeidae) – Jugendentwicklung. 1960.
57. E 904 Anabas testudineus (Anabantidae) – Fortbewegung am Land. 1961.
58. E 905 Acrocephalus arundinaceus (Sylviidae) – Füttern großer Jungvögel. 1964.
59. E 906 Glis glis (Gliridae) – Erwachen aus dem Winterschlaf. 1964.
60. E 942 Parus caeruleus (Paridae) Kreuzgang-Koordination (1. und 2. Lebenstag). 1965.
61. E 943 Bombycilla garrulus (Bombycillidae) – Fressen von Mistelbeeren. 1965.
62. E 944 Hemibalistes fuscus (Balistidae) – Nahrungsaufnahme. 1962.
63. E 954 Ardea purpurea (Ardeidae) – Jugendentwicklung. 1959.
64. E 956 Plotosus anguillaris (Plotosidae) – Schwarmverhalten. 1965.
65. E 957 Otis tarda (Otididae) – Verhalten im strengen Winter. 1963.

66. E 974 Xenentodon cancila (Belonidae) – Verhaltensweisen vor und nach dem Schlüpfen. 1964.
67. E 1004 Ciconia ciconia (Ciconiidae) – Füttern und Tränken großer Jungvögel. 1964.
68. E 1005 Antilope cervicapra (Bovidae) – Mutter-Kind-Verhalten in den ersten Lebenstagen des Kitzes. 1964.
69. E 1308 Thalarctos maritimus (Ursidae) – Spielen. 1967.
70. E 1452 Mitteleuropa, Tirol – Maskenschnitzen in einer Großfamilie (Verhaltensstudien). 1978.
71. E 1453 Mitteleuropa, Tirol – Riesenmasken beim Klaubaufgehen (Verhaltensstudien). 1978.
72. E 1454 Mitteleuropa, Tirol – Kinder beim Klaubaufgehen (Verhaltensstudien). 1978.
73. E 1455 Mitteleuropa, Tirol – Klaubaufgehen in Virgen (Verhaltensstudien). 1978.
74. E 1456 Mitteleuropa, Tirol – Klaubaufgehen in Prägraten (Verhaltensstudien). 1978.
75. E 2515 Mitteleuropa, Niedersachsen – Verwendung von Schlittenhunden im Watt bei Wremen. 1979.
76. E 2523 Mitteleuropa, Oberösterreich – Verwendung von Hunden beim Holztransport mit Schlitten in Aigen-Schlägl. 1979.
77. E 2546 Jynx torquilla (Picidae) – Abwehrverhalten. 1979.
78. E 2579 Dromaius novaehollandiae (Dromaiidae) – Baden. 1982.
79. E 2644 Casuarius casuarius (Casuariidae) – Baden. 1982.

*b) Im Rahmen der Bundesstaatlichen Hauptstelle für Wissenschaftliche Kinematographie, Wien*

80. FT 1188 Die Jugendentwicklung des europäischen Bienenfressers. 1960.
81. V 1229 Nikolausbrauchtum in Österreich – Klaubaufgehen in Zedlach. 1970.
82. V 1251 Nikolausbrauchtum in Österreich – Krampusgehen in Zotten und Moos. 1967.
83. V 1287 Nikolausbrauchtum in Österreich – Klaubaufgehen in Virgen/Mitteldorf. 1968.
84. V 1293 Herstellen einer Klaubaufmaske durch Sepp Lang in Bad Hofgastein. 1970.
85. V 1305 Maskenschnitzen im Familienbetrieb. 1973.
86. V 1313 Verhalten von Menschen gegenüber Tauben in Dubrovnik/Jugoslawien. 1970.
87. V 1323 Fahren mit dem Dojranboot. Dojran/Makedonien. 1970.
88. V 1324 Gauderfest in Zell am Ziller. 1970.
89. V 1335 Anfertigen einer Modellzinnfigur – Guß und Feinbearbeitung. 1969.
90. V 1338 Anfertigen einer Modellzinnfigur – Bemalen. 1969.
91. V 1351 »Faschingsrodeln« in Matrei. 1970.
92. V 1352 Nikolausbrauchtum in Österreich – Klaubaufgehen in Virgen. 1966.
93. V 1353 Nikolausbrauchtum in Österreich – Klaubaufgehen in Prägraten. 1972.
94. V 1354 Nikolausbrauchtum in Österreich – Riesenmasken beim Klaubaufgehen. 1972.
95. V 1355 Nikolausbrauchtum in Österreich – Kinder beim Klaubaufgehen. 1966.
96. V 1358 Bewegungsweisen von Tauchvögeln unter Wasser. 1973.
97. V 1376 Nikolausbrauchtum in Österreich – Klaubaufgehen in Zedlach. 1970.

98. V 1397 Herstellen einer Klaubaufmaske durch den Schnitzer Köfler in Matrei. 1970.
99. V 1409 Bewegungsweisen bei Nahrungsaufnahme und Körperpflege der Anemonenkrabbe (Neopetrolisthes oshimai). 1972.
100. V 1410 Ballspielender Esel. 1968.
101. V 1412 Springende Bohne. 1964.
102. V 1413 Verhaltensbeobachtungen an Stelzenkrähen. 1972.
103. V 1414 Spielerisches Verhalten von Surikaten. 1969.
104. V 1415 Verhaltensweisen des Schuhschnabels (Balaeniceps rex). 1972.
105. V 1416 Herstellen einer Bootsschaufel und einer Rudergabel in Basibosch (Mazedonien). 1972.
106. CT 1066 Kinder im Negerdorf (nicht ausgeschlossen aus dem Lebensraum der Erwachsenen). 1966.

*c) Im Rahmen des Quellenarchivs (Institut für den Wissenschaftlichen Film, Göttingen)*

107. A 1002 Schützenregimentsfest Zillertal in Stumm, Nordtirol, 1977.
108. A 1003 Schützenbataillonsfest Ötztal in Sautens, Nordtirol, 1977.
109. A 1004 Schützenwallfahrt in Absam, Nordtirol (Mitarbeit A. Schmied). 1977.
110. A 1005 1. Treffen der Alpenregion der Schützen in Mutters, Nordtirol. 1978.
111. A 1006 Schützenregimentsfest Oberes Inntal in Arzl, Norditirol. 1978.
112. A 1007 Schützenbataillonsfest Oberes Iseltal in Matrei, Osttirol. 1980.
113. A 1010 Schützenbataillonsfest Oberes Iseltal in Virgen, Osttirol. 1981.
114. A 1018 Wachablösung vor dem Dimitroff-Mausoleum in Sofia (Mitarbeit A. Schmied). 1972.
115. A 1019 Wachablösung in Istanbul und Ankara (Mitarbeit A. Schmied). 1972.
116. A 1025 Faschingsumzug in Lebing/Floing, Steiermark. 1975.
117. A 1035 Perchtenlauf im Gasteinertal, Salzburg (Mitarbeit A. Schmied). 1978.
118. A 1037 Anti-Atomkraftwerksdemonstration in Zwentendorf, Niederösterreich. 1977.
119. A 1039 Klaubaufgehen in Kals, Osttirol (Mitarbeit K. Kolar u. A. Schmied). 1967.
120. A 1040 Klaubaufgehen in Ainet, Osttirol (Mitarbeit A. Schmied). 1968.
121. A 1041 Kinder-Klaubaufgehen in St. Johann im Walde, Osttirol (Mitarbeit L. Lukschanderl). 1968.
122. A 1044 Klaubaufgehen in Oberlienz, Osttirol (Mitarbeit A. Schmied). 1975.
123. A 1045 Klaubaufgehen in Oberlienz, Osttirol (Mitarbeit A. Schmied). 1976.
124. A 1046 Nikolausumzug in Oberdrauburg, Kärnten (Mitarbeit A. Schmied). 1976.
125. A 1047 Klaubaufgehen in Lienz, Osttirol (Mitarbeit A. Schmied). 1977.
126. A 1048 Klaubaufgehen in Matrei, Osttirol (Mitarbeit A. Schmied). 1965.
127. A 1050 Klaubaufgehen in Matrei, Osttirol (Mitarbeit L. Lukschanderl u. A. Schmied). 1968.
128. A 1051 Klaubaufgehen in Matrei, Osttirol (Mitarbeit A. Schmied). 1969.
129. A 1052 Klaubaufgehen in Matrei, Osttirol (Mitarbeit T. Nielsen u. A. Schmied). 1971.
130. A 1053 Klaubaufgehen in Matrei, Osttirol (Mitarbeit A. Schmied). 1975.
131. A 1055 Schwanzteufel beim Klaubaufgehen in Matrei, Osttirol (Mitarbeit A. Schmied). 1969.
132. A 1057 Mädchen als Klaubauf in Matrei, Osttirol (Mitarbeit A. Schmied). 1969.

133. A 1058 Schnitzen einer Klaubaufmaske durch Tobias Trost in Matrei, Osttirol (Mitarbeit A. Schmied). 1969.

134. A 1061 Spinnen mit dem Spinnrad in Prägraten, Osttirol (Mitarbeit H. Habersohn u. A. Schmied). 1966.

135. A 1062 Fischfang mit Vögeln am Dojran-See, Jugoslawien (Mitarbeit A. Schmied). 1968.

136. A 1063 Fahren mit dem Dojran-Boot am Dojran-See, Jugoslawien (Mitarbeit A. Schmied). 1968.

137. A 2002 Spielende Delphine (Tursiops truncatus) im Delphinarium (Mitarbeit A. Schmied). 1967.

138. A 2004 Schimpanse (Pan troglodytes), Einfädeln und Binden von Schnürsenkeln (Mitarbeit A. Schmied). 1970.

139. A 2005 Griechische Landschildkröten (Testudo graeca), Balzkämpfe und Paarung, Taurus (Türkei). 1972.

140. A 2006 Sägesalmler (Serrasalmus nattereri), Laichbetreuung. 1975.

141. A 2009 Großtrappe (Otis tarda). Verschiedenes Balzverhalten (Mitarbeit A. Schmied). 1978.

142. A 2011 Große Rohrdommel (Botaurus stellaris), Angstdrohen (Mitarbeit A. Schmied). 1981.

*Walter Hirschberg:*

# *Matreier Gespräche*

Seit Beginn der im Jahre 1945 von Prof. Otto Koenig begründeten Biologischen Station Wilhelminenberg wurde das interdisziplinäre Gespräch mit Psychologen, Soziologen und Pädagogen sowie mit Anthropologen, Ethnologen und Prähistorikern gepflegt. An dieser Grundtendenz hielt man auch nach der Umwandlung der Station im Jahre 1967 in das »Institut für Vergleichende Verhaltensforschung der Österreichischen Akademie der Wissenschaften« bis zum heutigen Tag fest. Als im Jahre 1971 unter anderem der Ordinarius für Volks- und Altertumskunde, Professor Dr. Walter Hävernick, den Kontakt mit Prof. Koenig und seinen Mitarbeitern aufgenommen hatte, kam es auch bald darauf zu fünf gemeinsamen Symposien, welche die zahlreichen Berührungspunkte zwischen Verhaltensforschung und Volkskunde zum Gegenstand hatten und für die interdisziplinäre Arbeit des Wilhelminenberges richtungsgebend wurden. Weitreichende Bedeutung besaßen zunächst für die Biologische Station die Anregungen, die von den Tagungen der »Encyclopaedia Cinematographica« in Göttingen schon Jahre vorher ausgegangen waren. »Hier kamen Ethnologen und Ethologen vorwiegend aus Deutschland, Holland und Österreich zusammen, um über die Veröffentlichung wissenschaftlicher Filme in erster Linie aus den Bereichen der Volks- und Völkerkunde sowie der Zoologie zu beraten. In diesem geistig sehr lebendigen Kreis war jeder zu interdisziplinärem Denken gezwungen. Von hier kam für den Wilhelminenberg auch die Anregung, das Schnitzen einer brauchtümlichen Maske aus ethnologischer Sicht zu filmen«, schrieb Koenig zur »Entstehung der Matreier Gespräche«. Dies führte schließlich auch dazu, daß das vierte von den fünf gemeinsam mit Prof. Hävernick und den Wilhelminenbergern durchgeführten Symposien Matrei in Osttirol als Tagungsort wählte. Seitdem ist Matrei, der Heimatort begabter Maskenschnitzer und eines ungestümen Klaubaufgehens, der Ort der Besinnung einer Kleingruppe von Wissenschaftlern geworden, die sich der Kultur- und Humanethologie verbunden fühlen.

»Wir alle sind Jäger!« hieß es einmal auf Grund einer Jahrhunderttausende währenden Stammes- und Kulturgeschichte der Menschheit. Ihren Spuren nachzuforschen hat sich eine »Kleingruppe« oder »Jagdschar« von Kolleginnen und Kollegen zusammengetan und als »Jagdrevier« die Kulturethologie gewählt.

Die Teilnehmer an den »Matreier Gesprächen« wünschen Professor Otto Koenig, dem Begründer der Kulturethologie, weiterhin Glück und Erfolg und widmen ihm die folgenden Arbeiten zum 70. Geburtstag.

*Auszug aus einem Brief an Prof. Koenig:*

So freuen wir uns auch schon auf unser nächstes Treffen mit Ihnen in Matrei. Diese von Ihnen ins Leben gerufenen Matreier Gespräche haben im Laufe der Jahre eine wichtige Funktion bekommen. Sie sind aber mehr als ein alljährliches interdisziplinäres Kolloquium – sie sind zu einem Fixpunkt menschlicher Begegnung geworden. Für mich gibt es keinen Zweifel, daß die Matreier Gespräche von allen Teilnehmern so aufgefaßt werden: als eine wissenschaftliche *und* menschliche Begegnung, die keiner missen möchte.

Maschen, 23. 10. 1984 Jürgen Zwernemann

*Max Liedtke:*

# *Matreier Gespräche für interdisziplinäre Kulturforschung Wege zur Integration von Wissenschaft*

Die Wissenschaftsgeschichte ist gekennzeichnet von Differenzierungs- und Integrationsprozessen. Die Differenzierungsprozesse überwiegen. Sie sind Ausdruck des Wissenswachstums, das zu einer zunehmenden Verästelung des Fächerspektrums, zu einer Differenzierung der Einzeldisziplinen geführt hat.

Die Integrationsprozesse sind seltener, aber wissenschaftsgeschichtlich sicher die höheren Leistungen. Sie beruhen auch auf dem für die Differenzierung von Wissenschaft charakteristischen Sammeln und Sichten von Einzeldaten. Aber ihre zentrale Bedeutung liegt darin, die durch Differenzierung auseinanderstrebenden Teildisziplinen zu verknüpfen, das Verbindende, die übergreifenden Gesetzmäßigkeiten der divergierenden Fächer zu suchen.

Die Verhaltensforschung ist durch Otto Koenig mit einer Fülle sehr detaillierter Untersuchungen bereichert worden. Seine wissenschaftsgeschichtlich überragende Leistung besteht aber darin, der Verhaltensforschung durch seine interdisziplinäre Ausrichtung neue Impulse gegeben und ihr neue Forschungsbereiche eröffnet zu haben. Die schließliche Begründung der Kulturethologie durch Otto Koenig war aber keineswegs eine einfache Fächerdifferenzierung. Sie war und ist vielmehr eine Fachgrenzen sprengende und fachübergreifende Integrationsleistung hohen Ranges.

Diese integrierende Funktion der Kulturethologie zeichnet auch die von Otto Koenig begründeten »Matreier Gespräche für interdisziplinäre Kulturforschung« aus.

Dies liegt zunächst ohne Zweifel an den außerordentlich breit angelegten Kenntnissen Otto Koenigs und an dessen für Brückenschläge zwischen den heterogenen Disziplinen hoher Sensibilität. So konnte auch bei den langjährigen Teilnehmern dieser Gespräche niemals der Eindruck entstehen, daß sich hier unter der lockeren Klammer eines gemeinsamen Rahmenthemas gleichwohl nur eine bloße Aggregierung von heterogenen, unverbunden nebeneinanderstehenden Fachbeiträgen abspielt. Die bloße Reihung von Aussagen unterschiedlicher Disziplinen macht noch nicht Interdisziplinarität. Interdisziplinarität besteht vielmehr in dem Bemühen, mögliche verbindende Gesetzmäßigkeiten auszumachen, wie aber auch in dem beständigen Versuch und in der Anstrengung, die Aussagen des eigenen Faches in die Prüfung anderer Fächer zu geben und diese Aussagen gegebenenfalls zu modifizieren. Genau dies leisten nach meiner Einschätzung die Matreier Gespräche.

Dabei steht außer Frage, daß die stärkste integrierende Wirkung von der Kulturethologie ausgeht. Ob man über »Verbergen und Maskieren«, über »Kleidung als Schutz, Schmuck und Statussymbol«, über »Kleingruppe«, über »Entstehung und Bedeutung von Traditionsbildung« diskutierte, es war die Kulturethologie, aus der neue Denkansätze, neue fachspezifische Interpretations- und Sichtweisen, die in zahlreiche Publikationen und in Ausstellungs- und Museumskonzepte (Museum für Völkerkunde, Hamburg; Bayerisches Schulmuseum in Ichenhausen/Günzburg) eingegangen sind, gewonnen wurden.

Otto Koenig hat so auch über die Matreier Gespräche dazu beigetragen, neue Wege zum Verständnis von Mensch und Kultur zu eröffnen und die verhängnisvolle Kluft zwischen Natur- und Geisteswissenschaften abzubauen.

## *Die Verfasser der Beiträge:*


*Dr. Margot Berghaus*
Institut für Soziologie, Universität Hamburg

*Dr. Christine Burckhardt-Seebass*
Leiterin des Volksbildarchivs des Instituts für Völkerkunde der Schweizerischen Gesellschaft für Volkskunde, Basel

*Dr. Michael Freyer*
Erziehungswissenschaftliche Fakultät der Universität Erlangen-Nürnberg

*Dr. Iris Barbara Graefe*
Institut für Vergleichende Verhaltensforschung der Österreichischen Akademie der Wissenschaften

*Dr. Gernot Graefe*
Stellvertretender Direktor des Instituts für Vergleichende Verhaltensforschung der Österreichischen Akademie der Wissenschaften und Leiter der Abteilung 2, Ökosystemforschung, Donnerskirchen

*Univ.-Prof. Dr. Horst Jürgen Helle*
Ordinarius für Soziologie, Universität München

*Oberstudienrat Dr. Hartmut Heller*
Fachvertreter für Landes- und Volkskunde, Universität Erlangen-Nürnberg

*Univ.-Prof. Dr. Walter Hirschberg*
Emeritierter Ordinarius für Völkerkunde, Universität Wien

*Univ.-Prof. Dr. Janpeter Kob*
Ordinarius für Soziologie, Universität Hamburg

*Dipl.-Psych. Dr. Uwe Krebs*
Wissenschaftlicher Mitarbeiter am Lehrstuhl für Psychologie II, Universität Regensburg

*Univ.-Prof. Dr. Max Liedtke*
Ordinarius für Pädagogik, Universität Erlangen-Nürnberg

*Dr. Elisabeth Mayr*
Institut für angewandte Öko-Ethologie

*Akad. Rat Dr. Johann Günther Muhri †*
Wissenschaftlicher Mitarbeiter am Lehrstuhl für Pädagogik, Universität Erlangen-Nürnberg

*Prof. Dr. Bertl Petrei*
Univ.-Lektor am Institut für Germanistik, Universität Klagenfurt

*Hofrat Prof. Dr. Viktor Herbert Pöttler*
Direktor des Österreichischen Freilichtmuseums Stübing

*Dr. Franz Simon*
Leiter der Abteilung für Volks- und Völkerkunde am Institut für den Wissenschaftlichen Film, Göttingen

*Univ.-Prof. Dr. Günter Smolla*
Ordinarius für Urgeschichte, Universität Frankfurt

*Univ.-Prof. Dr. Hans Trümpy*
Ordinarius für Volkskunde, Universität Basel

*Prof. Dr. Jürgen Zwernemann*
Direktor des Hamburger Museums für Völkerkunde

# Matreier Gespräche 1981

## *»Haus und Wohnung«*

*Christine Burckhardt-Seebass:*
# *Der Lebenslauf an den Wänden*
# *Ein Versuch mit Wandschmuck*

Daß der Mensch auch in modernen, städtisch-industriellen Lebensverhältnissen sein Territorium »markiert«, ist zunächst eine banale Feststellung. Er befestigt ein Namensschild an seiner Haus- oder Wohnungstür, er umgibt sich mit Gegenständen und Geräten, die, selbst wenn sie nach dem Kriterium größter Billigkeit, von der Stange oder second hand angeschafft wurden, in Aussehen, Material und Arrangement bestimmte Zeitstile oder soziale Muster und Zwänge repräsentieren und sich den Wohnvorstellungen eines Fremden (des Architekten und Unternehmers) beugen müssen, doch »eigene Welt« darstellen. Es bleibt banal, wenn wir konstatieren, daß Bilder und ähnliche Objekte, die man zum Zweck der Dekoration an der Wand befestigt (Kalender, Stoffe, Spiegel, Uhr), Teil dieses Hausrats und dieses Zwecks sind, daß sie sogar als fertiges Wohn-»Set« mit den Möbeln gekauft werden können (z. B. die Dielengarnitur mit Kästchen, Spiegel und Garderobe oder das – erst seit etwa 1910 verbreitete – Doppelbett mit in Format und Sujet abgestimmtem Schlafzimmerbild), gleichzeitig aber privatem Gestaltungsbedürfnis Rechnung tragen und alle möglichen persönlichen Dinge, Wünsche und Vorstellungen, sichtbar machen können[1].

Allerdings sind (mobile) Wandbilder, selbst bei festen Behausungen und geeigneter Wandstruktur, keineswegs jederzeit und überall nachweisbar. Sie tauchen, zumindest in den mittleren und unteren Bevölkerungsschichten, sporadisch erst von etwa 1800 an in Inventaren auf, in nennenswerter Zahl (zunächst mehr in städtischen denn in ländlichen Verhältnissen) von der Jahrhundertmitte an. Dann allerdings gehören sie dazu.

Käuflicher Wandschmuck erscheint also etwa zu dem Zeitpunkt an den Wohnungswänden, wo neue reprografische Methoden eine rasche, flexible, billige und beliebig große Produktion erlauben. Das setzt ein schon mit den manufakturmäßig hergestellten Hinterglasbildern und gipfelt für das 19. Jahrhundert erstmals in der Chromolithografie, insbesondere dem Öldruck.

Martin Scharfe hat die These vertreten[2], daß das neue Bildbedürfnis der unteren sozialen Schichten nicht einfach vom erschwinglich gewordenen großen Angebot abhängt im Sinn einer Popularisierung eines einstmaligen kulturellen Privilegs, sondern daß es hervorgerufen wird durch neue, kollektive, aber individuell gemachte Erfahrungen des Zeitalters, die eine zeichenhafte Vergegenwärtigung und Bewältigung notwendig erscheinen lassen. Dafür sprechen gewisse Bildthemen (als Abbilder oder Gegenwelten) und (seltene) Aussagen über den jeweiligen individuellen Erlebnisgehalt von Bildbeziehungen. Ich versuche, diese These zur Erklärung und Bewertung einer einzelnen, funktional-thematisch definierten Wandschmuckgruppe heranzuziehen.

Markieren des eigenen, auch des »innerlichen« Territoriums – man sollte denken, daß dies am unverwechselbarsten nicht durch individuelle Variation kollektiver Stile geschieht, sondern durch Repräsentationen des Ichs oder des Eigenen, der eigenen Gestalt, des eigenen Besitzes, der eigenen Herkunft und Geschichte. Tatsächlich finden wir unter den frühesten Erwähnungen von mobilem Wandschmuck »Denkmäler« dieser Art, Hochzeits- und Totenandenken[3]. Die eigentliche Erinnerungsgrafik, bedruckte, beschriebene, verzierte, bebilderte, persönlich zugesprochene papierene Andenken an bestimmte Lebenslaufstationen, kommt Ende des 18. Jahrhunderts im kirchlichen[4] und im privat-religiösen wie im geselligen Bereich auf, zunächst in Gestalt kleiner Andachts- und Einlegeblättchen für Stamm- oder Gesangbuch, dann immer häufiger in repräsentativeren und zum Aufhängen geeigneten Formaten[5]. Zur ältesten Schicht zählen Firm- und Tauf-, Erstkommunions- und Konfirmationsandenken, dann Freundschafts- und ähnliche Widmungsblättchen. Die einmal gefundene Marktlücke wird von der grafischen Industrie weidlich ausgenutzt, hinter dem vergrößerten Angebot mit Andenkenblättern für Schule und Ausbildung, Hochzeit, Primiz und Profeß, Jubiläum, Militär, Betrieb, Verein – zu denen die nicht lebenszeitlich gebundenen Ferien-, Reise- und Festsouvenirs hinzuzudenken sind – lassen sich oft unschwer eigentliche Marketingstrategien erkennen. Nicht alles kommt zwar an, manches verändert sich[6], verschwindet wieder, wird allgemeiner und verhüllt seinen privaten Bezug[7], oder aber es wird spezifisch-persönlicher: Durch die Fotografie rücken auch für bescheidene Mittel authentische Ahnengalerien und Enkelporträts, originalgetreue Abbildungen von Haus und Hof (oder Dorfkirche und Stadtansicht), Hund, Katze, Pferd und Stier oder Motorrad und Automobil in Griffnähe[8]. Neben Wandbildern finden wir eine Fülle weiterer Objektmöglichkeiten (und anderer grafischer Andenken), vom Stickmustertuch bis zum Hirschgeweih, von der Wallfahrtsfahne zur Olympiamedaille.

Der vorgestellte Lebenslauf bleibt trotz allem weitgehend stereotyp und – repräsentabel! Unerlaubtes oder Mißratenes kommt nicht an der Wohnungswand zur öffentlichen Präsentation[9]. Vielleicht gibt gerade dies einen Hinweis auf die Intentionen solchen Verhaltens. Ermöglichen die Objekte und Bilder nicht, über das Festhalten schöner Momente hinaus, eine Selbstbegegnung, eine objektivierte Vergegenwärtigung des eigenen Wegs und damit eine Identitätserfahrung und -versicherung, das heißt das Erlebnis, daß das Ich dasselbe bleibt, durch alle Erfahrungen hindurch, und daß es gut bleibt, und dies auch bei zunehmender geografischer wie sozialer Mobilität und in der schwierigen Notwendigkeit, gleichzeitig und konfliktfrei in den verschiedensten Bereichen (Familie, Beruf, Öffentlichkeit, Freizeit usw.) zu leben und zu wirken? Und wo anders als daheim kann diese Bestätigung, diese Stabilisierung noch so erfahren werden? Rückzug aus der »Entfremdung« ins Private, Familie und Wohnung als eigenstes Territorium und als Rekreationssphäre – die unscheinbaren Bilder und ihr Gebrauch weisen auf »Stichworte« einer Epoche.

Allerdings: solche Dinge werden, so weit sich das empirisch feststellen läßt, nicht von allen, nicht immer und kontinuierlich und auch nicht überall aufgehängt. Hinter oberflächlich modisch-stilistischen Wandlungen dürften dabei nicht selten die Erfahrung von Diskontinuität, von einer Krise der Identität, oder die Emanzipation vom sozial geformten Lebenslauf wirksam werden. Umgekehrt scheint es Lebensphasen zu geben, wo der Aufbau des Territoriums, das Finden oder das Sichern von Identität primäre Ziele sind, die das Wohnverhalten und so wohl auch den Bildergebrauch und die Wandschmuckinhalte beeinflussen[10].

Lassen wir unseren imaginären Lebenslauf einsetzen mit der Gründung des Hausstands, durch Hochzeit oder Aufnehmen einer eheähnlichen Gemeinschaft. Das ist an sich kommemorabel und wird durch Bilder dokumentiert[11], es erfordert meist Anschaffungen, auch von Schmuckobjekten (zunächst vielleicht noch mobil-provisorischer Art), und es löst als soziales Ereignis Geschenkaktionen aus, unter denen sich weitere derartige Dinge befinden können. Neben Gegenständen mit vorherrschender Verweis- und Erinnerungsfunktion stehen solche von primär ästhetischer Bedeutung, die den Willen und die Fähigkeit zum selbständigen Gestalten der eigenen Welt dokumentieren.

Wird aus dem Paar eine Familie mit Kindern, kommt in der Einrichtung und Ausschmükkung des Heims zum lebensgeschichtlichen und ästhetischen Aspekt ein pädagogisch-didaktischer. Die Wohnung, allmählich zusammen mit der Schule, bildet für die Kinder ja den sozialen Kosmos; hier lernen sie die Differenzierung der Räume und der Interaktionen, in ihr schaffen die Eltern nach Möglichkeit eine ebenso anregende wie heimatlich-bergende Umwelt, sie geben ersten Identitätserfahrungen (etwa an Lebenslauffesten und ihren Zeichen, Taufe, Geburtstag, erster Schultag, Erstkommunion) ihre Form, ihren sichtbaren Ausdruck und ihren Platz, auch an der Zimmerwand. Und sie beachten und belobigen Entwicklungsfortschritte und errungene Fertigkeiten in gebührender Weise, etwa indem die Trophäen dieser Welterfolge (z. B. Zeichnungen) im Zentrum aller familiären Aktivitäten dieses Zeitabschnittes, in der Küche, aufgehängt werden.

Mit dem Heranwachsen der Kinder, allenfalls auch mit dem beruflichen Aufstieg der Eltern wachsen die Wohnansprüche (oft durch Umzug befriedigt); gleichzeitig führt das Leben in immer zahlreicheren verschiedenen Kreisen zu einer Aussonderung von Eigenräumen und notwendigerweise zum Wohn»betrieb« mit der Organisierung höchst verschiedenartiger Zeitabläufe und hohen Anforderungen ans Krisenmanagement. Das Interesse am gemeinsamen Wohn- und Rekreationsraum und seinem Aussehen tritt demgegenüber zurück. Die persönlichen und sozialen Bedürfnisse der Jugendlichen lassen sich nicht mehr voll innerhalb der elterlichen Wohnung realisieren, was sich oft in Ausbruch und Inbesitznahme halböffentlicher oder öffentlicher Bereiche äußert, die als Eigenplätze »markiert« werden (mit Plakaten, Spray, MacDonald-Abfällen), aber keine eigentliche, dauerhafte Fixierung ermöglichen.

Der »nachelterliche« Zeitabschnitt ist als eigene Lebenslaufphase historisch gesehen relativ jung und auch noch nicht allgemein als solche erkannt und reflektiert. Das äußert sich eher in Rückzugs- und Kompensationsformen (es ist die Zeit, wo, neben Reliquien des Früheren und ersten Enkelbildern, Vereins- und Treueurkunden und Erbstücke die Wände zu zieren beginnen) denn in Neuregelungen (obwohl z. B. die Zweitaussteuer in diesem Zeitabschnitt von der Möbelindustrie stark propagiert wird).

Die Altersphase schließlich, nach Aufgeben der Berufstätigkeit, läßt sich kennzeichnen durch eine nachlassende Neigung zu Veränderung und Umgestaltung und die oft unvermeidliche, zunehmende Schrumpfung der sozialen Aktivitäten. Die Welt reduziert sich wieder auf den Wohnbereich, nostalgische Kontemplation[12], Erinnerung ersetzt gelebte Beziehungen. Der Wandschmuck macht das deutlich, er scheint als (oft unsortierte) Anhäufung, die alles überzieht und Vergangenes stärker präsent werden läßt als Gegenwärtiges. Am Ende des Lebens bekommt die Frage nach Identität und nach dem eigenen Weg, der nur noch ein kleines Stück vorwärts führen wird, einen anderen Klang.

Erst die Erben ordnen, wählen, bewerten neu, und die Zeugnisse vergangener Erfahrung finden, als abgelöste ästhetische Freude oder im Sinn erwünschter, sichernder Kontinuität, ihre neue Funktion.

## *Anmerkungen*

[1] Aus der Fülle der Literatur zum Wandschmuck sei wenigstens verwiesen auf: *Wolfgang Brückner,* Elfenreigen – Hochzeitstraum. Die Öldruckfabrikation 1880–1940, Köln 1974. Ferner: *Schmücke dein Heim.* Ausstellungskatalog des Schweizer. Museums für Volkskunde, Basel 1977, verfaßt von Theo Gantner, Christine Burckhardt-Seebass und Robert Hiltbrand.

[2] *Martin Scharfe,* Wandbilder in Arbeiterwohnungen. In: Zeitschrift für Volkskunde 77, 1981, S. 17–36.

[3] Es handelt sich zunächst meist um dreidimensionale Objekte, Kästchen mit Hochzeits- oder Totenkranz, Haarandenken und ähnliches.

[4] Die kirchlichen Andenken für Firmung, Konfirmation und Erstkommunion tauchen beinahe gleichzeitig und darin und ihrer Gestaltung sicher nicht völlig unabhängig voneinander auf. Sie spielen in beiden Konfessionen (aber nicht für alle Anlässe) eine etwa gleich große Rolle. Von urkundlich-dokumentarischem Wert sind sie wohlgemerkt nicht;

sofern notwendig (Firm- und Abendmahlsfähigkeit), gab es dazu oft eigene Schriftstücke ohne ästhetische oder erbauliche Nebenfunktion.

[5] Die regionale Verbreitung der einzelnen Arten und ihre jeweilige typologische Entwicklung können noch nicht als geklärt gelten.

[6] Kreuze aus Holz oder Metall, gewöhnlich mit Inschrift, ersetzen neuerdings die Erstkommunionsandenken, stellenweise sogar die Konfirmationsscheine.

[7] Der personen- und anlaßgebundene Textteil wird z. B. auf der Rückseite angebracht.

[8] Zur Stilisierung auch der Fotografie bei solchen Anlässen vgl. *Bernward Deneke,* Erinnerungen und Wirklichkeit – Zur Funktion der Fotografie im Alltag. In: Umgang mit Sachen. Zur Kulturgeschichte des Dinggebrauchs. Regensburger Schriften zur Volkskunde, Bd. 1, 1983, S. 241–257.

[9] Vgl. dazu und zum folgenden: *Christine Burckhardt-Seebass,* Zeichen im Lebenslauf, mit Korreferat von Martin Scharfe und Diskussionsvoten. In: Umgang mit Sachen (wie Anm. 8), S. 267–290.

[10] Anregend wirkte für das folgende: *Joachim Matthes,* Wohnverhalten, Familienzyklus und Lebenslauf. In: Soziologie des Lebenslaufs, hrsg. von Martin Kohli, Darmstadt, Neuwied 1978, S. 173–190. Die Frage des Wandschmucks wird dabei nicht berührt. Wie bei den meisten derartigen Untersuchungen steht der vermeintliche Normalfall, die Zweigenerationenfamilie, im Vordergrund; Einzelstehende und kinderlose Gemeinschaften aller Art fallen aus der Betrachtung. Unsere Überlegungen beanspruchen im übrigen nicht mehr als Hinweischarakter. Die empirische Beobachtung und wissenschaftliche Analyse des Wohnverhaltens über längere Zeit oder gar ganze Lebensläufe hinweg stößt selbstverständlich auf beträchtliche methodische Schwierigkeiten.

[11] Das übliche mehr oder weniger solenne, gerahmte Hochzeitsbild kann ohne weiteres, ohne seine Funktion und seine Aussage wesentlich zu ändern, durch ein Amateurfoto der beiden Partner, z. B. aus dem ersten gemeinsamen Urlaub, ersetzt sein, auch durch individuelle, kreuzweise sinnig aufgestellte Porträtaufnahmen.

[12] Vgl. *Charles Zwingmann,* Das nostalgische Phänomen. In: *ders.* Zur Psychologie der Lebenskrisen. Frankfurt 1962.

## *Hartmut Heller:*
# *Kulturanalytische Anmerkungen zur Gartenstadtbewegung*

Von den Akteuren der Zeit selbst, nicht von einer nachträglich ordnenden Wissenschaft wurde der Begriff »Gartenstadtbewegung« geprägt. Er ist in der stadtgeschichtlichen Literatur gängig geworden und scheint in der Tat vorzüglich gewählt. Er kennzeichnet als Epochenwort einen um die Jahrhundertwende neu auftretenden Siedlungstyp und trägt zugleich in sich Hinweise auf ein Gestaltungsprogramm und einen kulturräumlichen Ausbreitungsprozeß.

Gartenstädte erwuchsen aus hochkomplexen Gedankengängen. Das Generalthema »Wohnen« ist hier verflochten mit Erwägungen der Kulturkritik und Sozialreform, mit Vorstellungen zur Ernährungs- und Gesundheitspolitik, mit Reflexionen über Architekturstile und mit frühem Streben nach einer Raumordnung, die die Daseinsgrundbedürfnisse des Menschen (Wohnung, Arbeit, Erholung, Bildung, Gemeinschaftsleben) harmonisch in Einklang bringen will. Ein solch vielschichtiger Gegenstand paßt gut in ein interdisziplinäres Symposium.

*A. Idee und historische Verwirklichung*

Die Gartenstadtbewegung ist eine Gegenbewegung. Ihr Hintergrund ist die industriezeitliche Stadtentwicklung, die das Heer der vom Land hereingeströmten Fabrikarbeiter in zum Teil trostlosen Wohnverhältnissen zusammenpferchte und die *Mietskaserne* als kapitalistisches Renditeobjekt hervorbrachte. Beim berüchtigten »Berliner Haus« beispielsweise wurde die totale vierstöckige Überbauung der Grundstücke nur durch eine Polizeivorschrift etwas eingeschränkt, die Durchfahrten und Lichthöfe entsprechend dem Drehradius einer Feuerwehrspritze 17 × 17 Fuß = 28 Quadratmeter forderte. In England waren derartige Mißstände verständlicherweise schon viel früher sichtbar geworden. Friedrich Engels prangerte sie an in seinem Bericht über die Lage der arbeitenden Klassen in England (1844), Gustave Doré hielt 1870 dieses neue London mit dem Zeichenstift fest: eintönig Rücken an Rücken gebaute Häuser, übervölkerte Hinterhöfe, Rußschwaden über frischer Wäsche . . .

So ist es kein Zufall, daß auch Alternativvorschläge ihren Ausgangspunkt im Mutterland der Industrialisierung, in England, hatten. Bekannt wurden vor allem die Namen Titus Salt und *Ebenezer Howard.* Abb. 1 gibt Howards Idealschema einer *»Garden-City«* (1889) wieder:

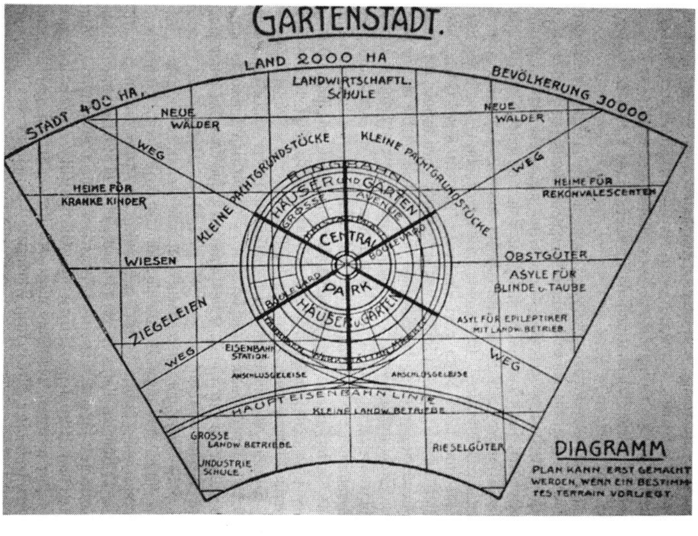


Abb. 1:
Schematische Darstellung einer Gartenstadt nach Ebenezer Howard (Kampffmeyer 1909, 12)

Abseits der alten Städte, draußen auf dem Land, sollten neue Siedlungseinheiten entstehen, die weitestgehend autark gedacht waren (Trabantenstädte) und auf zeitgemäße Fabriken als Arbeitsstätten durchaus nicht verzichteten. – Im Zentrum freilich liegt ein Park als Erholungsfläche. Sektoral schließen sich daran aufgelockerte Wohngebiete an mit angenehmen, maximal zweistöckigen Häuschen im Cottagestil, zu denen jeweils – das war das Neue gegenüber Salt – ein Garten gehörte. Gemüsebau sollte dort nicht nur eine Freizeitbeschäftigung sein, sondern zusammen mit einem angrenzenden Landwirtschaftsbereich die Lebensmittelversorgung der Siedlung sicherstellen. Fabriken, Wohnstätten und Läden, verkehrsgünstig der Eisenbahn zugeordnet, füllen ein Teilsegment des innersten Kreises und stehen somit in enger Nachbarschaft zum Wohnen. Im Rückblick wirkt dies wie ein letzter Versuch, die Trennung von Wohnung und Arbeitsplatz, die wir als ein Charakteristikum der Gesellschaftsentwicklung im Industriezeitalter erkannt haben, noch einmal möglichst aufzuheben. – Um Bodenspekulation zu verhindern, sollte das Gesamtareal samt den Gebäuden Gemeinschaftseigentum sein und eine Parzelle nur in Erbpacht ausgegeben werden. Von philantropischem Geist zeugen auch die von Howard vorgesehenen Blindenasyle, Kinderheime und anderen Sozialeinrichtungen. Als philosophische Grundlage der Gartenstadttheoretiker wird gern Herbert Spencer zitiert, daß alle Menschen auf die Benützung der Erde gleiches Anrecht haben.

Howards Reformgedanken wurden erstmals 1903 in der Gartenstadt Letchworth nahe London verwirklicht. Letchworth wurde zum Lehrbeispiel für den übrigen Kontinent.

Der Berliner Kaufmann Heinrich Krebs brachte Howards Gartenstadtidee nach Deutschland. 1902 wurde die *Deutsche Gartenstadtgesellschaft* gegründet. Seit 1908 entstanden in rascher Folge Gartenstädte unter anderem in Dresden, Karlsruhe, Bremen, Hamburg, Magdeburg, Königsberg und auch in Nürnberg, wo sich die nachstehenden Beobachtungen gleich an mehreren Projekten erhärten lassen.

1. Das englische Muster hat auf seinem Weg durch Deutschland viel von seiner konzeptionellen Geschlossenheit eingebüßt. Nie kam es hier zu quasi selbständigen Gemeinwesen. Es handelt sich lediglich um *Gartenvorstädte,* die eng an die Kernstadt angelehnt blieben.

Auch ging der Anstoß keineswegs immer nur von freien, in der Bevölkerungsgrundschicht verwurzelten Genossenschaften aus. Daneben finden sich viele ähnlich geartete Gründungen von Fabrikanten bzw. Betriebsgenossenschaften, beispielsweise die Arbeiterkolonien der Firma Krupp in Essen-Margaretenhöhe und Bochum-Dahlhausen. Eine dritte Variante erinnert verblüffend an Hausbesetzungsaktionen von heute, wenn man nämlich hört, daß vereinzelt Gartenstadtanlagen sogar als gesetzwidrige Spontanniederlassungen ihren Anfang nahmen: In Nürnberg begannen 1918/19 entlassene Soldaten und arbeitslos gewordene Rüstungsarbeiter ohne Grunderwerb und ohne Genehmigung in den Reichswald hineinzuroden und zu bauen (Siedlung Buchenbühl/Loher Moos). Man ließ sie gewähren und legalisierte die Sache nachträglich in Form eines Zweckverbandes . . . (Hanschel 1977, 276/77).

In funktionaler Hinsicht kommen die Werkssiedlungen durch ihre enge Verzahnung von Arbeitsplatz und Wohnung dem Howardschen Modell am nächsten. Aber natürlich blieb das Obereigentum des Unternehmers dabei zumeist unangetastet. Allen wohlmeinenden Absichtserklärungen zum Trotz hatte dies zur Folge, daß derart behauste Arbeitnehmer somit in noch größere Abhängigkeit vom Brotherrn gerieten als vorher.

Umgekehrt sind den von unabhängigen Genossenschaften getragenen Gartenstädten in Deutschland nur in den seltensten Fällen Produktionsstätten integriert. Die Befriedigung von Wohnwünschen auf der Basis von Erbpacht bzw. Genossenschaftsbesitz wurde hier, wie bei der Stadtflucht der Gegenwart, bezahlt mit der Notwendigkeit zu pendeln.

2. Einseitiger als Howard zielte die deutsche Gartenstadtbewegung in der Praxis also hauptsächlich auf eine Verbesserung der Wohnverhältnisse. Man wollte, wie es in der Vereinssatzung heißt, »auch den Minderbemittelten billige, gesunde und schöne Wohnungen bieten« (Kampffmeyer 1909, 48). Auf zweierlei kam es dabei vor allem an: auf die Baustruktur des Eigenheims und auf den Garten.

Aufgelockerte und niedrige Bauweise brachte Licht und Luft in die Zimmer. Die Ausstattung mit privaten Sanitäreinrichtungen war ebenfalls eine Errungenschaft gegenüber der Mietskaserne mit oftmals nur kollektiver Wasserzapfstelle und Etagenklo. Beides sollte nicht einfach nur der Annehmlichkeit des einzelnen dienen, sondern wurde in einem nationalen Anflug propagiert als Beitrag schlechthin zur Hebung der Volksgesundheit.

Aber das war nicht alles. Die eigene Haustür hatte, obgleich sie manchmal nur direkt in die Küche oder die Stube führte (vgl. Conradty-Werksiedlung Röthenbach bei Nürnberg), auch psychologische Bedeutung. Sie gab dem beruflich und produktionstechnisch unselbständig gewordenen Arbeitnehmer ein Gefühl von Individualität zurück. In einer Jubiläumsschrift für

Abb. 2:
Hausgärten in der Nürnberger Gartenstadt im Zustand des Jahres 1975

die Nürnberger Gartenstadtsiedlung »Werderau« wird die Tatsache, daß »in den ersten Einfamilienhäusern . . . bereits jede Familie ihre eigene Haustür« hatte, mit ausdrücklichem Stolz erwähnt. Wenigstens teilweise wurde die alte *Vorstellung des »Ganzen Hauses«* wieder wach, einer nun allerdings auf die Kernfamilie reduzierten Lebensgemeinschaft, der der Hausvater vorstand. Der Versuch, jeder Wohnung einen eigenen Eingang zu belassen, fällt schon bei der frühesten Sozialsiedlung Mitteleuropas, der Fuggerei in Augsburg, auf (Hartmann 1976, 34). Und auch bei den zu Hammerwerken und Hütten des 17./18. Jahrhunderts gehörigen Arbeiterhäusern ist selten darauf verzichtet (vgl. Messingfabrik Hammer bei Nürnberg, Glashütte Schleichach/Steigerwald). In den zum Teil langgestreckten Häuserzeilen der Gartenstädte ab 1908 bildet das regelmäßige Lochmuster der Haustüren ein unübersehbares Gestaltungselement.

Noch bemerkenswerter scheint mir der Garten, der in der Regel gegliedert war in einen Ziergarten vor und ein größeres Stück *Nutzgarten* hinter dem Haus. Für medizinisch denkende Pragmatiker war dieser Nutzgarten ein Freiraum, wo man sich körperlich betätigen, wo Kinder spielen konnten und nicht aus Sauerstoffmangel der Rachitis und der Tbc anheimfielen. Hauptsächlich aber war der Garten Grund und Boden, auf dem man Gemüse und Obst bauen, Kaninchen halten, Tauben züchten konnte. Die Fruchtbarkeit dieser Gärten leistete einen unschätzbaren Beitrag zur Ernährung von Familien, deren Lohntüte oft kaum das Existenzminimum deckte. Hans Kampffmeyer (1909, 44 und 98) nennt nicht umsonst die von Vegetarieren begründete Obstbaukolonie Eden bei Oranienburg, die sich allmählich zur Baugenossenschaft fortentwickelte, den »interessantesten Vorläufer der Gartenstadtbewegung« und weist mit Nachdruck auf den großen volkswirtschaftlichen Nutzen solch intensiver Kleingartenproduktion hin. – Trotz gegenteiliger Beurteilung z. B. durch Lütge ([2]1960, 371) wage ich folgende These: Die Gartenstadtbewegung beabsichtigte eine *Re-Agrarisierung der Stadt,* wie sie in dieser Unmittelbarkeit nie zuvor in Deutschland anzutreffen gewesen war! Selbst die Ackerbürger der mittelalterlichen bzw. frühneuzeitlichen Kleinstadt mußten weitere Wege zu ihren Feldern gehen und ebenso die Nürnberger Patrizier, deren berühmte Gärten ja gleichfalls vor den Mauern lagen.

3. In den Gärten dieser neuen Stadtrandviertel grünte aber nicht nur Eßbares, sondern auch eine Menge Ideologie und Philosophie. Wie sich in den geistigen Führungsschichten Deutschlands seit der Jahrhundertwende angesichts der ausufernden Industriestädte allmählich Unmut, Zivilisationspessimismus, ja Stadtfeindlichkeit breit machten, ist bekannt. Zahllose Zeugen und Zitate lassen sich dafür anführen, Eduard Spranger etwa, der vom »Elend des Großstädters« sprach (1923), der Heimatkunsttheoretiker Adolf Bartels, der in den Städten nur mehr »faule Sumpfluft« verspürte (1904, zit. Greverus 1979, 66), der Dichter Hermann Hesse, der das »große, lieblose, öde . . . in die Auspuffgase dieser verfluchten Maschinen gehüllte« Nürnberg als »teuflisch« empfand, »sehnsüchtig nach Einsturz und Untergang« (Tagebuch 1925). In solcher Stimmung mußte die Gartenstadt-Idee als schlechthin idealer Gegenentwurf erscheinen. Mit der Gartenstadt konnten sich Naturschwärmer und Sozialromantiker ebenso identifizieren wie die Anhänger eines gesunden Volkstums und die Verfechter einer auf Dorf und Bauernleben ausgerichteten Heimatpflege. Bereits von einem ihrer ersten Propagandisten, Theodor Fritsch, und dann immer wieder wurde die Gartenstadt gefeiert als *»Vermählung von Stadt und Land«* (Hartmann 1976, 33). Einige Sätze Hans Kampffmeyers (1909, 100) passen dazu, den eine Schulkinderbefragung veranlaßt hatte, über die Naturentfremdung der Großstädter zu klagen:

»Die meisten hatten nie einen Sonnenaufgang gesehen, viele waren noch nie in einem

Walde gewesen, hatten noch nie ein reifes Ährenfeld erblickt, kannten den pflügenden Bauer, den Säemann, den Schnitter nur aus dem Anschauungsunterricht. Sie wußten vom Wechsel der Jahreszeiten nur, was sie in der Schule durchgenommen hatten . . .

Hier Besserung zu schaffen ist die Kulturmission des Kleingartenbaues, der durch die Gartenstadtbewegung immer weiteren Kreisen ermöglicht werden soll.«

*B. Kulturelle Einordnung*

Prof. Koenig hat in einem Vortrag einmal »Kultur« definiert als die Einbettung des Menschen in die Gesellschaft. Kultur schließt ferner die Dinge ein, die als Erinnerungsträger das gruppenspezifische Verhalten vergangener Generationen konservieren und abspiegeln.

Insofern sind auch die Gartenstädte längst Denkmal. Und die staatliche Denkmalpflege hat in ihrem vernünftigen Fortschreiten vom künstlerischen Rang zum Geschichtswert gut daran getan, Gartenstädte unter Schutz zu stellen. Wir können sie noch weitgehend im Originalzustand betrachten und das Wohnen in der Gartenstadt mit unseren eigenen Anmerkungen versehen.

1. In Grund- und Aufriß sind die Gartenstädte häufig *architektonisches Zitat,* wobei vor allem der Rückgriff auf *Barockelemente* auffällt. Geometrie und Symmetrie spielen eine große Rolle. Sternförmige, gitterförmige, bogenförmige und platzbildende Straßensysteme erinnern an absolutistische Stadtgründungen wie Karlsruhe oder Mannheim, zumindest in den Anfangsjahren (Letchworth, Fritschs »Stadt der Zukunft«), bevor sich das Wegenetz im unregelmäßigen Schwung des Jugendstils aufzulösen begann. Symmetrie waltet vor allem in der spiegelbildlichen Anordnung der reihenständigen Häuser (einschließlich der Tatsache, daß man Eckhäuser besonders betonte) und in den Stuckornamenten der Fassaden. Häufig sieht man auch das barocke Mansardendach und attikaartige Aufmauerungen. Und wie sie schon in

Abb. 3: Mansardendächer und andere barocke Stilzüge in der Nürnberger Gartenstadt

Richelieu (1632) oder Christian-Erlang (1686) keine fortifikatorische Bedeutung mehr gehabt hatten, begegnen Tore als Eingangssymbole und Türmchen als Zierat.

Selbst im Hausgarten könnte man mit einiger Kühnheit formale oder wirklich »zersungene« Anklänge zum französischen Schloßpark entdecken: Exakt abgezirkelte Beete, mit eingesteckten Flaschen gefaßte Rabatten usw. stehen ihm zumindest näher als dem englischen Landschaftsgarten – so diametral sich das »soziale Grün« der Gartenstadt sonst unterscheidet vom »repräsentativen Grün« des Fürstenparks.

In derartiger Gestaltung liegt Logik, vor allem dort, wo es sich um Werkssiedlungen handelt. Der aufgeklärte Duodezfürst des 18. Jahrhunderts hat im *Fabrikherrn* des Industriezeitalters seinen Nachfolger, der mit derselben Mischung aus Machtanspruch, Selbstdarstellung und paternalistischer Fürsorglichkeit und im vollen Bewußtsein dieser Tradition seinen Untertanen Wohnstätten baute. Die Unternehmerdynastie der Cramer-Klett in Nürnberg (Firma M.A.N.) hätte zu gern für ihr Betriebsgelände die kommunale Selbständigkeit besessen, das heißt in einer Enklave gewissermaßen die alte Dorf- und Gemeindeherrschaft ausgeübt, was ihr vom Magistrat der Stadt Nürnberg allerdings verweigert wurde (Lehnert 1980, 20). Um so eifriger bediente man sich anderer Symbole der fürstlichen Barockstadt, z. B. der Verewigung der Gründerpersönlichkeiten im Namen des neuen Stadtteils. Die

Abb. 4:
Denkmal für den Gründer der werkseigenen Gartenstadt Werderau

M.A.N.-Gartenstadt »Werderau« in Nürnberg, benannt nach dem technischen Leiter der Firma (Tschoeke 1980, 243), »Gmindersdorf«, der Wohnstättenbau eines Reutlinger Textilunternehmers (Kampffmeyer 1909, 45), die »Siemensstadt« in Berlin stellen zwangsläufig Assoziationen her zu Ludwigsburg, Karlshafen oder Friedrichstadt. Auch der nach Egli (1967, 48) für die Barockstadt so kennzeichnende ästhetische Zielbau Straße – Platz – Monument, der mit Wohnfunktionen überhaupt nichts zu tun hat, ist gelegentlich in solchen Gartenstädten anzutreffen. So wie auf dem Erlanger Schloßplatz in Erz gegossen der Markgraf steht, ist der Volkamerplatz in der Werderau besetzt mit einem Gedenkstein für Anton von Rieppel, der als Generaldirektor der M.A.N. 1910 ff. der Initiator dieser Gartenstadt war.

Zum einheitlichen Bild der durchgrünten, verkehrsberuhigten Kleinhaussiedlungen trug schließlich auch noch bei, daß von den Architekten Gesamtentwürfe verlangt wurden und Spezialisten des Gartenstadttyps – ähnlich den einstigen Hofbaumeistern – mehreren Orts tätig wurden, Richard Riemerschmid z. B. sowohl in der Dresdener »Hellerau« als auch in der Nürnberger Genossenschaftssiedlung »Gartenstadt«.

2. Die Gartenstadt der Jahrhundertwende war zwar ein *Politikum,* aber sie läßt sich in der Parteienlandschaft nicht exakt zuschreiben.

Da findet sich zugegebenermaßen zunächst vieles, was in den Gedankenstrom der *Arbeiterbewegung* und der Sozialdemokratie gehört. Der Erfolg der Wohnungsbaugenossenschaften war ihnen ein Beweis für die Fähigkeit zur Selbsthilfe, für das Vermögen, aus eigener Kraft das Elend des Proletariers zu durchbrechen – wenn sich der vierte Stand nur solidarisierte. Deshalb – und nicht nur weil es menschliche Grundbedürfnisse zu befriedigen galt – zählen Gemeinschaftseinrichtungen zu den Kernstücken jeder Gartenstadt. Das Gesellschaftshaus, die Bierwirtschaft mit Kegelbahn und Nebenzimmer wurde zur Versammlungsstätte vor allem der Männer. Die zentrale Waschküche war Treffpunkt der Frauen, für die die Existenz einer solchen Paralleleinrichtung damals sogar einen Hauch von Emanzipation bedeutete. Wichtig waren die Gespräche über den Gartenzaun, wichtig waren die Feste, die man gemeinsam feierte. Man löste sich von den alten Autoritäten, und es ist sicher bemerkenswert für das

Abb. 5:
Das Gesellschaftshaus
der Nürnberger Gartenstadt

christliche Abendland, daß große Wohnstättenansammlungen wie die »Werderau« (1936: 473 Wohneinheiten) und die betriebsunabhängige »Gartenstadt« im Süden Nürnbergs (1938: 1148 Wohneinheiten) jahrzehntelang ohne Kirche blieben. Sinnentleerte Tradition oder nicht: Über den Türstürzen meißelte man trotzdem das Baudatum »Im Namen des Herrn« ein, Anno Domini 19 . . . In einem pädagogischen Aufschwung wurde das Wohnen in der Gartenstadt begriffen als Erziehung zum gemeinnützigen Verhalten. In allerlei Steinreliefs, die man als künstlerischen Schmuck anbrachte, und nicht zuletzt im absichtsvollen Gebrauch des Bogens z. B. über Haustüren und Straßen wird immer wieder der Gemeinsinn beschworen.

Andererseits darf nicht verkannt werden, daß die Gartenstadtentwicklung letztlich doch am langen Zügel der *Bourgeoisie* hing. Nicht nur die Industriellen, die Reformsiedlungen bauten, sondern auch die führenden Köpfe der Gartenstadtbewegung selbst sind großteils dem konservativen Lager zuzurechnen. Es waren Ingenieure, Redakteure, Schuldirektoren, Architekten (Kampffmeyer 1909, 59/60; Hartmann 1976). Sich für ein menschenwürdigeres Wohnen zu engagieren wurde von ihnen stets bis zu einem gewissen Grad als sozialpolitisches Zugeständnis empfunden, als Mittel, die unruhig werdende Arbeiterschaft bei der Stange zu halten, auf Betriebstreue zu trimmen und einen Damm gegen die SPD zu errichten. Schon

Abb. 6:
Politische Struktur und Geselligkeit in der Nürnberger Gartenstadt

Victor Aimé Huber hatte seine Vorschläge für eine »Selbsthülfe der arbeitenden Klassen durch Wirtschaftsvereine und innere Ansiedlung« (1848) sorgfältig abgegrenzt gegen die Aufforderung zu gesellschaftlichem Umsturz und eine Zerstörung der Familie, wie er sie von den Sozialisten befürchtete. Man sollte auch nicht vergessen, daß es in den Anfangsjahren das kaiserliche Deutschland war, bürgerlich regierte Städte, die durch billigen Landverkauf die Verwirklichung von Gartenstadtplänen unterstützten. – So wird verständlich, daß die Gartenstadtbewegung gerade unter Sozialisten nicht auf einhellige Zustimmung stieß. Das Solidaritätsbewußtsein der Arbeiter werde durch Haus- und Grundbesitz, und sei es nur in Erbpacht, korrumpiert. Die Wiener Sozialisten beispielsweise, die dies artikulierten, setzten daher lieber auf einen kommunalen Mietshausbau (Langewiesche, in Niethammer 1979, 171).

Derlei Furcht schien nicht unberechtigt, fing doch bald auch die *NSDAP* an, die Gartenstädte zu umarmen. Für sie verkörperte sich hier heile Welt im Industriestadtbereich, sie fand hier Beispiele für die Schollengebundenheit auch der Arbeiterfamilie (vgl. Hartmann 1976, 98). Erst als die Nationalsozialisten merkten, daß die Gartenstädte rote Inseln blieben, wählten sie die gewachsenen Genossenschaftsorgane ab (Rückert 1976, 31).

Heute sind die Gartenstädte wieder wie eh und je Hochburgen der Sozialdemokratie. Als Beleg mag die frühere Bundesgesundheitsministerin Käte Strobel dienen, deren politischer Lebensweg eng mit ihrer Herkunft aus der Nürnberger Gartenstadt zusammenhängt.

3. Eine Wohnung in der Gartenstadt nahm durchaus noch nicht den modernen Wohn- und Lebensstandard im Einfamilienhaus vorweg. Aber sie war ein Schritt dorthin und ein gewaltiger Fortschritt, wenn man davon ausgeht, daß in den Mietskasernen der Zeit häufig Kochen, Schlafen und Essen/Wohnen in einem Raum zusammenfielen, daß sich oft mehrere Personen dasselbe Bett teilten. Man wird für diesen unerträglich schlimmen Zustand nur dann den in der volkskundlichen Hausforschung eingeführten Begriff Integration gebrauchen wollen, der offene und mehrere Funktionen vereinigende Raumsysteme meint (Bedal 1978, 87), wenn man ihn völlig wertneutral versteht. Demgegenüber bot das Kleinhaus in der Gartenstadt eine geradezu komfortable räumliche *Segregation*. Baupläne für die durchschnittlich 55 bis 65 Quadratmeter großen Wohneinheiten der Werderau zeigen in der Regel im Erdgeschoß die »Gute Stube« und die »Wohnküche« sowie den »Abort«, im Obergeschoß zwei »Schlafstuben« für Eltern und Kinder. Bad und Waschküche lagen gelegentlich im Keller. Arbeitsräume fehlen; es war ja der unselbständige Arbeitnehmer, der hier hauste. Die warme Wohnküche wurde zum Mittelpunkt und Inbegriff dieser bescheidenen Wohnwelt, für die schlichtes, billiges und doch geschmackvolles Mobiliar – sogenannte Arbeitermöbel – zu entwerfen mehrere Wettbewerbe die Architektenschaft aufriefen (Behrens-Katalog 1980, 80).

Mit der räumlichen Segregation ging aber sofort auch wieder soziale Segregation einher. Vor allem in Werksiedlungen wurden Standesunterschiede – und zwar über die Arm-Reich-Skala hinausgehende Standesunterschiede – mit einer technokratischen Kühle und Unentrinnbarkeit in Architektur übersetzt wie meines Erachtens nie zuvor und danach in der Baugeschichte. Man trennte expressis verbis: Einfamilienhäuser für Industriebeamte (Angestellte), Einfamilienhäuser für Meister, Einfamilienhäuser für Arbeiter. Hier wurde nicht einmal mehr der Anschein einer egalitären Genossenschaft aufrechterhalten, was viele Fürsprecher des Selbsthilfegedankens ja auch gar nicht wollten. Die Stellung im Beruf entschied, wer einzog, bevor noch gefragt wurde, wer sich einen größeren oder kleineren Genossenschaftsbeitrag leisten wollte, wer mehr Kinder hatte, wer schon länger auf einer Warteliste stand. 140 Quadratmeter Wohnfläche waren in Prof. Ruffs Plänen für die Werderau das stolze Maximum. In solchen Beamtenwohnungen differenzierten sich Eß- und Wohn- bzw. Besuchszimmer; Win-

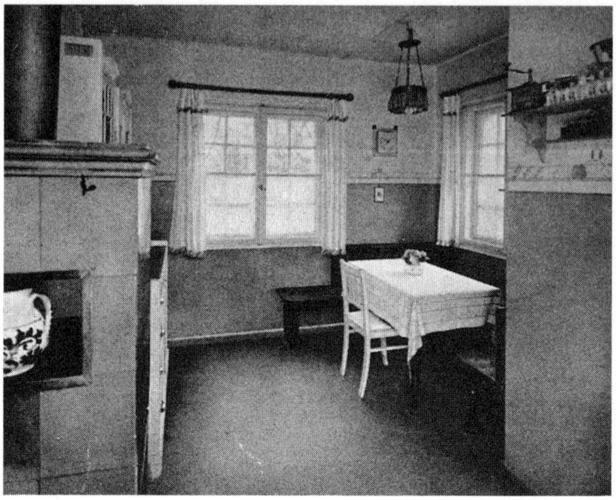

Abb. 7:
Wohnküche in einem Einfamilienhaus der Gartenstadt Werderau (Jubiläumsschrift 1936)

tergarten, Speisekammer, Garderobe und Diele kamen dazu. Im Obergeschoß ist ein dritter Schlafraum als Fremdenzimmer eingetragen (Baer/Endres 1914). – Bereits dem Wohnungszuschnitt war somit eingeschrieben, welche Sozialkontakte der Bewohner pflegen würde!

*C. Schluß*

Die historisch-typologische Betrachtung der deutschen Gartenstadtbewegung um den Ersten Weltkrieg wäre unvollständig ohne wenigstens die Frage, wie sich diese Siedlungen im Verlauf der nachfolgenden Jahrzehnte fortentwickelt haben. Ein paar Schlaglichter zeigen Beharrung und Wandel!

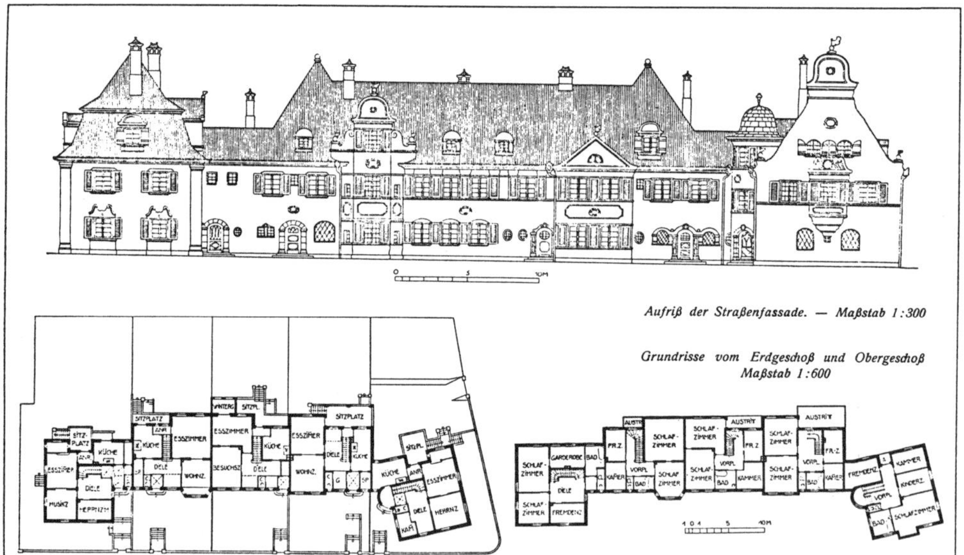


Abb. 8: Beamtenhäuser in der Gartenstadt Werderau (Baugruppe 1 nach Endres/Baer 1914, 323)

Die Genossenschaft »Gartenstadt Nürnberg GmbH« existiert noch immer. Sie nimmt anstelle verstorbener Genossen neue Mitglieder auf und teilt ihnen freie Wohnungen zu, die immer noch billig und begehrt sind. Sie feiert Jubiläen und andere Feste. Aber: Das Vereinsleben und sonstige Sozialkontakte sind deutlich erlahmt. In den Gärten, wo man einst Kohl zog, blühen jetzt Blumen, wird Rasen gemäht. Und hinter der niedrigen Kulisse der alten Einfamilienhäuschen hat dieselbe Genossenschaft inzwischen auch blockartige Mehrparteienhäuser, 1969 sogar ein 16stöckiges Hochhaus errichtet! Hineingeboren in veränderte Zeitumstände beginnen die Nachfahren der Gartenstadtgründer sich unverkennbar aus der Treue zur Tradition zu lösen.

## *Literatur*


Bedal, Konrad: Historische Hausforschung. Münster 1978.

Egli, Ernst: Geschichte des Städtebaus. Band 3, Zürich – Stuttgart 1967.

Endres, Ludwig und Baer, C. H.: Die Gartenvorstadt Werderau bei Nürnberg. Zs. Moderne Bauformen, 13. Jg. 1914, S. 313 ff.

Greverus, Ina Maria: Auf der Suche nach Heimat. München 1979.

Hanschel, Hermann: Oberbürgermeister Hermann Luppe. Nürnberger Forschungen 21, 1977.

Hartmann, Kristiana: Deutsche Gartenstadtbewegung. Kulturpolitik und Gesellschaftsreform. München 1976.

Kampffmeyer, Hans: Die Gartenstadtbewegung. Leipzig 1909.

Lehnert, Walter: Bild der Stadt. H. Glaser, W. Ruppert, N. Neudecker (Hg.), Industriekultur in Nürnberg. München 1980, S. 9 ff.

Lütge, Friedrich: Deutsche Sozial- und Wirtschaftsgeschichte. Berlin – Göttingen – Heidelberg, 2. Aufl. 1960.

Niethammer, Lutz (Hg.): Wohnen im Wandel. Wuppertal 1979.

Rückerl, Roland: Die Nürnberger Gartenstadt. Zulassungsarbeit f. d. Lehramt an Volksschulen 1976/II. Nürnberg 1976.

Tschoeke, Jutta: Gartenstädte in Nürnberg. P. K. Schuster (Hg.), Peter Behrens und Nürnberg. Ausstellungskatalog Nürnberg 1980, S. 238 ff.

o. V.: Vierzig Jahre Gartenstadt Nürnberg. Nürnberg 1948.

o. V.: Fünfzig Jahre Gartenstadt Nürnberg. Nürnberg 1958.

o. V.: 25 Jahre Gartenstadt Werderau. Nürnberg o. J. (1936).

o. V.: 50 Jahre Baugesellschaft Werderau Nürnberg. Nürnberg 1961.

*Walter Hirschberg:*
# *Geschlechtsspezifisches Bauen und Wohnen in Schwarzafrika*

Klima, Umwelt, Gesellschaft und Wirtschaft haben bei der Wahl und Errichtung von Behausungen einen entsprechenden Anteil. Viele Viehzüchter leben den Sommer über in Zelten und beziehen im Winter feste Unterkünfte. Manche Eskimo leben im Sommer in Stangenzelten und im Winter in Iglus (Schneehütten). Zumeist werden organische Stoffe pflanzlicher Herkunft für die Errichtung von Behausungen oder Unterkünften verwendet (Blätter, Äste, Gras, Bambus, Schilf, Rinde, Holz) oder Stoffe tierischer Herkunft (Haut, Fell, Leder, Filz, Gewebe). Als anorganische Baustoffe wählt man zum Bau Lehm, Geröll, Bruchsteine, ungebrannte und gebrannte Ziegel u. a. m. Die meisten Behausungen dienen in erster Linie als Schlafstätten und Wetterschutz und als Schutz vor wilden Tieren. Traditionelle Behausungen bieten das Gefühl von Sicherheit, Geborgenheit und Ruhe. Darüber hinaus haben Behausungen noch bestimmte Aufgaben zu erfüllen: als Versammlungshaus oder -hütte, als Schlafplatz der Männer, Frauen und Junggesellen, als Kulthaus, Gebär- und Menstruationshütte.

Die Aufstellung der als Unterschlupf dienenden Wind- oder Wetterschirme ist bei den Pygmäen – nicht zuletzt des Kinderschutzes und der Kinderpflege wegen – eine Angelegenheit der Frauen. »Der Hausbau ist ausschließlich Aufgabe der Frau«, schreibt W. Immenroth (1933, 62). »Verschieden lange Äste und Zweige werden in einem Halbkreis mit beiden Händen in die Erde gesteckt oder oben gegeneinander gebogen und verflochten, nie durch Bast verbunden.« Nach dem Prinzip naturgegebener geschlechtsspezifischer Arbeitsteilung errichten die Frauen aus einigen Zweigen und Ästen das einfache Gerüst, während die Männer das Wild verfolgen. Neben der Jagd des Mannes, deren Beute einen Unsicherheitsfaktor darstellt, »hat die Frau die Pflicht, täglich eine gewisse Menge an Pflanzen- und Kleintierkost heimzubringen und damit die Ernährung der Familie sicherzustellen. Auf ihr ruht daher in vielen Fällen die Hauptlast der Nahrungsbeschaffung. Die Frau wird dadurch zu einer regelmäßigen und kontinuierlichen Arbeit erzogen, wenn auch ihre Betätigung nicht den hohen Reiz enthält wie die des Mannes. Die stille, unscheinbare Tätigkeit der Frau tritt allerdings nur wenig in Erscheinung, während das Jägertum des Mannes verhältnismäßig stark hervortritt« (Immenroth 1933, 68). Neben den gewöhnlichen Unterkünften werden auch solche für kleinere Kinder erwähnt oder auch der Brauch, daß Jünglinge eigene Hütten beziehen müssen, während die jungen Mädchen bei ihren Eltern bleiben; Geisterhütten oder andere kultische Bauten gehen zumeist auf fremden Einfluß zurück.

»Der Bau der Hütten ist auch bei den Buschmännern ausschließlich Aufgabe der Frauen, die Männer schneiden höchstens die Zweige und Äste von den Büschen ab«, schreibt Immenroth (1933, 196). »Die Hütten und Windschirme sind auch so gering, daß sie höchstens für 3–5 Personen Unterschlupf bieten. Die Jünglinge schlafen entweder im Busch oder unter besonderen Windschirmen. In der kühleren Jahreszeit werden, ebenfalls von den Frauen, eigene Junggesellenhütten für sie errichtet. Auch die erwachsenen, unverheirateten Mädchen haben ihre besonderen Wohn- und Schlafstätten. Hier werden auch häufig die Witwen untergebracht. Wo Polygamie vorkommt, hat jede Frau ihren eigenen Windschirm; der Mann wohnt abwechselnd bei einer seiner Frauen. Die Frau hat ihre Kinder bei sich.«

Bei den Bororo, den rinderzüchtenden Nomaden im Sudan, ist ein Lager rasch aufgebaut. »Es wird nach einem Grundschema errichtet, in dem die Arbeitsteilung der Geschlechter und das Verhältnis von Mann und Frau zum Ausdruck kommt. Der östliche Teil ist der Bereich der Frau und des Haushalts, der westliche jener des Mannes und der Herden. Der Lagerteil der Frau wird mit einem halbkreisförmigen Wall aus Dornengestrüpp umgeben, der nach Westen offen ist. An dem Wall errichtet die Frau das überdachte Bett aus sorgfältig polierten verzierten Pfosten. Eine oder zwei geflochtene Matten bilden die Unterlage. Decken aus Rindenstoff und ein Sattelpolster als Kopfkissen vervollständigen die Ausstattung. Auf dem Dach des Bettes stellt die Hausfrau Kalebassen, Säcke, Netze und Körbe ab, die ihre Haushaltsausstattung darstellen. Jede Kalebasse hat ihren Namen, ihren Platz und ihre Verwendung. Hat ein Mann mehrere Frauen, bauen sie ihre Betten einige Schritte voneinander entfernt auf, die erste Frau im Norden, die zweite Frau im Süden. Vor dem Bett wird aus drei Steinen der häusliche Herd eingerichtet. Je nach Bedarf und Größe der Familie werden kleine Hütten aus Zweigen und Gras aufgebaut: für die Kinder, für die verwitwete Mutter des Mannes, für eine verheiratete Tochter, die während ihrer ersten Schwangerschaft bei den Eltern lebt. Die Schafshürde, Pflöcke für Pferde und Esel befinden sich ebenfalls im weiblichen Lagerteil. Eine lange aus Leder geflochtene Leine, die zwischen zwei Pfosten gespannt wird, dient zum Anbinden der Kälber und stellt gleichzeitig die Trennungslinie zwischen dem weiblichen und dem männlichen Lagerteil dar. Zentrum des westlichen (männlichen) Teiles ist das Feuer, um das sich die Rinder während der Nacht scharen und das immer unterhalten wird, wenn sich die Herde im Lager befindet. . . . Den Lagerbereich des Mannes betreten die Frauen nur, um die Kühe zu melken. Männer und Frauen bleiben nach Möglichkeit in ihrem Lagerbereich, nur zum Schlafen betritt der Mann den weiblichen Lagerteil und verbringt die Nacht bei seiner Frau auf dem ehelichen Bett. Sobald die Söhne groß genug sind, um die Herde auf ihrer Weide zu begleiten (etwa ab dem zehnten Lebensjahr), schlafen sie auf einem Grasbündel oder auf einer Matte unter freiem Himmel neben der Herde. Die Töchter bleiben bei der Mutter, betreuen die jüngeren Geschwister und erlernen nach und nach die Tätigkeit einer Nomadenfrau« (Peter Fuchs 1977, 137 f.).

Der Viehkral bei den Borana und Arussi (Galla) in Südäthiopien ist nicht nur Schlaf- und Melkplatz des Viehs, »sondern auch die Stätte, wo die meisten Opfer vollzogen und viele Tote begraben werden. . . . Der Bau des Krals mit seinen hohen undurchdringlichen Zäunen ist die einzige den Männern zugeteilte Arbeit bei den Borana – die Gugi überlassen auch das den Frauen! Alles übrige, was mit dem Hausbau zusammenhängt, ist Sache der Frauen. Die im Busch abgehauenen Äste werden mit den langen Hakenstöcken zum Kral geschleift. Je nach dem Viehreichtum der Eigentümer ist die Größe der Krale verschieden, die der reicheren Leute haben bis zu 40 Meter Durchmesser. . . . Die heiligste Stelle des Krals ist das große Außentor, . . . hier sitzt oder steht der Familienvater am Morgen oder Abend und begrüßt das ausziehende oder einziehende Vieh mit leisen Segensworten« (Eike Haberland 1963, 33 f.). Ein Mann besitzt bei den Galla soviel Häuser, wie er Frauen hat. »Der Mann selbst hat nie ein eigenes Haus. Die einzigen Ausnahmen sind alte Witwer und die Hohenpriester, die für rituelle Zwecke gebaute heilige Häuser haben, die nach den Zeremonien wieder verlassen werden. . . . Im täglichen Leben richtet sich auch die Hauszahl der Hohenpriester nach ihren Ehefrauen. Es ist nicht üblich, Ehefrauen in einem anderen Gehöft wohnen zu lassen. Unverheiratete Kinder leben bei ihren Müttern, verheiratete Töchter bei ihren Männern und die verheirateten Söhne meist in gesonderten Gehöften neben denen des Vaters. Nur die verwitwete und nicht wieder verheiratete Mutter hat ihr eigenes Haus im Gehöft des ältesten Sohnes« (E. Haberland 1963, 34).

»Die Arussi siedeln im Tiefland einzeln, jede Familie mit ihrem Kral für sich. Die Gehöfte eines größeren Familienverbandes (Vater, verheiratete Söhne, eventuell Schwiegersöhne) ballen sich häufig dicht beisammen und bieten, nur einen Steinwurf voneinander entfernt, den Eindruck von Weilern. Jeder erwachsene verheiratete Mann hat einen eigenen Kral, um den sich die Häuser seiner Frauen erheben. Jede Frau hat ihr eigenes Haus, der Mann wohnt reihum bei ihnen. Bei reichen Familien bekommt jede Frau ihren eigenen Kral am Haus. Auch die verwitwete und nicht wieder verheiratete Mutter eines Mannes hat eigenes Haus und eigenen Kral« (E. Haberland 1963, 421).

Besondere Ausprägung einer geschlechtsspezifischen Arbeitsteilung zeigen die Beni-Mguild-Berber, die teils als Nomaden, teils als Ackerbauer im Mittleren Atlas von Marokko leben. Das arabische Wort Duwár bezeichnet die kreisförmige Anordnung einer Zeltgruppe, bei der jeder verheiratete Mann mit seiner Frau und seinen Kindern ein eigenes Zelt bewohnt. Bei den bestehenden Auflösungstendenzen der Sozialverbände trifft man an Stelle des typischen Nomadenlagerplatzes des Duwár gegenwärtig stets nur wenige Zelte von Großfamilien oder sogar Einzelzelte von Kleinfamilien an.

Das von den arabischen Beduinen bei den Berbern eingeführte Zelt der Beni Mguild gehört zum Typ der nordwestafrikanischen schwarzen Nomadenzelte, wie sie bei den Arabern üblich sind. Es besteht aus einer ungeraden Anzahl von rechteckigen Zeltbahnen. »Üblicherweise sind es 7 bis 9 Bahnen, von denen 2 Bahnen ›weiblich‹ und die restlichen ›männlich‹ sind. Die beiden ›weiblichen‹ Zeltbahnen . . . sollen möglichst jeweils die beiden zweiten Bahnen von außen sein. In der Praxis stimmt das jedoch nicht immer. Es gibt Zelte, die nur aus ›männlichen‹ Bahnen bestehen . . . und andere Zelte, in die nur eine oder aber auch 3 oder 4 ›weibliche‹ Bahnen eingenäht sind« (Horst Nachtigall 1966, 272). Die »männliche« Zeltbahn wird auf einem waagrechten Webgerät mit bereits mechanischer Fachbildung hergestellt, die »weibliche« Zeltbahn auf einem vertikalen Webgerät, auf dem auch die Decken und Teppiche von den Frauen gewebt bzw. geknüpft werden. Dagegen werden alle Näh- und Flickarbeiten, auch der Frauen- und Kinderkleidung, von den Männern besorgt, und so auch die einzelnen Bahnen und Gurte.

»Der Innenraum eines Zeltes«, schreibt Nachtigall (1966, 281), »ist grundsätzlich in zwei Abteilungen geteilt, deren Mitte durch den Firstbalken gebildet wird. Ein Trennvorhang ist aber nirgendwo vorhanden, sondern man kann stets beide Zelthälften übersehen. Die eine Hälfte ist die Wirtschafts- und Frauenabteilung, die andere die Gäste- und Männerabteilung. Diese Seite ist üblicherweise mit Teppichen oder Matten ausgelegt, während die Küchenseite wegen der häuslichen Arbeiten im allgemeinen keine Bodenauflage aufweist« (Nachtigall 1966, 281). Gerätschaften bzw. das gesamte Zeltinventar stammt von arabischen Händlern, soweit es nicht von den Frauen hergestellt wurde, wie beispielsweise Zeltbahnen, Teppiche und Matten. Das Braten von Fleisch auf offenem Feuer ist Männerarbeit; das Hantieren mit Kochtöpfen bleibt den Frauen vorbehalten. Auch den Auf- und Abbau der Zelte besorgen bei den Hirtennomaden die Frauen; die Männer sind bloß Hilfskräfte dabei. Auch bei den Turkmongolen in den Steppen Zentralasiens, Turans und Kaukasiens war das Hauszelt, die Kibitka und Jurte, in zwei Abteilungen gegliedert: links vom Eingang die Männerseite und der Empfangsraum für Fremde, rechts vom Eingang die Frauenseite mit all dem Inventar, das ein Haushalt erfordert: Wassergefäße, Holzeimer, Mahlsteine, Garnhaspel, Eßnäpfe, Binsen- und Weidekörbe usw. Und wieder zurück nach Afrika! Auch bei den Tuareg in der Sahara bestimmen die Frauen den Standort des Zeltes und sind auch für den Auf- und Abbau verantwortlich. Und das an das schwarze Zelt der Beduinen stark erinnernde Lederzelt der Tuareg hat gleichfalls seine Frauen- und Männerseite.

»Ein großer Teil der westafrikanischen Bevölkerung«, schreibt Herta Haselberger (1964, 13), »ist in kleine Gemeinschaften aufgespalten, die um einen Patriarchen oder Häuptling geschart sind. Vielfach umfaßt eine solche Einheit eine einzige Großfamilie, die gemeinsam wohnt, arbeitet und ein gemeinsames Vermögen besitzt. Da bei den oft polygamen Westafrikanern die eheliche Bindung verhältnismäßig locker ist, die Frauen mit den Kleinkindern und Mädchen unter ihresgleichen leben und die Männer den Tag in der Gesellschaft von Männern und Burschen verbringen, ist der verbreitetste Gehöfttypus das Sippengehöft, das von der Großfamilie bewohnt wird. Mehrere Gehöfte werden dann oft zu Dorfgemeinschaften zusammengeschlossen. In entwickelteren Gemeinschaften gibt es auch dem Dorf übergeordnete Sozialverbände, wie Altersklassen und Geheimbünde, und in einigen größeren Reichen mit einer ausgeprägten staatlich-politischen Organisation entstanden bereits im Mittelalter städtische Gemeinwesen, die Ansatzpunkte für die architektonische Entwicklung der umliegenden Gebiete wurden.«

Spiegel des sozialen Gefüges einer Familie sind die bauliche Aufgliederung des Gehöftes, die Anordnung der Gebäude, deren Größe und Lage zueinander. Eine solche Familie altertümlicher sudanischer Hirsebauern besteht aus den männlichen Nachkommen des Gehöftgründers mit deren Frauen und Kindern, bisweilen auch aus anderen Verwandten. »Andernorts bewohnt jeweils ein Mann mit seinen Frauen und Kindern ein eigenes Gehöft. Bei politisch weiter entwickelten Völkern, vor allem bei kriegerischen Stämmen, ist die Gehöftgemeinschaft über die Familiengruppe hinaus erweitert durch die Anwesenheit von Dienern, Klienten, Freigelassenen und Sklaven« (Haselberger 1964, 19). »Nutznießer der einzelnen Bauten sind die Männer und Frauen, die der Gehöftgemeinschaft angehören. Ihnen werden durch den Gehöftherrn die Wohnhäuser, Speicher, Küchen, Magazine, Ställe und Werkstätten zugewiesen. Ein Mann, der auswandert, ein Mädchen, das in ein anderes Dorf heiratet, eine Frau, die durch Scheidung die Familienzugehörigkeit verliert, gehen dieser Nutznießung verlustig. Sie müssen ihr Heim ohne Entschädigung abgeben. Für den Gehöftbau ist der Gehöftherr verantwortlich. Er führt die nötigen Befragungen durch, bringt die Opfer dar und leitet die Bauarbeiten. Außer über seine persönlichen Wohnräume, Speicher und Magazine hat er das Verfügungsrecht über den Gemeinschaftsspeicher, wo die Ernte von den Gemeinschaftsfeldern aufbewahrt wird, über das Gehöftheiligtum und über die Magazine, in denen Arbeitsgerät, Festkleidung und sonstige Reichtümer der Hausgenossen untergebracht sind. Doch ist er in diesen Ämtern streng an die Tradition gebunden und muß bei schwerwiegenden Entscheidungen stets den Rat der Alten seiner Familiengruppe anhören. Bei Unfähigkeit oder Mißbrauch wird ihm die Amtsgewalt entzogen. Obwohl allen Bewohnern einschließlich des Gehöftherrn nur ein Verfügungsrecht über ihre Behausungen zukommt, ist es erstaunlich, mit welcher Liebe die Leute an ihrer Wohnstatt hängen und diese ausgestalten.« Bei westafrikanischen Völkern der westlichen Sudanländer und einigen altertümlichen Waldlandvölkern mit »fortschrittlichen Gesellschaftsformen« baut hingegen »jeder Mann für sich, seine Frauen und Kinder ein eigenes Gehöft. Das geschieht entweder bei der Hochzeit, bei der Geburt des ersten Kindes oder bald danach. Im allgemeinen hat also der Mann die Verfügungsgewalt über das Gehöft. In vereinzelten Fällen findet man allerdings auch alte, verwitwete Frauen an der Spitze eines Gehöftes. In Portugiesisch Guinea bei einigen Untergruppen der Bidjogo aber bauen die Frauen ihre Häuser, die ihr Besitz bleiben. Daraus ergeben sich für die Frauen verschiedene soziale Vorteile. So haben sie unter anderem das Recht, einen Mann, dessen sie müde sind, einfach vor die Tür zu setzen. In den Städten aber spielen die alten Eigentumstraditionen gewöhnlich nur eine geringe Rolle« (Haselberger 1964, 45).

Streng wird bei den Bauarbeiten zwischen den Arbeiten der Männer und jenen der Frauen unterschieden. Die Männer schneiden das Bauholz und bringen es zur Baustelle, sie bereiten die Lehmziegel und stellen zumeist das Lehmmörtelgemisch her. Die Frauen bringen das dazu nötige Wasser herbei. Als geschickte Maurer sind die Fulup und Bayot im ehemaligen Portugiesisch Guinea bekannt. »Wo die Hausmauern aus einem Holzgerüst bestehen, in das man Lehmballen preßt, ist die Errichtung des Gerüstes Aufgabe der Männer, während meist die Frauen die Mörtelballen anfertigen und auflegen. Ausnahmsweise werden bei einigen Unterabteilungen der Bidjogo (Guiné Portuguesa) solche Häuser ganz von den Frauen gebaut. Sind die Hauswände aus vegetabilen Werkstoffen, so obliegt ihre Anfertigung den Männern. In Obervolta ziehen heute arme Mossi herum, die den Altvölkern gegen Entlohnung Matten für die Dachherstellung flechten. Nur die Erstellung der einfachen Mattenhäuser mancher westafrikanischer Hirten und Fischer ist Frauenarbeit. Fast überall aber werfen die Frauen die Häuser abschließend mit Mörtel an, glätten und verzieren die Hausmauern. Nur in den Obernigerstädten mit ihren Berufsmaurern und dort, wo Häuptlingsmauern einen besonderen repräsentativen Mauerschmuck erfordern, wie bei den Futa Fulah (Guinée), überläßt man diese Arbeiten männlichen Spezialisten« (Haselberger 1964, 57). Auch entstehen alle Schnitzarbeiten an Türen, Fenstern und Pfosten ausnahmsweise unter der »Hand der Männer«, es werden von ihnen die Dächer gedeckt. Hausbauen darf als eine typische Gemeinschaftsarbeit angesprochen werden, bei der die ganze Familie und deren Freunde beteiligt sind.

Mit dem Planen des Gebäudes sind oft religiöse Vorschriften verbunden. So vor allem bei der Orientierung der Gehöfte und Einzelgebäude (Bevorzugung des Ostens, Bedacht auf Herkunftsmythen, Beachtung bestimmter Längenmaße usw.). »Mancherorts wie bei den Dogon sind die Maße des Hauses nicht allein profanem Gutdünken überlassen, sondern von der Zahlensymbolik vorgeschrieben. Das Idealmaß des Mittelraumes, Domäne der Frau in der Wohnanlage der Dogon, beträgt vier zu vier Schritte, da nach der westsudanischen Zahlensymbolik die Vier ganz allgemein als Zeichen des Weibes gilt. Das ganze Haus sollte im Idealfall, der allerdings nur selten der Wirklichkeit entspricht, ›männlich‹ und ›weiblich‹ vereinen, daher ein Ausmaß von zwei mal vier zu zwei mal drei Schritte haben« (Haselberger 1964, 59/60).

In den Guineawäldern wird der Mörtelbewurf an den Häusern von den Frauen mit der Hand, mit Steinen und Muscheln, Schneckenhäusern oder Kalebassenscherben geglättet. Für die Herstellung von Kultzeichnungen hat man kultisches Werkzeug bereit, dessen einzelne Teile Symbolbedeutung besitzen. So ist auch z. B. die Zahl der Dachsparren von rituellen Vorschriften abhängig.

»Bei den Mossi etwa sind im Dachstuhl des Junggesellenhauses zwölf Sparren, am Haus einer verheirateten Frau vierzehn, da zehn die Zahl der ehelichen Eintracht, vier aber die ›weibliche‹ Zahl ist. Am Dach des verheirateten Mannes zählt man – drei ist die ›männliche‹ Zahl im Mossiland – folglich dreizehn Dachsparren« (Haselberger 1964, 66).

Als eine typische Erscheinung bestehender Geschlechtertrennung darf das sogenannte Männerhaus (Junggesellenhaus) genannt werden. So heißt es z. B. Heinrich Schurtz (1902, 303) zufolge von den Dualla im Küstenland Kameruns, »daß sie an der Dorfstraße große Hütten für die Männer errichten, dahinter kleinere für die Frauen; hier hat also jede Familie im engsten Kreise die Trennung der Geschlechter äußerlich durchgeführt. . . . Die Dörfer der Banyang nördlich vom Kaberunberland haben an jedem Ende ein Gemeindehaus, das an der dem Dorfe zugekehrten Seite oft nur eine halbe Wand besitzt, also auch teilweise offensteht.

. . . Zintgraff fand auch mehrfach Übergänge am Langhaus; Häuptlinge mit starker Familie erbauen ihre Gehöfte in der Art, daß zwei Reihen von Frauenhäusern einander geschlossen gegenüberliegen und an beiden Enden durch quer vorgebaute Männerhäuser verbunden sind; auf diese Weise entsteht ein Hof, den eine geschlossene Gebäudemasse umgibt. Manchmal ist auch nur ein Männerhaus vorhanden, und die zweite Schmalseite bleibt offen« (H. Schurtz 1902, 302). Bemerkenswerterweise meinte Schurtz in seinem bekannten Werk »Altersklassen und Männerbünde« (1902): »Wenn schon die allerdings sporadische Verbreitung des Männerhauses durch ganz Amerika ein ausgezeichneter Beweis für die tiefen, durch die ganze Breite der Menschheit nachweisbaren Wurzeln dieser Einrichtung ist, so ergänzt die große Zahl afrikanischer Zeugnisse das Bild in vortrefflicher Weise und schließt den Gedanken vollends aus, daß die Zustände, die das Männerhaus entstehen lassen, nur einer bestimmten Rasse oder Kulturströmung eigen wären« (Schurtz 1902, 297 f.). Das Gemeinschaftshaus der Männer hebt sich meist durch seine Bauweise, seine besondere Größe und künstlerische Ausgestaltung von den übrigen Gebäuden ab und bildet größtenteils das Zentrum der Siedlungsgemeinschaft und ihrer Spezialstruktur. In ihm erfährt die herangereifte Jungmannschaft ihre politische und gesellschaftliche Erziehung, in ihm werden wichtige Beratungen abgehalten, Feste gefeiert, fremde Gäste empfangen und beherbergt. Es steht im Mittelpunkt kultischer Zeremonien, dient als Aufbewahrungsort sakraler Gegenstände, als Bestattungsplatz für sozial hochgestellte Persönlichkeiten und spielt vor allem bei der Knabeninitiation eine wesentliche Rolle. Das Männerhaus hat bei seiner weltweiten Verbreitung eine große Variationsbreite erfahren; es tritt allgemein als Männerhaus, Junggesellen-, Knaben-, Spiel-, Tanz- und Speisehaus sowie als Klub-, Kult-, Zeremonial- und Gästehaus in Erscheinung. Es steht in enger Verbindung mit den Altersklassenverbänden und dem Geheimbundwesen und ist für Frauen und Kinder im allgemeinen tabu.

Zunächst wäre das Männerhaus Heinrich Schurtz zufolge »nur ein äußeres Zeichen eines gesellschaftlichen Zustandes; wo es überhaupt nicht Brauch ist, dauernde Siedlungen zu errichten, oder wo sonstige Umstände hemmend wirken, kann dieser Zustand bestehen, ohne daß die jungen Männer nun gerade ein besonderes Gebäude besitzen. Bei den Betschuanen z. B. vertritt der Beratungsplatz, die Khotla, die Stelle des Junggesellen- und Gemeindehauses; die unverheirateten Jünglinge, die zugleich eine Art Garde des Häuptlings bilden, halten sich am Tage meist in der Khotla auf und übernehmen nachts hier die Wache (Fritsch, Die Eingeborenen Südafrikas, 194, 208). Noch klarer erscheinen diese Verhältnisse bei vielen australischen Stämmen, wo offenbar die unstete Lebensweise vielfach das Entstehen wirklicher Junggesellenhäuser hindert. Bei manchen Stämmen werden die Knaben schon vor der Pubertätszeit im 9. oder spätestens im 12. Jahre aus den Familien ausgeschlossen und bewohnen mit ihren Altersgenossen gemeinsam besondere Hütten, wo sie sich auf die eigentliche Jünglingsweihe vorbereiten; die heiratsfähigen Jünglinge schlafen aber abseits vom Lager; wahrscheinlich unter ähnlich erbauten Schutzdächern und Hütten, wie sie die übrigen Mitglieder des Stammes benutzen (Cunow, Verwandtschaftsorganisationen der Australneger, 27, 64. – Brough Smyth I, 124). Das Männerlager heißt Ungunja (Spencer u. Gillen, 216). Bei den Tasmaniern schliefen die ledigen Burschen ebenfalls nur an besonderen Feuerplätzen (Bonwick b. Westermarck, Geschichte der menschlichen Ehe, 59). Man kann diese Verhältnisse allenfalls als Vorstufe der oben charakterisierten typischen Zustände gelten lassen, . . . jedenfalls aber ergibt sich, daß auch bei reiner Sammelwirtschaft die Erscheinung in ihren Grundzügen auftreten kann« (H. Schurtz 1902, 204).

Heinrich Schurtz zufolge wäre das Männerhaus überall nur der sichtbare Ausdruck einer besonderen Art der Männergesellschaft, der »eigentümlicherweise Gesellschaftsformen des weiblichen Geschlechts gar nicht oder doch nur in schwachen Nachbildungen entsprechen«. Nach Schurtz hätten wir es bei diesem gegensätzlichen Verhalten von Männern und Frauen mit *Grundkräften* zu tun, »die den Aufbau der sozialen Gruppen« in ihrer Vielfalt bestimmen. Das Ergebnis seiner weiteren Forschungen faßte Schurtz mit folgenden Worten zusammen: »Das Weib steht vorherrschend unter dem Einfluß der Geschlechtsliebe und der aus ihr entspringenden Familiengefühle, der Mann dagegen wird mehr durch einen reinen Geselligkeitstrieb, der ihn mit seinesgleichen verbindet, in seinem Verhalten bestimmt. Darum ist das Weib der Hort aller Gesellschaftsformen, die aus der Vereinigung zweier Personen verschiedenen Geschlechts hervorgehen, der Mann dagegen der Vertreter aller Arten des rein geselligen Zusammenschlusses und damit der höheren sozialen Verbände. Die bei zahlreichen Naturvölkern vorhandene Trennung zwischen Männerhäusern, in denen die Männer gemeinsam hausen, und den Familienhäusern der Frauen ist der klarste und primitivste Ausdruck dieses tiefen, schon in den Anfängen alles Gesellschaftslebens vorhandenen Gegensatzes. Die männliche Kampflust widerspricht dem Dasein des Geselligkeitstriebes durchaus nicht, sondern ist eine notwendige Ergänzung, indem der Kampf regelmäßig das Vorspiel dauernder, auf gegenseitiger Erkenntnis des Wertes und der Tüchtigkeit beruhender Vereinigung ist« (Schurtz 1902, V, Vorwort).

Wenn H. Schurtz von den »tiefen, durch die ganze Breite der Menschheit nachweisbaren Wurzeln der Einrichtung des Männerhauses« spricht oder von »Grundkräften, die den Aufbau der sozialen Gruppen in ihrer Vielfalt« bestimmen, dann werden wir an den Elementar- und Völkergedanken Adolf Bastians erinnert, an jene Elementarsituationen des sozialen Handelns, die auch unserer überdeterminierten Gesellschaft nicht unbekannt sind. »Wir haben keine Gerontokratie wie etwa die australischen Eingeborenen, aber auch wir haben ›noch‹ Senate, Ältestenausschüsse, Presbyter usw.; der patriarchale Familientypus ist bei uns nicht erhalten, aber wir konservieren in unserer Gesellschaft ein gerüttelt Maß an patriarchalen Attitüden« (W. E. Mühlmann 1962, 277; W. Hirschberg 1981, 25–34).

Ähnlich wie A. Bastian setzte auch H. Schurtz bei seinen Überlegungen das »Vorhandensein von männlichen und weiblichen Verhaltens- und Denkunterschieden« voraus, die auf biologisch gegebenen Faktoren und deren Funktionen beruhen, das heißt mit anderen Worten, jene »männlichen« und »weiblichen« Eigenschaften oder Temperamente sind den Menschen angeboren. Dies wurde und wird von den Anhängern der Frauenbewegung heftig bestritten. Sie sind vielmehr der Auffassung, daß jene männlichen und weiblichen Eigenschaften »nicht auf bloß biologisch gegebenen Faktoren und deren Funktionen beruhen, sondern auf den kulturellen Bedingungen der jeweiligen Umgebung oder der wechselnden Machtposition, die der Mann allmählich der Frau abgerungen hat« (E. W. Klimowsky 1956, 16), ähnlich wie dies die bekannteste amerikanische Ethnologin Margaret Mead in ihren zahlreichen Arbeiten immer wieder betonen zu müssen glaubte. Schon 1956 meinte dazu E. W. Klimowsky, »daß es neben den genotypischen, das heißt in der Erbanlage vorhandenen Sexualfaktoren des Keimplasmas noch epigenetische Sexualdeterminanten gibt, das heißt solche, welche während oder nach der Entwicklung des Embryos entstehen. Wir glauben ferner zu wissen, daß die Verschiedenheit der Bevölkerung teils von den genotypischen und vielleicht zu einem kleineren Teile von epigenetischen Faktoren abhängen. Was darüber hinaus geht, ist, jedenfalls zur Zeit, Vermutung und insofern Sache der jeweiligen naturwissenschaftlichen oder historischen Theorie.«

*Literatur*

Fuchs, Peter: Sudan, Wien – München 1977.
Haberland, Eike: Galla Süd-Äthopiens. Stuttgart 1963.
Haselberger, Herta: Bautraditionen der westafrikanischen Negerkulturen. Wien 1964.
Hirschberg, Walter: Adolf Bastians Elementar- und Völkergedanke in Kulturhistorie und Verhaltensforschung (Matreier Gespräche: Maske – Mode – Kleingruppe. Wien – München 1981.
Immenroth, Wilhelm: Kultur und Umwelt der Kleinwüchsigen in Afrika. Leipzig 1933.
Klimowsky, Ernst Werner: Geschlecht und Geschichte. Teuffen 1956.
Mühlmann, W. E.: Homo Creator. Abhandlungen zur Soziologie, Anthropologie und Urgeschichte. Wiesbaden 1962.
Nachtigall, Horst: Zelt und Hausbau bei den Beni Mguild-Berbern (Marokko), Baessler Archiv, XIV, 1966.
Schurtz, Heinrich: Altersklassen und Männerbünde. Berlin 1902.

# *Janpeter Kob:*
# *Soziale Probleme bei Planung und Bau von Großsiedlungen*

Betrachtet man das Schicksal der bekannt gewordenen und öffentlich diskutierten Großsiedlungen, die in der Bundesrepublik Deutschland seit etwa dem Anfang der sechziger Jahre erstellt worden sind, so läßt sich ohne Übertreibung feststellen, daß sie im breiten öffentlichen Bewußtsein als mißglückt, ja jeweils als soziale Katastrophe empfunden werden. Solche mittlerweile berühmt gewordenen Projekte in Berlin, Hamburg, München usw. – in einem Stück geplante und gebaute Siedlungen mit tausend und mehr Wohneinheiten – sind zu Symbolen für planerisches und architektonisches Unvermögen geworden, das auch noch in modernen Wohlstandsgesellschaften soziales Elend zu produzieren vermag.

Der Verlauf der entstehenden öffentlichen Diskussionen war dabei immer ähnlich und bemerkenswert typisch: Bei Planungs- und Baubeginn wurden solche Projekte regelmäßig in der Massenpublizistik, von Politikern und Fachleuten als soziale Tat und zukunftsweisendes Vorhaben gepriesen. Es handelte sich bei den von mir gemeinten Fällen ja nicht um ordinären Massen- und »Discount«-Wohnungsbau, sondern um ehrgeizige, anspruchsvolle stadtpolitische Pläne mit großen sozialpolitischen und architektonischen Ambitionen, und es ging durchwegs um gemeinnützige Bauherrschaft. Nach Fertigstellung und Beginn der Nutzung aber drehte sich die Einstellung völlig um. Die Realisierung der einst hochgelobten Planungsidee wurde nun als Untat und Vergehen gegen die primitivsten Wohn- und Lebensansprüche der Bewohner bezeichnet, statt einer sorgsam gestalteten originellen Sozialidylle wurde ein abschreckendes Sozialgetto registriert.

Solche Kritik konnte sich dann mit Hinweisen auf durchaus offenkundige Mängel und Unzulänglichkeiten rechtfertigen: schlechtes subjektives Wohngefühl und Unzufriedenheit bei den Bewohnern, Heimweh nach der alten, meist ursprünglich negativ eingeschätzten Wohnumwelt, besorgniserregender Anstieg der Kriminalität vor allem bei Jugendlichen, überdurchschnittliche Selbstmordraten usw. Bei der Suche nach den Ursachen für diese Mängel wurde man dann auch schnell fündig: Konkrete Details in Planung und Ausführung waren fehlerhaft. So wurde darüber geklagt, die Infrastruktur der Siedlung – Einkaufsmöglichkeiten, Gaststätten und Cafés, Kinderspielplätze und andere soziale Einrichtungen – sei nicht rechtzeitig zur Verfügung der Bewohner. Das verwendete Baumaterial erschien als Quelle des Unbehagens: Menschen müßten in »Betonwüsten« leben. Als wesentlicher Fehler erschien schließlich gar der »Verdichtungsgrad« solcher Siedlungen, in denen zu viele Menschen auf zu kleinem Raum »zusammengepfercht« worden wären, ein Einwand, der ausgerechnet die damals neue Idee der Stadtplanung traf, welche die »Landschaftszersiedlung« und die soziale Isolierung in »privatistischen« Schlafstädten gerade durch neue Verdichtung überwinden wollte. Wie dem auch sei, die Enttäuschung wurde nicht auf das Konzept selbst, sondern auf konkrete Planungs- und Ausführungsfehler zurückgeführt.

Solche in den Massenmedien und politischen Diskussionen ausgedrückten Anklagen gegen die prominenten Großsiedlungsprojekte in Deutschland stellen sich aber nicht nur als abgehobene Kritik von Besserwissern in der »veröffentlichten« Meinung dar, sondern spiegeln zugleich die Einstellung in der sozialen Umwelt solcher Siedlungen wider, wenn sie sie nicht gar mitproduziert haben: Wohnquartiere wie das Märkische Viertel in Berlin oder der Osdorfer Born in Hamburg sind auch den anderen Bewohnern in diesen Städten Elendsviertel, und wer in ihnen wohnt, gilt als Asozialer.

Gegen solche Einzelkritik stelle ich meine hier zu begründende These: Die Grundidee der Planung solcher Großsiedlungen ist in sich verhängnisvoll. Fehler in Details der Planung und Errichtung sind nur von zweitrangiger Bedeutung. Selbst bei der – im übrigen wohl grundsätzlich utopischen – Unterstellung, solche Fehler wären nicht unterlaufen, hätten diese Projekte nie auf Anhieb funktioniert. Das Konzept selbst, Siedlungen solcher Größenordnung in einem Ansatz zu erstellen, bringt vielmehr unvermeidlich auch bei optimalem Ablauf so grundsätzliche soziale Probleme mit sich, daß es unter den heutigen Bedingungen scheitern muß, weil es weder von genügend potentiellen Bewohnern noch von seiner unmittelbaren Umwelt ausreichend akzeptiert wird. Dafür gibt es eine Reihe von Gründen, die allein mit dem Grundprinzip der Großsiedlung zusammenhängen. Die wesentlichen davon sollen im folgenden kurz erläutert werden.

Ein Grund dafür, daß mit einer solchen Großsiedlung eher Abschreckendes assoziiert wird, ist die lange Bauzeit, die für die weitere Siedlungsumwelt eine erhebliche Belastung bedeutet und in der sich das betreffende Gelände zunächst einmal als eine häßliche Baustelle einprägt. Von den ersten Erschließungsarbeiten bis zu dem Zeitpunkt, da endlich der wirklich letzte Baulärm und -verkehr endet, vergehen bei derartigen Vorhaben bis zu 10 Jahre. Mindestens weitere 10 Jahre dürften vergehen, bis die neuerstellte Siedlung den auch eher negativ bewerteten Neubaucharakter der Unfertigkeit verliert, bis also Grünflächen, Strauch- und Baumbestände genügend angewachsen sind, um zum »natürlich« erscheinenden Bestandteil des Ganzen zu werden, und bis Straßen, Plätze und andere öffentliche Bereiche selbstverständlich betrachtet und genutzt werden. Dauer und Umfang dieses lästigen Zustandes lassen es einfach nicht zu, daß eine solche Siedlung anfangs genügend Attraktivität und positives Image entfaltet, die ein Funktionieren der sozialen Abläufe im ursprünglich gemeinten Sinne voraussetzen.

Zweitens ist hier niemals eine gigantische Stil- und Materialmonotonie zu vermeiden, die ein solches Quartier kalt und artifiziell erscheinen lassen muß. Auch wenn man, was vernünftigerweise meist geschieht, bewußt sehr unterschiedliche Architekten an Entwurf und Ausführung beteiligt, läßt sich der einheitliche Eindruck einer großen Masse von Baukörpern, die alle im gleichen Zeitraum entstanden sind, nicht verhindern. Gerade renommierte Architekten entziehen sich ungern den großen Strukturen der modischen Entwicklungen in ihrem Metier, gänzlich unterworfen sind sie dazu den Sachzwängen, die sich aus der jeweiligen Entwicklung von Bautechnik und -material ergeben. So kann sich hier – jedenfalls auf lange Zeit hin – nicht das entwickeln, was man zu Recht positiv wertend »gewachsene Wohnwelt« nennen könnte.

Aus diesen Gründen und nicht zuletzt auch aus der Tatsache, daß die ersten Bewohner schon in die Siedlung müssen, wenn dort die Bautätigkeit noch voll im Gange ist, ergibt sich zunächst eine spezielle Selektion der Bewohnerschaft. Das bei der Erstbesiedlung notwendig negative Image der Siedlung hat zur Folge, daß anfangs gerade nicht überwiegend solche Menschen einziehen, die sich genau diese Wohnsituation unter vielen anderen Möglichkeiten freiwillig gewählt haben und dann eben auch das gegebene Siedlungskonzept akzeptieren und mittragen. Es überwiegen Sozialmieter aus ungünstigen Wohnsituationen, aus denen sie nicht aus eigener Kraft herauskommen, von Sanierungsmaßnahmen Betroffene, die »umgesiedelt« werden müssen, auch immer ein gewisser Teil von Sozialhilfebedürftigen und Obdachlosen. Sehr schnell kommt es dann in der Siedlungsumwelt zu der Überzeugung, bei der Bewohnerschaft handle es sich um eine negative soziale Auswahl, was die Attraktivität weiter sinken läßt. Es mangelt dazu an Bewohnern, für deren Einzug wirklich das ursprüngliche Planungskonzept entscheidend war und von denen man ernsthaft erwarten kann, daß sie an seiner Realisierung mitwirken werden.

Ein anderer Umstand, der die soziale Situation der Erstbewohner solcher Großsiedlungen beeinträchtigt, ist bisher allzu wenig beachtet worden: sie leben zunächst als Fremde unter Fremden. Wer sonst in ein anderes Stadtviertel oder eine andere Stadt zieht, trifft dort auf schon gegebene Strukturen der Nachbarschaft und der sozialen Beziehungen, er ist hier zwar fremd, die anderen aber sind »einheimisch«. In den großen Neubausiedlungen ist das anders, hier ist jeder fremd, trifft nicht auf eine schon gegebene und irgendwie bewährte Beziehungsstruktur, in die er sich hineinzuleben versuchen kann. Das verstärkt und verlängert mit Sicherheit das Fremdheitsgefühl des einzelnen und sein Heimweh nach der alten Wohnung und vermindert die Bereitschaft und das Vermögen, am Leben der neuen Siedlung teilzunehmen.

All diese Umstände sind auch durch optimale Planung und Gestaltung nicht zu vermeiden, man schafft hier notwendig »unnatürliche« Wohnwirklichkeit. Und so ist es dann eben auch nicht erstaunlich, daß in solchen Siedlungen sehr schnell soziale Auffälligkeiten entstehen, die von der Umwelt und der Massenpublizistik registriert werden. Es kommt dann der bekannte Prozeß von Stigmatisierung und Vorurteilsbestätigung in Gang, bei dem zunächst die Umwelt den Siedlungsbewohnern vorrechnet, daß sie in einer elenden und bedauernswerten Lage sind, diese das zum Teil glauben und sich entsprechend verhalten, was das Umwelturteil nur bestärkt, und so fort. Noch jedes dieser gutgemeinten, aber eben allzu gigantischen Projekte ist bei uns an diesem Teufelskreis gescheitert, nicht aber an Fehlern im Detail.

Ich will am Schluß meine grundsätzliche These nur in zwei Punkten einschränken. Ich halte es zum einen durchaus für möglich, daß solche heute noch verketzerten Siedlungen, die ja immer mit viel architektonischem und sozialem Einfallsreichtum gestaltet wurden, nach 40 bis 50 Jahren der Nutzung eine eigene Attraktivität und einen möglicherweise nostalgisch erhöhten Wohnwert erhalten. In solchem Zeitraum dürften die ursprünglichen Probleme und Konflikte »abgewohnt« und abgenutzt sein, so daß die immer ja auch gegebenen Qualitäten der Siedlung wahrgenommen zu werden die Chance haben. Das allerdings eben um den Preis, mindestens ein halbes Jahrhundert ein Ärgernis für Bewohner und Umwelt gewesen zu sein.

Zum anderen dürfte sich die Situation dann gänzlich anders darstellen, wenn in einer Gesellschaft allgemeine Wohnungsnot herrscht, wie etwa in Deutschland nach dem Krieg. Das Schicksal vergleichbarer Siedlungsprojekte in den fünfziger Jahren zeigt das deutlich. 1970 haben wir am Seminar für Sozialwissenschaften in Hamburg die Siedlung Neue Vahr in Bremen – gebaut Ende der fünfziger Jahre – untersucht und sind dabei zu wesentlich positiveren Ergebnissen gekommen, als sie sich bei später gebauten Siedlungen ergeben (siehe: J. Kob u. a.: Städtebauliche Konzepte in der Bewährung, Göttingen 1972). Die gänzlich anderen Bedingungen, unter denen damals die Besiedlung erfolgte, und die mit heute nicht mehr vergleichbaren Ansprüche, die man an Wohnung und Wohnumwelt stellte, haben dabei sicherlich eine Rolle gespielt.

Heute aber noch Siedlungsprojekte mit wesentlich mehr als 100 Wohneinheiten zu bauen, halte ich für einen unverzeihlichen stadtplanerischen und baupolitischen Kunstfehler.

*Max Liedtke:*

# *Wohnung und Haus, dargestellt an Texten und Bildern historischer Schulbücher*

## *1. Methodische Vorbemerkungen*

Der Themenbereich Haus und Wohnung ist ohne Zweifel von großer pädagogischer Bedeutung. Haus und Wohnung als Inbegriffe des nächsten, vertrauten und sichernden Lebensraumes des Menschen sind für das heranwachsende Kind der erste Erlebnisraum, der wesentlich über die adäquate Entwicklung des Kindes mitbestimmt. Sie sind der Hintergrund der ersten Sozialerfahrungen und der gesicherte Rückhalt für die Erweiterung des Kreises der Sozialpartner. Sie sind die erste Sachumwelt, von der die physische, intellektuelle, ästhetische und emotionale Entwicklung des Kindes in großem Umfang abhängt. Sie sind schließlich – neben der verläßlichen Bezugsperson – Basis des vertrauensvollen Umgangs mit der Welt, zugleich Inbegriff von Heimat.

Wenn in systematischem Sinn unter pädagogischen Aspekten nach den Funktionen speziell der Wohnung gefragt würde, wären Fragen der optimalen Größe, der Lage der Wohnung, der Bauweise, Probleme der Verstädterung und möglicher kompensatorischer Hilfen im Falle physischer, sozialer oder psychischer Wohnungsnot zu behandeln. Dies ist nicht das Ziel dieser Arbeit. Vielmehr soll an Hand historischer Schulbücher untersucht werden, in welcher Weise Wohnung und Haus den Schülern zu unterschiedlichen Zeiten dargestellt und welche Funktionen mit Wohnung und Haus verknüpft werden. Die Untersuchung beschränkt sich auf eine weitgehend zufällige Auswahl von ca. 400 deutschsprachigen Büchern allgemeinbildender Schulen aus der Johannes-Guthmann-Schulbuchsammlung der Erziehungswissenschaftlichen Fakultät der Universität Erlangen-Nürnberg. Berufsschulbücher, in denen dieser Themenbereich insbesondere in technischer Hinsicht (vgl. Bücher für das Bauhandwerk) breiter behandelt wird, wurden entsprechend nicht mit in die Auswahl einbezogen. Die untersuchten Schulbücher stammen aus der Zeit zwischen etwa 1650 und 1950.

## *2. Wohnung und Haus im Schulbuch*

### *2.1 Übersicht über die explizite Behandlung des Themas im Schulbuch*

Beiläufig tauchen Haus und Wohnung in Erzählungen, als Übungswörter für das Lesen und Schreiben, als Illustrationen usw. unablässig in den Schulbüchern des Untersuchungszeitraumes auf. Fragt man aber nach der expliziten Behandlung des Themas Wohnung und Haus, ergibt sich ein ähnlich unterschiedliches Bild wie im Falle des Themas Kleidung, das in den Schulbüchern des 18. und 19. Jahrhunderts zwar breit behandelt wurde, im Zusammenhang mit der Fächer- und Schulbuchdifferenzierung nach dem ersten Drittel des 19. Jahrhunderts aber geradezu verlorenging (vgl. Liedtke 1983, 416).

Die Schulbücher des Elementarbereiches der Zeit von 1650 bis ca. 1850 behandeln auch den Themenbereich Haus und Wohnung relativ breit, wenn oft auch bloß nomenklatorisch durch eine ermüdende Aufzählung von Haushaltsgegenständen usw. Nach 1850 geht aber auch dieses Thema bis auf mehr zufällige und randständige Erwähnungen für fast 70 Jahre völlig verloren. Erst nach 1920 erscheint es wenigstens in der Form einer Stilkunde meist ländlicher Haustypen in den Erdkunde- bzw. Heimatkundebüchern, andere Aspekte bleiben aber auch jetzt weiterhin unbeachtet.

Im höheren Schulbereich (Lateinschulen, Gelehrtenschulen, Gymnasien) ist im Gegensatz zum Elementarbereich in der frühen Phase auch hier bis ca. 1880 keine nennenswerte Aufnahme des Themas in die entsprechenden Schulbücher zu verzeichnen. Allenfalls im Rahmen der griechischen und römischen Geschichte werden Fragen des historischen Hausbaus knapp angesprochen. Nach ca. 1880 findet sich dann überwiegend in den Geografiebüchern der höheren Schulen zwar eine differenzierte Behandlung des Hausbaus, der landwirtschaftlichen Baustile und der verschiedenen Siedlungsformen. Aber auch diese ohne Zweifel reiche fachspezifische Behandlung des Themas Haus und Wohnung kann nicht darüber hinwegtäuschen, daß damit auch hier nur wenige Teilaspekte des Themas angesprochen sind. Diese fachspezifische Behandlung ist geradezu wieder eine historische Veranschaulichung, wie mit der Fächerdifferenzierung – insbesondere im Vergleich zum frühen Schulbuch im Elementarbereich –, wenn nicht ganze Gegenstände, so mindestens Aspekte der Gegenstände verlorengehen können.

### *2.2 Funktionen von Wohnung und Haus*

#### *2.2.1 Schutzfunktion und Ausdruck menschlicher Kultur*

Soweit im Schulbuch überhaupt die Funktion von Wohnung und Haus angesprochen ist, wird zunächst auf die Schutzfunktion verwiesen. So zeigt K. Ph. Moritz in seinem »Neuen ABC-Buch, welches zugleich eine Anleitung zum Denken«, Berlin 1794[2], unter dem Buchstaben N einen nackten Menschen, der vor dem Frost zu fliehen versucht (Abb. 1). Er kommentiert unter dem Titel »Die rohe Natur«:

Abb. 1: Moritz, K. Ph., 1794[2]

»Bei dem entblätterten Baume steht ein unbekleideter Mensch. Der Mensch sucht sich vor dem Frost zu schützen. Er ist schlimmer daran wie die wilden Thiere. Denn die wilden Thiere sind mit Haaren bedeckt . . . Der Mensch muß eine Wohnung haben . . .« (a. a. O. 20 f.). Entsprechend zählt K. T. Thieme in »Erste Nahrung für den gesunden Menschenverstand«, Wien und Leipzig 1800[5], neben Nahrung, Kleidung und Heilung ausdrücklich auch die Wohnung zu »den Bedürfnissen des menschlichen Lebens« (54).

Aber die Wohnung gilt in den Schulbüchern des 18. und beginnenden 19. Jahrhunderts nicht nur als Schutz der Menschen vor ungünstigen klimatischen Einflüssen. Sie ist insoweit zugleich Ausdruck menschlicher Kultur, als Haus und Wohnung auch den gebildeten vom ungebildeten und wilden Menschen unterscheiden können. Dies zeigt sich wiederum schon bei K. Ph. Moritz (1794[2]), der der »rohen Natur«, illustriert durch den dem Frost ausgelieferten nackten Menschen, den »gebildete(n) Mensch(en)« gegenüberstellt, der durch Kleid und Ofen gewärmt ist (Abb. 1).

Dieser Zusammenhang zwischen Wohnung und Haus einerseits und »Kultur« wird auch von K. T. Thieme (1800[5]) angesprochen. Er stellt fest, daß nicht alle Menschen in Häusern wohnen, manche vielmehr »unter freiem Himmel, unter Zelten, in Hütten oder Höhlen. Solche Menschen nennt man gemeiniglich Wilde« (60). Es bleibt allerdings zu fragen, ob der Terminus »Wilde« auch bei K. T. Thieme einen abwertenden Akzent hat und zugleich Kulturlosigkeit und fehlende Bildung anzeigt. Bedenkt man die philanthropische Orientierung Thiemes und berücksichtigt man das pädagogische Engagement Thiemes, steht außer Zweifel, daß der Begriff »Wilder« wenigstens insoweit einen negativen Akzent hat, als mit dieser Bezeichnung auch der Vorwurf mangelnder Bildung gemacht ist. Andererseits tauchen bei Thieme – wie auch schon bei der Bewertung des bekleideten und nackten Menschen (Thieme 1813[4], 107) doch auch kulturunabhängige Differenzierungen auf, die die Kluft zum »wilden Menschen« in gewisser Weise verringern. Thieme verweist 1813[4] erneut darauf, daß es Menschen gebe, die ohne Häuser leben. Diese Menschen nenne man »wilde Menschen« (20). Dann begründet er: »Weil wir denn nun aber keine wilden Menschen sind, so brauchen wir Häuser« (20). Dafür nennt er zwei Ursachen: »Erstlich, weil die Luft bisweilen rauh und stürmisch ist: es regnet, es schneit . . . Zweitens: weil wir bei unserer Lebensart und zu unseren Arbeiten vielerlei Sachen brauchen, welche unter freiem Himmel leichter verderben . . .« (20 f.). Durch den Hinweis auf die unterschiedlichen klimatischen Bedingungen wird der Unterschied zwischen dem kultivierten Menschen und dem sogenannten wilden sicherlich reduziert. Andererseits bedeutet der Hinweis auf die spezifische »Lebensart« und die »vielerlei Sachen«, die der kultivierte Mensch benötigt, aber doch auch wieder eine Betonung eines merklichen Unterschiedes, eines Unterschiedes, der eben doch in einem bestimmten Lebensstil, der auch »Domestizierung« einschließt, und in dem spezifischen kulturellen Instrumentarium liegt (vgl. Abschnitt 2.3 dieses Beitrages).

*2.2.2 Repräsentation und Mittel, Einstellungen zu äußern*

Es liegt nahe, daß Haus und Wohnung, die durch den Menschen gestaltet werden können, auch als Mittel des Imponierens und als Ausdruck von Einstellungen genutzt werden. In den Geografiebüchern des ausgehenden 18. Jahrhunderts taucht bei der Beschreibung von Städten geradezu stereotyp die Anmerkung auf, daß viele Häuser dort groß, hoch und prächtig seien. M. J. E. Fabri charakterisiert Nürnberg als Stadt »mit ungefähr 6 000 Häusern« und fügt gleich hinzu: »Viele Häuser sind hoch und bemahlt« (1788, 171). Dies wird für das Rathaus noch gesondert bestätigt: »Das Rathhaus ist ein großes und schönes Gebäude mit vieler äußerlichen und innerlichen Pracht . . .« (Fabri 1788, 172).

A. Ch. Gaspari (1809[11]) sagt ähnliches von Wien. Zwar beklagt er »enge und krumme Straßen«, aber fügt sogleich hinzu, daß Wien doch »viele sehr große und prächtige Häuser« (184) besitze. Bei dieser Charakterisierung der Städte, deren Reichtum sich – wie die ländliche Armut in den niederen Hütten der Bauern dokumentiert ist (vgl. Pestalozzi 1780; Wagner 1842, 114) – in der Höhe und Größe zeigt, wird in den untersuchten Geografielehrbüchern der Wende vom 18. zum 19. Jahrhundert gleichwohl kein quantitativer Vergleich der höchsten und größten Gebäude der jeweiligen Städte gezogen. Das mag an der durchgängigen Dürftigkeit der Informationen liegen. Die einzelnen Städte sind in der Regel mit wenigen Zeilen abgehandelt. In der Mitte des 19. Jahrhunderts finden sich aber bereits dezidierte Zusammenstellungen der höchsten Gebäude der Welt (Abb. 2).

Wohnung und Haus lassen schon als Mittel der Repräsentation in gewissem Umfang auch Einstellungen des Besitzers bzw. des Erbauers erkennen. Diese Frage wird im Schulbuch nicht ausdrücklich aufgenommen. Gleichwohl ist sie offenkundig in Gestalt und Stil des Hauses, in Schmuck, Beschriftung usw. Das gilt insbesondere, wenn mit Fahnen auswechselbare Signale gesetzt werden (Abb. 3).

Abb. 2: Reuschle, K. G., 1856

Abb. 3: Das Leserlein, 1941

*2.3 Die geschichtliche Entwicklung des Hausbaus*

Die geschichtliche Entwicklung des Hausbaus fand sich unter den untersuchten Schulbüchern nur im »Orbis pictus« von J. A. Comenius und in G. L. Schraders »Elementarischem Lesebuch für Kinder«, Leipzig 1797, angesprochen. Comenius skizziert bei der Vorstellung des Zimmermanns ganz kursorisch die Geschichte der Wohnung: »Erstlich wohnte man in Hölen, darnach in Laubhütten oder Strohhütten; dann auch in Gezelten; endlich in Häusern« (Comenius 1658, 130). Schraders »Elementarisches Lesebuch«, in erster Linie für die Praxis des Hauslehrers gedacht, richtet sich nach dem Titel an die Kinder, »die schon im ABC-Buche lesen gelernt haben« und vermittelt, regelmäßig an die Erfahrungswelt der ca. 6–10jährigen Kinder anknüpfend, in Erzählungen oder in Gesprächsform anschaulich die für wissenswert gehaltenen Informationen. Das Gespräch über die Entwicklung des Hausbaus steht unter dem Titel »Die Baukunst« und knüpft an die Bemühungen des kleinen Ernst an, mit Bauhölzern »ein recht großes Haus« (Schrader 1797, I, 168) zu bauen. Ernst möchte schließlich wissen, »wie die Leute das Bauen gelernt hätten, und wie der erste Baumeister geheißen hätte« (a. a. O. 168). – In der über 7 Seiten sich erstreckenden Erläuterung des Lehrers wird das gängige Entwicklungsschema des 18. Jahrhunderts nachgezeichnet. Die Entwicklung des Hausbaus verlief vom ungestalteten Ruheplatz unter den Bäumen usw. über den hohlen Baum, die Erdhöhle – im Gegensatz zu Comenius und Basedow (vgl. Abschnitt 2.4 dieses Beitrages) nennt Thieme hier nicht die Felshöhle –, die Hütte, das hölzerne und steinerne Haus bis zu den »große(n) und schöne(n) Gebäude(n) und Paläste(n)« (a. a. O. 175).

In diesem Lesestück wird implizit auch der Zusammenhang Schutzfunktion und kultureller Bedeutung des Hauses und der Wohnung nach den Vorstellungen der Aufklärungspädagogik deutlich. Der historische Anlaß, Wohnungen zu suchen bzw. Häuser zu bauen, sei das Bedürfnis des Menschen gewesen, sich vor klimatischen Beschwerlichkeiten zu schützen. Wegen der klimatisch günstigeren Gegenden, in denen die Menschen vor 3000 bis 4000 Jahren lebten, bedurfte es zunächst keiner Wohnung und keines Hauses (a. a. O. 169).

Neben die Schutzfunktion tritt die kulturelle Funktion. Ausdruck von Kultur werden Haus und Wohnung offenbar durch die unablässigen funktionalen und ästhetischen Verbesserungen an Haus und Wohnung, die der Mensch durch »Nachdenken« hervorbringt. Daß die beschriebene geschichtliche Entwicklung von Haus und Wohnung tatsächlich von Schrader als Verbesserungen angesehen werden, wird durch unwidersprochen bleibende Zwischenbemerkungen des unterrichteten Kindes bestätigt: Zum Beispiel sagt Ernst: »Ich wäre nicht mit einer solchen Wohnung zufrieden; ich bin froh, daß ich nicht zu der Zeit gelebt habe« (a. a. O. 169). Die zentrale Bedeutung des »Nachdenkens« für diesen Verbesserungsprozeß betont der Lehrer selbst wiederholt: »Du glaubst es wohl kaum, wie viel die Menschen schon durch Nachdenken gelernt haben, und immer noch lernen. Durch Nachdenken brachten es die Menschen immer weiter . . .« (a. a. O. 175).

Es liegt auf der Hand, daß bei dieser Konstatierung von Fortschritt und des Zusammenhangs von Fortschritt und Nachdenken wenigstens implizit immer auch Werturteile über den Entwicklungsstand einer Kultur gefällt werden.

*2.4 Die Darstellung von Haus und Wohnung im Schulbuch*

*2.4.1 Darstellungen im Lesebuch des 17.–19. Jahrhunderts*

Soweit Haus und Wohnung im Lesebuch dieses Zeitraums ausdrücklich zum Thema gemacht sind, ist die Darstellung oft gleichwohl weitgehend nomenklatorisch. Das gilt sowohl für die reich illustrierten, somit allerdings auch teuren und insoweit mehr für die Hand des

Lehrers gedachten Bücher von Comenius und Basedow als auch für die bloßen Textbücher der späten Aufklärungszeit und der ersten Hälfte des 19. Jahrhunderts. Diese bloßen Textbücher nahmen, obwohl die Autoren vielfach im Sinne des Comenius auf das Prinzip der Anschaulichkeit setzten, mit Rücksicht auf die Erschwinglichkeit des Buches den Mangel der fehlenden Illustration bewußt in Kauf (vgl. E. von Rochow 1796).

*2.4.1.1 Beispiel eines illustrierten Schulbuches:*

J. A. Comenius, Orbis sensualium pictus, Nürnberg 1658

Im »Orbis pictus« macht Comenius den Versuch, das Wissen seiner Zeit, soweit es für die heranwachsende Generation von Bedeutung erschien, möglichst anschaulich zu vermitteln. Er wollte damit die Intention zu realisieren suchen, die er bereits in der Didactica magna geäußert hatte, nämlich alle alles zu lehren (J. A. Comenius 1632, Cap. X.) Der Themenbereich Haus und Wohnung wird an mindestens 4 Stellen angesprochen, unter den Titeln Zimmermann (130 f.), Haus (136 f.), die Hausgemächer (146 f.) und Stube und Kammer (148 f.). Wie im Falle des Hauses (Abb. 4) und der Hausgemächer (Abb. 5) wird jeweils ein detailliertes Bild vorangestellt, in dem an entsprechend numerierten Stellen die unterhalb in lateinischer und deutscher Sprache aufgeführten Gegenstände aufgefunden werden können.

Wenn auch etwas ausführlicher, aber im wesentlichen vergleichbar, verfährt J. B. Basedow 1774 mit diesem Themenbereich in seinem »Elementarwerk«.

*2.4.1.2 Beispiel eines nichtillustrierten Schulbuches:*

A. Haesters, Lehr- und Lesebuch oder der sinnliche und sittliche Anschauungsunterricht, 1851

Während G. T. Thieme (1800) in schlichter Reihung geradezu einen Katalog unterschiedlicher Räume und Einrichtungsgegenstände von Stube, Küche und Keller aufführt (57), bemüht sich A. Haesters, die bloße listenmäßige Vorstellung von Begriffen dieses Themenbereichs zu überwinden. Er fordert dazu auf, die verschiedenen Räume hinsichtlich ihrer Funktion und ihrer Inhalte zu vergleichen (vgl. 13, 15), erteilt Aufgaben, bewegliche und unbewegliche Gegenstände der Wohnung zu nennen oder Gegenstände aus Holz, Eisen, Leder usw. aufzuzählen (vgl. 15 f.). Dennoch bleibt auch Haesters der nomenklatorischen Reihung, die wegen ihrer Ausführlichkeit für den Kulturhistoriker zwar sicher interessant ist, verhaftet. Nicht nur werden die unterschiedlichen Räume eines Hauses im Singular und Plural aufgereiht (»Die Wohnstube, die Wohnstuben . . .« a. a. O. 11), ebenso werden die jeweiligen Einrichtungsgegenstände wie z. B. im Falle der Küche aufgezählt: »Der Feuerherd, die Feuerherde; das Feuer; das Holz; die Kohle, die Kohlen; die Asche; die Feuerzange, die Feuerzangen; die Feuerschaufel (Feuerschüppe), die Feuerschaufeln (Feuerschüppen); das Blaserohr, die Blaseröhren; der Tisch; das Tischtuch, die Tischtücher; das Tellertuch (die Serviette), die Tellertücher (Servietten); der Krug, die Krüge; die Flasche, die Flaschen; das Glas, die Gläser; das Salzfaß, die Salzfässer; das Messer, die Messer; das Hackmesser, die Hackmesser; das Hackbrett, die Hackbretter; der Löffel, die Löffel (der Kaffee- oder Theelöffel; der Vorlegelöffel; der Kochlöffel; der Schaumlöffel); die Gabel, die Gabeln (die Fleischgabel); der Teller, die Teller; die Schüssel, die Schüsseln; die Schale (Tasse), die Schalen (Tassen); die Kanne, die Kannen; der Topf, die Töpfe; der Kessel, die Kessel; die Pfanne, die Pfannen; der Eimer, die Eimer; der Kübel, die Kübel; der Zober oder der Zuber, die Zober oder die Zuber; der Durchschlag (die Seihe oder der Seiher), die Durchschläge (die Seihen oder Seiher); das Reibeisen, die Reibeisen; das Feuerzeug, die Feuerzeuge; der Stuhl, die Stühle; der Feuerstein, die Feuersteine; der Zunder oder der Schwamm; das Schwefelhölzchen, die Schwefelhölzchen; der Kehrbesen, die Kehrbesen (der Hand- oder Staubbesen); der Leuchter, die Leuchter; die Kerze oder das Licht, die Kerzen oder die Lichte; die Lichtputze (Lichtschere), die Lichtputzen (Lichtscheren); die Lampe, die Lampen; der Docht, die Dochte; der Korb, die Körbe; die Wage, die Wagen; das Bügeleisen, die Bügeleisen; die Kaffeemühle, die Kaffeemühlen.«

*2.4.2 Darstellungen im Geografiebuch des 19. und 20. Jahrhunderts*

Die Geografiebücher sowohl des Elementarbereichs wie auch der Höheren Schulen dieses Zeitraums behandeln das Thema Haus und Wohnung ohne Zweifel wesentlich anspruchsvoller als die älteren Bücher. Allerdings werden in der Regel auch nur die landschaftlichen Variationen der bäuerlichen Gehöfte und der Siedlungsformen dargestellt. Schon E. von Seydlitz (1890[20]) zeigt Bilder- und Grundrisse des fränkischen, des niedersächsischen und des tirolischen Gehöftes (513–516). Ähnliche Dokumentationen finden sich fast in allen späteren Geografiebüchern (E. von Seydlitz 1927, H. Harms 1930, Fischer-Geistbeck 1931). Die Bücher aus der Zeit des Nationalsozialismus greifen das Thema sehr intensiv auf: das Haus des deutschen Bauern, »verschieden nach Stammesart und Landschaft« (E. von Seydlitz, 1941 a, 103; vgl E. von Seydlitz 1941 b, 29).

Selbstverständlich wird das Thema gelegentlich auch geschichtlich, geografisch oder inhaltlich erweitert. E. von Seydlitz 1890[20] illustriert mit Zeichnungen die »Bauten der Naturvölker« und zeigt den »Übergang zu den Bauten der Kulturvölker« (508–516), in der Ausgabe von 1927 ist auch das Stadthaus angesprochen (24), H. Harms (1930) bespricht in seiner europäischen Länderkunde den isländischen (386), den litauischen (435) und den kleinrussischen

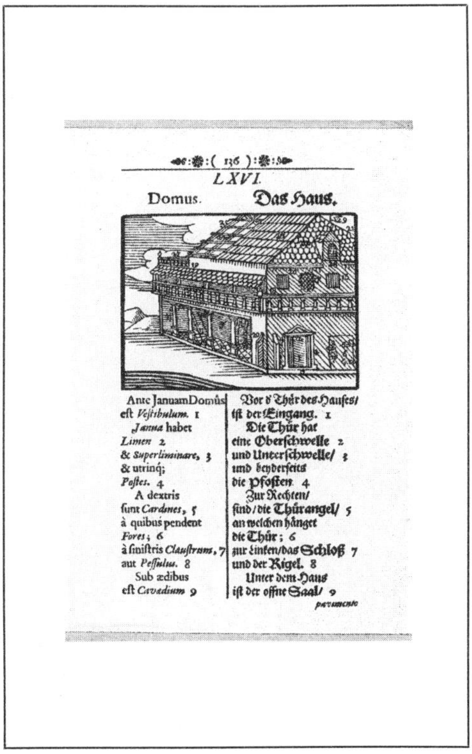
( 136 )

LXVI.

Domus. Das Haus.

| | |
|---|---|
| Ante Januam Domûs est *Vestibulum*. 1 | Vor d' Thür des Hauses/ ist der Eingang. 1 |
| *Janua* habet *Limen* 2 & *Superliminare*, 3 & utrinq; *Postes*. 4 | Die Thür hat eine Oberschwelle 2 und Unterschwelle/ 3 und beyderseits die Pfosten. 4 |
| A dextris sunt *Cardines*, 5 à quibus pendent *Fores*; 6 à sinistris *Claustrum*, 7 aut *Pessulus*. 8 | Zur Rechten/ sind/ die Thürangel/ 5 an welchen hänget die Thür; 6 zur Linken/das Schloß 7 und der Rigel. 8 |
| Sub ædibus est *Cavadium* 9 | Unter dem Haus ist der offne Saal/ 9 |

*pavimento*

Abb. 4: Comenius, J. A., 1658

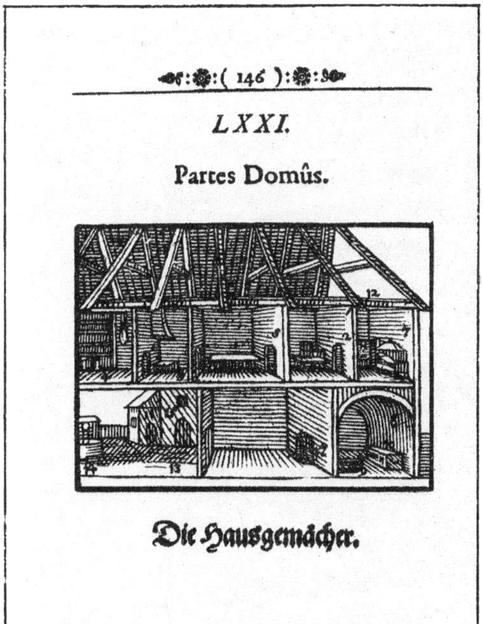
( 146 )

LXXI.

Partes Domûs.

Die Hausgemächer.

Domus

Abb. 5: Comenius, J. A., 1658

Bauernhof (485). Es steht gleichwohl außer Zweifel, daß im Themenbereich Haus und Wohnung die Behandlung des bäuerlichen Hauses in seinen typischen landschaftlichen Ausprägungen dominiert.

Da in anderen Schulbüchern dieses Zeitraums Haus und Wohnung aber nahezu nicht thematisiert sind, bleiben sie für den Schüler faktisch auch auf diesen Teilaspekt reduziert.

*2.5 Hygienische Aspekte*

Das schon hinsichtlich der Kleidung seit der Aufklärungszeit zu beobachtende größere Gesundheitsbewußtsein (vgl. Liedtke 1983, 428) hat auch auf den Bereich Haus und Wohnung übergegriffen. Soweit überhaupt dieser Themenbereich in den Schulbüchern nennenswert vertreten und noch nicht auf seine geografisch-agrarhistorische Dimension reduziert ist, also etwa bis Mitte des 19. Jahrhunderts, werden auch hygienische Aspekte behandelt. Die wichtigsten hygienischen Postulate blieben während mindestens 60 Jahre allerdings auch konstant. Sie spiegeln damit sicher auch die größten Defizite der Wohnungssituation dieser Zeit wider.

In seinem »Gesundheitskatechismus zum Gebrauche in den Schulen und beym häuslichen Unterricht«, Bückeburg 1794, gibt B. Ch. Faust auf die Frage, welches die Gründe für den schlechten Gesundheitszustand so vieler Menschen seien, zur Antwort: »Die Unwissenheit, die Armuth . . ., die schlechten ungesunden Wohnungen, der Mangel an reiner Luft, die Unreinlichkeit, die schlechten ungesunden Betten . . .« (a. a. O. 92).

Vermutlich wegen dieses gleichbleibenden Erfahrungshintergrundes fordert Faust 1794 und Wilmsen noch 1853 eindringlich, daß die Wohnungen hell, geräumig, trocken, luftig und sauber sein müssen. Ähnliches findet sich bei K. T. Thieme (1813, 19) und bei Brakenhoff (1849, 235). Auch die einzelnen Begründungen gleichen sich. Faust antwortet auf die Frage, warum die Wohnungen denn nicht »dunkel, dumpficht, naß und feucht« sein dürften: »Die Menschen werden in solchen Wohnungen ungesund und schwach, gichtig, verdrießlich und elend; und kleine Kinder werden in feuchten Stuben blaß, und sie schwitzen, zehren aus und sterben« (Faust 1794, 54). Wilmsen, dessen Gewährsmann in diesen hygienischen Fragen offensichtlich Faust ist, wiederholt diesen Text 1853 in seiner 203. Auflage seines Kinderfreundes fast wörtlich (160).

Die Forderung nach einer sauberen Wohnung wird von Faust mit hygienischen und moralischen Gründen gestützt: Die Wohnung muß gereinigt werden, »weil es sehr gesund und gut ist; und weil sittliche Menschen einen Wohlgefallen daran haben, in reinlichen Stuben und Kammern zu wohnen« (Faust 1794, 55). Wilmsen argumentiert wieder ähnlich: »Stuben und Kammern müssen alle Tage gekehrt und gereinigt, und wo möglich alle Jahre geweißt werden. Dies ist gesund und auch löblich, denn es ist ein Zeichen der Liebe zur Ordnung und zur Reinlichkeit« (Wilmsen $1853^{203}$, 160).

*2.6 Weitere Teilaspekte, unter denen Haus und Wohnung im Schulbuch angesprochen werden*

Wenn auch Haus und Wohnung außer in geografischen Zusammenhängen schließlich nicht mehr thematisiert sind, werden sie z. B. als bloßer Anlaß zur Lese-, Schreib- oder Rechenübung gehäuft angesprochen. Die beiläufigen Illustrationen können den geschichtlichen Wandel der Häuserformen, insbesondere der Wohnungseinrichtungen widerspiegeln. Sicher aber sind sie unmittelbarer Beleg für den Stand der künstlerischen Gestaltung des Schulbuches und für die jeweilige pädagogische Interpretation der kindlichen Umwelt (Abb. 6, 7, 8, 9).

Darüber hinaus findet sich – niemals gehäuft, sondern immer vereinzelt und über die

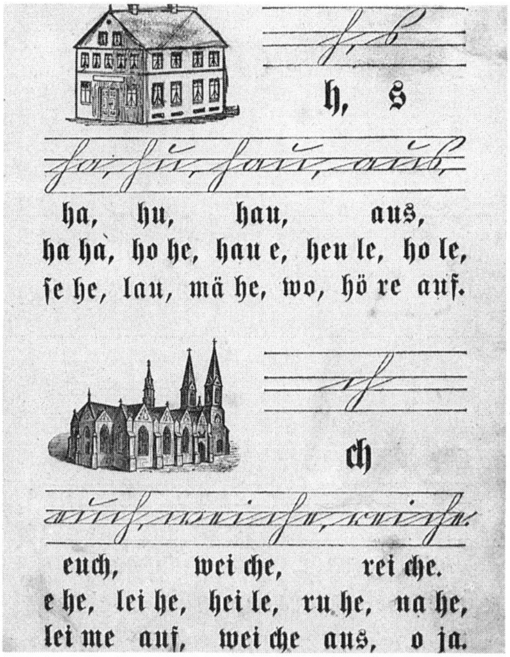


Abb. 6: Fibel oder erstes Lesebuch, bearbeitet von J. Kindervater, Braunschweig und Leipzig 1891

Abb. 7: Fritz, O., ca. 1906

Abb. 8: Fibel für die kath. Volksschulen, 1914

Abb. 9: Markert, K./Schander, K./Werner, M., 1925

verschiedenen Schulbücher verstreut – eine Vielzahl von Einzelaspekten, unter denen Haus und Wohnung erscheinen: das Hexenhaus (Das Leserlein 1935, 42), das Hundehaus (Schulfreude 1912), das Haus als Metapher: Cartenhaus (Neues Elementarwerk, 1790, 275), die »niedere Hütte« als Zeichen der Armut (Wagner 1812, 114), Haus als Sammelbegriff für die Familie (Rochow 1796, 79), das Haus als Rechtsobjekt und Niederschlag komplizierter Sozialbeziehungen (G. F. Seiler 1805, 505 f.), das durch Feuer bedrohte Haus (Heini und Lene 1942, 11), das Haus, das man verlassen muß (Niedersächsische Fibel 1936, 73), das Haus als Beispiel der Fürsorge Gottes (Lehr- und Lesebuch für die mittlern und obern Klassen der deutschen Schulen im Königreiche Bayern, I. Abtheilung, München 1844, 66).

Selbstverständlich gibt es auch Darstellungen, in denen das Haus als räumlicher Mittelpunkt des kindlichen Lebens, als Zeichen und Zentrum der Heimat erscheint: Das Kind, das im Fenster liegt und die Rückkehr des Vaters abwartet (Abb. 10), die »freundlichen Häuser«, die die Nähe der Heimat anzeigen (Petersen 1842, 71). Ebenso aber taucht das Haus als unbekanntes, verdächtiges Haus auf (B. Bacher 1813, 48), das mit Keller und dunklen Gängen dem Kind Angst einzuflößen vermag (Abb. 11).

Abb. 10: Guck in die Luft, 1920

Das Kind am Fen ster
es sieht hin aus
es war tet auf den Va ter
der ist noch nicht da von sei ner Ar beit
die Ma ma ist schon fer tig mit Ko chen
da hört das Kind wie die Tür auf geht
der Va ter ist da
wie läuft da das Kind
wie lacht da das Kind
und die Ma ma lacht auch

21

Abb. 11: Schulfreunde, 1912

*3. Zusammenfassende Diskussion*

Das Thema Haus und Wohnung taucht in den Schulbüchern der Zeit zwischen 1650 und 1950 in sehr unterschiedlichem Umfang auf. In breiterem Umfang wird es nur in den Schulbüchern, die bis etwa Mitte des 19. Jahrhunderts erschienen sind, behandelt, wenngleich auch dort wegen der vorherrschenden methodischen Gestaltung des Schulbuches oft in bloß aufzählender nomenklatorischer Form. Mit der zunehmenden Fächerdifferenzierung im 19. Jahrhundert, die auch zu einer Differenzierung des Schulbuches führt, geht der Themenbereich Haus und Wohnung als ganzheitlicher, möglichst viele Aspekte dieses Bereichs umfassender Gegenstand weitgehend verloren. Haus und Wohnung werden für mindestens 100 Jahre des Untersuchungszeitraums fachspezifisch auf geografische Aspekte – und auch hier wiederum im wesentlichen nur Aspekte regionaler bäuerlicher Hausbauformen – restringiert.

Insoweit bestätigt auch diese Untersuchung wie schon im Falle des Themas Kleidung (vgl. Liedtke 1983, 429) die Gefahr, daß mit fortschreitender Fächerdifferenzierung trotz des spezialistischen Wissenszuwachses ganze Inhalte verlorengehen können und daß deswegen die Differenzierung nicht die einzige Antwort auf das Problem zunehmender Wissenskumulation sein kann.

Im Bereich der Schulbuchentwicklung ist diese Differenzierung besonders zu dem Zeitpunkt bemerkbar, zu dem das Lesebuch, das zunächst sämtliche schulischen Inhalte umfaßte oder umfassen wollte, zu einem bloßen literarischen Übungsbuch wurde. Die ausdifferenzierten Fächer (Deutsch, Geschichte, Naturgeschichte [Biologie], Naturlehre [Physik, Chemie], Geografie, Rechnen usw.) waren nach ihrem Fachverständnis aber für den Gesamtthemenbereich Haus und Wohnung unzuständig. Wenn auch insbesondere die Lehrer in der Zeit der Reformpädagogik (zwischen etwa 1900 und 1932) diesen mit der Fächerdifferenzierung verbundenen Übelstand erkannten (vgl. die Idee des Gesamtunterrichts), hat dies für diesen Themenbereich keinen einschneidenden Niederschlag im Schulbuch gefunden. Der Themenbereich bleibt weitgehend verloren. Die im Beitrag aufgeführten zahlreichen Aspekte dieses Themas ergeben sich lediglich aus der Summierung beiläufiger Aufnahmen in unterschiedlichen Schulbüchern und beziehen sich niemals auf eine abgerundete oder gar zusammenhängende Darstellung innerhalb eines Buches.

Der bewußt wieder fächerintegrierend verfahrende Sachunterricht in der Grundschule der jüngsten Zeit versucht, den mit der Fächerdifferenzierung verbundenen Dimensionsverlust wieder auszugleichen (vgl. F. Bahl u. a., 1974[6], W. Barsig u. a., 1975[6], I. Lüdeke u. a., 1976).

## *Literatur*


Bacher, B.: Der Töchter-Spiegel. München 1813.

Bahl, F., u. a.: Arbeitsbuch für den Sachunterricht in der Grundschule, 2. Schuljahr. Frankfurt am Main, Berlin und München 1974[6].

Barsig, W., u. a.: Sachkunde der Grundschule, 3. Jahrgangsstufe. Donauwörth 1975[6].

Basedow, J. B. (1774): Elementarwerk, mit den Kupfertafeln Chodowieckis u. a., Berlin und Dessau; zitiert nach: Reprografischer Nachdruck, Georg-Olm-Verlag. Hildesheim und New York 1972.

Brakenhoff, H. L.: Neuer Kinderfreund, Einbek 1849.

Comenius, J. A. (1658): Orbis sensualium pictus, Nürnberg, Nachdruck. Dortmund 1978.

Das Leserlein, Erstes Lesebuch für die Volksschulen. Nürnberg, Hof und München 1935.

Das Leserlein, Erstes Lesebuch für die Volksschulen. Nürnberg, Hof und München 1941.

Fabri, M. J. E.: Elementargeographie. Halle 1788.

Faust, B. Ch.: Gesundheitskatechismus zum Gebrauche in den Schulen und beym häuslichen Unterricht. Bückeburg 1794.

Fibel für die katholischen Volksschulen. Dortmund 1914.

Fischer-Geistbeck: Erdkunde für höhere Lehranstalten. München und Berlin 1931.

Fritz, O.: Im Sonnenschein. Erstes Lesebuch für die Kleinen. Karlsruhe ca. 1906.

Gaspari, A. Ch.: Lehrbuch der Erdbeschreibung. Weimar 1809[11].

Guck in die Welt, Ein Lesebuch für ABC-Schützen. Leipzig 1920.

Haesters, A.: Lehr- und Lesebuch oder der sinnliche und sittliche Anschauungsunterricht. Essen 1851.
Harms, H.: Erdkunde: Länderkunde Europa. Leipzig 1930.
Heini und Lene, Erstes Lesebuch für Mecklenburger Kinder. Braunschweig, Berlin und Hamburg 1942.
Kindervater, J.: Fibel oder erstes Lesebuch. Braunschweig und Leipzig 1891.
Lehr- und Lesebuch für die mittlern und obern Klassen der deutschen Schulen im Königreiche Bayern, I. Abtheilung. München 1844.
Liedtke, M.: Art und Funktion der Kleidung, aufgezeigt an Texten und Illustrationen historischer Schulbücher. In: O. Koenig (Hg.): Verhaltensforschung in Österreich. Wien - Heidelberg 1983, S. 411–430.
Lüdeke, I., u. a.: ergründen - verstehen - mitteilen, Sprachbuch für die Primarstufe', Texte aus dem Sachunterricht, 2. Schuljahr, Teil A, Freiburg, Basel und Wien 1976.
Markert, K., Schander, K., Werner, M.: Mein Rechenbuch. Ansbach 1925.
Moritz, K. Ph.: Neues A.B.C. Buch, welches zugleich eine Anleitung zum Denken. Berlin 1794[2].
Neues Elementarwerk für die niedern Klassen lateinischer Schulen und Gymnasien. Halle 1790.
Niedersächsische Fibel. Hannover und Leipzig 1936[3].
Pestalozzi, J. H. (1780): Abendstunde eines Einsiedler. In: Sämtliche Werke, Berlin 1927 ff., Band I, S. 265.
Petersen, H.: Der Jugendfreund. Hamburg und Leipzig 1842.
Reuschle, K. G.: Illustrierte Geographie für Schule und Haus. Stuttgart 1856.
Rochow, E. von: Der Kinderfreund, Ein Lesebuch zum Gebrauch in Landschulen. Brandenburg und Leipzig 1796.
Schrader, M. M.: Elementarisches Lesebuch für Kinder, die schon im ABC-Buche lesen gelernt haben. Leipzig 1797.
Schulfreude. Lesebuch für das erste Schuljahr. Hof 1912.
Seydlitz, E. von: Geographie. Breslau 1890[20].
Seydlitz, E. von: Geographie für höhere Lehranstalten. Breslau 1927.
Seydlitz, E. von: Erdkunde für Mittelschulen. Breslau und Halle 1941 a.
Seydlitz, E. von: Erdkunde für höhere Schulen. Breslau 1941 b.
Thieme, K. T.: Erste Nahrung für den gesunden Menschenverstand. Wien und Leipzig 1800[5].
Thieme, K. T.: Gutmann oder der Sächsische Kinderfreund. Leipzig 1813[4].
Seiler, F. G.: Allgemeines Lesebuch für den Bürger und Landmann. 1805.
Wagner, F. L.: Neues Handbuch für die Jugend. Frankfurt am Main 1812.
Wilmsen, F. P.: Der Deutsche Kinderfreund. Berlin 1853.

*Elisabeth Mayr:*

# *Das Rautensymbol im Viertel ober dem Wienerwald*

*Einleitung*

Hausfassaden sind ein beliebter Anbringungsort für Zierat aller Art. Sonnen, Sterne, Strahlen, Herzen, Köpfe und viele Symbole mehr finden sich an Türen und Toren sowie über und unter Fenstern. Diese Motive wirken auf uns heute meist als Verzierung, doch kam ihnen ursprünglich oft eine andere Funktion zu. Um die Bedeutung eines Symbols kennenzulernen, bedarf es aber eines genauen Analysierens und Forschens.

In der vorliegenden Arbeit soll dieser Versuch bei einem besonders häufig auftretenden Zeichen gemacht werden. Es handelt sich dabei um den sogenannten Rhombus (oder Raute), welcher in zahlreichen Variationen offensichtlich weltweit als Fassadenornamentik auftritt. Von mir wurde er in vielen Teilen Europas sowie in Argentinien und Australien festgestellt. Die Frage, ob es sich hier um Kulturübertragung oder um unabhängiges »Erfinden« handelt, ist schwer zu beantworten, für den Ethologen aber nicht von ausschlaggebender Bedeutung. Da alle Menschen durch eine gemeinsame Stammesgeschichte verbunden sind und über eine grundsätzlich gleiche Verhaltensausstattung verfügen, können sich an ganz verschiedenen Orten der Welt gleiche Ideen und Vorstellungen entwickeln. Die jeweilige Verwirklichung hängt stark davon ab, welche Materialien und Arbeitsmöglichkeiten die Umgebung »anbietet«.

Der Versuch, die Bedeutung des Rautensymbols an Hausfassaden zu finden, soll hier an einem kleinen Gebiet Österreichs unternommen werden, in welchem dieses Zeichen häufig zu finden ist und das ich persönlich besonders gut kenne. Da dieses Phänomen möglichst genau bearbeitet und unter Berücksichtigung eventueller Einflüsse von Geschichte, Wirtschafts- und Siedlungsform untersucht werden sollte, erschien eine Gebietseinschränkung unbedingt notwendig.

Die untersuchten Symbole finden sich an Bauernhäusern und Wirtschaftsgebäuden, zumeist an den Toren selbst oder aber an einem anderen Teil der Fassade. Das älteste Tor ist 120 Jahre alt. In dem bäuerlichen Bereich, um den es sich hier handelt und in welchem früher vorzugsweise mit Holz und Stroh gebaut wurde, lassen sich ältere Gebäude kaum finden. In anderen Teilen Österreichs konnte ich das Rautensymbol bis ins 16. Jahrhundert zurückverfolgen.

Einige der Tore, die in dieser Arbeit abgebildet sind, existieren nicht mehr. Die alten Holztore werden zunehmend durch Kunststofftore ersetzt und nach meiner Schätzung in ca. 20 Jahren verschwunden sein. Die Erforschung dieses alten Kulturgutes wird daher stark beeinträchtigt und steht unter Zeitdruck. Die Fotos wurden zwischen den Jahren 1980 und 1982 aufgenommen.

*1. Die Raute im Viertel ober dem Wienerwald*

Bei dem untersuchten Gebiet handelt es sich um einen Teil des Viertels ober dem Wienerwald (NÖ.), welches nordwestlich von Neulengbach gelegen ist.

In der Folge werden kurz Geschichte, Wirtschaft und Siedlungsform dieses Raumes vorgestellt, um sodann die hier bestehende Verbreitung und Variationsbreite der Rhomben zu besprechen, sowie das Ergebnis einer Befragung der Bevölkerung über die Bedeutung des Rautensymbols.

*1.1 Geschichte*

Die Geschichte des behandelten Raumes war, wie im gesamten Osten Österreichs, äußerst turbulent. Auf eine illyrisch-keltische Urbevölkerung folgten die Römer, die in der Zeit der Völkerwanderung von Awaren, Bayern und Slawen abgelöst wurden. Fast alle Völker hinterließen Spuren in den Ortsnamen. Im Anschluß an die von Karl dem Großen siegreich beendeten Awarenkriege begann eine Besiedlung der Donau bis zur Traisen durch die Franken. Nach der Zurückdrängung der Magyaren durch Otto den Großen (955) wurde hier die ottonische Mark errichtet.

Auch das folgende Jahrtausend brachte wenig Frieden. Immer wieder mußten in der jungen babenbergischen Ostmark Einfälle der Magyaren und Slawen abgewehrt werden. Im 16. und 17. Jahrhundert hatte das Land unter Schweden, Türken, Tataren und den ungarischen Kuruzzen, Anfang des 19. Jahrhunderts unter den Franzosen zu leiden. Besonders drastisch wirkte sich natürlich der Einfall der Türken im Jahre 1683 aus. 70 Prozent der Bevölkerung wurden erschlagen oder verschleppt und das Land dermaßen verwüstet, daß es jahrelang brach lag. Um 1690 begann eine von Karl VI. in die Wege geleitete Besiedlungsaktivität, in deren Verlauf Leute aus der Gegend um Augsburg angesiedelt wurden. Man bezeichnete sie, wie fast alle aus dem Westen stammenden Siedler, kurzweg als »Schwaben«. Sie bauten einen Großteil der Dörfer wieder auf. Eine Anzahl von Ortschaften verschwand allerdings von der Landkarte wie beispielsweise Tieffenthal, welches in der Nähe von Diesendorf gelegen war.

*1.2 Wirtschaft*

Wirtschaftlich beschäftigt man sich heute hier mit Stallviehhaltung, Getreide-, Kartoffel-, Zuckerrüben- und Maisanbau sowie ein wenig Weinbau. Die Anzahl der hauptberuflichen Bauern ist jedoch stark zurückgegangen; sehr viele sind sogenannte »Wochenendbauern«, die werktags in einer Fabrik oder als Maurer arbeiten und daneben, nur am Wochenende, ihre Wirtschaft besorgen. Reiche Großbauern gibt es kaum. Ein Besitz gilt als groß, wenn er 40 bis 50 Hektar umfaßt. Im Westen Österreichs sind es 200 bis 250 Hektar.

Die Wirtschaftsformen finden ihren Niederschlag in der Ausgestaltung der Wirtschaftsgebäude sowie in der Struktur der Dörfer. Ställe und Scheunen befinden sich direkt beim Hof, wohingegen Kartoffel- und Weinkeller meist außerhalb der Dörfer vereinzelt stehen oder in Gruppen bis zu fünf Kellern beisammen liegen. Preßhäuser sind zumeist einzeln in der Nähe der Weingärten gelegen.

Die typischen Kellergassen fehlen hier, mitunter liegen die Keller aber gegenüber den Häuserzeilen, so daß der Eindruck von Kellergassen entsteht. Beispiele für diese Dorfform sind Waltendorf und Weinzierl bei Ebersdorf, in beiden Fällen besteht die am Fuße eines Weinhanges gelegene Straßenseite fast ausschließlich aus Weinkellern und Preßhäusern.

*1.3 Siedlungsform*

Die Größe der Dörfer des hier behandelten Gebietes schwankt zwischen 2 und 150 Häusern. Die häufigste Siedlungsform, nämlich langgezogene Straßendörfer, stammt aus der Zeit der französischen Kolonisierung.

Die Häuser wurden direkt an die Straße gebaut, Hof und Garten dahinter angelegt, so daß ein Ring von Gärten die Dörfer umgab. Heute ist von der ursprünglichen Struktur kaum mehr etwas zu erkennen. Fast nirgends findet man einheitliche Ortsbilder. Neben alten Bauernhäusern und städtisch beeinflußten Gebäuden, wie sie in den größeren Siedlungen um die Zeit der Jahrhundertwende gebaut wurden, wurden und werden vor allem bungalowartige Neubauten errichtet. Zu der Zerstörung des alten Ortsbildes tragen auch viele Wochenendhäuser bei.

Die Gehöftformen, vor allem Dreiseit-, Paar- und Hakenhöfe, könnten ebenfalls aus der fränkischen Zeit stammen, wie Pöttler (1982) das für die Oststeiermark annimmt, oder aber, nach mündlicher Mitteilung von Dr. Gärtner, Pfarrer von Kapelln, vielleicht noch weiter zurückreichen. Er weist auf die Ähnlichkeit des hier typischen Bauernhauses mit einem römischen Atriumhaus hin. Nach außen unscheinbar, verfügen die Häuser über sehr sorgfältig gestaltete Innenhöfe. Fast überall finden sich vor den Wohnräumen und Stallungen gelegene Arkaden (auch »Labn«, »Trettn« oder »Gredn« genannt), die eine optimale Anpassung an das herrschende Klima darstellen. Sie lassen weder sommerliche Hitze noch winterliche Kälte direkt an die Hausmauern heran und gewähren zu jeder Jahreszeit einen trockenen Weg zu den Ställen. Der Name »Gredn« (lat. gradus) weist ebenfalls auf römischen Ursprung hin.

Es wäre denkbar, daß man seit der Römerzeit hier kontinuierlich mit Ziegeln baute, wurden doch namentlich im Bereich der Legionslager, wo dies nur möglich war, Ziegel hergestellt. So befand sich auch in Böheimkirchen ein römisches Ziegelwerk. Anscheinend hat dieser optimal dem Klima angepaßte Haustyp alle geschichtlichen Wirrnisse überdauert. Sicher mußten daneben immer wieder andere Hausformen auftreten, die von den sich in rascher Folge ablösenden Völkern mitgebracht wurden. Da diese zumeist aus Holz errichtet wurden, sind diese Häuser für uns »spurlos« verschwunden. Auch auf die römischen Ziegelbauten kann man nur noch aus einzelnen Ziegeln mit Legionsstempeln, die bis heute erhalten blieben, Rückschlüsse ziehen.

### *1.4 Rautensymbol*

Wie bereits erwähnt, sind die Häuser dieses Raumes nach außen hin ziemlich schmucklos. Um so mehr fallen die zahlreichen Rhomben auf, welche sich an Haustoren sowie über und unter Fenstern befinden. Sie sind an Bauernhäusern, Feuerwehrhäusern und vor allem an vielen Wirtschaftsgebäuden angebracht. An letzteren sind sie besonders häufig, da Kartoffel- und Weinkeller bei weitem seltener renoviert werden als die Wohnhäuser. Im Zuge von Renovierungen werden zumeist die alten Holztore durch Kunststofftore ersetzt und die Fassaden abgeschlagen.

Die Rhomben sind fast ausschließlich der Straße zugekehrt, in sehr seltenen Fällen an einer seitlichen Hausmauer. Über und unter Fenstern sind sie aus Mauerwerk oder Kratzputz, oder

Abb. 1: Diesendorf

Abb. 2: Anzing bei Würmla

man malt sie nur mittels Farbe auf. An Türen und Toren hingegen wurden die aus Holz gefertigten Rauten meist aufgeleimt oder angenagelt. In die schmalen Schmiedeeisenbänder der Tore ist das Motiv oft eingraviert oder aber auch aufgesetzt.

Die Tore sind zumeist aus Brettern längs oder quer zusammengefügt, darüber werden häufig dünne Deckleisten angebracht. Der obere Teil der Tore zeigt oft Strahlenornamentik. Häufig befinden sich zwei oder vier Rauten (siehe Abb. 1) auf den großen Einfahrtstoren. Manchmal findet man in den Rhomben die Initialen der Besitzer sowie das Baujahr eingeschnitzt. Auch ein Kreis kann in die Rauten eingeschrieben sein (siehe Abb. 2).

Abbildung 3 dokumentiert die Variationsbreite der Rhomben, wie man sie in dem hier behandelten Gebiet findet. Nicht alle Motive können noch als echte Rauten bezeichnet werden, müssen aber auf Grund der Gestaltähnlichkeit und des analogen Anbringungsortes

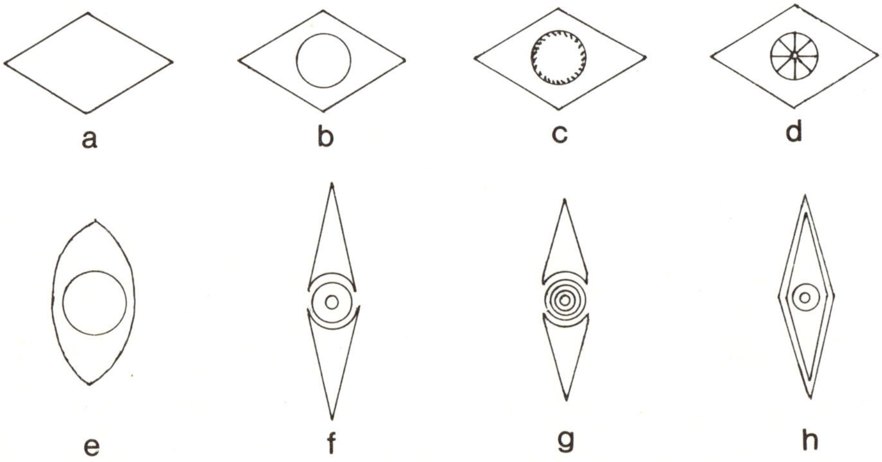


Abb. 3: Variationsbreite des Rautenmotivs
a–c: Holz
d: Holz mit Türknauf aus Schmiedeeisen
e: Mauerwerk
f–h: Schmiedeeisen

demselben Phänomen zugeordnet werden. In dem in der vorliegenden Arbeit verwendeten Begriff »Rautensymbol« sind auch diese Variationsmöglichkeiten mit eingeschlossen.

Die Variationsbreite des Rautensymbols wird durch die Zeichnungen recht gut gezeigt. Selbstverständlich findet man immer wieder Abweichungen und Weiterentwicklungen des Motivs. Ein interessantes Beispiel zeigt Abb. 4. Hier wurde eine Schnur dermaßen durch ein Gitter geflochten, daß sich annähernd die Rautenform ergibt. Die Schnur ist heute von verblichenem Grau, war aber, wie mir der Besitzer mitteilte, ursprünglich rot.

Die Tatsache, daß trotz der allgemeinen Schmucklosigkeit der Häuser Rhomben äußerst zahlreich an den Hausfassaden angebracht sind, ist ein deutliches Indiz dafür, daß diesen Ornamenten ursprünglich eine echte Funktion zukam. Ob diese heute noch bekannt ist, sollte durch Befragen der Bevölkerung geklärt werden.

Abb. 4: Perschling

*1.5 Wissen der Bevölkerung*

Während der zwei Jahre, in denen ich die Gegend systematischer durchforschen konnte, wurde mir auf Fragen nach der Bedeutung der Rautenornamente wiederholt erklärt: »Das ist nur Verzierung.« Da solche Zufallsgespräche noch keine Rückschlüsse auf das Wissen der Bevölkerung zuließen, führte ich während einer Woche eine gründliche Befragung durch. Unter Standardbedingungen wurden 15 Personen befragt. Diese waren zwischen 35 und 75 Jahren alt. Wieder war die Antwort fast immer: »Das ist nur Zierde« (auch Schönheit, Verzierung); einmal: »das könnten Sonnen sein«; einmal: »Sterne«, und einmal bei einem Tor mit vier Rauten: »Vielleicht sollen sie die vier Jahreszeiten darstellen.«

Nebenbei konnten einige Daten über Alter und Herstellung der Tore erfragt werden. Diese sind im Durchschnitt zwischen 35 und 120 Jahren alt, wurden in der Regel von einem in der Nähe wohnenden Zimmermann (Zimmerer, Zimmerpolier) hergestellt, oftmal auch vom eigenen Großvater oder Urgroßvater. Das Aussehen der Tore wird von den Besitzern des Hauses bestimmt und mit dem Zimmermeister besprochen. Dieser hat eine Reihe von Vorlagen, aus denen die Verzierung für das Tor ausgesucht werden kann.

In der Folge suchte ich einen Zimmermann auf, der auch an Berufsschulen für Tischler unterrichtet. Auf meine Frage nach der Bedeutung der Rhomben legte er mir sofort eine Reihe volkskundlicher Bücher vor, denen er seine Kenntnisse über die von ihm verwendeten

Symbole entnimmt. Er bezeichnet die Raute daher als Fruchtbarkeitssymbol, wobei ihm aber offenbar nicht bewußt ist, daß dieser Deutung eine Abstraktion und Ritualisierung der Vulva zugrunde liegt. Er sieht seine Aufgabe darin, in Vergessenheit geratenes Wissen wieder lebendig werden zu lassen, und gibt dieses daher auch an seine Kunden weiter, allerdings ohne die Ursprünge der Bedeutungen näher zu kennen.

Die Befragungsergebnisse zeigen, daß kein lebendiges Wissen um die Bedeutung des Rautensymbols vorhanden ist oder aber, daß es nicht preisgegeben wird. Will man seine eigentliche Funktion klären, muß man tiefer in der Geschichte, ja vielleicht sogar der menschlichen Stammesgeschichte nachforschen.

*2. Die Raute in Geschichte, Früh- und Urgeschichte*

Ein Rhombus oder eine Raute ist ein Parallelogramm mit gleichen Seitenlängen. Etymologisch wird der Begriff »Raute« von der pflanzlichen Raute abgeleitet, das Wörterbuch der deutschen Volkskunde gibt dafür folgende Erklärung: »Denkt man die Spitzen der Kronblätter der Rautenblüte durch Geraden verbunden, so erhält man die Figur eines Rhombus, der darum seit 1539 Raute heißt.«

Das Lexikon der Kunst (E. A. Seemann Verlag) gibt einen so ausgezeichneten und vollständigen Überblick über das Vorkommen der Raute auf der ganzen Welt, schon mit urgeschichtlichen Daten beginnend, daß das betreffende Kapitel hier vollständig zitiert werden soll: »Geometrische Figur in Form eines schiefwinkeligen Parallelogramms mit gleichen Seitenlängen. Die Raute tritt selten alleinstehend auf, meist sind mehrere in Form eines Bandes oder flächenhaft (meist schachbrettartig) aneinandergesetzt. Mitunter sind die Rauten durch Schraffierung gegenüber der übrigen Fläche abgesetzt. Bei Keramik eignet sie sich besonders für Verzierung in Stempel- oder Kerbschnittechnik. Ob der Raute eine ursprünglich symbolhafte Bedeutung (etwa als abstrakte Nachzeichnung der Vulva) zukommt, muß dahingestellt bleiben. Wie auch andere geradlinige Ornamente, läßt sich die Raute bei fast allen urgeschichtlichen Völkern und in den verschiedensten Kulturen nachweisen. Sie ist bereits charakteristisch für die spätneolithische Ornamentik (späte Glockenbecherkeramik, iberische Idole usw.), findet sich auf Keramiken der Halafkultur, im indischen Schnitzdekor, auf persischen Fußbodenmosaiken u. a., steht in engem Zusammenhang mit dem Dreieck (Verdoppelung des Dreiecks zur Raute, Raute als Negativ zweier gegeneinandergestellter Dreiecksstreifen). Als eines der Grundelemente des Vasendekors erscheinen Rauten häufig in der frühesten griechischen Vasenmalerei. Das Rautenmotiv findet sich bereits in der protogeometrischen Keramik, erlangt dann aber die größte Bedeutung in der geometrischen Epoche (9./8. Jahrhundert vor unserer Zeit). Seit archaischer Zeit geht mit der Entwicklung der vegetabilen Ornamentik unter orientalischem Einfluß die Bedeutung der Raute als Ornament zurück. Eine Gruppe der campanischen Vasen des ausgehenden 4. Jahrhunderts vor unserer Zeit im degenerierten Stil, die sogenannte Gruppe der Rhomboiden, weist im Dekor Rauten ausschließlich zum Zwecke der Flächenfüllung auf. In der nachantiken Kunst kommt die Raute im Kunsthandwerk der Romanik (z. B. auf Schwertgriffen) und vor allem in der normannischen Baukunst in Gestalt von Rhombenfriesen vor. Dann findet sie sich wieder in der Renaissancedekoration und verstärkt im Klassizismus (vor allem in England). Darüber hinaus ist die Raute beliebtes Schmuckmotiv der Buch- und Einbandkunst. In der Heraldik bezeichnet Raute den auf der Spitze stehenden Rhombus; die durchbrochene Form heißt hier Fenster und die schmale Raute auch Wecke.«

Die Raute findet sich also bereits in den frühesten geschichtlichen Spuren der Menschheit;

ob sie schon damals dieselbe Bedeutung hatte wie auf unseren Haustoren, muß zunächst natürlich dahingestellt bleiben.

Wir haben daher zu untersuchen, welche symbolhaften Bedeutungen der Raute zugeschrieben werden. Das Lexikon der Kunst deutet die Vulva an; diese Deutung wird auch in der Volkskunde vertreten. In der Regel folgert man daraus, daß es sich um ein Fruchtbarkeitszeichen handelt. Diese Erklärung wird allerdings erst seit den dreißiger Jahren verfochten, wo man auf der Suche nach altem germanischen Glaubensgut in der Raute ein »runenähnliches Zeichen« sah (z. B. Weigel 1939). In jüngerer Zeit zog Schmidt (1966) aus der Tatsache, daß die Raute so oft an Haustoren zu finden ist, den folgenden Schluß: »Bei jeder Betrachtung der Türen muß man bedenken, daß sich an ihnen und durch sie der Eintritt von einer Sphäre in die andere vollzieht, daß man von einer Außenwelt in eine durchaus als solche gestaltete Innenwelt eintritt. Das weiblich-mütterliche Wesen des Hauses bedeutet mehr oder minder dunklen Innenraum, der Eintritt in diese Welt ist daher – weitgehend unbewußt – ein Weg in und durch den Schoß, was für den nüchternen Alltag unverständlich erscheint, durch die unzähligen Rauten auf bäuerlichen und städtischen Haustüren aber sinnbildlich bezeugt ist.« Auch Schmidt vertritt demnach die Deutung »Vulva«, wenn sie auch diesmal dazu dienen soll, die Grenze zwischen »innen« und »außen« zu markieren.

Eine weitere Deutung, die man aus der Raute als Vulva erschließen könnte, wäre »Abwehr«. Bei Primaten kann dem Präsentieren der Genitalien grundsätzlich eine andere als die sexuelle Funktion zukommen. Von einigen Affen, wie z. B. Meerkatzen und Pavianen, ist bekannt, daß Männchen abseits und mit dem Rücken zur Gruppe sitzend ihre Genitalien nach außen hin präsentieren; der Penis kann dabei, aber muß nicht erigiert sein. Dieses Genitalpräsentieren dient wahrscheinlich der Markierung des eben benutzten Gebietes der Nahrung suchenden oder ruhenden Herde gegenüber Gruppenfremden und wird von Wickler auf das für Nasentiere typische, aber primitivere Urinmarkieren zurückgeführt (Wickler 1970).

Bei Menschen läßt sich ein analoges Phänomen finden. Bei einigen Völkern in Afrika, Südamerika und Melanesien ist es üblich, daß Männer sogenannte »Penisfutterale« tragen, die durch ihre Farben Rot, Gelb und Orange nicht gerade dazu beitragen, den Penis zu verbergen. Ein erigierter Penis gilt als Symbol der Macht; auch Gottheiten werden in Darstellungen oft dadurch gekennzeichnet. Rot ist eine weitverbreitete Abwehr- und Imponierfarbe.

Überraschenderweise läßt sich das Phänomen des Genitalpräsentierens auch beim Menschen in der Funktion von »Bewachung« finden, und zwar in Form der »ithyphallischen Hermen«, die sich seit der Antike im römisch-griechischen Kulturkreis finden lassen. Es handelt sich dabei um mannshohe viereckige Steinpfeiler, die oben einen bärtigen Männerkopf und vorne einen erigierten Penis tragen. Man wollte sie vielfach als Fruchtbarkeitssymbole verstehen, doch meint Wickler, daß sich viele der Funde nicht damit in Einklang bringen lassen. Die ithyphallischen Hermen standen mit dem Gesicht nach außen neben dem Eingang, der Phallus war oft, genau wie die Penisfutterale, rot oder grün bemalt. Es handelt sich also ganz offensichtlich um soziale Drohsymbole, um eine Art Wächterattrappe. Sicherlich sind die Phallussymbole, die man noch heute manchmal in Italien, über der Tür angebracht, finden kann, im selben Sinn zu verstehen, und sie werden von den Bewohnern auch als Abwehr gegen den »bösen Blick« bezeichnet (Schwabe 1951).

In einem weiteren Schritt wäre nun das Präsentieren der Vulva, also das weibliche Genitalpräsentieren, zu untersuchen. Von Schimpansen (van Lawick-Goodall 1971) ist bekannt, daß das Präsentieren der Kehrseite als soziale Befriedungsgeste gilt. Diese Geste ist eindeutig von der Paarungsaufforderung abzuleiten.

Eibl-Eibesfeldt (1972) fand bei den !Ko-Buschleuten das sogenannte »Schamweisen«. Es wird von Mädchen und Frauen durchgeführt, um einen Mann zu verspotten. Er faßt das Präsentieren der Vulva von vorn und von hinten (Gesäßweisen) als dasselbe Phänomen auf.

Auch hier lassen sich wiederum Parallelen in der Antike finden. Perserinnen und Spartanerinnen zeigten fliehenden Männern die Scham und riefen ihnen dabei höhnisch nach, ob sie hier Zuflucht suchen wollten (Seligmann 1910). In Tulln (Comagenis) existierte eine römische Statue, die eine Tänzerin mit entblößter Kehrseite zeigt. Die Tullner mauerten diese zur Zeit der Türkenbelagerung über dem Wienertor ein, mit der Begründung, daß sie die Türken verhöhnen sollte (Häusler 1980). Es wäre daher auch denkbar, daß die Raute eine Vulva darstellt, die der Verhöhnung des Feindes, also auch seiner Abwehr dienen soll. Seligmann (1910) berichtet, daß der böse Blick nach altem Volksglauben sehr verschämt sei und sich von sexuellen Darstellungen abwende, wodurch er keinen Schaden erzielen könnte. Nach Plutarch allerdings zieht der Anblick obszöner Dinge die Augen an sich und lenkt so von dem bedrohten Gegenstand ab. Für diese Deutung spricht auch die Wurzel des Wortes »Faszination«, da fascinatio mit dem altlateinischen fascinum (= männl. Genitale) verwandt ist (Biedermann 1973). Man spricht ja zweifelsohne dann von einem faszinierenden Gegenstand, wenn er die Augen auf sich zieht. Die Ansicht, daß Fruchtbarkeitssymbole gegen den unfruchtbar machenden bösen Blick verwendet wurden (Knuf 1984), dürfte eine Sekundärdeutung sein, die sich mit den erwähnten ethologischen Daten nicht in Einklang bringen läßt.

Eine vollkommen andere Deutung kommt der Raute in der frühchristlichen Symbolik zu. Hier wird sie nämlich, ebenso wie das Kreuz, als Symbol für den Kosmos gesehen (Kutscha 1978). In beiden Symbolen stehen die vier zentralen Linien für die vier Weltgegenden.

Eine weitere Deutungsmöglichkeit für den Rhombus bringt das Auge (Koenig 1975). Man kann ja, sowohl wenn man eine Vulva als auch wenn man ein Auge vereinfacht darstellen möchte, zu der Lösung »Raute« kommen. Den ersten Fall dokumentieren Wandkritzeleien in Toiletten, den zweiten kann man z. B. in Koenigs Buch sehen; hier zeigt sich, wie man beim Versuch, »Augen« darzustellen, ebenfalls auf Rhomben kommt (Koenig 1975, Bildteil, Tafel 7, Bild 6). Der Werkstoff »Holz« ist geradezu prädestiniert für diese Lösung, da man aus ihm Figuren mit geraden Begrenzungslinien bei weitem leichter herstellen kann als Kurven. Als Funktion hätte man beim Auge gleichfalls Abwehr zu verstehen, und zwar nach dem Prinzip, Gleiches mit Gleichem zu vertreiben, also Abwehr gegen den bösen Blick, welchem weltweit von allen Völkern hohe Bedeutung zugemessen wird. Die vielen Amulette in Augenform beweisen dies sehr deutlich. Überhaupt kommt dem Auge, im Dienste der Abwehr, auch bereits auf stammesgeschichtlich viel niedrigerem Niveau, eine überaus gewichtige Rolle zu, welche in einem eigenen Kapitel dieser Arbeit behandelt werden soll.

Es läßt sich also festhalten, daß zu den Fragen, was die Raute darstellt und was durch sie bewirkt werden soll, verschiedene Interpretationen bestehen. Die diversen Deutungsmöglichkeiten werden am Schluß dieses Kapitels kurz und schematisch zusammengefaßt.

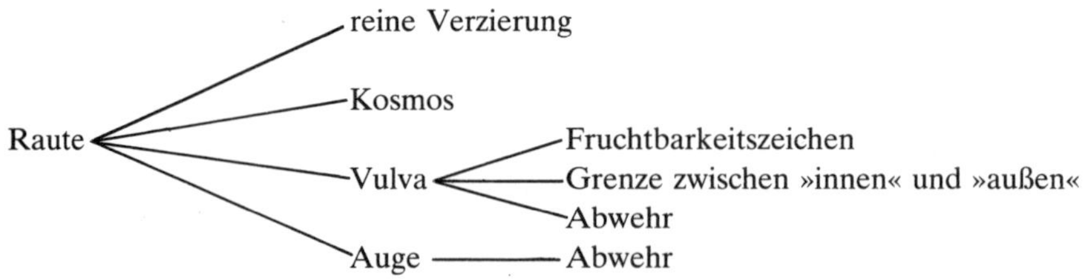

*3. Tür und Tor*

Sowohl Tür als auch Tor bilden den Durchgang zu einer in sich abgeschlossenen Einheit – einem Haus, einem Grundstück, einer Stadt. In dieser »Grenzfunktion« kommt ihnen vielfache Bedeutung im Rechtswesen, in Brauchtum, Glauben und Aberglauben zu. Natürlich soll nur Gutes durch die Tür eintreten, Böses jedoch abgewehrt werden.

Gegen reale Bedrohungen kann man sich durch Gesetze, aber vor allem Absperren der Türen, schützen. In einer Zeit, in der man von Viren und Bakterien noch nichts wußte und sich daher das oftmals plötzliche Auftreten von Krankheiten nicht erklären konnte, wurden irreale Bedrohungen als mindestens ebenso bedeutsam empfunden. Auch für diese galten Tür, Tor und Schwelle als Grenze, und man trachtete, sie diese nicht »überschreiten« zu lassen. Das Handwörterbuch des deutschen Aberglaubens gibt zahllose Methoden an, mit deren Hilfe man das Böse an der Tür abhalten kann.

Eine besondere Festigung erfährt die Tür durch Bauopfer, wie etwa Tiere, aber auch getötete Menschen, namentlich Kinder, die unter der Schwelle eingegraben werden. Außerdem wird die Tür als Aufenthaltsort von Geistern angesehen, und daher sind zauberische Handlungen vielfach in der Tür stehend durchzuführen. Zu besonderen Anlässen werden eigene Tore errichtet, um den Eintritt in eine neue Welt zu symbolisieren. Tote werden mancherorts durch ein Loch in der Wand hinaustransportiert, welches man nachher wieder schließt, um ihre Wiederkehr zu verhindern.

Einige dieser Bräuche lassen sich bis in die Antike zurückverfolgen, wie beispielsweise das Bestreichen der Türpfosten mit Pech oder Öl bei Griechen und Römern anläßlich von Hochzeiten oder die Anbringung eines Stück roten Tuches oder blauen Bandes bei Geburten. Die Farben Rot und Blau weisen sehr deutlich auf den Abwehrcharakter dieser Handlungen hin, da dies die typischen Abwehrfarben sind. Noch heute werden in den Mittelmeerländern sowie in Südamerika Kleinkindern rote Bändchen um das Handgelenk gebunden, um sie vor Bösem zu schützen. Ein Großteil der Amulette gegen den bösen Blick ist blau gehalten, unter anderen die »blauen Augenperlen«, um dem bösen Auge ein »gutes« blaues entgegenzusetzen.

In früheren Jahrhunderten dienten Türen und Tore als Stellen, an denen öffentliche Bekanntmachungen angeschlagen und verkündet wurden. An der Tür vollzog man im Mittelalter rechtsgültige Akte, Beschädigungen von Türen galten juridisch für Hausfriedensbruch.

Wie wir an den Beispielen aus der Antike gesehen haben, ist es eine wichtige Funktion der Tür, vor dem Durchgang von »Bösem« zu schützen. Auch das Beispiel der römischen Tänzerin mit entblößtem Hinterteil in Comagenis/Tulln gehört hierher.

Es gibt unzählige Mittel, das Haus gegen Böses zu schützen. Wie überall, ist auch hier die Grenze zwischen Glauben und Aberglauben schwer zu ziehen. Allgemein bekannt ist der Brauch, zu Neujahr die Initialen von Kaspar, Melchior und Balthasar nebst der Jahreszahl mit Kreide an die Tür zu schreiben; ursprünglich waren die Buchstaben C, M und B die Abkürzung eines römischen Spruches – casa mea beatur – zum Schutz des Hauses. Dem römischen Gott Janus, dem Gott allen Anfangs und Eingangs, waren neben dem Jahresanfang (ianuarius – Jänner) auch Türen (ianuae) und Straßendurchgänge (iani) heilig. Häufig sind ebenfalls Heiligenbilder über der Tür, ebenso Kreuze, Hufeisen, Ährenbüschel, aber auch Drudenfüße, Drehwirbel und Drehsonnen.

Im steirischen Ennstal ist es heute noch üblich, Sonnwendbüschel an Haus- und Stalltüren anzubringen. Diese werden aus bestimmten Blumen und Kräutern zusammengesetzt, wobei darauf zu achten ist, daß es sich vor allem wieder um rot- sowie blaublühende Pflanzen handelt. Auf alle Fälle muß ein Kraut namens »Nemaus« dabei sein, welches bewirken soll, daß der Blitz »nemaus« (neben dem Haus hinaus) geht.

Der hohe Bedeutungsgehalt der Türen erweist sich unter anderem auch daran, daß es viele Sprichwörter gibt, die sich mit diesem Thema befassen. Hier nur einige Beispiele: Wie die Kuh vorm neuen Tor stehen; mit der Tür ins Haus fallen; offene Türen einrennen; zwischen Tür und Angel; keinen Fuß über die Schwelle setzen; der Sommer steht vor der Tür; jemandem die Tür einrennen; sich die Türschnalle reichen.

Die anderen »Öffnungen« eines Hauses – vor allem die Fenster – haben ähnliche Bedeutung wie die Tür, allerdings nicht im gleichen Ausmaß. »Jemanden beim Fenster hinauswerfen« soll bewirken, daß dieser niemals wiederkehrt. In diesem Sinne ist auch der Prager Fenstersturz zu verstehen. Das Fenster wird ebenfalls als Aufenthaltsort von Geistern gesehen, und auch dort können »zauberische Handlungen« durchgeführt werden. Der Dachgiebel wird gleichfalls vor Bösem geschützt, was oft durch kreuzförmig angeordnete, geschnitzte Tierköpfe geschieht. Unter dem Dach werden Antlaßeier (= Gründonnerstagseier) aufbewahrt, um das Haus vor Blitzschlag zu schützen.

Die Ansicht Kräftners (1977) und wohl auch anderer moderner Architekten, daß ein Tor »einladend« wirken soll, kann nur unserer Zeit entspringen und stimmt mit der Grundhaltung der Bevölkerung nicht überein. Wir halten ein reichverziertes Tor zwar für ein geschmücktes, friedliches Tor, in Wahrheit handelt es sich hier aber um sinnentleerte, luxurierte Abwehrzeichen, ein charakteristisches Wandlungsphänomen der menschlichen Kultur. Ein Gegenstand, der seine Funktion verloren hat, kann nämlich sehr rasch luxurieren. Was wir letzten Endes sehen, scheint zwar Zierde, deren Ursprungselementen aber eine durchaus andere Funktion zugekommen sein kann.

Im folgenden Kapitel wird das weltweite Auftreten des Augenmotivs und die Bedeutung des Auges für Tiere und Menschen besprochen.

### *4. Das Auge in Menschheits- und Stammesgeschichte*

Bei der Betrachtung von Kunstgegenständen fällt auf, daß ein Motiv, quer durch alle Epochen, immer wiederkehrt – das Auge. Realistische Augen und Augenpaare sowie weitgehend stilisierte Augen sind in sämtlichen darstellenden Kunstgattungen – Malerei, Keramik, Textilkunst, Plastik – unabhängig von einem zugehörigen Körper zu finden.

Noch einmal soll hier das Lexikon der Kunst herangezogen werden, um die Bedeutung des Auges und des Augenornamentes seit den frühesten Tagen der Menschheitsgeschichte zu verdeutlichen: »Auge: In der Symbolik der christlichen Kunst (hier häufig strahlenumkränzt oder als Dreieck) stellvertretend für den sehenden, allwissenden Gott. Als Symbol des Abwehrzaubers seit dem Neolithikum vielfach gestaltet.

Augenornament: Weltweite Verbreitung. Frühe Beispiele in der Ornamentik Mesopotamiens im frühen 3. Jahrtausend vor unserer Zeit und Europas vor allem seit der Bronzezeit. In den alten Kulturen von Nordamerika kommt das Auge besonders häufig auf Knochenarbeiten vor (Beringmeerkultur, Protoeskimokultur, indianische Kunst). Die Indianer der Nordwestküste von Nordamerika (besonders Tlingit und Haida) versahen profane und sakrale Holzschnitzereien damit. Bei Tier- und Menschenfiguren findet sich hier das Auge häufig auf den Gliedmaßen an Stelle der Gelenke. Das Ornament ist ein einfaches oder doppelt umrundetes Oval mit konzentrischem Kreis. In ähnlicher Form und ebenso angebracht wie in den nordamerikanischen Fischer-Jäger-Kulturen findet sich dieser Dekor in Polynesien, ohne daß eine tatsächliche Verbindung zwischen den beiden Gebieten bestanden hat. Die ältere Forschung benutzte diese Ähnlichkeit dazu, ein gemeinsames Ursprungsgebiet des Ornaments anzunehmen, und glaubte, dies in Polynesien gefunden zu haben. Diese Theorie wird heute jedoch abgelehnt. In der griechischen Vasenmalerei tritt das Auge als ornamental stilisiertes Augenpaar auf, mit konzentrisch gestalteter Iris und Pupille in den gegen die Ohren hin nach oben spitz zulaufenden Augenflächen; diese erscheinen der inneren Lidkontur eingeschrieben, werden oberhalb von parallel geführten Augenbrauen begleitet, oft von aufgeklappt gezeichneten Ohren flankiert und der verschieden stark angedeuteten Nase getrennt. Nase und Ohren können fehlen, an Stelle der Nase treten vereinzelt auch kauernde Silene, tanzende Najaden u. a., an Stelle der Ohren Palmetten oder figürliche Gruppen. Das Ornament begegnet in schwarz- und rotfiguriger Ausführung vor allem im letzten Drittel vor unserer Zeit, auf chalkidischen und attischen Vasen, auf Außenseiten von Schalen (sogenannten Augenschalen) und Amphoren, denen Hals und Rumpf aufgemalt sind, und anderen Gefäßen. Der Gesichtscharakter des Ornaments, das in dem Kontrast der vollflächigen Augen zu der linearen Umrahmung (Brauen, Ohren, Nase, darüber oft eine Knospe) eine starke Ausdruckskraft mit dekorativer Gefälligkeit verbindet, verliert sich im rein Ornamentalen an solchen Gefäßen, auf denen lediglich die Augen, nicht aber Nase und Ohren dargestellt sind.«

Der Ethnologe Bastian (1881), der den Elementargedanken in der Völkerkunde einführte, welcher besagen soll, daß in allen Kulturen bestimmte Vorstellungen und Ideen gleich sind, führte das weltweite Auftreten des Augenmotivs als Argument für diese These an. Die kulturelle Evolution ging in diesem Fall ähnliche Wege wie die genetische Evolution – auch auf Tierkörpern finden sich nämlich zahlreiche Augendarstellungen. Diese dienen vorwiegend der Abwehr von Feinden, manchmal aber auch der innerartlichen Anlockung von Partnern. Viele Insekten, vor allem Raupen und Schmetterlinge, habe als wirksames Mittel gegen Vogelangriffe Augenflecken an Körper oder Flügeln. Auch bei Fischen, Vögeln und Säugetieren gibt es zahlreiche Augenmuster.

Am Verhalten von Tieren ist die hohe Bedeutung des Auges gleichfalls zu ersehen. Wildtiere werden, wenn man sie beim Vorbeigehen direkt anblickt, häufig nervös, während sie sich bei abgewendetem Gesicht sofort beruhigen. Durch direktes Anstarren eines Tieres kann man Flucht oder auch einen Angriff verursachen.

Attrappenversuche verdeutlichen die Ursache des Verhaltens der Tiere. Bekannt ist das sogenannte »Hassen«, welches Singvögel Eulen gegenüber zeigen. Hinde (1973) berichtet, daß isoliert aufgezogene, unerfahrene Singvögel beim Anblick von Eulen oder Eulenattrappen die genannte Reaktion zeigten. Wurden die Augen der Attrappe verdeckt, war die Reaktion bedeutend schwächer. Es ist also offensichtlich das frontale Augenpaar, welches das Hassen hervorruft. Auch Russel (1979) unterstrich in seiner Arbeit »fear-evoking stimuli« die Bedeutung des Auges als furchtauslösenden Stimulus für Singvögel. Augenattrappen vertreiben die Vögel von ihrem gewohnten Futterplatz. Je ähnlicher das Muster einem Vertebratenauge ist, desto intensiver zeigt sich die Angstreaktion.

Koenig (1975) erklärt die »hervorragende« Stellung des Auges unter den Sinnesorganen. Das Auge ist ein unmittelbar wirkendes Fernsinnesorgan. Jagende Tiere fixieren ihre Beute zunächst, ehe sie angreifen. Ein frontales Augenpaar muß vom Bejagten daher automatisch als Bedrohung empfunden werden. Andererseits orientiert sich der Jäger beim Angriff am Kopf seiner Beute, an dem die gefährlichen Beißwerkzeuge, aber auch das Auge sitzen.

Dem Auge kommt daher eine ambivalente Bedeutung zu – es bedeutet auf alle Fälle »Achtung« und kann in der Folge sowohl Zuwendung als auch Abwendung hervorrufen.

Diesem Verhalten liegt ein zentralnervöser Mechanismus zugrunde, der zweifelsohne angeboren ist. Höchst einfache Attrappen, wie beispielsweise zwei Kreise im entsprechenden Abstand, können als Augen wirken, wiewohl gemäß der Reizsummenregel ein »perfektes« Wirbeltierauge sehr wohl eine stärkere Reaktion hervorruft.

Der Mensch ist, trotz bedeutender geistiger und kultureller Fortschritte sowie technischer Zivilisation, in der Verhaltensgrundausstattung weitgehend von seiner Jahrhunderttausende währenden phylogenetischen Vergangenheit geprägt. Dieser Tatbestand zeigt sich unter anderem an seiner Reaktion auf Augen. Bereits Säuglinge wenden sich Augenattrappen mit weit größerem Interesse zu als anderen Gegenständen. Erwachsene reagieren gleichfalls auf Augen und augenhafte Muster mit vermehrter Aufmerksamkeit. Die Werbung hat diesen Umstand längst erkannt und genutzt. Die ambivalente Bedeutung des Auges wird unter anderem beim Blickkontakt deutlich. Einerseits soll man einem Gesprächspartner in die Augen schauen, andererseits wird es als unangenehm empfunden, fixiert zu werden. Um die Jahrhundertwende galt Fixieren als eine Aufforderung zum Duell.

Die Sonderstellung des Auges prädestiniert es dazu, ihm besondere Kräfte zuzutrauen. Wir bezeichnen das Auge ja auch als den Spiegel der Seele – schöne, klare Augen werden mit guten Charaktereigenschaften assoziiert; Menschen mit trüben Augen oder zusammengewachsenen Augenbrauen werden durchaus böse Taten zugetraut – oder auch der böse Blick.

Zur Abwehr desselben wurden zahllose Methoden entwickelt. Es gibt eine Anzahl von Handgesten, die vor dem bösen Blick schützen sollen, sowie die verschiedensten Amulette, von denen ein Großteil Nachbildungen des Augenmotivs sind. Nach der volksmedizinischen Regel »similia similibus curantur« (Gleiches wird durch Gleiches geheilt) sind nämlich gerade Augen dazu geneigt, bösen Einflüssen von Augen zu begegnen. Aber nicht nur der Mensch selbst, auch seine Gefäße, in denen er Nahrung usw. aufbewahrt, sowie seine Häuser sollten geschützt werden. Dies ist eine Erklärung für die vielen Augendarstellungen an Kunstgegenständen.

### *5. Die Bedeutung des Rautensymbols*

#### *5.1 Viertel ober dem Wienerwald*

Rufen wir uns kurz das hier behandelte Gebiet in Erinnerung. Wir befinden uns im Hügelland westlich von Wien; Dörfer, Gehöfte und Grundstücke sind relativ klein und weisen in ihrer Struktur auf die früher hier übliche Grundherrschaft hin. Die Häuser sind nach außen hin unscheinbar und zeigen so gut wie keinen Schmuck. Rauten an Toren oder über Fenstern sind fast die einzige »Verzierung«, die man an Hausfassaden finden kann.

Daß die Bewohner dieser Gegend keine Neigung dazu verspüren, ihre Häuser nach außen hin »attraktiv« zu gestalten, hat zweifellos mit geschichtlichen Abläufen zu tun. Immer handelte es sich hier um ein umkämpftes Grenzgebiet, immer wieder zogen Truppen durch das Land und zerstörten oder besetzten Häuser. Es ist daher ganz leicht zu verstehen, daß man nicht durch eine besondere Ausgestaltung der Fassade auf das Innere des Hauses aufmerksam machen wollte. Da die alten Bauernhäuser grundsätzlich nach funktionalen Gesichtspunkten errichtet wurden, ist keinesfalls anzunehmen, daß es sich bei den Rautensymbolen ursprünglich um reine Verzierung handelte.

Welche »Funktion« kann nun den Rauten zukommen? Am Ende des zweiten Kapitels wurden die Erklärungsmöglichkeiten für den Rhombus zusammengefaßt. Welche kann nun als die plausibelste angesehen werden, nachdem Funktion und Bedeutung von Tür und Tor herausgearbeitet wurden?

Die Bedeutung »Kosmos«, die sich in der frühchristlichen Symbolik aus einer abstrahierten Darstellung der vier Weltgegenden ergeben hat, zeigt in unserem Fall keinen Sinn. Der Gedanke an die vier Weltgegenden liegt dem bäuerlichen Denken völlig fern; außerdem sind die Rautensymbole, auch in ihren ursprünglichen Formen, oft schon sehr weit von einer richtigen Raute entfernt.

Die Vorstellung Leopold Schmidts, die Raute stelle eine Grenze zwischen »innen« und »außen« dar, könnte ebenfalls niemals dem einfachen, auf Funktion ausgerichteten Denken des Bauern entspringen. Welchen Sinn sollte es für ihn haben, die Grenze zwischen »innen« und »außen«, noch dazu durch einen dermaßen verzwickten Gedankengang, zu markieren?

Sehr wohl dem bäuerlichen Denken entspringen könnte der Gedanke an »Fruchtbarkeit«. Der vom Wetter abhängige Bauer möchte natürlich seine Ernte sichern und möglichst auch die durch ihn nicht beeinflußbaren Geschehen in den Griff bekommen. Er versucht dies wiederum sowohl mittels religiöser als auch abergläubischer Praktiken. Man könnte diese vielleicht mit einer modernen Hagelversicherung vergleichen.

Es hat sich daher eine Reihe von Fruchtbarkeitsritualen entwickelt, wobei entweder um eine gute Ernte gebeten oder dafür gedankt wird. Bei ersteren finden Prozessionen statt, und es wird versucht, die Fluren auf allerlei Art zu wecken. Sie werden mit Wasser begossen, mit der Rute geschlagen usw. Haben die Bitten um gute Ernte Erfolg, so findet im Herbst ein Erntedankfest statt, bei dem die jeweils geernteten Früchte im Mittelpunkt stehen.

Es mag daher zunächst plausibel erscheinen, die Raute (als Abstraktion der Vulva gesehen) als Fruchtbarkeitssymbol zu verstehen. Was allerdings dagegen spricht, ist der Anbringungsort der Rauten. Es ist ein grundlegendes menschliches Bedürfnis, Dinge, die man sehnlichst herbeiwünscht, möglichst nicht laut auszusprechen oder offen darzustellen. Man vertarnt und verdeckt sie lieber, man gibt ihnen heimliche Namen, man will möglichst nichts »verschreien«. Von diesem Gesichtspunkt aus gesehen, wäre es höchst unlogisch, die so herbeigesehnte Fruchtbarkeit ganz offen am Tor darzustellen.

Wie schon im Kapitel »Tür und Tor« dargestellt wurde, besteht ein Bedürfnis, die Tür vor allen möglichen Gefahren zu schützen. All die Heiligenbilder, INRI-Initialen, Sonnwendbüscherln usw. dienen primär dazu, Haus und Hof vor etwaigen realen oder irrealen Gefahren zu schützen. Dieser Umstand macht es wahrscheinlich, daß auch die Rauten im Sinne von »Abwehr« zu verstehen sind. Sie treten ja auch in einem Gebiet, das mannigfache geschichtliche Wirrnisse zu überstehen hatte, in dem es also besonders viel »abzuwehren« gab, mit großer Häufigkeit auf.

Im Kapitel 4 der vorliegenden Arbeit wurde die weltweite Bedeutung des »bösen Blickes« dargelegt. Erst die bedeutenden Fortschritte von Wissenschaft und Medizin ließen den Gedanken, daß Böses durch eine nichtsichtbare Macht, wie beispielsweise durch den Blick der Augen, hervorgerufen werden könnte, in den Hintergrund treten. In Österreich und Deutschland war aber der Glaube an den bösen Blick noch bis vor 100 Jahren, in den Mittelmeerländern ist er noch heute aktuell.

Es liegt daher nahe anzunehmen, daß die Rauten einen Schutz gegen Böses, im besonderen gegen den bösen Blick, bieten sollen. Wieso könnte ihnen aber diese Funktion zugeschrieben werden? Was würde die Form der Rauten in diesem Fall bedeuten? Womit wird der böse Blick vorzugsweise abgewehrt?

Es zeigt sich, daß nun zwei Deutungen auf die Raute passen würden, sowohl die der »Vulva« als auch die des »Auges«. Wie bereits erwähnt, kann der böse Blick beispielsweise durch Darstellung sexueller Symbole oder Handlungen abgewehrt werden.

Weitaus verbreiteter ist allerdings die Methode, den bösen Blick mittels Darstellung eines Auges abzulenken, nach dem Grundsatz »similia similibus curantur« (Gleiches wird mit Gleichem geheilt).

Auch spricht die Darstellungsart der Raute vielfach für eine Augendeutung. Die Rautensymbole sind in der Mehrzahl der Fälle, besonders in ihren ursprünglichen Formen, waagrecht, eine Vulva wird aber immer senkrecht dargestellt. Auch sind die Rauten oft stark in Richtung »Auge« differenziert und mit Linsen, manchmal sogar Pupillen, ausgestattet. In einigen, besonders als »Augen« wirkenden Fällen sind die Rauten genau in der Höhe des Tores angebracht, in der bei einem Gesicht die Augen wären, wenn man die gesamte Torfläche als Gesicht versteht. Form und Anbringung eines Großteils der Rhomben spricht daher eher für die Deutung »Auge« als für die Deutung »Vulva«. Es wäre aber denkbar, daß ein Teil der Rhomben Abstraktionen des weiblichen Genitalsymbols darstellen soll. In letzteren kann auf Grund der menschlichen Attrappensichtigkeit wiederum ein Auge hineingesehen werden, worauf auch der Berliner Ausdruck für die Vulva – Bärenauge – hinweist (Koenig 1975).

Ein weiteres Beispiel, welches die Augenthese unterstreicht, befindet sich im Zeughaus in Graz. Es handelt sich um zwei Ritterrüstungen, von denen die eine an den Ellbogen Abwehrfratzen, die andere hingegen Rhomben aufweist. Derselbe Anbringungsort läßt auf gleiche Funktion schließen; tatsächlich ist es üblich, die Gelenke mittels Augen zu schützen (siehe Kapitel 4), was durch eine realistische Augendarstellung, eine Abwehrfratze oder eben auch einen Rhombus geschehen kann.

Die kulturethologische Sammlung des Instituts für Vergleichende Verhaltensforschung beinhaltet ein indisches Amulett in Rhombenform – und es trägt die Beschriftung »eyeamulett« (siehe Abb. 5) Auch hier finden wir wieder eine Gleichsetzung von »Rhombus« und »Auge«.

Nicht zuletzt spricht auch der Eindruck, welchen die Rauten auf Betrachter haben, für die Augendeutung. Einige der Fotos wurden unvoreingenommenen Personen vorgelegt, und

Abb. 5: Indisches Augenamulett

Abb. 6: Weinkeller bei Mittermoos

diese wurden nach einer möglichen Bedeutung der Rhomben befragt. In allen Fällen wurde die Frage mit »Augen« beantwortet. Besonders schön formulierte ein 30jähriger Spengler seinen Eindruck von Abb. 6. Er sagte nämlich: »Das schaut mich an wie zwei böse Augen.«

*5.2 Österreich*

Wie bereits erwähnt, ist die Vorkommensdichte des Rautensymbols innerhalb Österreichs sehr unterschiedlich. Eine genaue Verbreitungskarte der Rhomben in Österreich zu erstellen wäre ein äußerst interessantes, aber auch sehr aufwendiges Unterfangen. Es sollen daher hier nur die möglichen Ursachen für die unterschiedliche Verbreitungsdichte aufgezeigt werden.

Die folgenden Faktoren könnten von Bedeutung sein. Zunächst die unterschiedliche Vermögenslage der Bewohner Österreichs. In wirtschaftlich florierenden Gebieten werden die Häuser öfter erneuert. Wo viele Neubauten entstehen, verschwinden alte Symbole häufiger als anderswo, es sei denn, sie werden gewohnheitsmäßig »mitgeschleppt«. Welche Handwerker sind hier ansässig, arbeiten sie noch nach alten Vorlagen? Ein allzu großer Einfluß eines einzelnen Handwerkers darf allerdings nicht angenommen werden, da die Rauten jeweils in verschiedenen Materialien (Holz, Mauerwerk, Schmiedeeisen) auftreten und daher mehrere Handwerker beschäftigen (Tischler, Zimmermann, Schmied).

Nicht zuletzt muß auch die Geschichte des jeweiligen Gebietes sowie die Neigung seiner Einwohner zu Aberglauben in Betracht gezogen werden. Zweifellos ist der Aberglaube in seiner spezifischen Ausprägung von der jeweiligen Geografie und Geschichte eines Landes geprägt. Sicherlich prädestinieren bestimmte Landschaftsformen auch zu ganz bestimmten Vorstellungen. Aber auch Geschichtsabläufe hinterlassen ihre Spuren in den Ansichten der Menschen. Eine Bevölkerung, die sich permanent von Feinden bedroht fühlt, wird zweifelsohne alles Denkbare zu ihrer realen und magischen Sicherheit unternehmen. Es wäre denkbar, daß Dörfer, die bereits von ihrem äußeren Erscheinungsbild her auf Feindabwehr schließen lassen (Schießscharten, trapezförmiger Anger, versetzte Häuser, um dem einstürmenden Feind das Eindringen ins Dorf zu erschweren) auch viele magische Abwehrzeichen aufweisen. Vielleicht befindet sich auch eine große Anhäufung entlang der alten Heeresstraßen?

Im Rahmen der vorliegenden Arbeit können nur Hypothesen für die unterschiedliche Verbreitungsdichte der Rauten genannt werden. Eine Untersuchung, welche die Richtigkeit der genannten Hypothesen überprüfen würde, müßte wohl all die hier genannten Faktoren berücksichtigen und stünde zudem unter Zeitdruck, da im Zuge von Renovierungen die alten Symbole zunehmend verschwinden.

*5.3 Das Rautensymbol – ein weltweites Phänomen?*

Die Raute an Hausfassaden findet sich in vielen Teilen der Erde. Von mir bzw. meinen Mitarbeitern wurde sie in Österreich, Deutschland, Jugoslawien, Griechenland, Frankreich, Südamerika und Australien beobachtet. Hat hier eine Kulturübertragung stattgefunden? Haben die Spanier ihre Vorstellungen und Symbole nach Südamerika transponiert, die Briten und andere Europäer nach Australien? Das ist möglich, sogar wahrscheinlich, aber keineswegs notwendig, um das weltweite Auftreten der Raute zu erklären.

Alle Menschen sind durch ihre stammesgeschichtliche Vergangenheit miteinander verbunden. Sie weisen daher in Morphologie und angeborenem Verhalten weitgehende Ähnlichkeit auf. Nahrungserwerb, ein gesichertes Revier, die Zugehörigkeit zu einer Gruppe sind für alle Menschen grundlegende Bedürfnisse. Eibl-Eibesfeldt (1976) fand eine weltweite Übereinstimmung von Mimik, Gestik und Aggressionsbewältigung. Ein automatisches Verfolgen bewegter Objekte, der Wunsch nach Rückendeckung sowie erhöhte Aufmerksamkeit beim Anblick von Augen weisen darauf hin, daß der Mensch Jahrhunderttausende lang Jäger und Gejagter war. Aber auch ein Hinausdenken über das Hier und Jetzt, die Fragen »Woher komme ich?« und »Wohin gehe ich?« finden sich bei allen Völkern. Die in ihrer Grundidee gleichen Vorstellungen werden in ihrer spezifischen Ausprägung weitgehend von der Umwelt beeinflußt. So kommt es, daß wir zwar überall eine Gottesidee finden, die Gottesbilder in verschiedenen Teilen der Erde sich aber sehr grundlegend voneinander unterscheiden.

Auch das Auge ist, wie bereits erläutert wurde, für alle Menschen von hoher Bedeutung. Daraus erklärt sich auch die weltweite Verbreitung des Glaubens an den bösen Blick. Daß sich auch zur Abwehr desselben gleiche Praktiken entwickelt haben, ist nach dem bisher Gesagten nicht weiter verwunderlich. Stehen dann auch noch gleiche Materialien (im Falle der Tore zumeist Holz) zur Verfügung, so kann das Produkt letzten Endes an den verschiedensten Teilen der Erde gleich aussehen. Die vielen verschiedenen Formen der Augenamulette sind ja einerseits darauf zurückzuführen, daß jedes Material seine eigene Verarbeitungsweise verlangt, und andererseits (darauf soll im nächsten Kapitel eingegangen werden) darauf, daß Ornamente und Muster, um deren ursprüngliche Funktion man nicht mehr Bescheid weiß, frei variiert werden.

Bemerkenswert erscheint noch (wie in vorangegangenen Kapiteln der vorliegenden Arbeit erläutert wurde), daß sowohl das Augen- als auch das Rautenmotiv zur selben Zeit, nämlich im Neolithikum, in der menschlichen Kunst auftauchen. Sicher wird man annehmen dürfen, daß zumindest ein Teil der Rhombenornamente als Augen zu verstehen sind. Zweifellos kann ein so einfaches Motiv wie der Rhombus auch noch andere Ursprünge haben, aber wir sind durchaus berechtigt anzunehmen, daß der Steinzeitmensch, bei der Abwehr seiner Bedrohungen und Ängste, zu grundsätzlich gleichen Lösungen kommen konnte wie der Mensch des zweiten nachchristlichen Jahrtausends.

*6. Kulturethologische Gesetzmäßigkeiten*

Die vorliegende Arbeit ist vom Thema her der Volkskunde zuzuordnen. Methodik und Theorien sind allerdings stark von der vergleichenden Verhaltensforschung beeinflußt. Der Ansatz, kulturelle Phänomene vom naturwissenschaftlichen Standpunkt aus zu betrachten, ist relativ neu. Den Anlaß dazu bieten die auffallenden Analogien zwischen biologischer (genetischer) und kultureller Evolution. Inzwischen beschäftigen sich Biologen, Anthropologen und Humangenetiker mit den beiden Evolutionsarten, ihren Ursachen und Wechselwirkungen.

Der Soziobiologe Dawkins (1976) beschreibt kulturelle Evolution wie folgt: »Fashions in dress and diet, ceremonies and customs, art and architecture, engineering and technology, all evolve in historical time in a way that looks like highly speeded up genetic evolution, but has really nothing to do with genetic evolution.« Lorenz (1977) spricht von zwei Arten von Lebensvorgängen, die sich zwar auf verschiedenen Integrationsebenen abspielen, aber gleicherweise, wie alles Lebendige überhaupt, »Unternehmungen mit gekoppeltem Macht- und Wissensgewinn« sind. Koenig (1970) prägte für den naturwissenschaftlichen Zugang zum Phänomen der Kultur den Ausdruck »Kulturethologie« und definierte sie folgendermaßen: »Kulturethologie ist eine spezielle Arbeitsrichtung der allgemeinen vergleichenden Verhaltensforschung (Ethologie), die sich mit den Ideen und materiellen Produkten (Kultur) des Menschen, deren Entwicklung, ökologischer Bedingtheit und ihrer Abhängigkeit von angeborenen Verhaltensweisen sowie mit entsprechenden Erscheinungen bei Tieren vergleichend befaßt.«

In der Kulturethologie werden kulturelle Merkmale ebenso wie Gestaltmerkmale in der vergleichenden Morphologie oder Verhaltensweisen in der vergleichenden Verhaltensforschung behandelt. Sie werden also in Hinsicht auf Homologie (gleiche »stammesgeschichtliche« Herkunft) und Analogie (konvergente Anpassung an eine spezielle Umwelt) untersucht. Naturgemäß lassen sich Homologien nur dann nachweisen, wenn eine Entwicklungsreihe möglichst dicht belegt ist. Die Linguistik kann zumeist auf reichhaltige schriftliche Quellen zurückgreifen und bedient sich schon lange der vergleichenden Methode, um die Abstammung gegenwärtiger Wortformen zu erschließen.

Koenig (1970) konnte zeigen, daß kulturelle Merkmale nicht nur homolog bzw. analog sein können, sondern auch, daß sich im kulturellen Bereich, ebenso wie in der Phylogenese, die Erscheinungen der Vestigienbildung, des Funktionswechsels, der Rudimentierung und der Luxurierung finden lassen. Er belegte dies an zahlreichen Beispielen aus dem Kleidungs-, Schmuck- und Amulettbereich. Das menschliche Gehirn funktioniert offenbar in vielen Bereichen nicht bewußt und rein verstandesgemäß, sondern analog dem stammesgeschichtlichen Prozeß, in dessen Verlauf es entstanden ist. Für diese Tatsache sprechen auch Befunde aus der Wahrnehmungs- und Denkpsychologie.

»Liebe Gewohnheiten« und Traditionen erleichtern den Alltag, da sie bewirken, daß viele Tätigkeiten weitgehend automatisch ablaufen und das Gehirn somit frei wird für anderes. Allerdings verhindern sie oft eine optimale Bewältigung neuer Situationen, da einmal eingeschlagene »Denkpfade« nicht so leicht aufgegeben werden. Dies zeigen die vielen Umwege, die oft vor der Lösung neuer Probleme liegen. Gerade die Entwicklung neuer technischer Produkte, in deren Bereich man rein rationale Lösungen erwarten sollte, bietet hiefür zahlreiche Beispiele. So sahen die ersten Züge wie aneinandergereihte Kutschen aus und bekamen erst nach und nach eine funktionsgemäße Form. In Europa erhielt sich die unzweckmäßige Anordnung der Abteile mit seitlichen Türen bis zur Jahrhundertwende, in Amerika wurden beinahe 30 Jahre früher Durchgangswagen gebaut (Lorenz 1977).

Die hier behandelten Rautensymbole zeigen eine Fülle von Variationen in bezug auf Materialien, Form sowie Anbringungsort. Die jeweilige Form wird durch die verschiedenen Materialien beeinflußt, da diese eine unterschiedliche Verarbeitung verlangen. Es besteht aber auch innerhalb einer Materialienart eine bedeutende Variationsbreite, welche einer weiteren Erklärung bedarf. Es kann nicht vollkommen ausgeschlossen werden, daß sich unter den hier behandelten Rautensymbolen auch die eine oder andere Analogie befindet, die nicht in den Bereich der Abwehrsymbole (Auge oder Vulva) gehört. Der Großteil der Zeichen ist aber auf Grund der Formähnlichkeit und desselben Anbringungsortes zweifellos ein und demselben Phänomen zuzuordnen. Die Variationen sind als Ergebnis einer Entwicklung zu sehen, die in zahlreichen kulturellen Bereichen (z. B.: Sprache, Kleidung, Architektur) zu beobachten ist. Es sollen nun kurz jene kulturethologischen Gesetzmäßigkeiten besprochen werden, die im Zusammenhang mit dem Rautensymbol von Interesse sind. Die zitierten Beispiele aus dem Uniformbereich stammen aus Koenigs Buch »Kultur und Verhaltensforschung« (Koenig 1970).

1. Festhalten an Gewohntem: Es zeigt sich, daß im kulturellen Bereich sehr lange an Gewohntem festgehalten wird und dieses erst dann aufgegeben wird, wenn es sich als extrem hinderlich erweist. Viele Dinge werden gewohnheitsmäßig durchgeführt, obwohl sie längst ihre Funktion verloren haben, sie werden, im Anatomischen mit dem Blinddarm vergleichbar, »mitgeschleppt«. Im Kleidungs- und vor allem Uniformbereich finden sich viele Elemente, die wir heute als Schmuck oder Zufall empfinden, denen aber ursprünglich durchaus funktionaler Charakter zukam. Die kleinen Knöpfe an den Ärmeln moderner Herrensakkos sind darauf zurückzuführen, daß die früher auch die Hände bedeckenden Ärmel zum Kampf hochgeschlagen und, mit Hilfe der Knöpfe, fixiert wurden. Männer und Frauen knöpfeln ihre Kleidung in unterschiedlicher Richtung zu. Was uns heute als Zufall scheinen mag, war einstmals durchaus funktional. Wickelgewänder, wie beispielsweise die römische Toga, wurden von Männern über die linke Schulter geworfen, so daß der rechte Arm für den Kampf frei blieb. Bei Frauen war es, gleichsam um ihren nichtkämpferischen Status zu dokumentieren, genau umgekehrt.

Auch Rhomben werden, obwohl heute niemand mehr über ihre Funktion Bescheid weiß, immer noch an Toren angebracht. Man ist daran gewöhnt, dieses Zeichen an der Tür zu haben, »es gehört dorthin«. Zwar verschwinden sehr viele alte Tore und mit ihnen die Rautenmotive, aber diese tauchen an manchen neuen Toren wiederum auf. Aus der Herstellungsart der neuen Tore kann man schließen, daß die Bedeutung der Rhomben vollkommen vergessen wurde.

2. Produkte menschlicher Kultur unterliegen laufend gewissen Veränderungen, welche aber deren Funktion nicht beeinträchtigen dürfen. Gerät diese allerdings in Vergessenheit, steigt die Anzahl der Variationsmöglichkeiten beträchtlich. Es kommt dann oft zu einer Übertreibung, einem Luxurieren eines Merkmals. Die Rückwandlung eines luxurierten Merkmals zu seiner ursprünglichen Funktion ist kaum möglich, ebenso wie hochspezialisierte Lebewesen nicht zu Generalisten werden, sind auch hohe kulturelle Spezialisationen meist irreversibel.

Im Uniformbereich kann man etliche Beispiele für Luxurierung finden. An deutschen Uniformen des 18. und 19. Jahrhunderts läßt es sich gut verfolgen, wie aus den Knopflochumnähungen verschiedene Litzenformen entstanden. Zunächst wurden die Knopflöcher einfach umnäht, später noch außen herum verziert und so gestaltet, daß nach Farben und Form gut

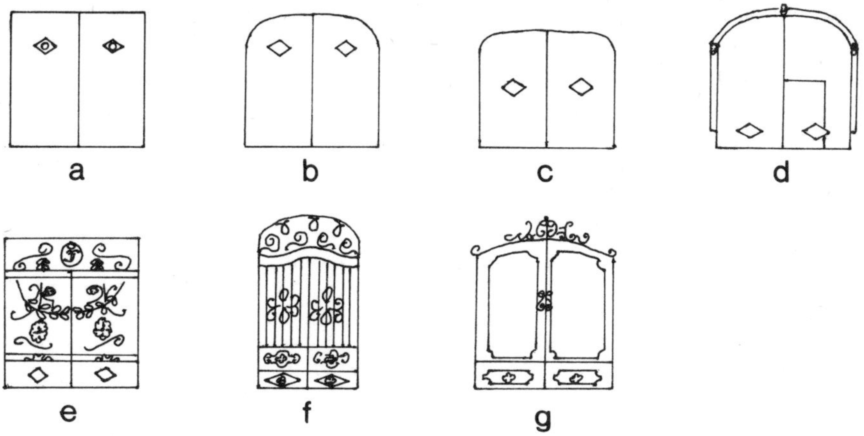


Abb. 7: Variationen in bezug auf Form und Anbringungsort der Rhomben
a–d: Holztore aus dem ländlichen Bereich (Tor d weist zusätzlich zu den Rhomben Köpfe auf, welche gleichfalls als Abwehrsymbole fungieren können)
e–g: Schmiedeeisentore aus Wien

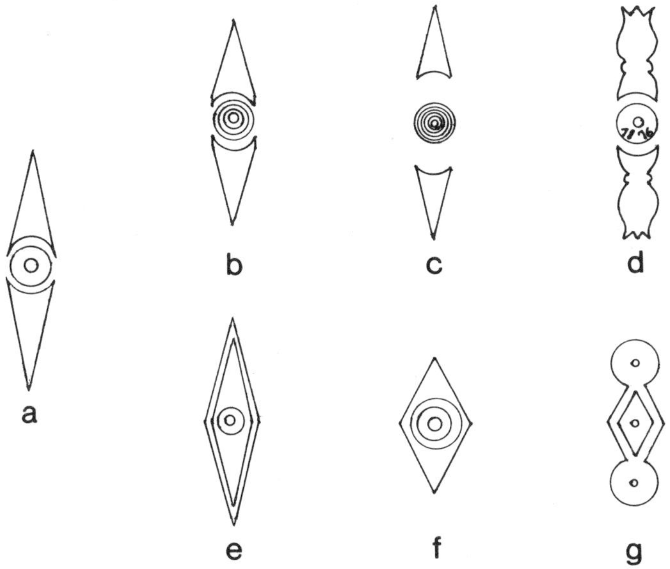


Abb. 8: Verschiedene Rautenmotive aus Schmiedeeisen
Die Motive von c und d sind auf zwei nebeneinanderstehenden Weinkellern in Poysdorf/Weinviertel angebracht. Während c noch relativ augennah wirkt, könnte d eine Weiterentwicklung des Rautenmotivs sein, in welches das dreisprossige Tulpenmotiv (Abwehrzeichen!) hereinspielt. Außerdem ist der Zentralkreis von d mit einer Jahreszahl (1876) versehen.

unterscheidbare Regimentsunterschiede entstanden. Die Litzen wiesen nun die kompliziertesten Ornamente und Blumenmuster auf, deuteten aber noch lange Zeit das Knopfloch an, welches nun längst nicht mehr in Verwendung war.

Ein lebendiges Wissen um das Rautensymbol ist nicht mehr vorhanden. Es ist daher zu erwarten, daß die Motive laufenden Veränderungen unterliegen. Tatsächlich zeigen die Rhomben zahlreiche Variationen, sowohl in bezug auf die Ausgestaltung des Zeichens als auch auf dessen Anbringungsort. Die Abbildungen 7 und 8 zeigen für beide Fälle, »wie es gewesen sein könnte«. Die Beispiele stammen aus verschiedenen Gebieten und sind unterschiedlich alt, veranschaulichen aber, wie sich die Raute vom leicht erkennbaren Augensymbol zum reinen Ornament entwickelt haben könnte. Natürlich ist hier keine lineare Entwicklung anzunehmen, die überall im gleichen Tempo abgelaufen ist. Eine Luxurierung von Merkmalen findet sich in Städten sehr häufig, hier werden auch fremde Einflüsse leicht aufgenommen. Auch beeinflußt der jeweilige Handwerker oder Auftraggeber die spezifische Ausgestaltung eines Motivs.

3. Eine Gewohnheit, deren Funktion in Vergessenheit geraten ist, ist aber nicht nur frei für die Veränderung gewisser Einzelheiten, sondern es ist auch ein totaler Funktionswechsel möglich.

An der Entwicklung der Ritterrüstung läßt sich beispielsweise beobachten, daß sie, je mehr sie an Wehrfunktion verlor, desto mehr an Würdefunktion gewann. Auf Grund der veränderten Kampftechnik wurde der Ritter vom Individualkämpfer zum Truppenführer, welcher ein Kommandoabzeichen benötigte, das aus der sich reduzierenden und mehr und mehr funktionslos werdenden Rüstung gebildet wurde. Auch im organischen Bereich wird Neues oft aus funktionslos gewordenem Alten gebildet, wie z. B. Gehörknöchelchen aus Kiemenbögen. Bei der Rüstung blieb als letzter funktionaler Teil die Halsberge bestehen, denn diese schützte immerhin noch die Schulterpartien. Aus der Halsberge entwickelte sich nach und nach der »Ringkragen«, das allgemeine Abzeichen der Offiziere, welcher in der Folge immer kleiner wurde und schließlich als halbmondförmiger Zierat endete. Hier wurde ein Teil der Rüstung zu einem Verständigungsmittel, einem Signal – er wurde ritualisiert.

Ritualisierung nennt man jede Veränderung einer Verhaltensweise, die im Dienste ihrer Signalfunktion vor sich geht (Wickler 1970). Ein funktionslos gewordenes und luxuriertes Merkmal kann in sekundärer Funktion auch als Verzierung empfunden werden. Unter Punkt 2 wurde die Entwicklung der Litzen aus den Knopflochumnähungen beschrieben. An den Uniformen des Feldheeres, welches sich krasse Übertreibungen nicht leisten konnte, waren in den Litzenformen noch durchwegs die ursprünglichen Knopflöcher zu erkennen. Bei der Hofgarde konnte die Luxurierung jedoch viel weiter wuchern. Die Ornamente bedeckten schließlich die gesamte Brustfläche der Uniform und wurden als reine Dekoration empfunden.

Nach Aussage der von mir befragten Personen werden die Rhomben heute vielfach als reine Verzierung bezeichnet. Es läßt sich also auch hier ein Funktionswechsel, dem oftmals eine Luxurierung des Motivs vorausgegangen ist, feststellen. Auch das Einritzen von Initialen und Jahreszahlen wurde von manchen der Befragten bereits als die ursprüngliche Funktion angesehen.

Einige der Gesetzmäßigkeiten, die die Entwicklung kultureller Produkte bestimmen, haben im Fall des Rautensymbols volle Gültigkeit. Sie bieten eine Erklärung für die breite Variationspalette des hier behandelten Motivs.

*Zusammenfassung*

Der Rhombus (oder Raute), ein Parallelogramm mit gleichen Seitenlängen, läßt sich weltweit als Fassadenornament finden. In der vorliegenden Arbeit wurde versucht, die Bedeutung dieses Motivs herauszuarbeiten.

An Hand eines reichen Fotomaterials wurde die Variationsbreite des Symbols aufgezeigt und durch Literaturstudien sowie Befragungen die Bedeutungsmöglichkeiten erarbeitet. Der Anbringungsort an Toren sowie in der Nähe von Fenstern legte den Schluß nahe, daß die Raute ursprünglich zur Abwehr von Bösem dienen sollte. Tief im menschlichen Denken verankert ist der Wunsch, Haus und Hof vor realen sowie magischen Gefahren zu schützen. Daher finden sich an Hausfassaden zahlreiche Symbole und Figuren, die der Abwehr böser Einflüsse dienen sollen. Die Form und Differenzierung eines Großteils der Rhomben sprechen dafür, daß sie als Abstraktion von Augen zu verstehen sind. Augendarstellungen wurden und werden weltweit zur Abwehr des bösen Blickes verwendet. Bedingt durch den bevorzugten Werkstoff Holz wird die Stilisierung des Auges zur Raute verständlich.

Die Ursachen für die Variationsbreite des Symbols sowie sein Auftreten trotz offensichtlichen Funktionsverlustes wurden an Hand kulturethologischer Gesetzmäßigkeiten zu belegen versucht.

### *Literatur*


Bastian, A.: Der Völkergedanke im Aufbau einer Wissenschaft vom Menschen und seine Begründung auf ethnologische Sammlungen. Berlin 1881.

Biedermann, H.: Handlexikon der magischen Künste. Graz, Austria, 1973.

Dehio Niederösterreich. Neubearbeitet von R. K. Donin. Wien 1973.

dtv-Lexikon. München 1969.

Eibl-Eibesfeldt, I.: Die !Ko-Buschmann-Gesellschaft. München 1972.

Eibl-Eibesfeldt, I.: Menschenforschung auf neuen Wegen. Wien – München – Zürich 1976.

Erich, O. A. und Beitl, R.: Wörterbuch der deutschen Volkskunde. Stuttgart 1974.

Gebhard, T.: Wegweiser zur Bauernhausforschung in Bayern. München – Passing 1957.

Grünn, H.: Volkskunst um Tür und Tor. Wien 1982.

Gutkas, K.: Geschichte des Landes Niederösterreich. St. Pölten 1974.

Haberlandt, A.: Zur Begriffsbildung für Siedlungs- und Haustypen in Niederösterreich. In: Lechner, K.: Jahrbuch für Landeskunde von Niederösterreich. Wien 1936.

Handwörterbuch des deutschen Aberglaubens. Walter de Gruyter & Co. Berlin 1938, 41.

Häusler, W.: Land zwischen Donau und Schöpfl. Wien – München 1980.

Hinde, R.: Das Verhalten der Tiere. Frankfurt am Main 1973.

Hoernes, M.: Natur- und Urgeschichte des Menschen. Wien – Leipzig 1909.

Huxley, J. S.: Proc. Zool. Soc. London 1914. In: Frank, D.: Verhaltensbiologie. Einführung in die Ethologie. Stuttgart 1979.

Knuf, A. u. J.: Amulette und Talismane, Symbole des magischen Alltags. Köln 1984.

Koenig, O.: Kultur und Verhaltensforschung. Einführung in die Kulturethologie. München 1970.

Koenig, O.: Urmotiv Auge. München 1975.

Kräftner, J.: Naive Architektur in Niederösterreich. St. Pölten 1977.

Kutscha, G.: Der Weg ins Abendland. Zeugnisse der Völkerwanderung. Wien – Heidelberg 1978.

Lexikon der Kunst. E. A. Seemann Verlag. Leipzig 1968.

Lawick-Goodall, J. van: Wilde Schimpansen. Reinbek bei Hamburg 1971.

Mader, J.: Schmuckelemente der Volkskunst. Kerbschnitzen. Ried 1976.

Nemec, H.: Alpenländische Volkskunst. Wien 1966.

Pöttler, V. H., Bergsteiger, A. M.: Volksarchitektur der Oststeiermark. 1982 by Zeitschrift Gleisdorf.

Russell, P. A.: Fear-evoking stimuli. In: Sluckin, W. (ed.) Fear in animals and man. London 1979.

Schlee, E.: Die Volkskunst in Deutschland. Ausstrahlung, Vorlagen, Quellen. München 1978.

Schmidt, L.: Volkskunst in Österreich. Wien 1966.

Schwabe, J.: Archetyp und Tierkreis. Basel 1951.

Seligmann, S.: Der Böse Blick und Verwandtes. Berlin 1910.

Weigel, K. Th.: Germanisches Glaubensgut in Runen und Sinnbildern. München 1939.

Weigel, K. Th.: Ritzzeichnungen in Dreschtennen des Schwarzwaldes. Heidelberg 1942.

Wickler, W.: Mimikry. München 1968.

Wickler, W.: Stammesgeschichte und Ritualisierung. Zur Entstehung tierischer und menschlicher Verhaltensmuster. München 1970.

*Viktor Herbert Pöttler:*

# *Material und Funktion – Grundelemente der Volksarchitektur*

Vor wenigen Jahrzehnten war die europäische Siedlungslandschaft noch von den bäuerlichen Haus- und Hofformen geprägt[1]. Damals war auch die Sorge um unsere Landschaft oder Umwelt geringer als in unseren Tagen verschiedenster Zwangsbeglückungen.

Wir nennen die historische bäuerliche Bauweise heute vielfach naive, elementare, anonyme Architektur[2] oder treffender Volksarchitektur, da sie durch die Bauern, die noch im vorigen Jahrhundert 85 Prozent unseres Volkes ausmachten, getragen wurde. Den Anfängen dieser Bauweise soll diese knappe Darstellung gewidmet sein.

Bei weiträumiger Betrachtung der primären Bauten im Bereich der bäuerlichen Kultur, insbesondere aber auch der voragrarischen Lebensformen, ist eine strenge Abhängigkeit aller Bauten von Material und Funktion, die ihrerseits erst die Konstruktion hervorbrachten, erkennbar. Dies gilt, vereinfacht gesehen, etwa für die Windschirme der Pygmäen oder Buschmänner[3], die Rundbauten der Masai oder Herero[4] ebenso wie für die archaischen Holzknechthütten, Blockbauhäuser, Ständerbauten[5] oder Trulli[6] europäischer Gebiete.

Der Mensch in seiner kulturellen Evolution als Sammler, Jäger, Viehzüchter oder Ackerbauer ist unlösbar mit seiner naturhaften Umwelt verbunden und von dieser in höchstem Maße abhängig[7]. Auch dort, wo er sich im Laufe seiner Entwicklung zum Homo urbanus gegen diese Umwelt stellt, muß er letztlich mit und von ihr leben. Das gleiche gilt in gleichem Maße für die lebenserhaltenden Bereiche der Ernährung und Bekleidung wie schließlich für jene des Wohnens, Arbeitens oder Wirtschaftens. Wo der Homo sapiens seine ersten Schritte zum Homo aedificans tut, zeichnet sich auch eine Trennung seiner biologischen und kulturellen Evolution ab, und der Mensch verläßt die Gefilde seiner Primatenherkunft, um den Weg seiner Kultur- und damit auch seiner Baugeschichte zu beschreiten[8]. Seine Naturabhängigkeit teilt der Homo sapiens mit seinen unmittelbaren Vorfahren ebenso wie mit den übrigen Lebewesen dieser Erde; freilich in gradueller Unterschiedlichkeit, wenn wir die menschliche Vernunft als Möglichkeit einer sinnvollen Naturnutzung werten. Bisweilen ist allerdings das Sinnvolle der heutigen Naturausbeutung trotz menschlicher Vernunft in Frage gestellt.

»Er nennt's Vernunft und braucht's allein,
Nur tierischer als jedes Tier zu sein«,

läßt Goethe Mephisto dieses menschliche Versagen geißeln[9].

Der verlorene Maßstab in der Umweltbewertung, mangelhafte Einsichten in die naturhaften Zusammenhänge, verbunden mit einer Euphorie über das technisch Machbare, bringen gefälschte Bilanzen zwischen Mensch und Natur zustande. Die Ergebnisse dieser Entwicklung kennen wir und tragen sie zum Teil als Umweltbelastungen mit uns herum. Eine positive Einflußnahme auf den Gang der Ereignisse scheint mir hier allerdings besser als ständiges Klagen. Alle Schutzverbände sollten daher mit entsprechenden Fachleuten schon in der Planung umweltverändernder Maßnahmen vertreten sein, um nicht immer im nachhinein, als Kritiker und Besserwisser, aufzutreten und letztlich angesichts vollzogener Tatsachen nichts mehr zu erreichen[10].

In diesem Beitrag soll aber von einem weitgehend unbelasteten Bauen die Rede sein, vom Bauen als einem menschlichen Urbedürfnis, das in dem Suchen nach Schutz vor Wind und Wetter wurzelt, das seinen Urgrund in dem Bedürfnis nach einer Behausung für die Aufzucht der Jungen und zum Schutz der Sippen- und Familiengemeinschaft hat[11]. Zweifellos haben tierischer Nestbau und der menschliche Hausbau eine gemeinsame Wurzel, die bis zur Verwendung naturhaften Baumaterials und dessen funktionsgerechter Verwertung reichen. In der menschlichen Erziehung erinnert uns der Begriff der Nestwärme noch an diese vergangene Gemeinsamkeit des Menschen mit Verwandten in freier Natur.

Wo der Mensch in seiner Evolution für uns erkennbare Formen annimmt, wo er den Weg zum Homo sapiens betritt, wird er auch zugleich zum Homo faber und in bescheidenen Anfängen bald auch zum Homo aedificans, der uns heute hier näher beschäftigen soll. Es zeichnet sich damit auch der Beginn eines Weges von der rein aneignenden zur produzierenden Lebens- und Wirtschaftsweise ab. Aus der Frühform des menschlichen Daseins, ob Heidelberg-, Java- oder Pekingmensch, ob Neandertaler oder Cromagnon-Mensch, sind uns, trotz zunehmender Gehirnvolumina, keine Wohnbauten bekannt. Sie alle werden wahrscheinlich mit Unterständen zufrieden gewesen sein, wie es ihre unmittelbaren Vorfahren gewesen sind. Soweit ihnen Höhlen zur Verfügung standen, wurden sie gewiß genutzt.

Wenn man ihrer Zeit auch teilweise ein mildes Waldklima bescheinigt, so werden sie nicht ganz ohne Unterkünfte ausgekommen sein. Die Fähigkeit, einen Iglu zu bauen, dürfte sich schon damals entwickelt haben, womit die Halbkugel als Wohnraum nicht so neu sein dürfte, wie sie heute mitunter empfunden wird. Das Feuer war bekannt, so war für das Ärgste gesorgt. Selbst noch nicht ganz zum »nackten Affen« geworden, standen ihnen Felle und andere naturhafte Hüllen als Kleidung zur Verfügung[12]. Wo immer wir unsere Betrachtungen ansetzen, der Schritt vom Höhlenbewohner zum dachbauenden Homo sapiens ist zugleich der erste Schritt auf dem Weg zum Homo aedificans. Im Laufe der Entwicklung erfährt die primäre Schutzfunktion des Bauens eine wesentliche Bereicherung durch die Funktionen des Hausens oder Wohnens und jene des Arbeitens, wenn wir reine Kulturbauten ausklammern, die allerdings in Material und Technik den Wohnbauten folgen.

Die naturhaften Baustoffe Erde – vor allem in Form von Lehm –, Holz und Stein dominieren bis in unsere Zeit und werden erst seit etwa einem Jahrhundert, zumindest im urbanen Bauen, durch industrielle Baustoffe ersetzt. Den Ziegel möchte ich hier als einen naturhaften Baustoff aufgefaßt wissen, den etwa die Babylonier schon vor mehr als 6000 Jahren ungebrannt und später gebrannt verwendet haben. Lehm als Baustoff ist in der dritten Welt heute noch reichlich in Verwendung und wird zu eindrucksvollen Bauten gestaltet[13]. Aber auch bei den sogenannten »g'satzten« Häusern, die aus Lehm gestampft wurden, blieb Erde oder Lehm, etwa im Burgenland oder in der südlichen Oststeiermark, als Baustoff bis ins 20. Jahrhundert erhalten[14]. Erzherzog Johann hat bei seinen Bemühungen um eine Verbesserung des Bauernhauses in der Steiermark den sogenannten Pisèbau, eine Stampfbauweise aus Lehm, gefördert[15].

In unseren geografischen Breiten ist auf Grund des Waldreichtums Holz in allen seinen Formen, vom Zweig, Ast, Pfosten, Rundbloch, Kantholz bis zum geklobenen und später geschnittenen Brett der primäre Baustoff. Um die Zeitenwende war bis auf die Küstengebiete des Mittelmeeres, wo sich die Römer bemerkbar machten, nahezu ganz Europa mit Wald bedeckt[16]. Zur Zeit der Babenberger bestand Wien noch mehrheitlich aus Holzhäusern, und Kaiser Maximilian I. erlernte das Zimmermannshandwerk, da dieses zu seiner Zeit noch dem Maurer und allen anderen Handwerkern übergeordnet war[17].

Das Wohnen in Höhlen wurde in der Forschung lange Zeit überbewertet. Naturgemäß eignen sich für diese ersten »Fertigteilwohnungen« nur Höhlen mit baldachinartigen Vorsprüngen, da sich der Gebrauch des Feuers als Licht oder Heizquelle in der Tiefe einer Höhle nicht empfiehlt. Höhlenwohnungen, zumindest deren Reste blieben uns vereinzelt erhalten,

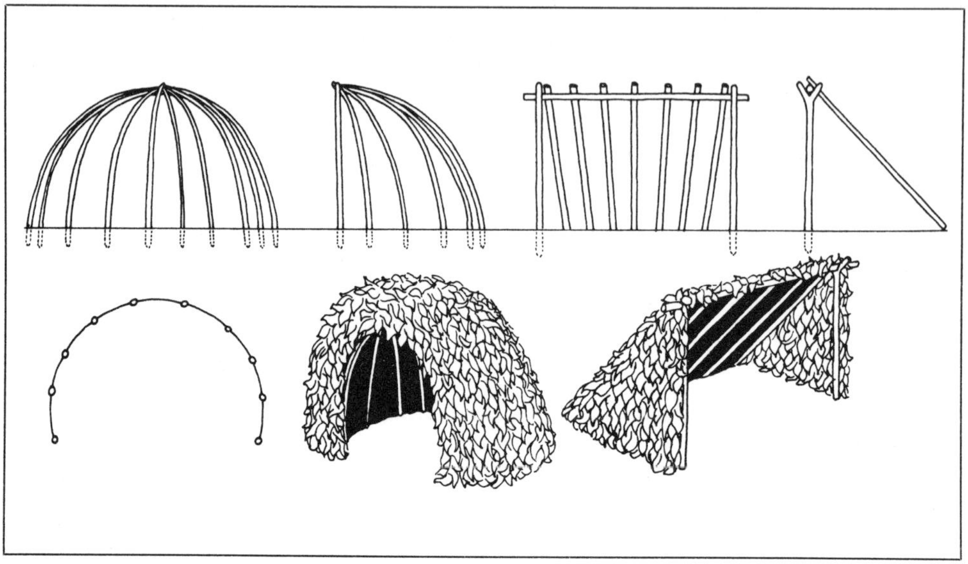
Abb. 1: Auf- Grund- und Seitenriß-Skizzen eines kuppel- und pultdachförmigen Windschirmes (Entw. F. Hampl)

die bescheidenen Freilandwohnungen können nur mühsam von Archäologen erforscht werden. Dementsprechend verdanken wir unser relativ geringes Wissen über die ersten menschlichen Wohnstätten ausschließlich urgeschichtlichen Befunden[18].

Sehen wir von den Höhlenwohnungen ab und versuchen wir, die bescheidenen Anfänge menschlicher Bauaktivitäten zu finden, so begegnet uns nahezu in allen Kulturkreisen der Windschirm[19], den Buschmänner und Pygmäenstämme noch heute benutzen, als ein Urelement des menschlichen Bauens. An den Windschirm gemahnende Unterstände für Mensch und Tier sind bis in unsere Tage aber auch auf unseren Almen vereinzelt zu finden, wo mit einfachsten Mitteln aus Holz oder Stein primitive Schutzbauten eine jahrtausendelange Entwicklung ohne wesentliche Änderungen überdauerten[20].

Der Windschirm besteht in seiner einfachsten Form aus einer rechteckigen, schräg abgestützten Fläche, er kann aber auch gerundet und leicht gewölbt sein[21]. In jedem Fall wird er aus Ästen und Zweigen geflochten und bietet Schutz gegen Wind und Regen, aber auch gegen zu starke Sonnenbestrahlung. Wir wollen festhalten, daß beim Windschirm der Baustoff Holz geflochten wird und daß wir hier erstmals der Technik des Flechtens begegnen, die eine Voraussetzung für die Erfindung der Wand beim Hausbau darstellt. In seiner ursprünglichen Verwendung treten beim Windschirm die Funktionen des Daches und der Wand gemeinsam auf, er bildet daher das Grundelement für beide. Stellt man nun 2 rechteckige Windschirme einander gegenüber, so erhält man die Grundform des Satteldaches, während eine rechteckige Windschirmfläche ein Pultdach ergibt. Schafft man unter einem am Boden stehenden Satteldach eine Wohngrube, so wird die Bewegungsmöglichkeit in dieser Behausung wesentlich größer, ohne daß eine Wand im Sinne unseres heutigen Hauses gebaut werden muß. Soldaten, die längere Zeit in einem Biwak verbracht haben, werden noch in unseren Tagen mit dieser einfachen Lösung Bekanntschaft gemacht haben.

Um 30 000 begegnen uns die ersten altsteinzeitlichen zeltartigen Hütten, bei denen Holz als Gerüstbau verwendet wird und der nomadisierende Jäger Tierfelle für die Zeltwände benutzt.

Abb. 2: Altsteinzeitliche Hütte von Puskari a. d. Desna, UdSSR, ca. 28000 v. Chr.

Natürlich kann man diese Wände auch aus anderem naturhaften Material wie Zweigen, Ästen, Stangenholz u. ä. herstellen. In den Restbeständen volkstümlicher Bauweisen, wie sie die Wissenschaft der Volkskunde erforscht, sind beachtliche Befunde und Belege für altartige bis urgeschichtliche Bauten zu finden. So geben die als Satteldächer auf dem Erdboden stehenden Rindenhütten der Holzknechte, wie sie noch vor wenigen Jahrzehnten in unseren Wäldern zu finden waren, ein eindrucksvolles Zeugnis für diese archaische Bauweise. Aber auch die Zelte der Lappen, Zeltdächer aus Stroh und Schilf sind hier einzuordnen. Die Wohnqualität der zeltartigen Hütten wurde gleichfalls durch Wohngruben verbessert.

Noch fehlt auf dem Weg zum Haus die senkrechte Wand. Erst im Neolithikum, mit der Seßhaftwerdung des Menschen und einer Frühform des Bauerntums bei uns, nimmt die menschliche Wohnung Formen an, die der heutigen Vorstellung von einem Haus nahekommen. Ich darf als bekannt vorausschicken, daß dies in anderen Kulturkreisen wesentlich anders aussieht und etwa in Mesopotamien um 4 500 die ersten urbanen Siedlungen entstanden sind.

Als Voraussetzung für das neolithische Haus mußte die aufgehende Wand erfunden werden. Als Baustoffe standen Holz in unterschiedlichen Dimensionen und Erde in Form von Lehm zur Verfügung. Die Bauerfahrungen mit dem Windschirm brachten das Flechten von wandartigen Flächen ein, aber auch Dächer wurden ursprünglich geflochten. Tatsächlich sind die ersten uns bekannten Wände geflochtene Flächen, wie sie der Mensch der Steinzeit im Umgang mit den naturhaften Baustoffen Ast, Zweig und Laub schon beherrschte. Die geflochtene Wand ist in nahezu allen Kulturen unserer Erde die Urform von Dach und Wand. In Primärkulturen wird sie bis heute verwendet. Sie war aber bis vor kurzem auch in der Volksarchitektur Europas, insbesondere bei Speicherbauten, noch zu finden und begegnet uns noch heute im Südosten Europas, vereinzelt aber auch bei uns im Burgenland.

Die Sprache hat uns das Herkommen der Wand aus der geflochtenen Fläche festgehalten. Der Grazer Indogermanist Rudolf Meringer hat in seiner Betrachtungsweise »Wörter und

Abb. 3: Speicher mit geflochtenen Wänden, Freilichtmuseum Klausenburg, Rumänien (Aufn. B. Pöttler)

Sachen« nachgewiesen, daß Wand von winden im Sinne von flechten kommt[23]. Dazu dienen die sprachlichen Belege: got. »wandus« und anord. »vondr«, was soviel wie Rute bedeutet. Auch got. »waddjus« Wand bedeutet ursprünglich Geflecht[24].

Unser Geflecht bedarf freilich einer Stützung, um zur Wand zu werden, und diese wird ihm durch aufgehende Rundhölzer oder Pfosten zuteil. Auf diese Weise entsteht der sogenannte Pfostenbau, die älteste Holzbauweise unserer Landschaften, die als Ständerbau und Fachwerkbau in unseren Tagen fortlebt[25]. Bevor es jedoch im Pfostenbau zur Vereinigung von Dach und Wand in Form eines Hauses kommen konnte, mußten einige elementare bautechnische Erfindungen gemacht werden.

Schon beim Windschirm wurde zur Abstützung ein naturgegebenes Bauelement verwendet, das für die Entwicklung der Wand und des Daches unentbehrlich war. Es ist dies die Astgabel[26], die im Volksmund auch Astzwiesel genannt wird, jener Teil eines Holzstammes oder Astes, an dem sich das gewachsene Holz gabelt, also Äste bildet. Ob wir ein Pultdach, ein Satteldach oder ein Zeltdach stützen, die Astgabel wird benötigt. Sie wird beim Dach als Zeltstange ebenso verwendet wie in der späteren Entwicklung als pfettentragende Firstsäule oder als Stütze für die Mauerbänke. Noch heute ist die Astgabel bei den Bauten der Primärkulturen unersetzlich, begegnet uns aber auch im Sochadach[27] Osteuropas und bei manchen bäuerlichen Primärbauten, wie Speichern, Stallungen u. ä.

Bietet die Natur nicht in ausreichendem Maße die Astgabel, so kann die Pfostenschere an ihre Stelle treten, die im wesentlichen die gleiche Funktion erfüllt, durch ihre Schrägstellung günstigere statische Gegebenheiten schafft als die Astgabel, dafür aber mehr Platz benötigt.

Astgabel und Pfostenschere sind wahrscheinlich die ältesten Konstruktionshilfen im Hausbau. Die Astgabel begegnet uns ja schon in den zeltartigen Hütten[28] um 28 000 und hat sich von den altsteinzeitlichen Zeltbauten bis zu den Firstsäulen unserer Pfettendächer, insbesondere im schon genannten Sochadach der Slawen, erhalten. Slaw. »socha« heißt Gabel[29]. Gabel ist im Sinne von »Wörter und Sachen« mit Giebel gleichzusetzen, und tatsächlich bildet sich dort, wo die Astgabel steht, der Giebel des Hauses.

Bei vielen Frühformen des Hauses liegen auf den in Astgabeln gelagerten Firstpfetten die Schräghölzer des Daches, die an ihren oberen Enden mit Bast, Ruten oder Sehnen zusammengebunden werden und die ihrerseits wiederum die Dachstangen mit der Dachhaut tragen. Dieses ursprüngliche Binden des Holzes ist gleichfalls im Sinne von »Wörter und Sachen« in der Bezeichnung »Holzverbindungen«, wie wir sie beim Ständerbau und insbesondere beim Blockbau finden, erhalten geblieben.

Die konsequente Weiterentwicklung der natürlichen Astgabel stellt die Pfostenzange dar, bei der aus dem Pfostenkopf handwerklich, also mit einem Werkzeug, eine Gabel herausgearbeitet wird. Durch die Pfostenzange wurde im Bereich der Dach- und Wandkonstruktion ein Auflager für waagrechte Hölzer geschaffen, wobei durch die kantige Struktur der Zange das Drehmoment weitgehend ausgeschaltet wurde.

Für diese Konstruktion gibt es neolithische Belege aus der Nordschweiz, Robenhausen und Niederwill, aber auch frühhallstättische Siedlungsfunde auf der Kelchalpe bei Kitzbühel in Tirol u. a. m. Die Ausbildung dieser Pfostenzange steht natürlich mit der Entwicklung des Werkzeuges, insbesondere von Meißel und Hammer, in engstem Zusammenhang[30].

Eine äußerst bemerkenswerte, bis in unsere Tage erhaltene Form der Pfostenzange ist an der Pfostenscheune aus dem Jaufental in Südtirol erhalten geblieben, die ich im Jahre 1972 in das Österreichische Freilichtmuseum nach Stübing übertragen habe[31]. Die Entwicklung der aufgehenden Wand im Holzbau hatte die Holzverzapfung zur Voraussetzung. Diese ist, wie die Pfostenzange, schon eine neolithische Form der Holzbautechnik. Dabei wird das Kopfende eines Pfostens als scharfkantiger Zapfen abgesetzt und in ein gleichfalls scharfkantig zugerichtetes Zapfenloch eingeführt. Dieser Technik bedienen sich noch heute unsere Zimmerleute und Tischler, wenn es gilt, zwei Hölzer im rechten Winkel miteinander zu verbinden.

Aus den in der Natur vorgegebenen Materialien Holz und Erde – Lehm – entwickelten sich nun in Erfüllung der gestellten Bauaufgaben oder Funktionen unter Anwendung der eben vorgestellten konstruktiven Möglichkeiten die ersten Hausformen Europas, wenn wir den primären Steinbau der mediterranen Gebiete ausklammern.

Holz als Baustoff ermöglichte grundsätzlich 2 Bautechniken: 1. den schon genannten Pfostenbau, der zum Ständer- und Fachwerkbau[32] führte, und 2. den Blockbau[33].

Während für den Ständerbau in der Regel Laubholz verwendet wird, das zufolge seines Wachstums meist nur zu kurzen Bauhölzern ausgeformt werden kann, führte das lang- und geradwüchsige Nadelholz zum Blockbau. Eine Gegenüberstellung der Laubholz- und Nadelholzgebiete Europas zeigt nahezu eine Deckung mit der Verbreitung des Fachwerk- und des Blockbaues[34].

Die urtümlichste, weil technisch am leichtesten beherrschbare Holzbauweise Europas ist der schon erwähnte Pfostenbau. Der Grundriß dieser Bautechnik konnte rund, oval oder viereckig sein. Die Erfindung des Pfostenbaues als Grundform des Skelettbaues hat das Problem der Anhebung des Daches gelöst und die Entwicklung der Wand ein gutes Stück vorangebracht.

Die Technik des Pfostenbaues besteht darin, daß man in mehr oder weniger regelmäßigen Abständen Rundhölzer in die Erde rammt und die Zwischenräume mit dem schon erwähnten Flechtwerk aus Ästen und Zweigen schließt. Bei Speicherbauten bleibt nun diese geflochtene Wand meist unverputzt, sie kann aber auch, wie beim Wohnbau, beidseitig mit einem gemagerten Lehm verdeckt werden. Zur Magerung des Lehms verwendet man Häcksel, also gehacktes Stroh, oder ehedem auch Mist.

Ein früher Zeuge eines Pfostenbaues ist uns in der Rekonstruktion eines Hauses aus der

Abb. 4: Pfostenbau aus dem 4. Jahrtausend, Rekonstruktion im Urgeschichtlichen Freilichtmuseum in Asparn a. d. Zaya, NÖ. (Aufn. NÖ. Bildstelle)

linearkeramischen Kultur des 4. Jahrtausends im urgeschichtlichen Freilichtmuseum des Landes Niederösterreich in Asparn an der Zaya zur Verfügung gestellt worden[35].

In diesem Zusammenhang sind die sogenannten Pfahlbauten zu erwähnen, die, ähnlich wie die frühen Höhlenwohnungen, in unserer Erinnerung aus der Schulzeit verankert sind. Sie sind allerdings nicht als Bautypus anzusprechen, sondern treten lediglich hinsichtlich ihrer Lage im oder meist am Wasser besonders in Erscheinung und sind im übrigen der jeweiligen Bautechnik, in der sie errichtet wurden, zuzuordnen. Da sie mitunter im Moor versanken, blieben sie für die Nachwelt meist besser erhalten als andere Bauten[36].

Beim Pfostenbau wurden alle hier dargestellten konstruktiven Elemente des frühen Holzbaues wie Astgabel, Pfostenschere, Pfostenzange und schließlich auch die Verzapfung entwikkelt und verwendet. So wurden die Firstpfetten des einfachen Satteldaches, aber auch die Mauerbänke der Wände von Astgabeln oder Pfostenscheren getragen, um nur einige primäre Konstruktionsformen in Erinnerung zu rufen.

Die archäologischen Befunde zeigen uns bei den Pfostenbauten nur mehr die Löcher, in denen die Pfosten steckten. Damit ist auch ein besonderes Problem dieser Bautechnik angeschnitten. Naturgemäß ist nämlich das Holz zwischen »Tag und Nacht«, also beim Eintritt in das Erdreich, dem Verfall am stärksten ausgesetzt. Man ging daher allmählich dazu über, die Pfosten nicht mehr in die Erde zu rammen, sondern sie auf Steinen zu lagern, um die Einwirkung der Bodenfeuchtigkeit zu mindern. An vielen historischen bäuerlichen Bauten ist diese Entwicklungsstufe noch festgehalten[37].

Nach der Erfindung der Verzapfung konnten die senkrechten Hölzer der aufgehenden

Abb. 5: Niederdeutsches Hallenhaus im Holzgerüst. Niedersächsisches Freilichtmuseum Cloppenburg

Wand in eine waagrecht liegende Grundschwelle eingezapft werden, wobei diese Grundschwelle mitunter auch auf Steinen gelagert wurde, um sie vor der Feuchtigkeit besser zu schützen[38]. Insgesamt erlaubte die Verzapfung aber auch eine Versteifung der Wände durch waagrechte Hölzer, sogenannte Riegel, wodurch der entscheidende Schritt vom Pfostenbau zum Ständerbau ermöglicht wurde. Zahlreiche Verfeinerungen des Ständer- oder Riegelbaues führten im Laufe der Jahrhunderte zum Fachwerkbau, dessen Vollendung uns im west-, nord- und mitteleuropäischen Raum begegnet. Ich erinnere in diesem Zusammenhang an die sogenannten Nürnberger Häuser oder an das Niederdeutsche Hallenhaus im Bereich der bäuerlichen Siedlung.

Die Gestaltung der Wand im Ständer- und Fachwerkbau blieb bis herauf ins 19. Jahrhundert teilweise mit der Technik der geflochtenen Wand verbunden. Erst allmählich setzte sich für die Füllung der Gefache, wie man die Felder des Fachwerkes nennt, Ziegel in Form von »Backstein« durch. Dieser konnte verputzt oder, wie etwa im norddeutschen Raum, sichtbar bleiben. Noch heute bestimmt der Fachwerkbau weite Teile des mittel- und norddeutschen Gebietes im historischen Bereich des urbanen Bauens und der bäuerlichen Bauweise. Ähnliches gilt für West- und Nordeuropa. In den alpenländischen Landschaften hat sich eine Form des Ständerbaues in der Bundwerkzimmerung erhalten[39].

Ist der Pfosten-, Ständer- oder Fachwerkbau die eine Möglichkeit, mit Holz ein Haus zu bauen, so begegnet uns im Blockbau die zweite, historisch jüngere Technik des Holzbaues. Wir finden den Blockbau vor allem in den waldreichen alpinen Gebieten Europas, wo das Nadelholz überwiegt, aber auch im gesamten Osten Europas und insbesondere in Skandina-

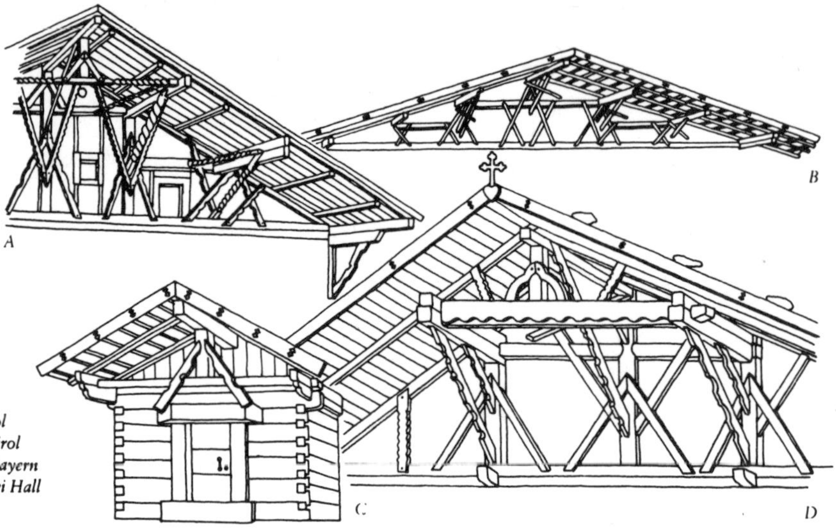


*Bundwerkgiebel:*
*A Stuben in Tirol*
*B Valsertal in Tirol*
*C Garmisch in Bayern*
*D Heiligkreuz bei Hall in Tirol*

Abb. 6: Bundwerkgiebel in Tirol und Bayern

vien hat sich der Blockbau zu hoher Blüte entwickelt[40]. Selbstverständlich sind beide Holzbautechniken, Ständerbau und Blockbau, auch nebeneinander zu finden, zumal sie ja in vielen Gebieten in historischer Abfolge entstanden sind. Bei zahlreichen Bauten, insbesondere bei Wirtschaftsgebäuden, treffen wir beide, ihren unterschiedlichen Funktionen entsprechend, mitunter nebeneinander an einem Bauwerk[41].

Bemerkenswert ist der Umstand, daß der Blockbau jünger ist als der Pfostenbau, obgleich er in seiner archaischen Urform urtümlicher wirkt als der Pfostenbau. Der Blockbau besteht in der Regel aus schweren Rundhölzern, deren Gewinnung und Verarbeitung höher entwickelte Werkzeuge und arbeitstechnische Erfahrungen voraussetzen. Die ersten Befunde von Blockbauten reichen bei uns in die Bronze- und Hallstattzeit zurück[42]. In Skandinavien, wo der Blockbau zu besonders schönen Formen entwickelt wurde, ist er wesentlich jünger und kaum vor 1000 n. Chr. heimisch geworden[43]. Der Blockbau bedarf zwar keiner senkrechten tragenden Hölzer wie der Pfostenbau, da er aus waagrecht übereinandergelagerten Hölzern gezimmert wird, diese Wandhölzer müssen allerdings an den Ecken miteinander verbunden werden. Erst die Eckverbindungen gewährleisten das feste Gefüge des Holzverbandes. Sie machen auch für den Blockbau höhere Werkzeugqualität und Arbeitstechnik erforderlich, und das erklärt letztlich die zeitliche Staffelung von Pfostenbau und Blockbau.

Den ältesten urgeschichtlichen Befund einer vollentwickelten Blockbauweise außerhalb des Wohnbaues stellen die beiden Brunnenkästen von St. Moritz im Kanton Graubünden dar; sie stammen aus der mittleren Bronzezeit. Für 900 v. Chr. wird über das Gehöft der jüngeren Siedlung in Buchau am Federseemoor berichtet[44]. Die Buchauer Blockhütte um 1000 v. Chr. weist nahezu alle Einzelheiten auf, wie sie bis in unsere Tage bei den altartigen Almhütten zu finden sind[45].

Das besondere Kennzeichen der Blockbautechnik sind die schon erwähnten Holzverbindungen, die für die Statik des Baues verantwortlich sind. Von der einfachen Überkämmung mit der Urform der Kerbe reicht die Entwicklung bis zu den feinen Schwalbenschwanzverzinkungen, zum mehrfachen Glockenschrot usw.[46].

Die waagrecht übereinander gelagerten Hölzer werden durch beidseitig angespitzte Holznägel, sogenannte Dübel, untereinander verbunden, um den Holzwänden die nötige Versteifung zu geben[47]. Eckverbindungen und Dübelung gewährleisten die Standfestigkeit der Blockbauwände und ermöglichten erst die Entwicklung der Mehrgeschossigkeit im Blockbau. Die waagrechten Unterzüge bei Böden und Decken haben gleichfalls dazu beigetragen. Technisch hat sich der Blockbau in seinen Grundzügen seit dem ersten vorchristlichen Jahrtausend wenig verändert. Seine geografischen und ethnisch bedingten Unterschiede sind äußerst gering und im bautechnischen Bereich nicht immer erkennbar. Baustoff, Funktion und Konstruktion haben in dieser strengsten aller Holzbautechniken keine großen bautechnischen Abweichungen ermöglicht. Die Unterscheidungsmerkmale liegen vielmehr in der handwerklichen Bewältigung der Blockbautechnik.

Abb. 7: Blockbauten aus Hallingdal in Norwegen und aus Alpbach in Tirol

Verwendet man bei der Errichtung eines Blockbaues Kiefernholz oder Eichenholz, beide sind nicht extrem geradwüchsig, so entstehen beim Wandholz größere Zwischenräume, als dies etwa bei der Fichte, Tanne oder Lärche der Fall ist. Diese Zwischenräume müssen nun bei einem Wohnbau mit einem Lehm-Häcksel-Gemisch abgedichtet werden, wie wir dies auch bei burgenländischen oder südosteuropäischen Speicherbauten finden. Ein besonders eindrucksvolles Beispiel dieser Bautechnik ist das Weingartenhaus aus Tieschen bei Bad Radkersburg in der Steiermark, das aus dem Jahre 1564 stammt und das ich in das Österreichische Freilichtmuseum übertragen konnte[48]. Dabei ist folgendes beachtenswert: Die Landschaft um Tieschen ist zum Teil mit Eichenwäldern besetzt, folglich wurde Eichenholz als Baustoff verwendet. Die übliche Holzbautechnik dieses Gebietes ist jedoch der Blockbau, da großräumig das langwüchsige Nadelholz überwiegt. Die aus Eichenholz gezimmerten Weingartenhäuser um Tieschen, deren Lebensdauer zufolge der guten Holzqualität der Eiche länger ist als jene von Fichtenholzbauten, weisen nun die vorhin erwähnten großen Zwischenräume im Wandgefüge auf, und man hat diese, wiederum mit einem natürlichen Baustoff, nämlich mit gemagertem Lehm, verschlossen oder verschmiert. Das Erscheinungsbild dieses Hauses hat mich veranlaßt, das Weingartenhaus von Tieschen mit jener Stelle von Tacitus (Germania – Kapitel 16) in Zusammenhang zu bringen, wo der römische Autor um 98 n. Chr. über das Haus der Germanen berichtet. Tacitus schreibt wörtlich: »Ihre Dörfer legen sie (die Germanen), nicht wie wir, so an, daß die Häuser Wand an Wand stehen und eine Straße bilden. Jeder läßt vielmehr um seinen Hof einen freien Raum; vielleicht will man sich dadurch vor Feuersgefahr schützen, vielleicht versteht man sich auch nicht recht aufs Bauen. Nicht einmal behauene Steine oder Ziegel benutzen die Germanen; ohne Rücksicht auf gefälliges und schönes Aussehen verwenden sie zu allem unbehauenes Holz. Doch bestreichen sie ihre Häuser an gewissen Stellen ziemlich sorgfältig mit einer so blendendweißen Erdart, daß es wie Bemalung und Verzierung mit farbigen Ornamenten aussieht[49].«

Tacitus war offenbar kein Freund des Holzbaues, hat möglicherweise vom Bauen insgesamt nicht viel verstanden und nicht zuletzt deshalb den Holzbau der Germanen mit der Überheblichkeit des herrschenden Römers beurteilt.

Das Tieschener Weingartenhaus im Österreichischen Freilichtmuseum zeigt uns nun in eindrucksvoller Weise die mit Lehm verputzten Zwischenräume an den Holzwänden des aus Eiche gezimmerten Blockbaues, die Tacitus als Ornamente offenbar mißversteht. Da auch der Pfosten- und Ständerbau zu Tacitus' Zeiten mit Lehm verputzt wurde, könnte er freilich Blockbauten und Ständerbauten gesehen haben.

Während beim Ständerbau die Grundrisse beliebig groß gehalten werden konnten, ist man beim Blockbau von der Länge des Wandholzes abhängig und naturgemäß auch an die Form des Viereckes gebunden. Will man über die Länge des Bauholzes hinaus, um nach dem Prinzip des additiven Bauens ein vielräumiges Gebäude zu errichten, so stehen verschiedene Techniken zur Verfügung.

Abb. 8: Das Tieschener Weingartenhaus im Österreichischen Freilichtmuseum

Man kann die waagrechten Hölzer in stehende Nutsäulen[50] einzapfen. Die Nutsäulen sind so beschaffen, daß sie an zwei gegenüberliegenden Längsseiten je eine Nut aufweisen, in welche die zu Zapfen ausgeformten Enden der Wandhölzer münden. Auf diese Weise kann man auch beim Blockbau beachtliche Gebäudelängen erreichen. Eine andere Technik, Wandhölzer der Länge nach miteinander zu verbinden, ist das Verblatten. Dabei wird am Balkenende eine Hälfte der Holzstärke auf einer Länge von ca. 50 cm ausgenommen und zwei derart vorbereitete Hölzer mit ihren Ausnehmungen so übereinandergelegt, daß die ausgenommenen Hälften wieder ein Ganzes ergeben. Für die Nagelung werden Holzdübel verwendet[51]. Diese Längsverbindungen werden vor allem bei Wirtschaftsgebäuden, wo große Räume benötigt werden, praktiziert, aber auch im Wohnhausbau begegnet uns diese Form der Längsverblattung. Im Wohnhausbau ergibt die Aneinanderreihung verschiedener »Blockbaukörbe«, im Sinne des schon genannten additiven Systems, die Möglichkeit vielräumiger Gebäude. Die Verbindung der Blockbaueinheiten geschieht durch die gezeigten Holzverbindungen. Mitunter bedient man sich zur Raumerweiterung des Hauses aber auch der Ausbildung eines Wiederkehrs oder Kreuzgiebels, indem man dem Haupthaus einen Zubau im rechten Winkel zugesellt[52]. Durch diese verschiedenen Methoden der additiven Bauweise konnte im Blockbau das ursprüngliche Einraumhaus zum drei- oder mehrteiligen Grundriß entwickelt werden. Einräumige Holzknechthütten, Badstuben oder Getreidekästen mit Vorlauben zeigen uns heute noch den Weg dieser Entwicklung[53].

Die Einbindung der Innenwände erfolgt beim Blockbau gleichfalls durch die gezeigten Holzverbindungen. Das kann mit Kopfschrot geschehen, dann stehen die Balkenenden der eingebundenen Wände aus der Hauptwand hervor, wie wir dies vom überkämmten Blockbau kennen. Man kann sich aber auch des sogenannten Malschrots bedienen, der bündig verarbeitet wird, das heißt, die Hirnhölzer der im rechten Winkel zur Hauptwand eingebundenen Hölzer liegen in einer Ebene mit dem Wandholz. Diese bündig zum Langholz liegenden Balkenköpfe weisen mitunter schöne Zierformen auf. Das können Initialen, Werkzeugformen, religiöse Symbole u. ä. sein.

Es wurde schon darauf verwiesen, daß eine allfällige Nagelung im Holzbau bis herauf ins 19. Jahrhundert stets mit Holznägeln erfolgte, da Eisen teuer war, Holz aber kostenlos zur Verfügung stand. Eine Holzdübelung aus Lärchen-, Eschen- oder Buchenholz steht überdies einer Eisennagelung nicht nach[54].

Besonders deutlich sind die Grundelemente Baustoff und Funktion bei der Entwicklung des Daches erkennbar. Für die Konstruktion des Daches steht grundsätzlich nur Holz zur Verfügung. Die Urform des Daches haben wir im Windschirm kennengelernt.

Im Laufe der Jahrhunderte haben sich in der Entwicklung des Daches zwei Grundtypen durchgesetzt, die uns natürlich auch in vielen Mischtypen begegnen[55].

Der primäre Typus ist zweifellos das Pfettendach mit seinen Neben- und Mischtypen, während das klassische Sparrendach wesentlich jünger ist und uns etwa im 6. Jahrhundert im niederdeutschen Raum begegnet.

Beim Pfettendach tragen parallel zur Mauerbank verlaufende Pfetten – Firstpfette, Mittelpfette und Fußpfette –, die ihrerseits durch Säulen oder Wände gestützt werden, die Schräghölzer des Daches. Diese heißen hier Rofen und hängen nur über der Firstpfette, weshalb das Pfettendach auch als hängendes Dach bezeichnet wird.

Beim jüngeren Sparrendach sind je zwei Schräghölzer an ihren oberen Enden miteinander durch Zapfung oder Blattung verbunden und mit ihren unteren Enden in einen sogenannten Bundtram eingezapft. Diese stehenden und tragenden Hölzer, die durch Kehlbalken versteift sein können, tragen wie die Rofen des Pfettendaches auch die Dachhaut. Das Sparrendach ist im Unterschied zum »hängenden« Pfettendach ein »stehendes« Dach[56]. Unabhängig von der Konstruktion ist die Form des Daches als Pult-, Sattel- oder Walmdach zu unterscheiden. Liefert die Natur das Holz für die Konstruktion des Daches, so tut sie dies erst recht für die Deckung der Dachflächen. Waren es ursprünglich nur Zweige und Äste mit ihrem Laub, die eine Dachdeckung ermöglichten, so wurden es danach Gras und mit dem beginnenden Getreidebau Stroh[57].

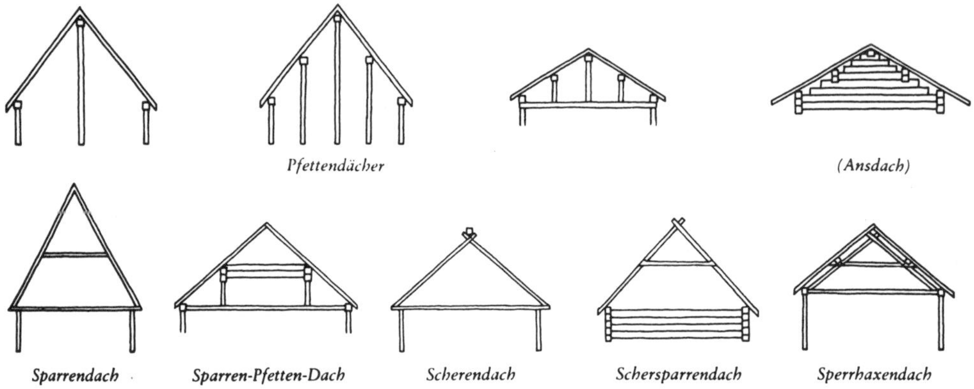


Abb. 9: Verschiedene Dachkonstruktionen

Das Gras hat in unseren Landschaften sehr bald seine Bedeutung als Deckmaterial verloren, lebt aber im Sodendach Skandinaviens, bei dem Grasziegeln aufgedeckt werden, bis heute weiter.

Stroh hat sich hingegen bei uns bis ins 19. und vereinzelt bis ins 20. Jahrhundert als Deckmaterial erhalten, wobei ich die heutigen modischen und unsinnigen Strohbedeckungen außer acht lasse. Ursprünglich war das Stroh nicht kunstvoll aufgebunden, sondern nur wirr auf die Dachstangen gelegt und dort festgebunden. Wir nennen diese frühe Form des Strohdaches auch Wirr-Strohdach. Erst allmählich, etwa am Beginn der Neuzeit, entwickelten sich verbesserte und verfeinerte Deckungsarten mit dem Stroh. Wir sprechen vom burgenländischen Kittelschabdach, das wir auch in der östlichen Nachbarschaft finden, oder vom deutschen Schaubendach. Wird beim Schabdach das Stroh in Bündeln aufgedeckt und auch mit Stroh an die Dachstangen gebunden, so breitet man beim Schaubendach das Stroh sorgfältig auf die Dachstangen und bindet es mit Weiden fest. Haselzweige, sogenannte »Racherln«, legt man dabei parallel zu den Dachstangen über das zu bindende Deckstroh, um eine bessere Festigkeit des Strohdaches zu erreichen[58].

Zu den weichen naturhaften Deckungsarten zählt auch das Holz in seinen verschiedenen Deckungsmöglichkeiten. Ursprünglich wurde Holz nur in gespaltener Form, also als Schindel aufgedeckt. Schindeln waren als »scandula« oder »scindula«[59] auch den Römern geläufig, sie haben uns auch das Wort Schindel, wie jenes vom Ziegel, Pfeiler oder Pfosten geliehen. Die Schindeln können nun in verschiedener Form und in verschiedener Technik verwendet werden. Grundsätzlich unterscheiden wir Legschindeln, die, wie schon der Name sagt, nur auf das flache Dach gelegt und mit Steinen beschwert werden, und genagelte Schindeln, von denen es wiederum einige Arten gibt. Die Legschindeln, auch »Schwarschindeln« genannt, finden wir nur beim flachgeneigten Dach und daher in den alpinen Ländern Europas, aber u. a. auch in Nepal. Die genagelten Arten der Schindeln sind an das steile Dach gebunden. Hier gibt es die einfachen Scharschindeln, die Nutschindeln, die Schieferschindeln der Weststeiermark und die Spanschindeln Südkärntens und der ehemaligen Untersteiermark.

Die jüngste Form des Holzdaches ist das Bretterdach, wozu man allerdings gesägte Bretter verwendet, was die Haltbarkeit des Daches wesentlich vermindert[60].

Zu den harten Deckungen, die heute durchwegs verwendet werden, zählt man als älteste Art das Ziegeldach in seinen verschiedenen Möglichkeiten, das Eternitdach, das Betonplattendach usw.

Zusammenfassend kann gesagt werden: Wo immer man dem historischen Bauernhaus in freier Landschaft begegnet, wird seine unverkennbare Beziehung zur Natur, aus der es kommt und deren Teil es selbst wieder geworden ist, festzustellen sein. Die ehedem ausschließliche Verwendung naturhafter Baustoffe, funktionsgerechte und materialgerechte, auf Klima, Landschaft und Wirtschaft orientierte Bauweise haben dem historischen Bauernhaus oder dem »elementaren« volkstümlichen Bauen in allen Teilen dieser Erde den menschlichen Maßstab und bauliche Qualität bewahrt.

## *Anmerkungen*

1 V. H. Pöttler, Alte Volksarchitektur. Graz 1975, S. 69 ff.

2 J. Kräftner, Naive Architektur in Niederösterreich. St. Pölten 1977; P. Schreibmayer, Elementare Architektur. Dissertation an der Technischen Universität Graz 1979.

3 H. A. Bernatzik, Die große Völkerkunde, Band 1. Leipzig 1937, S. 369, Abb. 199.
Die Buschmänner sind bis in unsere Tage bei der primären Form des Windschirmes geblieben und stehen somit noch am Beginn einer Bauentwicklung. In diesem Zusammenhang ist der Umstand bemerkenswert, daß die Buschmänner einen geminderten Aggressionstrieb besitzen und als besonders friedfertig gelten. Vgl. I. Eibl-Eibesfeldt, Die !Ko-Buschmann-Gesellschaft. Gruppenbildung und Aggressionskontrolle bei einem Jäger- und Sammlervolk. München 1972, S. 92 f. Es drängt sich hier die Frage auf, ob fehlende oder durch Erziehung unterdrückte Aggressivität, die Konrad Lorenz als angeborenen Aggressionstrieb des Menschen bezeichnet, bei Primitivstämmen zu stärkerer Beharrung in ihrer kulturellen Entwicklung führt. Vgl. K. Lorenz, Das sogenannte Böse. Zur Naturgeschichte der Aggression. 1963, S. 69 ff.

4 H. A. Bernatzik, Völkerkunde. S. 270, Abb. 136.

5 V. H. Pöttler, Volksarchitektur. S. 33 ff.

6 Vgl. G. Notarnicola, Trulli d'Alberobello. 1940; O. Völkers, Trulli. In: Monatshefte für Baukunst und Städtebau, Jg. 1938.

7 O. Koenig, Urmotiv Auge. München 1975, S. 47 ff. Die Naturabhängigkeit des Homo sapiens hat in der Primärstufe seiner Kulturevolution nahezu überall zu gleichem oder ähnlichem Wohnverhalten geführt, wobei vor allem die Komponenten Klima und Baumaterial zu Variationen des Themas führten. Die biologische Ausstattung des Menschen bietet auch im Bereich des »Nest- oder Wohnungsbaues« eine vergleichbar wenig differenzierte Ausgangsbasis. Der primitive Mensch war der einzige in Gruppen jagende Primat, was am Beginn der Entwicklung zum Zoon politikon zweifellos auch Konsequenzen auf den Wohnungsbau hatte, der durch Viehzucht und Ackerbau noch wesentlicher und für uns bereits erkennbar beeinflußt wurde. So sind die frühen menschlichen Bauweisen wie Zelte und zeltartige Hütten dem nomadisierenden, der beginnende Pfostenbau schon dem seßhaften Dasein des Menschen zuzuordnen. Vgl. V. H. Pöttler, Volksarchitektur. S. 15 ff.

8 Vgl. W. Schmidbauer, Methodenprobleme der Human-Ethologie. In: Studium Generale, Band 24, S. 462–494.

9 J. W. Goethe, Sämtliche Werke. Stuttgart 1869, Cotta, 2. Band, S. 418; vgl. K. Lorenz, Böse. S. 241 ff.

10 K. Lorenz, Die acht Todsünden der zivilisierten Menschheit. Serie Piper Nr. 50, 1973, S. 23 ff.; V. H. Pöttler, Das gute Alte und das gute Neue. In: Steirische Berichte 4/5 1981, Sonderbeilage S. 1–8.

11 Vgl. O. Koenig, Auge. S. 48 f.

12 Ders., Über Ursprung und Entwicklung der menschlichen Kleidung. Hg. von der Forschungsgemeinschaft Wilhelminenberg, Wien 1978; vgl. E. Nienholdt, Kostümkunde, Braunschweig 1961; F. Hottenroth, Handbuch der Deutschen Tracht. Stuttgart o. J.

13 Architektur der Vergänglichkeit. Lehmbauten der dritten Welt. In: Die neue Sammlung, Staatliches Museum für angewandte Kunst, München, Ausstellung 2 der Serie »Blickpunkte«, 1981; H. A. Bernatzik, Völkerkunde. S. 270.

[14] B. Schier, Hauslandschaften und Kulturbewegungen im östlichen Mitteleuropa. 2. Auflage, Göttingen 1966, S. 92; V. v. Geramb, Vom Werden und von der Würde unserer Bauernhöfe. In: Heimatliches Bauen im Ostalpenraum, Das Joanneum, Sonderband 1941, S. 63.
[15] Verhandlungen und Aufsätze. Hg. v. d. k. k. Landwirtschaftsgesellschaft in Steiermark, N. F. 10, S. 170; E. Lukas, Das Umadumhaus. Graz 1979, S. 43.
[16] H. J. Hansen, Holzbaukunst. Oldenburg 1969, S. 11 ff.
[17] V. H. Pöttler, Volksarchitektur. S. 37 ff.
[18] Das Museum für Urgeschichte des Landes Niederösterreich mit urgeschichtlichem Freilichtmuseum in Asparn an der Zaya. 2. Auflage, 1972, S. 25, Abb. 8; W. Modrijan, Aus der Frühgeschichte der Steiermark. In: Steiermark, Land, Leute, Leistungen. Graz 1971, S. 287 ff.
[19] Vgl. Anm. 3.
[20] E. Hubatschek, Bauernwerk in den Bergen. Innsbruck 1961, S. 30 ff.
[21] V. H. Pöttler, Volksarchitektur. S. 17 f.
[22] Ders., Volksarchitektur. S. 40 ff., Abb. 18.
[23] R. Meringer, Etymologien zum geflochtenen Haus (= Festgabe für R. Heinzel). Halle 1898, S. 173 ff.; B. Schier, Hauslandschaften. S. 87 ff.
[24] F. Kluge, Etymologisches Wörterbuch der deutschen Sprache. 21. Auflage, Berlin 1975, S. 836.
[25] H. Phleps, Alemannische Holzbaukunst. Wiesbaden 1967.
[26] V. H. Pöttler, Volksarchitektur. S. 25 f.
[27] B. Schier, Hauslandschaften. S. 31 ff.
[28] Museum für Urgeschichte. S. 32 ff.
[29] F. Kluge, Wörterbuch. S. 257.
[30] A. Zippelius, Vormittelalterliche Zimmerungstechnik in Mitteleuropa. In: Rhein. Jahrbuch für Volkskunde V. Bonn 1954, S. 7–52; H. Reinerth, Das Federseemoor als Siedlungsland der Vorzeitmenschen (= Führer zur Urgeschichte). Band 9, 4. Auflage, Augsburg 1929; ders., Haus und Hof im nordischen Raum. Band 1, Haus und Hof der Germanen in vor- und frühgeschichtlicher Zeit. Leipzig 1937.
[31] H. Keim, Der Pfostenspeicher vom Weghof im Jaufental, ein Zeuge mittelalterlicher Holzbaukunst in Südtirol. In: Der Schlern, 46, 1972, S. 225; V. H. Pöttler, Führer durch das Österreichische Freilichtmuseum (= Schriften und Führer des Österreichischen Freilichtmuseums, Nr. 5). 3. Auflage, Stübing 1978, S. 155.
[32] Vgl. Anm. 25.
[33] H. Phleps, Holzbaukunst. Der Blockbau. Karlsruhe 1942.
[34] V. v. Geramb, Werden und Würde. S. 66 f., Abb. 19 a und 19 b.
[35] Museum für Urgeschichte. S. 111.
[36] H. Reinerth, Federseemoor.
[37] V. H. Pöttler, Führer. S. 60, 65, 80, 99, 125, 155.
[38] Ders., Führer. S. 47, Glockenturm mit auf Stein gelagerter Grundschwelle.
[39] Vgl. R. Heckl, Oberösterreichische Baufibel. Die Grundformen des ländlichen Bauens. Salzburg 1949, S. 39; V. H. Pöttler, Volksarchitektur. S. 53.
[40] Vgl. Anm. 34.
[41] V. H. Pöttler, Führer. S. 153.
[42] R. Pittioni, Zum kulturgeschichtlichen Alter des Blockbaues. In: Wiener Zeitschrift für Volkskunde 36, 1931, S. 75–79.
[43] H. J. Hansen, Holzbaukunst. S. 23 ff.; Christian Norberg-Schulz, Frühe Holzarchitektur in Norwegen. Oslo 1969.
[44] Vgl. H. Reinerth, Federseemoor.
[45] V. H. Pöttler, Führer. S. 168 ff., S. 186 ff.
[46] Ders., Volksarchitektur. S. 44 ff.
[47] Ders., Volksarchitektur. S. 45.
[48] Ders., Führer. S. 83.
[49] Tacitus, Germania. Reclam-Ausgabe Nr. 726, 1968, Kap. 16, S. 16 f.
[50] V. H. Pöttler, Die Alphütte von Mittelargen im Österreichischen Freilichtmuseum. In: Jahrbuch Vorarlberger Landesmuseumverein, 1980/81, S. 21, Abb. 10.
[51] V. H. Pöttler, Volksarchitektur. S. 45.
[52] Ders., Führer. S. 71 ff., S. 87 ff.
[53] Ders., Führer. S. 56 f., S. 59 f.
[54] Ders., Volksarchitektur. S. 45 f., S. 48 f.
[55] Ders., Volksarchitektur. S. 55 f.
[56] O. Moser, Das Pfettenstuhldach (= Veröffentlichungen des Österreichischen Museums für Volkskunde, Band XVII). Wien 1976.
[57] V. H. Pöttler, Volksarchitektur. S. 62 ff.; B. Schier, Hauslandschaften. S. 77 ff.
[58] V. H. Pöttler, Volksarchitektur. S. 63.
[59] F. Kluge, Wörterbuch. S. 650.
[60] V. H. Pöttler, Volksarchitektur. S. 65 ff.

*Jürgen Zwernemann:*
# *Gehöft und Haus bei den Kassena in Obervolta*

Die Kassena, eine Volksgruppe von etwa 80 000 bis 100 000 Menschen, wohnen im südlichen Obervolta an der Grenze nach Ghana zwischen den Kreisstädten Pô und Léo sowie etwas östlich von Pô und südlich der Grenze im nördlichsten Ghana. In dieser für die Trockensavanne typischen Landschaft mit einer Regenzeit, die etwa von Mai bis Oktober dauert, leben die Kassena als Pflanzer. Gleichzeitig halten sie etwas Vieh. Der Feldbau wird mit der Hacke betrieben. Hauptanbaupflanzen sind Hirsearten: Rispenhirse (Sorghum) und Kolbenhirse (Pennisetum) werden in mehreren Varietäten angebaut.

Die Kassena leben in Familienverbänden, in sogenannten erweiterten Familien, die jeweils ein Gehöft bewohnen. Die erweiterte Familie setzt sich aus einem Mann, seinen Frauen, unverheirateten Söhnen und Töchtern, verheirateten Söhnen mit ihren Frauen, unverheirateten Kindern und gegebenenfalls verheirateten Söhnen nebst Familien zusammen. Jüngere Brüder des Gehöftoberhaupts leben oft ebenfalls mit ihren Frauen, unverheirateten Kindern sowie verheirateten Söhnen und deren Familien im gleichen Gehöft[1]. Die erweiterte Familie bildet eine Wohneinheit. Sie ist zugleich Wirtschaftseinheit.

Die Kassena haben keine eigentlichen Dörfer. Ihre Gehöfte liegen in der Landschaft verstreut inmitten von Feldern. Zwischen den einzelnen Gehöften gibt es Verbindungswege. Jedes Gehöft wird, wie erwähnt, von einer erweiterten Familie bewohnt, gelegentlich auch von einem größeren oder auch von einem kleineren Familienverband. Manchmal bewohnt eine Kernfamilie ein eigenes Gehöft, das heißt ein Mann, seine Frau und ihre Kinder. Aus der unterschiedlichen Größe des zusammenlebenden Familienverbandes, der von vier Personen bis zu mehreren hundert Menschen umfassen kann (z. B. im Dorf Guiaro), meist aber wohl 12–30 Personen beträgt, ergibt sich eine unterschiedliche Größe der Gehöfte.

Bereits im vorigen Jahrhundert wird das Gehöft des Dorfhäuptlings von Koumbili erwähnt[2]. Dieses Gehöft zeichnet sich nicht nur durch seine Größe aus, die schon allein durch die bedeutende Größe seines Viehhofes zum Ausdruck kommt, sondern es ist in zwei Etagen gebaut. Zumindest für die Gegenwart ist dies ungewöhnlich. Das Untergeschoß besteht aus einer in die Erde gebauten Grubenwohnung. Die Decke dieses Untergeschosses befindet sich etwa in Höhe des gewachsenen Erdbodens. Dort setzt entsprechend das Obergeschoß an. In diesem sehr alten Gehöft ist das Baumaterial Holz sehr stark vertreten: Starke Gabelhölzer tragen die Decke des Untergeschosses, die von liegenden Baumstämmen gebildet wird und oben mit einer Lehmschicht versehen ist, welche den Fußboden des Obergeschosses bildet. Das Holz hat hier tragende Funktion. Bei dem gewöhnlich ebenerdig errichteten Flachdachhaus hat das Holz in erster Linie in der Dachkonstruktion Bedeutung: Über eine Lage liegender Baumstämme wird eine sie kreuzende Reihe von dünneren Knüppeln gelegt. Eventuell kommen Zweige oder Hirsestengel darauf. Das Ganze wird oben mit einem Lehmestrich versehen. Auch ein solches Flachdach hat selbstverständlich eine gewisse tragende Funktion: Sie muß immerhin einige Menschen tragen können.

Bei großen Kegeldachhäusern ist gelegentlich ein zentraler Pfosten als Träger des Daches vorhanden. Bei einem kleineren Haus wird ein kegelförmiges Gerüst zusammengebunden: Stützende Ringe werden an mehreren Stellen mit dem Kegel verbunden. Die fertige Dachkonstruktion wird auf die Mauern des Hauses gesetzt.

Lehm ist das zweite und mindestens ebenso wichtige Baumaterial. Traditionell wird der

Abb. 1: Gehöft der West-Kassena (Koumbili, Cercle Pô). In der Mitte des Bildes das Schattendach. Aufnahme: Archiv des MfV Hamburg – Dittmer, 1955

Abb. 2: Blick auf einen Teil des Häuptlingsgehöfts im Dorf Guiaro (West-Kassena). Aufnahme: Zwernemann, 1955

Lehm mit Wasser versetzt, mit der Hacke gut durchgearbeitet, geknetet und in Batzen aufeinandergeschichtet. Dabei kann jeden Tag nur eine bestimmte Höhe aufgebaut werden, denn Trockenphasen sind erforderlich, damit nicht alles in sich zusammensackt. Bei einigen speziellen Bauten, wie z. B. Speichern, wird der Lehm mit Grashäcksel durchsetzt. Eine Neuerung ist, daß in Holzformen handgestrichene Lehmziegel hergestellt werden. Diese luftgetrockneten Lehmziegel werden mit einem Lehmmörtel verbunden. Mit diesen Lehmziegeln werden Rechteckhäuser gebaut, die weiter unten erwähnt sind. Gelegentlich werden auch Kegeldachhäuser mit Lehmziegeln aufgemauert. Bei der Verwendung der Lehmziegel kann ein Bau schneller hochgezogen werden als in traditioneller Bauweise, aber seine Haltbarkeit soll schlechter sein als die eines Hauses, dessen Mauer aus Batzen aufgebaut ist.

Als drittes wichtiges Baumaterial ist schließlich Gras zu erwähnen. Trockenes Gras wird zu Matten zusammengebunden, mit denen die Dächer der Kegeldachhäuser gedeckt werden.

Im östlichen Kassena-Gebiet werden die Wände der Frauenhäuser mit Ornamenten verziert, die von den Frauen angebracht werden. Die Bedeutung der Ornamente ist mir

Abb. 3: Zweietagiges Gehöft in Koumbili. Das Kegeldachhaus des Gehöftoberhauptes ist als Etage aufgesetzt. Links das Schattendach, rechts daneben ein Kerbbaum zum Besteigen des Flachdaches. Zu beachten ist ferner der Eingang des Gehöftes. Aufnahme: Archiv des MfV Hamburg – Dittmer, 1955

unbekannt[3]. Sofern eine glättende und zugleich grundierende Wandbearbeitung vorgenommen wird, bietet diese einen Schutz gegen Regen. Auch das Glätten der Wände und Mauern sowie das Stampfen des Bodens fällt in den Tätigkeitsbereich der Frauen.

Rein äußerlich fällt bei den Gehöften der Kassena zweierlei auf: das Vorhandensein von zwei verschiedenen Haustypen (Flachdach- und Kegeldachhaus) sowie der burg- oder festungsartige Charakter der Gehöfte. Letzterer kommt dadurch zum Ausdruck, daß zwischen den einzelnen Häusern am Rande des Gehöftes hohe Mauern den Zugang versperren. Die Gehöfte werden nur durch einen recht schmalen Eingang betreten. Sie sind überhaupt so gebaut, daß sie gut verteidigt werden konnten. Wesentliche Punkte bei der Verteidigung waren die Flachdächer der Frauenhäuser. Die Verteidigung von oben herab verschaffte einen Vorteil: Man kämpfte in günstigerer Position, als wenn man sich mit dem Gegner auf gleicher Ebene befand. Es war in voreuropäischer Zeit dringend erforderlich, daß die Gehöfte zur Verteidigung angelegt waren, denn es handelte sich um ein Gebiet, das früher häufig von fremden Eroberergruppen oder von Gruppen heimgesucht wurde, die Beute und Sklaven machen wollten. Ferner wurden Fehden zwischen nichtverwandten Gruppen kriegerisch ausgetragen. Außerdem bestand immer die Gefahr, daß Frauen geraubt wurden, sei es gegen ihren Willen, sei es auf eigenen Wunsch von ihren Liebhabern. Schließlich ist zu berücksichtigen, daß es in diesem ganzen Gebiet früher Leoparden und Löwen gegeben hat. Das Vieh mußte nachts vor diesen Raubtieren geschützt werden. Auch das wurde durch den festungsartigen Charakter der Gehöfte erreicht.

Die Mauern der Gehöfte sind heute unterschiedlich hoch. Welche Höhe sie früher hatten, als die Gehöfte noch verteidigt werden mußten, wissen wir nicht. Die jetzige Höhe der

Abb. 4: Eingang eines Gehöftes der Ost-Kassena in Kaya (Cercle Pô). Der Konus rechts ist wie die Mauer links mit einigen Löchern versehen, die der Aufnahme der Balken zum Verschließen des Eingangs dienen. Neben dem Konus ist die Mauer offenbar verfallen. Aufnahme: Zwernemann, 1955

Mauern läßt aber vermuten, daß die Verteidigung früher von den Flachdächern aus erfolgte und nicht hinter den Mauern stehend, denn diese wären wahrscheinlich zu hoch gewesen.

Wenn man sich einem Gehöft nähert, kommt man meistens zunächst an einen neben dem Gehöft stehenden großen Baum: den Schattenbaum. Ist kein Baum in der Nähe, wird ein Schattendach direkt neben dem Gehöfteingang errichtet. In den Boden eingelassene Pfosten sind an ihrem oberen Ende gegabelt. Diese Pfosten tragen Balken, auf denen kleinere Hölzer ruhen. Darauf liegen Hirsestengel. Unter dem Schattendach sind stets einige Steine oder Baumstämme als Sitzgelegenheiten. Die Baumstämme liegen entweder einzeln, oder sie sind derart nebeneinandergelegt, daß sie auch als Ruhebett dienen können. Schattenbaum oder Schattendach sind der bevorzugte Platz der Männer, die dort ruhen, plaudern oder kleineren Beschäftigungen nachgehen. Vor allem der Gehöftsälteste sitzt dort gerne und kann Besucher gleich empfangen. Auch Frauen sind dort gelegentlich anzutreffen, wenn sie sich mit kleinen Tätigkeiten befassen, wie z. B. Flechten. Unter einem Schattendach führen die Frauen aber nur selten tägliche Routinearbeiten aus. Dagegen befindet sich unter dem Schattenbaum manchmal ein Mahlstein oder ein Mörser. Dann halten sich Frauen und Kinder dort gerne auf. Der ankommende Besucher setzt sich unter den Schattenbaum oder das Schattendach und wartet, daß jemand kommt, sofern er dort niemanden antrifft. Erst nach einiger Zeit ruft er, um herauszufinden, ob niemand im Gehöft anwesend ist. Trifft er unter dem Schattenbaum oder -dach Gehöftbewohner an, weiß er rasch, ob der Zweck des Besuches zu erreichen ist.

Abb. 5: Viehhof eines Ost-Kassena-Gehöftes. In der Mitte ein Unterschlupf für Hühner. Direkt dahinter und etwas rechts davon Speicher. Der Durchstieg zum Hof des nächsten Frauenhauses ist schön zu sehen. Aufnahme: Archiv des MfV Hamburg – Dittmer, 1955

Abb. 6: Die Wohnbezirke der Frauen sind durch Mäuerchen gegeneinander abgegrenzt. Ost-Kassena. Aufnahme: Zwernemann, 1955

Will man das Gehöft betreten, so geht man durch einen schmalen Eingang, der links und rechts starke Lehmkonstruktionen hat, in die Verschlußbalken eingebracht werden können. Alternativ kann der Eingang links und rechts mit palisadenartigen Pfosten versehen sein, die es ebenfalls ermöglichen, den Eingang zu verbarrikadieren. Ist man durch die Pforte gegangen, so kommt man zunächst in den Viehhof, der tagsüber allenfalls von einigen Hühnern bevölkert wird. Rinder, Schafe und Ziegen weiden im Freien und werden am Abend in den Hof getrieben. Dann wird der Eingang des Gehöftes verschlossen. Im Viehhof stehen Getreidespeicher aus Lehm, eventuell kleine Hühnerställe aus dem gleichen Material, manchmal geflochtene Speicher. Für das Kleinvieh (Schafe und Ziegen) und die Kälber gibt es im Bereich des Viehhofes Kegeldachhäuser. Gegen den Rest des Gehöftes ist der Viehhof mit einer etwa brusthohen Mauer abgegrenzt. Der Boden des Viehhofes ist unbearbeitet. Allgemein liegt nur wenig Mist herum, der regelmäßig gesammelt und auf die das Gehöft umgebenden Felder gebracht wird.

Über eine meist V-förmige Vertiefung der Mauer kommt man in den Wohnteil des Gehöftes. Dabei fällt sofort auf, daß auch in diesem Teil Lehmmauern oder -mäuerchen von mindestens 15–20 Zentimeter Höhe und höchstens Brusthöhe einzelne Bezirke gegeneinander abgrenzen. Eine beliebte Höhe ist offenbar 60–70 Zentimeter. Auch bei diesen Mauern sind V-förmige Durchlasse vorhanden. Diese Mauern trennen die Bezirke der einzelnen Kleinfamilien des Gehöftes ab und innerhalb der Kleinfamilie die Bezirke der einzelnen Frauen gegen die anderer Frauen. Jede Frau hat nämlich ihren festumrissenen Bezirk, den man respektiert und normalerweise nur betritt, wenn die Frau sich darin zeigt. Die sehr unterschiedliche Höhe der die Bezirke der Frauen abgrenzenden Mauern kann ich nicht interpretieren. Die ganz niedrigen Mäuerchen sind allenfalls eine optische Begrenzung, die aber wohl grundsätzlich gegeben ist. Es handelt sich um eine polygame Gesellschaft. Rivalitäten zwischen den Frauen lassen sich vielfach nicht vermeiden. Der Gehöftälteste ist daran interssiert, daß Abgrenzungen vorhanden sind. Letztlich hängt es vom Verhältnis der Menschen im Gehöft zueinander ab, ob die Mauern freizügig überschritten werden können. Solche Begrenzungen sind sicher bedeutungslos, solange die Beziehungen der Gehöftbewohner untereinander normal verlaufen. Wenn aber ein Streit entsteht, ist es wichtig, daß jede Frau gewissermaßen ihr eigenes Territorium hat, dessen Grenzen feststehen.

Eingangs wurde erwähnt, daß es in jedem Gehöft Flachdach- und Kegeldachhäuser gibt. Diese Häusertypen signalisieren gleichzeitig ein geschlechtsspezifisches Wohnen. Die traditionellen Flachdachhäuser werden ausschließlich von Frauen bewohnt, die Kegeldachhäuser von Männern. Über die Ursache kann ich nur spekulieren. Gelegentlich wird zwar behauptet, daß Frauen stärker traditionsgebunden seien und immer mit älterem Kulturgut zu tun hätten. Ich bin einer solchen Aussage gegenüber recht skeptisch. Als einigermaßen sicher ist wohl nur anzunehmen, daß die Gehöfte von den Dächern der Frauenhäuser herab verteidigt wurden.

Die Dächer der Frauenhäuser können mit Hilfe von Kerbbäumen bestiegen werden. Auf diesen Flachdächern wird z. B. Sorghum oder Pennisetum ausgebreitet, um vor dem Dreschen zu trocken. Die Gehöftbewohner schlafen dort gelegentlich in der besonders heißen Jahreszeit, um etwas Kühlung durch den Wind zu bekommen. Im übrigen hält sich normalerweise niemand auf den Dächern auf.

Der Hof des Frauenhauses ist ein Arbeitshof. Dort spielt sich, vor allem in der Trockenzeit, das Leben der Frau weitgehend ab. Am Haus ist gelegentlich eine kleine Lehmbank, die als Sitz oder als Arbeitsfläche dient. An der Hausmauer oder an einer Begrenzungsmauer ist eine Kochstelle, oft mit zwei kleinen Lehmbänken, die den Topf tragen. Sofern der Topf nicht an der Wand genügende Stütze findet, ist der dritte Stützpunkt des Topfes ein Stein. Manchmal bilden auch einfach drei Steine die Kochstelle. Ebenso wie die Häuser sind auch die Höfe vorbildlich sauber. Sie werden oft mehrfach am Tage gefegt und sind jederzeit vorzeigbar.

Jede Frau bewohnt ihr Haus allein mit ihren kleinen Kindern. Größere Buben wohnen im Gehöft gemeinsam in einem Kegeldachhaus. Die Mädchen bleiben, bis sie erwachsen sind, normalerweise bei der Mutter oder bei der Großmutter (Vatersmutter).

Die Hauseingänge sind so niedrig, daß man nur in gebückter Haltung in das Haus gelangen kann. Direkt hinter dem Hauseingang ist eine kleine Lehmmauer von vielleicht 40–50 Zentimeter Höhe, die sich im Bogen um den Eingang herumzieht. Sie hat mehrere Funktionen: Bei starken Regenfällen schützt sie das Haus vor dem Eindringen von Wasser. Außerdem

Abb. 7: Frau an ihrem Arbeitsplatz im Hof. Ost-Kassena, Badongo, Cercle Pô. Aufnahme: Archiv des MfV Hamburg – Dittmer, 1955

hindert sie manche Kleintiere daran, ins Haus zu gelangen. Schließlich bietet sie auch Schutz vor neugierigen Blicken.

Das Frauenhaus ist in zwei Bereiche unterteilt. Vorne befindet sich in Eingangsnähe der eigentliche Wohnraum, in dem in der Regenzeit auch gekocht wird. Meistens ist an einer Wand ein halbzylindrischer Arbeitstisch aus Lehm aufgeführt. In ihn sind Mahlsteine eingelassen, auf denen mit Hilfe von Reibsteinen die Hirse zermahlen wird. Über dem Arbeitstisch hängen eventuell Kalebassenschalen an Nägeln. In der Nähe ist eine Lehmbank, auf der die Töpfe der Frau aufgestapelt sind. Manchmal sind auch bei der Kochstelle Lehmbänke mit Töpfen. Irgendwo hängt ein Netz mit einem Stapel Kalebassenschalen. Eine hohe Mauer grenzt diesen Wohn- und Arbeitsbereich gegen den Schlafbereich ab. Dort befindet sich nicht viel Mobiliar: eine Schlafmatte liegt auf dem Boden. An Haken hängen einige Sachen. Ein oder zwei Körbe und eventuell ein Kasten bergen den persönlichen Besitz der Frau.

Als Rauchabzug dient ein Loch im Dach, das bei starkem Regen mit einem umgestülpten Topf verschlossen werden kann.

Der traditionelle Verschluß des Hauseinganges ist eine aus Gras geflochtene Mattentür. Die vor den Hauseingang gestellte Matte wird strikt respektiert: Sie zeigt an, daß der Bewohner entweder nicht zu Hause ist oder nicht gestört werden will. Niemand wird ein Haus betreten, vor dessen Eingang die Mattentür steht.

Das Kegeldachhaus des Mannes ist nicht in Bereiche unterteilt. Es hat einen einzigen Raum. Früher hatten auch die Kegeldachhäuser niedrige Eingänge. Heute sind sie oft mit annähernd mannshohen Eingängen versehen, oft auch mit einer Holztür. Wer es sich leisten kann, hat ein modernes Bettgestell – in vielen Fällen lokaler Herstellung –, eine Holz- oder

Blechkiste (Koffer), vielleicht ein oder zwei Stühle und eventuell einen Tisch. Vielfach besteht das Mobiliar aber einfach aus einer Matte und einer Kiste.

Der Grundriß des Flachdachhauses ist entweder rund oder oval, gelegentlich auch quadratisch oder etwas rechteckig mit abgerundeten Ecken. Das Kegeldachhaus hat stets einen kreisförmigen Grundriß. Neben diesen traditionellen Häusern gibt es in manchen Gehöften, vor allem bei Häuptlingsfamilien, ein Rechteckhaus (selten mehrere) traditioneller Bauart: das typische sudanische Lehmkastenhaus, das der wahrscheinlich unter islamischem Einfluß entstandenen Stadtkultur zugerechnet werden muß. Solche Gebäude haben manchmal auch Türmchen. Häufiger ist das unter europäischem Einfluß eingedrungene Rechteckhaus. Es wird im Gegensatz zum sudanischen Lehmkastenhaus, das in traditioneller Weise errichtet werden muß, mit Lehmziegeln gebaut und erhält als Dachdeckung Wellblech, während das sudanische Lehmkastenhaus – übrigens ein mehretagiges Haus – ein Flachdach aus Holz und gestampftem Lehm hat. Wenn in einem Gehöft ein Rechteckhaus mit Wellblechdach ist, wird es meistens vom Gehöftoberhaupt bewohnt, manchmal haben aber auch andere Männer des Gehöftes ein solches Haus.

Jede Regenzeit ruft Schäden an den Gehöften hervor, die in der folgenden Trockenzeit eigentlich repariert werden müssen. Normalerweise geschieht das auch. In vielen Fällen unterläßt man aber die Reparatur, wenn man meint, sie sei nicht unbedingt erforderlich. Bei Gehöftmauern mag das gehen. Bei Häusern darf man die Reparaturen aber eigentlich nicht unterlassen. Werden kleinere Schäden nicht repariert, so mag das vielleicht eine zweite Regenzeit gutgehen. Aber eine dritte Regenzeit würde ein so vernachlässigtes Haus wohl nicht überstehen können. Dabei ist gleichgültig, ob es sich um ein Kegeldachhaus oder um ein Flachdachhaus handelt. Beim Kegeldachhaus ist der gute Zustand des Daches eine Grundvoraussetzung für die Erhaltung des Hauses. Wenn nämlich das Dach durchlässig ist und die Feuchtigkeit auf die Lehmmauern einwirkt, dann bricht das Haus bald zusammen.

Gehöfte und Häuser der Kassena gewährleisten ein der Umwelt angepaßtes, funktionsgerechtes Bauen und Wohnen, das auch heute noch seine Berechtigung hat.

## *Anmerkungen*

1 Vgl. hierzu Zwernemann, J., Zur Sozialordnung der Kassena von Pô (Obervolta). In: Tribus. Veröffentlichungen des Linden-Museums, Nr. 12. Stuttgart, Dezember 1963, S. 33–103, bes. S. 37 ff. Ferner: Zwernemann, J., Die Kleingruppe in völkerkundlicher Sicht. In: Matreier Gespräche. Maske – Mode – Kleingruppe. Beiträge zur interdisziplinären Kulturforschung. Wien und München 1981; S. 145–150.

2 Binger, Louis, Du Niger au Golfe de Guinée. Paris 1892. T. II, S. 4 f.

3 Die Frage, ob die Malerei vielleicht nur ästhetische Bedeutung hat, vermag ich nicht zu beantworten. Allerdings legt die Interpretation von Ornamenten bei anderen Völkern der Volta-Gruppe wie auch bei den Dogon und Bambara nahe, daß die Ornamente auch bei den Kassena zumindest ursprünglich einen Sinngehalt gehabt haben dürften.

# Matreier Gespräche 1982

## *»Tradition und Familie«*

*Michael Freyer:*

# *Kulturgeschichtliche Aspekte der durch Friedrich Eberhard von Rochow maßgeblich beeinflußten Volksschulentwicklung*

## *1. Zum Wechselbezug zwischen Erziehung und Kultur*

Die Geschichte der im 18. Jahrhundert sich intensivierenden Volksbildungsbestrebungen ist bisher – wie die Geschichte der pädagogischen Theorien und des Erziehens überhaupt – in der Regel allein in Hinsicht auf die Schulentwicklung oder als Funktion kultureller Differenzierungen analysiert worden. Hingegen wird die historische Pädagogik – abgesehen von den aber überwiegend gegenwartsbezogenen bildungsökonomischen und bildungssoziologischen Fragestellungen und von entsprechenden Diskussionen während des 18. und 19. Jahrhunderts (vgl. z. B. J. G. Krünitz 1794, 1 ff; Fr. Schleiermacher zit. bei E. Müsebeck 1918, 28) – kaum in der neueren Literatur unter dem Aspekt ihrer Wirksamkeit innerhalb gesamtkultureller Entwicklungen betrachtet (vgl. zur grundlegenden Diskussion dieses Fragenkreises z. B. die gegensätzliche Argumentation in M. J. Bowman / C. A. Anderson 1963 und in F. Harbison / Ch. A. Myers 1964). Außerdem wird vielfach dabei die kulturgeschichtliche Bedeutung der philanthropischen Pädagogik zu gering eingeschätzt, weil man noch weitgehend nach unmittelbar kausallinear nachweisbaren Wirkungen sucht (vgl. z. B. G. Petrat 1979, 322 f., und die Gegenposition hierzu bei P. Lundgreen 1980, I, 22 f.).

Zweifellos waren jedoch die im 18. Jahrhundert sich deutlich verstärkenden Prozesse des Aufbaus eines Normenpluralismus, einer ansteigenden räumlichen, gesellschaftlichen sowie geistigen »Mobilität« breiterer Volksschichten und die Demokratisierungstendenzen in hohem Grade auch von einer Ausbreitung schulischer Erziehung abhängig. Die philanthropische Volksschulreform und -idee des 18. Jahrhunderts unterstützten unter anderem durch Anbahnen neuer kultureller Bedürfnisse bei den unteren Volksgruppen – was z. B. im Anwachsen deutschsprachiger Literatur, an dem im 18. Jahrhundert die populärwissenschaftlichen Bücher einen hohen Anteil hatten, nachweisbar wird (vgl. z. B. Kapp, Fr. / Goldfriedrich, J. 1886, I, Tafel 1; Schottenloher, K. 1952, II, 479) – jene sozio-kulturellen Entwicklungen.

Sofern sich einerseits im subhumanen Feld Vorformen von »Erziehung« und »Kultur« feststellen lassen, konnten sich andererseits im Humanbereich diese Prozesse, weil hier nicht genetisch fixiertes Wissen zu tradieren war, überhaupt nur in engem Wechselbezug entfalten. Die Ethologie verwendet zum Teil den Begriff »Kultur« für nicht genetisch vorprogrammierte Anpassungsleistungen des Individuums an seinen Lebensraum uneingeschränkt im subhumanen Bereich (vgl. O. Koenig 1982, 9 ff.). Grundfaktoren dieser Kulturentwicklungsprozesse waren mit Sicherheit die Lernfähigkeit und Bedürfnisse der Minimalexistenz. Trotz der wegen qualitativer Unterschiede von subhumanen abzugrenzenden humanen Formen der Erziehung und Kultur ist es doch offensichtlich, daß auch diese Prozesse im menschlichen Bereich ihre geschichtliche Grundlage in subhumanen und ursprünglich voneinander selbständigen Vorformen hatten, wobei die Entwicklung konstitutiver Merkmale der Erziehung wie »Fürsorge« und »Pflege« der Nachkommenschaft dem Entstehen der Kultur im engeren Sinne vorausging. So ist es berechtigt, in der hier intendierten Untersuchung »Erziehung« und »Kultur« voneinander zu unterscheiden und aufeinander zu beziehen (vgl. M. Liedtke: Einführungsreferat zu den »Matreier Gesprächen« 1982).

Da die kulturgeschichtliche Bedeutung der Pädagogik und des Erziehens, hier speziell der philanthropischen Pädagogik Rochows, selbstverständlich nicht kausallinear nachweisbar wird, sind in die Wirkungsanalyse möglichst viele Faktoren aus dem Komplex der Entwicklungstendenzen innerhalb der Gesamtkultur und der Wissensakkumulation einzubeziehen (vgl. P. Flora in U. Herrmann 1977, 427)[1]. Eindimensionale Korrelation zwischen Wissens- und Kulturentwicklungen, wie sie z. B. auch die geistesgeschichtlich orientierte Kulturtheorie M. Webers und seiner Schüler nicht vermied, sind auszuschließen.

## *2. Europäische Bildungsbewegung*

### *2.1 Zur Entwicklung einer neuen Volksschulkonzeption*

Auf der Grundlage wissenschaftlicher, gesellschafts- und wirtschaftspolitischer, sozialethischer sowie rationalistischer Tendenzen (vgl. W. Philipp 1957, 31, 47, 85 ff.; Fr. W. Kantzenbach 1965, 44 ff., 49 ff., 128–132, 153; 1966, 38 ff., 58, 75; A. Schlingensiepen-Pogge 1967, 69) entstand in der zweiten Hälfte des 18. Jahrhunderts eine sich von der Volksschulidee der Reformationszeit und des Pietismus – besonders durch Modifizierung des im 17. Jahrhundert entwickelten pädagogischen Ziels der Allgemeinbildung – abhebende neue Volksschulkonzeption. Die Realisierung dieser Pläne wurde zwischen 1770 und 1815 – also während der unmittelbaren Wirksamkeit der philanthropischen Bildungsbewegung – in vielen Regionen des deutschsprachigen Raumes hauptsächlich durch neue Schulordnungen, Einrichtungen von Seminaren und »Normalschulen«, Lehrerkonferenzen und -lesegesellschaften zur Verbesserung der Lehrerbildung, Gründung von Lehrervereinen (nach 1790) und Konstitution spezieller Schulbehörden eingeleitet (vgl. H. Aubin / W. Zorn 1971, I, 605). Wegen vielfältiger Widerstände (z. B. finanzielle, sozialpolitische Probleme, zu geringe Lehrerausbildung) war die Volksschulreform bzw. die Verbreitung neuer Landschulen während des 18. Jahrhunderts lediglich punktuell, das heißt durch wenige Musterschulen verwirklicht worden, wenn sich die Aufklärungspädagogik der Philanthropen, in deren Rahmen die religiös bestimmte Didaktik F. E. von Rochows einzuordnen ist (gemäßigte Aufklärungstheologie), auch keineswegs isoliert, sondern im Kontext einer im späten 16. Jahrhundert wurzelnden europäischen Bildungsbewegung entfaltete.

### *2.2 Erweiterung des Leserkreises*

Die methodischen Konzeptionen der Flugblätter und Zeitungen des 16. und 17. Jahrhunderts (vgl. K. Schottenloher 1951, I, 169; 1922, 88, 92, 97; H. A. Münster 1960, 3 ff.; W. Brückner 1974, 45 ff., 579 ff., 629), besonders aber ein während dieser Zeit erweitertes Angebot an populärer Literatur belegen, daß zumindest breitere *bürgerliche* Gruppen an den wissenschaftlichen Diskussionen Anteil nehmen wollten (vgl. K. Schottenloher 1952, II, 325; J. Dolch 1959, 267).

Die Gründung von Akademien seit dem 17. Jahrhundert, die erstens das Ziel hatten, die Wissenschaftsentwicklung auf den gesellschaftlichen Nutzen auszurichten, zweitens den Wissensaustausch unter den Gelehrten zu fördern und drittens das akkumulierte technisch-funktionale Wissen auszubreiten und technische Erfindungen anzuregen sowie die Gründung ökonomischer, literarischer und patriotischer Gesellschaften und die – seit Einführung der zum Teil englischen Mustern nachgestalteten belehrenden Journale – ständig zunehmende Anzahl der Jugendschriften, der Volksliteratur und profaner Lesebücher für den Unterricht verdeutlichen das Anwachsen dieser Bildungsbewegung: »Noch nie vorher hatte das deutsche Volk so viel gelesen wie in der zweiten Hälfte des 18. Jahrhunderts« (K. Schottenloher 1952, II, 337).

In der philanthropischen Pädagogik suchten diese bürgerlichen Schichten stufenweise die ihnen sozial untergeordneten Gesellschaftsgruppen durch Verbesserungen in der Didaktik (lebenspraktische Inhalte) und Methodik (Beachtung der emotionalen Lernkomponente und des notwendigen Rückbezugs des begrifflichen Lernens auf eigene Erfahrungen) zu schulischer Ausbildung zu motivieren.

### *2.3 Neue Medien*

Mit Holzschnitten illustrierte Bücher, wie sie seit 1460 nachweisbar sind, und bebilderte Flugblätter über Wunderzeichen und Himmelserscheinungen hatten den Lesehunger breiterer Schichten angeregt, Buch und Zeitung in weite Kreise eindringen lassen (vgl. K. Schottenloher 1951, I, 135, 175). Die deutschsprachige volkstümliche Literatur umfaßte seit dem 17. Jahrhundert neben den »Volksbüchern« im engeren Sinne, wie sie seit dem 15. Jahrhundert entstanden waren, Sagenbücher, Fabelsammlungen, Gesundheitsanweisungen, Traum- und Rätselbücher, Schwankbücher, geschichtliche, naturgeschichtliche und geografische Schriften, Lebensbeschreibungen, Robinsonaden, Kalender, Lexika und Enzyklopädien, Andachtbücher, Erbauungsschriften und Predigtsammlungen (vgl. J. Görres 1807, 16, 27, 30, 39, 53, 83, 85, 173–176; K. Simrock 1892, VII; K. Schottenloher 1952, II, 290 f., 354; 1951, I, 129, 136, 267; J. Dolch 1959, 267 f.; Fr. Kapp / J. Goldfriedrich 1908, II, 70 f.; Fr. W. Kantzenbach 1965, 60 f.; 1966, 25).

Die europäische Bildungsbewegung schuf sich eine Reihe zusätzlicher Medien zur Realisierung ihrer Ziele, besonders Zeitschriften und Zeitungen. Ab 1713 wurden in vielen deutschen Städten sozialerzieherische Wochenschriften gedruckt. Um die Mitte des 18. Jahrhunderts folgten die zahlreichen Publikationsorgane der ökonomischen, literarischen und patriotischen Bildungsvereine. Die Anzahl der »unterhaltenden und belehrenden Zeitschriften« wuchs in der zweiten Hälfte des 18. Jahrhunderts rasch an und dominierte zwischen 1790 und 1870 im Bereich der periodischen Literatur. Dabei erweiterte sich der Leserkreis nach 1790 deutlich über die bürgerlichen Schichten hinaus.

### *2.4 Entwicklung neuer Wissenschafts- und Unterrichtsmethoden*

Die Methode der Wissensentwicklung war schon seit dem 13. Jahrhundert, und zwar durch die Abgrenzungs- und Harmonisierungsversuche zwischen Theologie und Philosophie, ins Zentrum der wissenschaftlichen Diskussion gerückt worden. Seit R. Descartes und den Fortschritten der naturwissenschaftlichen Induktion am Ende des 16. und im Laufe des 17. Jahrhunderts gewann die Frage nach der rechten Methode steigendes Interesse (vgl. J. Dolch 1959, 266).

Im 16. Jahrhundert bahnte sich zusätzlich die kulturgeschichtlich wirksame Erkenntnis der Bedeutung der Methode für Traditionsprozesse an, und im 18. Jahrhundert entstanden daraus Didaktik und Pädagogik als sich allmählich verselbständigende Wissenschaftsgebiete.

Zu der im 17. Jahrhundert verwendeten Wissenschafts- und Unterrichtsmethode des Tabellierens kamen zu Beginn des 18. Jahrhunderts, besonders im kirchlichen Volksbildungsbereich, aus verschiedenen Traditionssträngen weiterentwickelte Formen des Dialogs und der Tatbeispielgeschichte hinzu. Zweifellos förderten diese den Adressaten adäquateren Strategien der Wissensvermittlung und die kindgemäßere Didaktik die stetige Erweiterung des Leserkreises und die Zunahme der Lernbereitschaft in allen Volksschichten.

Die wichtigsten neuen Lehrweisen des 18. und frühen 19. Jahrhunderts waren Hähns »Berlinische Methode«, Felbigers »Zusammenunterricht«, die »Bell-Lancaster-Methode« und Pestalozzis »Elementarunterricht«. Sie unterstützten sich wechselseitig, da sie in zukunftsweisenden Tendenzen übereinstimmten. Die Ausbreitung der »Berlinischen Methode« erfolgte vor allem durch den Erlaß des preußischen »General-Landschul-Reglements« (1763), der die Einführung dieser Lehrweise anordnete. F. E. von Rochows Didaktik war ebenso wie J. I. von Felbigers »Zusammenunterricht« eine Weiterentwicklung dieser »Berlinischen Methode«.

## *3. Zur Lesebuchentwicklung*

### *3.1 Didaktische Ziele*

Während es noch um 1750 nur eine kleine Anzahl Jugendschriften, Lehr- und Lesebücher für Elementarschulen gab, kam es in der Zeit, als Rochow sein Lesewerk veröffentlichte, durch die philanthropische Bildungsbewegung zu einem sprunghaften Anwachsen dieser Literaturgattungen; z. B. wurden allein in der von F. Nicolai in Berlin herausgegebenen »Allgemeinen deutschen Bibliothek« zwischen 1765 und 1791 über 420 neue Jugend- und Schulbücher rezensiert (vgl. S. Köberle 1972, 76–92, 99, 120 f., 132–134, 146–149, 175–193).

An den seit den siebziger Jahren des 18. Jahrhunderts aufgelegten neuen Lesebüchern für Bürger- und Landschulen werden die zum Teil während der zweiten Hälfte des 17., besonders aber im Laufe des 18. Jahrhunderts – unter anderem durch einen Gedankenaustausch zwischen Erziehungspraktikern – gesammelten pädagogisch-didaktischen Erfahrungen erkennbar (das wichtigste Medium dieses Austausches war eine rapid anwachsende Anzahl pädagogischer Zeitschriften; vgl. G. Petrat 1979, 19 ff.): Es gelang, adäquatere Prinzipien für die Auswahl und Darstellung der nunmehr verstärkt die Realia einbeziehenden Unterrichtsstoffe zu finden. Die Bildungsintentionen dieser neuen Unterrichtswerke richteten sich hauptsächlich auf je zwei materiale und formale Ziele, die geeignet waren, den Kreis der an Schulbildung Interessierten zu erweitern:

1. Es sollte Einsicht in die Grundlagen kommunikativer Ordnungen vermittelt werden (politische Bildung) und dieses Wissen um die jeweiligen Rechte und Pflichten zu verstärktem Einsatz für die Gesellschaft, für den »Staat« motivieren (Arbeitserziehung).
2. Es wurde eine lebensnahe Bildung intendiert, wofür man vor allem Informationen über grundlegende Kenntnisse aus allen für den jeweiligen Adressatenkreis wichtigen Berufen einsetzte (Steigerung beruflicher Flexibilität).
3. Das erste formale Ziel war die Schulung elementarer Denkvorgänge, das Bemühen um den Aufbau »klarer Begriffe«, verbunden mit dem Versuch, Dogmatismus, abergläubische Vorurteile und ein Festhalten am Althergebrachten aufzulösen.
4. Das zweite formale Ziel war die Schärfung des Gewissens und die emotionale Fundierung und Einübung kommunikativer Verhaltensweisen unter Berücksichtigung vorgegebener emotionaler Wertanschlüsse.

Die neuen Lesewerke waren im Bereich kleinerer städtischer Elementar- und der Landschulen die ersten Lehrbücher überwiegend bzw. rein profanen Inhalts (vgl. H. Göbels 1974, 78–97). Diese Lehrmittelentwicklung hat sicher nicht wenig zur Alphabetisierung und durch das hierbei ausgebreitete, den geistigen Horizont erweiternde Sachwissen sowie durch die Schulung diskursiven Denkens zur geistigen »Mobilisierung« breiterer Volksschichten beigetragen, die Entwicklung eines Normenpluralismus und Demokratisierungstendenzen gefördert (s. Kap. 6).

### *3.2 Methodische Konzeption*

Die Erweiterung des Leserkreises und der an einer Schulbildung Interessierten resultierte nicht zuletzt aus den durch die Philanthropen verbesserten Unterrichtsmethoden, die z. B.

den Leselehrgang verkürzten und effektiver machten, indem dabei Sachinformationen vermittelt wurden.

In den Lehr- und in den Lesebüchern dieser Epoche lassen sich acht methodische Hauptkonzepte voneinander unterscheiden:

1. das Tabellieren im Stile einer kategorialen Aufgliederung von Wissensblöcken und Begriffsfeldern (vgl. z. B. G. Ch. Reccard 1765; N. N.: Vorbereitung zur Erlernung der nützlichsten Wissenschaften, 1771; K. T. Thieme 1776);

2. der fortlaufende Lehrvortrag, der zum Teil größere Wissensgebiete abrißartig zusammenfaßte (vgl. z. B. J. D. Herrnschmid 1720);

3. der fiktive Lehrdialog (z. B. J. J. Strohmeyer 1730; J. G. Schlosser 1771);

4. die innerhalb der Tradition der Exempelbücher stehende Lehrweise der Tatbeispielerzählung (z. B. J. Hübner 1714; J. F. Schöpperlein 1766; J. J. Rambach 1771);

5. spezielle Methoden der Sozialerziehung, die Verhaltensmuster durch Bilder, biblische und volkstümliche Sprüche, Gebete oder Lieder in einprägsamer Weise darzustellen und zu bekräftigen suchten (z. B. A. Kyburz 1737; J. I. v. Felbiger 1776);

6. eine Mischung aus Lese- und Stilregeln sowie literarischen Texten (z. B. H. Braun 1771);

7. Sammlungen aus der Unterhaltungs- und Jugendliteratur (z. B. N. N.: Lesebuch für Kinder, 1776);

8. »Namenbüchlein« (z. B. N. N.: Namen-Büchlein, samt den Zucht-Regeln: Der lieben Evangelischen Schul-Jugend, zu Übung des Buchstabierens, und Anfang des Lesens abgefaßt. 1766) enthielten Erläuterungen zu Namen aus der Bibel und aus der Kirchengeschichte. Rochow wählte aus diesen Konzepten die verbreitetste und volkstümlichste aus, und zwar die Methode der Tatbeispielgeschichte, und kombinierte sie vor allem mit den oben unter Punkt 3 und 5 genannten stilistischen Formen.

*3.3 Rochows kreative Leistung*

Etwa gleichzeitig mit Rochows Lesewerk waren einige methodisch teilweise ähnlich gestaltete Lesebücher entstanden, z. B.

1768 J. G. Sulzers »Vorübungen zur Erweckung der Aufmerksamkeit und des Nachdenkens«,
1771 J. G. Schlossers »Katechismus der Sittenlehre für das Landvolk«,
1771 ff. J. B. Basedows Lesebücher,
1772 F. Ch. Weisses »ABC- und Lesebuch«,
1776 N. N. »Lesebuch für die Kinder zur Beförderung edler Gesinnungen«,
1776 K. T. Thiemes »Erste Nahrung für den gesunden Menschenverstand«.

Rochow ließ sich beim Konzipieren seines Lesebuchs zweifellos besonders von den Lesewerken Sulzers, Basedows und Weisses beeinflussen: Er stellte die Tatbeispielgeschichte in den Mittelpunkt, indem er nach den pädagogischen Forderungen der philanthropischen Bewegung Information mit Sozialerziehung zu verknüpfen suchte, und setzte an die Stelle einer Ordnung des Stoffes nach wissenschaftlich-systematischen Gesichtspunkten und eines zusammenhängenden Lehrvortrags – wie er in den kompendienartigen Lesewerken, die nach 1763 erschienen waren, vorherrschte – ähnlich wie in den Lesebüchern von Sulzer und Weisse eine Palette selbständiger Erzählungen. Stilistisch orientierte sich Rochow dabei an einer gehobenen Umgangssprache, wie sie Ch. F. Gellert in seinen Fabeln und Weisse in den Erzählungen seines Lesebuchs verwendet hatten.

Rochows schöpferische Leistung bestand vor allem darin, daß er die stilistischen und inhaltlichen Anregungen der sozialerzieherischen Journale, der seinerzeitigen Kinderbücher und der vorgenannten Lesewerke der Philanthropen in einem ersten Lehrbuch für die Landschulen zu verwirklichen suchte.

*3.4 Vermittlungsmotive*

In Rochows 1776 erschienenem Lesebuch »Der Kinderfreund« lassen sich acht verschiedene Motivgruppen voneinander unterscheiden: An erster Stelle rangierten die sozialerzieherischen Werte und Normen; es folgten Arbeitstugenden, Intentionen der Verstandesbildung, Motive religiöser Unterweisung, primär individualethische Werte, allgemeinbildende Informationen, Motive haushälterischen Umgangs mit der Natur und mit alltäglichen Gebrauchsgegenständen und an letzter Stelle Grundorientierungen für die Erziehung.

Innerhalb der vorrangig vermittelten sozialerzieherischen Werte und Normen, die sich von primär individualethischen wie Zufriedenheit und Gesundheit abheben lassen, dominierten Intentionen, die Gefühle der Solidarität zwischen allen Ständen anbahnen wollten, zur Realisierung »christlicher« Pflichten wie »Menschenliebe«, Wohltätigkeit, Verantwortung gegenüber der Gemeinschaft, zu Gerechtigkeit, zum Gehorsam gegenüber Eltern, Lehrern und Vorgesetzten aufriefen. Im Gebiet der Arbeitstugenden wurde vorrangig an Fleiß, Achtsamkeit und kluges Handeln appelliert. Die »Verstandesbildung« beinhaltete unter anderem Hinweise auf die Notwendigkeit kausalen Denkens, einer Überwindung von Vorurteilen und der Beherrschung der Kulturtechniken. Die sich hier 1776 noch an vierter Stelle der Rangordnung der Erziehungs- und Unterweisungsmotive behauptenden religiösen Ziele richteten sich primär auf *tätige* Anerkennung der gottgewollten Ordnungen. Außerdem wurden »nützliche« Informationen aus den Bereichen Landwirtschaft, Allgemeine Geografie, Tier- und Pflanzenkunde sowie Allgemeine Biologie vermittelt.

Ein als zweiter Text in Rochows Lesebuch eingefügtes Gebet enthielt eine Zusammenfassung der vorgenannten zentralen Motive:

»Behüt uns, Gott! für Landesnot,
Gib uns Gesundheit, hilf uns Brot
Durch klugen Fleiß erwerben!
Der Obrigkeit gehorsam sein,
Und Gutes lieben, Böses scheun,
Froh leben, selig sterben.«
(Kinderfreund 1776, Nr. 2, Vers 2.)

*3.5 Entwicklung der »Katechetik«*

Primär aus der pietistischen Dialogmethode entstand in der ersten Hälfte des 18. Jahrhunderts das entwickelnde Lehrgespräch (vgl. G. Petrat 1979, 215 f., 233), das man seinerzeit wegen oberflächlicher struktureller Ähnlichkeiten mit der sokratischen Mäeutik innerhalb der philanthropischen Pädagogik häufig als »Sokratik« bezeichnete. Zu den Grundprinzipien dieser Methode gehörte es, daß der Lehrer wie Sokrates scheinbar auf seine Rolle als »Lehrmeister« verzichtete, sich mit den Schülern »auf eine Stufe stellte« und zum geselligen und freundlichen Partner wurde, der durch geschickte Fragen das Gespräch möglichst unauffällig so lenkte, daß der Schüler an eigene Erfahrungen und Einsichten erinnert und stufenweise zu immer differenzierteren begrifflichen Erkenntnissen geführt wurde. Er sollte dabei – trotz der Gesprächsleitung durch den Lehrer – den Eindruck gewinnen, er habe das neue Wissen, die neue Erkenntnis selbständig gefunden. Nur so schien die Gewähr dafür gegeben, daß verhaltenswirksame Einsichten entstanden (vgl. K. F. Riemann 1792, 56 ff.).

In Fortsetzung der scholastischen Lehrtradition orientierte sich das »Katechisieren« weitgehend an Texten (was ja bei der seinerzeit geringen Lehrerausbildung nicht anders sein konnte). Auch bei Rochow blieb deshalb das Lehrgespräch über Texte aus seinem Lesebuch die wichtigste Schularbeit (Rochow 1797 in J./W. II, 338). Solche Unterrichtsgespräche aus Rochows Modellschule in Reckahn wurden zum Teil protokolliert und in Fachbüchern sowie Zeitschriften verbreitet (vgl. J. G. Krünitz 1794, 318 ff.; K. F. Riemann 1792, 56 ff.): Es zeigt sich, daß die Ausführung der Dialogmethode in der Regel insofern hinter deren Theorie zurückblieb, als das Lehrgespräch nur selten beim Schüler das intendierte Problembewußtsein erzeugte, sich vielmehr weithin mit einem Abfragen von Inhalten der Begriffe aus den vorher gelesenen Erzählungen des Lesebuchs begnügte. Gelegentlich gewannen die Fragen aber in kulturgeschichtlich bedeutsamer Weise den Charakter echter Impulse: Es wird zum Teil überliefert, daß Rochows Reckahner Lehrer zum Teil Fragen offen ließ und dadurch ein Problembewußtsein, Kritikfähigkeit anzubahnen suchte (vgl. G. Petrat 1979, 224).

### *4. Rochows Einfluß auf die Volksschulentwicklung*

#### *4.1 Verbreitung der Rochowschen Unterrichtswerke*

Rochows Lesebuch wurde bis 1805 in 14 vom Verfasser autorisierten Auflagen und nach 1780 bis 1852 in über 70 Bearbeitungen sowie in einer nicht mehr erfaßbaren großen Anzahl von Nachahmungen veröffentlicht. Außerdem sind 13 Nachdrucke aus der Zeit zwischen 1776 und 1823 sowie 8 Übersetzungen aus dem Zeitraum zwischen 1778 und 1882 überliefert (vgl. F. Jonas / F. Wienecke 1909, III, 478–515). Seit Beginn der achtziger Jahre des 18. Jahrhunderts waren die Bearbeitungen von Rochows Lesebuch nahezu gleichmäßig über das gesamte Gebiet Deutschlands verteilt. Nach dem Zeugnis seinerzeitiger pädagogischer Schriftsteller war Rochows Lesebuch wohl schon um die neunziger Jahre des 18. Jahrhunderts fast überall verbreitet und nicht allein in Land-, sondern auch in Bürger- und in Industrieschulen sowie innerhalb der Hofmeistererziehung der oberen Schichten eingeführt (vgl. F. A. Junker 1787/88, 12; S. Baur 1790, 367; J. G. Lorenz 1785; F. Bünger 1898, 155; H. Rommel 1968, 222).

Den größten Einfluß hatte es offensichtlich zwischen 1800 und 1835. Die meisten Neuauflagen erschienen im Zeitraum 1800 bis 1810. Erst nach 1871 wurde es aus den Volksschulen verdrängt. Einzelne Texte dieses Lesewerks waren aber noch in vielen literarischen Lesebüchern des ausgehenden 19. Jahrhunderts enthalten; so blieb es also über 100 Jahre lang wirksam, und schon allein deswegen ist anzunehmen, daß es kulturgeschichtliche Bedeutung hatte.

Die Gesamtauflagenhöhe betrug zwar nach fünf Jahren nur 40 000 Exemplare (vgl. Rochow 1781 in F. Jonas / F. Wienecke 1907, I, 358), aber bis in die Zeit der siebziger Jahre des 19. Jahrhunderts dürfte es – dem Ausbau des Volksschulwesens entsprechend – in einer Gesamtauflagenhöhe von mindestens einigen 100 000 Exemplaren gedruckt worden sein (bei Einbezug der Nachahmungen waren es wohl mehr als 1 Million Exemplare). So beeinflußte es die gesamte philanthropische Volksschulreform.

#### *4.2 Einfluß auf die Lehrerausbildung und auf Musterschulen*

Rochows Reckahner Modellschule und seine didaktischen Schriften hatten einen nachweisbar bedeutenden Einfluß auf die Lehrerbildung im gesamten deutschsprachigen Raum. Dabei überragte die Bedeutung des Rochowschen Lesebuchs in Verbindung mit seinem Reckahner Schulmodell bei weitem diejenige seiner anderen didaktischen und mehr für die Hand des Lehrers gedachten Schriften, die fast nur in Stadtschulen und in einigen Lehrerseminaren eingeführt waren.

*5. Bedingungen der langen Wirksamkeit von Rochows Lesebuch*

Ein vielschichtiger Bedingungskomplex unterstützte die lange Wirksamkeit dieses Lesebuchs, so daß es einen nachhaltigen Einfluß auf die Kulturentwicklung ausüben konnte:

1. die bei den seinerzeitigen Finanzierungsproblemen der Land- und Volksschulentwicklung wichtige *Wohlfeilheit;*

2. die im Gegensatz zu den seit Ende des 18. Jahrhunderts in großer Zahl erschienen mehrbändigen kompendienartigen Lesewerken günstige *Stoffbegrenzung,* zumal ja bis weit ins 19. Jahrhundert hinein die Landschulen vielfach nur im Winter besucht wurden.

3. Ein Großteil der jüngeren Volksschullesebücher erreichte lange Zeit nicht mehr die relativ *kindgemäße Sprache* des Rochowschen Lesewerks.

4. Die Lehrer hatten sich offenbar weithin selbständig an diesem Schulbuch didaktisch und methodisch ausgebildet oder waren in den Lehrerbildungsinstitutionen an Hand dieses Schulbuchs für ihren Beruf vorbereitet worden.

5. Die von Rochow in seinem Schulbuch verwirklichten grundlegenden didaktischen Zielsetzungen blieben auch über die Restaurationsepoche hinaus im 19. Jahrhundert gültig.

6. Da ein Großteil evangelischer Pfarrer in der Schulaufsicht noch zumindest bis in die dreißiger Jahre des 19. Jahrhunderts hinein an der Aufklärungstheologie orientiert war, fand dieses Buch auch auf den unteren Ebenen der kirchlichen Hierarchie Befürworter und wurde in der Restaurationszeit der Einführung neupietistisch und orthodox bestimmter Lesebücher vorgezogen.

7. Wegen der religiösen Grundtendenzen entsprach das Buch der Einstellung des weitgehend konservativen Adressatenkreises der Landbevölkerung und wurde so leichter akzeptiert als rein profane Lesewerke.

8. Zufolge dieser religiösen Grundtendenz duldete die Obrigkeit die Einführung dieses Buches auch offensichtlich vielfach während der Restaurationszeit.

9. Die Schulbürokratie war in vielen Regionen noch zumindest bis in die vierziger Jahre der Restaurationsepoche hinein weitgehend von den Ideen der Aufklärungsbewegung bestimmt, widersetzte sich einer Einschränkung der Volksschulentwicklung und ließ deshalb weiter Lesebücher der Aufklärungspädagogen in den Schulen verteilen.

10. Sicher trugen zur langen Wirksamkeit dieses Schulbuchs auch die weitgehende Souveränität lokaler Schulpatrone und regionale Entwicklungsdifferenzen im Volksschulwesen viel bei. Zur Einführung der neuen Methode des Unterrichtsgesprächs und zur Ablösung der religiösen Schriften als Lehr- und Lesebücher war Rochows Lesewerk besonders geeignet, weshalb es z. B. in dem damals in bezug auf die Volksschulentwicklung zurückgebliebenen hannoverschen Raum noch bis ins letzte Drittel des 19. Jahrhunderts in Gebrauch blieb (vgl. H. Göbels 1979, 160).

11. Vielfach widersetzten sich die Eltern der Einführung neuer Lesebücher und veranlaßten dadurch Neuauflagen der ihnen bekannten Lesewerke.

12. Die endgültige Verdrängung während der siebziger Jahre des 19. Jahrhunderts war in erster Linie nicht durch neue didaktische Konzeptionen als vielmehr durch eine intensivere Neuproduktion von Lehrmitteln und durch den mit dem Bemühen um Vereinheitlichung des Schulwesens zusammenhängenden Versuch, ältere Lehrbücher auszuscheiden, bedingt. Das Deutsche Reich konnte z. B. auf der Pariser Weltausstellung (1878) ein im Gegensatz zur Wiener Weltausstellung (1873) bereits deutlich erweitertes Lehrmittelangebot vorweisen (vgl. Ch. Berg 1973, 155 f.); außerdem beabsichtigte man nunmehr, Lese- und Lehrbücher stärker voneinander zu differenzieren, weil sich der Sachunterricht auffächerte.

## *6. Zur kulturgeschichtlichen Bedeutung*

### *6.1 Normenpluralismus*

Ein Vergleich früher mit späteren von Rochow autorisierten Auflagen seines Lesewerks belegt (Verschiebungen in der Rangordnung der religiösen Unterweisung innerhalb der Skala der Vermittlungsmotive; vgl. z. B. den Text »Die gute Magd« in den Auflagen des »Kinderfreundes« von 1776 und 1805), wie sich im ausgehenden 19. Jahrhundert während weniger Jahrzehnte und damit sicher gefördert durch die neuen Lesebücher und populären Schriften der Aufklärungspädagogen, die auf vielfachen Wegen – sei es als Lehr- und Lese-, als Volks- und Lehrerhandbücher oder als Jugendschriften – die Volksbildung beeinflußten, im Elementarschulbereich eine allmähliche Auflösung der nachreformatorischen Verbindung religiös-konfessioneller Zielsetzungen mit profanen Bildungsaufgaben abzeichnete. Auf dem Fundament der philanthropischen Erziehungs- wie ihrer Öffentlichkeitsarbeit und Erwachsenenbildung breitete sich – unter anderem unterstützt durch die Aufklärungstheologie, die sich in Preußen bereits bis 1790 durchgesetzt hatte (vgl. A. Schlingensiepen-Pogge 1967, 13) – eine stufenweise immer stärker von säkularen Prinzipien geleitete Moral aus.

Philanthropismus und Aufklärungstheologie intensivierten dabei Tendenzen, die sich zumindest bis ins 16. Jahrhundert zurückverfolgen lassen, insofern als für die Anbahnung einer stärker säkular bestimmten Ethik besonders vier Faktoren maßgebend waren:

1. die durch Fortschritte in der Naturwissenschaft bedingten Glaubenserschütterungen (Zerstörung des ptolemäischen Weltbildes) und eine sich in Verbindung hiermit seit dem 17. Jahrhundert intensivierende Diesseitsorientierung, eine auf alle Bereiche sich auswirkende neue Wissenschaftstheorie (Vorrang der Induktion);

2. die sich besonders nach dem Dreißigjährigen Krieg verstärkende primär politisch motivierte Forderung religiöser Toleranz, die den Aufbau eines die Konfessionen übergreifenden Staatsbewußtseins ermöglichen und innenpolitische Ruhe sichern sollte;

3. die sich in der Zeit nach den das christliche Liebesgebot in Frage stellenden Glaubenskriegen intensivierenden theologischen Versuche, durch Rekonstruktion des Kerngehalts des Christentums die ursprüngliche Glaubenseinheit wiederzugewinnen oder zumindest religiöse Toleranz zu begründen (vgl. F. W. Kantzenbach 1965, 30–60; 1966, 146, 153).

4. Das seit dem forcierten Aufbau territorialer Herrschaft im 17. Jahrhundert merklich gestiegene Interesse der Obrigkeit an Erziehung und Ausbildung aller Staatsbürger förderte den Aufbau der Volksschulen und die Erweiterung des schulischen Curriculums um profane Bildungsinhalte im Bereich der Sachinformation, der Staatsbürgerkunde und der Arbeitserziehung. Diese Aufgaben dominierten allmählich gegenüber den religiös-kirchlichen Zielen schulischer Unterweisung und Erziehung. So wurde die Schule in einigen Regionen Deutschlands bereits am Ende des 18. Jahrhunderts – verbreitet aber im 19. Jahrhundert – zu einem Kampffeld obrigkeitlicher und kirchlicher Interessen. Die sich in vielen Staaten Deutschlands nach 1819 zeigenden und bis zur Mitte des 19. Jahrhunderts ausbreitenden kirchlich-orthodoxen oder neupietistischen Tendenzen stießen unter anderem auf den Widerstand einer Interessenallianz zwischen der zukunftsweisenden Pädagogik, der Aufklärungstheologie, dem innerhalb der staatlichen Bürokratie von den Philanthropen und von Pestalozzi beeinflußten Liberalismus und Motiven obrigkeitlicher Machtpolitik, so daß sich die von der Aufklärungspädagogik entworfenen profanen Bildungs- und Erziehungsziele im Volksschulwesen vielfach nahezu ungebrochen weiterentwickeln konnten. Die in einigen Staaten während der zweiten Hälfte des 19. Jahrhunderts verschärften restaurativen Schulregulative signalisierten ja auch die geringe Wirksamkeit der bisherigen restaurativen Maßnahmen.

Die philanthropische Volksschulreform hatte neue kulturelle Bedürfnisse angeregt, z. B. eine erhöhte Lernbereitschaft und eine Steigerung der persönlichen Leistungsansprüche, eine Erhöhung des Informationsgrades gefördert, auf die neben den Agrarreformen des frühen 19. Jahrhunderts und den neuen Anbauverfahren die zwischen 1815 und 1850 nachweisbare landwirtschaftliche Produktionssteigerung wohl auch mit zurückzuführen war. Die Restauration durfte die schulischen Entwicklungen, weil sich daraus negative wirtschaftliche Folgen ergeben hätten, nicht mehr bremsen.

Besonderes Gewicht kam den philanthropischen pädagogisch-didaktischen Reformen aber für die Industrialisierung zu. Der in den siebziger Jahren des 19. Jahrhunderts in Deutschland beginnende industrielle Aufschwung erforderte in zunehmendem Maße durch Schulen vorgebildete Fachkräfte. Daß nunmehr breitere Volksschichten selbst motiviert waren, Schulen zu besuchen, was sich unter anderem aus der steigenden Durchsetzbarkeit der Schulpflicht ergibt, kann sicher auch als Erfolg der philanthropischen Öffentlichkeitsarbeit und Schulreform gelten.

Im Laufe dieser Prozesse verselbständigte sich die Volksschule aus der inneren Verbindung mit der Kirche und erweiterten sich die Grundlagen für die in der wissenschaftlichen (Vorrang der Naturwissenschaften), der wirtschaftlichen und gesellschaftlichen Entwicklung liegenden Impulse in Richtung auf stärkere »Diesseitsorientierung« (Leistungsgesellschaft) und Durchsetzung eines Normenpluralismus, wie er der durch zunehmende Arbeitsteiligkeit bedingten gesellschaftlichen Differenzierung entsprach.

### *6.2 Mobilität*

Die Hauptbedingungen der in der zweiten Hälfte des 19. Jahrhunderts in Deutschland zunehmenden räumlichen, sozialen und geistigen »Mobilität« breiterer Schichten lagen zweifellos nicht nur im Bereich der Wirtschaft, des Verkehrswesens und gesellschaftlich-politischer Veränderungen, sondern auch in Wandlungen des Erziehungswesens, wie sie durch die Aufklärungspädagogik während der zweiten Hälfte des 18. Jahrhunderts eingeleitet worden waren. Die Auswirkungen dieser Pädagogik konnten sich freilich aus verschiedenen Gründen erst im späten 19. Jahrhundert zeigen:

1. Die Aufklärungspädagogik hatte in bezug auf eine Verbesserung der Volksschullehrer-Ausbildung, der Neueinrichtung von Volksschulen, der Durchsetzung adäquaterer Lehrmethoden, der Einführung profaner Lehrmittel, der Ausbreitung von Sachwissen, der Alphabetisierung auch der unteren Gesellschaftsschichten zunächst lediglich durch wenige Schulen, wenn auch in nahezu allen deutschen Staaten, Veränderungen erreichen können. Erst im Laufe des 19. Jahrhunderts wurden diese Institutionen breiter realisiert.

2. Im Vergleich mit England und Frankreich hatten sich die Industrialisierung und die hiervon ausgehenden, die Massen politisch mobilisierenden sozialen Probleme eines »vierten Standes« viel langsamer entwickelt. Das lag einerseits an den die technische Entwicklung bremsenden obrigkeitlichen Maßnahmen zur Einschränkung des wirtschaftlichen Liberalismus, andererseits an der Unterlegenheit der deutschen Industrie im Konkurrenzkampf mit England und Frankreich. Außerdem waren in Deutschland breite bürgerliche Schichten seit der Aufklärungsbewegung bemüht gewesen, durch sozial-politische Maßnahmen Prozesse sozialer Gärung zu verhindern und unter anderem in Übereinstimmung mit politischen Bildungsintentionen F. E. von Rochows eine »stille« gesellschaftliche Weiterentwicklung zu sichern (Widerspiegelung negativer Erfahrungen der Französischen Revolution, kleinerer anarchistischer Bauern- und Arbeiteraufstände im 18. Jahrhundert sowie einer hochgradig

differenzierten sozialen Schichtenbildung in Deutschland, die eine »Klassenentwicklung« verzögerte).

So fehlte bis in die letzten Jahrzehnte des 19. Jahrhunderts noch weitgehend die soziokulturelle und wirtschaftliche Struktur, innerhalb deren sich eine gesteigerte räumliche, soziale und geistige »Mobilität« hätte realisieren können. Erst auf der Grundlage eines vielschichtigen Komplexes sozio-kultureller und wirtschaftlicher sowie geistesgeschichtlicher Entwicklungen (Sozialismus), in deren Rahmen dann auch die im 18. Jahrhundert von der Aufklärungspädagogik geschaffenen Erziehungskonzeptionen wirksam wurden, konnten sich in der zweiten Hälfte des 19. Jahrhunderts zukunftsweisende soziale Wandlungen vollziehen. Das Fundament dafür bildeten fünf Hauptentwicklungstendenzen:

1. Stadtentwicklung (diese setzte zwar bereits während des 12. Jahrhunderts in Deutschland ein, beschleunigte sich aber erst in den letzten Jahrzehnten des 19. Jahrhunderts durch die verbesserten Existenzgrundlagen, die das Leben in den Städten bot; vgl. C. Jantke 1955, 139 f.; H. Aubin / W. Zorn 1971, I, 207; 1976, II, 15, 22);

2. Binnenwanderung (zwar bereits seit Anfang des 16. Jahrhunderts nachweisbar, aber erst im letzten Drittel des 19. Jahrhunderts merklich angestiegen; vgl. C. Jantke 1955, 183 ff.), Grundlagen waren (vgl. H. Aubin / W. Zorn 1971, I, 523):

- Verelendung mancher Gebiete seit dem 16. Jahrhundert (vgl. H. Aubin / W. Zorn 1971, I, 523; 1976, II, 14);
- regionale Differenzen in der Wirtschaftsentwicklung (vgl. H. Kellenbenz 1977, I, 217);
- Bevölkerungsboom (sinkende Kindersterblichkeit seit den siebziger Jahren des 18. Jahrhunderts und weiterhin ein zwar schon während der zweiten Hälfte des 15. Jahrhunderts einsetzender, aber sich erst seit den achtziger Jahren des 18. Jahrhunderts beschleunigender Bevölkerungsanstieg, zunächst vor allem in den ostelbischen Gebieten, unter anderem durch Wegfall von Heiratsschranken für die Landbevölkerung bedingt: Wegfall des gutsherrlichen Heiratskonsensrechts nach der Französischen Revolution; vgl. C. Jantke 1955, 150–153; H. Aubin / W. Zorn 1976, II, 9 ff., 12; H. Kellenbenz 1977, I, 216);
- Überschuß an Landarbeitern seit 1815 (u. a. bedingt durch die Agrarreform des frühen 19. Jahrhunderts; vgl. C. Jantke 1955, 145; H. Aubin / W. Zorn 1976, II, 304);
- regional unterschiedliche Arbeitsbedingungen (vgl. C. Jantke 1955, 183).

3. Erlaß der Gewerbefreiheit und Verbesserungen im Nachrichtenwesen sowie in der verkehrsmäßigen Erschließung, besonders seit den dreißiger Jahren des 19. Jahrhunderts (Erleichterungen für den Handelsverkehr brachten zunächst das preußische Zollgesetz von 1818, die Zollverträge von 1833, die 18 Staaten zu einem Freihandelsgebiet vereinigten, und die 1835 beginnende Erschließung dieses Raumes durch die Eisenbahn; bis 1850 waren 6 000 Kilometer Schienen verlegt worden; vgl. C. Jantke 1955, 155; vgl. auch H. Kellenbenz 1965, 43, 48, 54).

4. Wechselnde nationale Zugehörigkeiten (z. B. Schleswig-Holsteins), eine Ausländer begünstigende Wirtschaftspolitik (Ausländer unterlagen nicht den Zunftbestimmungen), Peuplierungsmaßnahmen, Agrar- und Zollreformen des 19. Jahrhunderts unterstützten ebenfalls die soziale Mobilität (unter anderem bedingten die während des zweiten Viertels des 18. Jahrhunderts angelaufenen Rationalisierungsbestrebungen in der Landwirtschaft – trotz zeitweiser Einschränkung der Standeszirkulation –, daß um 1885 nur noch 12,8 Prozent der größeren Rittergüter Ostpreußens in der Hand des alteingesessenen Landadels verblieben waren; vgl. C. Jantke 1955, 147, 155; H. Kellenbenz 1965, 43, 48, 54).

5. Prozesse innerer Aushöhlung der Gesellschafts- und Herrschaftsorganisation (z. B.

erstens durch die zunehmende Bedeutung von Bildung und Besitz für politischen und bürokratischen Einfluß – zunächst versuchte man durch Nobilitierungen die sozialen Kräfteverschiebungen zu verdecken; die unter Friedrich II. erlassenen Einschränkungen der Standeszirkulation mußten im 19. Jahrhundert aufgehoben werden –; zweitens durch das Problem der Legitimität von Herrschaft in der neueren Staatstheorie; vgl. H. Kellenbenz 1965, 45 f.).

Die genannten Entwicklungstendenzen bildeten den Rahmen, innerhalb dessen die philanthropische Bewegung und der von ihren Ideen mitbestimmte Liberalismus den Gesamtkomplex der »Mobilität« beeinflussen konnten. Philanthropismus und Liberalismus schufen die Grundlagen dafür, daß sich durch die Ausbreitung von Schulen und durch verbesserte Lehrmethoden, durch Sachinformation und durch gezielte Maßnahmen der Sozialerziehung und der politischen Bildung allmählich der Kreis derer, die an der Wissensakkumulation Anteil nehmen konnten, erweiterte, eine Entwicklung, die sich seit der von den Philanthropen wesentlich mitgetragenen »Kommunikationsrevolution« in der zweiten Hälfte des 18. Jahrhunderts beschleunigte (vgl. H. Aubin / W. Zorn 1976, II, 379–382, 597).

Diese Pädagogik unterstützte, indem sie bei ihren Zielgruppen das Festhalten am Althergebrachten aufzulösen und durch Vermittlung schöpferisch verfügbaren grundlegenden beruflichen Allgemeinwissens und durch Erhöhung der persönlichen Leistungsansprüche der unter anderem aus der wirtschaftlichen Umstrukturierung resultierenden, im 18. und in der ersten Hälfte des 19. Jahrhunderts fortschreitenden Pauperisierung entgegenzuwirken suchte, die berufliche Flexibilität und steigerte die Anpaßbarkeit an den durch die Industrie geprägten Arbeitsrhythmus, wenn die stärksten Impulse hierzu wohl auch von der Industriearbeit selbst ausgingen, das heißt, Anpassungen an die maschinelle Arbeit waren.

*6.3 Demokratisierungstendenzen*

Die besonders innerhalb der philanthropischen politischen Bildung schon während des ausgehenden 18. Jahrhunderts hervorgetretenen Demokratisierungstendenzen führten – in Verbindung mit Impulsen aus den bürgerlichen Revolutionen und mit gezielter ideologischer Beeinflussung durch die sozialistische Bewegung sowie mit negativen psychischen Wirkungen der in der zweiten Hälfte des 19. Jahrhunderts gesteigerten räumlichen Mobilität innerhalb der Arbeiterschaft (Bewußtsein der Entwurzelung) – zu einer zunehmenden Politisierung der Massen. Die Basis hierfür bildeten vor allem fünf Faktoren:

1. Die Forderung politischer Mitbestimmung war in Deutschland von den oberen Schichten schon im 18. Jahrhundert erhoben worden, und diese Mitbestimmung wurde im Laufe des 19. Jahrhunderts stufenweise auch vom Mittelstand und von den Unterschichten beansprucht. (Zunächst hatten im 18. Jahrhundert die Kaufleute ein Mitspracherecht bei der obrigkeitlichen Einnahmenverwendung durchsetzen wollen. Das preußische »Allgemeine Landrecht« von 1794 antwortete bereits auf soziale Gärungsprozesse; vgl. H. Aubin / W. Zorn 1971, I, 592 f.; R. Koselleck 1967, 14.) Unter anderem spiegeln Texte der seinerzeitigen Geschichtsbücher das Bewußtsein der bürgerlichen Schichten in bezug auf ihre kulturgeschichtliche und politische Bedeutung wider (vgl. L. Westenrieder 1798, III f.). Im letzten Drittel des 19. Jahrhunderts entwickelte auch die organisierte Arbeiterschaft ein Bewußtsein ihrer politischen und gesellschaftlichen Lage. Im Laufe dieser Prozesse formte sich die ständisch gegliederte Sozialordnung in eine »Klassengesellschaft« um, durch die sich sowohl das Bewußtsein der sozialen Probleme als auch die Forderung nach Demokratisierung intensivierten.

2. Demokratisierungstendenzen förderte etwa bis zur Mitte des 19. Jahrhunderts auch der Auf- und Ausbau des Verwaltungsapparates, indem er bürgerlichen Interessengruppen politi-

sche Befugnisse einräumte. Außerdem unterstützten der stufenweise Ausbau der konstitutionellen Monarchie und die durch Bismarck zugestandene Erweiterung des Wahlrechts diese Demokratisierungstendenzen.

3. Nachdem die Philanthropen, Pestalozzi und die Neuhumanisten über Schulbücher bzw. über Unterhaltungs- und Volksliteratur sowie zur Umgehung der Pressezensur über literarische Zeitschriften politische Bildung versucht hatten, nahm nach 1840 in Deutschland die politische Orientierung der Presse zu, wobei sich gleichzeitig auch der Leserkreis stark erweitert hatte.

4. Von besonderer Bedeutung für die Bewahrung und Fortentwicklung der philanthropischen Volksschulkonzeption und Volksbildungsintentionen zur Sicherung einer stufenweisen Weiterentwicklung der Wirtschaft, der Gesellschaft und ihrer politischen Organisation waren sicher auch die seit den achtziger bzw. neunziger Jahren des 18. Jahrhunderts entstehenden Lesegesellschaften bzw. Lehrervereine (vgl. H. Heppe 1860, V, 199, 254, 259, 327, 423), in denen die Lehrerschaft ein Standesbewußtsein und ein Wissen über ihre sozio-kulturellen Aufgaben entwickelt hatte und sich gegen »Restaurationstendenzen« innerhalb der Volksschulbildung zur Wehr setzte (vgl. H. Heppe 1860, V, 346; H. Aubin / W. Zorn 1971, I, 605).

In den letzten Jahrzehnten des 19. Jahrhunderts gingen die wichtigsten Demokratisierungsimpulse aber zweifellos von der Auseinandersetzung mit der weitgehend »außerparlamentarischen Opposition« der Sozialisten aus, indem Bismarcks Sozialpolitik darauf abzielte, dieser Bewegung den »Wind aus den Segeln zu nehmen«. Ein Wirtschaftsaufschwung half in Verbindung mit Bismarcks Innenpolitik die Demokratisierungstendenzen noch bis zum militärischen Zusammenbruch Deutschlands nach dem Ersten Weltkrieg zu bremsen.

Innerhalb dieses Faktorengefüges wurde die philanthropische Schulreform kulturgeschichtlich wirksam; denn die bürgerlichen und sozialistischen, die Demokratisierung vorantreibenden Bewegungen breiteten sich ja vor allem auf der Grundlage der philanthropischen Schulreform und deren Fortentwicklung aus (Erweiterung des Leserkreises, steigende Lernbereitschaft und Bildungsbedürfnisse sowie ein kritisches politisches Bewußtsein). Die implizite und explizite »politische Bildung« hatten im Rahmen des von den Philanthropen angeregten Ausbaus des Schulwesens, der Entwicklung profaner Lesebücher für die Volksschulen hierzu wichtige Voraussetzungen geschaffen. Die häufig von F. Engels übernommene Kritik an den Absichten jener politischen Bildung betont einseitig das Bemühen Rochows um eine »stille« Wandlung und übergeht die Intention, eine sozio-kulturelle Evolution zu ermöglichen (vgl. F. Engels 1962, 171 f.; vgl. auch P. Lundgreen 1977, 104). Aber auch unabhängig von dieser Zielsetzung war Rochows Schulreform politisch wirksam.

Rochows Lesebuch »Der Kinderfreund« unterstützte auf drei Wegen die Entwicklung eines kritischen politischen Bewußtseins:

1. Es förderte durch Übung diskursiven Denkens an lebenspraktischen Inhalten eine zur Anwendung auf den politisch-gesellschaftlichen Bereich transferierbare kritische Urteilsfähigkeit.

2. Rochow wies in den Texten dieses Lesebuchs unter anderem auch auf die Pflichten der Obrigkeit gegenüber den Staatsbürgern hin (für Sicherheit und Wohlfahrt zu sorgen); dadurch unterwarf Rochow

3. irrationale Herrschaftsbegründungen (Gottesgnadentum) der Kritik, regte die Frage nach einer rationalen Legitimation für die gegebene politische Organisation an und trug zur Popularisierung der seinerzeitigen politischen Theorien bei.

Zweifellos wurden hierdurch die Entwicklung eines kritischen politischen Bewußtseins und die Demokratisierungstendenzen gefördert. Die Abhängigkeit der Kulturentwicklung von Erziehungsprozessen wird auch in dieser Hinsicht am Beispiel der philanthropischen Pädagogik Rochows im Rahmen des gesamtkulturellen Faktorengefüges belegbar.

## *Anmerkung*

[1] Die Bildungsökonomie erreichte über 5 Hauptfragen des Wechselbezugs zwischen Erziehung und Kulturentwicklung einen weitgehenden Konsens:
1. Das Bildungswesen der Vergangenheit war nicht nur eine konservierende Institution, sondern auch ein »zentraler Ursprung . . . umfassender Wandlungsprozesse« (P. Flora in U. Herrmann 1977, 422).
2. Die positiven Korrelationen zwischen Kulturentwicklung und Differenzierung des Bildungssystems können nur dann offengelegt werden, wenn man Entwicklungen über längere Zeiträume verfolgt (F. Edding 1963, 52).
3. In die Analyse sind möglichst viele Variable einzubeziehen, da es hier keine kausal-lineare Korrelation gibt (P. Flora in U. Herrmann 1977, 427).
4. Um kulturelle Entwicklungsphasen der Entfaltung des Bildungswesens zuordnen zu können, bedarf es einer Analyse der Bildungsstrategien, wobei besonders auf die Erhöhung der Leistungsmotivation, auf den »need for achievement« zu achten ist (F. Edding 1963, 85; D. C. McClelland 1963, 76).
5. Bei der Einschätzung der Wirksamkeit der nachgewiesenen Leistungsmotivation ist zu fragen, ob dafür entsprechende Realisierungsbedingungen vorhanden waren (B. F. Hoselitz 1965, 546, 559 f.; U. Herrmann 1977, 99, 109).

## *Literatur*


Allgemeine Bibliothek für das Schul- und Erziehungswesen in Deutschland. Hg. Ch. G. Böckh. 11 Bände. Nördlingen 1773–1786 (K. G. Becken).

Allgemeine Deutsche Bibliothek. Hg. F. Nicolai. 118 Bände. Berlin und Stettin (Kiel ab 1793) 1765–1796.

Allgemeine Literatur-Zeitung. Hg. Ch. G. Schütz et al. Jena – Leipzig – Wien 1785–1803 (Forts.: Jenaische Allgemeine Literatur-Zeitung. Halle 1804–1841).

Allgemeine Schul-Zeitung. Ein Archiv für die Wissenschaft des gesamten Schul-, Erziehungs- und Unterrichtswesens . . . Hg. E. und K. Zimmermann, zeitweilig auch K. Dilthey, K. Wagner. Darmstadt 1824–1881.

Aubin, H. und Zorn, W.: Handbuch der deutschen Wirtschafts- und Sozialgeschichte. Band I. Stuttgart 1971. Band II. Stuttgart 1976.

Basedow, J. B.: Kleines Buch für Kinder aller Stände. Leipzig 1771.

Basedow, J. B.: Des Elementarwerks erster (bis vierter) Band. Ein nützlicher Vorrath aller nöthigen Erkenntniß. 4 Bände. Dessau 1774.

Baur, S.: Charakteristik der Erziehungsschriftsteller Deutschlands. Ein Handbuch für Erzieher. Leipzig 1790 (J. B. G. Fleischer).

Becker, R. Z. (Hg.): Deutsche Zeitung für die Jugend . . . oder Moralische Schilderungen der Menschen, Sitten und Staaten unserer Zeit. 12 Bände. Gotha 1784–1795 (Anf. Titel: Dessauische Zeitung für die Jugend . . . Dessau 1782 ff.).

Berg, Ch.: Die Okkupation der Schule. Eine Studie zur Aufhellung gegenwärtiger Schulprobleme an der Volksschule Preußens (1872–1900). Heidelberg 1973.

Bögl, G.: Der Wandel der Volksschulidee in den Volksschullehrplänen Bayerns. Von der Braun'schen Reform bis zur Mitte des 19. Jahrhunderts (= Schriftenreihe der Berufswissenschaftlichen Hauptstelle des Bayerischen Lehrervereins Nr. 1). München 1929.

Bowman, M. J. und Anderson, C. A.: Concerning the Role of Education in Development. In: C. Geertz (Ed.): Old Societies and New States. New York 1963, S. 247–279.

Braun, H. (Hg.): Churbaierisches neueingerichtetes Lesbüchlein, auf churfürstlichen höchsten Befehl herausgegeben. Für die II. Classe der Kinder. München 1771 (J. N. Fritz).

Braun, H.: Gedanken über die Erziehung und den öffentlichen Unterricht in Trivial-, Real- und lateinischen Schulen. Ulm 1774; zit. nach A. Bock (Hg.): Plan der neuen Schuleinrichtung in Baiern 1770. München 1916, Anhang IV.

Brückner, W. (Hg.): Volkserzählung und Reformation. Ein Handbuch zur Tradierung und Funktion von Erzählstoffen und Erzählliteratur im Protestantismus. Berlin 1974.

Bünger, F.: Entwicklungsgeschichte des Volksschullesebuches. Leipzig 1898.

Bünger, F.: Ergänzungsband zur Entwicklungsgeschichte des Volksschullesebuches. Leipzig 1901.

Demeter, I.: Grundsätze für die Bildung der Schullehrer. Nebst einer kurzen Beschreibung des Großherzoglich-Badischen Schullehrerseminars in Rastatt. 2. Auflage. Rastatt 1915 (Sprinzing; 1. Auflage 1812).

Dolch, J.: Lehrplan des Abendlandes. Zweieinhalb Jahrtausende seiner Geschichte. Ratingen 1959.
Edding, F.: Ökonomie des Bildungswesens. Lehren und Lernen als Haushalt und Investition (= Freiburger Studien zur Politik und Soziologie). Freiburg im Breisgau 1963.
Engels, F.: Anti-Dühring. In: K. Marx und F. Engels: Werke. Hg.: Institut für Marxismus-Leninismus beim ZK der SED. Band 20. Berlin 1962.
Felbiger, J. I. von: Christliche Grundsätze und Lebensregeln, zum Unterrichte der Jugend. Amberg 1776.
Fichte, J. G.: Reden an die deutsche Nation (1807/08). Hg. M. Kronenberg. Stuttgart 1923.
Fischer, H. L.: Anweisungen für Landschullehrer zur Verbesserung des bisherigen Unterrichts. I. Teil. Leipzig 1789 (Schwickert).
Flora, P.: Die Bildungsentwicklung im Prozeß der Staaten- und Nationenbildung. Eine vergleichende Analyse. In: U. Herrmann (Hg.): Schule und Gesellschaft im 19. Jahrhundert. Sozialgeschichte der Schule im Übergang zur Industriegesellschaft. Weinheim und Basel 1977, S. 422–447.
Funke, K. Ph.: Stoff zu Unterhaltungen über den ersten Theil des Rochowschen Kinderfreundes (nach der zweiten Auflage), nebst einigen Gedanken über das Katechisieren . . . Berlin 1797 (Voßische Buchhandlung).
Giese, G.: Quellen zur deutschen Schulgeschichte seit 1800 (= Quellensammlung zur Kulturgeschichte. Hg. W. Treue, Band 15). Göttingen – Berlin – Frankfurt am Main 1961.
Göbels, H.: Gesellschaftlich wirksame Jugendbücher in der Vergangenheit. In: K. E. Maier und K. Dietze (Hg.): Jugendliteratur und gesellschaftliche Wirklichkeit. Bad Heilbrunn 1974.
Göbels, H. (Hg.): Der Kinderfreund. Dortmund 1979.
Görres, J.: Die teutschen Volksbücher. Nähere Würdigung der schönen Historien-, Wetter- und Arzneybüchlein . . . Heidelberg 1807.
Gräfe, H.: Beitrag zur Geschichte der Lehrerbildung und der Schullehrerseminare. In: E. und K. Zimmermann (Hg.): Allgemeine Schulzeitung. 15. Jahrgang. Darmstadt 1838, Spalte 5–20.
Gräfe, H.: Deutsche Volksschule oder die Bürger- und Landschule nach der Gesamtheit ihrer Verhältnisse. Nebst einer Geschichte der Volksschule. Ein Handbuch für Lehrer und Schulaufseher. 3. Auflage. In neuer Bearbeitung von J. Ch. G. Schumann. Band III. Jena 1879 (H. Costenoble).
Harbison, F. und Myers, Ch. A.: Education, Manpower, and Economic Growth. Strategies of Human Resource Development. New York 1964.
Heigenmooser, J. und Bock, A.: Geschichte der Pädagogik. Teil I: Quellenbuch und Überblick der Geschichte der Pädagogik. Mit besonderer Berücksichtigung der bayerischen Erziehungs- und Schulgeschichte. Teil II: Überblick und Quellenbuch zur Allgemeinen Geschichte der Pädagogik. München 1912.
Heinemann, M.: Schule im Vorfeld der Verwaltung. Die Entwicklung der preußischen Unterrichtsverwaltung von 1771–1800 (= Studien zum Wandel von Gesellschaft und Bildung im 19. Jahrhundert. Hg. O. Neuloh und W. Rüegg, Band 8). Göttingen 1974.
Helmers, H.: Geschichte des deutschen Lesebuchs in Grundzügen. Stuttgart 1974.
Heppe, H.: Geschichte des deutschen Volksschulwesens. V Bände. Gotha 1858–1860. Reprint 1971 (G. Olms Verlag, Hildesheim/New York).
Herrnschmid, J. D.: Kurtze Fragen von denen natürlichen Dingen oder Geschöpffen und Werken Gottes . . . zum Dienst der Einfältigen, sonderlich der kleinen Schul-Jugend, aufgesetzet. Halle 1720.
Hoselitz, B. F.: Investment in Education and Its Political Impact. In: J. S. Coleman (Ed.): Education and Political Development. Princeton 1965, S. 541–565.
Hübner, J.: Auserlesene biblische Historien aus dem Alten und Neuen Testamente. Hg. A. E. Rauschenbusch. 18.–23. Auflage, Schwelm (Schatz) 1834 (1. Auflage 1714).
Ickstatt, J. Freiherr von: Akademische Rede von der stufenmäßigen Einrichtung der niederen und höheren Landschulen. 1774. In: Pädagogische Quellenschriften, Heft 2. Hg. A. Bock. München 1916.
Jantke, C.: Der Vierte Stand. Die gestaltenden Kräfte der deutschen Arbeiterbewegung im XIX. Jahrhundert. Freiburg im Breisgau 1955.
Jonas, F. und Wienecke, F. (Hg.): Friedrich Eberhard von Rochows sämtliche pädagogische Schriften. 4 Bände. Berlin 1907–1910 (G. Reiner; abgek. zit. J./W.).
Junker, F. A.: Handbuch der gemeinnützigsten Kenntnisse für Volks-Schulen. Beim Unterrichte als Materialien und bei Schreibübungen als Vorschriften zu gebrauchen. 3 Teile. Halle 1787–1798 (Waisenhaus).
Kaeselitz, J. Ch. F.: Nachricht von dem Schul- und Erziehungswesen zu Alten-Stettin. In: C. H. G. Zerrenner (Hg.): Der deutsche Schulfreund. 21. Band. Erfurt 1799, S. 114–127.
Kaeselitz, J. Ch. F.: Nachricht von dem Küster- und Landschullehrerseminar zu Alten-Stettin. In: C. H. G. Zerrenner (Hg.): Der deutsche Schulfreund. 19. Band. Erfurt 1798, S. 147–157.
Kantzenbach, F. W.: Orthodoxie und Pietismus (= Evang. Enzyklopädie. Band 11/12. Hg. H. Thielicke und H. Thimme. Gütersloh 1966.
Kantzenbach, F. W.: Protestantisches Christentum im Zeitalter der Aufklärung (= Evang. Enzyklopädie. Band 5/6). Gütersloh 1965.
Kapp, F. und Goldfriedrich, J.: Geschichte des deutschen Buchhandels. 4 Bände. Leipzig 1886–1913, bes. Band I und II (1908).
Kellenbenz, H.: Der Merkantilismus und die soziale Mobilität in Europa (= Institut für Europäische Geschichte. Mainz. Vorträge Nr. 42). Wiesbaden 1965.

Kellenbenz, H.: Deutsche Wirtschaftsgeschichte. Band I. München 1977. Band II. München 1981.
Kirchner, J. (Hg.): Bibliographie der Zeitschriften des deutschen Sprachgebietes . . . Band I (bis 1830). Stuttgart 1969. Band II (1831–1870). Stuttgart 1977. Band III (1871–1900). Stuttgart 1977.
Köberle, S.: Jugendliteratur zur Zeit der Aufklärung. Ein Beitrag zur Geschichte der Jugendschriftenkritik (= Internationale Untersuchungen zur Kinder- und Jugendliteratur. Band 4). Weinheim 1972.
Koenig, O.: Festrede anläßlich der Verleihung des Bundes-Naturschutzpreises 1982 durch den Bund für Umwelt und Naturschutz Deutschland e. V. an Prof. O. Koenig. Abdruck aus der Festbroschüre der Bundestagung des Bundes für Umwelt und Naturschutz Deutschland e. V. Würzburg 1982, S. 5–20.
Köpf, U.: Die Anfänge der theologischen Wissenschaftstheorie im 13. Jahrhundert (= Beiträge zur Historischen Theologie. Hg. G. Ebeling. Band 49). Tübingen 1974.
Koselleck, R.: Preußen zwischen Reform und Revolution. Allgemeines Landrecht, Verwaltung und soziale Bewegung von 1791 bis 1848 (= Industrielle Welt. Schriftenreihe des Arbeitskreises für moderne Sozialgeschichte. Hg. W. Conze. Band 7). Stuttgart 1967.
Krünitz, J. G.: Die Land-Schulen sowohl wie Lehr- als auch Arbeits- oder Industrie-Schulen (Auszug aus der oekonomisch-technologischen Enzyklopädie. Teil 61 f.). Berlin (Pauli) 1794.
Kyburz, A.: Historien-Kinder-Bet- und Bilder-Bibel Oder Das Geheimnis der Gottseeligkeit und Boßheit. In löblichen und sträflichen Geschichten . . . 4 Teile. Augsburg 1737–1746 (J. A. Pfeffel).
Leschinsky, A. und Roeder, P.-M.: Schule im historischen Prozeß. Zum Wechselverhältnis von institutioneller Erziehung und gesellschaftlicher Entwicklung. Studienbrief 2: Zur Entwicklung institutioneller Erziehung. Fernstudienlehrgang Erziehungswissenschaften. Tübingen 1977.
Lexis, W. (Hg.): Das Unterrichtswesen im Deutschen Reich. III. Band: Das Volksschulwesen und das Lehrerbildungswesen. Berlin 1904.
Lundgreen, P.: Analyse preußischer Schulbücher als Zugang zum Thema »Schulbildung und Industrialisierung«. In: International Review of Social History. Vol XV. Hg. H. J. Prakke und H. M. G. Assen 1970, S. 85–121.
Lundgreen, P.: Schulbildung und Frühindustrialisierung in Berlin/Preußen. In: U. Herrmann (Hg.): Schule und Gesellschaft im 19. Jahrhundert. Weinheim und Basel 1977, S. 62–110.
Lundgreen, P.: Sozialgeschichte der deutschen Schule im Überblick. Teil I: 1770–1918. Göttingen 1980.
McClelland, D. C.: The Achievement Motive in Economic Growth. In: B. F. Hoselitz und W. E. Moore (Ed.): Industrialization and Society (= Proceedings of the Chicago Conference on Social Implications of Industrialization and Technical Change 15.–20. sept. 1960). Unesco-Mounton 1963.
McClelland, D. C.: Does Education Accelerate Economic Growth? In: Economic Development and Cultural Change 16. Chicago 1966, S. 264 ff.
Michael, B. und Schepp, H.-H. (Hg.): Politik und Schule von der Französischen Revolution bis zur Gegenwart. Eine Quellensammlung zum Verhältnis von Gesellschaft, Schule und Staat im 19. und 20. Jahrhundert (= Fischer Athenäum Taschenbücher Erziehungswissenschaft). Frankfurt am Main 1973.
Münch, M. C.: Universal-Lexikon der Erziehungs- und Unterrichtslehre für Schulaufseher, Geistliche, Lehrer, Erzieher und gebildete Eltern. 3. Auflage. Hg. H. Th. Loé. Anhang von J. P. Heindl: Biographien um das Schulwesen und die Jugenderziehung besonders verdienter Männer. 3. Band. Augsburg 1860 (J. A. Schlossers Buchhandlung).
Münster, H. A.: Zeyttungen! Zeyttungen! Zeyttungen! . . . aus den Kindertagen der Zeitung. Hamburg 1960 (Axel Springer Verlag).
Müsebeck, E.: Das Preußische Kultusministerium vor hundert Jahren. Stuttgart und Berlin 1918.
Natorp, B. Ch. L.: Briefwechsel einiger Schullehrer und Schulfreunde. 3 Teile. Essen und Duisburg 1811–1816.
Natorp, B. Ch. L.: Ein einziger Schulmeister unter tausend Kindern in Einer Schule; ein Beitrag zur Verbeßerung der Lehrmethode und Schuldisciplin in niederen Volksschulen von J. Lancaster. Aus dem Engl. . . . übersetzt und mit Anmerkungen begleitet. Duisburg und Essen 1808.
Nebenius, C. F.: Über technische Lehranstalten. Karlsruhe 1833.
Niederer, J.: Pestalozzis Erziehungsunternehmung im Verhältnis zur Zeitcultur. Iferten 1812.
Niemeyer, A. H. in: Allgemeine Schul-Zeitung. I. Abt. 1826, S. 233–238, 241–248, 473–477, 481–488.
Niemeyer, A. H.: Ueber Pestalozzis Grundsätze und Methoden. Halle und Berlin 1810.
Nipperdey, Th.: Volksschule und Revolution im Vormärz. In U. Herrmann (Hg.): Schule und Gesellschaft im 19. Jahrhundert. Sozialgeschichte der Schule im Übergang zur Industriegesellschaft. Weinheim und Basel 1977, S. 111–136.
N. N.: Lesebuch für Kinder. 2 Bändchen. Bremen 1776 (J. H. Cramer).
N. N.: Namen-Büchlein, samt den Zucht-Regeln: Der lieben Evangelischen Schul-Jugend, zu Übung des Buchstabierens, und Anfang des Lesens abgefaßt. Augspurg 1766 (J. D. Merz).
N. N.: Vorbereitung zur Erlernung der nützlichsten Wissenschaften. Zum Gebrauch der mittleren Classen des Gymnasiums bey St. Anna in Augsburg. Augsburg 1771.
Oberthür, B. A.: Handbuch zum Unterricht der kurkölnischen Landschulmeister auf Veranstaltung der kurfürstlichen Schulkommission. Bonn 1790 (J. F. Abshoven).
Overberg, B.: Anweisungen zum zweckmäßigen Schulunterricht, für die Schullehrer im Hochstifte Münster. Münster 1793 (A. W. Aschendorf).
Petrat, G.: Schulunterricht. Seine Sozialgeschichte in Deutschland 1750–1850. München 1979.
Pestalozzi, J. H.: Sämtliche Briefe. Hg. E. Dejung und H. Stettbacher. Band III. Zürich 1949.

Philipp, W.: Das Werden der Aufklärung in theologiegeschichtlicher Sicht. Göttingen 1957.
Plitt, J. R.: Schulnachrichten aus Hessen (= Hessen-Cassel). In: H. G. Zerrenner (Hg.): Der deutsche Schulfreund. Band 8. Erfurt 1794, S. 68–84.
Prenninger, J. F. (Hg.): Landschulbibliothek Oder Handbuch für Schullehrer auf dem Lande. Band 2+3. Berlin 1781–1785 (Band 1 war 1780 erschienen).
Preuss, A. E. und Vetter, J. A.: Preußischer Kinderfreund. Ein Lesebuch für deutsche Volksschulen. 57. Auflage. Königsberg 1851 (J. H. Bon; 1. Auflage 1837).
Rambach, J. J.: Christliches und Biblisches Exempelbüchlein für Kinder, das ist Deutliche Nachricht von der Bekehrung, heiligem Wandel und Leben . . . frommer Kinder . . . Leipzig 1771 (J. G. Löwen; 1. Auflage um 1710).
Reccard, G. Ch.: Lehr-Buch darin ein kurzgefaßter Unterricht aus verschiedenen philosophischen und mathematischen Wissenschaften, der Historie und Geographie gegeben wird. Zum Gebrauch in Schulen. Berlin 1765 (Buchlade der Realschule).
Riemann, C. F.: Neue Beschreibung der Reckahnschen Schule größtenteils zugleich ein Praktisches Handbuch für Lehrer, welche nach Reckahnscher Lehrart unterrichten können und wollen. Berlin und Stettin 1792 (F. Nicolai).
Richter, J.: Geschichte der sächsischen Volksschule (= Monumenta Germaniae Paedagogica LIX). Berlin 1930.
Rochow, F. E. von: Besprechung des Kinderfreundes 1781. In: F. Jonas und F. Wienecke (Hg.): Friedrich Eberhard von Rochows sämtliche pädagogische Schriften. Band I. Berlin 1907, S. 354–359.
Rochow, F. E. von: Der Kinderfreund oder erster Unterricht im Lesen und bei dem Lesen (1805). In J./W. III, S. 335–383 (1. Auflage 1776. In J./W. I, S. 133–194).
Rommel, H.: Das Schulbuch im 18. Jahrhundert. Wiesbaden – Dotzenheim 1968.
Salfeld, J. C.: Geschichte des Königl. Schullehrer-Seminarii und dessen Freyschule zu Hannover. Hannover 1800.
Schlingensiepen-Pogge, A.: Das Sozialethos der lutherischen Aufklärungstheologie am Vorabend der industriellen Revolution (= Göttinger Bausteine zur Geschichtswissenschaft. Band 39). Göttingen 1967.
Schlosser, J. G.: Katechismus der Sittenlehre für das Landvolk. 2. Auflage. Frankfurt am Main 1772 (J. L. Eichenberg sl. Erben).
Schmid, K. A.: Geschichte der Erziehung vom Anfang an bis auf unsere Zeit. IV. Band. 2. Abteilung. Stuttgart 1898.
Schmidt, K.: Die Geschichte der Volksschule und des Lehrer-Seminars im Herzogthum Gotha. Cöthen 1863 (P. Schettler).
Schöler, W.: Der fortschrittliche Einfluß des Philanthropinismus auf das niedere Schulwesen. Nachgewiesen und dargestellt an der philanthropistischen Landschulreform von 1785 bis 1800 im Fürstentum Anhalt-Dessau. Diss. Greifswald 1955 (Masch.).
Schöpperlein, J. F.: Biblische Kindergeschichte zur Aufklärung der Sittenlehre. Nördlingen 1766.
Schottenloher, K.: Bücher bewegten die Welt. Eine Kulturgeschichte des Buches. Band I: Vom Altertum bis zur Renaissance. Band II: Vom Barock bis zur Gegenwart. 2 Bände. Stuttgart 1951–1952.
Schottenloher, K.: Flugblatt und Zeitung. Ein Wegweiser durch das gedruckte Tagesschrifttum (= Bibliothek für Kunst- und Antiquitäten-Sammler. Band XXI). Berlin 1922.
Schreck, E.: Friedrich Eberhard von Rochow. Sein Leben und seine pädagogischen Schriften (= Die pädagogischen Klassiker. Band XXIV). Halle/Saale 1908.
Schwarz, F. H. C.: Pestalozzis Methode und ihre Anwendung in Volksschulen. Bremen 1803.
Simrock, K.: Die deutschen Volksbücher, 7 Bände. Basel 1892, Band VII.
Snethlage, B. M.: Bemerkungen über Pestalozzis Lehrmethode. Berlin 1804.
Strohmeyer, J. J.: Augspurgisch-evangelischer wie auch anderer Lutherischer Kinder Jubel-Religions- und Augen-Lust. Augspurg 1730.
Stuve, J. J.: Nachricht von einer musterhaften Garnisonschule. In: Berlinische Monatsschrift. Band 2, 1783, S. 254 ff.
Sulzer, J. B.: Vorübungen zur Erweckung der Aufmerksamkeit und des Nachdenkens. 3. und 4. Teil. Neue Auflage. Hg. J. H. L. Meierotto. Frankfurt und Leipzig 1794 (1. Auflage 1768).
Tews, J.: Ein Jahrhundert preußischer Schulgeschichte. Volksschule und Volksschullehrerstand in Preußen im 19. und 20. Jahrhundert. Leipzig 1914.
Thiele, G.: Geschichte der Preußischen Lehrerseminare. Teil I: Allgemeine Voraussetzungen zur Geschichte der Preußischen Lehrerseminare (= Monumenta Germaniae Paedagogica. Band LXII). Berlin 1938.
Thieme, K. T.: Erste Nahrung für den gesunden Menschenverstand. 5. Auflage. Wien und Leipzig 1800 (1. Auflage 1776).
Thieme, K. T.: Die Gutmannsche Schule. 3. Teil. Hg. J. G. Gruber, Leipzig 1806.
Thieme, K. T.: Über die Schädlichkeit ungeordneter Lectüre für junge Leute, zit. nach: Lausitzisches Magazin. Görlitz 1785, S. 284 f.
Tilgenkamp, F. W.: A. Bell's Schulmethodus, ein Beitrag zur Verbeßerung der Lehrmethode und Schuldisciplin in niederen Volksschulen. Aus dem Englischen übersetzt . . . Duisburg und Essen 1808.
Vandré, R.: Schule, Lehrer und Unterricht im 19. Jahrhundert. Zur Geschichte des Religionsunterrichts. Göttingen 1973.
Vormbaum, R. (Hg.): Die evangelischen Schulordnungen des achtzehnten Jahrhunderts (= Evang. Schulordnungen. Band III). Gütersloh 1864.
Waitz, H. W.: Welches ist das älteste Schullehrerseminar in Deutschland? In: Allgemeine Schulzeitung, I. Abteilung. Darmstadt 1829. Nr. 52, Spalte 409–416.

Weisse, Ch. F.: A,B,C-Buch, nebst einigen kleinen Uebungen und Unterhaltungen für Kinder. Frankfurt und Leipzig 1773 (1. Auflage 1772).
Wessenberg, I. H. K. von: Ueber die Bildung der gewerbetreibenden Volksklassen überhaupt und im Großherzogtum Baden insbesondere. 1831.
Wessenberg, I. H. K. von: Die Elementarbildung des Volks im Achtzehnten Jahrhundert. Zürich 1814.
Westernrieder, L.: Abriß der deutschen Geschichte. Ein Lese- und Lehrbuch. München 1798 (J. Lindauer).
Wilmsen, F. P.: Der Deutsche Kinderfreund. Ein Lesebuch für höhere Bürgerschulen und die untern Klassen der Gymnasien. 2. Teil. 9. Auflage. Berlin 1839 (G. Reimer).
Wolf, M.: Geschichte der lippischen Volksschule. Ein Beispiel für die Emanzipation der deutschen Volksschule und ihrer Lehrer. Lemgo 1964.
Wolff, W. D.: Die Entwicklung des Unterrichtswesens in Hessen-Cassel vom 8. bis zum 19. Jahrhundert. Ein geschichtlicher Überblick. Kassel 1911.
Zentralblatt für die gesamte Unterrichtsverwaltung in Preußen. Berlin 1859 ff.
Zerrenner, C. H. G. (Hg.): Der deutsche Schulfreund, ein nützliches Hand- und Lesebuch für Lehrer in Bürger- und Landschulen. 24 Bände. Erfurt 1791–1801 (G. C. Keyser).
Zimmermann, W.: Die Anfänge und der Aufbau des Lehrerbildungs- und Volksschulwesens am Rhein um die Wende des 18. Jahrhunderts (1770–1826). Ein Beitrag zur Geschichte des Rheinischen Schulwesens. I. Teil. Köln 1953.

# *Horst Jürgen Helle:*
# *Zur Evolution von Familienformen in der Kulturgeschichte*

## *1. Vorbemerkungen*

Konrad Lorenz hat im Dezember 1958 im »Scientific American« einen stark beachteten Aufsatz veröffentlicht mit dem Titel: »The Evolution of Behavior«. Gleich zu Beginn dieses Aufsatzes schreibt er, daß die Flosse eines Wales, der Flügel einer Fledermaus und der Arm eines Menschen, wenn man sich die Struktur des Skeletts dieses Organes anschaut, einander sehr ähneln, daß über die große Verschiedenheit der Funktionen hinaus eine erstaunliche Übereinstimmung in der Knochenstruktur feststellbar sei und daß dies gedeutet werden müsse als Evolution aus einem gemeinsamen Ursprung. Das ist die Ausgangsüberlegung: Strukturgleichheit zu deuten als Evolution aus einem gemeinsamen Ursprung.

Der Sammelband »Matreier Gespräche«, der vor zwei Jahren aus Anlaß unseres Zusammenseins erschienen ist, enthält den Artikel von Otto Koenig über die Klaubaufs. Darin wird ausführlich die Männergruppe behandelt (ich nenne sie gern Männerbande), und Otto Koenig spricht bei der Männerbande von den Freimaurern, vom Rotary-Club, von den verschiedenen Männergruppen und von der ganzen Phänomenologie, die uns vertraut ist. Ich möchte daran anknüpfen und über dieses Phänomen der Männerbande sprechen, das in seinen unterschiedlichen Erscheinungsformen in Analogie steht zur Flosse des Wales, zum Flügel der Fledermaus und zum Arm des Menschen, und ich möchte nach dem unbekannten, gemeinsamen Ursprung suchen.

Als Stoff dazu dienen uns nicht nur die erfreulichen Beispiele (ich gehe einmal davon aus, daß Sie eine Freimaurerloge oder einen Rotary-Club als etwas Erfreuliches verstehen), sondern ich möchte auf etwas so Schockierendes und ausgesprochen Unerfreuliches hinweisen wie das Phänomen der Gruppenvergewaltigung, bei dem eine einzige Frau als bedauernswertes Opfer von einer ganzen Gruppe von Männern mißbraucht wird. So enthält z. B. die Tageszeitung der University of California, Berkeley, vom 25. November 1981 in meiner Übersetzung den folgenden Text: »Die Universitätspolizei meint nun, daß die fünf Täter, die mit der Vergewaltigung einer sechzehnjährigen Oberschülerin in Verbindung gebracht werden, von außerhalb Berkeleys stammen . . . Auf der Party traf sie (das Opfer) einen der Täter, der ihr anbot, mit ihr einen Spaziergang zu machen. Der Begleiter der jungen Frau, der mit ihr gekommen war, hatte die Party für kurze Zeit verlassen und kam erst zurück, nachdem sie schon fort war. Der Täter führte die junge Frau die Bankcroft Avenue hinunter, wo sein Auto gegenüber dem kunsthistorischen Museum der Universität geparkt war. Sie machten die Türen des Autos weit auf, weil die junge Frau, die etwas getrunken hatte, sich elend fühlte. Bei dieser Gelegenheit stiegen die vier anderen Täter in das Auto ein. Der erste Täter fuhr sie alle zu einem Parkplatz an der Durant Avenue, westlich von Block 1 der Wohnheime. Sie parkten in einer schmalen Durchfahrt neben dem Durant-Hotel, die von Bäumen und Efeu verborgen ist.«

Ich breche hier die Lektüre aus der Universitätszeitung ab und lese im Buche Richter im Alten Testament, Kapitel 19, Verse 25 und 26: »Sie hatten mit ihr Geschlechtsverkehr, taten ihr die ganze Nacht bis zum Morgen Gewalt an und ließen sie erst beim Morgengrauen los. Gegen Morgen kam die Frau und brach im Eingang des Hauses zusammen, in dem ihr Mann war.«

Erstaunlich ist die Stabilität dieses Verhaltensmusters. Man kann das Ganze wie einen einzigen Bericht lesen, obwohl an dem Bruch, wo die beiden Berichte zusammengefügt wurden, eine ziemlich sicher nachweisbare Zeitspanne von 3 000 Jahren dazwischenliegt. Das deute ich so, daß sich hier ein uraltes Muster erhalten hat, das sich gelegentlich wieder einstellt, und niemand kann ohne weiteres sagen, warum.

Soviel zu dem Ausgangspunkt unserer Fragestellung. Ich möchte zu der Thematik der Männerbande auf eine ganz andere Erscheinungsform hinweisen: Man hält es zunächst für völlig ausgeschlossen, daß in dem extrem monotheistischen Religionsmodell des Alten Testaments, also des jüdischen Glaubens, gleichsam so etwas wie eine Männergruppe im Himmel vorkommt. Wenn man aber das Buch Job oder Hiob aufschlägt, liest man dort im 1. Kapitel, Vers 6: »Es geschah aber eines Tages, daß die Gottessöhne kamen, um vor den Herrn hinzutreten; unter ihnen kam auch der Satan.« Dann bittet er Gott, daß Job ihm ausgeliefert werde. Goethe hat dann im Prolog zum Faust dieses Szenarium fast genau reproduziert. Es ist schon erstaunlich, daß in einer monotheistischen Religion so etwas wie eine Männergruppe im Himmel auftritt. Daß die Mitglieder als Söhne bezeichnet werden, erklärt eigentlich nicht recht, woher sie kommen.

### *2. Der Ursprung der Männerbande*

Lassen Sie mich nach diesen Vorbemerkungen auf Elman Service hinweisen, einen Theoretiker der Völkerkunde (Kulturanthropologie), den man in Amerika Neoevolutionist nennt und mit dessen Arbeiten ich mich mit großem Gewinn befaßt habe. Um sich an die Quellen menschlicher Kultur heranzutasten, referiert Service in seinem Buch »Primitive Social Organization« einfachste Sozialorganisation aus der Primatenforschung. Er weist darauf hin, daß Primaten (und eben auch der Mensch) eine auffällig lange Kindheitsperiode haben, etwas, worauf auch die philosophische Anthropologie hingewiesen hat, und daß mehrere Geburten erfolgen, bevor das reife Stadium des Erwachsenseins erreicht wird. Dadurch ergibt es sich, daß eine Reihe unterschiedlich alter Geschwister in einer Gruppe zusammenleben und daß man daraus so etwas wie Über- und Unterordnungsverhalten, also auch Unterwürfigkeitsverhalten schon auf der Primatenstufe feststellen kann.

Darum, so meint Service, sind Herrschaftshierarchien auch unter erwachsenen Primaten typisch, und es sei auf Grund dieser langen biologischen Unreife und der vorherrschenden Einzelgeburt (höchst selten kommen auch Zwillinge vor) die *Ungleichheit* als soziales Verhaltensmuster gleichsam biologisch *vorgegeben.* Dagegen sei *Gleichheit* eine *Kulturerrungenschaft,* die erst *gelernt* werden müsse.

Service, den ich noch weiter referiere, fragt nun, wie es überhaupt zur Bildung von Gruppen kommt, die sich *nicht* auf der Grundlage der Mutter-Kind-Dyade und der geschwisterlichen Hierarchie zusammenhalten. Um das zu klären, bezieht er das Verhalten der Primaten funktional auf solche Grundbedürfnisse wie Suche nach *Geschlechtspartnern,* nach *Nahrung* und nach *Schutz.* Er stellt fest, daß auf der Ebene des Primatenverhaltens diese drei Bedürfnisse häufig zu miteinander im Widerspruch oder im Konflikt liegenden Lösungsmöglichkeiten führen: Eine Sozialform, die das *eine* in idealer Form beantwortet, bringt im Bereich des *anderen* Schwierigkeiten. Bei der Nahrungssuche fehlt die Fähigkeit zum Altruismus zunächst, und die Knappheit der Versorgung führt zum Konflikt: Das stärkere Tier nimmt dem schwächeren die Nahrung fort, und aus dieser Sicht der Wettbewerbssituation kann man überhaupt nicht begreifen, daß ein Gruppenzusammenhang erhalten bleibt, daß also das schwächere Tier, das scheinbar aus der Gruppe nur Nachteile erfährt, nicht davonläuft und die Gruppe verläßt. Aber bei einer bestimmten Populationsdichte ist die Mitgliedschaft in einer Gruppe im Konfliktfall gegenüber Fremdgruppen ein Schutzvorteil: Unter dem Gesichtspunkt der Nahrungssuche ist die Gruppenmitgliedschaft zwar uninteressant, aber unter dem Gesichtspunkt des Schutzes, das heißt im Konflikt mit anderen Gruppen, ist gerade das schwächste Mitglied in der Gruppe viel besser aufgehoben, als würde es allein einer fremden Gruppe begegnen.

Dies alles ist relativ unkompliziert und wenig problematisch. Aber nun überlegt Service sich auch, wie es sich bei der Sexualität verhält. Er beobachtet dort, daß in einer Primatenhorde die Männchen selbstverständlich in Konflikt miteinander geraten um die vorhandenen Weibchen und daß sich dann wieder eine Hierarchie durchsetzt und nur die Stärksten die Weibchen begatten dürfen. Man sieht, daß unter diesem Gesichtspunkt die Vorteile und die Nachteile der Gruppenmitgliedschaft im Widerspruch miteinander stehen.

Service fragt: Was ist nun im Vergleich zu den Primaten das spezifisch Menschliche? Man könnte im Anschluß an ihn, aber auch vielleicht etwas über ihn hinausgehend sagen: Es kommt zur Erfindung des Exogamiegebots. Ob man das jetzt schon Inzesttabu nennt oder nicht, ist dabei relativ gleichgültig. Es kommt jedenfalls zu einer Sozialform, in der ein nach der Primatenforschung nicht erreichbares Niveau an Solidarität und Konfliktfreiheit innerhalb der Männergruppe dadurch erreicht wird, daß die Mitglieder *nicht* mehr miteinander um die Frauen des eigenen Lebensverbandes konkurrieren dürfen. Das wollen wir als Exogamiegebot bezeichnen. Die Solidarität, die so erreicht wird, bringt erhebliche Selektionsvorteile: Es wird jetzt ein Maß an wirksamer Kooperation erzielt, das der Gruppe bei der Nahrungsbeschaffung als Jäger erhebliche Vorteile bringt und das der Gruppe natürlich bei den – wie ich einmal zunächst unterstelle – feindlichen Auseinandersetzungen mit anderen Gruppen um das Gebiet, in dem gejagt wird, auch Kampfes-, Verteidigungs- und Schutzvorteile bringt. Aber damit ist natürlich das Problem der Versorgung mit Sexualpartnerinnen und eben auch als Folge davon der Fortpflanzung nicht gelöst.

Service weist darauf hin, daß man jetzt die Mikro- und die Makroebene unterscheiden muß. Der Selektionsvorteil liegt zunächst in dem Niveau der Mikroebene, wo eine vordem nicht denkbare *Befriedung* in der Innenbeziehung der Männer einer Horde erreicht wird, also sozusagen die Geburt der solidarischen Männerbande. Hinzu kommt jetzt auf der Makroebene, daß Bündnisse geschlossen werden zwischen benachbarten Horden durch den Austausch der Weiber. Das Modell des Frauentausches ist nämlich das Korrelat zur Einführung des Exogamiegebots und zugleich die Fundierung der Schaffung weiträumiger friedlicher Beziehungen, also der Befriedigung nicht nur des Mikrobereichs, sondern auch des *weiträumigen* Regionalbereichs. Dieses wäre, wenn Sie es akzeptieren könnten, ein Modell, das die *Etablierung der lokalen Männerbande* verknüpft mit der *Errichtung des Exogamiegebotes* oder Inzesttabus und mit der Institution des *Frauentausches.*

Was ist dabei eigentlich das Kriterium der Zugehörigkeit zu Siedlungsgruppen? Ich muß dazu etwas hinzufügen, das ich nicht Service zuschreiben darf: die Teilhabe an dem gemeinsamen Verzehr eines gejagten Tiers. Es gibt im Buch Exodus die Vorschrift, die Juden sollten ein Lamm schlachten, und es sollten sich vor dem Auszug aus Ägypten so viele zusammenfinden, wie nötig sind, um ein Lamm zu essen. Wenn also eine Familie zu klein dafür ist, dann sollen andere dazugenommen werden. So wird die Definition der Gruppenmitgliedschaft über den *Konsum eines Tierleibes* erreicht, und ich wage zu extrapolieren, daß auf der Jägerstufe, als es Verwandtschaft in unserem Sinne noch nicht gab, so etwas wie eine Blutsgemeinschaft durch die Teilhabe an dem Verzehr eines Tierleibes entstand. Man muß dazu die schamanistischen Vorstellungen hinzunehmen, die besagen, es ist die Einheit des einen Lebewesens, die sich auf anderer Ebene wiederherstellt bei all denen, die diesen einen Leib gemeinsam konsumiert haben, ein Gedanke übrigens, der sich ja durchzieht bis in die Abendmahlvorstellungen der modernen Christenheit.

Doch zurück zu den Thesen von Elman Service: Frauentausch mußte mit dem Prinzip der Virilokalität verbunden sein, um als Selektionsvorteil zu wirken, weil die Männer als Jäger ihr Territorium genauestens kennen mußten. Die Sammlerin konnte leichter ihre Sammlerinfunktion in einem ihr zunächst nicht vertrauten Territorium kleinräumiger erlernen, während sich die Männerbande, die ja kooperativ tätig sein mußte, vor allem bei der Mammutjagd in deren großen Territorien besser orientieren können mußte. Daher die These von dem Selektionsvorteil der Virilokalität auf dieser Stufe.

*3. Die Zuordnung fraulicher Fruchtbarkeit*

Ich gehe nun von folgender Annahme aus: Wenn wir uns Verwandtschaftskonzepte modernen Denkens anschauen, so ergibt sich als deren gemeinsame Elementarstufe die Etablierung der Männerbande. Darauf ist sozusagen, wenn man sich geologische Schichtungen vorstellt, als spätere Stufen erst der ganze Bereich im Umkreis von Vaterschaft aufgelagert worden. Das kann ich jetzt freilich hier nicht ausführlich darzustellen versuchen. Ich beschränke mich auf die untersten Stufen. Otto Koenig hat darauf hingewiesen, daß Jäger gar nicht in jeder Situation herumschweifen, sondern, wenn es möglich ist, an der Wasserstelle das Wild abwarten, dort erlegen können und so gleichsam seßhaft werden.

Wenn dieses »Wohlstandsniveau« erreicht war und Seßhaftigkeit eintrat, könnte zusätzlich zu den genannten funktionalen Bereichen Schutz, Nahrung, Sexualität zunehmend auch die Bedeutung des Bereichs Fruchtbarkeit und Nachwuchs ins Bewußtsein gerückt sein. Vermutlich hat beim Jäger/Sammler das Kind eher eine prekäre zweischneidige Bewertung erfahren, und erst in der Agrarkultur oder in der Situation der Seßhaftigkeit wird Kindersegen positiv gedeutet. Damit kann jetzt die Frau unter dem Gesichtspunkt ihrer Fruchtbarkeit und nicht mehr nur unter dem der angenehmen sexuellen Möglichkeiten, die sie den Männern bietet, gesehen werden. Damit stellt sich die Frage neu, wie die *Mutter-Kind-Dyade,* die selbstverständlich in jeder Verwandtschaftsform als Elementarbereich gegeben ist, der sich gar nicht auflösen läßt, der Männerbande zugeordnet werden soll.

Hier scheint sich nun eine Alternative zu ergeben: entweder die Elementarformen von Verwandtschaft auf der Grundlage von Paarung, also Verwandtschaft als Paarungsverband, oder die Elementarformen auf der Grundlage weiblicher Fruchtbarkeit. Auf der Grundlage von Paarung bleibt die Männerbande das Zentrum des Siedlungsverbandes, und die Weiber werden unter dem Gesichtspunkt ihrer Eignung als Sexualpartnerinnen getauscht. Sie bringen dann virilokal ihren Nachwuchs zur Welt, der, soweit er männlich ist, zum Nachwuchs der Männerbande wird und dazu über die Initiationsriten (von denen Herr Zwernemann gesprochen hat) auch ausgebildet werden.

Aber es gibt nun nicht nur dieses Modell. Sondern es tritt dort eine Bifurkation ein, die ich hier gern einmal zur Diskussion stellen möchte, um eine Antwort zu finden auf die Frage, warum denn eine Reihe von Jäger- und Sammlerkulturen bis in unsere Zeit hinein Jäger- und Sammlerkulturen geblieben sind, während *andere* es offenbar zwar *gewesen,* aber eben nicht *geblieben* sind, sondern sich differenziert und weiterentwickelt haben. Darauf müßte man ja eine plausible Antwort finden können.

Bis wir eine bessere Deutung kennen, können wir vermuten, daß diese Bifurkation genau dort stattfindet, wo die Männer sagen: Wir tauschen nicht mehr die Frauen und geben sie nicht mehr als Sexualpartnerinnen weg. Unter dem Gesichtspunkt ihrer Fruchtbarkeit möchten wir vielmehr, daß die uns vertrauten Frauen bei uns bleiben und ihren Nachwuchs bei uns zur Welt bringen. Gleichwohl können wir nicht das Exogamiegebot und das Inzesttabu wieder aufheben. Also müssen wir die Frauen leihweise, sozusagen zur Begattung, unseren Verbündeten oder Freunden überlassen, dann aber zurücknehmen an unseren Wohnort. So entsteht ein ganz anderes Kulturmodell.

Nun frage ich mit aller Vorsicht, ob nicht in der schockierenden Gruppenvergewaltigung der Atavismus des Frauentausches wieder auftaucht. Wenn Sie genau hingehört haben: in der Zeitungsnotiz waren es Männer aus einem *anderen* Ort, die eine Frau aus *diesem* Ort nahmen. Man findet z. B., daß ein Raubtier ein Junges von einem anderen Tier nach dem Kindchenschema betreuen kann, daß dann aber plötzlich ein Freßton auftauchen kann, und dann wird das fremde Junge eben doch als Beute wahrgenommen und verzehrt. Ähnlich kann eine Männerbande eine Frau wie eine Schwester behandeln, wenn sie große Vertrautheit zu ihr hat, also nicht als Sexualobjekt. Wenn aber ein »Freßton« oder etwas Analoges, wenn also erhebliche Fremdheit eintritt, dann wird sie zwar nicht zur »Beute«, aber zum Sexualobjekt.

Die Analogie nun zu dem anderen Modell, in dem man die Frau nur verleiht, aber im übrigen als Schwester mütterlicherseits bei sich behält, möchte ich Ihnen nun auch an Hand der Bibel nahebringen, weil Sie wahrscheinlich das Ganze zunächst für absurd halten. Ich verweise dazu auf das Buch Genesis, Kapitel 12, Verse 14–20: Als Abram nun nach Ägypten kam, sahen die Ägypter, wie überaus schön die Frau war. (Es handelte sich um Sarai.) Die Würdenträger des Pharaos erblickten sie, preisend empfahlen sie diese für den Pharao. So ward die Frau in den Palast des Pharao gebracht. Dem Abram aber erwies er Gutes um ihretwillen. Er erwarb sich Kleinvieh und Großvieh, Esel, Knechte, Mägde, Eselinnen und Kamele. Der Herr aber schlug den Pharao mit schweren Schlägen und auch seinen ganzen Hof wegen Sarai, der Frau des Abram. Der Pharao ließ nun Abram rufen und sprach: »Was hast du mir denn angetan? Warum hast du mir nicht mitgeteilt, daß sie deine Frau ist? Warum hast du gesagt, sie sei deine Schwester? So nahm ich sie mir zum Weibe. Hier hast du deine Frau, nimm sie und geh.« Und der Pharao erbot für ihn Leute, diese entließen ihn, seine Frau und alle seine Habe.

Diese Verse kann man so lesen, daß sich hier Abram in der Rolle des Zuhälters betätigt. An anderer Stelle sagt er, daß Sarai und er Halbgeschwister sind. Er kann Sarai also je nach kulturellem Kontext entweder als Schwester definieren oder auch als Sexualpartnerin. Offenbar geschieht in dieser personalen Konstellation gerade eine Weichenstellung. Darum hat sie sich auch im religiösen Kollektivgedächtnis erhalten: In der Person Abrahams und Saras, die nun diese neuen Namen erhalten, findet der Umbruch statt zu einem Modell, bei dem nun Frauentausch nur noch als Ausleihe der Frau auf Zeit geschieht. So wie die *Gruppenvergewaltigung* ein atavistisches Wiederaufstehen des Frauentausches *zum Verbleib* ist, so ist die Figur des Zuhälters, die auch in modernen Gesellschaften vorkommt, ein atavistisches Auftauchen der Übergabe der Frau, und zwar leihweise, um sie begatten zu lassen, dann aber den Nachwuchs im eigenen Bereich aufzuziehen. Mir scheint diese Bifurkation, diese Gabelung des Entwicklungsganges darin zu bestehen, daß einmal, wie das heute noch bei manchen Papuas auf Neuguinea berichtet wird, Frauentausch zum Verbleib stattfindet. Meine Vermutung ist eben, daß das ein Grund dafür ist, daß es dort kulturellen Fortschritt nicht gibt. Im anderen Fall, bei der Überlassung zur Begattung, entsteht ein Verwandtschaftsverband matrilinearer Form. Die Männer, die den schwanger werdenden und gebärenden Frauen schützend zur Seite stehen, sind nicht ihre Sexualpartner, sondern ihre Blutsverwandten.

Im Urmodell wird der Gruppenverband auf der Jägerstufe definiert als das Konsumieren eines Tierkörpers oder des Blutes dieses einen Tieres. Dann erst wird die erste Stufe von Verwandtschaft erfunden, nicht wieder vergessen und daher zur Tradition, wobei die enge Verbundenheit definiert wird als das Hervorgegangensein aus dem blutigen Akt der Geburt, als der *Geburt* aus einem Leib, nicht mehr mit dem Konsum eines Opferleibes. Aus der Geburt aus einem Leib derselben schwangeren Urmutter entsteht dann die Urmutterreligion, die ja der moderne Feminismus unter Rückgriff auf Bachofen popularisiert hat. Eine sehr viel spätere Schicht erst bringt die Institution *Vaterschaft*. Die Situation in den Industriegesellschaften der Gegenwart kann man verstehen als ein sukzessives Abtragen der Schichten in der Reihenfolge, in der sie aufgebaut worden sind. Denn die jüngste Schicht, die Vaterschaftsschicht, ist bei uns schon sehr weitgehend in ganzen Bereichen unserer Gesellschaft abgetragen. Darunter liegen die sehr stabile nächste Schicht, die Mutterschaftsschicht, und dann schließlich als unterste Schicht die Klaubaufgruppen von Matrei.

*Literatur*

Otto Koenig: Kulturethologische Betrachtung des Klaubaufgehens. In: Matreier Gespräche: Maske – Mode – Kleingruppe, Beiträge zur interdisziplinären Kulturforschung, herausgegeben vom Institut für Vergleichende Verhaltensforschung der Österreichischen Akademie der Wissenschaften, Wien und München: Jugend und Volk 1981, S. 45–58.

Konrad Lorenz: The Evolution of Behavior. In: Scientific American, December 1958, pp. 67–78.

Elman R. Service: Primitive Social Organization. New York: Random House, second edition 1971.

*Hartmut Heller:*
# *Über den Umgang mit Tradition auf Trödelmärkten*

Bei Vorträgen von Professor Otto Koenig beeindruckt oft, wie er aus der Ursprungsbedeutung der Wörter Argumente gewinnt. Im vorliegenden Fall ist dieser Methode leider kein Erfolg beschieden. Von den Bezeichnungen für »altes Zeug von geringem Wert« haben zwar einige eine bemerkenswert lange Sprachgeschichte. »Krempel« kommt von lat. comparare = verschaffen; »Tand«, aus lat. tantum = soviel, wurde im Romanischen zum Kaufmannswort (Kluge 1960). So könnte man versucht sein, wegen der lautlichen Anklänge auch Querverbindungen zwischen »Trödel« und »Tradition« zu entdecken. Etymologisch ist das aber völlig abwegig. Der Begriff Trödel für Gebrauchtwaren taucht erst in frühneuhochdeutscher Zeit auf; seine Wurzel ist unklar. – Das macht die Aufgabe, auf Trödelmärkten Stoff für unser Thema Tradition zu finden, schwerer, jedoch nicht unmöglich.

## *I. Tradition als Begriff der Volkskunde*

Volkskundler reden häufig von »Tradition« und verwenden gern das Adjektiv »traditionell«, was nicht weiter verwundert. Denn Volkskunde ist nach ihrem Herkommen eine historische Wissenschaft und neigt zur Rückschau. Dabei ist freilich zweierlei passiert!

### *a) Erklärungsdefizite in einführenden Studienbüchern*

Einmal dies: Der Begriff ist den Volkskundlern so selbstverständlich geworden, kommt ihnen so schnell über die Lippen, daß er sich heillos abgenutzt hat. So macht man eine seltsame Beobachtung, wenn man jenes gute halbe Dutzend Bücher zu Rate zieht, die als Einführung in die Volkskunde im letzten Jahrzehnt geschrieben wurden, und dort eine systematische Klärung dieser wichtigen Vokabel erwartet. Alle Autoren gebrauchen sie vielfach. Von Hermann Bausinger (1979, 83) und Helge Gerndt (1981, 123) wird sie immerhin andiskutiert. Aber nur Günter Wiegelmann (1977, 48) liefert eine abgewogene Definition; ich komme darauf zurück.

### *b) Quellenkritische Forschung gegen ungesicherte Traditionshypothesen*

Schlimmer noch ist, zweitens, eine methodische Sünde: Bei vielen Sachverhalten hat die ältere Volkskunde zu leichtfertig behauptet, sie stünden in einer langen Tradition. Besonders in der Brauch- und Symbolforschung, aber auch in anderen Bereichen hat man oft vorschnell und ungeprüft große genetische Bögen geschlagen von gegenwärtigen Erscheinungen zurück zu »uralten« heidnischen, germanischen oder römischen Wurzeln – beflügelt von nichts als gewissen Ähnlichkeiten und Analogien sowie auch von Ideologien. Möglichst frühe Ursprünge aufdecken zu können gab nicht zuletzt dem Forscherstolz Genugtuung, womit bereits etwas Wesentliches über die adelnde Bedeutung von Tradition ausgesagt ist.

Die quellenkritische Münchner Schule um Hans Moser und Karl-Sigismund Kramer hat damit nach dem Zweiten Weltkrieg gründlich aufgeräumt. Selten reicht das Belegmaterial – Druckschriften, Archivalien, Bilder, datierbare Gegenstände – weiter als drei, vier Jahrhunderte zurück. Erst eine Votivtafel von 1743 bezeugt oberbayerische Maibäume, so daß man sie wohl nicht länger als uralte Phallussymbole ansprechen kann. Ebenso verliert das Fasnachtsbrauchtum an Alter, wenn man es mit Moser aus stadtbürgerlichem Hintergrund und nicht phantasievoll aus vegetationskultischen Sommer-Winter-Kämpfen heraus interpretiert. Viele Brauchhandlungen erweisen sich als überraschend jung.

Unabhängig von solchen Datierungen stellt sich in jedem Fall aufs Neue die Frage, ob es sich beim Fortleben eines Kulturphänomens über eine bestimmte Zeitspanne hinweg wirklich um Tradition handelt. Oder ob wir nicht vorsichtiger nur von Kontinuität sprechen sollten.

*c) Definitionsversuch in Abgrenzung gegen Stagnation, Kontinuität und Persistenz*

Nun also muß definiert werden! – »Tradition« gegen »Fortschritt« zu setzen – als Verstrikkung in das Hergebrachte und somit als Hemmschuh für kulturellen Wandel – hat einen im Alltagssprachgebrauch vielfach herauszuhörenden negativen Unterton. Gemeint ist eigentlich *Stagnation*.

Josef Dünninger (1969, 61), der diese Verwechslung kritisiert, ist aber seinerseits unpräzis, wenn er dann unter Tradition jedes prägende Eingreifen von Geschichte in die Gegenwart, die ganze historische Verkettung aktueller Erscheinungen versteht. Um auszudrücken, daß ein bereits ausgereifter, das heißt über das Genesestadium hinausgelangter Zustand über Zeiträume hinweg Dauer hat oder fortwirkt, haben wir den erstmals von Alfons Dopsch (1918/20) für den Epochenübergang Antike – Mittelalter benutzten, dann ausgedehnten Begriff *Kontinuität*. Entscheidend ist dabei, daß eine Verbindungslinie nie abgerissen ist (vgl. Bausinger 1979, 83). Daß sich die Sache im Lauf dieser Zeit unter Umständen wandelt, daß sich der Verwendungszusammenhang verändert und bisweilen nur mehr Einzelelemente erkennbar sind, muß nicht stören (vgl. Bausinger 1969, 18/19). Zweitrangig bleibt auch die Frage, durch welche Bedingungen Kontinuität möglich wurde. In diesem Sinn waltet Kontinuität in jedem irgendwie überkommenen Kulturgut, in jeder langfristig üblichen Verhaltensweise, in jedem eingefahrenen Denkschema, in jeder beständig gebliebenen Struktur. Kontinuität ist ein überwiegend *unreflektierter Prozeß*. Anders als Wiegelmann (1977, 49), der dies schon passive Tradition nennt, würde ich auch hierher stellen, wenn z. B. Hausrat gedankenlos, aus Trägheit oder zufällig erhalten wird. Allenfalls ließe sich für diesen dinglichen Bereich ein Unterbegriff, etwa *Persistenz*, einführen.

So bleibt der Begriff *Tradition* eingegrenzt verfügbar für Fälle kultureller Bewahrung, die auf aktiven, bewußten *Handlungen des Überlieferns* beruhen (vgl. Hävernick 1970). Wir sagen »traditionsreich«, wenn uns etwas erinnerungswürdig und deshalb unverzichtbar erscheint. Dies entspricht dem ursprünglichen lateinischen Wortsinn traditio = Weitergabe. Der Prozeß durchschreitet drei Stufen: Übernahme von Vorgängern – Hege und Pflege in der Gegenwart – Vererbung an Jüngere. Weil Absicht, oft sogar ein Gefühl der Verpflichtung und Erziehung im Spiel ist, gilt das Interesse den Personen und Gruppen, die sich in eine solche Mittlerrolle begeben, und ihren Motiven. Ferner ist zu vereinbaren, welchen Zeitfaktors es bedarf, bevor man von Tradition reden kann. Durch die Literatur geht als bestimmender Gedanke, daß mindestens ein Generationswechsel überbrückt wird. Fortlaufende Tradition begegnet uns also z. B. in Bruderschaftswallfahrten und Passionsspielen, durch die getreulich Gelübde der Vorfahren erfüllt werden. Genauso verkörpert sie sich in den Brautkronen, die die junge Ehefrau nach der Hochzeit beiseite legte, bis eine Tochter sie wieder trug.

Es scheint aber auch denkbar, daß – diskontinuierlich – einige Generationen übersprungen werden, das heißt, daß im Rückgriff bereits erloschene Traditionen neu aufgenommen werden – gewissermaßen wiedergeboren aus zweiter Hand. Die augenblickliche Welle der Trachtenerneuerung, die Besinnung auf Urgroßmutters Kochrezepte, die Wiedererweckung lange ruhender Kirchweihbräuche usw. sind dafür ebenso symptomatisch wie auf höherer geistesgeschichtlicher Ebene Humanismus und Klassik. Die nötige Information ist in der Regel Schriftzeugnissen zu verdanken. Im gegenständlichen Bereich führen solche Anknüpfungsbedürfnisse einerseits zur Neubewertung noch aufzufindender Belegstücke, andererseits notwendigerweise zur Herstellung von Replikaten.

Die erwähnten Brautkronen, Wallfahrtsstandarten, Vereinsfahnen, Trachten, Zunftzeichen usw. sollen einen Satz Wiegelmanns (1977, 48) bekräftigen, den kaum jemand anzweifeln dürfte: »Zur Tradition gehören auch Übernahmen ... von materiellen Objekten.« – Damit können wir uns endlich konkret den Trödelmärkten zuwenden. Sie sollen zunächst als Institution und dann in einem zweiten Anlauf von ihrem Warenangebot her auf unser Thema hin durchleuchtet werden.

*II. Die Entwicklung von Traditionsbewußtsein am Beispiel der jungen »Trempelmärkte« in Nürnberg*

Zusammen mit vielen neugegründeten Museen, der Mundart-Renaissance und den Bemühungen um Denkmalschutz können Trödelmärkte und Antiquitätenmessen als Beweis dienen, daß es in unserer sogenannten Wegwerfgesellschaft auch kräftige Gegenströmungen des Sammelns und Weitergebens gibt.

*a) Trödelmärkte – eine Innovation der siebziger / achtziger Jahre*

Trödelmärkte unter freiem Himmel – täglich, allwöchentlich oder mit anderer Periodizität sich wiederholend – zählen heute in der BRD zu Hunderten. Als verwandt hinzuzurechnen sind ferner die vielerorts in Sälen und Zelten stattfindenden Antiquitätenmessen und sonstige Antikshops. Ein eigenes Trödlermagazin namens »Superfloh« (Westner-Verlag, München) weist den berufsmäßigen Händlern Ziele und Termine nach.

Trotzdem sind Trödelmärkte, soweit ich sehen kann, in der Volkskunde außer durch Lühning (1980) bisher ziemlich unbeachtet geblieben. Von den großen Lexika arbeitet nur der Brockhaus (17. Auflage, Ergänzungsband 22, 1975) das Stichwort auf: »Flohmarkt = aus frz. ›marché aux puces‹, volkstümliche Bezeichnung für einen Markt, auf dem ausschließlich gebrauchte Waren jeder Art von meist geringem Wert – auch Krempel (Krempelmarkt) oder Trödelware (Trödelmarkt) genannt – gehandelt werden.« Das Schweigen der Fachliteratur mag damit zusammenhängen, daß diese Trödelmärkte fast alle erst in den siebziger Jahren entstanden sind, somit – wie manches, was hinter dem Rücken einer oft antizyklisch forschenden Wissenschaft hochkommt – nicht in den klassischen Themenkatalog passen und mit den Aufmerksamkeit heischenden Begriffen Kontinuität oder Tradition noch gar nicht faßbar erscheinen. Der Pariser Flohmarkt, die Londoner Petticoat Lane, der Wiener Tandelmarkt und die mehr jahrmarktartige Auer Dult in München sind die immer wieder zitierten, also offenbar raren, älteren stilprägenden Vorbilder.

*b) Die Gründung des Nürnberger »Trempelmarktes«*

Auch in Nürnberg wird erst seit 1971 ein solcher Trödelmarkt, genannt »Trempelmarkt«, abgehalten. Die Termine liegen auf Samstagen im Mai und September; bis einschließlich 1978 gab es noch einen dritten Markttag im Juli.

Die Initiative ging von der Stadtverwaltung aus. Der städtische Wirtschaftsreferent bekennt sich zu einem rein auf dem Reißbrett entworfenen Kunstprodukt, das wissentlich weder Ahn noch Paten hatte. Das Ziel war ein doppeltes: Es mußte etwas geschehen gegen die Verödung der Sebalder Altstadt. Und man wollte einer aufquellenden Grundstimmung in der Bevölkerung, fröhliche Straßenfeste zu feiern, entgegenkommen.

Schon der erste Markttag (3. Juli 1971) war mit 102 Anbietern und rund 32 000 Besuchern ein Riesenerfolg: Bürger räumten ihre Speicher, Kinder hielten zerfledderte Mickymaushefte und ausgedientes Spielzeug feil. Prominente betätigten sich als Marktschreier, Akademiker als Drehorgelspieler. Man sah phantasievolle Kostümierungen. Fremde Händler waren in der Minderzahl. Wie erhofft, kamen aus der »3-G-Skala« des Marketingplaners Mahr vor allem die Gaudi und die Geselligkeit zum Zuge. Geld, das heißt Warenumschlag und Geschäft, waren Nebensache (vgl. NN 6. Mai 1974). Damit war tatsächlich ein neuartiger, nur aus den soziokulturellen Bedürfnissen des Jahrzehnts verständlicher Veranstaltungstyp kreiert.

*c) Ursachen und Tempo der Vernetzung in der Ortstradition*

Um so bemerkenswerter scheint mir, wie die Novität Trempelmarkt gleichwohl von Anfang an in vorhandene Überlieferungen eingebaut und dadurch im Kopf der Leute zu einem Stück Tradition verfestigt wurde. Dies geschah über genetische und andere Wertzuweisungen, mittels Sprache und Standortwahl sowie durch Mißfallenskundgebungen gegen Veränderungen.

1. Wertzuweisungen durch Alter und Superlative

In der Presse wurde alsbald mit Archivfotos daran erinnert, daß Trödelmärkte in Nürnberg schon im 19. Jahrhundert und davor nachweisbar sind – wobei man kaum deren struktureller Andersartigkeit gedachte (NN 29. Juni 1972). Dieser Hinweis auf Abstammung leistete eine Rangbestimmung gegenüber den Flohmärkten anderer Städte, vergleichbar der Ahnenprobe in Adelskreisen oder der Weltreichslehre in der mittelalterlichen Historiografie. Der Stolz wurde noch verstärkt, als weitere Städte, z. B. Cham und Pforzheim, sich Nürnbergs Trempelmarkt zum Muster für ähnliche Projekte nahmen (NN 29. Juni 1972), und als man ihn schließlich im Mai 1974 »Europas größten Flohmarkt« nennen durfte: »Die übrigen deutschen Flohmärkte sind in der Besucherzahl (122 000), die italienischen von der Flächenausdehnung, die englischen und französischen von der Anbieterzahl (2 390) her überflügelt worden« (NN 6. Mai 1974). Wetterabhängig wurden diese Schätzergebnisse in den Folgejahren oft noch weit übertroffen; im Mai 1979 wurden 4 923 Anbieter gemeldet, im Mai 1983 der bisherige Spitzenwert von angeblich 245 000 Schaulustigen erreicht (NN 16. Mai 1983). Alter verleiht Ansehen. Die in Zeitungsschlagzeilen verkündeten Rekorde und Superlative, für die es natürlich keine sichere statistische Gewähr gibt, erhöhen den Glanz und wollen verteidigt werden. Beides gehört zur Psychologie der Tradition.

2. Abstützung im Dialekt

Tiefenwirkung hat auch der Name »Trempelmarkt«, umgangssprachlich »Trempala«. Erdacht als Kunstwort aus Trödel und Trumm (Stück) mit Assoziationen zu Krempel und Gerümpel, zielt er auf Mundart und Lokalkolorit. Überraschenderweise konnte dann der Dialektforscher Herbert Maas (1977) nachträglich belegen, daß Trempala als Kontaminationsform aus Trödel und Krempel schon 1496 in Nürnberg üblich war und damals den sogenannten Altreißenmarkt (Flickschuster) bzw. Erdenkäufelmarkt (Altkleiderhändlerinnen) hinter dem Barfüßerkloster bezeichnete, der erst 1914 verschwand (Ludwig 1914; Maas 1977). Der Volksmund unserer Tage nahm das Wort schnell wieder an – ganz Alten war es noch geläufig gewesen – und bildete es weiter zum Verbum »trempeln« und dem Substantiv »Trempler«. Wenn heute in Nürnberg Verkaufstage für Babyartikel aus zweiter Hand, für gebrauchte Skier, für Bestände aus dem Theaterfundus organisiert werden, heißt das wie selbstverständlich Trempelmarkt (NN 2. November 1981; 1. März 1982). – In der Nachbarstadt Fürth verfuhr man ähnlich und kam so zu einem »Grafflmarkt«.

3. Geschichtsträchtige Kulisse

Beschleunigt wurde die Identifikation der Nürnberger mit ihrem Trempelmarkt zweifellos auch durch seinen Standort auf dem Hauptmarkt, das heißt vor historischer Gebäudekulisse (»Traditionsinsel« sagen Stadtplaner) und im Assoziationsfeld der jahrhundertealten, also wirklich traditionsreichen Wochen- und Christkindlesmärkte.

Inzwischen freilich haben Markttage mit Tausenden von Händlern und Hunderttausenden

Besuchern diesen Rahmen längst gesprengt. Die zunehmende Öffnung weiterer Nebenstraßen für den Marktbetrieb bis hin zur Lorenz- und Jakobskirche hat die Lage nicht wesentlich entspannt. Geschäftsleute im Anrainerbereich stöhnen über Umsatzeinbußen und Müllberge tags danach. Die Polizei wird des Verkehrschaos nicht mehr Herr; der Feuerwehr graut, falls an diesem Tag einmal ein Katastropheneinsatz in der City nötig werden sollte. Sie fordern, die zunächst dreimal, seit 1979 nur mehr zweimal jährlich stattfindenden Trempelmärkte zu verkleinern und auf andere Plätze in der Altstadt (Kreuzgassenviertel, Insel Schütt) oder gar an den Stadtrand (Kopernikusplatz, Zeppelinfeld) zu verlegen. Im Rathaus stellt die CSU-Fraktion immer wieder entsprechende Anträge und nennt ihn, die innige Verzahnung von Markt und Ambiente indirekt bestätigend, einen Schmarotzer. Die regierende SPD hingegen hält am bisherigen Zustand fest und weiß sich darin einig mit der Bürgermehrheit. 1983 wurde sogar mit Protestplakaten und Unterschriftensammlung parteipolitisch um den angestammten Templerstandort gekämpft: An anderer Stelle würde der Markt verarmen, verkümmern, nicht lebensfähig sein; mit ihm würden Fröhlichkeit und Weltoffenheit, Liberalität und Toleranz aus der Altstadt verbannt. Daß es ursprünglich nur darum ging, museale Stadtviertel wieder stärker zu vitalisieren und daß dies gegebenenfalls auch mit anderen Mitteln erreicht werden könnte, wird kaum noch erwähnt. Daß ferner das grundsätzlich um den Trempelmarkt bangende wirtschaftliche Argument nicht sticht, beweisen viele andere Städte, wo Flohmärkte auch auf Großparkplätzen, Pferderennbahnen, in Festhallen oder an den Flußufern des Mains, der Leine und am Rhein gut gedeihen (vgl. Trödler-Magazin 35/1982). An diesem Aufruhr nicht sachadäquater Stimmungen wird ablesbar, wie sehr das Ereignis »Trempala auf dem Hauptmarkt« sich binnen weniger Jahre verselbständigt und zugleich in den Emotionen der Bevölkerung verwurzelt hat. Es ist zum standortgebundenen Brauch geworden.

4. Fremdenfeindlichkeit gegenüber Profihändlern

Besonders spontan hakte die Traditionsbildung an dem beim erstenmal 1971 geprägten Prototyp Nürnberger Trempelmärkte ein – jener eingangs beschriebenen Mischung aus Basar, Kinder- und Volksfest, Bürgertreffpunkt. Bereits bei den nächsten Terminen nämlich nahmen in wachsendem Maße die professionellen Händler überhand, die oft von weither zwischen Hamburg und Bodensee, ja aus dem ganzen EG-Bereich anreisen. Um sich die begehrtesten Plätze zu sichern, kampieren sie teilweise schon tage- und nächtelang auf Stühlen und Schlafsäcken rund um die Uhr auf dem Hauptmarkt. Privatanbieter, denen es allerdings bald auch an Ideen und interessanter Handelsware zu mangeln anfing, sowie vor allem die Kinder wurden durch die rüden Methoden der Profis immer mehr verdrängt. Ordentliche, nicht mehr bunt improvisierte Stände begannen das Bild zu verändern. – Stichprobenerhebungen auf dem Trempelmarkt im Mai 1983 bestätigten die beklagte Überfremdung: Nur zu etwa 60 Prozent waren die Händler ortsansässige Nürnberger und Fürther. Ein Drittelanteil von Auswärtigen, mit Reichweiten zum Teil weit über Bayern hinaus, war ferner auch bei den Besuchern festzustellen.

Als Reaktion darauf klingt schon in der Zeitungsberichterstattung des Jahres 1972 – also im zweiten Jahr! – Trauer an, daß es nicht mehr sei wie früher. Der Markt sei »fader«, »geschleckter«, »kommerzieller« geworden, weniger »originell«, »spontan«, »lustig«, »echt« und »ursprünglich«; sein Liebreiz und »Erlebniswert« habe gelitten (NN 6. Mai 1974). Unter der Titelzeile »Trempelmarkt zu Tode getrampelt« fragt ein Kommentator: »Ach, wo sind sie hin, die schönen Zeiten, da man noch gemütlich über den Trempelmarkt flanieren konnte, das eine oder andere Stück begutachtend, sich ergötzend an Trempel-Typen und voller Freude über den Eifer der Kinder«; ein Dorado für Profis, ein Geschwür sei er jetzt (NN 3. Juli 1974).

In Presse, Stadtrat und Bürgerzirkeln ertönt seither das ganze Vokabular nostalgischer Gefühle, das immer dann zu hören ist, wenn ererbtes Kulturgut bedroht erscheint. 1973 steckten sich die Amateure Plaketten an mit der Aufschrift »nonprofi« (NN 29. August 1973). 1980 zogen sechs junge Leute auf mit Transparenten »Rettet den Trempelmarkt, boykottiert die Profis« (NN 15. September 1980). Alljährlich werden nun die Marktbeamten daran gemessen, ob es ihnen gelingt, die störenden Eindringliche von auswärts im Zaum zu halten und den Einheimischen, insbesondere den Kindern, den nötigen Freiraum zu sichern.

Deutlich also wird die Verpflichtung laut, daß man sich wehren müsse gegen Veränderung und Verfall. Anders ausgedrückt: man will unverfälscht tradieren. Dabei ist es von erheblicher stabilisierender Bedeutung, daß man die Schuld für die Gefährdung der Tradition – zu Recht oder Unrecht – Fremden zuschieben kann.

Inwieweit sich die geschilderte Entwicklung in Nürnberg verallgemeinern läßt für die Flohmärkte anderer Städte, muß offen bleiben. Interessanter ist in unserem Zusammenhang die Frage, ob man terminologisch nach der kurzen Laufzeit von 13 Jahren wirklich schon behaupten darf, es habe sich Tradition gebildet. Die Ausführungen gingen dahin zu zeigen, daß ein realer Überlieferungsvorgang durch geistige Brückenschläge und Schutzbestrebungen in der Tat eine längere Perspektive bekommen kann.

### *III. Alte Sachen vom Trödelmarkt als Annahme von Tradition*

Trödelmärkte eignen sich für unser Thema nicht nur wegen ihrer Institutionengeschichte. Es geht auch um ihre Wesenhaftigkeit, um die Dinge, die dort den Besitzer wechseln. Was hat nun Trödel mit Tradition zu tun? Oder anders: Was unterscheidet den Trempelmarkt von dem sonst an gleicher Stelle befindlichen Gemüsemarkt?

Je nachdem, welches Wort man dem Angebot solcher Messen und Märkte gibt, schrumpft oder wächst die unmittelbare Evidenz eines Zusammenhangs: Altwaren – altes Zeug / Trödel – Altertümer – Antiquitäten.

#### *a) Motive für den Kauf von Trödelware*

Niemandem wird es einfallen, auf Schrottplätzen, bei Papier- und Lumpensammlungen, beim Gebrauchtwarenkauf, vor einem Laden für Second-hand-Kleider oder auch angesichts von Kindern, die auf Trödelmärkten verwetztes Spielzeug und zerlesene Comics anbieten, an Tradition zu denken. Unstreitig wird auch hier Altes weitergegeben. Doch handelt es sich dabei nur mehr um letzte Zwischenstationen auf dem Weg zum endgültigen Verschleiß oder zur Abfallverwertung. Nichts weist über rohstofferhaltende oder kommerzielle Nützlichkeitserwägungen hinaus. Hier kauft, wer sich teure Neuware nicht leisten kann. Dahinter stehen, wie beim Trödelladen früherer Zeiten, Mängelsituationen.

Merkwürdig anders reagieren wir (zur Zeit?), um gar nicht erst von exquisiten Kunstschätzen zu reden, auf alte Uhren, Bauernschränke, Druckgrafik, Backnäpfe, Petroleumlampen, Grammophone usw. Technisch veraltet und durch mancher Benutzer Hände gegangen, ist auch ihr unmittelbarer Gebrauchswert oft gegen Null gesunken, ihr Erhaltungszustand mäßig. Aber gleichzeitig ist ihnen offenbar eine neue Qualität zugewachsen, eine Aura, eine das Dinglich-Funktionale überhöhende Aussagekraft. Lühning (1980, 129) sieht darin Zeichen einer Überflußsituation.

Fragt man, warum Menschen heute Trödlerware der genannten Art kaufen und dafür oft mehr bezahlen als für fabrikneue Ware, so dürften die folgenden Motive am häufigsten sein. Sie haben überwiegend zu tun mit dem positiven Stereotyp »gute alte Zeit«, mit Respekt und mit Nostalgie als der wärmenden Berührung mit besonnter Vergangenheit:

Abb. 1: Sortiment eines professionellen Händlers bei einer Antiquitätenmesse in der Stadthalle Erlangen

1. Der Gegenstand gefällt als *Dekorationsstück* für Wohnung und Garten. Man zeigt unkonventionellen Geschmack.

2. Als *Souvenir* soll er an den Besuch des Trödelmarktes erinnern oder anderen Freude machen.

3. Ein Ding löst persönliche *Retrospektive* aus, ruft z. B. die Stube der Großeltern, die bäuerliche Herkunft der Familie, Kindheitseindrücke, Reiseerlebnisse ins Gedächtnis zurück.

4. Man betrachtet es – oft mit einem gewissen Beschützerinstinkt – als historisches *Dokument,* das ein bißchen umwittert ist vom Schauer der Geschichte, deren Zeitgenosse es war. Es drückt Stilepochen, handwerkliche Individualität, frühere Stufen der Technik, soziale Umstände, regionale Unterschiede aus.

5. Jemand sucht *Raritäten,* denn selbst einstige Allerweltsartikel sind heute selten geworden. Beispielsweise hat sich von nachweislich 350 000 Lüneburger Salzpfannen nur mehr eine einzige erhalten (Philippovich 1966, 1)!

6. Dabei spielen manchmal auch Spekulationen auf *Profit* eine Rolle. Die scherzhaft so genannten »Rundtrempler« kaufen am Nachbarstand günstig ein und schlagen beim Weiterverkauf, oft erst in der nächsten Stadt oder im nächsten Jahr, ein paar Mark drauf.

Durch die Kaufhandlung wird zunächst einmal die Bereitschaft zur Rezeption auch nicht mehr neuwertiger Waren bewiesen. Daß darüber hinaus Tradition im ideellen Sinn von Bewahrung stattfindet, wird man zumindest bei den Varianten 3 (Retrospektive), 4 (Dokument) und 5 (Rarität) annehmen dürfen. In diesen Fällen handelt es sich um den klassischen Sammler.

Ein Rundgang auf dem Nürnberger Trempelmarkt vom 14. Mai 1983 ergab, daß heutzutage Massenwaren aus junger Industrieproduktion in einem nicht näher quantifizierbaren Ausmaß klar vorherrscht. Verramscht werden Textilien, Schallplatten, Hausrat, Groschenromane, Spielzeug, Briefmarken . . . Nicht zuletzt sind es türkische und andere südländische Gastarbeiterfamilien, die hier mit gewohntem Feilschen um billiges Geld einigen Alltagsbedarf decken. Sicherlich nur ein Bruchteil der auf Trödelmärkten getätigten Geschäfte betrifft wirklich unser Thema. Leute, die spezielle Wünsche haben – z. B. Hefte der »Illustrierten Filmbühne«, Barockleuchter, besondere Radiotypen – tun sich erklärtermaßen schwer. Ungewöhnliches ist tatsächlich selten. Die besten Stücke wechseln meist schon am Vorabend und in der Nacht den Besitzer. Der eigentliche Markttag sieht Schaulustige, für die der Bummel zwischen den Ständen ein Freizeitvergnügen ohne primäre Kaufabsicht ist, in der Überzahl. Allerdings handelt es sich, wie die Befragungen am 14. Mai 1983 zeigten, weniger um Zufallspassanten als vielmehr um ein Stammpublikum, das gern auch in anderen Städten über die Trödelmärkte zu streifen pflegt.

*b) Aussageverluste durch Dislozierung aus dem sozialräumlichen Umfeld und der mündlichen Überlieferung*

Qualitätvolle Ware von Sammlerwert kommt in erster Linie durch diejenigen Trödler auf den Markt, die nicht nur Überflüssiges aus dem eigenen Besitz loswerden wollen, sondern Nachlässe aufkaufen, bei Entrümplungsaktionen aufpassen, Dachböden der Nachbarn durchstöbern, Bauern beschwatzen, Doppeltes aus ihren Privatsammlungen abgeben, Lieferanten z. B. im Bayerischen Wald oder in Belgien haben – also durch die vielgeschmähten berufsmäßigen Antiquitätenhändler und Halbprofis. Was hier geschieht, ist dennoch fragwürdig. Denn es werden die Dinge dabei oft in gröblichster Weise aus ihrem Zusammenhang gerissen. Sie werden ausgeklinkt aus Familien oder anderen Sozialverbänden, in denen sie vordem Funktion und Bedeutung hatten, und manchmal über Hunderte von Kilometern hinweg verschlagen in fremde Räume. Anders als ein Großvater weiß der Händler wenig Persönliches dazu zu sagen, will es meist auch gar nicht. Aus welchen Umständen er den Gegenstand erworben hat, ist ihm gleichgültig oder auch Betriebsgeheimnis, das er ungern der Konkurrenz preisgäbe. Dieser Verlust an Mitteilung, an umhüllender Erzähltradition, unterscheidet Trödlerwaren von gutkatalogisierten Museumsstücken. Kann man es noch unverletzte Tradition nennen, wenn der Käufer ein auf Form, Material, Typus reduziertes Ding ohne biografischen Hintergrund ersteht? Was kann er anfangen mit anonymen Hochzeitsbildern, Soldatenfotos, Briefschaften usw. vom Trödlertisch, wo sie absurd und indiskret wirken?

*c) Weitergabe von Form und Technik*

Bunt stehen auf Trödelmärkten nebeneinander: Handarbeit und Fabrikware, Erzeugnisse aus dem heimatlichen Franken und importierte Reisemitbringsel aus Indien, Teueres und Billiges, Nonsens-Artikel wie z. B. aus Steinen geklebte Tierfiguren und Jutesäcke als Goodwill-Angebot zugunsten der dritten Welt, ein zweifellos bejahrtes Pferdekummet und nachge-

Abb. 2: Angebot auf dem Nürnberger Trempelmarkt

machte Bauerntruhen, Butterfässer usw. Einer hat im Stil historischer Keramik getöpfert, ein Türke zeigt Messing- und Kupferkessel – alt oder neu? Weniger als im gehobenen Kunst- und Antiquitätenhandel wird auf dem Trödelmarkt nach echt oder unecht gefragt. Die Lust, als Händler mitzumachen, weckt viele schöpferische Kräfte. Und mancher Zuschauer geht mit der Anregung, sich ähnlich zu versuchen, nach Hause.

Die meisten dieser Aktivitäten sind für unser Thema unerheblich, sofern man nur Dinge, die Originale sind (tradierte Substanz), als Traditionsträger begreift. Man sollte aber wohl offener denken: Tradition, natürlich auf anderer Ebene, vollzieht sich auch, wenn in Imitaten alte Formen und Muster nachgeschaffen (tradiertes Design) und frühere Herstellungweisen wieder erprobt werden (tradierte Technik). Trödelmärkte leisten hier gelegentlich Ähnliches wie Museumspädagogen, die wissen, daß Nachahmen und -üben eine innigere Beziehung zu historischer Sachkultur vermittelt als das bloß anzuschauende Exponat. Im übrigen lebt Volkskunst grundsätzlich vom Nachschaffen.

*d) Marktstil und Händlertypus*

Geradezu im Widerspruch zu ihrem Warensortiment haben Trödelmärkte etwas Jugendliches an sich. Während unter den Besuchern auch höhere Generationen vertreten sind, beschränkt sich die Händlerschaft fast ausschließlich auf die Altersgruppen der 12–20jährigen bzw. der 20–40jährigen. Die bei unserer Händlerbefragung am 14. Mai 1983 genannten Hauptberufe streuen weit: viele Schüler und Studenten, daneben Facharbeiter, kaufmännische Angestellte, Mütter als Begleiter kindlicher Verkaufsgenies, ein paar Studienreferendare, Ingenieure . . . Die niedrigen Standplatzgebühren von DM 5,– je angefangene 3 Quadratmeter halten niemanden ab.

Stundenlang spielt auf dem Nürnberger Trempelmarkt jeweils eine Dixieland-Kapelle auf. Aus Radiorecordern quäkt Jazz- und Rockmusik. Asien-Look und noch bizarrere Kleidung, Punkerfrisuren, Ohrringe auch bei Männern machen deutlich, daß sich die jugendlichen Händler vielfach – spielerisch oder wirklich – zur Alternativszene bekennen. Scheinbar fast desinteressiert an Kundschaft lagern sie auf Matratzen und Hockern. Haschisch-Wölkchen sind verbürgt (NN 5. Juli 1971). Happening-Stimmung liegt in der Luft. Neuerdings mischt sich auch Nachtclub-Schickeria, den Maßanzug einmal mit Jeans und Lederhut vertauschend, unter die Trempler (NN 13. September 1982). Die Ware wird zumeist offen auf Klapptischen oder Decken oder direkt auf dem Pflaster ausgebreitet. Weniges ist geordnet, wie überhaupt das Marktamt auf jede Branchengliederung verzichtet und Freiheit walten läßt. Nicht verkaufte »Kostbarkeiten« bleiben abends manchmal achtlos inmitten der übrigen Müllberge zurück.

So sehr die Nürnberger ihren »Trempala« lieben: Da sind Stilbrüche und Ungereimtheiten, die es schwer machen, Trödelmärkte als Stätten der Traditionspflege zu empfinden. Gewohnte Vorstellungen versagen. Kultur kommt hier nicht leise, sondern grell und laut daher. Mitunter beachtliche Gegenstände, z. B. Blätter aus der 1493 gedruckten Schedelschen Weltchronik, sind ungeschützt unter freiem Himmel der Sonne, dem Straßenstaub und den Regentropfen ausgesetzt. Der Gegensatz vom Trempler zum Museumsbeamten, zum Antiquitätenhändler seriöser Art, der sich von seinen Schätzen oft nur wehmütig wieder trennt, oder zu anderen Hütern von Tradition ist abgrundtief. Den fliegenden Händler mit Altertümern leiten weniger Fachkenntnis und Berufsethos als Geschäftstüchtigkeit. Sein – wie fast alle Antworten erkennen ließen – doppelter Wunsch ist es, auf heitere Art Taschengeld zu verdienen. Auch beliebige Gespräche mit Kunden und Kollegen sind ihm wichtig als Form von Kommunikation.

So muß es manchen Bildungsbürger verwirren, daß gängige Rechts-links-Schemata, nämlich daß Beschäftigung mit historischer Sachkultur ein ernstes, konservatives Anliegen darstellt und unkonventionelle Jugendliche weltanschaulich eher Kulturrevolutionäre sind, auf dem Trödelmarkt plötzlich nicht mehr stimmen.

*IV. Thesen zum Tradierungsprozeß via Trödelmarkt*

Zusammenfassend möchte ich zu drei überwiegend positiven Thesen über Trödelmärkte und ihre Bedeutung für Tradition ansetzen:

1. Trödelmärkte verhindern oder verzögern zumindest die Zerstörung von antiquiertem Kulturgut aus der Alltagswelt. Starke Nachfrage zwingt die Händler, für Nachschub zu sorgen. Flächendeckend in ganz Mitteleuropa bergen sie deshalb von Speichern, aus Rumpelkammern und Kellern Dinge, die sonst wahrscheinlich unbeachtet weggeworfen würden.

Allerdings werden diese Gegenstände dabei meist ihrer angestammten Umgebung und Funktion entfremdet und vermögen dadurch nur mehr eingeschränkt Vergangenheit zu transportieren. Ferner wird die Sammeltätigkeit der Museen gestört durch überzogene Preisvorstellungen.

2. Absatzmöglichkeiten auf Trödelmärkten führen dazu, daß man – namentlich in Kreisen sogenannter alternativer Jugendlicher – die alten handwerklichen Techniken des Spinnens, Webens, Töpferns, Schmiedens usw. wieder erlernt. Man kann dies als praktische Traditionspflege begrüßen.

3. Seitdem sich Museen und Trödler für »das alte Zeug« interessieren, merken Dorfbewohner und Städter, daß es etwas wert ist. Sie geben es nicht mehr so leicht her, sondern wollen

Abb. 3: Nostalgische Schmuckelemente an einer ehemaligen Scheune in Markt Cadolzburg/Mittelfranken

vieles nun wieder selbst in der Familie halten. Obwohl es manchmal schmerzt, wie sie dabei denaturieren, z. B. als Fassadenzier »an den Nagel gehängte« Pflüge, bleiben die Gegenstände so doch halbwegs in ihrem Milieu. Die Provinz wird nicht länger kulturell ausgekämmt und besinnt sich auf ihre gewachsene Identität.

Theoretisch zu Ende gedacht, müßte dann freilich eines Tages der Zufluß guter Stücke auf den Trödelmarkt versiegen. Die Trödelmärkte würden erheblich an Reiz verlieren – nicht ohne freilich eine Mission erfüllt zu haben.

Hinzuzufügen ist noch dies: Mit guten Gründen konnte vorhin hinsichtlich der Institution Trödelmarkt am Nürnberger Beispiel von rascher Traditionsbildung gesprochen werden. Mehr Zögern ist angebracht, ob man den Eifer, Hausrat unserer Väter und Großväter zu sammeln, zum gegenwärtigen Zeitpunkt schon einen Tradierungsprozeß nennen darf. Vielleicht handelt es sich nur um ein modisches Strohfeuer, bevor »der alte Krempel« letztendlich doch auf der Müllkippe landet. Um hier zu einem klaren Urteil zu kommen, wird man wahrscheinlich wirklich den eingangs definitorisch geforderten Zeitraum einer Generation abwarten müssen. Erst dann wird man wissen, ob diese Dinge – verwendet wie auch immer – tatsächlich auch einen Erbgang in ihren neuen Familien überstehen. Was dabei zusätzlich mitgetragen würde, das wären die persönliche und allgemeine Erinnerung an unsere derzeitigen sogenannten nostalgischen siebziger / achtziger Jahre.

## *Literatur*


Bausinger, Hermann, und Brückner, Wolfgang (Hg.): Kontinuität? Geschichtlichkeit und Dauer als volkskundliches Problem. Berlin 1969.

Bausinger, Hermann, Jeggle, Utz, Korff, Gottfried, und Scharfe, Martin: Grundzüge der Volkskunde. Darmstadt 1978.

Bausinger, Hermann: Volkskunde. Von der Altertumsforschung zur Kulturanalyse. Tübingen 1979.

Dopsch, Alfons: Wirtschaftliche und soziale Grundlagen der europäischen Kulturentwicklung aus der Zeit von Caesar bis auf Karl den Großen. 1918/20.

Dünninger, Josef: Tradition und Geschichte. In: H. Bausinger und W. Brückner (Hg.): Kontinuität? Berlin 1969, S. 57–66.

Gerndt, Helge: Kultur als Forschungsfeld. Über volkskundliches Denken und Arbeiten. München 1981.

Greverus, Ina-Maria: Kultur und Alltagswelt. München 1978.

Hävernick, Walter: Einzelprobleme der historischen Volkskunde. In: Beiträge zur deutschen Volks- und Altertumskunde 14. 1970, S. 7–28.

Kluge, Friedrich: Etymologisches Wörterbuch der deutschen Sprache. 18. Auflage. Berlin 1960.

Lorenz, G. und Dietl, E.: Die Auer Dult zu München. München 1971.

Ludwig, Ch.: Die Käufel, Erdenkäufel und Altreißen zu Nürnberg. – Nordbayerische Zeitung vom 30. November 1914.

Lühning, Arnold: Museum und Antikshop Lieferanten für Heimat? In: Heimat und Identität. 22. Deutscher Volkskunde-Kongreß Kiel 1979. Neumünster 1980, S. 123–133.

Maas, Herbert: Woher der Trempelmarkt seinen Namen hat. Mitteilungen des Vereins für Geschichte der Stadt Nürnberg 64. 1977, S. 318–320.

Moser, Hans: Maibaum und Maienbrauch. Beiträge und Erörterungen zur Brauchforschung. Bayerisches Jahrbuch für Volkskunde 1961, S. 115–159.

Philippovich, Eugen von: Kuriositäten, Antiquitäten. Ein Handbuch für Sammler und Liebhaber. Braunschweig 1966.

Pieper, Josef: Über den Begriff der Tradition. Arbeitsgemeinschaft für Forschung des Landes Nordrhein-Westfalen. Geisteswissenschaften. Heft 72. Köln 1958.

Volleth, Betty: Das »Trempala« – ein Stück Alt-Nürnberg. Fränkische Tagespost vom 27. Juni 1964.

Weber-Kellermann, Ingeborg: Deutsche Volkskunde zwischen Germanistik und Sozialwissenschaften. Sammlung Metzler, Band 79. Stuttgart 1969.

Wiegelmann, Günter, Zender, Matthias, und Heilfurth, Gerhard: Volkskunde. Eine Einführung. Berlin 1977.


## *Quellen*


»Nürnberger Nachrichten« 1971–1983 (abgekürzt NN).

»Superfloh«. Trödler mit Antiquitäten-Magazin Nr. 35. 1982 (hg. Verlag Westner, München).

Telefonat mit Dr. Doni, Wirtschaftsreferent der Stadt Nürnberg (25. November 1982).

Untersuchungen auf dem Nürnberger Trempelmarkt vom 14. Mai 1983 (Standkartierungen, Interaktionsbeobachtungen, Interviews mit 218 Händlern und 173 Passanten), durchgeführt und protokolliert von Proseminar-Teilnehmern im Fach Landes- und Volkskunde der Universität Erlangen-Nürnberg.

*Walter Hirschberg:*
# *Tradition – Ein Beitrag zur Frage ihrer Entstehung*

Das aus dem Lateinischen stammende Wort Tradition heißt soviel wie »Übergabe«, »Überlieferung« und wird im Sinne von »Herkommen«, »Sitte«, »Brauch« und »Gepflogenheit« verstanden. Es handelt sich um eine Form von Lebenshaltung, die uns von Kindheit an begleitet und an nächstfolgende Generationen weitergegeben wird. Wilhelm E. Mühlmann zufolge »handeln wir fortwährend auf Grund eines unserer Gruppe eigenen Kulturerbes, das älter ist als wir selbst. Der größte Teil unserer Normen, Standards, Ordnungs-, Richtigkeits- und Schicklichkeitsvorstellungen ist uns eingebildet, einverseelt, ja einverleibt worden im Laufe unseres individuellen Lebens, und selbst unsere Proteste gegen die Tradition zielen immer noch auf Tradition« (W. E. Mühlmann, Homo Creator 1962, 119).

Auch die vergleichende Verhaltensforschung bedient sich des Begriffes Tradition. »Ein Affentrupp der japanischen Stummelschwanzmakaken *(Macaca fuscata)* wurde auf der Koshima-Insel ab 1952 regelmäßig mit Süßkartoffeln gefüttert«, heißt es bei Eibl-Eibesfeldt (1969, 232). »1953 sah man zum erstenmal, daß das anderthalbjährige Weibchen Imo die Kartoffeln am Ufer eines Süßwasserbaches wusch. Sie hielt die zu waschende Kartoffel in einer Hand und putzte den Sand mit der anderen Hand im Wasser ab. Diese ›Erfindung‹ breitete sich im Laufe der Jahre in der Gruppe aus, und zwar zunächst innerhalb der engeren Familien und innerhalb der Gruppen von Spielgefährten. Später wurde die Gewohnheit immer von der Mutter auf die Kinder übertragen. 1962 wuschen bereits drei Viertel aller über zwei Jahre alten Affen Kartoffeln. Zuerst wuschen die Affen ihre Kartoffeln nur im Süßwasser. Allmählich benützten sie auch Meerwasser dazu, wobei einige offensichtlich Geschmack am Salz fanden und dazu übergingen, ihre Kartoffeln zu würzen, indem sie diese während des Fressens immer wieder ins Salzwasser tauchten« (Eibl-Eibesfeldt 1962, 232). Es ist dies eines der zahlreichen Beispiele, die Eibl-Eibesfeldt von Säugern und einigen Vögeln bringt, in denen Jungtiere von Müttern lernen, *wie* man es macht. Es kommt dann zu einem gruppenspezifischen Verhaltensmuster, »das sich nunmehr durch Tradition erhält. Bei Kyoto lernten japanische Makaken, sich nach dem Vorbild der Wärter am offenen Feuer zu wärmen; 1958 begann ein Weibchen damit, jetzt tun es alle« (Eibl-Eibesfeldt 1962,, 232). »Wenn eine Schimpansenmutter mit eigens präparierten Zweigen nach Termiten stochert, turnt ihr kleiner Sohn auf ihr herum und drängt sich vorwitzig so weit vor, daß sie durch seine Faxen behindert wird. Das macht ihr wenig oder überhaupt nichts aus. Doch er wird von den Termiten kosten und die ganze Aktion genau beobachten und so oft nachahmen, bis er selber zu einem Experten auf diesem Gebiet geworden ist« (Tiger und Fox 1976, 205).

Schwieriger ist es dagegen für den Ethnologen, die Entstehung einer Tradition, eines Brauches oder einer Erfindung, *in statu nascendi* zu beobachten, da er der Tradition in der Regel nur in ihrer bereits festgefügten Form begegnet. Ihr Ursprung liegt im Dunkel der Geschichte und ist bestenfalls zum Gegenstand gelehrter Spekulation geworden.

Um wieder auf das Makaken- und Schimpansenbeispiel zurückzukommen: »Die meisten Säugetiere sind zumindest in ihrer Jugend ausgesprochene ›Neugierwesen‹, die, einem inneren Antrieb folgend, aktiv neue Situationen aufsuchen und erkunden«, heißt es bei Eibl-Eibesfeldt 1962, 248. »Im Neugierverhalten unterscheiden sich die Tiergruppen qualitativ und quantitativ. Primaten und Raubtiere sind z. B. neugieriger als Nager, und innerhalb der Nager sind die Stachelschweinartigen neugieriger als die Mäuseartigen. . . . Offenbar existiert ein Lerntrieb, den man als ›Neugier‹ bezeichnet. Es läßt sich nachweisen, daß sowohl der Drang besteht, neue motorische Fertigkeiten zu erlernen als auch Eindrücke zu empfangen und auf diese Weise Kenntnisse zu erwerben.«

Selbstredend muß beim Übergang der Menschen zum Jägerdasein mit einem solchen Lerntrieb gerechnet werden, wenn nicht sogar mit einer Zunahme einer solchen Lernfähigkeit, bedingt durch ein größeres und komplexeres Gehirn. Das Lernverhalten des Kindes hatte in der Geborgenheit der Klein- und Lokalgruppe, der Eltern und der Verwandten, sich der zwar nicht völlig neuen, jedoch weit spezialisierteren Situation entsprechend anzupassen, sei es auf dem Wege einer direkten Anteilnahme am Leben der Erwachsenen, sei es auf dem Wege der zahlreichen üblichen Rollenspiele der Kinder. Eine gewissermaßen »schrittweise durchgeführte Berufsschulung« erfolgte an der Seite der auf die Jagd ausziehenden Väter, die der Mädchen an der Seite der Mütter oder weiblichen Verwandten der Klein- oder Lokalgruppe. Frühzeitig werden die Mädchen zu den häuslichen Arbeiten herangezogen, sie haben bei der Nahrungszubereitung mitzuhelfen, über die kleineren Geschwister zu wachen oder sich auch sonst nützlich zu machen. Schon in den frühen Kinderjahren setzt eine dem jeweiligen Kulturmilieu und dem Wesen der Geschlechter entsprechende Arbeitsteilung ein, so daß ihnen auch das Geschlechtsleben bei Eintritt der Reife kein Geheimnis mehr ist.

Ist jedoch bisher von einer systematisch durchgeführten »Schulung« oder Unterweisung nicht die Rede, so ändert sich die Situation, sobald z. B. das Erlernen von Zaubersprüchen, Mythen, schamanistischen Techniken, künstlerischen Erfahrungen usw. das Lehren erfordert. Die Hauptlast der Unterweisung fällt jetzt auf die postpubertären Jünglinge, die sich auf das Erwachsenenalter vorzubereiten haben. »Trotz Sprache und Schmuck waren sie noch immer dieselben jungen Primaten, die der zentralen Hierarchie zustrebten«, schreiben L. Tiger und R. Fox (1976, 210). »Die jungen wie die alten Männer waren – und sind – von den gleichen Triebkräften beherrscht, aber diese Triebkräfte mußten unterschiedlich gesteuert werden, wenn sich die Jugendlichen als nützliche Mitglieder in den Stamm einfügen sollten. . . . Um die Jugend gefügig zu machen, konnten sich die Älteren nicht mehr auf ihre physische Überlegenheit verlassen, wohl aber auf die *Macht der Tradition* (Hervorhebung W. Hirschberg). Wer die Traditionen der Gruppe nicht kannte, war ebenso hilflos wie ein Tier, das infolge eines Vererbungsfehlers nicht die ihm zugehörigen Instinkte entfalten kann. Ein Junge, der die männlichen Geheimnisse und die männlichen Rituale und Tabus nicht kannte, konnte später kein Mann sein. Das war der Trick. Man konnte nicht einfach ein Mann *werden,* man mußte *wissen,* wie man zum Manne wurde. Die ersten Schulen im eigentlichen Sinne waren Initiationsschulen. Sie hatten explizite die Aufgabe, Wissen weiterzuvermitteln und aus Knaben ›Männer zu machen‹; implizite war es ihre Funktion, die Vormachtstellung der Alten zu sichern. Beide Funktionen zielten auf das Wissen und die Macht hin, die für die Verteidigung und die Nahrungsbeschaffung notwendig waren. Ohne diese Entwicklung hätte der jagende Primat unter Umständen seine charakteristische Überlegenheit wieder eingebüßt, und er hätte sich vielleicht damit begnügen müssen, wie früher nach Ameisen zu stochern und Wurzeln auszugraben« (L. Tiger und R. Fox 1976, 210).

Die herangereiften jungen Männer werden in Altersklassenverbände eingereiht, wohnen in Junggesellenhäusern und zeigen frauen- und familienfeindliche Tendenzen in ihrem Verhalten, nicht viel anders, als dies in den geheimen Männerbünden der Fall ist. Die im Verlauf einer solchen »Stammeserziehung« durchgeführten Initiationszeremonien erstreckten sich mitunter über mehrere Jahre. Dabei spielten die bereits erwähnten religiösen und mythischen Vorstellungen eine nicht geringe Rolle. Die Jugend lebt in der Zeit der Weihen in einem Lager im Busch oder im Wald von der übrigen Welt gänzlich abgeschlossen und wird durch Fasten und Standhaftigkeitsproben in einen Zustand der Vergeistigung gebracht, die in einem symbolischen Sterben und Wiedergeborenwerden ihrem Höhepunkt zustrebt, um dann als Wiederauferstandene in ein neues Leben einzutreten. In der im Busch verbrachten Zeit vermittelten ältere Männer den jungen Leuten das religiöse Gedankengut des Stammes, die Mythologie, die sittlichen Gebote, die sozialen Pflichten und Rechtsauffassungen, die Kenntnis wirtschaftlicher Notwendigkeiten und die politischen Ziele, kurz all das, was für den jungen Mann wichtig ist zu wissen.

Die Zeitdauer des Festhaltens an einem bestimmten Überlieferungsgut ist ein wichtiges Kriterium für den Traditionsbegriff. Abgesehen von den kleinen innerhalb einer zustehenden Variationsbreite erfolgten Veränderungen im Laufe der Zeit muß auch zwischen verschiedenen Veränderungstempi des überlieferten Kulturgutes unterschieden werden. »Diese können zudem nicht auf ›die Kultur‹ als ein Ganzes bezogen werden«, gibt W. E. Mühlmann zu bedenken, »sondern es läßt sich empirisch beweisen, daß verschiedene Kultursphären sich verschieden rasch wandeln« (W. E. Mühlmann 1962, 285). Offenkundig weisen die verschiedenen Kultursphären wie etwa Technik, Wirtschaft, Recht, Kunst, Wissen, Religion usw. verschiedene Tempi der Veränderung auf, so daß auch die oft vertretene Auffassung, »Kultur sei eine organische Ganzheit«, etwa im Sinne eines Kulturkreises nicht haltbar erscheint. Dies hat auch zur Folge, daß die historisch *gleichzeitigen* Elemente einer Kultur nicht auch *gleichstufig* oder *gleichphasig* sein müssen. Wir haben es hier mit zwei verschiedenen Zeitbegriffen zu tun, einem historischen und einem evolutionären Zeitbegriff, die nicht ineinander verknäult werden dürfen, wie dies so oft geschieht.

Daß bei ethnischen Gruppen mit aneignender Wirtschaft den Jägern und in besonderem Maße den sogenannten Wildbeutern heute in den kommunikationsarmen Rückzugsgebieten oder Mangelräumen mit einer gewissen kulturellen Konstanz zu rechnen ist, erscheint naheliegend. Auf Grund ihrer einfachen Technologie, der geringen Bevölkerungsszahl und ihrer nur wenig differenzierten Kultur glaubte man, in diesen an ihre jeweilige Umwelt optimal angepaßten und in freier Wildbahn lebenden Gruppen die Vertreter von »Urkulturen« erkennen zu können. Gelegentlich einer Festsitzung zur Feier des 100. Geburtstages von Adolf Bastian vermeinte der Kulturhistoriker Bernhard Ankermann 1926 u. a. in den sogenannten »Urkulturen« der Kulturhistorischen Ethnologie Gebilde zu erkennen, die Bastians *»Völker-* und *Elementargedanken* ungemein ähnlich sehen. So glaubte Ankermann den Elementargedanken dahin interpretieren zu können, daß es sich bei diesem nur um die *einfachsten primitivsten Gedankenkeime* handeln könne, auf denen die ältesten Erfindungen, die ersten Anfänge gesellschaftlicher Ordnung und Sitte beruhen. »Aber diese kennen wir nicht«, hieß es bei Ankermann, und Bastians Lehre zeigt uns auch keinen Weg, sie in exakter Weise kennenzulernen. Der Kulturhistoriker Hermann Baumann in München, ein Schüler Bernhard Ankermanns, ging dann 1934 noch einen Schritt weiter und glaubte sagen zu müssen, daß die Elementargedanken tatsächlich in jedem ursprünglichen Gerät, in jeder einfachen Sitte irgendwie enthalten wären. »Kulturhistorisch wertet man hingegen alle Sonderformen, wie sie sich im Laufe der Geschichte entwickelt haben. So dürfte etwa die Tierfabel selbst ein Elementargedanke sein, die besonderen Formen, in denen sie erscheint, jedoch bestimmten Kulturkreisen angehören. *Im Grunde ist das, was wir ›Urkulturen‹ nennen, der Hort für die allermeisten Elementargedanken«* (Hervorhebung: W. Hirschberg). Schließlich kam 1938 Fritz Bornemann in seiner grundsätzlichen Studie »Die Urkultur in der Kulturhistorischen Ethnologie« wieder auf Baumann zurück und meinte, daß unter anderem die Lösung der Problematik des Elementargedankens in der Kulturhistorischen Ethnologie künftighin zu den Hauptaufgaben der Forscher im Rahmen der Kulturhistorischen Forschung gehören werde.

»Es hat nichts genützt«, schreibt W. E. Mühlmann 1962 (285 f.), »daß Adolf Bastian schon vor vielen Jahrzehnten Thesis und Antithesis in einer vernünftigen Thesis zu vereinigen versucht hat. Als Ethnologe – so sagt Bastian – habe ich auszugehen von gegebenem Vorhandenen. In diesem finde ich gleichartige Phänomene an verschiedenen Punkten der Erde; diese Gleichartigkeiten nenne ich ›Elementargedanken‹ oder, da sie immer schon in Anpassung an die gegebenen Naturmilieus und ökologischen Milieus in gewissen ethnischen Variationen auftreten, ›Völkergedanken‹. Diese sind zunächst einmal sozialpsychologisch aufzuklären, so wie wir sie an Ort und Stelle finden. Dann kann ich anschließend auch die Frage stellen, ob historische Beziehungen bestehen, vorausgesetzt, daß ich ›dem Globus eingezeichnete Geschichtswege‹ auffinden kann. Dagegen ist es methodisch falsch, mit der Frage historischer Beziehungen zu *beginnen.* ›Bei ethnologischen Parallelen in erster Voraussetzung historische Übertragungen zu präsumieren ist zwar ein bequemes Auskunftsmittel, aber ein nicht nur nutzlos unfruchtbares, sondern zugleich den faktischen Tatbestand mit voreiligen Verschiebungen bedrohendes, solange eben noch nicht tatsächlich nachweisbare Geschichtsbahnen angezeichnet sind, denen mit gesichertem Fußauftritt nachgegangen werden kann. Sobald dies der Fall ist, treten ihre Anzeigen als durchschlagend maßgebend hervor, aber um so mehr ist es notwendig, vorher das in den Elementargedanken allgemein gleichartige Durchgehende bereits eliminiert zu haben . . . Darin ist die Anforderung der historischen Betrachtungsweise an sich involviert‹« (Zitat nach Bastian 1892, Ideale Welten II, 252 f. nach Mühlmann 1962, 285 f.).

In der im Jahre 1966 erschienenen und von W. E. Mühlmann und E. W. Müller herausgegebenen »Kulturanthropologie« entwarf Mühlmann abgesehen von den Beiträgen zahlreicher anderer Autoren, in »Umrissen« die Probleme *seiner* Kulturanthropologie. Diese ist nach den Worten Mühlmanns keine »Inventarisierende Kulturkunde«, sondern eine Menschenkunde in engstem Kontakt mit allen modernen Nachbardisziplinen, vor allem mit der Soziologie, Psychologie (einschließlich Tiefenpsychologie) und der vergleichenden Verhaltensforschung (Konrad Lorenz, Otto Koehler, Tinbergen u. a.). Die Ausrichtung auf das »spezifisch Menschliche« erinnert, wie bereits angedeutet wurde, an Adolf Bastians Elementargedanken, so wenn z. B. Mühlmann von »universalen Konstanten« spricht oder wenn von einer Gegenüberstellung von »Natur und Kultur« im Sinne des Völkergedankens die Rede ist. 1968 definiert Mühlmann in »Geschichte der Anthropologie« die Elementargedanken als die aus den Völkergedanken abstrahierbaren allgemein psychologischen Phänomene des religiösen, rechtlichen, sozialen und ästhetischen Lebens. *Diese treten aber niemals rein in Erscheinung, sondern immer in ihrer lokalen Färbung als Völkergedanken, differenziert nach geografischen Provinzen. Hauptproblem ist ihre psychologische Aufklärung;* Wanderung und Übertragung erklären nicht, sondern verschieben bloß das Problem, die psychologische Deutung hat also voranzugehen (W. E. Mühlmann 1968, 90).

»Konfrontiert man die neuen Ergebnisse der Tiersoziologie und -psychologie mit der Variabilität der Kulturgegebenheiten, so kommt man zu einer Reihe von abstrahierbaren *Konstanten,* die allgemein menschlich sind, die sich praktisch in allen Kulturen nachweisen lassen, also sozusagen *transkulturell* sind, die sich aber eben darum nur sehr allgemein und sehr unvollkommen formulieren lassen. Es sind etwa folgende:

1. Durchweg in allen Kulturen findet sich das Bedürfnis nach Nahrung und Schutz vor den

Einwirkungen der äußeren Natur; also *irgendeine* Form der ökologischen Lebensgestaltung, des ›Wirtschaftens‹ und der Technik, sei es auch primitivster Art.

2. Universal ist ferner das Bedürfnis nach geschlechtlicher Ergänzung sowie nach *irgendeiner* Institutionalisierung des männlichen und weiblichen Rollenverhaltens. Universal scheint bei den Geschlechtsbeziehungen das Inzestverbot zu sein. Nicht ganz mit derselben Eindringlichkeit durchgehend, findet sich eine Arbeitsteilung zwischen den Geschlechtern, die der Tatsache der größeren physischen Kraft des Mannes Rechnung trägt. Konstant ist die Hilflosigkeit des menschlichen Kleinkindes und die dadurch erforderte Fürsorge der Mutter, konstant auch die relative Hilflosigkeit der fürsorgenden Mutter und damit die Beschützerrolle des Mannes.

3. Eine allgemeine psychologische Konstante ist das Bedürfnis nach Gegenseitigkeit, Reziprozität, Vergeltung in *allen* Bezirken des Lebens.

4. Allgemein finden wir Symboldenken und Drang nach ›künstlerischem‹ Ausdruck in Tanz, Bildnerei, Sagen und Dichten; überall auch irgendeine Fähigkeit zu ästhetischer Schätzung, also die Unterscheidung von schön und häßlich.

5. Ferner gibt es überall bestimmte *Ordnungsvorstellungen,* wie das Leben der Gruppe beschaffen sein *sollte,* also verbindliche Normen und Begriffe für richtig und falsch, gut und böse, schicklich und unschicklich usw., und dies alles verbunden mit einer naiven Absolutsetzung dieser Normen; durchwegs auch eine in Generationen überlieferte ›Lebensweisheit‹ in stehenden Redewendungen oder Sprichwörtern.

Allerdings sind diese Konstanten nicht mehr als *formale* Prinzipien. Ihr *Gehalt* dagegen ist kulturell bestimmt bzw. kulturspezifisch und variiert dementsprechend aufs stärkste. Eben in diesen Variationen bekunden sich der menschlich-kulturelle Pluralismus von Verhaltensmöglichkeiten« (W. E. Mühlmann 1966, 19/20).

Gewisse in Richtung Elementar- und Völkergedanke zielende Ansätze machen sich auch nach dem Zusammenbruch der Kulturkreislehre bemerkbar. So ist man sich z. B. darüber ins Klare gekommen oder noch besser: man hat sich damit abgefunden, daß die vielen Gemeinsamkeiten und regelmäßig wiederkehrenden Züge bei den verschiedensten Wildbeuterethnien nicht mehr wie früher auf echte historische Zusammenhänge zurückzuführen sind, sondern vielmehr auf bestimmte *»Grundvoraussetzungen«,* die – wie Rüdiger Schott es 1966 formulierte – »der Sonderentwicklung dieser Kulturen unüberschreitbare Grenzen setzten und für ihre außerordentlich große Beharrungsfähigkeit verantwortlich zu machen sind« (R. Schott 1966, 191). In diesem Zusammenhang meinte auch J. Haekel, die Ethnologie wäre nun in der Lage, »wesentliche *Grundanschauungen* und *Grundhaltungen* aufzuzeigen, an Hand derer Hypothesen über entwicklungsgeschichtlich altertümliche Religionen und Weltbilder aufgestellt werden können. Wie problematisch dieses Vorgehen auch erscheinen mag, es ist jedenfalls der einzige mögliche Weg, um zu prinzipiellen Aussagen wenigstens über einige Grundkategorien des Denkens und Glaubens früher und frühester Menschheitsepochen zu gelangen. Hiefür bietet das von den einfachen Wildbeutern vorliegende Material zwar eine etwas schmale Basis; aber es ist zu beachten, daß nicht wenige Elemente der Glaubens- und Ritualsphäre jener Wildbeuter auch in differenzierten Jäger- und Sammlerkulturen weiterleben« (J. Haekel 1966, 193).

Zu diesen »Grundzügen« rechnete Haekel eine »phänomenologische ganzheitliche Betrachtungsweise«, das heißt ein Denken, das dem sinnlich Wahrnehmbaren, auch Träumen und Sinnesstörungen ohne jegliche kritische Würdigung Realität zuerkannt wird, was Haekel als »naiven Realismus« bezeichnet. Oft genügen äußere Eindrücke und Analogien, um innere

Zusammenhänge anzunehmen. Tieren, Pflanzen, Himmelskörpern und Naturkräften schreibt man Personenhaftigkeit zu, auch der Hang zum Transzendenten wird bei Wildbeutern deutlich erkennbar. Die Ambivalenz der Gefühle und Verhaltensweisen gegenüber den Toten offenbart sich einerseits in Pietät, Verbundenheit und Wertschätzung, andererseits in Furcht und Abscheu vor dem Toten. Eine enge emotionale Verbundenheit verbindet die Jäger und Sammler mit der Natur, besonders mit der Tierwelt, und hat auf Religion, Weltanschauung und Mythos der Wildbeuter einen unauslöschlichen Eindruck hinterlassen. Hermann Baumann, das Beispiel der Buschmänner in Südafrika vor Augen, sprach in diesem Zusammenhang von einer »protototemistischen Jägermentalität«, der alle Formen des Individualtotemismus, Schutztierglaubens, des tierischen Alter ego und die primären Tierverwandlungsideen und Tiermärchen zuzuordnen sind. Diese Mentalität ist durch ein stark religiöses Tier-Mensch-Verhältnis ausgezeichnet, bei dem alle Unterschiede von Tier und Mensch zum Schwinden kommen und wo es nur mehr eine einzige Gruppe von belebten Wesen gibt (H. Baumann 1939).

Im besonderen bilden die kleinen, nur über ein begrenztes Gebiet verstreut lebenden Lokalgruppen, deren Mitglieder sich gegenseitig gut kennen und die relativ selten mit fremden Gruppen in Kontakt geraten, mehr oder weniger eine Welt für sich, in der Lebensprobleme weitgehend von allen Mitgliedern auf die gleiche Art und Weise gelöst werden. Ihre Verhaltensmuster sind Generationen hindurch unverändert geblieben; große Beharrungsfähigkeit und Überlieferungstreue sind ihnen eigen. Es ist dies die von Mühlmann genannte naive Absolutsetzung von Normen, welche die überlieferte »Lebensweisheit« bilden. Man hat sich in diese integriert, man hat sich von Kindheitsbeinen an an sie gewöhnt und empfindet jegliche Veränderung als einen unangenehmen Eingriff in das Gewohnte. Das Gefühl der Verbundenheit mit den Lebensgewohnheiten der eigenen Gruppe schließt Geborgenheit und Sicherheit in sich ein, ein Festhalten an dem Erprobten, denn eine jegliche Veränderung ist mit einem gewissen Risiko verbunden.

*Literatur*


Ankermann, Bernhard: Die Entwicklung der Ethnologie seit Adolf Bastian. Festsitzung zur Feier des 100. Geburtstages Adolf Bastians. In: Zeitschrift für Ethnologie, Band 58. 1926, S. 221–230.

Baumann, Hermann: Die afrikanischen Kulturkreise. In: Africa, Band 7. 1934, S. 129 ff.

Baumann, Hermann: Afrikanische Wild- und Buschgeister. In: Zeitschrift für Ethnologie, Band 70. 1939.

Eibl-Eibesfeldt, Irenäus: Grundriß der vergleichenden Verhaltensforschung. München 1962.

Haekel, Josef: Geistiges Leben einfacher Wildbeuter. In K. Narr: Handbuch der Urgeschichte. Band I. Bern 1966, S. 193–206.

Mühlmann, Wilhelm Emil: Homo Creator. Abhandlungen zur Soziologie, Anthropologie und Ethnologie. Wiesbaden 1962.

Mühlmann, Wilhelm Emil: Geschichte der Anthropologie. Frankfurt am Main 1966.

Mühlmann, W. E. und E. W. Müller (Hg.): Kulturanthropologie. In: Neue Wissenschaftliche Bibliothek: Soziologie. Köln – Berlin 1966.

Schott, Rüdiger: Lebensweise, Wirtschaft und Gesellschaft einfacher Wildbeuter. In K. Narr: Handbuch der Urgeschichte. Bern 1966, S. 173–190.

Tiger, Lionel und Fox, Robin: Das Herrentier. Steinzeitjäger im Spätkapitalismus, mit einem Vorwort von Konrad Lorenz. München 1976.

*Max Liedtke:*

# *Traditionsbildung und Kulturentwicklung im Humanbereich Voraussetzungen – Strukturmerkmale – Entwicklungstendenzen*

## *I. Voraussetzungen und Strukturmerkmale von Kultur*

Die Fähigkeit, lernabhängige Traditionen zu bilden, ist ohne Zweifel ein wesentliches anthropologisches Merkmal. Sicher ist es auch zutreffend, die gesamte menschliche Kultur als spezifisch kumulative, in langen Traditionen gewachsene Kultur zu bezeichnen. Die Geschichte der menschlichen Kultur ist, soweit wir gegenwärtig zurückzublicken vermögen, seit dem ersten wirkungsvollen Chopper des Homo erectus vor ca. 2,5 Millionen Jahren (Leakey 1981) eine Geschichte der Weitergabe von Erfahrungen und eine Geschichte der Anreicherung und Veränderung von Traditionen.

Aber die überragende Bedeutung, die Traditionsbildung für die kulturelle Entwicklung hat, darf nicht Anlaß sein, das Merkmal der Tradierung zu einem konstitutiven Merkmal von Kultur überhaupt zu machen. Man würde mit dieser terminologischen Verknüpfung wesentliche Strukturelemente von Kultur verdecken und zugleich die besonderen Leistungen von Traditionsbildung verkennen.

Kultur als Versuch, über Lernprozesse, insbesondere durch die Herstellung materieller und ideeller Güter, eine leichtere Befriedigung der jeweiligen Bedürfnisse in unterschiedlichen, sich verändernden Umwelten zu erreichen, bedarf – mindestens als gedankliches Konstrukt – keineswegs des Merkmals der Tradition. O. Koenig (1982; 1983, 33 ff.) hat einleuchtend belegt, daß mindestens immer dort schon von Kultur gesprochen werden muß, wo das einzelne Lebewesen durch Techniken irgendwelcher Art sich in die Bedingungen seiner Umwelt eingepaßt oder Bedingungen seiner Umwelt nach den eigenen Bedürfnissen verändert. Diese »individuelle« Kultur war stammesgeschichtlich weit vor dem Auftreten des ersten Menschen und weit vor dem ersten Werkzeuggebrauch der frühen Pongiden ausgebildet. Wenngleich im Humanbereich Formen individueller Kultur, die nicht von Tradierungsprozessen beeinflußt sind, kaum auszumachen sind – es dürfte ja keine Robinson-Crusoe-Kultur, sondern müßte eine Kaspar-Hauser-Kultur sein –, darf man aber wenigstens annäherungsweise von individueller Kultur sprechen, wenn die tradierte Kultur individuell angereichert ist, vielleicht in Vergessenheit gerät oder als Kultur einzelner Ausnahmebegabungen überhaupt nur partiell tradierbar ist (vgl. musikalische Gestaltungsfähigkeit Johann Sebastian Bachs, soweit sie nicht in Noten usw. objektiviert ist).

Dieser Begriff einer nichttradierten individuellen Kultur kann natürlich nicht ausreichen, das komplexe Geflecht menschlicher Kultur zu beschreiben. Gleichwohl markiert er nicht nur den geschichtlichen Anfang von Kultur überhaupt, sondern erklärt zugleich auch wichtige Strukturmerkmale menschlicher Kultur, nämlich die Verschiedenartigkeit wie aber wiederum auch die auffallende thematische Gleichartigkeit der Kulturen.

Soweit Kultur auf Lernen beruht, erklärt sich die faktisch vorfindbare Verschiedenartigkeit der einzelnen Kulturen einerseits schon durch die Kreativität, andererseits durch die Begrenztheit von Lernprozessen.

Die Kreativität von Lernprozessen besteht darin, daß für identische Probleme unterschiedliche technische, ästhetische usw. Lösungen gefunden werden können. Ein notwendiger Brückenschlag kann – innerhalb bestimmter Grenzen – unter anderem durch Stein-, Holz- oder Stahlkonstruktionen gelöst, die ästhetische Gestaltung des Hauses, der Wohnung usw.

kann romanisch, barock, klassizistisch usw. erfolgen. Die Verschiedenartigkeit von Lernergebnissen hängt aber nicht nur von der Kreativität des Lernens ab, sondern auch von dessen prinzipieller Begrenztheit. Die menschlichen Lernmöglichkeiten sind faktisch offensichtlich begrenzt durch die begrenzte Lernzeit. Wegen dieser begrenzten Lernzeit ist der Mensch nicht nur nicht in der Lage, die unübersehbare Fülle aller lernbaren Bereiche mit seinem Lernen abzufragen, er ist nicht einmal in der Lage, auch nur einen einzigen Teilbereich auszulernen. Bei der diskursiven Anlage des menschlichen Erkenntnisvermögens gibt es nichts, zu dem nicht noch eine weitere Frage möglich wäre. Da der Mensch aber, um überhaupt leben und überleben zu können, zu handeln gezwungen ist, befindet er sich generell in der Situation des noch nicht Kundigen. Er ist unablässig gezwungen, Lernprozesse abzubrechen und auf Grund »vorläufiger« Informationen Entscheidungen zu treffen; dies nicht nur im technologischen Bereich, sondern auch im Bereich seiner Weltanschauungen und seiner Einstellungen. Die unterschiedlichen Kulturen sind Hinweis auf präferierte Handlungsbereiche und zugleich Niederschlag notwendigerweise abgebrochener Lernprozesse.

Volkskunde und Völkerkunde zeigen nun aber, daß trotz der großen Verschiedenartigkeit der Kulturen eine gewisse thematische Gleichartigkeit unter den Kulturen festzustellen ist. Die Kulturen kreisen um die Freuden und Ängste der Menschen, um Themen der Nahrungsaufnahme, der Jagd, der Freundschaft, der Beziehungen der Geschlechter, um Hochzeit und Geburt, um die Sorge vor Krankheit und Tod. Diese unbestreitbare Gleichartigkeit hängt in gewissem Umfang wohl auch mit interkulturell vergleichbaren ökologischen Bedingungen zusammen, in erster Linie aber ohne Zweifel mit den genetisch vorgegebenen weitgehend identischen Grundbedürfnissen der Menschen. Die genetisch vorgegebenen Bedürfnisse, unter deren Anleitung lernen überhaupt erst eine sinnvolle Funktion haben kann und in deren Dienst lernen überhaupt erst hatte evoluieren können, sind zugleich Anlaß und Anstoß zum Aufbau einer Kultur. Insofern sind Lernfähigkeit und ein Kanon von Bedürfnissen die elementaren Voraussetzungen von Kulturentwicklung.

Verschiedenartigkeit und thematische Gleichartigkeit sind Strukturmerkmale von Kultur. Aber sie hängen keineswegs ab von dem Merkmal der Tradierung, sondern gelten unabhängig von diesem Merkmal.

### *II. Bedingungsfaktoren menschlicher Kultur*

Obgleich sicher ist, daß zu den geschichtlichen und aktuellen Wurzeln von Kultur auch nichttradierte individuelle Formen von Kultur zählen, ist »Überlieferung« ein konstitutives Merkmal menschlicher Kultur. Die ungeheuere Komplexität menschlicher Kultur, die an Informationsgehalt die im menschlichen Genotyp im Laufe der Phylogenese angesammelten Informationen quantitativ wesentlich übersteigt (C. Sagan 1982, 285), wäre ohne die intensive Weitergabe erworbenen Wissens nicht zu erklären. Menschliche Kultur ist danach durch mindestens drei Merkmale bestimmt:

1. Die im Genotyp vorgegebene Bedürfnislage als motivationale Basis aller Lern- und Gestaltungsprozesse.

2. Die im Genotyp vorgesehene Lernfähigkeit, die lernabhängige Anpassungsprozesse an die Umwelt ermöglicht.

3. Die wiederum im Genotyp vorgegebene Fähigkeit, nicht nur Eigenerfahrung zu machen, sondern im großen Umfang auch Fremderfahrungen zu übernehmen.

Diese drei Merkmale führen über die jeweils vorhandenen ökologischen Bedingungen zur Ausprägung konkreter menschlicher Kultur und Kulturtraditionen. Diese Merkmale sind zwar notwendige Merkmale menschlicher Kultur, gleichwohl kann aber die spezifische Ausprägung menschlicher Kultur insbesondere in Abhebung von Kultur subhumaner Lebewesen auf dieser Basis noch nicht hinreichend beschrieben werden. Selbstverständlich wäre noch die spezifische Ausbildung der menschlichen Antriebslage und der menschlichen Lernfähigkeit, insbesondere der werkzeugtechnischen Fähigkeiten, zu analysieren. Selbst wenn es sich hier im Vergleich zu anderen Organismen um qualitative Sprünge und Verbesserungen handelte, wären diese Faktoren noch unter die Merkmale »Bedürfnisse« und »Lernfähigkeit« zu subsumieren, durch die »individuelle Kultur« gekennzeichnet war. Durch das Merkmal der Überlieferung, auch wenn dies Merkmal schon verbreitet in subhumanen Kulturen vorliegt, erhält »Kultur« aber eine neue Dimension, die wiederum für die Entwicklung der menschlichen Kultur, wie noch zu erläutern ist, eine zentrale Bedeutung hat. Mit dem Merkmal »Überlieferung« sind evolutiv aber wiederum Voraussetzungen verknüpft, ohne welche Kulturtradition nicht funktional und natürlich auch nicht zu verstehen wäre.

Diese Voraussetzungen hängen mit der Frage nach dem stammesgeschichtlichen Ursprung von Kulturtradition zusammen. Es liegt auf der Hand, daß »Überlieferung« nur in Populationen entstehen kann, in denen – die entsprechende Lernfähigkeit usw. vorausgesetzt – die verschiedenen Generationen in der Weise in Kommunikation stehen, daß die jeweils nachfolgende Generation die Erfahrung der älteren Generation zu übernehmen vermag. Schon wegen der im subhumanen Bereich deutlich auf die frühe Kindheit und Jugendzeit beschränkten besonderen Lernfähigkeit kann vermutet werden, daß stammesgeschichtlich immer nur dort Ansätze von Traditionsbildung zu erwarten sind, wo relativ intensive Brutfürsorge und Brutpflege die beiden Generationen miteinander in Kontakt belassen. In der Tat finden sich bei rezenten Organismen Formen von Traditionsbildung immer nur unter diesen Bedingungen (vgl. M. Liedtke, 1976[2], 163 ff.).

Dies läßt vermuten, daß »Überlieferung« ein Merkmal ist, das historisch aus dem Funktionskreis der Brutfürsorge stammt. In der Stammesgeschichte des Menschen läßt sich plausibel nachzeichnen, wie brutfürsorgerische Maßnahmen schließlich zu Maßnahmen des Schutzes, der Pflege und Ernährung sich differenzierten und sich schließlich über Möglichkeiten des Imitationslernens und der intendierten Belehrung zu Formen der Traditionsbildung erweiterten (vgl. M. Liedtke 1976[2], 160 ff.). Insoweit wäre menschliche Kultur – hinsichtlich des Merkmals »Überlieferung« – historisch ein Produkt von Erziehung im weiteren Sinne.

Menschliche Kultur wenigstens hinsichtlich des Merkmals »Überlieferung« als Produkt von Erziehung zu deuten ist keine bloß beiläufige stammesgeschichtliche Anmerkung. Denn mit diesem Hinweis kann eine selbstverständlich auch aktuelle Voraussetzung von Kulturtradition verdeutlicht werden: was immer im Funktionskreis von Brutfürsorge und Brutpflege getan wird, es muß in der Summe aller Maßnahmen überwiegend zum Vorteil der nachwachsenden Generation geleistet sein. Ohne diese spezifische Vorteilsbindung hätte sich evolutiv weder das Phänomen Erziehung noch das Phänomen Kulturtradition herausbilden können. Traditionsgebundene Kultur konnte sich nur unter der Voraussetzung entfalten, daß das Traditionsgut für die nachwachsende Generation überwiegend von Vorteil war. In keinem anderen Funktionskreis als in der Brutfürsorge und Brutpflege, bei denen zwingend alle Handlungen unter dieser Vorteilsbindung stehen müssen, ist aber diese Motivation, sich überwiegend zum Vorteil der nachwachsenden Generation zu verhalten, stärker ausgeprägt und gesichert.

### *III. Strukturmerkmale und Entwicklungstendenzen menschlicher Kultur*

Durch das Merkmal der »Überlieferung« erhält Kultur neue Systemeigenschaften.

1. Durch Traditionsbildung bleibt Kultur nicht mehr bloß aktueller Besitz des einzelnen Individuums, sie wird überindividuell, stirbt nicht mit dem Individuum und kann zum gemeinsamen Besitz und Erbe eines ganzen Volkes werden.

2. Die einschneidendste Neuerung, die Kultur durch Überlieferung, durch Tradition erfährt, ist die Kumulierbarkeit. Die Weitergabe erworbenen Wissens ermöglicht es der jeweils nachwachsenden Generation, auf dem Erfahrungsgut der vorhergehenden Generation weiterzulernen und dieses Erfahrungsgut unablässig anzureichern. In keinem anderen Merkmal unterscheidet sich menschliche Kultur – sowohl hinsichtlich ihrer Vorteile wie ihrer Nachteile – so deutlich von entsprechenden Vorformen im Tierreich. Die meisten spezifischen Ausprägungen der menschlichen Kultur sind unmittelbar oder mittelbar Konsequenzen der Kumulierbarkeit von Kultur.

Aus dieser Kumulierbarkeit leiten sich ab:

a) Das exponentielle oder hyperbolische Wachstum des Kulturgutes.

Das Wachstum des Kulturgutes ergibt sich zunächst durch den in der Abfolge der Generationen zu erwartenden Lernzuwachs. Dieser Lernzuwachs übersteigt alle nichtmenschlichen Kulturtraditionen in dem Maße, wie der Mensch die anderen Lebewesen an Lernfähigkeit übertrifft. Die zunehmende Beschleunigung des Kumulierungsprozesses ergibt sich aber schließlich daraus, daß mit dem Traditionsgut auch die Kombinationsmöglichkeiten der vorhandenen Informationen wachsen und somit die Wahrscheinlichkeit neuer aufschließender Entdeckungen sich erhöht (vgl. Nutzung der Linse für Fernrohr und Mikroskop; Verknüpfung von Elektromagnetismus und Rad, von Stahl und Beton, von elektrischen Impulsen und binärer Zahlenkodierung).

b) Das Kulturgut wird »klüger« als das einzelne Individuum.

Das in der Geschichte des Menschen von Generation zu Generation angewachsene Kulturgut hat einen solchen Umfang erreicht, daß es von einem einzelnen Menschen in der kurzen Frist seiner Ontogenese nicht mehr übernommen werden kann. Das in Bibliotheken, Geräten, Bauten und in anderen Formen der Objektivation des menschlichen Geistes gespeicherte Wissen, die Erfahrungen, die sich in gesellschaftlichen Verhaltensweisen und Rechtsnormen niedergeschlagen haben, die Fülle ästhetischer Gestaltungsmöglichkeiten, die in Musik und bildender Kunst zum Ausdruck kommt, sind in ihrer Summe nicht nur dem einzelnen Menschen erdrückend überlegen, sondern sicher auch ganzen Populationen. Die weitergehende Kumulation erfolgt immer nur in zunehmend spezialistischen Teilbereichen, die für das Individuum noch überschaubar sind.

c) Funktionsveränderungen des menschlichen Verhaltensrepertoires.

Die beobachtbare Kumulation des Kulturgutes hat für das Selbstverständnis des Menschen, für die Entwicklung spezifisch »menschlicher« Verhaltensweisen eine wesentliche Bedeutung. Denn diese Kumulation, die dem Menschen wenigstens bis zum gegenwärtigen Zeitpunkt ja z. B. auch die Nahrungsbeschaffung erleichterte, den Konkurrenzdruck gegenüber außerartlicher Konkurrenz wesentlich minderte, hat offensichtlich zu Funktionsveränderungen bzw. Funktionserweiterungen des Verhaltensrepertoires des Menschen und insoweit zur Entwicklung »neuartiger« Bedürfnisse und Interessen geführt, die wir üblicherweise mit den Begriffen Kunst, Religion, Wissenschaft, Recht usw. umschreiben. Die Vorgeschichte findet Indizien, die z. B. auf künstlerische oder religiöse Interessen (z. B. Totenbestattung, Schmuckgegenstände) verweisen, für das Moustérien, das heißt für die Zeit vor ca. 130 000 Jahren (Leakey 1981; vgl. Smolla 1967, 40 ff.). Das Moustérien war aber auch eine Zeit sehr fortgeschrittener Werkzeugtechnik (Abschlagtechnik, gut gearbeitete gebogene Schaber, Feingerberei; vgl.

Liedtke 1976², 55). Es gibt keine Kultur, bei der Hinweise auf künstlerische und religiöse Interessen unterhalb eines bestimmten fortgeschrittenen werkzeugtechnischen Niveaus gefunden worden wären. Die auffallende Parallelisierbarkeit von werkzeugtechnischem Niveau und dem Auftreten dieser Interessen läßt vermuten, daß durch die werkzeugtechnisch bedingte leichtere Sicherung der Minimalexistenz Verhaltensweisen freigesetzt und in gewisser Weise autonomisiert werden, die ursprünglich für die Sicherung der Minimalexistenz aufgebraucht wurden. Ästhetische Wertungsmuster, die zur Bewertung der Geschlechtspartner oder sonstiger Sozialpartner sicher schon weit unterhalb der Stufe des Menschen ausgebildet sein mußten, können insbesondere in der Kombination mit den technischen Ausdrucksmöglichkeiten Anlaß zu sehr sublimierten Formen ästhetischer Ansprüche und Gestaltung führen (vgl. Liedtke 1976², 76 ff.). Daß höhere Formen rechtlichen Verhaltens und – damit wenigstens als Erfahrungsbasis verknüpft – auch Formen höherer rechtlicher Sensibilität etwa einer auf Gewaltenteilung beruhenden Demokratie ohne einen entsprechenden technisch-ökologischen Unterbau, der sowohl die demokratischen Institutionen wie auch die langen Entscheidungsprozesse verkraftet, nicht möglich sind, liegt auf der Hand.

Ein bestimmtes Kumulationsniveau der Werkzeugtechnik ist in diesem Prozeß der Funktionsveränderung bzw. -erweiterung aber lediglich eine unabdingbare Voraussetzung, keine in sich schon hinreichende. Die weitere Voraussetzung ist, selbst wenn diese neuen Interessen erlernt sind, eine genetisch vorgegebene Disposition, die unter den technisch veränderten Bedingungen eine »neuartige« Funktion übernimmt bzw. als Verstärker für lernabhängige Erweiterungen dient.

*IV. Das »Trojanische Pferd« in der Kulturentwicklung*

Die Kulturentwicklung unterliegt bestimmten Gesetzmäßigkeiten. Grundlegende Gesetzmäßigkeiten werden bereits mit den Strukturmerkmalen angesprochen. Soweit Kultur auf Lernen beruht, tendiert Kultur auf Grund der unterschiedlichen Lernumwelten und auf Grund des notwendigen, stets vorzeitigen Abbruchs von Lernprozessen zur Verschiedenartigkeit. Soweit Kultur Antwort auf Bedürfnisse des Menschen ist, tendiert sie auf Grund der genotypisch nahezu identischen Bedürfnisstruktur des Menschen zu thematischer Gleichartigkeit. Sofern Kultur tradiert wird, tendiert sie zur Kumulation.

Eine weitere Gesetzmäßgkeit, die eingangs bereits angesprochen wurde, aber wegen ihrer politischen Bedeutung noch mehr betont werden soll, besteht in der Unvorhersagbarkeit und in der Bedürfnisorientiertheit von Lernprozessen und damit auch der Kulturentwicklung. Lernprozesse höherer, das heißt komplexerer Organismen in einer komplexen Umwelt sind hinsichtlich ihrer konkreten Abläufe wegen der Systemkomplexität prinzipiell nicht vorhersagbar. Gerade im Bereich neurophysiologischer Abläufe haben wir es mit hochdifferenzierten Formen von Verstärkungseffekten zu tun (kleine Ursachen mit großen Wirkungen), deren Anfangsbedingungen nicht exakt zu beschreiben sind (vgl. V. F. Weißkopf, 1981, 201 f.), so daß der genaue Ablauf von Lernprozessen – nicht bloße Trendangaben – praktisch und prinzipiell weder vorhersagbar noch planbar ist, das heißt, es läßt sich nicht angeben, welche Assoziationen unter bestimmten Reizgegebenheiten bei höher organisierten Lebewesen geweckt und welche konkreten Verknüpfungen hergestellt werden. Erst recht ist – außer die Angabe von Trends – nicht angebbar, welche weiteren Assoziationen und Verknüpfungen sich zukünftig, z. B. nach Abschluß des Experiments, der Belehrung oder auch der manipulatorischen Einflußnahme, einstellen werden. Insoweit ist schon durch die prinzipielle Unvorhersehbarkeit des zukünftigen Verlaufs von Lernprozessen ein gewisser Entscheidungs-, mindestens Entwicklungsfreiraum jedes lernfähigen Individuums gesichert, dauerhafte Manipulation jedenfalls erschwert. Das bedeutet andererseits aber auch, daß der künftige Entwicklungsweg nicht festgelegt werden kann.

Die Bedürfnisorientiertheit von Lernprozessen ist einerseits ein weiterer Schutzwall gegen dauerhafte Manipulation, andererseits ein Indikator, der Hinweise auf Entwicklungstrends zu geben vermag. Lernprozesse sind zunächst insofern bedürfnisorientiert, weil ohne vorgegebene Antriebe (z. B. Hunger, Neugier, Ehrgeiz) Lernen überhaupt nicht in Gang gesetzt wird. Bedürfnisorientiertheit von Lernprozessen soll hier aber einmal im Sinne der Orientierung an dem Kanon mutmaßlich genetisch vorgegebener Bedürfnisse verstanden werden, zum zweiten im Sinne der Erzeugung neuer Bedürfnisse durch jedes Lernen. Beide Aspekte sind im Zusammenhang mit der Kulturentwicklung bedeutsam.

Es ist unbestritten und geschichtlich vielfach belegt, daß wenigstens in Teilbereichen gradezu gegen bestimmte, sicher genetisch vorgegebene elementare Bedürfnisse anerzogen werden kann (vgl. extreme Formen des Fastens, zölibatäre Lebensweisen, Verzicht der Eltern auf die Betreuung der eigenen Kinder, Beschneidung der Selbstbestimmungsrechte usw.). Auf der anderen Seite ist aber ebenso geschichtlich belegbar, daß unablässig versucht wurde, die strenge Auslegung entsprechender Gebote, sofern sie überhaupt dauerhaft eingehalten wurde, aufzuweichen und zu unterlaufen (vgl. die üppigen und festlichen Fastengerichte; Beitrag Muhri in diesem Band). Diese einer konkreten, meist verordneten Kulturtradition gegenläufigen Bewegungen sind offensichtlich Ausdruck der im Tierbereich häufig belegten tendenziellen Überlagerung angelernter Verhaltensweisen und Wertvorstellungen durch angeborene Antriebe und Bewegungskoordinationen (K. und M. Breland 1961; K. E. Grossmann 1967). Schon wegen der lerntheoretisch zu postulierenden Begrenztheit der adaptiven Modifikabilität der Verhaltenselemente (die Bedingungen der Möglichkeit von Lernen können nicht selbst noch in diffuser Weise modifikabel sein; vgl. Liedtke 1976[2], 201 ff.), sind auch im Humanbereich entsprechende Verhaltenstendenzen zu erwarten, die sich zwar nicht mit Notwendigkeit durchsetzen, deren Auftreten aber gleichwohl wesentlich wahrscheinlicher ist als das Auftreten indifferenter Verhaltensformen (z. B. Nahrungsaufnahme, Aufsuchen von Geschlechtspartnern sind als Verhalten tendentiell eher zu erwarten als das Erlernen der Stenografie). Die gegenwärtige Bevölkerungsexplosion und die waffentechnische Entwicklung lassen es höchst wünschenswert erscheinen, daß mutmaßlich genetisch angelegte Verhaltenstendenzen wie die Aggressivität zwar möglichst unterdrückt, gedämpft oder »friedlich« kanalisiert werden. Andererseits bedeutet die Vorgabe eines Kanons elementarer Bedürfnisse aber auch, daß eine Manipulation ganzer Völker gegen deren elementare Bedürfnisse, deren Befriedigung ja als wesentliches Stück der Selbstbestimmung erfahren wird, längerfristig kaum möglich ist. Hier liegt ein anthropologisches Argument für die Konvergenztheorie (Annäherung der politischen Systeme).

Ein Staat, insbesondere wenn darin durch Schulen das Lernen noch intensiviert ist, läßt sich aber auch deswegen ideologisch nicht stabil halten, weil mit jeder Information, die man aufnimmt, sich die Bedürfnisstruktur des Menschen wandelt. Man kann nicht von der Größe und Form des Weltalls hören, ohne positiv oder negativ zu reagieren. Man kann nicht von anderen Völkern und anderen Städten hören, ohne daß sich die Vorstellungen von Reisemöglichkeiten und das Reisebedürfnis ändern. Sofern überhaupt gelernt wird, verändert sich das Weltbild, damit zugleich – wenn auch in sehr unterschiedlichem Tempo – der Horizont der Werte.

Insoweit läßt sich sagen, daß wegen der Unabschließbarkeit, der Unplanbarkeit und der

Bedürfnisorientierung von Lernprozessen jede Kultur, sofern sie tradiert wird, sich unablässig transformiert und sich in gewisser Weise selbst überwindet.

*V. Nebeneffekte und Gefahren der Kulturentwicklung*

Kultur ist ursprünglich das Mittel, mit dessen Hilfe sich die Organismen schneller, als das den im Genotyp gesammelten phylogenetischen Daten möglich ist, auf Veränderungen in der Umwelt einstellen können. Die Schnelligkeit, mit der in der kulturellen Evolution Informationen aufgenommen und kumuliert werden können, ist allerdings ambivalent. In dem Tempo, mit dem die Kulturtradition dem Menschen Vorteile eingebracht hat, wachsen auch kulturimmanente Nachteile und negative Nebeneffekte.

Ein dem explosiven Wachstum der Kultur immanenter Nachteil besteht darin, daß durch ein unbeherrschbar großes Überangebot an Informationen für das Individuum faktisch ein Informationsverlust eintritt. Das spezialistisch aufgeteilte Detailwissen muß regelmäßig erkauft werden durch geringere Kompetenz in anderen Bereichen und kann dazu führen, daß der Bereich schon für innerfachliche, erst recht für interdisziplinäre Zusammenhänge verlorengeht. W. Klinger (1982, 335 ff.) hat auf konkrete Probleme dieser Entwicklung am Beispiel der Physik aufmerksam gemacht.

Ein Nebeneffekt der Wissenskumulation ist die Zunahme des mindestens potentiellen Konkurrenzdrucks. Zwar gibt es ohne Zweifel insbesondere auf Grund der Entwicklung von Medizin und der Ausbildung von Rechtssystemen eine erhebliche Abnahme des Selektionsdrucks. Der innerartliche Konkurrenzdruck hat potentiell gleichwohl in dem Maße zugenommen, wie technisch umsetzbares Wissen, das sich gegen den Mitmenschen einsetzen läßt, angewachsen ist. Die Hochrüstung zwischen Ost und West ist anschauliches Beispiel dieses Konkurrenzdruckes. Hitlers Versuch, ganze Völker auszurotten, ist Beleg, daß dieser Konkurrenzdruck keineswegs nur bloße Potentialität ist.

Ein Nebeneffekt der Wissenskumulation ist auch das exzessive Wachstum der Arbeitsteiligkeit. Die Wissenskumulation führt nicht nur zum wissenschaftlichen Spezialistentum, sondern ebenso zu spezialistischen Technikern und Arbeitern, die in jeweils sehr eingegrenzten Arbeitsfeldern kaum die Möglichkeit haben, alle ihre Fähigkeiten angemessen zu entwickeln und zu nutzen. Die Probleme der Arbeitsteiligkeit werden besonders offenkundig im pädagogischen Bereich. Die – sicher notwendige– Einrichtung von Schulen und deren wachsender Zeitbedarf – seit ca. 1800 hat sich die Schulpflichtzeit im europäischen Raum mindestens verdoppelt – hat die Kinder mehr und mehr aus den Familien herausgeholt und die Funktion der Familie faktisch eingeschränkt. Funktionsverlust bedeutet aber in der Regel auch Beschränkung von Erlebnis- und Entfaltungsmöglichkeiten. In diesem speziellen Fall der pädagogischen Arbeitsteiligkeit kommt als wesentliches Erschwernis noch hinzu, daß in der Schule der auf seiten der Erzieher notwendige Altruismus wahrscheinlich nicht immer in gleichem Maße gesichert ist wie in der Familie.

Der nachteiligste Nebeneffekt der beständig anschwellenden Kulturtradition besteht aber darin, daß die Asymmetrie der menschlichen Lernfähigkeit so deutlich zutage tritt. Die Kumulation spielt sich fast ausschließlich im kognitiv-technischen Bereich ab, kaum aber im emotionalen Bereich. Im emotionalen Bereich, der Basis aller Bedürfnisse und Wertungen ist und in dessen Dienst der kognitiv-technische Bereich überhaupt nur evoluieren konnte, ist der Mensch nur sehr begrenzt lernfähig (vgl. M. Liedtke 1978, 386 ff.). Wegen dieser Diskrepanz zwischen dem emotionalen und dem kognitiv-technischen Bereich besteht ganz offensichtlich die Gefahr, daß der Mensch von seinen kognitiv-technischen Möglichkeiten überfordert wird, einmal indem er die technischen Möglichkeiten destruktiv einsetzt, zum anderen indem er zuviel Zeit aufwenden muß, um das kognitiv-technisch kumulierte Kulturgut, das eigentlich im Dienste der besseren Befriedigung der emotionalen Komponente stehen sollte, überhaupt lernmäßig zu bewältigen (vgl. die ausbildungsabhängige künstliche Verlängerung der Jugendzeit).

Diese kurz skizzierten Gefahren und Nebeneffekte signalisieren sicher nicht notwendig das Ende der Entwicklung der menschlichen Kultur. Sie signalisieren aber gleichwohl, daß die weitere Entwicklung einen anderen Verlauf nehmen, das heißt von einer exponentiellen oder hyperbolischen Verlaufskurve zu einer Sättigungsebene abflachen muß. Das aber wird dem Menschen noch große Lernleistungen abfordern.

## *Anmerkung*

Einige der hier aufgeführten Thesen sind von mir auch in dem Beitrag »Die Kultur des Menschen als Faktor und Produkt von Erziehung und Schule« (L. Kriss-Rettenbeck/M. Liedtke, Hg., 1983, 40 ff.) angesprochen worden.

## *Literatur*


Breland, K. u. M.: The Misbehavior of Organisms. In: American Psychologist, 16. 1961.

Grossmann, K. E., 1967: Behavioral Differences between Rabbits and Cats, J. Genet. Psychol., III, S. 171–182.

Klinger, W.: Die Physik als Beispiel der Wissensexplosion in den Naturwissenschaften und Möglichkeiten zur Bewältigung dieser Situation. In: Pädagogische Rundschau 1982, S. 335–345.

Koenig, O.: Festrede anläßlich der Verleihung des Bundes-Naturschutzpreises 1982 durch den Bund für Umwelt und Naturschutz e. V., hg. von der Gesellschaft der Freunde der Biologischen Station Wilhelminenberg. Wien 1982.

Koenig, O.: Kulturelle Bedeutung von Lernen und Lehren. In: L. Kriss-Rettenbeck und M. Liedtke (Hg.): Schulgeschichte im Zusammenhang der Kulturentwicklung. Bad Heilbrunn 1983.

Kriss-Rettenbeck, L. und Liedtke, M. (Hg.): Schulgeschichte im Zusammenhang der Kulturentwicklung. Bad Heilbrunn 1983.

Leakey, R. E.: Die Suche nach dem Menschen. Frankfurt 1981.

Liedtke, M.: Evolution und Erziehung. Ein Beitrag zur integrativen Pädagogischen Anthropologie. Göttingen $1976^2$.

Liedtke, M.: Die Funktion der emotionalen Komponente bei der Wertorientierung und Wertvermittlung. In: Blätter für Lehrerfortbildung. 1978, Heft 9, S. 386–391.

Muhri, J. G.: Formen der Askese (abgedruckt in diesem Band).

Sagan, C.: Unser Kosmos. Eine Reise durch das Weltall. München 1982.

Smolla, G.: Epochen der menschlichen Frühzeit. Freiburg – München 1967.

Weißkopf, V. F.: Perspektiven und Schranken der Naturwissenschaften. In: Rückblick in die Zukunft. 1981, S. 186–206.

*Bertl Petrei:*
# *Werden und funktioneller Wandel von Bräuchen*

Schon 1976 habe ich bei den »Matreier Gesprächen« über die Entstehung und den Wandel von – wie ich damals behutsamer formulierte – »Gebräuchlichkeiten« gesprochen. Inzwischen ist das Postament, auf welches die herkömmliche Volkskunde den Begriff »Brauch« gestellt hat, noch etwas wackeliger geworden, und man begeht kein ganz so großes Sakrileg mehr, wenn man eine kleine Form des Kulturverhaltens wie etwa das Hutheben beim Gruß oder sogar eine neue (noch keineswegs »durch drei Generationen tradierte«) Geste wie das »Autostopperzeichen« einen Brauch nennt. Das Volk, um das es sich ja dem Vernehmen und dem Namen nach in der Volkskunde handelt, hat solche Unterscheidungen nie gemacht, sondern alles, »was der Brauch ist«, auch als solchen bezeichnet.

Wenn Walter Hirschberg das, womit wir uns bei diesen interdisziplinären Gesprächen befassen, 1977 als »lebendiges Zusammenspiel von Vererbung und Tradition« umschrieben hat, dann scheint der Hauptakzent im heurigen Thema auf dem zweiten Wort, auf »Tradition« zu liegen. Aber: Vererbung und Tradition lassen sich meines Erachtens oft – und zwar nicht nur dank der Komplexität dieses Zusammenspiels – nur sehr schwer auseinanderhalten. Was uns im Laufe unserer Geschichte – im weitesten Sinne von »Stammesgeschichte« – zugewachsen ist und »tradiert«, also »weitergegeben« wurde, ist unser »Erbgut«, das wir wie Generationen vor uns in schöpferischer Weise tradieren, weitergegeben. »In schöpferischer Weise« heißt, daß wir es dabei verändern, wie es stets verändert wurde – verändert werden mußte, um es funktionstüchtig zu erhalten. Wenn eine Tradition nicht mehr funktionstüchtig ist, verschwindet sie. Wenn eine neue Gegebenheit ein neues Kulturverhalten erfordert, entsteht eine »neue« Tradition, wobei das »neu« unter Anführungszeichen steht, denn auch die neue Form verwendet alte, im wörtlichen oder übertragenen Sinne »ererbte« traditionelle Elemente. Dieses uns im Laufe unserer Entwicklung und Geschichte zugewachsene Reservoir von Elementen und das Regelwerk, mittels dessen sie sich zu kulturellen Verhaltensweisen formieren, bzw. das »Vokabular« und die »Grammatik« menschlichen Kulturverhaltens sind Gegenstand der »Generativen Ethnografie«, mit der ich die damalige Matreier Gespächsrunde vor 6 Jahren bekannt zu machen versucht habe.

Dieser wissenschaftstheoretische Ansatz der Ethnologie wurde von Heinz Göhring 1967 in einem Aufsatz im »Anthropos« formuliert, und zwar unter dem Titel »Generative Grammatik und Kulturanthropologie«. Aber bereits 1929 hat Sapir aus der allgemein akzeptierten Feststellung, daß Sprache nur *eine* Form kulturgeprägten Verhaltens sei, die Erwartung zum Ausdruck gebracht, daß Methoden und Ergebnisse der Sprachwissenschaft ganz allgemein bei der Interpretation menschlichen Verhaltens von Nutzen sein könnten. Dieser Gedanke tauchte dann bei Kulturanthropologen und Ethnologen immer wieder auf. Aber erst das vieldiskutierte Theoriengebäude Noam Chomskys – bekannt geworden unter dem Stichwort »Generative Grammatik« – gab den Anstoß zu einer brauchbaren Hypothese, eben jener von Göhring.

Hier wollte ich eigentlich meinen Rückblick auf 1976 beenden, weil er nur erinnern sollte. Beim nochmaligen Überlesen dieser knapp eine Seite langen »Erinnerung« schien es mir aber doch notwendig, ein bißchen weiter darauf einzugehen. Und zwar besonders auf den Zugang, den man als Nicht-Sprachwissenschaftler am besten hat, nämlich über die Begriffe der »Kreativität« und der »Kompetenz«. Göhring: »Was den Beherrscher einer Sprache auszeichnet, ist nicht etwa seine Fähigkeit, bereits gehörte Sätze hervorzubringen, sondern vielmehr seine Fähigkeit, Sätze hervorzubringen und zu verstehen, denen er niemals vorher begegnet war.« Die Generative Ethnografie wendet auf das voll enkulturierte Mitglied einer Kulturgemeinschaft an: ». . . die Fähigkeit, neue Verhaltensabfolgen selbst hervorzubringen und beobachtend zu verstehen.« Dabei ist die Zahl der neuen Sätze (und neuen Verhaltensweisen) theoretisch unendlich. Und das, obwohl die Zahl der Elemente, wenn auch sehr groß, doch endlich ist. Chomsky nennt diesen ihren Gebrauch »Kompetenz«. Sie erfordert, daß der Mensch nicht nur über ein »Lexikon von Elementen«, sondern auch über ein System von Regeln verfügt, mit deren Hilfe er Tiefen- in Oberflächenstrukturen *über*-führt, sprachliche oder eben auch andere Zeichen (z. B. Gesten oder Symbole) semantischen Deutungen *zu*-führt. Neu ist die Sache eigentlich nur in ihrer Konsequenz. Schon Humboldt hat die Sprache »einen Vorrat an Wörtern und ein System von Regeln« genannt und die unerhörte Leistung hervorgehoben, wie der Mensch hier »von endlichen Mitteln einen unendlichen Gebrauch macht«. Wenn man dieses System von Regeln »Grammatik« nennt, so darf dies nicht mit dem verwechselt werden, was wir gemeinhin so nennen. *Diese* Grammatik stellt für Chomsky bereits »Aktualisierung« dar, in die schon allerlei hineinspielt, die Begrenztheit des Gedächtnisses etwa, Unaufmerksamkeit, äußere Umstände usw. In diesem Unterschied zwischen »Kompetenz« und »Aktualisierung« sieht Göhring »eine bemerkenswerte Analogie zum ethnologischen Problem der Relation zwischen Normensystem und effektivem Verhalten – wenn es sich nicht gar um verschiedene Aspekte des gleichen Grundgedankens handelt«. Das System von Elementen und das Regelwerk ist dem Menschen – im weitesten Sinne, wie schon betont – »angeboren«, »ererbt«.

Ein sehr hübsches wie »lehrreiches« Beispiel für ein in diesem ethnologischen Sinne »ererbtes« Element, aber auch für zwei, wie ich es sehe, Grundregeln dieses Systems möchte ich Ihnen jetzt im wahrsten Sinne des Wortes »vorführen«. Ich habe hier einen Gegenstand mitgebracht, einige von Ihnen haben ihn schon von mir gesehen. – Ich möchte Sie bitten, jetzt mitzutun. Wer ihn noch nicht kennt und nicht erkennt, möge bitte die Hand heben.

Dieses selbe Bild ergibt sich auch in meinen Vorlesungen an der Klagenfurter Universität immer: Wer es noch nicht von mir gesehen hat, kennt dieses Objekt nicht. Und doch, meine Damen und Herren, »gebrauchen« Sie dieses Ding, oder Sie verstehen doch, wenn jemand anderer es »gebraucht«, nämlich sprachlich. Denn sicher haben Sie schon des öfteren die Redewendung gebraucht und gehört: »Der (oder die) hat etwas auf dem Kerbholz.« Dieses Ding *ist* ein Kerbholz. Es gibt davon die verschiedensten, meist reicher geschnitzten und geschmückten Ausführungen. Ich werde Ihnen einige im Bild zeigen. So ähnlich wie diese Ausführung ist das Kerbholz heute noch im Burgenland und östlichen Niederösterreich auch im gegenständlichen Gebrauch – doch davon später. Das Holz läßt sich hier an der Schnittlinie auseinandernehmen. Wenn ich beim zusammengesteckten Kerbstab quer über diese Schnittlinie Kerben eingeritzt habe, zeigen nach dem Auseinandernehmen beide dieselbe Kerbenanzahl. Sicher ahnen Sie jetzt schon, wozu dieses Gerät dient: um Zahlen festzuhalten. Bevor wir uns damit beschäftigen, lassen Sie uns ein wenig innehalten, um unsere Aufmerksamkeit der Merkwürdigkeit zuzuwenden, daß wir das Wort auch – und zwar richtig – gebrauchen können, ohne das bezeichnete Objekt je gesehen zu haben. Das Wort »Kerbholz« ist quasi »entmaterialisiert«, es ist zum reinen Symbol geworden, wobei aber Form und Funktion immerhin relevant geblieben sind. Es hat freilich gleichzeitig einen »Bedeutungsübersprung« vollzogen. Die Wörter »Schuld« und »schuldig« haben ja zweierlei Bedeutung: »jemandem etwas schulden« und »Schuld auf sich geladen haben«. Ursprünglich verzeichnet das Kerbholz keineswegs, wie in unserer Redensart, »Schuld« im moralischen, sondern im Sinne einer Verpflichtung. Vor nicht allzu langer Zeit verrechneten die Führer der Dorfburschenschaften in Ostösterreich mit dem Wirt den Wein- und Bierkonsum auf diese Weise, heute noch tragen sie da und dort das Kerbholz als Amtszeichen. Noch früher hatte z. B. der Dorfschmied für jeden seiner Stammkunden – »gemerkt« mit dessen Hauszeichen – die eine Hälfte eines solchen Kerbstockes an der Wand seiner Werkstatt hängen. Kam der Bauer mit seinem Pferd, damit es beschlagen werde, brachte er die andere Hälfte mit. Die beiden Teile wurden zusammengefügt und für jeden Beschlag eine Kerbe geschlagen – auf der einen Seite, wenn es sich um einen normalen, auf der anderen, wenn es sich um einen »Neubeschlag« (also mit neuem Hufeisen) handelte. Einmal jährlich wurde abgerechnet, und dann wurden die Kerben weggehobelt, das Verrechnungsholz war wieder glatt und (wieder eine bekannte Redensart) Schmied und Bauer waren auch wieder »miteinander glatt«. Für unsere Vorfahren in der Zeit von Fron und Zehent waren diese Kerbhölzer nicht Gebrauchsgegenstand beim fröhlichen Zechen wie bei den Dorfburschenschaften, sondern solche des bittersten Alltags: mit ihnen wurden Abgaben und Frondienste »abgerechnet«.

Aber nicht nur dank unserer Redensarten reicht das Kerbholz in unsere Gegenwart herein. Ich muß dazu mit dem berühmt-berüchtigten Satz ausholen: »Schon die Römer . . .« Schon die Römer hatten ein ähnliches System, nur daß sie keine Stäbe, sondern Täfelchen verwendeten, in die sie Zahlen einkerbten: Eine senkrechte Kerbe war eine »I«, zwei Kerben bedeuteten »II« usw. Damit ist auch klar, warum die römischen Ziffern die uns bekannte Form haben. Um größere Zahlen zu bewältigen, gab es eigene, aber ebenfalls kerbbare Zeichen, z. B. ein »V« für 5, zwei mit der Spitze aufeinandergestellte V für X oder für 100 eine senkrechte Kerbe mit je einer waagrechten oben und unten, aussehend wie ein eckiges »C« (für centum). Die Römer waren im Gebrauch dieser Täfelchen, die sie bündelten und dann »caudex« (Holzbündel) nannten – wovon unser »Kodex« kommt –, so geschickt, daß sie damit verschiedene Rechenarten ausführen und im kaufmännischen Sinne »Buch führen« konnten. Das Einschneiden der Kerben hieß einfach »imputare« (einschneiden) – für das Rechnen damit entwickelte sich daraus das Wort »computare«. Und daher kommt unser Wort »Computer«. Schließlich und endlich ist unser Kerbholz ja auch ein Computer: Es ist ein Zahlenspeicher, mit den gespeicherten Zahlen kann man einerseits rechnen, andererseits kann man sie löschen, wenn man ihrer nicht mehr bedarf.

Wir haben im Kerbholz nicht nur ein Element entdeckt, sondern offenbar in seiner Entwicklung auch zwei Regeln der Generierung von Kulturverhaltensweisen, dank derer es in neuen funktionellen Formen »gebrauchsfähig« wurde, nämlich die Regel der fortschreitenden Symbolisierung (wovon ich Ihnen an Hand eines Bildes ein weiteres Beispiel vorführen werde) und die Regel von der Verwertung von aus nicht mehr benötigten Strukturen entlassenen Restbeständen, die Claude *Lévi-Strauss* in seiner »Pensée sauvage« als eine der Grundformen primitiven (für den Nicht-Ethnologen sollte man besser sagen: volkstümlichen) Denkens dargestellt hat.

Es ließen sich solcherart unzählige Beispiele aus allen Gebieten menschlichen Kulturverhaltens an- und ausführen. Dazu reicht unsere Zeit hier nicht – es reichen aber auch stundenlange Vorlesungen nicht. Es kann nur um Beispiele für das Werden und den Wandel funktionstüchtiger Formen gehen, die dann Tradition und als solche »vererbt« werden, um bei Nichtbedarf oder Funktionsunfähigkeit zu verschwinden, neuen Formen Platz zu machen und in anderen Strukturen wiederverwertet zu werden.

Ich möchte nur noch *einen* Bereich des Kulturverhaltens herausgreifen – und natürlich wieder nur mit einigen Beispielen: die Bräuche des Grüßens. Bei der Vorbereitung für eine Rosegger-Lesung bin ich wieder einmal auf das prächtige Feuilleton unter dem Titel »Grüß Gott!« gestoßen, in dem sich der Dichter mit eben diesem Gebiet befaßt. Denn – so Rosegger – »es ist ja doch nicht ganz unmöglich, daß der Mensch auch einmal nachdenkt über ein Wort, welches er hundert- und hundertmal hört, daß er einmal nachdenkt über Inhalt und Bedeutung des Umgangsgrußes, durch welchen sich unser geselliger Verkehr, unser Verhältnis zu den Mitmenschen, unser Wohlwollen für sie andeuten soll.«

Nun denn, denken wir einmal nach: Hätte ich mein Referat mit »Grüß Gott« begonnen, so wäre Ihnen das sicher nicht sehr originell und vielleicht sogar etwas unpassend vorgekommen, da wir uns ja schon vorgestern erstmals oder wieder begegnet sind und auch heute schon vor Stunden. Sie hätten die Begrüßung aber als allgemein und als »seit alters her gebräuchlich« hingenommen. Wären Sie, von nördlich der Mainlinie stammend, jedoch fremd hier hereingekommen, hätten Sie »aha« gesagt oder gedacht: Wir sind hier im österreichisch-bajuwarischen Raum! – Sie hätten die lokale, die Kulturbereichsbedeutung der Grußform wahrgenommen. Und von wegen »seit alters her«: Unsere Vorfahren kannten weder den Begriff des Grüßens noch ein Wort dafür. Alt- und mittelhochdeutsch »gruoz« ist eine Rückbildung aus dem Zeitwort »gruozen«, und das bedeutet soviel wie »anreden«. Ansprechen, ein Gespräch einleiten, das war auch der Sinn der grüßenden Anrede in einer Zeit, die noch keine Floskeln der Höflichkeit kannte. Ich habe im Alpenland und auf dem Heideboden noch Gegenden (rein bäuerliche Gegenden) gefunden, in denen man heute noch nicht im eigentlichen Sinne grüßt, sondern bei der Begegnung sofort fragt: »Wo kimmst her? Wo geahst hin? Wos tuist?« Die ursprüngliche Kraft des Grußes – Peter Rosegger sieht sie noch in dem Bekenntnisgruß »Gelobt sei Jesus Christus« – schlägt heute nur noch in bestimmten Situationen stärker durch: nach langer Trennung etwa, im »Glück auf!« vor Antritt der Gefahr (freilich nicht, wenn das der Morgengruß in den Büros der ÖMV – der Österreichischen Mineralölverwaltung – ist) oder beim Abschied für lange oder gar für immer. Und stets spielt dabei der nonverbale Anteil – Geste, Miene, Körperhaltung, aber auch das Symbol – eine wesentliche Rolle: Wir brauchen nicht immer »Guten Tag« zu sagen, wenn wir den Hut heben, und wir winken dem Davonfahrenden noch nach, wenn er unser »Auf Wiedersehen!« längst nicht mehr hören könnte. Wenn wir einem Kollegen im Betrieb am Morgen erstmals begegnen, sagen wir »Guten Morgen« oder »Servus«, aber auch wenn wir ihn wieder sehen, grüßen wir ihn (wie wir uns von unserer Beschäftigung mit der Gruppe im Betrieb erinnern) nonverbal, nämlich mit einem Lächeln. Auch Lächeln kann eine Grußform sein. Eine höchst interessante »Übersetzung« davon ins Sprachliche habe ich bei Forschungen über das Kulturverhalten von Wiener Jugendlichen gefunden. Dort kam es in den siebziger Jahren in Mode, beim Betreten des »Schuppens« (so nennt man ein Begegnungs- oder Unterhaltungslokal) mit »Sads onglocht!« (Seid angelacht!) zu grüßen. Meines Erachtens finden wir hier auch unsere Regel von der »Wiederverwertung von Restbeständen« wieder. Denn andererseits gehörte es damals (gehört es wohl heute noch) bei den Jugendlichen zum »richtigen Verhalten«, beim Betreten des Schuppens, bei der Begegnung mit der Gruppe eine ernste, möglichst angewiderte Miene zur Schau zu tragen. Bei Einzelbegegnung grüßte man übrigens nicht mit dem erwähnten »Gruppengruß«, sondern – wenn überhaupt – mit dem bekannten »Hallo!«.

Wir haben gesehen – und könnten es noch vielfach belegen –, daß bei den Gruß- und Begegnungsformen Unterschiedlichkeit zwischen sozialen wie räumlichen Kulturbereichen gegeben ist. Das gilt natürlich um so mehr, je größer der Bereich ist. Während man etwa in China und im Orient den verbindlichen und umständlichen Gruß liebt, haben unsere Grußformen meist eine kurze, befehlsartige Form. Das hat sich ja der Volkswitz vielfach zunutze gemacht. Etwa wenn man in der NS-Zeit (natürlich nicht jemand Beliebigem) auf das »Heil Hitler!« mit »Heil *Du* ihn!« antwortete, oder wenn Bergsteiger unterwegs zum Gipfel auf »Grüß Gott!« zur Antwort geben: »So weit komm ich heut nimmer!« – Unsere Grußformeln haben fast immer mit Stärke, Unversehrtheit, Gesundheit zu tun. Griechenland sagte »Chaire!«, »Freue Dich!«, Rom schon »Salve!«, was dem gotischen Gruß »hails« entspricht; er ist ja bei den Deutschen noch in dem schon erwähnten »Heil!« erhalten, wenn auch nicht mehr ganz so in Mode wie vor vier, fünf Jahrzehnten. Andere Formeln sind früher christliche Segenswünsche gewesen wie das »Gott mit euch!« usw. Aus dem Französischen bürgerte sich im Mittelhochdeutschen »Adé!« ein, aus dem lateinischen »Ad Deum« verkürzt. Dagegen hat »Adieu« nichts mit dem lateinischen »Deus«, Gott, zu tun; ihm liegt das lateinische »bona dies« (guten Tag) zugrunde. Übrigens entstand erst in Ablehnung dieses »Feindgrußes« im Ersten Weltkrieg das deutsche »Auf Wiedersehen!«, das österreichische »Auf Wiederschauen!« – eine Mitteilung, welche die jungen Germanisten in meinen Vorlesungen immer mit fast ungläubigem Staunen zur Kenntnis nehmen. Während sich in diesem Fall auch bei uns in Österreich immer mehr die norddeutsche Form einbürgert (ebenso durch den Fremdenverkehr begünstigt wie die »Sahne« und die »Tomate«), verbreitet sich unser »Servus« nach Norden und Osten. Man kann es in Hamburg ebenso hören wie in Budapest – hier schon seit längerem bekannt und häufig sogar als »typisch ungarischer Gruß« empfunden, wie mir Budapester Gymnasiasten versicherten, die aber um die Herkunft aus dem Lateinischen wußten.

Von Wien her ist in Österreich in den letzten Jahren ein »ganz neuer« Gruß in Mode gekommen (vielleicht auch schon auf dem Vormarsch nach Norden?): »Papá!« Mit der Betonung auf dem zweiten a, so wie einst höhere Töchter ihre Väter anzusäuseln pflegten: »Papáaa«. Das Wort kommt aus der Kinder-, der Lallsprache, und ganz so neu ist der Zusammenhang mit dem Grüßen gar nicht: Schon 1811 finden wir dafür einen Beleg aus Wien: »Einen Pa machen« – grüßen, und 1862 aus Kärnten: »Einen schönen Pa machen« – ordentlich grüßen.

Besonders erfindungsreich auf dem Gebiete der Gruß- und Begegnungsformen sind Gruppen: die Jugendlichen, die politischen Gruppierungen, die Wanderer und Bergsteiger, die Sportler – man denke nur z. B. an das dem »Glück auf!« der Bergleute nachgebildete »Glück ab!« der Flieger oder das die im Flach- und Hügelland nicht ganz passende Formel »Berg Heil!« der Bergsteiger ersetzen sollende »Gut Fuß!« der Wanderer, anstatt dessen ich in unserem Wandermuseum am Alpl in den beiden letzten Jahren immer häufiger das einfache »Gute Wanderschaft!« höre – usw.

Womit wir im Bereich des »öffentlichen Grußes« wären, in der Hauptsache nonverbal, wodurch der Gruß zur »öffentlichen Bildgebärde«, wie Leopold Schmid formulierte, wird: Denken wir an die politischen Grüße mit erhobenem Arm und ausgestreckter, geballter oder ein »V« formender Hand, an das Winken vom Flugzeugausstieg, an das Niederwerfen und Küssen der Erde des zu grüßenden Landes (auch wenn es nicht die »Erde«, sondern eine Betonpiste ist), an Plakate oder Spruchbänder wie »Wien grüßt Hamburg« oder »Athen grüßt Wien« (inzwischen bereits zum Gaststättennamen geworden) und schließlich an die Ansichtskarte mit dem bereits aufgedruckten »Gruß aus . . .«, wobei Wahrzeichen wie Wiener Riesenrad, Grazer Uhrturm oder Klagenfurter Lindwurm eine große Rolle spielen. Dabei fällt mir umgekehrt die mir von Kindesbeinen an vertraute Formel für die Begegnung eines in der Fremde lebenden Kärntners mit Landsleuten ein: »Laßts ma den Lindwurm schean grüaßn!«

Damit möchte ich zum Schluß dieses skizzenhaften Aufrisses über die Bräuche des Grüßens und über ihre und die Entstehung von Traditionen überhaupt kommen – mit dem Schluß des erwähnten Rosegger-Feuilletons. Der Dichter lobt das »ideale, allgemein passende und treuherzige Grüß Gott!« und meint dann:

»Doch, ich habe mich arg verstiegen, ich bin in Regionen gerathen, in welche mir nicht jeder meiner lieben Leser wird folgen wollen. Ich habe von der Sache, die ich hier behandle, eine unrichtige oder unpraktische Auffassung. Daß die Leute in ihrem Grüßen zweck- und gedankenlos seien, das ist falsch. Die Grußform ist nicht da, um zu verbinden, zu verbrüdern, sondern ganz im Gegentheil, um zu unterscheiden, zu trennen; sie ist ein charakteristisches Merkmal der Bildungsstufe, der Stände, des Ranges. Der Gruß ist ein praktisches Werkzeug. Der Untergebene nutzt ihn, um seine Ergebenheit gehörig und möglichst fruchtbringend auszudrücken; der Vorgesetzte nutzt den Gruß, um seiner Würde einerseits und seiner Geringschätzung dem Unterstehenden andererseits die richtige, wenn auch höfliche Form zu geben. Bei einigem Scharfblick ist es kein großes Kunststück, den gesellschaftlichen Rang, den Reichthum, ja den Charakter und Geistesgrad eines Menschen nach der Art seines Grusses zu schätzen . . .

Und *ich* konnte vorschlagen, diese unschätzbaren Merkmale der Schlichtheit und des Dünkels, der Treuherzigkeit und der Geziertheit, der Klugheit und der Borniertheit zu verwischen und einen allgemeinen ›farblosen‹ Gruß aufzubringen? In der That, manchmal bin ich höchst einfältig. Schilder, die so genau die Firma decken, soll man lassen stehn.

Für meine Person freilich bleib ich bei meiner Meinung. Wer sie theilt, den grüß Gott! Und wer sie nicht theilt – nun, den grüß Gott nicht!«

## *Literatur*


W. Hirschberg: Möglichkeiten einer interdisziplinären Zusammenarbeit zwischen Ethnologie und Kulturethologie. Vortrag 1977. In: Matreier Gespräche: Maske – Mode – Kleingruppe. Wien – München 1981.

H. Göhring: Generative Grammatik und Kulturanthropologie. In: Anthropos 62, S. 5/6. Freiburg/Schweiz 1967.

E. Sapir, zit. nach D. G. Mandelbaum (edit.): Selected Writings of Edward Sapir in Language, Cultur and Personality. Berkeley and Los Angeles 1949.

N. Chomsky: Sprache und Geist. Frankfurt am Main 1970.

W. Humboldt, zit. nach H. Göhring (s. o.).

F. Maresch: Gegenwartsvolkskunde. In: Beiträge zur Sachvolkskunde, Nr. 3, März 1977. Loich 1977.

B. Petrei: Kaffeerunde und Wandergruppe, Vortrag 1979. In: Matreier Gespräche 1981 (s. o.).

P. Rosegger: Allerlei Menschliches. Leipzig 1902.

H. Küpper: Handliches Wörterbuch der deutschen Alltagssprache. Hamburg – Düsseldorf 1968.


## *Aus der Diskussion:*

*Prof. Liedtke* weist darauf hin, daß ihm im Bereich »Schule/Erziehung« im Mittelalter das Kerbholz als Rechenbehelf nirgends untergekommen sei. Er weist aber eine Zeichnung vor, auf der ein in Strafe befindlicher Schüler nicht nur mit einer Eselsohrenkappe, sondern auch mit einem Stab in der Hand dargestellt wird (den man als eine Art »Zepter« interpretierte). Sollte es sich hier tatsächlich um ein Kerbholz handeln, wäre es bereits ein »Schuld«-Symbol.

*Prof. Koenig* verweist auf den »Brauch« der Tiroler Kaiserjäger im Ersten Weltkrieg, für jeden »erlegten Russen« eine Kerbe in den Gewehrkolben zu schneiden. Prof. Petrei weist darauf hin, daß es eine ähnliche Erscheinung bei der FLAK im Zweiten Weltkrieg gegeben hat.

*Prof. Helle:* Wie alt ist die Kerbholz-Redensart? Prof. Petrei: Laut Küpper seit etwa 1780. – Zweite Frage: Wie erklärt man die analoge Redensart »etwas ausgefressen haben«? Antwort: Wieder laut Küpper: »Bezieht sich wohl auf die Katze, die eine nicht für sie bestimmte Schüssel leer gegessen hat (18. Jh.).«

*Dr. Muhri:* Das »papá« ist jedenfalls bis nach Passau vorgedrungen; in seiner Familie sagt man auch »Patschi«.

*Prof. Heller* weist zum »Küssen des Bodens« darauf hin, daß es diesen Brauch auch in der griechisch-orthodoxen Liturgie gibt. – Sein Vater sagte beim Abschied »Auf Wiedersehen« nur zu Menschen, die er wirklich gerne wiedersehen wollte (sonst »Fahr wohl«); noch junge Formen werden »wörtlicher genommen«.

*Prof. Koenig:* Das ahd. »gruoz« hieß auch »zum Tanz auffordern«. Grußformen sind häufig mit Formen anderer Funktionsbereiche verbunden; dies gilt schon im Tierreich: So ist der erste Teil des Reihergrußes eine Drohgebärde, andere Tiergrüße haben mit Freßgesten zu tun (»Mit dir möchte ich fressen«) usw. – Er weist auch darauf hin, daß »konstruierte« Grüße sich sehr oft alter Symbolik bedienen (Pfadfinder, Rote Falken). Von besonderem Interesse sind die »Geheimgrüße«, die der Erkennung der Zugehörigkeit (z. B. Freimaurer) dienen, die »internationaler« und »traditionsfähiger« sind. – Eine längere Diskussion entwickelt sich zu der Frage, warum nonverbale Gruß- und andere kulturelle Verhaltensweisen beständiger sind als verbale. Offenbar hat dies damit zu tun, daß nonverbale Formen angeboren oder im frühesten Lebensalter angelernt sind (Liedtke, Heller, Koenig, Petrei).

*Günter Smolla:*

# *Bemerkungen zur Bedeutung von »Tradition« in der prähistorischen Archäologie*

In der deutschsprachigen archäologischen Literatur wird das Wort »Tradition« verhältnismäßig selten verwendet, jedenfalls nicht als fachspezifisch definierter Terminus. Anders im angelsächsischen Bereich. Einer der bedeutendsten »Methodiker« der archäologischen Wissenschaft, dessen unmittelbare Wirkung durch sein isoliertes Forschungsgebiet leider stark behindert wurde, der Südafrikaner A. J. H. Goodwin, schrieb schon 1931: »Tradition, which governed both the technique and the form, and also the ultimate use of the implement, is the only factor which keeps together the elements recognized by us as culture.« Auch in der amerikanischen Archäologie, wo zunächst im Andengebiet von »pottery-tradition« die Rede war, kam es zu einem Definitionsversuch: »an archaeological tradition is a (primarily) temporal continuity represented by persistent configurations in single technologies or other systems of related forms« (Willey a. Phillips 1958/63, 37).

Bei dem bedeutendsten skandinavischen Methodiker der älteren noch lebenden Generation, C. H. Moberg (1969, 181) findet sich die Formulierung: »Traditionen är eventuellt iakttagbar i fraga om teknik, formgivning, dekoration eller annat sedvänjebetingat«.

Bemerkenswert scheint, daß in allen drei Definitionen Technik bzw. Technologie zuerst genannt werden. Das hängt natürlich damit zusammen, daß archäologische Überreste in der Regel wenigstens nach ihrer Herstellungsart und häufig auch nach ihrer Funktion interpretiert werden können, das heißt nach technischen Fragestellungen. Dem liegt ein viel weiteres Verständnis von »Technik« zugrunde, als es heute üblich ist. Oft wird die Zerstörung traditioneller Werte ja gerade auf den »Einbruch der Technik« zurückgeführt. Das klingt in der sonst so klaren Definition nur an, die sich in Meyers Enzyklopädischem Lexikon, Band 23, 1978, 627, findet. Danach ist »Tradition die Übernahme und Weitergabe von Sitte, Brauch, Konvention, Lebenserfahrung und Institutionen. Tradition ist das, was die Generationen verbindet, Kontinuität stiftet. Die Neuzeit ist durch eine zunehmende Auflösung der Traditionsverbundenheit gekennzeichnet . . .« Das Wort Technik kommt auch in den anschließenden Sätzen nicht direkt vor, bei den »wirtschaftlichen Veränderungen«, die neben anderem »mit zunehmender Beschleunigung den Erfahrungsraum sowie den Erwartungshorizont erweiterten«, ist das Technische aber wohl mitgedacht.

Auf der Gegenseite der Traditionsbegriff der zoologischen Verhaltensforschung (K. Lorenz 1973/80, 200 ff.): »Den Vorgang, durch den erlerntes Wissen von einem Individuum auf ein anderes, von einer Generation auf die nächste weitergegeben wird, nennen wir Tradition« – aber: Alle tierische Tradition ist objektgebunden. »Erst das begriffliche Denken und die mit ihm zugleich auftretende Wortsprache machen die Tradition vom Objekt unabhängig; indem sie das freie Symbol schaffen, das die Möglichkeit gibt, Tatsachen und Zusammenhänge ohne das konkrete Vorhandensein des Objektes weiter zu vermitteln.«

Die Bedeutung dieser Beobachtung wird klar, wenn wir ein anderes Zitat von K. Lorenz (1963/80, 224) hinzufügen: »Das dialogisch fragende Experimentieren mit der Umwelt, das aus dem begrifflichen Denken herkommt, schenkte ihm seine ersten Werkzeuge . . .« Werkzeuge typischer Form, in einer bestimmten Technik für bestimmte Zwecke oder Funktionen hergestellt, setzten demnach begriffliches Denken und eine Wortsprache voraus und damit auch objektunabhängige Traditionsbildung.

Über Art und Struktur früher Wortsprachen und das begriffliche Denken kann man nur spekulieren – frühe Werkzeuge lassen sich nachweisen und analysieren. Denn alles spricht dafür, daß der weitaus größte Teil der frühesten Werkzeuge aus Stein war und solche aus Knochen und Holz wenigstens quantitativ geringere Bedeutung hatten. Für die Behauptung, es habe vor der Steinzeit eine Holz- bzw. Knochenzeit gegeben, gibt es bisher kein Argument, das kritischer Analyse standhalten könnte. Die Forschungen der letzten 30 Jahre, durch die uns die frühesten Stadien der menschlichen Frühzeit vor den Faustkeilen – das heißt von vor 2–3 bzw. bis ca. 1 Million Jahren vor der Gegenwart – überhaupt erst genauer erkennbar wurden, haben nicht den geringsten positiven Hinweis dafür gegeben.

Die Werkzeuge dieser frühesten Stadien sind freilich in der Regel noch nicht soweit »genormt«, daß sie als Symbole objektunabhängiger Traditionen erkennbar wären. Sie scheinen damit einer langen »Experimentierphase« zu entsprechen, deren Stadien noch genauer herauszuarbeiten wären. Daran, daß dies schon in absehbarer Zeit möglich sein könnte, zweifle ich nicht, die erkenntnishemmenden Gründe sind jedoch zu vielschichtig, um genauere Prognosen zu wagen . . .

Mit den Faustkeilen, das heißt seit einem Zeitraum, der ca. 1 Million Jahre zurückliegt, ist diese Experimentierphase endgültig abgeschlossen. Faustkeile sind bei aller Typenvariation so sehr von der »Form« her bestimmt, daß diese weder von Bedingungen der Rohstoffe oder der Herstellungstechniken noch von ihren Funktionen allein hergeleitet werden kann (G. Smolla 1967, 40 ff.). Hier ist menschliche »Tradition« im Sinne der obigen Zitate meines Erachtens deutlich zu erfassen. Für eine etwa 300 000 Jahre alte Fundstelle mit späten Faustkeilen in Ostafrika (Isimila in Tansania) kam Th. Wynn (1979), der eine größere Serie von Faustkeilen und anderen Werkzeugen nach den Methoden der »genetischen Epistemologie« Jean Piagets untersuchte, zum Ergebnis, daß die damalige »operationale Intelligenz« (dazu: Ch. K. MacKay 1978) keine signifikanten Unterschiede gegenüber heutigen Menschen zeigt. Eine entsprechende Analyse von Funden vor-faustkeilzeitlicher Artefakte aus Olduwai zeigte dagegen deutliche Unterschiede.

In der folgenden Periode, die in Afrika südlich der Sahara als »Middle Stone Age« bezeichnet wird und mit dem europäischen »Mittelpaläolithikum« nur teilweise parallelisiert werden darf, scheint es Beispiele erstaunlicher Beharrung auf einmal geprägten Lebens- und Werkzeugformen zu geben. J. J. Wymer und R. Singer (1972) konnten an der südafrikanischen Küste in mehr als 20 Meter mächtigen Schichten, denen sie insgesamt eine Dauer von ca. 50 000 Jahren zubilligen, keine nennenswerten Veränderungen – abgesehen von der offenbar ganz kurzfristigen Intrusionen einer klingenführenden Gruppe – erkennen. Ähnliches kenne ich aus Ostafrika. Selbst wenn man die Zeitangaben um 10 000 Jahre reduzierte, was in den Grenzen der Datierungsmöglichkeiten läge, erscheint dieser Zeitraum ohne erkennbare Veränderungen schon erstaunlich lang. In Europa und Südwestasien ist Vergleichbares nicht bekannt, und der Forschungsstand ist hier in der zeitlich entsprechenden Periode weitaus besser als in Afrika. Wir begegnen hier anscheinend Verhältnissen, die in jüngeren Perioden als »Rückständigkeit«, »Beharrung« oder »Beständigkeit« bezeichnet werden.

Damit sind wir erneut bei der Frage, was in unserem Wertverständnis unter »Tradition« gemeint sein soll. Traditionen werden nur solange positiv empfunden, als sie »lebendig«, das heißt veränderungsfähig, bleiben. Sie brauchen eine gewisse Dauer. Für den Archäologen sind auch in den mit dem 4. Jahrhundert v. Chr. einsetzenden Perioden der sich herausbildenden »Hochkulturen« und deren bronze- und eisenzeitliche »Randkulturen« nur solche Kulturphasen erkennbar, die wenigstens etwa 75 Jahre – das heißt ca. drei Generationen Dauer hatten.

Bei gutdokumentierter Fundüberlieferung – das heißt reicher Grabausstattung – läßt sich zwar auch innerhalb einer solchen Phase manchmal eine noch feinere Unterscheidung herausarbeiten, doch nur dann, wenn die Formen zwar weiterentwickelt wurden, aber der allgemeine Traditionszusammenhang gewahrt blieb.

Das beginnt schon im Jungpaläolithikum in Ansätzen erkennbar zu werden: Nicht nur beim künstlerischen Gestalten von den »Venusstatuetten« und sonstiger »mobiliarer« Kunst bis zu den ortsfesten Höhlen- und Felsbildern, sondern auch bei den immer vielgestaltigeren, das heißt auch technisch differenzierteren Stein- und nun auch Knochenwerkzeugen werden bei aller Innovationsfreudigkeit immer wieder Traditionslinien erkennbar, die zu verfolgen und zu verknüpfen eine der reizvollsten und erfolgversprechendsten Aufgaben kommender Forschergenerationen sein wird.

Dann wird es auch möglich werden, Traditionslinien vom Jungpaläolithikum und Mesolithikum zum Neolithikum zu verfolgen. Dies scheint zunächst paradox, weil mit dem Einsetzen neolithischer Kulturerscheinungen jener Prozeß definiert wird, der als »neolithische Revolution« (Smolla 1982) bezeichnet wird.

Mit den Worten Tradition und Revolution werden in der Regel entgegengesetzte Bedeutungsinhalte verbunden. Zweifellos gehört zu allen Revolutionsbegriffen, daß viele Traditionslinien enden, neue erscheinen – »gestiftet« werden.

Hier wären die unterschiedlichen Voraussetzungen und Bedeutungen zu erörtern, die mit Begriffen wie Evolution und Revolution verbunden sind. Wir müßten der Geschichte der verschiedenen Denkschulen (»Traditionen«) nachgehen, die von der josefinischen Aufklärung einerseits und der preußisch-kantischen Aufklärung andererseits ausgingen. Während die Linie Kant – Fichte – Schelling – Hegel – Marx und ihre vielen Verästelungen bei uns vielfach als »Grundlinie« gilt, ist die andere durch weniger bekannte Namen – aber kaum geringerer Wirkung – wie Bolzano und Franz Brentano bestimmt. Von ihr aber lassen sich engere Beziehungen zu Denkschulen knüpfen, die mit Namen wie Comte und H. Spencer verbunden sind. Es ist kein Zufall, daß Philosophen wie Wittgenstein, Popper und C. Hempel, die alle aus Wien kommen, heute international so häufig genannt werden, doch kann dies hier nicht weiter verfolgt werden.

Ohne Berücksichtigung dieser unterschiedlichen Denkansätze ist es aber auch kaum möglich, die Rolle der Tradition im Prozeß der »neolithischen Revolution« – und in wechselseitiger Erhellung in den Prozeß der »industriellen Revolution« – unserer Gegenwart und näheren Zukunft bestimmt zu definieren. Allein die Tatsache, daß »bäuerliche Lebensformen«, die doch als besonders traditionsreich gelten, erst im Verlaufe der neolithischen Revolution möglich wurden, zeigt, daß auch Revolutionen Traditionen stiften. Vielleicht sogar die dauerhaftesten.

*Literatur*


Goodwin, A. J. H.: On some problems of association and chronology in prehistory: South African Journal of Science 28, 1931, S. 51–62 (Zitat S. 55).

Lorenz, K., 1963: Das sogenannte Böse. Wien. Zitiert nach der dtv-Ausgabe 1980.

Lorenz, K., 1973: Die Rückseite des Spiegels. München. Zitiert nach der dtv-Ausgabe 1980.

MacKay, Ch. K.: Vom voroperatorischen zum konkret-operatorischen Denken. In: Die Psychologie des 20. Jahrhunderts, Band VII, Piaget und die Folgen. Zürich 1978, S. 121–154.

Moberg, T. A., 1969: Introduktion till arkeologi. Stockholm. Französische Fassung: Introduction à l'achéologie, Paris 1976.

Smolla, G.: Epochen der menschlichen Frühzeit. Freiburg – München 1967.
Smolla, G.: Die »neolithische Revolution«. In: Kindlers Enzyklopädie. Der Mensch. Band II, S. 543–568. München 1982.
Willey, G. R. und Phillips, Ph., 1958: Method and Theory in American Archaeology. Zitiert nach der Ausgabe Chicago 1963.
Wymer, J. J. und Singer, R., 1970: Middle Stone Age occupational settlement. In: Ucko, P. J., Thringham, R., Dimbleby, G. W.: Man, Settlement and Urbanism. London 1972, S. 207–210.
Wynn, Th.: The Intelligence of Later Acheulean Hominids. In: Man. NS 14, 1979, S. 173–391.

*Jürgen Zwernemann:*

# *». . . unsere Ahnen haben das so gemacht . . .« Gedanken über Traditionen*

Bei den westafrikanischen Völkern, die ich aus eigener Anschauung kenne, spielt Tradition zweifellos eine beachtliche Rolle. Mir ist aber kein entsprechendes Wort in irgendeiner Sprache bekannt, das dem Begriff »Tradition« in etwa entspricht. Tradition wird nämlich eher praktiziert als diskutiert[1]. Sicher ist es nicht leicht, Tradition von kollektiven Gewohnheiten zu unterscheiden. Tradition ist wohl in allen Lebensbereichen festzustellen, aber sie macht sich in bestimmten Bereichen besonders bemerkbar, wie z. B. in der Religion, den Rites de passage, dem Häuptlingstum, in Ornamentik und Kunst. Wenn man sich nach dem Zweck und dem Ursprung dieses oder jenes Brauches erkundigt, so bekommt man häufig die Antwort: »Nos ancêtres l'ont fait« – »Unsere Ahnen haben das (so) gemacht.« Dies ist eine Aussage, die auch wir gelegentlich anwenden könnten. In meiner Studienzeit hörte ich in Mainz eine Vorlesung bei Georg Biundo über kirchliche Volkskunde. Eines der in dieser Vorlesung gebrachten Beispiele hat mich derart beeindruckt, daß ich mich noch heute ganz gut daran erinnere: In einer protestantischen Kirche der vorderen Pfalz war es üblich, daß die Kirchenbesucher, wenn sie das Gotteshaus betraten, vor einer Wand eine Verneigung machten, und zwar Männer, Frauen und Kinder. Wenn man die Leute fragte, warum sie das täten, dann antworteten sie etwa sinngemäß: »Das hat man schon immer gemacht, das ist bei uns so üblich.« Niemand wußte also, warum das geschah. Als eines Tages die Kirche renoviert wurde, legte man Wandgemälde frei, darunter ein Marienbild. Gerade vor diesem hatte man sich verneigt. Als das Bild zum Vorschein gekommen war, war der Brauch, sich vor dieser Wand zu verneigen, schlagartig vorbei. Offensichtlich war die Übermalung frühzeitig in der Reformation erfolgt. Außerdem handelte es sich wohl um einen Ort, an dem die Reformation gemäßigt verlief. Die Leute wollten ihre Verehrung der Mutter Gottes offenbar trotz des Religionswechsels zum Ausdruck bringen. Sie verneigten sich vor dem übermalten Bild, das später in Vergessenheit geriet, obwohl die Verneigung beibehalten wurde[2]. Dieses Beispiel zeigt, daß auch bei uns Dinge vorkommen, die einfach von den Ahnen übernommen wurden. In der Ethnologie werden derartige Phänomene mit dem Fachausdruck »Survival« bezeichnet.

Das Wort »Tradition« kommt von lateinisch tradere, das überliefern, übergeben, übermitteln bedeutet. Wenn wir das Wort »Tradition« buchstäblich nehmen, dann sind eigentlich alle kulturellen Elemente Tradition, die weder Neuerungen noch Entlehnungen aus anderen Kulturen sind, deren Assimilation oder Adaption noch nicht abgeschlossen ist. Der Begriff beinhaltet gleichzeitig ein Urteil über den Wert des Elementes (vgl. Radin 1954). Wenn man so will, kann Tradition als Anhäufung und Weitergabe eines Erfahrungsschatzes angesehen werden. Es ist völlig unerheblich, ob es sich dabei um Bautraditionen handelt oder um Feldbautechniken, um nautische Erfahrungen oder rituelle Praktiken, um Kenntnisse der Heilkunde oder um religiösen Glauben. Im engeren Sinne wird der Begriff »Tradition« nur auf solche Teile der Kultur angewandt, die besonders hoch geschätzt werden, etwa auf Rituale und Zeremoniale, auf nachweisbar lang überlieferte Bräuche usw. Die Tradition dient dazu, Zusammenhalt und Identitätsbewußtsein einer Gruppe zu stärken. Sie unterstreicht Kontinuität, Stabilität, Verehrungswürdigkeit sowie die gemeinsame Weisheit, die in der Tradition einer Gruppe begründet ist. Ein Beispiel dafür sind die Initiationsgruppen, in denen die Weisheit, das Wissen, der Erfahrungsschatz des Volkes tradiert wird.

Tradition hängt von der Umwelt im weitesten Sinne ab, das heißt von der räumlichen Umwelt, aber auch von der sozialen Umwelt und von der Kultur, in der die betreffende Tradition lebt. Von der Bedeutung der sozio-kulturellen Umwelt hängt ab, welche genealogische Tiefe bei einer Gruppe erreicht wird. So reicht bei den Melanesiern die Erinnerung meistens nicht weiter zurück als bis zum Großvater. Bei Polynesiern können bis zu 60 Generationen oder mehr erreicht werden (Mühlmann 1936, 395, 397; Tischner 1958, 22 ff.). Derartig weitreichende Genealogien werden vor allem in Adelsfamilien gepflegt. Mit Ausnahme ehemaliger Königreiche wird man in Zaire wohl nur wenige Gruppen finden, die sich an Personen erinnern können, die über die 5. Generation hinausgehen. In westafrikanischen Savannenkulturen ist es ohne weiteres möglich, 10 Generationen, oft sogar 20, 30 oder mehr zu erfahren, wenn man Deszendenzreihen abfragt. Allerdings ist anzumerken, daß meistens nur wenige ältere Männer solches Wissen haben.

In der anglophonen Literatur wird »tradition« oft mit »oral tradition« gleichgesetzt. Dieser Begriff bezog sich ursprünglich wohl vorwiegend auf historische Überlieferungen. In jüngerer Zeit wird er vielfach fälschlich und unterschiedslos für alles Erzählgut angewandt. Strenggenommen sollten aber nur solche Überlieferungen in Erzählform als Traditionen betrachtet werden, deren Ursprung unklar ist und die mit besonderen Plätzen und Ereignissen verbunden sind. Ein Beispiel aus unserer eigenen Kultur für eine Tradition im eben skizzierten Sinne ist die Sage um Barbarossa, der im Kyffhäuser sitzt und von dem die Sage berichtet, daß sein Bart in langen Jahrhunderten durch einen Steintisch gewachsen sei.

Die ethnologische Fachliteratur ist, soweit ich übersehen kann, zum Thema Tradition nicht sehr ergiebig. Am wichtigsten ist wohl ein Aufsatz von Louis Marin (1946), dessen Ausführungen über Tradition ich im wesentlichen folge.

Bei einer Betrachtung des Themas erhebt sich die Frage nach dem Ursprung von Traditionen. Marin (1946, 4 ff.) meint, daß der Ursprung von Traditionen in Gewohnheiten liegt. Gewohnheiten beherrschen viele, vielleicht sogar die meisten unserer täglichen Handlungen. Dies gilt in besonderem Maße für außereuropäische Fremdkulturen. Gewohnheiten und Traditionen werden unter rein ethnischen Gesichtspunkten betrachtet und beurteilt: was der Mensch nicht aus der eigenen Kultur kennt, ist ihm fremdartig. Einige Beispiele sollen dies erläutern. Es ist bei uns üblich, sich gegenseitig einen guten Tag zu wünschen, die Hand bei der Begrüßung oder Verabschiedung zu schütteln, den Hut zu ziehen, je nach der Situation eine Verneigung zu machen, eventuell eine tiefe Verbeugung, eine Dame mit Handkuß zu begrüßen. In gewisser Weise spielt der Handkuß auch noch im kirchlichen Bereich eine Rolle, wenn der Bischofsring geküßt wird. In bestimmten afrikanischen Kulturen, z. B. im Savannengebiet Westafrikas, ist es noch heute üblich, sich zur Begrüßung hochstehender Persönlichkeiten auf den Boden zu werfen und das Haupt symbolisch oder tatsächlich mit Staub zu bedecken. Dies ist ein altes Zeichen der Unterwerfung. (Weitere Grußsitten vgl. bei Hirschberg 1965, 158 f.) Ein anderes Beispiel für Gewohnheiten, die sehr tief verwurzelt sind, ist die in vielen Kulturen übliche Schwiegerelternscheu, das heißt, die Schwiegerkinder dürfen den Schwiegereltern oder einem Schwiegerelternteil (meist anderen Geschlechts) nicht direkt ins Gesicht sehen, ihnen nicht direkt begegnen, sie nicht direkt anreden und dergleichen (vgl. hierzu z. B. Lowie 1960, 80 ff.). Auch die Absonderung und das Verschleiern der Frau in der islamischen Welt können hier erwähnt werden oder, um einen anderen Bereich zu erwähnen, das Opfer als sakrale Handlung.

Gewohnheiten sind je nach Kultur und Gesellschaft unterschiedlich. Außerdem sind sie zumeist komplex. Man muß zwischen persönlichen und kollektiven Gewohnheiten unterscheiden. Persönliche Gewohnheiten sind etwa ein täglicher Spaziergang zu einem Kiosk, um eine Zeitung zu erwerben, der Weg zur Arbeitsstätte durch einen Park, der Sonntagsspaziergang usw. Dabei handelt es sich um Gewohnheiten eines einzelnen Menschen, die aus freier Wahl entstanden sind. Auch die Vorliebe für auffällige oder unauffällige Kleidung gehört in diesen Zusammenhang. Ob jemand eine Krawatte oder eine Fliege bevorzugt oder ob Kleidungskonventionen überhaupt abgelehnt werden, das alles wird von der individuellen Persönlichkeit ausgelöst und kann sich zur persönlichen Gewohnheit entwickeln. Normalerweise wird weder die Bevorzugung auffälliger Kleidung noch der tägliche Spaziergang zum Zeitungskauf zu einer allgemeinen Tradition werden. Kollektive Gewohnheiten sind etwa Grußsitten, Höflichkeitsformen und -formeln, das Tragen bestimmter Kleidung zu bestimmtem Anlaß oder vielleicht in bestimmten Altersgruppen und durch Leute, die sich dazuzählen, auch wenn sie nicht mehr ganz dazupassen. Zweifellos gibt es Übergänge zwischen persönlicher und kollektiver Gewohnheit. So ist es denkbar, daß eine Einzelperson eine derart starke Vorbildfunktion hat, daß die eine oder andere ihrer persönlichen Gewohnheiten zu einer kollektiven Gewohnheit wird und damit am Anfang einer Tradition stehen kann.

Gewohnheiten haben verschiedene Wertigkeit. Sie bringen nicht nur Vorteile, sondern sie können auch Unbequemlichkeiten bedeuten. Kollektive Gewohnheiten sind, wenn man so will, Konventionen. Wenn sich alle daran halten, verläuft das Leben im wesentlichen ohne Konflikte. Nachteilig ist, daß z. B. die Unterdrückung eines Bevölkerungsteils durch einen anderen auch zu einer kollektiven Gewohnheit werden kann. Kollektive Gewohnheiten können, wenn sie sich bewähren, zur Tradition werden. Soweit die Überlegungen von Marin.

Diese Überlegungen haben zwei Begriffe in die Diskussion gebracht: Gewohnheit und Konvention. Diese Begriffe stimmen teilweise überein, wenn nämlich kollektive Gewohnheit gleich Konvention gesetzt wird bzw. zur Konvention wird. Ich meine aber, daß von beiden noch Sitte und Brauchtum abgesetzt werden sollten. Dies soll an dieser Stelle zwar nicht vertieft, aber doch durch ein paar Gedanken angeschnitten werden. Als Sitte möchte ich bestimmte, vielfach lokal fixierte Handlungsweisen bezeichnen, z. B. die Verhandlungen, die von Familien geführt werden, um zu einem Eheabkommen zwischen den beiden Partnerfamilien zu kommen, die zwei junge Leute miteinander verheiraten wollen. Dieses geht z. B. im westafrikanischen Savannengebiet häufig mit sehr umfänglichen Verhandlungen vor sich: mit ersten Anfragen, mit Besuchen bestimmter Leute, die die Verhandlungen vorantreiben, bis schließlich die Braut übergeben wird. Bei all diesen Besuchen werden bestimmte Geschenke ausgetauscht, deren Art und Umfang festgelegt sind. Zu einem festgelegten Zeitpunkt wird schließlich der vereinbarte Brautpreis übergeben, der einerseits gewissermaßen eine Kaution für die gute Behandlung der Frau, andererseits ein wirtschaftlicher Ausgleich für den Verlust einer Arbeitskraft ist. Mit Hilfe des Brautpreises kann die die Braut gebende Familie sich ihrerseits eine Frau aus einer anderen Gruppe beschaffen und so die fortgegebene Arbeitskraft ersetzen. Sitte schließt nach Thurnwald (1935, 278) die moralische Billigung des Verhaltens mit ein (vgl. auch Hirschberg 1965, 57).

Sitte geht vielfach in das über, was man als Brauchtum bezeichnen kann. In diesen Zusammenhang gehören etwa bestimmte Heiratsbräuche, Trauerbräuche usw. Sitte und Brauchtum sind gegeneinander und gegen Konvention oft nicht leicht abzugrenzen. Meines Erachtens bleibt die Frage, wieweit und ob sie überhaupt gegeneinander abgegrenzt werden sollten, vorerst offen. Für die hier diskutierte Tradition können wir dieses Problem außer acht lassen.

Vorhin wurde festgestellt, daß Tradition aus kollektiver Gewohnheit entsteht. Marin (1946, 21) geht noch einen Schritt weiter, indem er feststellt, daß Tradition eine kollektive Gewohnheit *ist,* also eine Gewohnheit, die von einem Kollektiv anerkannt und praktiziert wird. Über die kollektive Gewohnheit hinaus umfaßt der Begriff der Tradition jedoch ein Werturteil, durch das ihr Fortleben letztlich überhaupt erst bestätigt wird. Tradition bedeutet Herkunft aus der Vergangenheit und Wirkung in die Gegenwart und in die Zukunft. Sie ist mit einer historischen Gesellschaft verbunden, das heißt mit einer Gesellschaft, die eine gemeinsame Vergangenheit hat: das kann ein Dorf, eine Region, ein Teil eines Volkes oder ein ganzes Volk sein, aber auch eine Gruppe innerhalb eines Dorfes, z. B. ein Schützenverein oder eine Schützenkompanie. Tradition darf man nicht unter reinen Nützlichkeitserwägungen sehen und schon gar nicht ausschließlich unter rationalen Gesichtspunkten. Sie muß aus der Gesellschaft, die sie pflegt, und aus deren Geschichte gesehen und verstanden werden[3].

Wenn eine Tradition auf Widerstand stößt, dann verändert sie sich, oder sie paßt sich an. Wird der Widerstand gar zu groß, dann wird sie abgeschafft (wie etwa die Talare an den deutschen Universitäten) und gerät in Vergessenheit. Lebt eine Tradition, die aufgegeben worden war, wieder auf, so geschieht das oft nicht spontan, sondern unter äußerem Einfluß.

Traditionen können zu Vorurteilen führen. So sagen z. B. in Obervolta die Mossi, die die Masse der Bevölkerung stellen, von den Gurunsi, einer anderen Bevölkerungsgruppe, zu der mehrere verwandte ethnische Gruppen gerechnet werden müssen: »nos esclaves«, das heißt »unsere Sklaven«[4]. Wenn das heute gelegentlich gesagt wird, so ist das zwar nicht mehr ernst gemeint, aber es erinnert an eine Zeit, in der die Vorfahren der heutigen Mossi bei den Gurunsi-Völkern ihre Sklaven geholt haben, und in einer solchen Äußerung steckt sicher auch jetzt noch eine gewisse Geringschätzung der Mossi für die Angehörigen dieser Völker.

Traditionen können nationalistische Tendenzen fördern. Moderne afrikanische Staaten knüpfen gelegentlich an alte Reiche an: Der Staat Mali erinnert mit seinem Staatsnamen an das Königreich Mali, das zwischen dem 13. und der Mitte des 17. Jahrhunderts in der westafrikanischen Sahelzone eine vorherrschende Rolle hatte (vgl. Levtzion 1963). Der heutige Staat Ghana führt sich auf das historische Königreich Ghana zurück, das zwischen dem 8. Jahrhundert und 1076 eines der beiden mächtigsten Königreiche im westafrikanischen Sahel war (vgl. Levtzion 1963). Wenn das heutige Ghana an das alte Ghana anknüpft, so ist das eine glatte Fiktion, die historisch widerlegbar ist. Die Volksrepublik Benin führt sich auf das alte Königreich Benin in Nigeria zurück, von dem Teile des heutigen Benin zeitweilig Satellitenstaaten gewesen sind, die an das eigentliche Königreich Benin Steuern zahlen mußten.

Moderne Entwicklung birgt die Gefahr, daß Tradition von außen her rapide abgebaut wird. Hierzu trägt wohl auch unsere Entwicklungshilfe bei. Wir Europäer müssen uns ernstlich fragen, ob die Art und Form der von uns geleisteten Entwicklungshilfe wirklich den Bedürfnissen der damit Bedachten gerecht wird. Es reicht nicht, daß Entwicklungshilfe ausschließlich unter ökonomischen oder tagespolitischen Aspekten geleistet wird. Mir erscheint es als ein Widerspruch, wenn Politiker, Journalisten usw. einerseits betonen, daß jedes Volk seine eigene kulturelle Eigenart, seine kulturelle »Identität« behalten soll und muß, und daß wir auf der anderen Seite diesen Menschen nicht nur unsere Kenntnisse und unsere Technik vermitteln, sondern europäische Lebensweise direkt oder indirekt, bewußt oder unbewußt als für moderne Entwicklung unabdingbar suggerieren wollen. Die Ethnologen wurden und werden von Entwicklungsstrategen vielfach als lästig empfunden. Man sagt ihnen nach, sie wollten das Alte konservieren und den Fortschritt hindern, und will deshalb ihre Meinung zu Entwicklungsprojekten vielfach gar nicht erst hören. Kein ernsthafter Ethnologe bildet sich ein, daß er den Ist-Zustand erhalten kann oder gar den Zustand wiederherstellen könnte, der vor der kolonialen Besitznahme vorhanden war. Die Ethnologen wissen, daß Kulturen sich beständig wandeln, daß sie endogenen und exogenen Prozessen und Einflüssen ständig unterworfen sind. Ein verantwortungsbewußter Ethnologe strebt aber an, daß alte Überlieferungen und Bräuche bei Entwicklungsprojekten nicht einfach ignoriert werden, daß die Wahrung kultureller Eigenständigkeit nicht nur ein politisches Lippenbekenntnis bleibt, sondern praktiziert wird, daß der unvermeidliche Kulturschock gemildert wird. Schon die relativ milde Entwicklung eines Fortschritts in der Kolonialzeit führte zu Beginn dieses Jahrhunderts zu der Befürchtung, in 50 Jahren wären die afrikanischen Kulturen, die Südseekulturen usw. allesamt vergangen und es gäbe keine alten Kulturen mehr in den betreffenden Gebieten. Diese Befürchtung hat sich nicht bewahrheitet, aber die Entwicklung hat in den letzten 25 Jahren gewaltige Fortschritte gemacht. Vieles hat sich in außereuropäischen Kulturen gewandelt, vieles wird sich noch wandeln, und dennoch bin ich davon überzeugt, daß es auch in Zukunft noch heißen wird: ». . . unsere Ahnen haben das so gemacht . . .«

## *Anmerkungen*

[1] In der Diskussion zu diesem Referat stellte J. G. Muhri die Frage, ob Tradition in Afrika reflektiert wird und ob gegebenenfalls durch solche Reflexion Tradition relativiert oder gar zerstört wird. Ich meine, daß eine gewisse endogene Reflexion überall dort zu erwarten ist, wo es Bünde gibt, deren Mitglieder initiiert werden. Die Führer oder geistigen Häupter solcher Bünde wissen genau, was überliefert werden soll und muß. In manchen Bünden wachsen esoterisches und rationales Wissen um die Geheimnisse des Bundes und seiner Kulte mit dem Grad der Initiation, das heißt mit dem Vorrücken im Rahmen einer Hierarchie (vgl. hierzu z. B. Zahan 1960; Dieterlen und Cissé 1972; Krieg und Lohse 1981). Die Weitergabe von Tradition hängt in Afrika übrigens nicht ausschließlich von Bünden ab, die es dort gar nicht überall gibt, sondern auch bestimmte Berufsgruppen wie z. B. Handwerker, Musikanten und Jäger haben ihre eigenen Traditionen und geben sie weiter. – In der Gegenwart wird Reflexion über eigene Tradition aber auch von außen her ausgelöst, z. B. durch Bücher über Geschichte und Kultur des eigenen Volkes oder benachbarter Völker.

[2] Leider habe ich keine schriftlichen Aufzeichnungen über diese Vorlesung. Ich nehme aber an, daß es sich hier um die aus der ersten Hälfte des 15. Jahrhunderts stammende Friedhofskapelle von Annweiler handelt, in der 1932/33 wertvolle Malereien mit Szenen aus dem Leben Jesu und Marias aus der Mitte des 15. Jahrhunderts an drei Innenwänden freigelegt und restauriert wurden (vgl. Biundo 1937, 116 f.). In Annweiler verlief die Reformation gemäßigt. Erst um 1558 wurde Anweisung gegeben, den Kirchenschmuck (Bilder usw.) behutsam verschwinden zu lassen (a. a. O. 96).

[3] J. Kob wies in der Diskussion darauf hin, daß Tradition in sehr vielen Fällen Entlastungsfunktion hat. Tradition und Ausübung von Tradition bedeuten in manchen Bereichen geradezu eine Verschleierung der konkreten individuellen Situation.

[4] Schon 20 Jahre bevor ich einen derartigen Ausspruch erstmals hörte, wurde diese Einstellung der Mossi gegenüber den Gurunsi von Thurnwald (1935, 60) als Beispiel zitiert.

## *Literatur*


Biundo, Georg: Annweiler. Geschichte einer alten Reichsstadt. Annweiler 1937.
Dieterlen, Germaine, et Youssouf Cissé, Les fondements de la société d'initiation du Komo. Paris – La Haye 1972.
Hirschberg, Walter: Wörterbuch der Völkerkunde. Stuttgart 1965.
Krieg, Karl Heinz und Lohse, Wulf: Kunst und Religion bei den Gbato-Senufo, Elfenbeinküste. Hamburg 1981.
Lowie, Robert H.: Primitive Society. 5. Auflage. London 1960.
Marin, Louis: La naissance, la vie, la mort des traditions. In: L'Ethnographie, n. s. T. 44. Paris 1946, S. 3–52.
Mühlmann, Wilhelm E.: Rassen- und Völkerkunde. Braunschweig 1936.
Mühlmann, Wilhelm E.: Rassen, Ethnien, Kulturen. Neuwied und Berlin 1964.
Radin, Max: Tradition. In: Encyclopaedia of the Social Sciences. 11. Auflage Vol. 15. New York 1954, S. 62–67.
Sampson, R. V.: Tradition. In: A Dictionary of the Social Sciences, ed. by J. Gould/W. L. Kolb. London 1964, S. 723 f.
Thurnwald, Richard: Die menschliche Gesellschaft in ihren ethno-soziologischen Grundlagen, Band IV: Werden, Wandel und Gestaltung von Staat und Kultur im Lichte der Völkerforschung. Leipzig 1935.
Tischner, Herbert: Kulturen der Südsee. Hamburg 1958.
Tradition. In: Der große Brockhaus. 18. Auflage, 11. Band. Wiesbaden 1980, S. 442.
Zahan, Dominique: Sociétés d'initiation bambara: Le N'domo, le Korè. Paris – La Haye 1960.

# Matreier Gespräche 1983

## *»Essen und Trinken«*

*Margot Berghaus:*

# *Von der Tischgemeinschaft zur Konsumgesellschaft Gemeinschaftsbildung durch Essen und Wandlungen in der sozialen Bedeutung des Essens*

»Erst kommt das Fressen, dann kommt die Moral«, so singt Mac in Brechts »Dreigroschenoper«. Hier läßt sich gut ansetzen, wenn man sich aus soziologischer Perspektive mit dem Essen und mit den damit zusammenhängenden Fragen, besonders im Hinblick auf sozialen Wandel, befassen will und wenn man sich außerdem zu diesem Zweck eine etwas freie Interpretation des Brecht-Wortes herausnimmt: »Moral« im generellen Sinn sozialer Normierungen und Gemeinschaftsregelungen, die im gemeinsamen Essen vermittelt werden, kann sich nicht optimal entfalten, wenn die materielle Grundversorgung nicht gesichert ist.

Diese Aussage ist allerdings aus meiner Sicht ergänzungsbedürftig: Nicht nur bei Unter-, sondern speziell auch bei Überversorgung treten Einschränkungen der »moralischen« Regelung all dessen, was mit Essen zu tun hat, auf; in der Konsum- oder Überflußgesellschaft nehmen soziale Normierungen und damit die Gemeinschaftsbildung durch das Essen ab. Die Brechtsche Formel müßte eigentlich erweitert werden in: »Erst kommt das Fressen, dann kommt die Moral – dann kommt wieder das Fressen.«

Damit ist die Grundthese angedeutet, die im Lauf dieses kleinen Artikels entwickelt, veranschaulicht und zu erklären versucht wird. In dem ersten Teil geht es allerdings zunächst darum, generell die vergemeinschaftende Kraft des Essens zu skizzieren und einige mögliche Erklärungen dafür darzustellen. Dann werden Beobachtungen aus diesem Lebensbereich speziell für unsere Gesellschaft zusammengetragen und interpretiert. Die Befunde weisen in eine Richtung abnehmender sozialer Reglementierung und zunehmender Betonung individuell-physiologischer Momente beim Essen; sie stehen damit im Gegensatz zu der verbreiteten Auffassung, daß bei komplexer werdenden Gesellschaften die soziale Kontrolle von »Triebäußerungen« kontinuierlich anwächst – eine These, die etwa im Werk von Norbert Elias vertreten und hier auch diskutiert wird. In einem letzten Teil schließlich sollen die festgestellten Wandlungen in der sozialen Bedeutung des Essens erklärt werden. Den Rahmen dafür gibt die Anomie-Theorie von Durkheim ab.

## *Gemeinschaftsbildung durch Essen*

Essen betrifft immer zwei Seiten menschlicher Existenz: zum einen die natürlich-physiologische, zum anderen die soziale, normativ geregelte. Auf der erstgenannten Dimension liegt der Begriff »Fressen« aus dem zitierten Brecht-Wort; man könnte hier auch von kreatürlichen, körperlichen oder individuell-physischen Vorgängen sprechen, die »Triebe«, »Triebäußerungen« oder »die tierische Natur« des Menschen betreffend, wie Elias sagt[1]. Die andere Seite ist die der gesellschaftlichen Überformung oder »Moral«: Es ist unbestritten, daß Essen auch ein kultureller Vorgang ist, sozial geregelt, bewertet, mit vielfältigen kulturspezifischen Vorschriften und Vorlieben und Tabus belegt, Teil der Sozialisation in jeder Gesellschaft. Insofern spiegelt sich im Essen die für den Menschen allgemein geltende »Dialektik zwischen Natur und Gesellschaft«, »die dauernde Koexistenz unserer Animalität und Sozialität«[2].

Daß physiologische Abläufe sozial geregelt werden, ist keine Besonderheit von Essen und Trinken. Auch für andere körperliche Vorgänge und Notwendigkeiten wie etwa Sexualität und Reinlichkeitspflege trifft dies zu. Außergewöhnlich ist hier, welches Gewicht die soziale

Überformung bekommt. Anscheinend stellen Essen und Trinken universell ein Potential zur Bildung, zum Zusammenhalt und zur Charakterisierung sozialer Gemeinschaften dar. Essen und Trinken wirken gemeinschaftsbildend. Damit wird der eigentlich unsoziale Vorgang, daß man sich seinen höchst eigenen Magen füllt, zu einem Definitions- und Bindungsmerkmal von Sozialleben.

Beispiele für die gemeinschaftsbildende Kraft von Essen und Trinken gibt es zahlreich. So kommt dies etwa in der zentralen Bedeutung, die das religiöse Mahl, Abendmahl, Opfermahl in vielen Religionen, nicht nur im Christentum, hat, zum Ausdruck[3]. Kultische Speisegebote und -verbote sind häufig wesentliche Bestandteile religiöser Gemeinschaften, von totemistischen Gesellschaften bis zu Buddhismus, Islam und Christentum. In unserem Kulturkreis wird der häusliche Herd, das heißt der Ort, wo die Mahlzeiten zubereitet werden, als Synonym für Heim, Geborgenheit, enge Gemeinschaft verstanden.

Die Sitzordnung beim Essen hat in der Regel ebenfalls über die konkrete Situation des Speisens hinaus allgemeine soziale Aussagekraft; die Tischordnung ist traditionell mehr als die zufällige Verteilung der Esser am Tisch: sie symbolisiert die soziale Stellung der Personen zueinander und spiegelt gesamtgesellschaftliche Rangordnungen wider. Besonders deutlich wird das bei programmatischen Bezeichnungen wie z. B. den »Rittern von der Tafelrunde«: Indem die Tischordnung benannt wird, wird das gesamte Wertsystem dieser Gemeinschaft gefaßt. In patriarchalischen, patrimonialen und charismatisch geführten Gemeinschaften leitet sich nach Max Weber das materielle Versorgungssystem bis hin zu Pfründen, Lehen und Recht auf eine Beamtenstelle ursprünglich aus der Zugehörigkeit zur Tischgemeinschaft und zum Haushalt des Herrschers ab[4]. Also auch da wird die gemeinsame Mahlzeit über ihren physisch-materiellen Aspekt hinaus zum Ausdruck sozialer Zusammengehörigkeit zwischen dem Herrn und seiner Gefolgschaft oder Jüngerschaft und zwischen diesen Gefolgsleuten untereinander. Im modernen Parteiwesen bedient man sich gelegentlich desselben Symbolbereichs, wenn sich Parteimitglieder als Genossen bezeichnen: Genossen sind eigentlich diejenigen, die miteinander gemeinsam etwas besitzen und genießen, ursprünglich ganz wörtlich dasselbe Brot, dieselbe Speise – gotisch gahlaiba, Genosse, ist von hlaifs, Brot, abgeleitet[5] –, dann im übertragenen Sinn ideelle Güter und Werte.

Und im Verständnis vieler Kulturen wird derjenige, der nicht zur Gemeinschaft gehört, durch gemeinsames Speisen in sie aufgenommen. Auf dem Weg über gastliche Bewirtung wird der Fremde zum Freund und Bruder. Dieselbe Vorstellung einer so zustandekommenden Vergemeinschaftung und Verbrüderung liegt wohl auch unserem Ritus des Brüderschaftstrinkens zugrunde.

Weitere Zeugnisse ließen sich aus vielen Quellen anführen, von völkerkundlichen Schilderungen über Gemeinschaftsfestessen bei Naturvölkern bis zu Platons Gastmahl, vom Bibelbericht über das Festmahl bei der Heimkehr des verlorenen Sohnes bis zu Pressemeldungen über Verhandlungserfolge bei politischen oder geschäftlichen Essen. Es sollen zum Schluß dieser Liste von Beispielen nur noch einige indirekte genannt werden. Die Gemeinschaftsbildung durch Essen ist nämlich auch im Negativen durch Aussperrung von Personen, mit denen nicht gemeinsam gegessen oder getrunken wird, erkennbar. In der Regel bedeutet das Verbot oder die Verweigerung gemeinsamen Essens und Trinkens: Verbot oder Verweigerung von Gemeinschaft mit diesen Menschen.

Wenn etwa in einem amerikanischen Film John Wayne als Westernheld an der Saloontheke auf einen anderen Westernhelden trifft und dieser ihn zu einem Glas Whiskey einlädt, Wayne diese Einladung aber ablehnt, dann weiß jeder Zuschauer auch ohne nähere Kenntnis der spezifischen Westernkultur unmittelbar, was das heißt: Der gute Held hat mit seinem Gegenspieler nichts gemein und will mit ihm nichts gemein haben und kann deswegen mit ihm nicht trinken.

Eine allgemeine Verweigerung der Gemeinschaft über die schlichte Situation der Mahlzeit hinaus liegt auch in mittelalterlichen gesetzlichen Verboten, die Tafel mit einem Mörder zu teilen oder als Christ mit einem Juden zu Tisch zu gehen[6]. Bei den indischen Kasten gibt es entsprechende Regelungen: Wenn es untersagt ist, sich mit Angehörigen bestimmter anderer Kasten einzulassen, so ist das auch immer in einem Verbot gemeinsamen Essens ausgedrückt. Teilweise ist es sogar nicht erlaubt, das Trinkwasser aus einem gemeinsamen Brunnen zu beziehen oder sich beim Essen von »unreinen« Außenstehenden zusehen zu lassen[7].

Bei Naturvölkern sind solche Vorschriften, die einen Zusammenhang zwischen Essen und Gemeinschaft herstellen, ebenfalls ganz geläufig. So schildert etwa Freud in »Totem und Tabu« vielfältige Verbote, das Essen zwischen Söhnen einerseits und Mutter und Schwestern andererseits betreffend. Parallel zum Inzestverbot zwischen den weiblichen und männlichen Mitgliedern einer Totemverwandtschaft existieren Verbote des gemeinsamen Essens miteinander. Das heißt, auch von diesen Völkern wird sehr stark die einigende Kraft des Essens empfunden, und da eine sexuelle Bindung zwischen diesen Personen als inzestuös angesehen und untersagt ist, ist auch das gemeinsame Essen untersagt[8].

Und letztlich liegt dieses Verständnis auch einer bei uns praktizierten Strafe für unartige Kinder zugrunde: Wenn Kinder allein auf ihrem Zimmer oder allein am Katzentisch essen müssen, soll das bedeuten: Du bist vorübergehend aus unserer Gemeinschaft ausgeschlossen, weil du ihre Regeln nicht beachtet hast. Die Strafe ist also nicht: Entzug der physischen Nahrung, sondern: Entzug der sozialen Geborgenheit in der Gruppe, symbolisiert durch Ausschluß von der Tischgemeinschaft. Vor 20 Jahren war es in bürgerlichen Haushalten noch üblich, daß die Hausmädchen zwar dasselbe Essen bekamen wie ihre Arbeitgeber, sie dies aber gesondert in der Küche einzunehmen hatten; und teilweise wird heute beim Militär für Mannschaft und Offiziere in verschiedenen Eßsälen serviert, auch wenn die eigentliche Speise nicht verschieden ist. Hier ist immer die Bedeutung des Zusammen-Essens als Ausdruck der Gemeinschaft und des Nicht-zusammen-Essens als Ausschluß aus der Gemeinschaft deutlich – besonders deswegen, weil die stofflich-physische Seite der Nahrung jeweils unverändert bleibt.

Es ist also unstrittig und ließe sich leicht durch viele weitere Beispiele illustrieren, daß Essen und Trinken vergemeinschaftend wirken. Was aber nicht so deutlich auf der Hand liegt, ist die Erklärung, woher dieses Vergemeinschaftungspotential rührt. Immerhin ist es doch verwunderlich, daß gerade Verrichtungen, die im Kern physiologisch-individuell und damit »asozial« sind, nicht nur sozial geregelt werden, sondern eine so positive soziale Funktion bekommen.

Im folgenden habe ich fünf mögliche Erklärungen skizziert. Sie sind weder als unbedingte Alternativen, die sich gegenseitig ausschließen, noch als eine vollständige Palette aller denkbaren Argumente zu verstehen. Es soll lediglich der Rahmen angedeutet werden, in dem nach den Gründen für dieses Phänomen gesucht werden kann.

Viele Autoren, die sich mit dieser Frage befassen, setzen bei der konkret eingenommenen Speise an: Mehrere Menschen essen von ein und derselben Nahrung und bekommen dadurch das Bewußtsein physischer und auch sozialer Verbundenheit. Diese Position wird von Freud vertreten. Nach Freud ist das Bindende nicht primär in religiösen oder symbolischen Momenten, sondern in dem spezifischen Akt des Essens selbst begründet. Das gemeinsame Essen kreiert und erhält die physische Gemeinschaft der Gruppe: Verwandtschaft ist Blutsverwandtschaft durch Geburt, aber auch Fleischesverwandtschaft durch geteilte Nahrung:

»Die hebräische Phrase, mit welcher die Stammesverwandtschaft anerkannt wird, lautet: Du bist mein Bein und mein Fleisch. *Kinship* bedeutet also einen Anteil haben an einer gemeinsamen Substanz. Es ist dann natürlich, daß sie nicht nur auf die Tatsache gegründet wird, daß man ein Teil von der Substanz der Mutter ist, von der man geboren und mit deren Milch man genährt wurde, sondern daß auch die Nahrung, die man späterhin genießt und durch die man seinen Körper erneuert, *Kinship* erwerben und bestärken kann[9].«

Auch in soziologischen Behandlungen des Themas ist diese These wiederzufinden, so etwa bei Hans Peter Thurn, der die Mahlzeit als eine Grundsituation des Alltagslebens untersucht:

»Wie im Gespräch die Freunde durch die luftige Verschränkung ihrer Worte hindurch einander einatmen, mithin sich seelisch vereinigen, so vollzieht sich, energetisch betrachtet, ihre physische Verähnlichung, indem sie die gleiche Kost zu sich nehmen[10].«

Eine zweite mögliche Erklärung der durch das Essen herstellbaren Gemeinschaftsbindung setzt beim Modell der Mutter-Kind-Figuration an. Die Mutter füttert das Kind und befriedigt all seine Bedürfnisse. Bezeichnenderweise verläuft gerade in den frühen Lebenswochen und -monaten der Kontakt zwischen Mutter und Kind über den Mund des Säuglings (»orale Phase«), und es ist gerade diese Phase, in der »Urvertrauen« gelernt wird. Das ist nach Erikson die Grundlage des Identitätsgefühls und der späteren Gewißheit, als vertrauenswürdiger Mensch unter Menschen, die ebenfalls Vertrauen rechtfertigen, zu leben, also die Persönlichkeitsqualität zu erwerben, die zur Gemeinschaft befähigt[11]. Am Modell der Beziehung zur Mutter, in dieser Lebensperiode primär die Ernährerin, lernt der kleine Mensch das Modell menschlicher Gemeinschaft überhaupt.

Auch bei vielen Tieren entwickeln sich aus Verhaltensweisen, die an Füttern und Brutpflege angelehnt sind, allgemein gruppenbindende Rituale[12].

In der Soziologie vertritt Tönnies implizit eine ähnliche Auffassung: Eine der drei Grundarten menschlicher Gemeinschaften ist die des Blutes, was bedeutet: »gemeinsamer Besitz und Genuß der guten Dinge, insonderheit Ernährung aus demselben Vorrate, Zusammensitzen an demselben Tische«[13]. Und diese Gemeinschaftsform ist nach Tönnies am deutlichsten in dem »Urverhältnis« zwischen Mutter und Kind ausgedrückt:

»In jedem Zusammenleben findet oder entwickelt sich, allgemeinen Bedingungen gemäß, irgendwelche Verschiedenheit oder Teilung des Genusses und der Arbeit und ergibt eine Reziprozität derselben. Sie ist in dem ersten jener drei Urverhältnisse (Mutter-Kind) am meisten unmittelbar gegeben; und hier überwiegt die Seite des Genusses die der Leistung. Das Kind genießt des Schutzes, der Nahrung und Unterweisung; die Mutter der Freude am Besitze, später des Gehorsams, endlich auch verständig-tätiger Hilfe[14].«

Diese Ansätze der Psychologie, der Verhaltensforschung und der Soziologie beim Mutter-Kind-Modell lassen sich speziell auf die gemeinschaftsbildende Potenz des Essens so weiterführen: Die gemeinsame Mahlzeit ruft Anklänge an die befriedigenden Gefühle der ursprünglichen Mutter-Kind-Beziehung wach, und die damit verbundenen positiven Empfindungen werden auch im Erwachsenenalter und jenseits der Mutter-Kind-Dyade auf die Eßgenossen übertragen.

Aus Überlegungen, die von der konkreten Situation der nah beieinander um die Speise Versammelten ausgehen, wäre ein dritter Erklärungstyp abzuleiten. Denn möglicherweise spielt beim Essen auch die körperliche Nähe eine Rolle. An der gemeinsamen Tafel ist man in der Regel enger beieinander, als es dem sonstigen Distanzverhalten entspricht. Sicherheitsdistanz ist nicht nur für Tiere von Bedeutung; auch unter Menschen gibt es Reviergrenzen und den richtigen Abstand für das Wohlbefinden und das Gefühl von Nähe ohne Bedrängnis[15].

Die Übertretung der Distanzgrenze ist konfliktträchtig und deswegen unter Umständen besonders ausgeprägt regelbedürftig – das ist möglicherweise mit ein Grund für die Differenziertheit von Tischsitten.

Leopold von Wiese sieht den Abstand als eine der vier Hauptkategorien allgemeiner soziologischer Betrachtung an:

»Der *Abstand* (die Distanz) ist neben dem sozialen Prozesse, mit dem er innerlich zusammenhängt, der eigentliche Grundbegriff aller Soziologie. Die Tatsachen des Menschenlebens auf den Grad des Abstandes zwischen Menschen ansehen, heißt: sie soziologisch betrachten[16].«

Wenn auch soziale Nähe oder Ferne nicht mit räumlicher Nähe oder Ferne identisch ist, so stehen in der Regel doch beide in enger Beziehung zueinander:

»Zwischenmenschliche und physische Distanzen sind nicht dasselbe. . . . Sehr häufig freilich drückt sich die Verschiebung des sozialen Abstands in physischer Annäherung oder Entfernung aus[17].«

Da das gemeinsame Mahl physische Nähe der Menschen zueinander erfordert, muß das Vertrauen vorhanden sein, daß diese Nähe nicht dazu mißbraucht wird, dem anderen körperlich-aggressiv zu begegnen oder ideell »zu nahe zu treten«. Vielleicht muß sich auf dieser Basis notwendig ein allgemeines Vertrauensverhältnis und der Eindruck auch innerer Nähe einstellen, so daß sich aus dem gemeinsamen Essen fast zwangsläufig die Vergemeinschaftung durch Essen herausbilden muß. Das ließe sich auf die Formel bringen: »Innere Nähe durch äußere Nähe.«

Viertens sei noch der soziologische Erklärungsansatz von Simmel skizziert. Simmel nimmt auch auf die oben als erste wiedergegebene These der sozialen Vergemeinschaftung in Form von Fleischesverwandtschaft durch geteilte Speise Bezug, stellt sie aber nicht in den Mittelpunkt seiner Argumentation. Die sozialisierende Kraft des gemeinsamen Essens und Trinkens hängt nach ihm zwar auch damit zusammen, daß dies »die primitive Vorstellung erzeugt, man stelle hiermit gemeinsames Fleisch und Blut her«[18]. Das eigentlich entscheidende für ihn ist aber, daß sich Menschen am sichersten auf einem Niveau begegnen, das *allen* gemeinsam ist – für keinen Menschen schon zu weit entwickelt und zu spezialisiert –, und das ist die schlichte physiologische Notwendigkeit des Essens und Trinkens. Dadurch daß alle Menschen essen und trinken müssen, kann auf dieser gemeinsamen Basis, die keiner zu verlassen imstande ist, menschliches Zusammenleben aufgebaut und gültig geregelt werden:

»Indem aber dieses primitiv Physiologische ein absolut allgemein Menschliches ist, wird es gerade zum Inhalt gemeinsamer Aktionen, das soziologische Gebilde der Mahlzeit entsteht, das gerade an die exklusive Selbstsucht des Essens eine Häufigkeit des Zusammenseins, eine Gewöhnung an das Vereinigtsein knüpft, wie sie durch höher gelegene und geistige Veranlassungen nur selten erreichbar ist[19].«

Daß alle Menschen der primitiven Sättigungsnotwendigkeit unterliegen, ist die Bedingung dafür, daß hier überindividuelle soziale Regelungen ansetzen können und die Mahlzeit über den Zweck individueller Sättigung hinaus stilisiert und sozialisiert wird:

»Ihre Niedrigkeit ist gerade als solche der Grund, daß das Höhere entsteht[20].«

Als fünftes und letztes sei schließlich noch ein weiterer Erklärungstyp unterschieden, der dem von Simmel nahesteht, ihn aber funktionalistisch weiterinterpretiert. Vertreter sind etwa Kob (in seinem Beitrag in diesem Band) und Messelken.

Sowohl Simmel als auch die funktionalistische Fortführung argumentieren an zentraler Stelle mit der zu Anfang dieses Artikels ebenfalls betonten Doppelseitigkeit der menschlichen

Nahrungsaufnahme: einmal der organisch-physiologischen (das ist der Aspekt des »Fressens« nach Brecht), zum anderen der sozialen Überformung (»Moral«). Bei Simmel wurde die physiologische Seite kraft ihres Merkmals »allgemeingültig für alle Menschen« zur Bedingung der sozialen Normierung und damit der Vergemeinschaftung. In diesem weitergeführten Erklärungsansatz wird nun der physiologischen Seite auf Grund ihres Merkmals »individuell und damit asozial« sogar eine besondere Bedürftigkeit oder Notwendigkeit für soziale Aufsicht und Normierung zugeschrieben.

Danach sind Gesellschaften immer bestrebt und darauf angewiesen, besonders solche Vorgänge intensiv zu kontrollieren und zu reglementieren, die zunächst natürlich (physiologisch, körperlich, individuell) sind, um zu verhindern, daß das Individuum an diesen Punkten – die eine einfache Möglichkeit dazu bieten – aus dem Gemeinschaftsverband ausschert. Das Essen steht da nicht allein; auch andere, im Kern ebenfalls natürliche Vorgänge – wie etwa Sexualbeziehungen, Krankheit, Tod – unterliegen dieser betonten sozialen Aufsicht und Einbindung in soziale Normen. Diese Position wird von Kob vertreten.

Messelken geht noch einen Schritt weiter. Nach ihm ist die Nahrungsaufnahme wegen der Gefahr, nicht angemessen zu teilen, »ein sozial problematischer Vorgang«:

»Mangelnde Teilungsbereitschaft würde hier den Generationenvertrag gefährden, der freilich nicht in Paragraphen aufgesetzt, sondern tief in unserer Psychodynamik eingeschrieben ist und in der Regulation physiologischer Prozesse sein Fundament hat. Seine Verletzung brächte dem schwachen Vertragspartner Tod und bedeutete für den starken seelische Selbstverstümmelung und in der Folge wohl auch leibliche[21].«

Deswegen ist soziale Normierung hier besonders nötig, und dies wiederum stellt die Basis für das besonders ausgeprägte Vergemeinschaftungspotential von Essen dar.

*Wandlungen in der sozialen Bedeutung des Essens*

Gemeinsame Mahlzeiten (gemeinsames Essen und teilweise auch Trinken) wirken also gemeinschaftsbildend über die konkrete, befristete Eßsituation hinaus. Und für dieses Phänomen, das zunächst nicht selbstverständlich ist, gibt es eine Reihe guter Erklärungen unter Einbeziehung aller möglichen Ansatzpunkte aus der Psychologie, der Verhaltensforschung und der Soziologie. Zentral bleibt dabei immer die Grundaussage, daß stets zwei Existenzweisen des Menschen beteiligt sind, die natürlich-physiologische und die soziale.

In der Realität sind die physischen und sozialen Vorgänge untrennbar verbunden. Es ist kaum vorstellbar, daß ein Mensch ißt und nur die körperlich-physiologische Seite, ohne jedes Beiwerk sozialer Gebräuche und Normierungen (und damit Vergemeinschaftungspotential) betroffen ist – ausgenommen vielleicht Säuglinge in den ersten Lebenswochen und Kaspar-Hauser-Existenzen. Und bei aller Flexibilität der menschlichen Natur werden der sozialen Ausgestaltungsmöglichkeit des Essens durch die biologischen Grundtatsachen ebenfalls Grenzen gesetzt. So können z. B. religiöse Fastengebote nicht über die äußerste Grenze des physischen Existenzminimums hinausgehen; und Regelungen, was in einer Gesellschaft als genießbar gilt, müssen die organische Zuträglichkeit berücksichtigen. Ein Beispiel dafür, wieweit die soziale Seite sich vorzuschieben wagt, stellt etwa das berühmte japanische Gericht aus rohen Fischen dar, die normalerweise für den Menschen tödlich giftig sind, die aber, von wenige Expertenköchen zubereitet, als Delikatesse gelten.

Wenn auch undenkbar ist, daß bei der menschlichen Nahrungsaufnahme nur eine Seite betroffen ist, so ist aber sehr wohl denkbar – und darauf weisen die eben zitierten Beispiele hin –, daß die relative Bedeutung jeder Seite größer oder kleiner sein kann. In verschiedenen

Gesellschaften und gesellschaftlichen Entwicklungsstufen kann das Verhältnis zwischen den nichtsozialen und den sozialen Anteilen beim Essen durchaus variieren. Verschiedene Zeiten und Gesellschaften können in unterschiedlichem Ausmaß mehr die physiologisch-natürlichen Aspekte des Essens oder mehr die sozialen Normierungen in den Vordergrund stellen, und solche Gewichtungen können sich im historischen Ablauf verschieben und in einem systematischen Zusammenhang mit anderen sozialen Wandlungen stehen.

Verbreitet ist die Auffassung, daß mit fortschreitender Zivilisation, das heißt wachsender Sicherung der Nahrungsmittelversorgung, vorwiegend die soziale Bedeutung des Essens wächst, während die physiologischen, natürlichen, nichtsozialen Anteile zurückgedrängt werden.

Diese Ansicht wird z. B. im Ernährungsbericht 1976 der Deutschen Bundesregierung geäußert, wo es heißt:

»Man kann die These aufstellen, daß der sozialkommunikative Charakter der Nahrung um so mehr hervortritt, je mehr das einfache physiologisch-biologische Sättigungsbedürfnis befriedigt wird[22].«

Ein führender Vertreter dieser Auffassung ist Norbert Elias, der im »Prozeß der Zivilisation« des Abendlandes eine Verschiebung von den physisch-kreatürlichen zu den sozialen Aspekten feststellt. Elias will zeigen und durch Beispiele und ihre Interpretation nachweisen, »wie die Menschen im Laufe der Zivilisationsbewegung alles das zurückzudrängen suchen, was sie an sich selbst als ›tierische Charaktere‹ empfinden. Ganz ähnlich drängen sie es auch an ihren Speisen zurück[23].«

Nach Elias liegen im sozialen Wandel des Abendlandes Prozesse in *einer* Richtung vor, nämlich in »Richtung einer zunehmenden Straffung und Differenzierung der Kontrollen«, und das bedeutet: »Dämpfung der Triebe«, »Vorrücken der Peinlichkeitsschwelle«, Steigerung der »Sensibilität« und »Empfindlichkeit«, der »Angst, Scham und Peinlichkeit« gegenüber allem, was die kreatürlich-physische Existenz betrifft[24]. Diese Tendenzen schlagen sich auch beim Essen nieder, und zwar in Form von Verfeinerung der Tischsitten, Zunahme der Vorschriften, was wie gegessen werden darf und nicht darf, mit welchem Gerät, mit welchen Gesten, mit welcher »Delikatesse[25]« – kurz: es läuft darauf hinaus, daß sich die sozialen Reglementierungen immer weiter ausdifferenzieren, also die sozialen Anteile immer mehr an Gewicht gewinnen, die physisch-natürlichen zurücktreten. Nach Elias ist dieser Prozeß einhellig und durchgängig bis heute und hat immer die gleiche Richtung.

Er spricht zwar von der »Kurve der ›Zivilisation‹ des Essens[26]«, aber damit meint er nicht, daß die Richtung sich ändert, sondern daß der Ablauf in Schüben erfolgt:

»Aber die Gestalt der ganzen Kurve ist dennoch überall im großen und ganzen die gleiche: erst die mittelalterliche Phase, mit einem gewissen Höhepunkt in der ritterlich-höfischen Blütezeit, markiert durch das Essen mit den Händen. Dann eine Phase relativ rascher Bewegung und Veränderung, etwa das 16., 17. und 18. Jahrhundert umfassend, in der die Zwänge zur Durchformung des Verhaltens beim Essen dauernd in einer Richtung vorangetrieben werden, einem neuen Standard der Umgangsformen, der Eßgebote und -verbote entgegen.

Von da ab wieder eine Phase, die sich im Rahmen des einmal erreichten Standards hält, allenfalls nur mit einer ganz langsamen Bewegung in einer bestimmten Richtung[27].«

Dies wurde 1936 geschrieben, aber in der Einleitung zur Neuauflage von 1969 nicht in Frage gestellt, so daß man davon ausgehen kann, daß Elias diese Aussage auch für die heutige Zeit aufrecht erhält. Er stellt zwar selbst auf einigen Gebieten menschlichen Zusammenlebens eine

Lockerung der strengen Vorschriften fest, aber für ihn sind dies keine wirklichen Richtungsänderungen. Im Gegenteil sieht er eher noch eine Verstärkung der Triebkontrolle auf uns zukommen:

»Die Bewegung scheint so, von nahem betrachtet, eher in der umgekehrten Richtung weiterzugehen, als es hier gezeigt wurde; sie scheint zu einem Nachlassen der Zwänge zu führen, die dem einzelnen durch das gesellschaftliche Leben auferlegt wurden.

Aber wenn man genauer zusieht, erkennt man unschwer, daß es sich nur um ein ganz leichtes Zurückfluten . . . handelt. . . .

Zugleich aber zeigen sich, ebenfalls in unserer eigenen Zeit, die Vorboten eines Schubes zur Züchtung neuer und strafferer Triebbindungen[28].«

Ich kann der These einer wachsenden sozialen Reglementierung und damit abnehmender individuell-physiologischer Momente beim Essen in unserer Gesellschaft nicht zustimmen. Sie gilt vielleicht bis zu den fünfziger Jahren, seither aber nicht mehr. Für die heutige Zeit möchte ich die Gegenthese vertreten: der soziale Anteil am Essen verliert an Bedeutung, die Relation zwischen physiologisch-kreatürlichen einerseits und sozialen Anteilen andererseits verschiebt sich deutlich erkennbar zugunsten der physiologisch-kreatürlichen. Und daraus folgt, daß auch die Vergemeinschaftung durch Essen (und Trinken) in unserer Gesellschaft relativ abnimmt.

Die Plausibilität dieser These läßt sich an sehr viel empirischem Material veranschaulichen, das von den Ernährungsberichten der Bundesregierung über Ergebnisse aus allgemeineren Befragungen und Untersuchungen bis hin zu Alltagsbeobachtungen reicht. Vorweg sei gesagt, daß die konkreten Daten fast einhellig für meine These sprechen, sich dies aber kaum in vorliegenden Interpretationen niederschlägt. Dadurch kommt es zu merkwürdigen Widersprüchen. So wird z. B. im Ernährungsbericht 1976 theoretisch der sozialkommunikative Charakter der Nahrung für um so stärker eingeschätzt, je mehr die physiologische Sättigung erreicht ist (das entspräche also der Elias-These; siehe Zitat auf Seite 249); andererseits wird aber aus den erhobenen Daten für unsere Zeit und Gesellschaft – in der doch physiologische Sättigung recht leicht erreichbar ist – ein Trend »zur mehr anonymen, sozial egalisierenden, rituell-unverbindlichen und außerhäuslichen Kollektivverpflegung« abgelesen[29] – und diese empirischen Tatsachen stützen meine These.

Die Tendenz zur abnehmenden sozialen Verbindlichkeit beim Essen und zur Zunahme individuell-physiologischer Momente soll im folgenden 1. mit Beispielen aus dem realen Eß-(und Trink-)Verhalten und 2. mit solchen, die die Bewertung oder das Bewußtsein dazu betreffen, belegt werden.

*1. Zu den realen Eß-(und Trink-)Gewohnheiten*

Die generelle These lautet: Soziale Verbindlichkeiten und kulturelle Besonderheiten beim alltäglichen Essen nehmen ab, individuelles Verhalten nimmt zu.

Dies kann in folgenden Unterthesen ausgedrückt werden:

– Festgeregelte Mahlzeiten nehmen ab, ungeregelte und unregelmäßig eingenommene Mahlzeiten – je nach *individuellem* Hunger und *individuellen* Bedingungen – nehmen zu.

– Die deutliche Trennung zwischen Personen, die zusammen eine Tischgemeinschaft bilden, und anderen, nicht zu dieser Gemeinschaft Gehörigen nimmt ab: Es wird häufiger mit wechselnder Begleitung gegessen; und es wird auch häufiger allein gegessen.

– Die deutliche Trennung zwischen Tischzeit und Zeit, in der nicht gegessen wird, nimmt ab.

– Kultur- und gruppenspezifische Geschmacksrichtungen, Vorschriften und Tabus nehmen ab.

Beispiele für diese Behauptungen sind etwa: Nach Ergebnissen des Ernährungsberichtes 1976 nimmt rund die Hälfte der Bevölkerung während der Woche keine oder nur eine Mahlzeit zusammen in der Familie ein: »Die jahrtausendealte Tischgemeinschaft ist wochentags nur noch eine partielle Realität[30].« Statt dessen wird in Kantinen, Restaurants, am Imbißstand oder aus der Tüte gegessen. Der Bericht kommt zu dem Urteil:

»Die Familie ist heutzutage weder räumlich noch zeitlich Mittelpunkt der täglichen Nahrungsaufnahme. Nur bei jedem fünfzehnten Haushalt werden alle Mahlzeiten gemeinsam eingenommen; für ein Drittel der Familien ist das Abendbrot noch Treffpunkt. Damit hat die Mahlzeit als Integrations-, Kommunikations- und Erziehungszentrum weitgehend ihre Funktion verloren. Ursachen dafür sind überwiegend die unterschiedlichen Arbeits- und Schulzeiten[31].«

Dies betrifft die Gesamtbevölkerung der Bundesrepublik Deutschland. Ergebnisse aus einer spezielleren Untersuchung bei Schülern in Hamburg zeigen ebenfalls die Abnahme sozialer Regelung und Beaufsichtigung in diesem Bereich: Die Hamburger Gesundheitsbehörde in Zusammenarbeit mit der Behörde für Schule und Berufsbildung hat jüngst 700 Zehn- und Elfjährige über ihre Eßgewohnheiten befragt und mußte feststellen, »daß 13 Prozent dieser Schüler nicht vor der Schule frühstücken und weitere 21 Prozent nur unregelmäßig ein Frühstück vor dem Gang zur Schule einnehmen. 7 Prozent bekommen den ganzen Tag über keine warme Mahlzeit[32].«

Eine Pausen-»Mahlzeit« im eigentlichen Sinn ist ebenfalls oft nicht gesichert, denn laut Ernährungsbericht geben rund 17 Prozent der Eltern in der Bundesrepublik den Kindern statt eines Schulbrotes Geld mit, das häufig in Süßigkeiten, zuckerhaltige Getränke und Eis umgesetzt wird[33].

Wenn nun die gemeinsam in der Familie oder in einer entsprechenden festen Tischgemeinschaft eingenommenen Mahlzeiten an Zahl und Dauer abnehmen, muß – da ja nicht weniger, sondern eher mehr gegessen wird – die Ernährung nach individuellen, sozial unverbindlichen Bedürfnissen und Notwendigkeiten relativ zunehmen.

Das ist z. B. an der Zunahme der Nahrungsmengen, die im Laufe eines Tages außerhalb von Mahlzeiten eingenommen werden, erkennbar. Man kann beobachten, daß mehr oder weniger den ganzen Tag über gegessen und getrunken wird: zwischendurch Obst, ein Joghurt oder ein Stück Schokolade, eine Tasse Kaffee oder ein Eis, ein Stück Gebäck oder ein Würstchen am Imbiß oder ein »Hamburger« bei McDonald's und abends eine Knabberei beim Fernsehen.

Auch der Ernährungsbericht weist das aus. (In ihm wird von »Zwischenmahlzeiten« gesprochen, aber dieser Begriff ist irreführend, weil er an Regelmäßigkeit denken läßt, wo es sich in Wahrheit um essen und trinken nach spontaner, individueller Lust und Gelegenheit handelt.) Die meisten Menschen registrieren ihren Dauerkonsum allerdings nicht: »Offenbar wird viel mehr zwischendurch verzehrt, als man sich erinnern kann[34].«

Bei unseren Urgroßeltern und erst recht in weiter zurückliegenden Zeiten wurde das tägliche Leben durch den Rhythmus der Mahlzeiten strukturiert. Es gab feste Essensstunden, wie es feste Predigtzeiten gab, und zur Ankündigung diente oft gleichermaßen die Kirchenglocke:

»Die Grundgliederung der Wachzeit wurde um 1750 durch die christliche Interpretation des Lebens sowie durch die Notwendigkeit der Essensaufnahme bestimmt. Die christliche Interpretation des Lebens fand ihren zeitlichen Ausdruck in den ›Zeiten christlicher Freyheit‹, das heißt in Predigt- und Arbeitszeiten. . . . Der Notwendigkeit der Essensaufnahme wurde durch die täglichen Mahlzeiten genügt. Christliche Interpretation und Mahlzeit verbanden sich im Tischgebet[35].«

Dieses Leben ist heute vorbei, nicht nur hinsichtlich des regelmäßigen täglichen Kirchenbesuchs, sondern auch weitgehend in bezug auf ein festes Mahlzeitengerüst. Nicht mehr die Mahlzeiten diktieren den Arbeitsrhythmus, sondern unterschiedliche Arbeits-, Schul- und Freizeiten und ein ständiges Angebot an verfügbaren Eßwaren lösen den Mahlzeitenrhythmus und die Mahlzeitengemeinschaft auf.

Ein weiterer Gesichtspunkt, der auf einen relativen Rückgang sozialer Kontrolle in diesem Lebensbereich hinweist, ist das allmähliche Zerfließen von Gruppen- und Kulturgrenzen. Ehemals feste Regelungen wie freitags Fisch und samstags Eintopf verlieren ihre Geltung. Innerhalb unserer Gesellschaft gleichen sich die Eßgewohnheiten verschiedener Gruppen an. Laut Ernährungsbericht »hat die Mahlzeit . . . ihre ursprünglich sozialschichtdifferenzierende Kraft stark eingebüßt«; nur noch Relikte sind erkennbar[36].

Auch im überkulturellen Rahmen werden Abgrenzungen schwächer. Restaurants, Kochbücher, Spezialitäten aus allen Weltgegenden haben regen Zuspruch. In Tannahills Kulturgeschichte des Essens wird das folgendermaßen beschrieben:

»Wenn Brillat-Savarin heute lebte, würde er sich zweimal besinnen, bevor er seinen berühmten Ausspruch wiederholte: ›Sag mir, was du ißt, und ich sage dir, wer du bist.‹ Gewiß würde er sich vorsichtiger ausdrücken, denn heute könnte man von keinem Analytiker der gastronomischen Geschichte erwarten, daß er von Joghurt und ungeschältem Reis auf einen Popsänger aus Liverpool schließt und von Felderbsen und Kutteln auf einen Millionär aus Manhattan. Oder daß er bei schottischem Whisky an einen Franzosen denkt und bei Pariserbrot an einen Japaner[37].«

Auf der anderen Seite sind weitverbreitete Geschmacksrichtungen und -moden zu beobachten, die zwar »massen«haft auftreten, aber kaum sozial strukturiert sind: etwa die Vorliebe für Coca-Cola und vor zehn Jahren die Wienerwald-Brathähnchen, dann die Pizzas, heute die McDonald's-»Hamburger«[38].

Man kann also ingesamt feststellen, daß gruppen- und kulturspezifische Abgrenzungen von anderen Gruppen und Kulturen mit anderen Eßnormen abnehmen. Dies soll nicht negativ bewertet, sondern es soll nur konstatiert werden, daß auf dem Weg über das Essen offensichtlich gruppenbezogene und kulturelle Identität weniger deutlich vermittelt wird und daß damit ein Teil des Vergemeinschaftungspotentials durch Essen verlorengeht.

Für die hier vertretene These gibt es auch Beispiele aus den »Hoch«-zeiten menschlicher Existenz: Die großen, an sozialen Ereignissen orientierten und klar im Gemeinschaftsleben verankerten, eingeplanten, langfristig vorbereiteten und in gemeinsamer Freude erwarteten Festmahle nehmen ab – zumindest in ihrer Bedeutung, das menschliche Leben in Phasen der Fülle und Feste einerseits und Fastenzeiten andererseits zu gliedern. Heute leistet man sich eher einen teureren Restaurantbesuch oder auch eine Flasche Sekt nach individueller Laune, nicht nach sozial vorgegebenem Rhythmus. Wo institutionelle Anlässe doch und unvermeidlich zum Festmahl führen – z. B. bei den unangreifbaren Einrichtungen »Weihnachtsessen« und »Geschäfts- oder Arbeitsessen« –, unterwirft sich manch einer diesen Sozialgepflogenheiten eher mit heimlichem Stöhnen.

Das führt zu dem anderen Bereich, an dem die These veranschaulicht werden soll:

*2. Zu der Bewertung von Essen (und Trinken)*

Generell: Essen wird in steigendem Maß als etwas angesehen, das jeder Mensch für sich selbst regelt. Dadurch tritt der soziale Aspekt zurück, Gemeinschaftspotential nimmt ab.

Das läßt sich in zwei Unterthesen ausführen:

– Essen wird überwiegend als ein Mittel der »natürlichen«, lustvollen Entfaltung der Person und ihrer individuellen Wünsche und Bedürfnisse gewertet.

– Begrenzungen und Einschränkungen – wieviel und was gegessen werden soll – gehen verstärkt ins individuelle Ermessen über; dies verbreitet Unsicherheiten und Ängste.

Wenn der Maßstab sozialer Reglementierung und Kontrolle beim Essen an Gewicht verliert, müssen andere Kriterien zum Maßstab dafür, wie und was gegessen wird, erhoben werden. Das geschieht z. B. durch bewußten Rückgriff auf »natürliche« Regelmechanismen, die nicht »sozial verfälscht« werden dürfen. In der Weise etwa wird in der Schule der »antiautoritären Erziehung« argumentiert, die die Begrenzung der Person durch Autorität außerhalb ihrer selbst und damit durch sozial festgelegte Regeln ablehnt. Das Erziehungsprogramm für Säuglinge und Kinder ist individuumorientiert, nicht sozialorientiert:

»Der Totalitarismus nahm seinen Anfang im Kinderzimmer, und er beginnt noch immer dort. Der erste Eingriff ist immer eine Frage der Ernährung. Es fängt damit an, daß man das Neugeborene zwingt, zu bestimmten Zeiten zu essen und zu trinken. . . .

Die Selbstbestimmung sollte bei der Geburt beginnen; mit dem allerersten Säugen. Jeder Säugling hat das Geburtsrecht, gestillt zu werden, wenn er mag. . . .

Jedes Kind wird seinen eigenen Zeitplan entwickeln, wenn man es sich selbst überläßt. Das bedeutet, daß es die Fähigkeit zur Selbstbestimmung besitzt – nicht nur, solange es Milch erhält, sondern auch später bei der festen Nahrung[39].«

Mindestens bei der Kleinkindererziehung hat diese Auffassung weit über den Kreis der ausgeprägt antiautoritär eingestellten Eltern hinaus Zustimmung gefunden. Das heißt, eine Erziehung zur Tisch-»Gemeinschaft« wird abgelehnt.

Es gibt auch Lebensregeln für das Leben als Erwachsener, die sich auf diese Ideologie stützen. Ein amerikanisches, auch in Deutschland verbreitetes Buch über Ernährung, das bezeichnenderweise »Psycho-Diät« heißt, kann als Beispiel dafür dienen. Darin werden Körpersignale den sozialen Regeln kontrastiert und – was nach der These von Elias in unserer Zeit gar nicht vorkommen dürfte – betont in den Vordergrund gestellt:

»Wann ist es für Sie ›Zeit‹ zum Essen? Weit verbreitet ist die Annahme, den Kinderschuhen Entwachsene sollten die nötige Reife aufbringen, um die Signale ihres Körpers ganz einfach zu ignorieren und ihre Ernährung Uhrzeit- und anderen Ritualen anzupassen. Wir glauben, daß . . . eine Reglementierung doch gewiß nicht wünschenswert und ihre Akzeptierung keineswegs eine Tugend (ist). Sprechen zwingende Gründe nicht dagegen, so ist für Sie dann Zeit zum Essen, wenn Ihnen wirklich danach ist. Ist Ihnen nicht danach, ist die richtige Zeit noch nicht gekommen. . . . Sie folgen den Signalen Ihres Körpers[40].«

Eine andere Richtschnur, an der man sich verstärkt orientiert, wo die sozial gegebenen Maßstäbe und Überwachungen zurücktreten, ist der sinnliche Genuß durch Essen. Auch dieses Kriterium ist mehr auf das Individuum und den Körper als auf die soziale Gemeinschaft bezogen. Daß dieser Maßstab tatsächlich heute ein weithin gültiger ist, wird im Ernährungsbericht 1980 ausgewiesen, wo es heißt:

»Die Bewertung der Einstellung zum Essen und des Eßverhaltens ergab, daß Essen und Trinken primär unter dem Genußaspekt gesehen wird[41].«

Eine verbindliche Sozialmoral wird zugunsten von »Genußmoralität« zurückgedrängt. Der Begriff »fun-morality«, der von Wolfenstein und Leites stammt, wird von David Riesman ausdrücklich verwendet, wenn er den Sozialcharakter des modernen Menschen (in den USA) entwirft und dabei auch untersucht, welche Rolle für diesen das Essen spielt:

»Die Einstellung des außen-geleiteten Menschen zum Essen kann ebenso wie seine sexuellen Verhaltensweisen als die dauernde Suche nach einem ihm möglicherweise entgehenden Werterlebnis formuliert werden[42].«

Dies zeigt in eben die Richtung der hier vertretenen These von der wachsenden Bedeutung individuell-physiologischer Aspekte auf Kosten sozialer.

Die Kehrseite dieser positiv betonten Individualität und Natürlichkeit beim Essen stellen verbreitete Ängste dar, die Kontrolle über den Körper und das Körpergewicht zu verlieren.

Regelung und Kontrolle bei der Ernährung sind offensichtlich nötig, besonders in einer Gesellschaft, wo die Mehrheit der Mitglieder für relativ wenig Arbeitsaufwand ein übergroßes Maß an geschmacklich reizvollen Speisen zur Verfügung hat[43]. Und wenn die Kontrolle weniger ausgeprägt sozial geleistet wird, durch Aufsicht an der gemeinsamen Tafel und durch Teilen und Zuteilen, dann muß jeder Mensch sich individuell kontrollieren. Daß dies schwerfällt und weitgehend mißlingt, wird durch den unglaublich großen Anteil an Übergewichtigen in unserer Gesellschaft, zum Teil auch an Mangelernährten, und im Gefolge dieser beiden Zustände an ernährungsbedingten Krankheiten, auf der anderen Seite aber auch durch eine steigende Anzahl von Magersüchtigen eindrucksvoll belegt.

Nach einer Repräsentativerhebung in der Bundesrepublik Deutschland überschreiten 65 Prozent der Männer und 74 Prozent der Frauen ihr Idealgewicht um mehr als 5 Prozent[44]. Die Liste der durch Über- und Fehlernährung bedingten Krankheiten ist groß. 1976 wurde geschätzt, daß diese Krankheiten rund 2 Prozent des Bruttosozialprodukts kosten[45].

Die Sorge, sein Körpergewicht unter Kontrolle zu halten, spiegelt sich im Verkaufserfolg von Schlankheitsmitteln, Appetitzüglern, Verdauungspillen, Diät-Menüs, Diät-Büchern, Diät-Plänen in Zeitschriften, der Tatsache, daß 95 Prozent der Bevölkerung ihr Gewicht auf der Waage kontrollieren[46] und in ähnlichen Zeugnissen. Die Besorgnis, nicht zurechtzukommen, ist groß und eher noch wachsend, wie ein Zeitvergleich im Allensbacher Jahrbuch zeigt: Danach hatten den guten Vorsatz »weniger essen« 1961: 25 Prozent, 1968: 28 Prozent, 1973: 39 Prozent und 1975: 45 Prozent der Bevölkerung[47].

Eine andere Ausprägung dieses Problems stellt die Magersucht dar, die zwar überwiegend nur junge Frauen und Mädchen betrifft, bei diesen aber stark ansteigt:

»Die Häufigkeit von Magersuchterkrankungen nimmt in den letzten Jahren in vielen Industrienationen mit einem gehobenen Lebensstandard dramatisch zu[48].«

Ganz wie bei der Fettsucht geht es hier um die Körperkontrolle. Magersüchtige fasten extrem, weil sie voll Angst sind, beim Essen zu dick zu werden und die Kontrolle über sich zu verlieren:

»Abnehmen ist Verfeinerung und Überwindung niederen und triebhaften Lebens. . . .

Magersüchtige Mädchen und Frauen rechnen sich die Kontrolle der Nahrungsaufnahme hoch an. Sie sind stolz über ihre Fähigkeit, solch vitale Bedürfnisse wie Hunger und Appetit, vielleicht sogar stellvertretend für noch andere ›triebhafte Regungen‹ (wie Sexualität, Aggression), steuern und ersticken zu können[49].«

Auch hier ist also das Individuum von der Angst beherrscht, seine physiologischen Bedürfnisse, speziell die Nahrungsaufnahme, individuell nicht richtig steuern zu können, und reagiert mit gesundheitsbedrohendem Fehlverhalten. Auffällig ist, daß Magersucht nur da auftritt, wo nach meiner These eine relative Verlagerung von den sozialen mehr zu den individuellen, körperorientierten Regelungen des Essens vorliegt, nämlich in den Wohlstandsgesellschaften.

Es gibt noch andere verbreitete Ängste, die mit der physiologischen Seite des Essens verbunden sind, so z. B. die Sorge um Gift im Salat, Kadmium in der Petersilie, DDT in der Muttermilch, Östrogen im Kalbfleisch und um alle möglichen unbekannten Schadstoffe in der Nahrung. Dabei ist unsere heutige Nahrung im großen und ganzen relativ rein.

Wie es zum Vergleich etwa im 19. Jahrhundert aussah, stellt Tannahill recht anschaulich dar. Die Zustände werden bei ihm auf die Formel gebracht: »Sand in den Zucker, Wasser in die Milch, Gips ins Brot, Vitriol ins Bier.« Als Zusätze wurden Grünspan, Gummilösung, Graphit, Schwefelsäure, Terpentinöl, Kupfersalz, Bleisalze, Ziegelstaub, Menninge und ähnliche unappetitliche und unbekömmliche bis giftige Substanzen in die Nahrung gemischt. Auch Friedrich Engels berichtet über »Warenfälschungen«, die von Lebensmittelpanschereien bis zum Verkauf verdorbenen Fleisches reichen[50].

Sich heute für sorgfältige Aufsicht über die Qualität von Nahrungsmitteln einzusetzen kann nur von Vorteil sein, aber die diffuse Angst vor der völligen Verunreinigung des Essens ist in unserer Zeit weniger begründet, aber trotzdem weiter verbreitet als jemals zuvor. Besorgnisse dieser Art gehen sicher ebenfalls auf den Umstand zurück, daß das Essen nicht mehr so deutlich als sozialer Vorgang in der Gemeinschaft mit anderen, sondern mehr als individuell-physiologischer Belang erlebt wird.

Auch die bereits erwähnte Genußsucht als neuer Orientierungsmaßstab beim Essen ist übrigens nicht die reine unbeschwerte Entfaltung von Lebensfreude, sondern hat ebenfalls angstbesetzte Züge, wie Riesman deutlich sagt:

»Da der außen-geleitete Mensch für seine sozialen Verhaltensweisen keine Stütze mehr an objektiven Bewährungsnormen und Wertmaßstäben wie der innen-geleitete Mensch findet, befällt ihn leicht die Angst, daß ihm die Freude an Speisen oder Getränken womöglich entgeht, deren Genuß doch zum Sozialanspruch geworden ist[51].«

*Von der Tischgemeinschaft zur Konsumgesellschaft: ein Deutungsversuch*

Woher diese verhältnismäßige Verschiebung vom Sozialen zum Physischen rührt – nachdem jahrhundertelang, wie z. B. Elias glaubhaft nachweist, die Tendenz umgekehrt lief –, darüber kann nur spekuliert werden. Denkbar ist das folgende Modell, das auf der materiellen Sicherung der Nahrungsversorgung basiert. Dabei werden idealtypisch drei mögliche Versorgungszustände unterschieden: eine sozial günstige, vergemeinschaftend wirkende *mittlere* Versorgungslage und die sozial weniger fruchtbaren Versorgungssituationen *Über*versorgung und eventuell auch *Unter*versorgung.

In Zeiten einer *mittleren* Versorgungslage mit Nahrung hat die soziale Reglementierung des Essens die höchste Bedeutung. Dann erfüllt die Nahrung als ein Gut, das ausreichend vorhanden ist, aber doch eingeteilt werden muß, wo sich also der soziale Aspekt des Teilens und Zuteilens voll entfalten kann, optimal die Funktion eines sozialen Kontrollmittels. Bei einer mittleren Versorgungslage müssen die gesellschaftlichen Kräfte in geregelter Zusammenarbeit unter Beteiligung aller, die dazu für geeignet angesehen werden, den gesellschaftlichen Ertrag erwirtschaften und ihn dann nach einem System, das von den Mitgliedern weitgehend anerkannt wird, so auf die einzelnen verteilen, daß die Existenz aller gesichert ist. Das heißt, es sind viele soziale Regelmechanismen nötig, und diese wirken gemeinschaftsbildend.

Bei einer völligen *Unter*versorgung und Verknappung dagegen könnte die soziale Ordnung in Gefahr geraten, und es wäre denkbar, daß im Kampf ums Überleben individuell-physische Handlungsmaximen vergleichsweise mehr in den Vordergrund treten. Eine derartige Vorstellung liegt etwa dem Brecht-Zitat »Erst kommt das Fressen, dann kommt die Moral« zugrunde.

Wo allerdings die Versorgungsuntergrenze anzusetzen ist, ab der Sozialregelungen wirklich abnehmen, ist schwer einschätzbar. Möglicherweise gibt es zwar eine verminderte Sozialisation in der konkreten Eßsituation, aber eine Verstärkung im sozialen Umfeld, etwa bei der Nahrungsbeschaffung, so daß insgesamt kein Vergemeinschaftungspotential verlorengeht. Max Weber unterscheidet »relative« Enge des Nahrungsspielraumes, auf die eine Gesellschaft in der Regel durch steigende Rationalisierung (also wachsende soziale Anstrengung) antworte, von der »absoluten Enge des Nahrungsspielraumes«, die sich meistens in der Verkleinerung der gesellschaftlichen Mitgliederzahl (also im physischen Bereich) auswirke[52]. Auf jeden Fall ist in meinem Modell die Seite der *Unter*versorgung noch erklärungsbedürftig. Sie braucht hier aber nicht weiter behandelt zu werden, denn die vertretene These bezieht sich ja auf das andere Extrem, den Zustand der Überversorgung.

Ich gehe davon aus, daß unsere heutige Gesellschaft den Schritt von einer mittleren Versorgungslage zur *Überfluß-* und Konsumgesellschaft getan hat[53]. In einer Situation des Überangebots von Speisen nehmen soziale Regelmechanismen beim Essen, die vergemeinschaftend wirken, in ihrer Bedeutung ab, und eine individuell-physische, körperliche Ausrichtung tritt vergleichsweise mehr in den Vordergrund, wie oben mit vielen Beispielen belegt wurde. Das liefe auf eine Erweiterung des Brecht-Wortes hinaus: »Erst kommt das Fressen, dann kommt die Moral – dann kommt (relativ wieder mehr) das Fressen.«

Dieses Modell läßt sich theoretisch begründen. Es ist z. B. in die Anomie-Theorie von Durkheim integrierbar. Auch ökologische Theorien stehen damit in Einklang; so gehört es für Otto Koenig »normalerweise durch Jahrmillionen« zur menschlichen Existenz, »daß man immer an der Satt-Hunger-Grenze lebt«[54]. Koenig definiert also das, was hier als mittlere Versorgungslage bezeichnet wird, als »normal«. Dies entspricht völlig der soziologischen Bestimmung gesellschaftlicher Normalität nach Emile Durkheim; Durkheim gebraucht die ganz ähnliche Formulierung vom »halbwegs Gesättigtsein« für die Situation des Menschen in einer Gesellschaft, die genügend moralische Kraft besitzt, ihren Mitgliedern ein vernünftiges Maß zur Begrenzung ihrer theoretisch unbegrenzten Bedürfnisse vorzuschreiben[55].

Es ist interessant, daß Durkheim an dieser Stelle und an anderen Stellen dafür Begriffe aus dem Umkreis des Essens verwendet (z. B. spricht er von »Appetit«, siehe Zitat Seite 257), auch wenn er primär nicht an Bedürfnisse physiologischer Art, sondern an die »geistigen Bedürfnisse«, z. B. die berufliche Position in einer Gesellschaft und allgemein an »Wohlstand, Komfort oder Luxus« denkt[56]. Essen und seine sozialen Abläufe stellen also für ihn ebenfalls eine brauchbare Metapher für Soziales überhaupt dar.

Nach Durkheim ist es für die Normalität der Gesellschaft und das Glück ihrer Mitglieder erforderlich, daß die Bedürfnisse der Menschen »maßvoll« sind. Da der Mensch weder nach seiner organischen noch nach seiner psychologischen Konstitution einen natürlichen Maßstab in sich trägt, muß dieser von einer Autorität außerhalb seiner Person gesetzt sein. Das kann durch religiöse Dogmen geschehen oder durch eine weltliche Regierung oder durch die moralische Kraft der Gesellschaft selbst. Wichtig ist, daß dieses Maß selbstverständlich einem Wandel je nach der historischen Situation und den gesellschaftlichen Bedingungen unterliegt und daß man sich der maßgebenden Autorität nicht durch Zwang, sondern durch Anerkennung unterwirft:

»Der Mensch würde nicht einer Beschränkung seiner Begierden zustimmen, wenn er sich berechtigt glaubte, die ihm gesetzten Grenzen zu überschreiten. Nur könnte er sich diesen Rechtsgrundsatz aus den Gründen, die wir aufgezeigt haben, nicht selber diktieren. Eine Autorität muß sie ihm vorschreiben, die er respektiert und vor der er sich spontan verneigt.

Nur die Gesellschaft ist in der Lage, diese mäßigende Rolle zu spielen, sei es direkt und als Ganzheit oder vermittels eines ihrer Organe. Denn sie ist die einzige dem einzelnen übergeordnete moralische Kraft, deren Überordnung er auch anerkennt. Sie hat als einzige die nötige Autorität, Recht zu sprechen und den Begierden Schranken zu setzen, über die hinauszugehen nicht erlaubt ist[57].«

Wendet man Durkheims Theorie auf die hier entwickelte These an, dann liegt in der Abnahme sozialer Reglementierungen beim Essen ein Verlust an maßstabsetzender Autorität vor, und der Versuch, verlorengegangene allgemeine soziale Maßstäbe durch individuelle aufzufangen, muß scheitern. Ein gleichwertiger Ersatz ist weder durch den Rückgriff auf natürliche, körperliche Regelmechanismen beim Essen – wie etwa in der antiautoritäten Erziehung proklamiert – noch durch das individuelle Prinzip des Genusses – wie in der »fun-morality« versucht – zu finden, denn laut Durkheim kann das Individuum sich seine Begrenzungen »nicht selber diktieren«.

Das Individuum befindet sich grundsätzlich in der Gefahr, seinen maßlosen Begierden und Leidenschaften zu verfallen. Eine Beschränkung muß sozial geleistet werden. Fehlt diese Orientierung, so tritt der Zustand der Anomie ein:

»Wenn die öffentliche Meinung keine Orientierung mehr gibt, werden die Appetite keine Schranke mehr kennen. Zudem befinden sie sich sowieso infolge der gesteigerten allgemeinen Aktivität in einem gereizten Zustand. Wegen des steigenden Wohlstandes steigen auch die Bedürfnisse. Sie werden angestachelt durch die reichere Beute, die ihnen vorgehalten wird, und die althergebrachten Regeln verlieren ihre Autorität, weil man ihrer überdrüssig ist. Der Zustand der gestörten Ordnung oder Anomie wird also dadurch noch verschärft, daß die Leidenschaften zu einem Zeitpunkt, wo sie einer stärkeren Disziplin bedürfen, weniger diszipliniert sind[58]!«

Anomie kann, wenn sie weite Kreise der Gesellschaft erfaßt, den gesamten gesellschaftlichen Zusammenhalt gefährden, außerdem aber verunsichert sie die einzelnen Betroffenen völlig und macht sie orientierungslos und unzufrieden. Durkheim hat das am Phänomen des Selbstmords untersucht und dabei festgestellt, daß in Phasen der Anomie die Selbstmordrate steigt.

Hier geht es um den begrenzteren Bereich des Essens mit weniger dramatischen Symptomen. Aber es wurde schon zu zeigen versucht, daß sich auch dabei verstärkte Unsicherheiten und Ängste beobachten lassen: zum einen was die individuelle Kontrolle des Körpergewichts betrifft (ausgedrückt in Übergewicht und Magersucht), zum anderen in einer verbreiteten diffusen Angst vor Giften in der Nahrung, schließlich in einer unruhigen Suche nach Genußerlebnissen mit der ständigen unterschwelligen Besorgnis, sich etwas entgehen zu lassen.

Rein physiologisch liegt in unserem Land sicher ein anomischer Zustand allein schon dadurch vor, daß der größte Teil der Bevölkerung mehr ißt, als ihm guttut. Wenn die entwickelte These der Verminderung sozialer Regelungen beim Essen und der Zunahme individuell-physischer Momente dabei zutrifft, kann man für diesen Teilbereich der Gesellschaft auch soziale Anomie im Durkheimschen Sinn feststellen: Die Gesellschaft hat durch ein nahezu unbegrenztes Angebot von attraktiven Speisen einen Verlust an sozialen Kontrollmöglichkeiten, Begrenzungen und auch Gemeinschaft erlitten, was eine soziale Orientierungslosigkeit ihrer Mitglieder in diesem Lebensbereich mit sich bringt und sich in einem Rückzug auf individuelles, physiologisch ausgerichtetes Handeln äußert. Dies wiederum zieht Unsicherheit und Ängste nach sich.

Die hier entworfene kurze Skizze eines Gedankens enthält grobe Vereinfachungen und ist sicher in vielen Punkten angreifbar. So ist z. B. pauschal von »unserer heutigen Gesellschaft« im Sinn von »Überflußgesellschaft« die Rede, ohne daß schichtspezifische Unterschiede in der Möglichkeit, sich diesen Überfluß leisten zu können, berücksichtigt wurden. Es ging um die Entwicklung des Modells, und dabei wurden Tendenzen betont, Differenzierungen vernachlässigt. Ein anderer Kritikpunkt ist möglicherweise in dem letzten Teil gegeben, wo in Anlehnung an Durkheim das unbegrenzte Angebot an Nahrungsmitteln als anomischer Zustand gewertet wurde. Es soll hier keineswegs eine künstliche Verknappung von Lebensmitteln zur sozialen Rettung propagiert werden. Auch im Zustand des Überflusses sind soziale Regelungen möglich, und wenn sie sich wirkungsvoll einstellen – vielleicht auf dem Weg eines postmateriellen Konsumverzichts –, ist die Anomie überwunden. Die nach Durkheim nötige soziale Begrenzung des Menschen heißt *nicht* absolute Begrenzung, sondern stets nur eine relative Begrenzung im Rahmen einer wie auch immer gearteten Gesellschaft.

## *Anmerkungen*

1 Norbert Elias: Über den Prozeß der Zivilisation. Band 1. Bern (Francke) 1969 (1936); z. B. S. 204 und 235.
2 Peter L. Berger, Thomas Luckmann: Die gesellschaftliche Konstruktion der Wirklichkeit. Frankfurt am Main (Fischer) 3. Auflage 1972 (1966), S. 192.
3 Vgl. z. B. Karlheinz Messelken: Vergemeinschaftung durchs Essen. In: M. Josuttis, G. Martin (Hg.): Das heilige Essen. Stuttgart (Kreuz) 1980, S. 41–57.
4 Max Weber: Wirtschaft und Gesellschaft. Köln – Berlin (Kiepenheuer und Witsch) 1964 (1921), S. 762, 839 und 842.
5 Friedrich Kluge: Etymologisches Wörterbuch der deutschen Sprache. Berlin (de Gruyter) 20. Auflage 1967, S. 248.
6 Georg Simmel: Soziologie der Mahlzeit. In: Brücke und Tür. Stuttgart (Koehler) 1957 (1910), S. 244 f.
7 Max Weber: Wirtschaft und Gesellschaft, S. 343.
8 Sigmund Freud: Totem und Tabu. Gesammelte Werke, Band 9. London (Imago) 1940 (1912), S. 15 ff.
9 Sigmund Freud: Totem und Tabu. S. 164.
10 Hans Peter Thurn: Der Mensch im Alltag. Stuttgart (Enke) 1980, S. 133.
11 Erik H. Erikson: Kindheit und Gesellschaft. Stuttgart (Klett) 3. Auflage 1968 (1950), S. 240 ff.
12 Vgl. z. B. Irenäus Eibl-Eibesfeldt: Grundriß der vergleichenden Verhaltensforschung. München (Piper) 3. überarbeitete und erweiterte Auflage 1967, S. 133 ff., 158 und 489 ff.
13 Ferdinand Tönnies: Gemeinschaft und Gesellschaft. Darmstadt (Wissenschaftliche Buchgesellschaft) 1979 (1887), S. 12.
14 Ferdinand Tönnies: Gemeinschaft und Gesellschaft, S. 10.
15 Vgl. dazu z. B. Georg Simmel: Soziologie. Berlin (Duncker und Humblot) 5. Auflage 1968 (1908), S. 265; und Eibl-Eibesfeldt: Grundriß der vergleichenden Verhaltensforschung, S. 512.
16 Leopold von Wiese: System der Allgemeinen Soziologie. München – Leipzig (Duncker und Humblot) 2. neubearbeitete Auflage 1933 (1924–1928), S. 110.
17 Leopold von Wiese: System der Allgemeinen Soziologie, S. 163.
18 Georg Simmel: Soziologie der Mahlzeit, S. 244.
19 Daselbst S. 243 f.
20 Daselbst S. 249.
21 Karlheinz Messelken: Vergemeinschaftung durchs Essen, S. 49.
22 Deutsche Gesellschaft für Ernährung (Hg.): Ernährungsbericht 1976. Frankfurt am Main 1976, S. 401.
23 Norbert Elias: Über den Prozeß der Zivilisation. Band 1, S. 162.
24 Daselbst, Band 1, S. IX, 135, 155, 217 und Band 2, S. 369.
25 Daselbst, Band 1, S. 154.
26 Daselbst, Band 1, S. 139.
27 Daselbst, Band 1, S. 142.
28 Daselbst, Band 1, S. 257 f.
29 Ernährungsbericht 1976, S. 415.
30 Daselbst S. 415.
31 Daselbst S. 453.
32 Schülerstudie Gesundheitserziehung der Freien und Hansestadt Hamburg, Gesundheitsbehörde, Presseerklärung vom 10. August 1983, S. 1.

[33] Ernährungsbericht 1976, S. 420.
[34] Daselbst S. 409.
[35] Wolfgang Nahrstedt: Die Entstehung der Freizeit. Göttingen (Vandenhoek und Ruprecht) 1972, S. 121.
[36] Ernährungsbericht 1976, S. 401.
[37] Reay Tannahill: Kulturgeschichte des Essens. Wien – Berlin (Neff) 1973, S. 404.
[38] Die »Hamburger«-Mode hat sich explosionsartig ausgebreitet. Laut Hamburger Abendblatt vom 16. Januar 1984 sollen in der Bundesrepublik schon 200 McDonald's-Lokale mit einem geschätzten Jahresumsatz von 500 Millionen Mark bestehen.
[39] Alexander S. Neill: Theorie und Praxis der antiautoritären Erziehung. Reinbek (Rowohlt) 1965 (1960), S. 176 ff.
[40] L. und L. Pearson: Psycho-Diät. Hamburg (Hoffmann und Campe) 1975 (1973), S. 51.
[41] Deutsche Gesellschaft für Ernährung (Hg.): Ernährungsbericht 1980. Frankfurt am Main 1980, S. XIII.
[42] David Riesman u. a.: Die einsame Masse. Hamburg (Rowohlt) 1958 (1950), S. 156.
[43] Der Anteil der Nahrungs- und Genußmittel an den Lebenshaltungskosten betrug um das Jahr 1800: 73 Prozent, 1907: 45 Prozent, 1974: 28 Prozent. Ernährungsbericht 1976, S. 421.
[44] Ernährungsbericht 1980, S. 103.
[45] Ernährungsbericht 1976, S. 448.
[46] Ernährungsbericht 1980, S. 108.
[47] Elisabeth Noelle-Neumann (Hg.): Allensbacher Jahrbuch der Demoskopie 1976–1977. Band VII. Wien usw. (Molden) 1977, S. 10.
[48] Werner Becht: Genuß und Magersucht. In R. Lutz (Hg.): Genuß und Genießen. Weinheim – Basel (Beltz) 1983, S. 156.
[49] Daselbst S. 158.
[50] Reay Tannahill: Kulturgeschichte des Essens, S. 350 ff. Friedrich Engels: Die Lage der arbeitenden Klasse in England. Marx-Engels-Gesamtausgabe, 1. Abteilung, Band 4. Glashütten (Auvermann) 1970 (1845), S. 71 ff.
[51] David Riesman: Die einsame Masse, S. 156.
[52] Max Weber: Wirtschaft und Gesellschaft, S. 48.
[53] Das gilt unbeschadet der Tatsache, daß es gesellschaftliche Gruppen gibt, die an dem Überfluß nicht teilhaben.
[54] Otto Koenig: Festrede anläßlich der Verleihung des Bundes-Naturschutzpreises 1982 (Bodo-Manstein-Medaille) durch den Bund für Umwelt und Naturschutz Deutschland e. V. an Prof. Otto Koenig (Wien), abgedruckt durch: Gesellschaft der Freunde der Biologischen Station Wilhelminenberg, S. 16.
[55] Emile Durkheim: Der Selbstmord. Frankfurt (Suhrkamp) 1983 (1897), S. 284.
[56] Daselbst S. 282 und 280.
[57] Daselbst S. 283.
[58] Daselbst S. 289.

*Iris Barbara Graefe:*

# *Stationen einer Wanderung, abzulesen am Speisezettel*

*1. Aufsammlung von Daten und die Wurzeln der Fragestellung*

Wie das Ergebnis jeder volkskundlichen Feldforschung wäre die vorliegende Betrachtung nicht möglich gewesen ohne die freundliche Mithilfe vieler Gewährspersonen, die mich mit ihrem Wissen, ihrer Zeit und ihrer Gastfreundschaft bedachten, mich Einsicht nehmen ließen in aufbewahrte Briefe, Urkunden und handgeschriebene Rezeptbücher und mich an ihrem Alltagsleben und ihren Festen teilhaben ließen, wobei ich die Rolle des teilnehmenden Beobachters einnahm.

Einen längeren Aufenthalt in Argentinien und mehrere Reisen nach Südamerika, insgesamt zweieinhalb Jahre, verwendete ich größtenteils dazu, die Volksgruppe der Rußlanddeutschen in ihren Lebensräumen Steppe, Waldgebiet und Großstadt kennenzulernen. Zur Verständigung und zur objektiveren Beurteilung des Kulturwandels – die Rußlanddeutschen leben ja nun schon seit 100 Jahren in Südamerika – war es außerdem unumgänglich, spanische und rußlanddeutsch-mundartliche Sprachkenntnisse sowie Landeskenntnis zu erwerben. Zur Illustration der Arbeitsbedingungen sei noch hinzugefügt, daß das, was wir derzeit in Österreich für selbstverständlich halten wie z. B. öffentliche Sicherheit, ein dichtes Straßennetz mit planmäßig fahrenden Verkehrsmitteln und mindestens ein Gasthaus auch in kleineren Ortschaften, in südamerikanischen Ländern eher die Ausnahme ist. Ergebnisse der Feldforschung sind daher auch aus diesem Blickwinkel zu sehen. Tropentauglichkeit und das Ertragen physischer Strapazen, vor allem aber das immerwährende Interesse am Mitmenschen und dessen Beziehungen zur Umwelt waren Grundbedingungen sowohl für den Erwerb eines Überblicks über Lebensgewohnheiten als auch, wo es möglich war, für ein in die Tiefe gehendes Sammeln von Daten, das sich unter anderem auf die Aufzeichnung von Eßgewohnheiten und Rezepten erstreckte.

Für besonders eingehende Auskünfte zum Thema »Essen und Trinken« danke ich den Angehörigen der Familien Heizenröder, Hoffmann-Noerenberg und Kraus in Misiones, Basgall, Bauer, Erbes, Kippes, Kornschuh, Prescher, Riffel in bzw. aus Entre Ríos und Bahl und Petz in der Provinz Buenos Aires (alle Argentinien), Angehörigen der Familien Darscht in Uruguay und Hornung, Kehler und Schmidt in Paraná (Brasilien) sowie vielen weiteren Gewährsleuten, die mir Informationen gaben.

Mein besonderer Dank gilt Herrn Professor Otto Koenig und Frau Professor Lilli Koenig, die jungen Leuten mit breitgestreuten ethologischen und ethnologischen Interessen im Institut auf dem Wilhelminenberg (ich begann dort mit 17 Jahren als Ferialpraktikantin) Anregungen und ein Betätigungsfeld gaben. – Aus dem Spannungsfeld zwischen den verschiedenen Disziplinen erwuchsen im Lauf der Jahre die Matreier Gespräche.

*2. Wer sind die Rußlanddeutschen?*

Seit 220 Jahren gibt es eine Gruppe von Menschen, für die sich der Name »Rußlanddeutsche« eingebürgert hat. Ihr Beginn ist mit der Ansiedlung von 27 000 deutschen Kolonisten, die von Zarin Katharina II. 1763 ins Land gerufen worden waren, anzusetzen. Erstmals wurde die Steppe unter den Pflug genommen und die Kolonisten, die aus verschiedensten Berufen gekommen waren, wurden nach anfänglichen Schwierigkeiten zu erfolgreichen Weizenbauern. Eine weitere zahlenmäßig bedeutende Ansiedlung von Personen aus dem deutschen Sprachraum – diesmal allerdings wurde ausdrücklich auf Bauern und Handwerker Wert gelegt –, fand in der ersten Hälfte des 19. Jahrhunderts statt und geht auf einen Ukas Zar Alexanders I. zurück. Diese Einwanderer, die etwa 50 Jahre später kamen, wurden am Schwarzen Meer in den eben von den Türken eroberten Gebieten angesiedelt. Auch sie hatten große Erfolge im Weizenbau. Weiters wurden, ebenfalls in der ersten Hälfte des 19. Jahrhunderts, bäuerliche Siedlungen im Südkaukasus und in Wolhynien gegründet. Die Bevölkerung an der Wolga und am Schwarzen Meer nahm so zu (die russische Volkszählung gibt für 1897 für das Wolgagebiet knapp 400 000, für das Schwarzmeergebiet fast ebenso viele deutsche Einwohner an), daß das Land zu eng wurde und Tochterkolonien gegründet wurden: auf der Wiesenseite der Wolga, in Nordkaukasien, in Zentralasien und schließlich um die Jahrhundertwende in Sibirien.

Der Zusammenhalt der Kolonisten innerhalb der einzelnen Dörfer war eng, wichtig war die Großfamilie, auf Nachbarschaftshilfe wurde Wert gelegt. Schließlich befand man sich bezüglich Religionsbekenntnis, Sprache und anderer kultureller Überlieferung in einer Inselsituation. Das war die Grundlage zur Weitergabe von Anschauungen und Gewohnheiten, auf die heute noch bei Rußlanddeutschen in aller Welt Wert gelegt wird, besonders natürlich bei jenen, deren Lebensweise eine bäuerliche geblieben ist.

Ab 1874 wurden den rußlanddeutschen Kolonisten ihre Privilegien wie z. B. Militärfreiheit und Selbstverwaltung nach und nach genommen, und viele entschlossen sich zur Auswanderung nach Übersee. Die Überfahrt nach Südamerika war billiger und die Gesundheitskontrolle weniger streng als für Einwanderer nach Nordamerika. Die in Rußland verbliebenen Deutschen erlitten ein schweres Schicksal mit starkem Bevölkerungsverlust – erst jetzt wird ihre Anzahl mit 2 Millionen angegeben, ein Stand, den sie 1914 schon fast erreicht hatten[1]. Ihre ursprünglichen Siedlungsgebiete mußten sie verlassen, sie leben in anderen Teilen der Sowjetunion. Auf Grund eines Repatriierungsabkommens von 1958 zwischen der Bundesrepublik Deutschland und der Sowjetunion, in dem sich beide Staaten zum Prinzip der Familienzusammenführung bekennen, kommen jährlich mehrere hundert bis über tausend Rußlanddeutsche nach Deutschland[2].

Auf Einladung der Regierungen – denn auch hier sollten sie wieder bisher nichtbebautes Land urbar machen – kamen zwischen 1877 und dem Beginn des Ersten Weltkrieges Gruppen von rußlanddeutschen Kolonisten zuerst nach Brasilien, kurz danach jedoch immer zahlreicher nach Argentinien. Vielleicht gibt es heute eine halbe Million rußlanddeutscher Nachkommen in Argentinien, Brasilien und Uruguay, genau weiß das niemand, und es läßt sich auch nicht feststellen, denn sie haben ja die Staatsbürgerschaft des Landes, in dem sie geboren sind. Außerdem – zu welcher Gruppe sollte man die inzwischen geborenen Kinder aus Heiraten von Rußlanddeutschen mit Nichtrußlanddeutschen zählen? Die rußlanddeutschen Einwanderer kamen ohne nennenswertes materielles Gut, dessen Transport zu teuer und umständlich gewesen wäre, aber mit ihrer ganzen mündlichen Überlieferung von vornehmlich deutschem Traditionsgut – gar vieles hatte sich in der Inselsituation aus der Zeit vor ihrer Einwanderung nach Rußland erhalten, geht also auf die erste Hälfte des 18. Jahrhunderts und auf die Zeit davor zurück. Selbstverständlich wurde im Lauf von 100 Jahren auch russisches Traditionsgut übernommen, Klima und Boden und das daraus resultierende Nahrungsangebot sowie der Blick in fremde Kochtöpfe forderten dazu geradezu heraus. Bei der Ansiedlung in Südamerika, wo die zum Weizenbau geeigneten Gebiete von den Rußlanddeutschen bevorzugt wurden, kamen dann subtropische Gewächse dazu, auch wurde Rindfleisch häufiger verwendet als in Europa, denn es war billiger. Wieder spielte die Küche der Nachbarn, also der Argentinier und Brasilianer, eine Rolle, und es gesellten sich, wie die folgenden Ausführungen zeigen, zu deutschen und russischen Rezepten für Speisen und Getränke Gerichte, die auf spanische, italienische und auch auf indianische Ernährungsgewohnheiten zurückgehen.

*3. Weitergabe und Übernahme der Kochtradition*

Die Kinder schauen der Mutter beim Kochen und Backen zu, sie werden auch früh angehalten mitzuhelfen. Weder für die Kolonisten auf dem Kamp, der Grassteppe (Pampa húmeda) noch für jene, die in urwaldartigen Gebieten leben, gibt es viel Information über Kochen außer dem, was sie eben aus ihren eigenen Familien oder von den Nachbarn kennen. Bücher und schon gar Kochbücher gibt es im Kolonistenhaus kaum, Zeitschriften passen ebenfalls nicht zur sparsamen Lebensweise, Fernsehapparate waren noch zu Beginn der siebziger Jahre eine Rarität. Die traditionellen Kochgewohnheiten bleiben also schon mangels anderer Einflüsse erhalten. Bei möglichst autarker Wirtschaft wird das verwendet, was man selbst produziert. Das ergibt allerdings im subtropischen Klima bei entsprechendem Fleiß der Familie sowieso einen reichhaltigen Speisezettel und viel mehr Gerichte, als im folgenden aufgezählt sind. Jene Rußlanddeutschen, die in Städten leben, sind mit der Überlieferung genügend verbunden, daß sie typische Speisen nicht nur kennen, sondern auch zubereiten. Gerne siedeln sie sich in den Randgebieten der Städte an, wo sie ein eigenes Haus haben können und einen Garten und womöglich auch Hühner halten.

Mit südamerikanischen Eßgewohnheiten wurden sie ab ihrer Einreise konfrontiert. Sie bekamen anfangs Rationen von Lebensmitteln, mit denen sie wirtschaften mußten, darunter auch Mate (siehe Getränke). Auch war viel mehr Fleisch dabei, als sie gewohnt waren, aber sie vermißten Brot und fingen deshalb sofort an, Backöfen zu bauen.

Natürlich interessierte es sie, was die Einheimischen mit diesen Lebensmitteln anfingen. Kochrezepte werden wohl am ehesten ohne Vorurteile übernommen. Bei der sprachlichen Assimilation ist man da schon vorsichtiger, und wenn es um Mischheiraten geht, gibt es viele erklärte Gegner. Das Sprichwort »Was der Bauer nicht kennt, frißt er nicht« gilt für gewachsene Gemeinschaften, für den Auswanderer gilt es wohl nicht in demselben Maße. Mag er auch, vielleicht für bestimmte Anlässe, bevorzugen, was er von Kindheit an gewöhnt ist, er paßt sich auch in seinen Eßgewohnheiten der neuen Situation an. Oft hat er auch keine andere Wahl.

Die folgende Beschreibung der Nahrungsgewohnheiten ist natürlich verallgemeinert, denn jede Familie und jede Person hat ihre Variante ein- und desselben Rezeptes und bevorzugt bestimmte Speisen, während andere nie auf den Tisch kommen. Es sollen deshalb keine genauen Anweisungen zur Zubereitung im Sinne eines Kochbuches gegeben werden, sondern eine Beschreibung jener Speisen und Getränke, die ich häufig antraf und die mir daher typisch erscheinen. Viele der mit der Bereitung von Speisen in Zusammenhang stehenden Bezeichnungen lauten in Österreich, in Deutschland und in der Schweiz verschieden. Die Entscheidung fiel zugunsten der in Deutschland üblichen Bezeichnungen, da sie wohl allgemein verständlich sind. Die spanischen Substantiva sind, wenn sie im Kolonistendeutsch häufig aufscheinen, das heißt dort als Fremdwörter verwendet werden, in Großschreibung wiedergegeben. Mundartausdrücke und wörtliche Aussagen der Gewährsleute sind in Anführungszeichen gesetzt.

*4. Speisen, bei denen Mehl oder Milch Hauptbestandteil ist*

Als Getreidebauern legen die Rußlanddeutschen Wert darauf, reichlich Brot und »Kuchen« (= Weißbrot) zu essen, auch zusätzlich zu Mahlzeiten, bei denen es gekochte Speisen gibt.

Abb. 1: Brotbacken am Samstagvormittag. Der Backofen ist hier an die Sommerküche angebaut. Es wird meist Weißbrot gebacken, das in der Mundart Kuchen heißt und »Kouche« ausgesprochen wird.

Manche Familien nennen Brot nur dann so, wenn es aus dunklem Mehl hergestellt wird. Der Hauptunterschied zwischen Brot und »Kuchen« ist jedoch folgender: Brot wird rund geformt und »grad so auf den Schießer getun«, »Kuchen« wird in eine Blechform (»Pann«) gesetzt und kommt dann in den Ofen. Früher buk man zweimal in der Woche, am Mittwoch Brot und am Samstag Kuchen. Das Backen von Schwarz- und Weißbrot lernten die »Hiesigen«, so nennen die Rußlanddeutschen die Argentinier, die schon vor ihnen da waren, von den Deutschen. »Bis zur Ankunft der Rußlanddeutschen in Argentinien wurde kein Weizen gebaut, nur Mais, und der wurde zerstampft mit einem Holzschlegel« (wörtliche Aussage eines Kolonisten).

Das Backen von »Kuchen« (Weißbrot): Am Freitag abend wird die »Heep« (Sauerteig) in Wasser aufgelöst und in eine Grube ins Mehl getan. Samstag früh knetet die Hausfrau als erstes den Brotteig durch, gibt noch etwas Wasser dazu und knetet eine halbe Stunde weiter, bis kein Teig mehr an den Händen klebt. Neben ihr knetet die Tochter in einem Topf Teig für »Merbche« vom selben Brotteig zusammen mit Eiern, Fett und Zucker. Beide Teige werden zugedeckt und warmgestellt. Dann wird Mate getrunken. Nach etwa einer Stunde wird der Brotteig wieder geknetet und nochmals zugedeckt. Auf ein Plastiktischtuch wird Mehl gestreut, der Teig für die »Merbche« darauf verteilt, dann wird der Teig eingerollt und in Schnecken geschnitten. Die beiden älteren Töchter, die schon im Schulalter sind, sehen der Mutter beim Backen zu. Der Kuchenteig wird in niedere Blechformen gefüllt, wieder mit Tüchern überdeckt und geht dort noch einmal. Der Backofen ist entweder an das Haus angebaut, oder er steht frei. (Der Backofen wurde früher beim Hausbau zuerst fertiggestellt, er war also am wichtigsten.) Geheizt wird er mit dürrem Holz von den Paraisobäumen, mit denen die Zufahrt zum Haus bepflanzt ist. Früher hat man von weit her Holz holen müssen (Holz ist rar in der Steppe) oder aber auch, weil es nicht genug Bäume gab, mit »Krutze« (entkernten Maiskolben) oder mit Leinstroh geheizt. Letzteres brennt schnell, und man muß dauernd den Ofen hüten. Das fertige Brot darf man nie auf den Rücken legen, »sonst stirbt der Hausvater«.

Wenn Kraut da ist, gibt es samstags mit dem »Kuchen«teig immer Krautpiroggen, eine Gepflogenheit, die die Rußlanddeutschen aus Rußland mitgebracht haben. Dazu werden Zwiebeln und Kraut in Fett angeröstet, Gewürze werden zugefügt, und das Ganze wird in einen Weißbrotteig gehüllt. Solche in Teig eingeschlagene Fülle gibt es bei vielen Völkern, beispielsweise kennt die italienische und die chinesische Küche ähnliches, und wenn die Rußlanddeutschen ihre Maultaschenrezepte aus Deutschland mitgebracht haben, war es ihnen dann ein leichtes, die Piroggen zu übernehmen, zumal sich Kraut und Zwiebeln nach der Ernte noch monatelang frisch halten und daher zu den wenigen russischen Wintergemüsen gehörten.

Zurück in die argentinische Steppe: Wenn das Brot nicht bis zum nächsten Backtag reicht, werden »Kreppel« gemacht (Teig aus Mehl, Eiern, Salz, Molke von saurer Milch, Backsoda). Der Teig wird ausgerollt, mit dem Kreppelrädchen abgeschnitten, die Kreppel werden in Schmalz ausgebacken. Wenn Kreppel als Hauptmahlzeit gereicht werden, gibt es dazu »Schnitzsupp«. Dazu werden »Schnitz« (gemischtes Dörrobst wie Pfirsiche, Pflaumen, Rosinen, Birnen, Aprikosen) in Wasser aufgekocht und mit Maisstärke angedickt.

Abb. 2: »Kreppel« ist der heute noch in Hessen, dem wichtigsten Auswanderungsgebiet der Wolgadeutschen, übliche Ausdruck für ein bestimmtes Schmalzgebäck.

Ist umgekehrt zuviel Brot da, werden »Brot-« oder »Panneschnitten« gemacht, »das ist eine gute Verwertung von trocken gewordenem Brot«. Dazu wird das Weißbrot feingeschnitten, in eine Mischung aus Milch, Eiern, Zucker und etwas Salz gelegt, in heißem Fett gebraten und zum Morgenessen oder Vieruhressen gereicht. Dieses Essen kann mit Zucker überstreut werden oder man kann Dulce de leche drübertun. Dulce de leche lernten die Rußlanddeutschen in Argentinien kennen. Dulce ist das spanische Wort für süß, im übertragenen Sinn heißt es auch Marmelade. Leche heißt Milch, es handelt sich also um Milch, die mit Zucker dick eingekocht wird zu einer Masse, die in Farbe und Konsistenz dickem Honig ähnelt. Sie hat Karamelgeschmack und ist in Argentinien eine beliebte Näscherei.

Für Sonntag und auch zu Hochzeiten werden »Dinne Kuchen« (Blechkuchen) gebacken. Die Backbleche werden dazu mit zerlassenem Schmalz bestrichen und mit Hefeteig bedeckt. Der Teig des einen Bleches wird mit »Matte« (Quark), der des anderen mit »Ribbel« (Streuseln) und Zucker bestreut, dann werden beide Kuchen im Rohr gebacken.

Da die Rußlanddeutschen aus Mittel- und Süddeutschland stammen, sind Teigwaren und Speisen, bei denen Mehl Hauptbestandteil ist, zahlreich. Auch die so beliebten Gerichte »Klees« und »Nudl« gehören dazu. Sie kommen in allgemein bekannten Liedern und Sprüchen vor:

Komm reiniche, komm reiniche,
ich bin ja so alleiniche,
ich hab Kartoffel und Klees gemocht,
sie stehn im Ofen und brutzeln noch.

Oder:

Hei, di, dudl,
freß en Sack voll Nudl,
leg dich auf die Hobelbank
und sag, du wärst von Nudeln krank!

Klees entsprechen etwa den österreichischen Nockerln (Teig aus Mehl, Eiern, Wasser, Salz wird mit dem Löffel abgestochen und in Salzwasser gekocht). Für »Kartoffel und Klees« werden Kartoffelstücke in wenig Wasser gekocht, das Wasser wird dann nicht abgegossen, sondern die Klees werden dazugegeben. Auch »Klees mit Sauschwarten« sind ein beliebtes Essen. Schweinefett und Schwarten werden kleingeschnitten und in der Pfanne gebraten. Von den Klees wird das Wasser abgeschüttet, der breiartige Bodensatz wird jedoch zurückbehalten und mit den Klees, den Sauschwarten und dem beim Ausbraten entstandenen Fett vermischt.

Nudeln, z. B. Käsnudeln, bestehen aus Nudelteig (Mehl, Eier, Salz, wenig Wasser), der dünn ausgerollt und in Vierecke geschnitten wird. Jedes Viereck bekommt eine Fülle aus in Butter gerösteten Zwiebeln, Quark, krümeligem Brot, Rosinen und gemahlenen Nelken. Die Ecken der Teigvierecke werden über der Fülle hochgeschlagen und die Ränder an den Kanten zusammengedrückt. Die Käsnudeln werden dann in Salzwasser gekocht. Die Kinder legen übriggebliebene Teigstücke auf die »Plitt« (Ofenplatte) und essen die knusprigen Fladen. – In einem anderen Haus wurde ein ähnliches Rezept »Maultaschen« genannt; es zeigen sich in den Speisenbezeichnungen wie auch sonst in Unterschieden in der Mundart die verschiedenen deutschen Herkunftsgegenden. Die Maultaschen wurden mit gerösteten Weißbrotstückchen bestreut und mit Süßrahm übergossen.

Kartoffelnudeln: Viereckige Nudelteigstücke werden mit einer Fülle aus zerdrückten Kartoffeln und in Fett gebratenen Zwiebeln belegt, dann drückt man die Teigstücke zusammen und kocht sie in Salzwasser. Geröstete Zwiebeln und Süßrahm werden über die fertigen Kartoffelnudeln gegeben.

Es liegt wohl nicht nur an der Spezialisierung auf Getreideanbau und am subtropischen Klima, daß Kartoffeln eher sparsam in der rußlanddeutschen Küche verwendet werden. Die wolgadeutschen Kolonisten haben Deutschland verlassen, noch bevor dort Kartoffeln Volksnahrungsmittel wurden.

Als Suppeneinlage sind beispielsweise Eiergerste (aus einem festen Teig aus Mehl, Eiern und Salz, der auf der Reibe gerieben wird) und Butterklees (Brot, zur Hälfte frisch, zur Hälfte geröstet, Ei, Butter, Rahm, Muskatnuß, Nelken, Salz, in der fertigen Suppe gekocht) bekannt.

Auch das Rezept für den »Kinjesbrei« (Kinderbrei) ist ein altertümliches: Milch wird in einen Topf gerührt, in dem sich schon Mehl befindet, und zwar soviel, daß ein dünnflüssiger Teig entsteht. Dieser wird dann in kochende Milch eingerührt. Auf den fertigen Brei wird Zucker gestreut. Übrigens erlebte ich, daß die kleinen Kinder schon vor dem Essen gefüttert werden und schon im Bett liegen, wenn die Erwachsenen essen.

Hier sind nur einige der bekanntesten Gerichte, bei denen Mehl Grundlage ist, aufgezählt. Ihnen allen ist gemeinsam, daß ihre Herstellung viel Zeit erfordert. Auch das zeigt, daß sie aus einer Zeit stammen, in der mehrere Frauen sich in die Hausarbeit teilten. Zwölf Kinder waren bei rußlanddeutschen Familien bis vor etwa 40 Jahren keine Seltenheit, und oft lebten auch die Großeltern im gleichen Haus.

Abb. 3: Ecke der Speisekammer (»Schulon«) eines rußlanddeutschen Bauernhauses. Die Flaschen verhindern, daß Mäuse zum Fleisch kommen.

Argentinische Rinderzucht ist auf Fleischproduktion, nicht auf Milchwirtschaft ausgerichtet. Quark und Käse stellen rußlanddeutsche Familien für den eigenen Gebrauch her, die Rezepte zur Käsebereitung haben sie mitgebracht.

Kochkäs: Quark mit ein wenig Backsoda vermischen, in flacher Pfanne über Nacht stehen lassen, am nächsten Tag in flacher gefetteter Pfanne kochen, dabei öfter umrühren und, wenn die Masse geschmolzen ist, zwei verquirlte Eier hineinrühren und noch zwei Minuten auf dem Feuer lassen.

Stinkkäs: Quark wird in den Keller gestellt. Ein Zimmer heißt Keller oder auch Schulon oder Schalon. Es kann unter der Erde sein, jedenfalls hat es keine Fenster, deshalb ist es dort kühler. Als es noch keine Kühlschränke gab, wurden dort alle Eßwaren aufbewahrt.

*5. Schweinefleisch*

Dreimal im Jahr wird geschlachtet. Die Schweinefleischrezepte stammen wohl alle noch aus Deutschland. Ein Argentinier würde es weit von sich weisen, Schweine zu züchten. Schweinefleisch wird in der argentinischen Küche nicht verwendet, und es bereitet sogar in der Großstadt Mühe, bei einigen wenigen (meist deutschen oder ungarischen) Metzgern Schweinefleisch zu bekommen. Den Kolonisten rußlanddeutscher Abkunft sind Schweinefleischgerichte und besonders die verschiedenen Wurstarten wichtig, und so halten sie Schweine für den eigenen Bedarf. Beim Schlachten muß es in dem warmen Klima schnell gehen. Oft helfen die Nachbarn. Am ersten Schlachttag gibt es mittags heißen Asado (Fleisch auf dem Rost gebraten), abends kalten Asado. Am nächsten Tag hat man vom Fleisch genug, und es gibt Schnitzsupp und Kreppel.

»Wurst machen nur die Rußlanddeutschen«, sagen sie von sich selbst. Blutwurst, Leberwurst, Bratwurst und Schwartenmagen sind bekannt. Schwartenmagen ist der Schweinemagen, in den das Fleisch gefüllt wird. Er hat eine so große Öffnung, daß er mit einem Holzspieß zugesteckt wird. Die kleinen Kinder, die beim Wurstmachen im Weg sind, schickt man zu einer »Wees« (Tante) um einen »Kinnerspieß«. »Bis die Kinder mit einem langen Holzspieß zurückkommen, ist das Gröbste vorbei.« Manche Kolonisten machen auch Schinken, Rollwurst und geräucherten Speck. Wurstgewürze sind Pfeffer, Muskatnuß, Oregano und Knoblauch. Bei großen Treffen der Kirchengemeinden, deren Erlös für einen wohltätigen Zweck bestimmt ist, werden auch Getränke und Würste angeboten. Dabei wird das Kaufen der Wursthaut von jenen, die die Würste spenden, als teuer empfunden, denn das Fleisch, also die Fülle, hat man ja selbst. Kolonisten in Misiones, auch Rußlanddeutsche, übergießen Schweinefleischstücke mit heißem Schmalz und bewahren das Fleisch so auf. Diese Art der Konservierung ist nicht so arbeitsaufwendig und für das feuchtheiße Klima besonders geeignet.

*6. Rindfleisch*

Rindfleischgerichte sind eher argentinischer Herkunft. Es gibt wohl die Bezeichnung »Brote« für Rindsbraten, zubereitet wird er aber auf die in Argentinien übliche Art mit darum herumgelegten Kartoffeln und Batatas (Süßkartoffeln), alles zusammen wird im Backrohr gegart.

Das wichtigste Fleischgericht in Südbrasilien und Argentinien heißt Asado. Es ist fast immer Rindfleisch, das auf einen Spieß gesteckt oder auf einem Metallrost liegend im Freien auf offenem Feuer gebraten wird. Es gilt als Festessen und wird, da es ja aus der Gauchotradition kommt, von den Männern zubereitet. Die Rußlanddeutschen haben diese Art von Festbraten

Abb. 4: »Asado« ist Rindfleisch, das über einem Holzfeuer zubereitet wird. Die Zubereitung des Asado obliegt, da er aus der Gauchotradition kommt, den Männern.

selbstverständlich übernommen. Sogar in den Städten wird Asado gemacht, im Garten oder auf Holzkohlefeuer auf dem Balkon oder, wenn es gar nicht anders geht, im Backrohr in der Küche.

Für Estofado wird eine große Fleischscheibe seitlich eingeschnitten und mit kleingeschnittener Zwiebel, Möhre, Petersilie und Sellerie gefüllt, dann zusammengerollt, mit Zwiebel und Knoblauch angebraten und mit Tomaten, Lorbeerblatt, Salz, Pfeffer und etwas Wasser gedünstet.

Guiso ist ein Eintopfgericht, für das zuerst Zwiebeln und Fleisch in Fett angebraten werden, dann wird mit Pfeffer, Paprika und Salz gewürzt, mit Wasser aufgegossen und kleingeschnittene Kartoffeln und »an Gemüse, was man gerade zur Hand hat« sowie Reis oder Spaghetti mitgekocht.

Für Locro wird Speck in kleinen Würfeln, Rindfleisch in kleinen Würfeln, Zwiebeln, Kartoffelstücke, Möhren, Chili und Paprika zusammen gekocht. Außerdem gehören noch gebrochener Mais und Bohnen dazu, die aber extra gekocht werden.

Empanadas entsprechen den fleischgefüllten Piroggen. Die Fülle besteht aus gleichen Teilen aus Hackfleisch, kleingeschnittenen Zwiebeln, weiters aus Chili und anderen Gewürzen, harten Eiern, Oliven und etwas Essig. Nudelteig in Handtellergröße wird mit der Fülle belegt, halbkreisförmig zusammengeklappt, die Ränder miteinander verdreht, so daß sie beim Backen nicht aufgehen können. Empanadas werden schwimmend in heißem Öl gebacken, können aber auch auf einem Blech ins Backrohr geschoben werden.

In manchen Gegenden gibt es auch Schaffleisch, das dann ebenfalls als Asado und wie verschiedene Rindfleischgerichte zubereitet wird.

Escabecho: Tiere, die in der Pampa leben wie Perdices (Rebhühner), Palomas (Tauben) oder Vizcachas (eine Nagetierart) oder auch alte Hühner werden, eingelegt, zur geschätzten Vorspeise: Die gerupften und ausgenommenen Vögel (wenn sie klein sind) oder die in Stücke geteilten Tiere werden eingesalzen und in Essig, Öl, Pfeffer und Wasser fast gargekocht, dann werden Chilis, gelbe Rüben, Zwiebeln, Lorbeerblätter und Salz zugefügt. In den Kühlschrank gestellt, ist dieses Gericht längere Zeit haltbar.

*7. Getränke*

Rußlanddeutsche in Argentinien, Südbrasilien und auch in Paraguay trinken Mate; das haben sie von den dort schon ansässigen Bewohnern gleich bei ihrer Einwanderung übernommen. Eine faustgroße Kalebasse mit enger Öffnung, aus praktischen Gründen ist es heute manchmal auch schon ein Wasserglas, wird mit Yerba gefüllt. Yerba sind die über Feuer getrockneten, zerkleinerten Blätter einer Ilex-Art, also Bäumen, die mit dem bei uns bekannten Stechlorbeer verwandt sind. Das Gefäß wird mit den Teeblättern zu zwei Dritteln gefüllt und mit fast kochendheißem Wasser (in sehr heißen Gebieten eventuell auch mit kaltem Wasser) aufgegossen. Der dabei entstehende konzentrierte Tee wird mittels eines Metallröhrchens, an dessen Ende sich ein kleines Sieb befindet, damit man die Teeblätter nicht mitsaugt, aufgesaugt. Matetrinken ist ein geselliges Ereignis, man trinkt in der Runde, möglichst nicht allein. Die Hausfrau oder eine Tochter, in einer Männerrunde der Gastgeber oder der Rangniedrigste füllen für jeden das Mategefäß neu mit Wasser. Der Tee wird durch das Röhrchen gesaugt, das Gefäß an den Ausschenkenden zurückgegeben, dieser füllt es wieder mit Wasser und reicht es dem Nächsten in der Runde. So kreist das Mategefäß oftmals. Wer nicht mehr möchte, sagt »gracias« (nie »danke«, auch wenn sonst deutsch gesprochen wird) und wird ab der nächsten Runde ausgelassen. Das Matetrinken ist zu Ende, wenn alle »gracias« gesagt haben. Mate wird mehrmals am Tag getrunken. Gleich morgens nach dem Aufstehen, dann eventuell am Vormittag, vor dem Mittagessen, dann nachmittags und noch einmal am Abend. Wenn plötzlich ein Gast kommt, setzt man sich ebenfalls erst einmal zusammen, um Mate zu trinken. Das Matetrinken ist Ruhepause zwischen der Arbeit, eine Zeit der Muße und des Gesprächs. Viel Interessantes über die Lebensweise der rußlanddeutschen und der nichtrußlanddeutschen Argentinier habe ich beim Matetrinken erfahren, meist durch Zuhören, aber auch zum Fragen ergab sich hier die beste Gelegenheit.

Mate enthält unter anderem Koffein und hat daher eine anregende Wirkung. Europäer, die nach Südamerika kommen, können sich oft mit der Sitte des Matetrinkens nicht befreunden, denn dasselbe Metallröhrchen (Bombilla) und dasselbe Gefäß wird von allen benützt, ohne zwischendurch abgewaschen zu werden. Um dem bitter schmeckenden Mate eine andere Geschmacksnote zu geben, wird manchmal Zucker zugefügt oder getrocknete Orangen- oder Zitronenschalen oder, aus gesundheitlichen Gründen, Heilkräuter. Manchmal wird Würfelzucker dazu gereicht, von dem man ein kleines Stück abbeißt, es im Mund behält und den Tee dazutrinkt. Auf die gleiche Art hat man in Rußland den Tee aus dem Samowar gesüßt. Der Mate hat jedoch in Südamerika den Tee aus dem Samowar völlig verdrängt. Das Wort Mate, sowohl für den Tee selbst als auch für die Kalebasse, aus der er getrunken wird, wird vom Ketschuawort »mati« für »Essen« abgeleitet.

Da Citrusbäume häufig sind, wird im Haus Saft aus Citrusfrüchten haltbar gemacht. Sodawasser wird gekauft, für festliche Gelegenheiten auch Coca-Cola und andere Erfrischungsgetränke. Wein wird zum Essen gerne mit Sodawasser oder Orangensaft gemischt. Seltener werden Bier, Schnaps (z. B. Zuckerrohrschnaps, Traubenschnaps) und Aperitifs

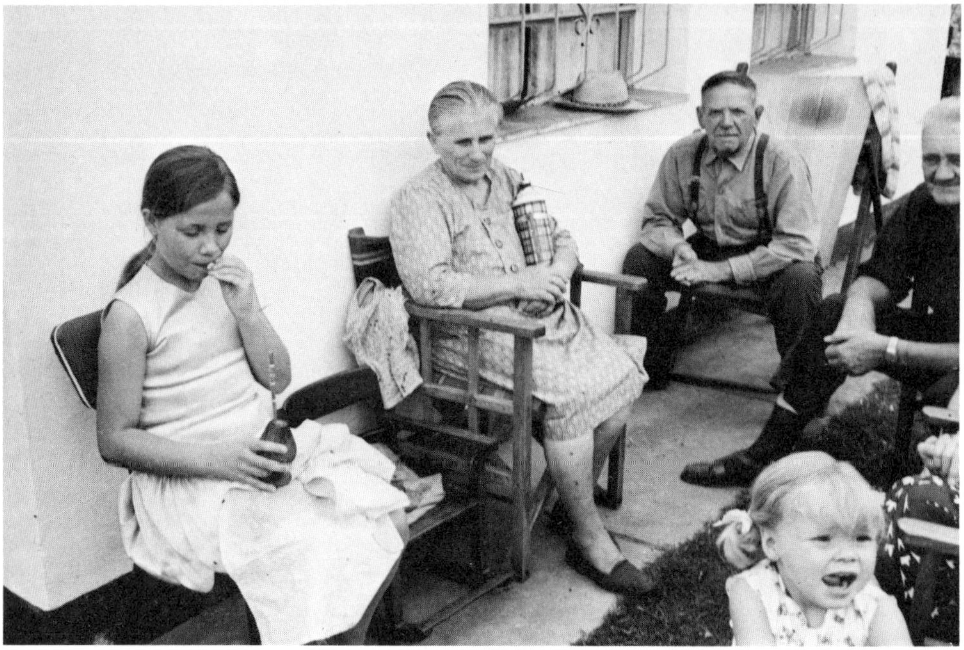

Abb. 5: Beim Matetrinken kann Würfelzucker gereicht werden, von dem man ein Stück abbeißt, es im Mund behält und Mate dazu »suckelt«. Der Tee aus dem Samowar wurde in Rußland auf dieselbe Weise gesüßt.

Abb. 6: Gemütliches Beisammensein zum Nachmittagskaffee in Buenos Aires.

getrunken. Kaffee ist selbstverständlich bekannt. Als »cafecito« (kleiner Kaffee) wird er gerne als Abschluß eines guten Essens serviert. Nescafé wird auf argentinische Art mit Sodawasser und Zucker sorgfältig angerührt, bevor er mit heißem Wasser aufgegossen wird.

Kwast oder Kwas, das leicht alkoholische russische Getränk, ist bei den Rußlanddeutschen wohl bekannt, wird aber in den letzten Jahren kaum noch hergestellt. Es wurde z. B. aus Gerstenbrot gemacht, dessen Krusten geröstet wurden. Dann wurde Wasser, Brot, die gerösteten Krusten sowie Sauerteig zusammen angesetzt. Bei heißem Wetter dauerte es zwei Tage, bis der Kwas trinkfertig war. Er war dann so dunkel wie Bier. »Ins Faß kam Stroh, dann seihte es sich von allein durch.« Wollte man den Kwas schaumig haben, fügte man vor dem Trinken Backsoda hinzu. Bei einer Hochzeit durfte früher der Kwas auf keinen Fall fehlen.

Süßholztee wurde in Rußland getrunken, und manche Rußlanddeutschen haben diese Gewohnheit bis heute beibehalten. Die braune Rinde der etwa fingerstarken Süßholzstücke wird abgeschabt, die gelben Stücke dann gekocht. In manchen Fällen wird Süßholztee gerne abends zum Essen getrunken.

*8. Kernknuppern*

Die Gewohnheit des Kernknupperns brachten die Rußlanddeutschen aus Rußland. Sonnenblumenkerne samt Schale werden trocken geröstet und zum Zeitvertreib gekaut. Die Schalen werden ausgespuckt und liegen dann auf dem Boden, auf dem Gehsteig, in öffentlichen Verkehrsmitteln; sie lassen sich nicht leicht entfernen. Eine bestimmte fünfköpfige Familie (Vater, Mutter, drei Kinder) beispielsweise kauft und röstet jährlich 30 Kilogramm Sonnenblumenkerne. Die Rußlanddeutschen sagen, die »Hiesigen« hätten das Kernknuppern von ihnen übernommen, denn bei der Einwanderung hätten die Rußlanddeutschen Sonnenblumenkerne zum Anpflanzen und Knuppern mitgebracht. Allerdings kennt man geröstete Sonnenblumenkerne auch in anderen Ländern, in Andalusien etwa und in der Türkei. Auch Kürbiskerne werden auf diese Art verzehrt. Sonnenblumenkerne gibt es auch fertig geröstet in Geschäften, in denen Rußlanddeutsche kaufen. Der Kaufmann faßt eine Portion Kerne mit einem Trinkglas heraus, der Käufer nimmt das Glas und schüttet den Inhalt in seine Hosentasche.

Ferner brachten rußlanddeutsche Einwanderer Körner einer kleinen Maisart mit, um sie anzupflanzen und daraus das gewohnte »Platzwelschkorn« (Popcorn) zu machen. Selten wird Süßholz gekaut.

*9. Mahlzeiten zu Festtagen*

In einem Neujahrswunsch, den Kinder ihren Paten aufsagen, heißt es:

Bratwurst und Branntewein, merbe Kreppel misse sein,
Merbe Kreppel hätt' ihr kein, schieß ich alles kurz und klein!

Am Gründonnerstag gehen auch jene Männer fischen, die sonst nicht fischen. Am Karfreitag wird dann Fisch gegessen oder auch Schnitzsupp und Kreppel.

Die Speisen, die die rußlanddeutschen Katholiken zu Ostern weihen lassen, werden am Ostersonntag zuerst gegessen, noch vor dem Matetrinken. Es sind dies Brot, Eier, Süßigkeiten, Äpfel. Früher hatte man auch Speck dabei, aber das ist abgekommen; für Speck ist es zu heiß.

Ostereier werden mit Zwiebelschale, Mate und Kaffee gefärbt. Die Kinder glauben, das »Osterhäsche« bringe die Eier. Sie »legen einen Hut in die Stub', jedes Kind einen, dort macht

Abb. 7: Die für die kirchliche Weihe bestimmten Speisen werden am Karsamstag auf den Altar und die Altarstufen gelegt. Am Ostersonntag wird zuerst von dem Geweihten gegessen.

der Osterhas das Nestche. – Jetzt hat man nur mehr wenig Eier, dafür aber mehr Äpfel.«

Im Regenwaldgebiet Misiones, wo auch Erdnüsse gepflanzt werden, bekommen die Kolonistenkinder, auch die rußlanddeutschen, ganz andere Ostereier. »Bei den Eiern wird oben ein Loch gemacht, sie werden ausgeschüttelt und gefärbt. Dann werden Mani (Erdnüsse) geröstet, abgepellt und gemahlen oder mit der Teigrolle zerdrückt. Dann kocht man sie zusammen mit Zucker und Milch. Wenn die Masse steif ist, werden die Eier damit gefüllt und mit einem Papierchen oben zugeklebt. Jedes Kind bekommt mehrere von diesen Eiern, según (je nachdem) der Osterhas' legen kann. Auch Kekse, Schokoladeeier, Süßigkeiten.«

Hochzeiten werden als große Feste gefeiert. Sie dauerten zur Zeit der Einwanderung nach Südamerika noch drei Tage. Heute beginnen sie am späten Nachmittag und dauern, wenn es sich um eine Hochzeit mit Tanz handelt, bis zur Dämmerung des nächsten Morgens (Tageslicht ist für jene Gäste wichtig, die mit dem Pferdewagen kommen). Hochzeiten sind Treffen der oft auf Einzelhöfen, jedenfalls weit verstreut lebenden Verwandten und Bekannten. Auch jene Rußlanddeutschen, die in die Großstadt gezogen sind, kommen anläßlich der Hochzeiten zu Besuch aufs Land.

In den letzten Tagen vor der Hochzeit kommen die Nachbarn, um beim Schlachten und Kochen und bei anderen Vorbereitungen zu helfen. Der Bedarf für eine größere Hochzeit, zu der achtzig Familien eingeladen waren, bestand in: 50 Kilogramm »Kuchen« (Weißbrot), 84 Kilogramm Spanferkel, 45 Kilogramm Rindfleisch für Asado, 22 Hühner, 100 Kilogramm

Abb. 8: Zerteilen der Spanferkel als Vorbereitung für das Hochzeitsmahl.

Wurst, 40 Kilogramm Kartoffelsalat, 5 Kilogramm Reis, Käse, Fiambre (kalter Aufschnitt), Aceitunas (Oliven), Pickles (sauer eingelegtes Gemüse). Als Postre (Nachtisch) gab es Manzanas (Äpfel). Der Kartoffelsalat wird in Backtrögen bis zur Hochzeit aufbewahrt. Selbstverständlich gibt es eine Hochzeitstorte und vier weitere Torten, fünf Arrollados (Biskuitrouladen), 400 Pasteles (feines Kleingebäck). Getränke: 30 Liter Wermut, der zur Vorspeise serviert wird, 100 Liter Wein, 15 Kisten Sodawasser à 6 Flaschen, je 20 Kisten Coca-Cola und Fanta à 24 Flaschen, 30 Kisten Bier à 12 Flaschen, 30 Liter Cognac, 30 Liter Ginebra (Branntwein), 6 Liter Whisky.

*10. Zusammenfassung*

So wie sich die Wanderschaft der Rußlanddeutschen in ihrer Sprache abzeichnet, in der wenige russische und viele spanische bzw. portugiesische Lehnwörter verwendet werden und auch einige indianischen Ursprungs, gibt es »Lehnspeisen«, die im täglichen Speisenzettel der Rußlanddeutschen ganz selbstverständlich vorkommen. Der Zeitpunkt der Übernahme geht aber nicht mit der Übernahme der Sprache konform. Rezepte der anderssprachigen Nachbarn wurden übernommen, noch bevor die Landessprache beherrscht wurde, einfach weil sich die Einwanderer von den Landesprodukten ernähren und sich in der Auswahl der Speisen auch dem Klima anpassen mußten. Andererseits fand ich auch in Familien, in denen nicht mehr deutsch gesprochen wird, typisch deutsche bzw. rußlanddeutsche Gerichte. Wiederum stimmen Nahrungstradition und Sprache nicht unbedingt überein.

Speisen werden schneller übernommen, aber auch länger beibehalten als die zugehörige

Sprache und Lebensweise. Sie können Geschichte und Wanderweg einer Volksgruppe wiedergeben. Es besteht Grund zur Annahme, daß diese am Wanderweg und der Speisentradition der Rußlanddeutschen gemachte Beobachtung verallgemeinerbar ist. Ein ähnliches Phänomen fand ich beispielsweise bei den Nachkommen jener deutschsprachigen Kolonisten, die sich im 18. Jahrhundert in Südspanien in der Gegend der Sierra Morena niederließen, wo zwar keine Erinnerung an die deutsche Sprache mehr vorhanden ist, wohl aber noch einige Gewohnheiten aus der deutschen Speisentradition.

Im beschriebenen Fall herrscht ein friedliches Nebeneinander von Speisen aus verschiedenen Kulturräumen. Es bildete sich bei den Rußlanddeutschen eine Lokaltradition, beruhend auf den vorhandenen Lebensmitteln und den Stationen ihres zweihundertjährigen Wanderweges.

## *Anmerkungen*

1 Beim Vergleich der Statistiken verschiedener Jahre ergeben sich Schwierigkeiten; siehe Literaturverzeichnis S. Heitman.

2 Ein Antrag auf Ausreise muß von in der Bundesrepublik lebenden nahen Verwandten gestellt werden. Die Anzahl der von sowjetischer Seite gegebenen Ausreisegenehmigungen schwankt und spiegelt die offiziellen Beziehungen zwischen der Sowjetunion und der Bundesrepublik wider, siehe Literaturverzeichnis J. Schnurr.

Die Fotos wurden in den argentinischen Provinzen Entre Ríos und Buenos Aires zwischen 1967 und 1977 gemacht und stammen von der Autorin.

Für die Durchsicht des Manuskriptes danke ich dem Wolgadeutschen Herrn Reinhold Keil, BRD.

## *Literatur*

Die meisten der hier aufgeführten Bücher gehen zwar nicht auf die Nahrungsgewohnheiten der Rußlanddeutschen ein, bieten jedoch zusätzliche Informationen zur Lebensweise, Umwelt und Geschichte der Rußlanddeutschen. Von den genannten Autoren gibt es außer diesen Büchern Aufsätze in Fachzeitschriften, deren Aufzählung aus Platzgründen unterbleiben muß.

Aus Küche und Keller. Bearbeitet von Joseph Schnurr. Verleger und Herausgeber: Landsmannschaft der Deutschen aus Rußland. Stuttgart 1965. 67 S.

Graefe, Iris Barbara: Zur Volkskunde der Rußlanddeutschen in Argentinien. Wien (Schendl) 1971. 162 S.

Heitman, Sidney: The Soviet Germans in the USSR Today. Bundesinstitut für ostwissenschaftliche und internationale Studien. Köln 1980. 135 S.

Ilg, Karl: Pioniere in Argentinien, Chile, Paraguay, Venezuela. Innsbruck (Tyrolia) 1976. 316 S.

Rath, Claus-Dieter: Reste der Tafelrunde. Rowohlt Taschenbuch 7816. Reinbek bei Hamburg 1984. 334 S.

Saubidet Tito: Vocabulario y Refranero Criollo. Buenos Aires (Guillermo Kraft) 1949. 421 S.

Schnurr, Joseph: Die Aussiedler aus dem sowjetischen Bereich. 44 S. In Wilhelm Arnold: Die Aussiedler in der Bundesrepublik Deutschland. Abhandlungen zu Flüchtlingsfragen Band XII/1 Herkunft, Ausreise, Aufnahme. Wien (Wilhelm Braumüller) 1980.

Stumpp, Karl: Die Rußlanddeutschen. Freilassing (Pannonia), 2. Auflage 1965. 140 S.

*Gernot Graefe:*

# *Essen und Trinken im Stoffkreislauf Ergänzungen zum Thema aus ökologischer Sicht*

Die ökologische Sicht verlangt viel: die gleichzeitige Beachtung möglichst vieler Wechselwirkungen. Durch die »Enge des Bewußtseins« ist die wechselseitige Berücksichtigung gleich mehrerer Faktoren ein fast hoffnungsloses Unterfangen. Es erscheint mir daher sinnvoll, in diesem komplexen ökologischen Netzwerk zur Orientierung nach durchgehenden »roten Fäden« zu suchen, nach Gesetzlichkeiten, die praktisch immer Gültigkeit haben; mit einer solchen möchte ich beginnen:

Justus von Liebig stellte bei seinen Versuchen zur Düngung fest, daß es Minimumfaktoren gibt. Wenn ein bestimmtes Nährsalz oder Spurenelement unzureichend vorhanden war, konnte alles andere noch so reichlich vorkommen, es wirkte sich nicht aus. Nur jener Faktor bestimmte die Höhe des Ertrags, der sich im Minimum befand. Wurde das Fehlende ergänzt, so trat der nächste Faktor begrenzend in Erscheinung. – Das entspricht dem volkstümlichen Satz: »Eine Kette ist nur so stark wie ihr schwächstes Glied.« Liebig hat zur Veranschaulichung einen Bottich mit verschieden hohen Seitenbrettern dargestellt. Jeweils das kürzeste stellt den Minimumfaktor dar. Die Flüssigkeit, die den Ertrag symbolisiert, kann nur so lange zunehmen, bis ihr Spiegel den Oberrand des niedrigsten Seitenbretts erreicht, wird dieses Brett verlängert, so wird das nächstkürzeste zum begrenzenden Faktor.

Wenn wir die Berücksichtigung von Minimumfaktoren als roten Faden durch unsere Betrachtungen legen, dann müssen wir ohnehin sehr rasch zum Essen und Trinken kommen, denn Liebigs Beispiel gilt ja nicht nur für Nährsalze und Pflanzenwachstum, sondern ganz generell. Bei diesem Denkansatz müssen wir feststellen, daß unser Leben hauptsächlich daraus besteht, Minimumfaktoren zu beseitigen: In kurzen, regelmäßigen Abständen tritt das Essen immer wieder in den Vordergrund, dann mag es die Flüssigkeitsaufnahme oder etwas ganz anderes sein. Nach dem Fehlenden wird gesucht, es zu bekommen führt zu großen Anstrengungen. – Das gilt nicht nur für uns, das ist das Gemeinsame für Organismen jeder Organisationsstufe, für Mikroorganismen, Pflanzen und Tiere und Menschen.

Die aktive Ortsbeweglichkeit von Organismen dient großenteils zur Erhöhung der Chance, an die Nahrungsquelle zu gelangen. Während sich die grünen Pflanzen durch einen Platz an der Sonne auf der Erdoberfläche ihre energetische Basis sichern, ist der Ernährungsraum der Tiere eher dreidimensional, nicht von der Sonne unmittelbar, sondern von der Verteilung der organischen Rohstoffe abhängig. Mit der größeren Vielfalt der Ernährungsmöglichkeiten entstand auch eine größere Vielfalt von Lebensformen mit jeweils angepaßten Fortbewegungsweisen. So gibt es auf der Erde mehr als 300 000 Pflanzenarten, aber weit mehr als eine Million Tierarten.

Im Verlauf der frühen Evolution könnten die ersten Schritte zur Bildung und zum Einsatz von Muskeln aus erfolgreichen Neuerungen bei der Nahrungssuche stammen. Solchen Überlegungen zufolge ist die Verhaltensforschung eine Disziplin innerhalb der umfassenden Ökologie und das Verhalten das schnellste und flexibelste Mittel, situationsgemäß zu agieren und zu reagieren. Zweifellos ist es besonders wichtig, der Nahrung erfolgreich nachzulaufen. Anderes mag hinzukommen, die Partnersuche usw. Andererseits geht es auch darum, den Wetterunbilden, gefährlichen Abgründen auszuweichen – oder den Räubern, die ja auch wiederum nur ihre energetische Basis sichern wollen.

Wenn Hunger und Durst gestillt werden, geht es um die Beseitigung von Minimumfaktoren. Nicht immer stehen die existentiellen Bedürfnisse, sondern häufig soziale und kulturelle Aspekte im Vordergrund. Dann wird es zunehmend wichtiger, daß alles Unappetitliche außerhalb des Gesichtsfelds bleibt, wie es uns das Referat von Professor Trümpy gezeigt hat. Gemeinsame Mahlzeiten sollen helfen, Bindungen zu schaffen oder aufrechtzuerhalten. Da soll möglichst nichts Ekelerregendes aufkommen. So wie ein guter Appetit anregend auf die übrigen Teilnehmer wirkt, so können erst recht Ekelgefühle eine ganze Tischrunde erfassen. Deshalb sorgen strenge Tischsitten dafür, daß Verabscheuungswürdiges möglichst unterdrückt wird. Hier setzen zahlreiche kulturelle Einflüsse an.

Den Naturwissenschaftler und Ökologen interessiert es mehr, wie der Stoff- und Energiefluß weiterverläuft. Hier sind die Ausscheidungen von größter Bedeutung, denn sie bilden den Motor, der für die Aufrechterhaltung des Stoffkreislaufs sorgt. Die Fäkalien, die uns ekelerregend erscheinen, sind für andere Organismen als Nahrung attraktiv und deren Exkremente wiederum bilden wertvolle Ausgangsstoffe für die im Kreislauf nachfolgenden Organismen. Diese hinterlassen Humusstoffe, die es den Pflanzen erlauben, wiederum höchst appetitliche Biomasse aufzubauen. In einem naturnahen Ökosystem bleiben nirgends unverwertbare Abfälle zurück.

Vor mehr als 20 Jahren war es noch nicht so lebensnotwendig, sich mit Ökologie zu beschäftigen. Die menschliche Population war damals noch besser in ein funktionierendes Ökosystem eingebettet als heute. Es ist wie beim gesunden Menschen: bei guter Gesundheit sind Arzt und Medizin uninteressant; wenn jedoch etwas aufhört zu funktionieren, wenn beispielsweise der rechte Arm zerschmettert ist, dann ist es interessant, wie die Zusammenhänge sind, wie Knochen, Muskeln und Nerven wieder zusammengeflickt werden können.

Bezüglich unseres Lebensraums befinden wir uns heute in dieser schwierigen Situation, weil wir als Endverbraucher auf eine so gewaltige Population angewachsen sind. Man spricht von Nahrungskette, wenn man den Stoffkreislauf über die voneinander abhängenden, aufeinanderfolgenden Organismen kennzeichnen möchte. Man spricht von einer Pyramide, wenn man die verschiedenen Populationsgrößen einbezieht und darstellen will, daß die jeweiligen Konsumenten höherer Ordnung sich nur von einer sehr viel breiteren Basis von Biomasse ernähren können. Der Endverbraucher, der an der Spitze der Pyramide steht, dürfte eigentlich nur eine kleine Population bilden. – Der Endverbraucher *Homo sapiens* hat sich in den vergangenen Jahrzehnten unter den vergleichbaren Organismen zur kopfstärksten Population entwickelt. Unter allen Säugetieren übertrifft uns an Zahl nur noch die Wanderratte. Bei aller Lebenstüchtigkeit konnte *Rattus norvegicus* das nur schaffen, weil wir mit unseren Abfällen und mit den ökologischen Nischen, die unser Tiefbau geschaffen hat, für so viel Lebensraum und Nahrung gesorgt haben.

Wäre die Zahl der Menschen heute so groß wie zu Zeiten der frühen Sammler und Jäger, dann wäre dieser Mensch immer noch eingebettet in den »Mutterkuchen« des funktionierenden Ökosystems. Was immer dieser Mensch täte, könnte von außen gepuffert und kompensiert werden. Bei der heutigen Weltbevölkerung ist das unmöglich.

Teilt man in Gedanken die heute auf der Erde lebenden 4,8 Milliarden Menschen gleichmäßig auf das zur Verfügung stehende Land auf, so stünde jeder auf einer Fläche von 28 300 Quadratmetern. Jeder wäre nur 170 Meter vom anderen entfernt. Bei dieser Rechnung sind die Hochalpen, Wüsten und Ödländer gleichermaßen mit einbezogen. Es hat mehr Sinn, nur das für die Ernährung bebaubare Land zu zählen. 1972, als die Ersteller von Weltmodellen erstmals ihre Rechenergebnisse publizierten, entfielen auf jeden Menschen 4 000 Quadratmeter bebaubares Land, das für die Ernährung genutzt werden konnte. Inzwischen habe ich einmal eine Veröffentlichung der Schweizer Vereinigung für Zukunftsforschung gesehen, die angab, daß zu jenem Zeitpunkt nur noch 3 300 Quadratmeter auf jeden Menschen entfielen. Das war schon vor mehreren Jahren – wer weiß, wie wenig Land heute pro Kopf zur Verfügung steht, das unsere Nahrung liefern muß.

Der Niederschlag, der auf die Ernährungsfläche fällt, ist von allergrößter Bedeutung. Um ein Gramm Trockensubstanz aus $H_2O$, $CO_2$ und Nährsalzen zu erzeugen, benötigt die Pflanze 300–600 Liter Wasser. Dieses wird als Baustoff für die Kohlenhydratbildung, als Lösungs- und Transportmittel für die Nährstoffbeförderung und als Transpirationsmittel zur Kühlung benötigt. Schließlich bestehen die pflanzlichen Gewebe durchschnittlich zu 90 Prozent aus Wasser.

Für die pflanzliche Primärproduktion ist der Niederschlag, der unmittelbar auf die Fläche fällt, ein wichtiger begrenzender Faktor. Ein durchfließendes Gewässer mag einen positiven Einfluß auf den Ertrag der benachbarten Böden haben. Erst wenn dieses vorüberfließende Wasser durch systematische Bewässerung genutzt wird, können bedeutende Ertragssteigerungen erzielt werden. Als kurz vor dem 5. Jahrtausend die frühen Bewässerungstechniken eingeführt wurden, kam es zwischen dem 5. und 4. Jahrtausend v. Chr. zum ersten sprunghaften Anwachsen der Bevölkerungsdichte im Nahen Osten.

Der Kreislauf des Wassers vom Meer über die Atmosphäre auf das Land und wieder zurück ins Meer stellt die mengenmäßig größte Stoffbewegung dar. Davon geraten nur kleinste Mengen in den unmittelbaren biologischen Kreislauf, wenn sie als Bausteine für Kohlenhydrate und andere organische Verbindungen verwendet werden. Ein viel größerer Teil wandert als Flüssigkeit durch die Körper der Organismen, ohne chemische Verbindungen einzugehen. Durch Verdunstung und Kondensation treten jedoch physikalische Zustandsänderungen auf, die mit bedeutenden Energieumsetzungen verbunden sind und die von den Organismen geschickt genutzt werden.

Mengenmäßig an nächster Stelle kommt das Kohlendioxid, das ebenso wie die Feuchtigkeit ständig an die Atmosphäre abgegeben und ständig auch wieder aus ihr zurückgeholt wird. Ursprünglich war die Kohlendioxidfreisetzung in erster Linie mit biochemischer Aktivität gekoppelt. Heute werden immer größere Mengen durch industrielle Verbrennungsvorgänge ausgestoßen. Technische Prozesse verursachen nur sehr selten eine $CO_2$-Bindung. Diese bleibt der pflanzlichen Fotosynthese vorbehalten. Die Vegetation, die durch Begleitstoffe aus den Verbrennungsprozessen geschädigt wird, kann immer weniger zusätzliches Kohlendioxid assimilieren. So muß ein größer werdender Anteil unverbraucht in der Atmosphäre und in den Gewässern gelöst zurückbleiben. Welche Folgewirkungen das im einzelnen haben wird, muß sich erst noch zeigen. Wenigstens wird man nicht mehr so überrascht sein wie kürzlich durch das Einsetzen des Waldsterbens.

Die Kohlendioxidbetrachtung führt uns nicht nur zur allgemeinen Umweltproblematik, sie leitet auch unmittelbar hin zum Thema Nahrung aus ökologischer Sicht. Die Sonnenenergie, die durch die $CO_2$-Assimilation chemisch in der Biomasse gebunden ist, wird auf Abruf zur Verfügung gehalten, bis sie sich mit der Veratmung von Nahrungsstoffen wieder von der chemischen Bindung befreit. Über verschiedene biochemische Zwischenstufen fallen am Ende Wärme an, die letztlich in den Weltraum abgegeben wird, und $H_2O$ und $CO_2$, die aufs neue zur Sonnenenergie-Einbindung von Pflanzen zu Kohlenhydraten zusammengefügt werden können.

Atmung findet überall statt, am lebhaftesten aber wohl in den obersten Zentimetern des Erdbodens. Die Mikroorganismen verarbeiten hier, was als Streuschicht von der Vegetation abfällt. Bestimmte Mikroorganismen warten nicht auf den abgestorbenen Bestandsabfall. Sie gehen als sogenannte Schaderreger vorzeitig auf die noch lebenden Gewebe über, verwenden gewisse Bestandteile als Nahrung und beschleunigen damit den Stoffkreislauf. Diese Pioniere unter den Zersetzern zeigen in der Regel eine Schwäche ihrer Wirte an.

In der modernen Landwirtschaft werden diese Schwächeparasiten nicht als Indikatoren gesehen, von denen man lernen kann; sie werden mit Pestiziden bekämpft. Durch äußerlich applizierte Chemikalien lassen sich fehlende Widerstandskräfte nur bis zu einem gewissen Grad ausgleichen. Diese Eingriffe sind zu grob und voller Nebenwirkungen. Chemie darf eigentlich nur kleinräumig und kurzfristig in den geeignetsten Augenblicken eingreifen, so wie es die Organismen mit ihren angepaßten biochemischen Eingriffen ja ohnehin machen.

Mikroorganismen sind überall im Spiel und sollten uns zu einer grundsätzlichen Betrachtung führen. Wenn sie bei der Milchsäuregärung, bei der Sauerteigherstellung, oder auch beim Verderb nicht aufgebrauchter Nahrungsmittel und Getränke aktiv werden, dann läuft der Vorgang äußerlich nach einem ähnlichen Schema ab. Die Milch beispielsweise bleibt eine ganze Weile scheinbar unverändert, dann spürt man die ersten Anzeichen der Säuerung, und kurz danach ist sie gänzlich sauer.

So läuft exponentielles Wachstum ab. Nehmen wir an, daß sich die Zahl der Keime jede halbe Stunde verdoppelt, so benötigt der Vermehrungsvorgang viele Verdoppelungszeiten beziehungsweise viele Stunden, bis die ersten beachtenswerten Keimzahlen überhaupt zustande kommen. Dann aber geht es unvorstellbar schnell wie bei dem berühmten Schachbrettbeispiel, in dem für jedes Feld die Zahl der Getreidekörner verdoppelt wird.

Alle Lebewesen vermehren sich mittels exponentiellen Wachstums. Daß es dabei so selten zu Ausuferungen kam, lag daran, daß sich alle diese wachsen wollenden Populationen gegenseitig »in Schach hielten«. Da die vorgeschichtliche Menschheit diesen ökologischen Kontrollmechanismus gleichermaßen unterworfen war, haben sich relativ wenig Hemmechanismen gebildet, die Wachstum von innen her einschränken. Wir sind nun in die Lage geraten, daß wir von innen her gegensteuern sollten – und das bald, weil exponentielle Wachstumsgesetze nur eine kurze »Galgenfrist« gewähren.

Diese Gegensteuerung muß im kulturellen Bereich liegen, in Einstellungen und daraus resultierenden Verhaltensweisen; diese springen von Mensch zu Mensch über und pflanzen sich durch Beispiel oder auch durch Unterricht ebenfalls nach exponentiellen Wachstumsgesetzen fort. – Wenn eine Hoffnung gerechtfertigt ist, dann wegen dieses Aspekts.

# *Horst Jürgen Helle:*
# *Über die einende Wirkung des Teilens beim Essen Die Mahlzeit als Ausgangspunkt für soziale Beziehungen*

Am 10. Oktober 1910 erschien im Berliner Tagblatt ein Aufsatz des Philosophen und Soziologen Georg Simmel mit dem Titel »Soziologie der Mahlzeit«. Simmel geht von der abstrakten Überlegung aus, daß etwas, das allen Menschen gemeinsam ist, seinem Kultivierungsgrad nach eher niedrig als hoch einzustufen sein wird. Er begründet das damit, daß im Erbgang »diejenigen Formen und Funktionen am sichersten auf jedes Individuum« (Georg Simmel 1957, 243) übertragen werden, die phylogenetisch am ältesten sind. Diesen Gedanken verfolgt Simmel dann aber nicht weiter, obwohl sich daran sehr interessante Überlegungen anschließen ließen.

Statt dessen weist er darauf hin, daß alle Menschen essen und trinken müssen, um überleben zu können. So sehr diese Notwendigkeit allen gemeinsam ist, so sehr wohnt ihr nach Simmel die Möglichkeit inne, gerade nicht wegen der Gemeinsamkeit zum Anknüpfungspunkt für soziale Beziehungen zu werden, sondern im Gegenteil in den äußersten Egoismus und damit den Kampf aller gegen alle zu führen. Simmel schreibt: »Was ich denke, kann ich andere wissen lassen; was ich sehe, kann ich sie sehen lassen; was ich rede, können Hunderte hören – aber was der einzelne ißt, kann unter gar keinen Umständen ein anderer essen« (243).

Der Natur der Sache nach stellt sich die Notwendigkeit, essen und trinken zu müssen, als Ausgangspunkt für Konflikt und Kampf dar. Wenn aber tatsächlich die menschliche Mahlzeit innere Nähe und das Erlebnis friedlicher Verbundenheit schafft, dann ist das überraschend, nicht ohne weiteres einleuchtend und einer besonderen Erklärung bedürftig. So stellt sich vor dem Hintergrund von Simmels Gedanken die Frage, ob das Phänomen menschlicher Verbundenheit bei der Mahlzeit das Ergebnis eines langwierigen Kultivierungsprozesses ist, in dessen Verlauf eine urwüchsige Kampfsituation des Futterneids überwunden wurde, oder ob umgekehrt die soziale Dimension der Mahlzeit ebenso wie z. B. das Inzesttabu auf eine Urinstitution verweist, die seit dem fernsten Beginn jeder Form der Kultur als gegeben unterstellt werden muß. Hier soll in Richtung der zweiten Alternativen argumentiert, also eine Meinung vertreten werden, der wohl auch Simmel zuneigt, wenn er schreibt: »Personen, die keinerlei spezielles Interesse teilen, können sich bei dem gemeinsamen Mahle finden – in dieser Möglichkeit, angeknüpft an die Primitivität und deshalb Durchgängigkeit des stofflichen Interesses, liegt die unermeßliche soziale Bedeutung der Mahlzeit« (244).

Mit Recht erinnert Simmel in seiner »Soziologie der Mahlzeit« daran, daß die herausgehobene Bedeutung der Mahlgemeinschaft in zweierlei entgegengesetzte Richtungen wirkt: Nach innen zwischen den am Mahl Beteiligten schafft sie Bindung und Nähe, nach außen, gegenüber den von der Mahlgemeinschaft Ausgeschlossenen, werden strikte soziale Schranken errichtet und stabilisiert. So sprechen viele Religionen strenge Verbote aus, mit bestimmten Personen zu essen. Am wirksamsten kann ein solches Verbot durchgesetzt werden, wenn zugleich der Verzehr einer bestimmten Speise verboten wird. Im Ergebnis wird dann der eine Personenkreis diese Speise essen, der andere aber sie gerade nicht essen dürfen, und folglich wird eine Mahlgemeinschaft zwischen beiden undenkbar.

Das ist nun genau die soziale Wirkung, die vom Totem ausgeht, wie der französische Klassiker der Soziologie, den auch die Völkerkunde beachtet hat, Emile Durkheim, sie behandelt. Er hat im Jahre 1912 sein religionssoziologisches Hauptwerk »Les formes elementaires de la vie religieuse« veröffentlicht, in dem er den Totemismus als einfachste Form der Religion vorstellt. Interessant ist zunächst schon die Tatsache, daß das Totem sowohl bei den Ureinwohnern Australiens als auch bei den Indianern Nordamerikas vorkommt. Durkheim weist auf die größere Komplexität des Totemismus bei den Indianern hin und will deshalb seine Untersuchung auf die Australier konzentrieren, dabei allerdings die Verhältnisse in Nordamerika von Fall zu Fall heranziehen, um auf den ersten Blick unverständliche Aspekte des australischen Totemismus besser deuten zu können (Emile Durkheim 1976, 97).

Durkheim beschreibt als soziale Elementareinheit bei den Australiern das, was er Clan nennt (107). Die Mitglieder eines Clans erkennt man daran, daß sie denselben Namen führen, nämlich den Namen ihres Totems. Sie sind, wie Durkheim erklärt, tatsächlich nicht Väter, Mütter, Söhne, Töchter, Onkel, Neffen usw. in dem Sinne, wie wir diese Begriffe verwenden. Dennoch bilden sie so etwas wie eine große Familie insofern, als sie einander die Zeichen der Solidarität und gegenseitigen Verpflichtung bezeugen, die wir mit dem Gedanken an Verwandtschaft durchwegs verbinden. Bei den Ureinwohnern Australiens findet das Ausdruck als gegenseitige Hilfeleistung, Rächung eines Vergehens an einem Mitglied durch die übrigen Mitglieder, Trauer um den Tod, und vor allem das Verbot, untereinander zu heiraten.

Die große Mehrheit der Totems bezeichnen ein konkretes Tier oder eine gutbekannte Pflanze. Bei den über 500 damals bekannten Totems der südostaustralischen Clans, über die Durkheim 1912 berichtet, stellten nur 40 Ausnahmen davon dar. Abgesehen von solchen vermutlich neueren Totems wie Wolke, Regen, Mond und Sonne, sind die vorherrschenden und wohl älteren Totems Namen für etwas, das grundsätzlich eßbar ist, eben Tiere oder seltener auch Pflanzen. Obwohl es also zunächst so scheinen mag, als ob das Totem nur ein Name für eine Erscheinung des Alltags der Eingeborenen sei, ist es doch mindestens für die Mitglieder desjenigen Clans, der den betreffenden Totemnamen trägt, der Prototyp eines sakralen Dinges (119). Vom Totem leitet sich die Klassifikation aller übrigen Dinge in profan und sakral ab. Das Totem ist das Heilige schlechthin – und ich konstruiere jetzt idealtypisch und gehe dabei über Durkheim hinaus: es bezeichnet sowohl das sakrale Nahrungstier als auch die Mahlgemeinschaft des Clan, als auch schließlich den einzelnen Menschen als Mitglied seiner geheiligten Mahlgemeinschaft.

Dabei fällt in Durkheims Bericht über die Feldforschung der Völkerkunde aus dem letzten Jahrzehnt des vorigen Jahrhunderts auf, daß das Totem keineswegs grundsätzlich nicht eßbar ist. Vielmehr gilt, daß es unter ganz bestimmten Umständen mit großer Scheu und Andacht doch verzehrt werden darf. Die kulturstiftende Bedeutung des Totem ist nach Durkheim, und darin sollte man ihm wohl folgen, die Bewußtmachtung der lebenserhaltenden Bedeutung der überschaubaren Gruppe, in der der einzelne aufgewachsen ist. Die Erfindung und Heiligung der Kleingruppe steht so gesehen am Beginn der Kultur. Die folgende theoretische Konstruktion soll plausibel machen, was das mit Essen und Trinken zu tun hat.

Die Vorfahren des Menschen lebten wie andere Primaten ganz überwiegend von pflanzlicher Nahrung, also etwa von dem, was in unserem Zoo dem Schimpansen gegeben wird. Damit war der Lebensraum auf enge Grenzen des Klimas und der Vegetation begrenzt. Die Sprengung dieser Lebensraumgrenze wurde möglich, als der Mensch anfing, wie die Raubtiere durch das Töten von Tieren Fleischnahrung zu beschaffen. Dazu paßt die Einsicht, daß der Mensch die Bühne der Geschichte als Jäger betrat. Hinzu kommt, daß er offenbar die Jägerrolle auf dieser Bühne länger gespielt hat als irgendeine andere danach.

Sieht man einmal von Übergangsphasen zwischen Primaten und Mensch ab, weil sie schwer zu rekonstruieren sind, so stellt sich uns die reife Jägerkultur als Mammutjagd, Büffeljagd oder ähnlich dar, jedenfalls als Jagd nach Tieren von erheblicher Größe. Diese Form der Nahrungsbeschaffung hatte sowohl auf der Produktions- als auch auf der Konsumseite fundamentale soziale Voraussetzungen und Folgen: Auf dem Stand der Steinzeittechnik – heute noch als Elefantenjagd der Pygmäen bekannt – kann ein Jagderfolg nur erzielt werden, wenn eine solidarische und hochgradig kooperative Männerbande gemeinsam jagt. Die Solidarität, die unter den Mitgliedern erforderlich war, kann wohl nur auf der Grundlage der Vermeidung jeder Form von Sexualrivalität erzielt worden sein. Dazu mußte die kulturelle Erfindung des Inzesttabus in seiner einfachsten Form erfolgt sein, das heißt als Tabuisierung aller weiblichen Mitglieder der eigenen Lokalgruppe. Die so erreichbare Ausschließung des Wettbewerbs der Männer um die ihnen gemeinschaftlich am leichtesten zugänglichen Frauen führte innerhalb der männlichen Mitglieder der Lokalgruppe jenen Frieden herbei, der für den Erfolg der Jagd als Gemeinschaftsaufgabe die Voraussetzung war.

Ist das Opfer einmal erlegt, dann ergibt sich aus der gleichzeitig anfallenden Menge der Fleischnahrung eine Situation, in der nun egoistische Antagonismen, von denen Georg Simmel angenommen hatte, daß sie naturwüchsig wären, jeder materiellen Grundlage entbehren würden. Das geht soweit, daß sogar Simmels Überlegung zur naturwüchsig exklusiven und individualistischen Qualität der Mahlzeit hinfällig wird. Wir lesen bei Simmel den Satz: ». . . was der einzelne ißt, kann unter gar keinen Umständen ein anderer essen« (243). Das klingt zwar plausibel, wenn man an ein auf einem Teller vor dem einzelnen Esser liegendes Stück individuell zugeteiltes Fleisch denkt. Die Vermutung einer ähnlich präzisen Alternative nach dem Muster »dies kann nur entweder ich oder ein anderer essen« in der Situation der Jägerkultur beruht aber wohl auf einer Projektion unserer Eßkultur in eine Epoche hinein, in der die einende Wirkung der Mahlzeit eine gänzlich andere Qualität hatte.

Denn angesichts der von der Großwildjagd zum Wohnplatz der Lokalgruppe geschleppten Fleischbeute paßt der Simmelsche Satz nicht mehr in die Situation: Konsument ist der Clan, also eine überschaubare Zahl von Menschen mit deutlich begrenzter Aufnahmekapazität ihrer Mägen. Ebenfalls begrenzt ist die Haltbarkeit des erbeuteten Fleisches. Wenn der Jagderfolg ausbleibt, sind alle Mitglieder des Clans gemeinsam vom Verhungern bedroht, wenn ein Großtier erlegt worden ist, leben alle gemeinsam im Schlaraffenland auf Zeit. Aber der Gedanke, daß sich *einer* rücksichtslos auf Kosten des *anderen* satt essen könnte, paßt überhaupt nicht in die Situation.

Die Exklusivität des Essens trifft nur zu, wenn man in kleinen Größenordnungen, in Gramm oder Bissen denkt. Die 10 Gramm Fleisch, die ich esse, kann selbstverständlich niemand anders essen. Denkt der Mensch jedoch in der Größenordnung von Tierkörpern, und ich unterstelle das für die Jägerkultur, dann kann den Höhlenbär und selbst noch das Schwein als Großmahlzeit der isolierte einzelne auf sich allein gestellt weder jagen noch auch essen. Er braucht im Gegenteil die Mahlgemeinschaft, weil die Tätigkeiten des Häutens, Zerlegens, Feuermachens, Bratens und endlich auch Verzehrens eben nur als soziale Aktionen gelingen können.

Dies klingt nach einer funktionalistischen Argumentation, und es ist wohl auch aus dem Zusammenhang genommen eine solche. Es soll aber nicht unterstellt werden, daß der frühe Mensch, wie Rousseau gemeint hat, edel, hilfreich und gut gewesen sei. Gewiß hat es immer schon die Neigung zu Rücksichtslosigkeit gegeben. Darum spricht vieles dafür, mit Arnold Gehlen die Entstehung von Institutionen und religiösen Ritualen schon am Beginn der Geschichte menschlicher Kultur anzunehmen, weil so die egoistischen und rücksichtslosen Neigungen und eben all das, was Gehlen die »Verfallsbereitschaft des Menschen« nennt, gebändigt oder doch gemildert werden konnten. Das Essen von dem einen Tierleib wird wohl als heilige Handlung feierlich vollzogen worden sein zur Sakralisierung der eigenen Gruppe und zur Stärkung der Bindungen der Gruppenmitglieder aneinander. In der Mahlerfahrung wird die Gemeinschaft der anwesenden Mitessenden einschließlich der unsichtbar ebenfalls am Mahl teilnehmenden Gottheit zum Subjekt des heiligen Geschehens: denn gerade durch die Teilung des ursprünglich ganzen Tierleibes wird die geheimnisvolle innere Verbindung der am Fleischkonsum beteiligten Personen anschaulich gemacht.

Doch schon aus unseren Überlegungen zur Urform des Inzesttabus ergibt sich die Konsequenz, daß die isolierte Lokalgruppe nicht auf Dauer lebensfähig ist. Wenn nämlich die eigenen Frauen für die männlichen Mitglieder wirksam tabuisiert wurden, stellte sich das dann ungelöste Problem der Fruchtbarkeit. Wenn aber aus Anlaß des Jagderfolges einer Lokalgruppe der plötzlich anfallende Fleischvorrat zu groß war, als daß die isolierte Gruppe allein ihn hätte verzehren können, wird eine befreundete andere Lokalgruppe mit Hilfe der Buschtrommel oder einem ähnlichen Medium der Nachrichtenübermittlung zum Schmause dazugeladen worden sein. Im Umkreis des sich so ergebenden Festmahls dürfte dann auch Gelegenheit geboten worden sein, orgiastische Bräuche zu pflegen, die der Fruchtbarkeit der Frauen beider Gruppen dienten, ohne das Prinzip des Inzesttabus zu durchbrechen.

Die Beziehungen zwischen den befreundeten Gruppen werden reziprok gewesen sein, so daß sie sich in der Rolle von Gast und Gastgeber jeweils ablösten. Das hatte auch die Wirkung, daß die Fleischversorgung nicht mehr vom Jagderfolg nur der eigenen Männerbande abhing. Unsere gedankliche Konstruktion wird gestützt durch Berichte von den Dieri, einem Stamm der Ureinwohner Australiens, bei denen Rudolf Grau (1931) das Nebeneinander von quasi Ehebeziehungen und auf erotische Kontakte konzentrierte »pirrauru-Verhältnisse« beobachtet hat. Zu unserer Vermutung über die Verbindung der Urform des »Inzesttabus« mit der Errichtung von Bündnissen zu anderen Lokalgruppen paßt die von Grau dokumentierte Besonderheit: »Besonders kommt das pirrauru-Verhältnis zum Ausdruck bei Gesandtschaften an Nachbarstämme oder auch fremde Stammesabteilungen. Die damit beauftragten Männer nehmen nicht ihre eigentlichen Frauen mit, sondern ihre pirraurus. Es ist nämlich üblich, daß bei Annahme der überbrachten Botschaft ein allgemeiner Verkehr der Männer des fremden Stammes mit den mitgebrachten Weibern stattfindet, der sogar nicht durch Klassen- oder Totemzugehörigkeit beschränkt ist, und man fürchtet, daß es sonst Reibereien geben könnte, wenn die eigentlichen Frauen dabei in Betracht kämen. Gern werden zu solchen Gesandtschaften Frauen verwendet, da diese nicht aus dem Hinterhalt niedergemacht werden, und diese nehmen aus dem obigen Grunde ihre pirrauru-Männer mit« (Rudolf Grau 1931, 77). Die Deutung dieses Berichts ist gewiß nicht leicht. Doch vielleicht stellen die Verhältnisse bei den Dieris ein Beispiel für die Gleichzeitigkeit des Ungleichzeitigen dar: ältere Institutionen mögen an der Seite von jüngeren erhalten geblieben sein. Immerhin wird in Graus Beschreibung der Vorgänge bei Gesandtschaften deutlich, wie eine Männerbande einer anderen ihre Frauen vorübergehend zum Geschlechtsverkehr überläßt.

Auf dem Entwicklungsstand der Jäger- und Sammlerkultur, die für die vielen Jahrzigtausende der Altsteinzeit typisch war, muß wohl die einende Wirkung des Teilens beim Essen darin gesehen werden, daß eine hier gedanklich konstruierte Urinstitution im Umkreis des gemeinschaftlichen Verzehrs eines großen Tierkörpers all das umfaßte, was auf späteren Entwicklungsstufen der Kulturrevolution zu Gastmahl, Hochzeitsfest und Opferritual ausdifferenziert wurde. So wird schon auf der Jägerstufe die Urinstitution des Opfermahls vorbereitet, die später wohl in der Agrarkultur als auch in der Hirtenkultur erhalten bleibt. Walter

Burkert (1972) hat in einer viel zuwenig beachteten Untersuchung die Spuren des Jägerrituals bis in die Opferriten und Mythen des alten Griechenlands hinein verfolgen können.

In der Bibel (Genesis 4, 1–8) vertritt der Ackerbauer Kain die eine, der Hirte Abel – gleichsam der Erfinder der Opferkerze, bei der es sich ja auch ursprünglich um Talg, also um Tierfett, handelt – die andere Form: beide wollen opfern. Gott hat den Bratenduft dem Geruch verbrannter Feldfrüchte vorgezogen. So bringt der Ackerbau die Gottlosigkeit in der Form des Brudermordes, eine Deutung, die den Hebräern, die ja Hirten waren, sehr einleuchten mußte.

In dem zu Beginn zitierten Aufsatz bezieht auch Georg Simmel (1910) sich auf das Opferritual: »Die Kulte des Altertums, die sich im Gegensatz zu den Weltreligionen nur an begrenzte Kreise lokal Zusammengehöriger zu wenden pflegten, konnten sich deshalb im Opfermahl zusammenfassen. Insbesondere im semitischen Altertum bedeutete dies das brüderliche Verhältnis durch den gemeinsamen Zutritt zur Tafel Gottes. Das gemeinsame Essen und Trinken, das selbst dem Araber den eben noch todfeindlichen Fremden in einen Freund verwandelt, löst eine ungeheure sozialisierende Kraft aus, die übersehen läßt, daß man ja gar nicht wirklich ›dasselbe‹, sondern völlig exklusive Portionen ißt und trinkt und die primitive Vorstellung erzeugt, man stelle hiermit gemeinsames Fleisch und Blut her. Erst das christliche Abendland, das das Brot mit dem Leib Christi identifiziert, hat auf dem Boden dieser Mystik die wirkliche Identität auch des Verzehrten und damit eine ganz einzige Verknüpfungsart unter den Teilhabenden geschaffen« (Georg Simmel 1957, 244).

Schon in seinem Buch »Die Religion« von 1906 hatte Georg Simmel die religiöse Bedeutung des Opfers herausgearbeitet. Von den vorchristlichen Epochen schreibt er: »In ihnen nämlich steht die Gottheit dem einzelnen und seinem Kreise nicht *gegenüber,* sondern sie ist in den letzteren einbezogen, ist ein Element der Lebenstotalität, auf die das Individuum angewiesen ist. Im alten Judentum z. B. nimmt der Gott gelegentlich des Schlachtopfers am Schmause teil, es ist nicht nur die Einrichtung eines Tributes« (Georg Simmel 1906, 49).

Vor dem Hintergrund dieser Deutungen erscheint auch die Vorschrift für das Passahmahl aus dem Buch Exodus der Bibel in einem neuen Licht: »Am Zehnten dieses Monats verschaffe sich jeder ein Lamm für eine Familie, ein Lamm für jedes Haus. Wenn aber eine Familie zu klein ist für ein ganzes Lamm, so nehme er eins zusammen mit seinem nächsten Nachbarn nach der Zahl der Personen. Nach dem was jeder ißt, soviel sollt ihr auf ein Lamm zählen« (Exodus 12, 3–4).

Wir hören von der Bedeutung des Schweineritus in segmentären Gesellschaften. In der Tradition unserer Kultur ist es nicht das Schwein, sondern das Lamm, das symbolisch dem Opfermahl entspricht. Wer in unserer Gegenwart an einem Sonntag einen christlichen Gottesdienst besucht, der kann Zeuge werden, wie ein Religionsdiener ein Stück Gebäck feierlich zerteilt und gleichzeitig die erstaunliche Behauptung aufstellt, es handle sich dabei um ein Lamm. Wenn man beginnt, darüber in nüchterner Distanz nachzudenken, kann man zu der Frage kommen, ob vielleicht in ungebrochener Kulturtradition das Prinzip von der einenden Wirkung des Teilens beim Essen in der einen oder anderen Form bis auf uns überkommen ist.

## *Literatur*

Burkert, Walter: Homo Necans. Interpretationen altgriechischer Opferriten und Mythen. Berlin – New York (Walter de Gruyter) 1972.

Emile Durkheim: The Elementary Forms of the Religious Life, Glencoe, Illinois: The Free Press (no year). 2nd edition. London 1976.
Rudolf Grau: Die Gruppenehe. Ein völkerkundliches Problem. (Dissertation der Philosophischen Fakultät der Universität Leipzig). Leipzig (Druckerei der Werkgemeinschaft) 1931.
Georg Simmel: Die Religion, Band 2 von »Die Gesellschaft«, Sammlung sozialpsychologischer Monografien, herausgegeben von Martin Buber. Frankfurt am Main (Literarische Anstalt Rütten & Loening) 1906.
Georg Simmel: Soziologie der Mahlzeit. In Georg Simmel: Brücke und Tür. Essays der Philosophen zur Geschichte, Religion, Kunst und Gesellschaft, im Verein mit Margarete Susman herausgegeben von Michael Landmann. Stuttgart (K. F. Koehler Verlag) 1957.

*Hartmut Heller:*
# *Wein oder Bier? Volksgetränke vor dem Hintergrund wechselhafter Produktions- und Nachfragebedingungen*

## *1. Auf der Suche nach Allsätzen*

Über Alltägliches wissen wir oft am allerwenigsten. Natürlich kann jeder sagen, was er heute morgen zum Frühstück gegessen und getrunken hat, daß gestern Rotwein auf dem Tisch stand. Aber welches Getränk bevorzugten wir im Lauf der letzten Woche? Wie war es aufs ganze Jahr gesehen? Je weiter wir zurückgreifen wollen, desto mehr läßt uns das um solche Mengenangaben gebetene Gedächtnis im Stich. Und wer hätte sich schon über das, was er trank, Aufzeichnungen gemacht!

Fällt es also schon schwer, für längere Zeiträume die eigenen Trinkgewohnheiten zu benennen, um wieviel fragwürdiger muß es dann sein, Verallgemeinerungen über die Bevölkerung schlechthin aussagen zu wollen. Für die Gegenwart können wir zum Glück Statistiken zu Rate ziehen. Sie sagen uns, daß der Durchschnittsdeutsche im Jahr 1976 etwa 150 Liter Bier, aber nur 24 Liter Wein getrunken hat (Wirth 1980, 58), daß Bier also klar favorisiert wird. Aber wir wissen natürlich gleichzeitig, wie oberflächlich derartige Zahlen sind, weil sie alle fraglos vorhandenen Verhaltensunterschiede der Geschlechter, Altersgruppen, sozialen Schichten und auch regionale Kontraste verwischen. In Bayern beispielsweise liegt der Pro-Kopf-Verbrauch an Bier bei 225 Litern (Leimeister 1983, 58)! Fragen, die den Volkskundler besonders interessieren, ob die Wahl bestimmter Getränke z. B. mit den Mahlzeiten, mit Formen der Geselligkeit, mit Alltags- bzw. Festsituationen zusammenhängt, bleiben völlig offen.

Erst recht müssen da Längsschnittuntersuchungen – verbunden mit der Frage, ob sich im Gang der Jahrhunderte die Trinkgewohnheiten geändert haben – auf methodische Schwierigkeiten stoßen. – Eine Vorüberlegung kann die Betrachtung zunächst erleichtern. Kaffee, Tee, Kakao kamen erst seit dem 17./18. Jahrhundert aus Kolonien herüber, um sich dann allerdings rasch auch beim einfachen Volk einzubürgern (Wiegelmann 1967, 44 und 157 ff.; Beitl[3] 1974, 423). Die Zubereitung von Limonaden aus Wasser, Zucker und Fruchtsäften war zwar bereits seit dem 17. Jahrhundert bekannt (Meyer 1897, Band 11, 356). Aber der Siegeszug von Coca-Cola und anderen in Dosen und Flaschen abgefüllten Limonaden beginnt erst nach dem Zweiten Weltkrieg. Damit engt sich die Getränkekarte für die frühe Neuzeit und davor ziemlich ein: neben Wasser und Milch und allenfalls Kräutertee auf Wein, Most und Bier. Um den Flüssigkeitsbedarf zu decken, spielten allerdings bis weit ins 19. Jahrhundert hinein auch die oft als Hauptmahlzeit fungierenden Suppen eine große Rolle (vgl. Wiegelmann 1967).

Wir müssen freilich nicht nur theoretisieren, was die Leute getrunken haben könnten, sondern können aus allen Gattungen schriftlich-mündlicher Überlieferung auch unmittelbare historische Nachrichten sammeln. Paradoxerweise helfen uns Abbildungen mit Trinkszenen am wenigsten, weil nicht immer aus der Art der Krüge, Kannen, Gläser und Becher zu erschließen ist, was sie enthalten. Aber: In Grimms Märchen bringt Rotkäppchen der Großmutter »eine Flasche Wein« und zaubert der Ruf »Tischlein deck dich« ein »großes Glas mit rotem Wein« herbei (Ausgabe 1927, Band 2, 277). Grimmelshausens Simplizissimus beobachtet Offiziere, die die edelsten Rheinweine aus kübelartigen Gläsern in ihre Mägen gießen (II, Kapitel 5), während er an anderer Stelle einen Pfarrer erwähnt, der ihm »Butter

Abb. 1: Vertreter verschiedener sozialer Schichten bzw. Berufsgruppen im Wirtshaus. Illustration zu einem Flugblatt, Nürnberg 1531 (Quelle: Schreyl 1976, S. 98)

und Brot nebst einem Trunk Bier« auftischt (III, Kapitel 10). »Auch ist der Wein all' in unseren Schläuchen«, klagt Schillers Räuber Schwarz im III. Akt, 2. Szene. Goethe nennt in einem Brief an seine Frau Frankenwein seinen »gewohnten Lieblingstrank« (Breider[5] 1974, 13). Ein Kaufbrief gibt anno 1590 dem Nürnberger Bürger Hanns Flentz das Recht, in seinem Hammerwerk am Dutzendteich auch Bier und Wein zum Eigenbedarf einzukellern (Stadtarchiv Nürnberg, Rep. B 17, Nr. 322). Dagegen ist in einer gleichzeitigen Rechnung für ein ansonsten recht bescheidenes Ratsherrenessen mit Bratwürsten und Semmeln ausschließlich von Wein – 11 Maß Wermutwein zu 2 fl. 56 kr. und 3 Maß alter Wein zu 1 fl. 18 kr. – die Rede (ebd. Rep. B 1/XXI, Nr. 8).

Ich könnte lange fortfahren. Aus noch so vielen Zufallszitaten entstünde – auch wenn man sie quellenkritisch abwägt – trotzdem kein klareres Bild, was nun wirklich das dominante Volksgetränk war. Selbst eindeutig klingende Befunde auf höherer Verallgemeinerungsstufe widersprechen sich: Fast alle unsere Trinklieder besingen den Wein. Ein im 16. Jahrhundert umlaufender Spruch weist aber genau in die Gegenrichtung (Beitl[3] 1974, 750):

»Wenn der Däne verliert die Grütze
Der Franzmann den Wein
Der Schwabe die Suppe
Und der Deutsche das Bier,
So sind verloren alle vier.«

Aus Nürnberger Verbrauchssteuerlisten stellt sich für die Zeit um 1550/70 ein ziemlich unausgeglichenes Verhältnis von ¼ Wein zu ¾ Bier dar (Abel 1967, 181).

Es scheint mir deshalb angemessen, daß Karl Sigismund Kramer, ein Hauptvertreter der streng quellenkritisch arbeitenden Münchner Schule in der Volkskunde, sich 1961 in seinem Buch über »Volksleben im Fürstentum Ansbach« zu den Trinksitten auffällig vorsichtig äußert. Im 18. Jahrhundert trank man bei Kirchweihen und in den Schankstuben »Wein oder Bier, letzteres vor allem im Altmühlgebiet um Eichstätt, ersteres in den Landesteilen, die näher am Weinbaugebiet des Maines lagen« (S. 119), sagt er nur, obwohl ihm die zeitgenössische Landesbeschreibung Johann Bernhard Fischers (1787, 196) mit dem Satz ». . . ist Bier und Brandewein das gewöhnliche Getränke; im Sommer aber mehrenteils Wasser« und Nikolaus Haas (1819, 313) mit seiner tadelnden Bemerkung über den Aischgrund ». . . Alles trinkt Bier; der Höchstädter besucht seine Felsenkeller bis zum Laster« nicht unbekannt waren.

Solcher Vorsicht, die ich mit meiner konterkarierenden Zitatenflut unterstützen wollte, steht bei anderen namhaften Autoren die bemerkenswert sicher vorgetragene, chronologisch ordnende These gegenüber, im Lauf der Jahrhunderte habe sich ein merklicher Geschmackswandel weg vom Wein, hin zum Bier vollzogen. »Die Menschen in vielen Regionen Deutschlands« seien »von Wein- zu Biertrinkern« geworden (Wirth 1980, 55). Karl Ruppert (1960, 32) spricht von einer »Abnahme des Weinkonsums« und »Umstellung auf andere Getränke« in Süddeutschland zu Ende des 18. Jahrhunderts, Helmut Jäger (1965, 220) von einer »Änderung der Konsumgewohnheiten« bei steigendem Verbrauch von Bier, Branntwein und Kaffee. Nach Abel (1967, 181) unterlag der Wein der »Konkurrenz des Bieres«. Kettner (1976, 57) diagnostiziert sogar eine wachsende »Vorliebe für das Bier«.

Ich habe derartige Formulierungen selbst oft nachgeredet – indes mit zunehmendem Zweifel, ob sie wirklich stimmen. Kritisch machen unter anderem folgende Überlegungen:

– Es scheint mir keineswegs bewiesen, daß im Mittelalter überwiegend Wein getrunken wurde. Die erwähnten Nürnberger Zahlen von 1550 ff. sprechen eher dagegen (konträr Tisowsky 1957, 37 für Iphofen und Schnelbögl 1967, 266 für Hersbruck).

– Daß die Leute eines Tages keinen Wein mehr mochten, will nicht damit zusammenpassen, daß man bis heute bei festlichen Gelegenheiten eher Wein als Bier kredenzt. Statt abzusinken, machte sich der Wein auf den ungewöhnlicheren Weg vom Alltagsgetränk zum Luxusgut.

– An einen Innovationsprozeß zu denken, ausgelöst vom Reiz des Neuen oder Besseren, trägt ebenfalls nicht. Denn anders als in Ägypten, Mexiko oder Italien, wo sich Bier als Novität gegen heimische Traditionen durchzusetzen beginnt, sind Wein und Bier in Mitteleuropa ja gleichalte Alternativen. Die von den Römern mitgebrachten Rebstöcke erreichten im 2. Jahrhundert Mosel und Rhein, im 8. Jahrhundert die Mainlande (Beitl[3] 1974, 956; Breider 1974, 24). Daneben steht unsere Kenntnis von den bereits bierbrauenden Germanen, die neuerdings noch ergänzt wird durch eine in Regensburg entdeckte römische Brauerei (Erlanger Nachrichten, 8. November 1983). Erste Belege für Hopfenbau auf bayerischem Boden stammen aus der Karolingerzeit (Schlögl 1954, 27; Kettner 1976, 50). Das verstärkte Aufkommen des Biers damit zu erklären, daß der menschliche Gaumen es plötzlich als schmackhafter oder besonders durstlöschend empfand, überzeugt daher wenig.

– Es fällt auf, daß die meisten Autoren, sobald sie den Bedeutungsverlust des Weins quantitativ zu beweisen suchen, die Argumentationsebene wechseln. Sie stützen sich nicht mehr auf Nachrichten über das Weintrinken, also den Konsum, sondern über den Weinbau, das heißt die Produktion. Aus der Tatsache, daß es im Mittelalter fast überall in Deutschland Weinbau gegeben hat, wird gefolgert, daß einst in der Regel Wein getrunken wurde. Die Aufgabe von Rebflächen wird gleichgesetzt mit sinkender Nachfrage nach Wein. Selbst bei K. S. Kramer, dem oben gelobten, spürt man die – für das sogenannte Zeitalter der Subsistenzwirtschaft natürlich naheliegende – Gedankenverknüpfung, daß man trank, was am Ort oder in der Nähe erzeugt wurde. Besonders stichhaltig scheint diesbezüglich die Beobachtung, daß an vielen Hängen z. B. im Steigerwald, von denen der Wein wich, im 18./19. Jahrhundert dafür als Nachfolgekultur der Hopfen einzog (Haas 1819; Ruppert 1960). Das Dorf Groß-

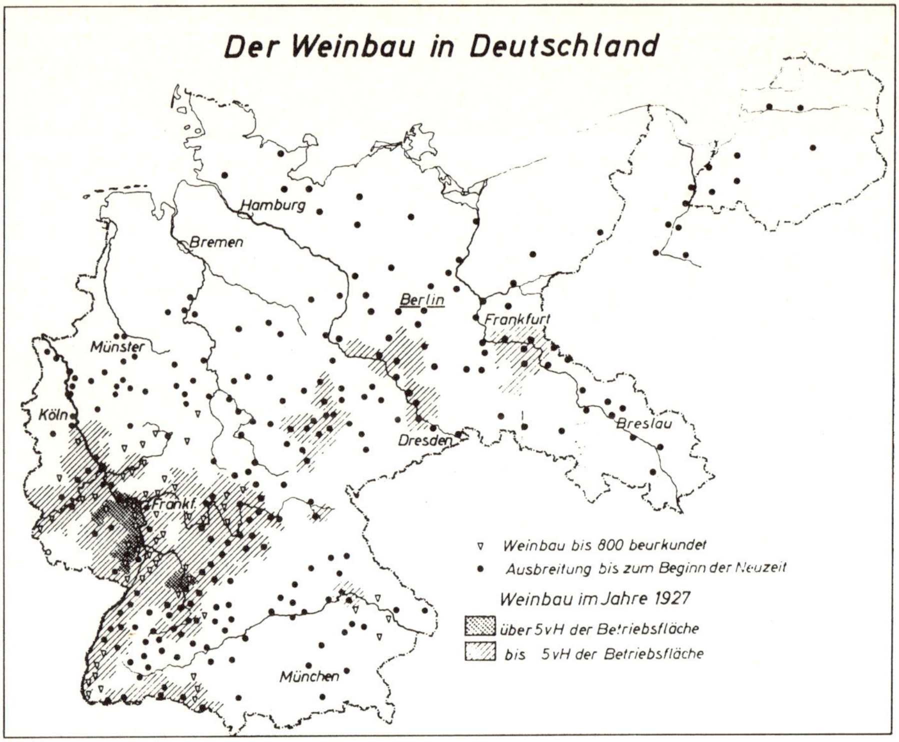


Abb. 2: Belege für Weinbau in Deutschland (Quelle: Abel 1967, S. 127)

weingarten, heute wichtiges Glied des Spalter Hopfenbaugebietes, zeigt durch den Gegensatz von Namen und Flächennutzung diesen Austausch wie im Bilderbuch! – Dennoch bleibt zu prüfen, ob man daraus wirklich auf veränderte Trinkgewohnheiten rückschließen darf.

*II. Geschichte des Weinbaus in Franken*

Beim diesjährigen Deutschen Volkskundekongreß 1983 in Berlin kritisierte der Wiener Kollege Fielhauer, daß die Nahrungsvolkskunde bisher sich fast nur mit Fragen des Konsums und der Distribution beschäftigt, den Produktionsbereich aber vernachlässigt habe. – Schauen wir also, wohin es für unser Thema führt, wenn wir beispielhaft die Entwicklung des Weinbaus in Franken verfolgen!

Im Mittelalter gab es hier vereinzelte Rebflächen bis weit in Frankenalb und Oberpfalz hinein (Schnelbögl 1967). Sinnlos gewordene Orts- und Flurnamen (z. B. Weingarts, Oberwindsberg) bezeugen dies ebenso wie Spuren von Terrassen an ehemaligen Weinbergen und natürlich Archivalien (z. B. betreffs Ungeld, Urbanifesten). Karten von Hans Bien und Johann Christoph Homann zeigen 1625 bzw. 1721 Rebstöcke auch am Nürnberger Burgberg und an Talhängen oberhalb Erlangens. In der spätmittelalterlichen Wüstungsperiode, die ja vorwiegend als Agrarkrise zu verstehen ist, erwiesen sich gerade Weinbaudörfer als erstaunlich resistent (Pohlendt 1950, 45).

Kräftige Rückschläge setzten erst ab etwa 1550 ein. Die Randgebiete im Osten werden aufgegeben. Es kommt zu einer Konzentration auf Mainfranken mit Ausläufern bis maximal

Der Rebmann.

Ich bin ein Häcker im Weinberg
Im Frůling hab ich harte werck/
Mit graben/ pålzen vnd mit hauwen/
Mit Pfålstossn/ pflantzen vnd bauwen/
Mit auffbinden vnd schneiden die Reben/
Biß im Herbst die Traubn Wein geben:
Den man schneidt vnd außpreßt deñ fein
Noa erfand erstlich den Wein.

Abb. 3: Weinbergsarbeiten in einer Darstellung des 16. Jahrhunderts mit Versen von Hans Sachs (Quelle: Amman 1568)

zur Regnitz. Aber selbst in diesen Kernräumen fallen rund zwei Drittel der Parzellen aus (Tisowsky 1957; Bauer 1975). Die Literatur nennt dafür vielschichtige Ursachen:

– Bevölkerungszunahme ließ die Getreidepreise steigen, so daß es lohnte, die damals noch größtenteils in der Ebene gelegenen Weingärten in Äcker umzuwandeln.

– In den von der Reformation erfaßten Gebieten brauchte man keinen Meßwein mehr. Die säkularisierten Klöster hörten überdies auf, Ausgangspunkte des weintechnischen Fortschritts zu sein.

– Qualitätsbestrebungen, z. B. durch Einführung der Silvanerrebe (Breider 1974, 61) und der Spätlese, zwangen dazu, auf ungünstige Anbaustandorte, z. B. Schattenlagen, zu verzichten.

– Hinzu kamen wohl einige frostreiche Winter, die aber nicht als Klimaverschlechterung mißverstanden werden dürfen.

Weitere Flächeneinbußen verursachte der Dreißigjährige Krieg. Die Weinberge verfielen, weil es an Arbeitskraft mangelte, weil die Häcker oft zur Unzeit fliehen mußten, weil die Handelsverbindungen gestört waren. An der nördlichen Peripherie, wo der Rebbau ohnehin klimatisch benachteiligt war, z. B. in der Ostrhön, im Itz-Baunach-Hügelland, im Saaletal und am Untermain wurden diese Verödungen später nie mehr rückgängig gemacht (Jäger 1967, 138–140).

Das merkantilistische 18. Jahrhundert leitet im verbliebenen Restgebiet eine interessante Divergenz ein. Im Bambergischen gaben die Fürstbischöfe plötzlich einseitig dem Hopfenbau

Abb. 4: Die Verkleinerung der Weinbauflächen im Städtchen Dettelbach/Main 1599–1777 (Quelle: Bauer 1975, S. 148)

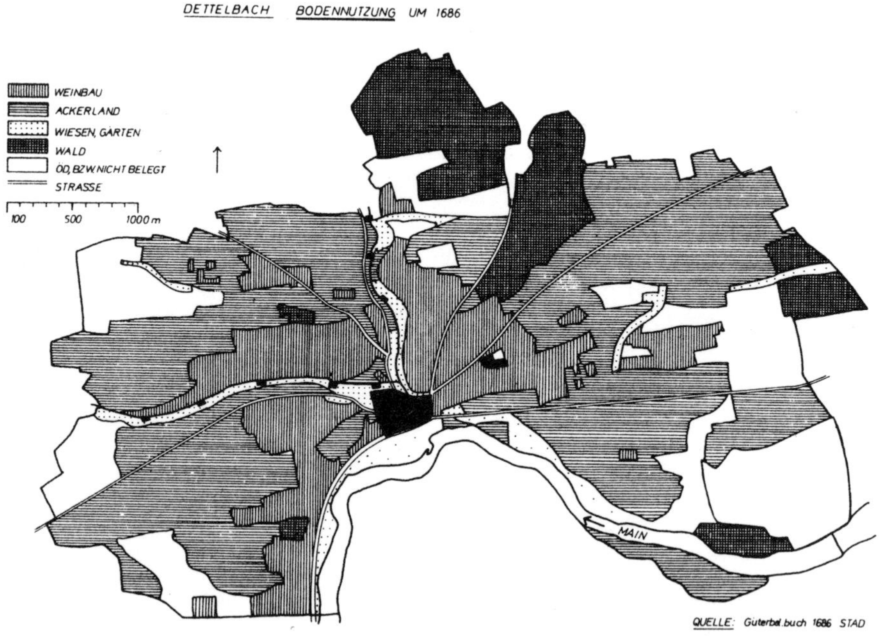

den Vorzug und setzten Zehntfreiheit sowie pro 12 Zentner Hopfen 30 Taler Ernteprämie aus (Haas 1819, 302 ff.). Dadurch kam ein lebhafter Nutzungswechsel in Gang, so daß zwischen Steigerwaldstufe und Regnitz nur noch verschwindend kleine Weinbauinseln des 19. Jahrhundert erlebten. – Die Würzburger Fürstbischöfe hingegen blieben Förderer des Weinbaus. Das Verbot der minderen Sorten Elbling und Trollinger zugunsten von Silvaner, Riesling und Traminer sowie eine Überwachung der Kulturarbeiten und Empfehlungen für das Keltern führten zu einem Aufschwung an Qualität, steigende Weinpreise auch zu zahlreichen Neuanlagen. Der Flächenstand des Mittelalters wurde freilich nicht mehr erreicht. Der Wein kehrte auch nicht mehr in die nunmehrigen Getreidebauebenen zurück; für ihn wurde durch Rodung der zumeist brachliegenden oder verbuschten Tal- und Berghänge (z. B. Schwanberg) neuer Platz geschaffen.

Dieser Blüte folgt aber schon bald im 19. Jahrhundert ein neuerlicher Schrumpfungsprozeß. In den Jahren 1852–1933 verringerte sich die fränkische Weinbaufläche von 11142 Hektar auf 3 464 Hektar (Weidinger 1949, 110 ff.)! Außer dem Stichwort Bier liest man dafür vor allem folgende Gründe:

– Der Export stagnierte. Der aus der Pfalz gebürtige Kurfürst Karl Theodor suchte Altbayern seit 1777 durch Zollschranken für pfälzische Weine zu reservieren. Andere alte Kunden wandten sich dem Rheinwein zu. Ausländische Weine drängten auch nach Franken selbst. Bezeichnend ist, daß man gelegentlich schwindelte und Frankenwein als Rheinwein verkaufte.

– Die Blattfallkrankheit Peronospora, der Mehltau und die Reblaus richteten ab 1888/1902 verheerende Schäden an.

– Mit der fortschreitenden Besitzzersplitterung im Realteilungsgebiet am Main verschärfte sich der Kapitalmangel in den Kleinbetrieben. Die Häcker waren nicht mehr imstande, mit

Schädlingsbekämpfungsmitteln oder Neuanpflanzungen auf die genannten ökologischen Katastrophen zu antworten.

– In größeren Betrieben lösten Landflucht und Verstädterung deutlichen Arbeitskräftemangel aus.

Die jüngste Phase mit einer nun seit etwa 20 Jahren zu beobachtenden Neubelebung des fränkischen Weinbaus dürfte bekannt sein. Sie ist gekennzeichnet durch die Neuerschließung ehedem aufgegebener Rebhänge und großzügige Flurbereinigungsmaßnahmen in den kontinuierlich bestehenden, durch Mechanisierung, Umstellung auf neue ertragreichere bzw. widerstandsfähigere Rebsorten und Zusammenschluß in Genossenschaften, aber auch durch einen Preisauftrieb, der selbst Genießer zu verschrecken beginnt und z. B. seit 1983 beim Neujahrsempfang der Stadt Nürnberg auf Frankenwein verzichten läßt.

Was ist das Fazit unserer fränkischen Weinbaugeschichte? – Ich glaube darin Bestätigung zu finden, daß der unbestreitbar große Rückgang der Rebfläche nicht zwangsläufig monokausal mit sinkender Nachfrage nach Wein in Beziehung zu setzen ist. Wir hören von agrartechnischen Fortschritten, die den Mengenertrag je Hektar von 7 Hektoliter (um 1800) auf 15 Hektoliter (um 1910) und 50 Hektoliter heute gesteigert haben. Und wir hören vom Handel. Während der Weinbau in Franken um 1600 und 1900 schier zusammenbrach, war er in Württemberg (Tisowsky 1957, 33) bzw. am Rhein (Dege 1973, 41/42) in Ausdehnung begriffen! Dies spricht nicht nur gegen ein allgemein verändertes Verbraucherverhalten, sondern auch für die Möglichkeit, Bedarf durch Zufuhr aus Überschußgebieten zu decken. Niemals wurde in Franken nur fränkischer Wein getrunken! Schon im 16. Jahrhundert brachten Nürnberger Kaufleute auch Elsässer, Pfälzer, Südtiroler Weine, Rheinwein, Neckarwein, österreichischen Osterwein usw. auf den fränkischen Markt (Amman 1970, 191); importiert wurde immer. Das aber heißt: der Weinkonsum sank – absolut betrachtet – mit Sicherheit nicht so drastisch, wie es der regionale Rückgang der Rebflächen zunächst anzudeuten scheint.

### *III. Bier und der Durst der armen Leute*

Gleichwohl ist nicht zu leugnen, daß sich der Bierausschank im Lauf der Zeit ständig erhöht hat. Sucht man dafür Erklärungen im Produktionsbereich, so spielen in der älteren Vergangenheit eher die limitierenden Faktoren eine Rolle:

– Es durfte nicht gebraut werden ohne von der Herrschaft erteiltes Braurecht. Dieses aber wurde oftmals verweigert – nicht um die Weinbauern zu schützen, sondern um der Gesamtbevölkerung das nötige Brotgetreide zu sichern. Mißernten und Teuerungswellen sollten nicht noch dadurch verschlimmert werden, daß man Getreide zum Brauen hernahm (Schlögl 1954, 26). Durch das »Bierbrauen würde Zweifels ohne das getreide noch Im höhern Wehrt als es Jeziger Zeit ist, außgebracht werden, welches dem gemeinen Mann noch beschwerlich were«, erläutert die bischöfliche Kanzlei zu Iphofen 1602 ein solches Verbot (Tisowsky 1957, 37).

– Ein zweites unterschied das Bier sehr vom Wein, nämlich seine geringe Haltbarkeit. Das gilt vor allem für das lange vorherrschende obergärige »weiße« Bier. Erst im 18. Jahrhundert gewann das untergärige Braunbier die Oberhand, das bei niedrigen Temperaturen – ursprünglich daher meist im Winter (Märzenbier)! – gebraut und stärker gehopft werden muß und dadurch weniger verderblich ist (Heinritz/Popp 1974/75, 122–125; Kettner 1976, 57). Voraussetzung allerdings war, daß man Felsen- oder Eiskeller hatte, in denen das Bier kühl gelagert werden konnte.

Diese Abhängigkeit von guter Kühlung schränkte die Transportfähigkeit von Bier stark ein.

Abb. 5: Darstellung einer Bierbrauerei im 16. Jahrhundert mit Versen von Hans Sachs (Quelle: Amman 1568)

Sie erklärt, weshalb Stadtbürger fleißig ihre Hausbraurechte nutzten und sich gelegentlich zusammentaten, um sich gemeinsam am Ort ein »Kommunbrauhaus« zu bauen (Heller 1970, 39; Leimeister 1983, 31). Selbst Professoren der Universität Altdorf und Erlangen machten darin im 17./18. Jahrhundert keine Ausnahme, zumal sie, indem sie an ihre Studenten auszapften, damit ihr Gehalt ein bißchen aufbessern konnten (Böhm 1888, 54; Leimeister 1983, 54). Folge war insgesamt eine totale Dezentralisation des Brauwesens in historischer Zeit, die ja auch in dem klassischen Doppelberuf »Brauer und Gastwirt« zum Ausdruck kommt.

Diese von der Ware her diktierte Regel, daß nur dort, wo Braurechte bestanden, Bier getrunken werden konnte, das heißt ein ganz enger Konnex von Produktion und Konsum, lockerte sich erst um die Mitte des 19. Jahrhunderts. Entscheidend waren der Aufbau des deutschen Eisenbahnnetzes und vor allem die Erfindung der Kühlmaschine durch Karl von Linde im Jahr 1876. Nun konnte Bier rasch und ohne Qualitätsverlust auch über große Strecken verfrachtet werden. Erlangen stieg zeitweilig zum Spitzenreiter unter den deutschen Bierexportstädten auf – vor Kulmbach, Nürnberg und München (Leimeister 1983, 13/16). Damit begann ferner das Massensterben der kleinen Braustätten sowie der zugehörigen Sommerkeller und die Herausbildung überregionaler Großbrauereien, die dank überlegener Organisationsformen ihren Marktanteil ständig expandieren konnten. Heute gibt es in der BRD nur noch rund 1400 Brauereien, davon 900 in Bayern mit seinem noch relativ dichten

Netz an mittleren Privatbrauereien (Leimeister 1983, 58; Höllhuber/Kaul 1983). Der schleichende Tod der Wirtshäuser als Folge des Flaschenbierhandels – vor allem im ländlichen Raum, wo sie einst als Kommunikationsknoten große situative Bedeutung gehabt hatten – ist der nächste Schritt.

Nun sagt dieser Strukturaufriß zum Brauwesen zwar einiges über das Bierangebot, nicht eigentlich aber über die Konsumbedingungen. Dazu gehört – ob Bier oder Wein – natürlich auch die bereits von Wirth (1980, 55) gestellte Frage nach dem Preis. Obwohl man oft nicht weiß, welche Sorten bei historischen Preisangaben gemeint sind, zeigt sich erwartungsgemäß: Außer in den Erzeugergebieten selbst (vgl. Breider 1974, 57) war Wein stets teurer als Bier. Die Preisschere öffnete sich, je mehr man zum Qualitätsweinbau überging und wachsende Transportkosten draufzuschlagen hatte. Mitte des 16. Jahrhunderts wurde in Nürnberg ein Maß Bier mit 5–6 Pfennigen, ein Maß Wein mit 25 Pfennigen berechnet (Abel 1967, 182). Eine Ansbacher Hochzeitsordnung von 1680 staffelte folgendermaßen: Eine Mahlzeit mit Wein durfte höchstens 12 Batzen (ca. 60 Kreuzer), eine mit Bier höchstens 18 Kreuzer kosten (Kramer 1961, 205).

In diesem Zusammenhang ist es interessant, zwei Entwicklungsreihen aufeinander zu beziehen:

1. Erstmals im 16. Jahrhundert kümmern sich die Landesherren verstärkt um das Brauwesen. Sowohl das berühmte bayerische Reinheitsgebot von 1516 (Kettner 1976, 56) und die allgemein zahlreichere Gewährung von Braurechten als auch die Anfänge der Hopfenbauge-

Abb. 6: Schwerpunkte des Hopfenbaus in Bayern um 1800, dargestellt an Hand der Montgelas'schen Gütererhebungen (Quelle: Kettner 1976, S. 59)

biete Hersbruck-Altdorf bzw. Aischgrund und die besondere Würdigung des Spalter Hopfens durch ein eigenes Gütesiegel seit 1538 (Schlögl 1954, 27) fallen in diese Zeit.

Einen zweiten Höhepunkt bildet die zweite Hälfte des 18. Jahrhunderts. Die erwähnte systematische Förderung des Hopfenbaus durch den Bamberger Bischof und die bayerischen Kurfürsten (Kettner 1976) hat sicher nicht nur mit dem merkantilistischen Bemühen zu tun, sich vom Import böhmischen oder Spalter Hopfens unabhängig zu machen, sondern auch mit erhöhtem Bedarf, den der gleichzeitige Wechsel zum stärker gehopften untergärigen Bier allein nicht erklären kann. Mit Tisowsky (1957, 53) ist anzunehmen, daß es um 1750 keinen Ort mehr ohne Bierbrauer gab!

Ein nochmaliger Aufschwung setzte nach 1860/90 ein – ablesbar an den Hopfenpreisen, am Aufstieg der Hallertau zum größten Hopfenbaugebiet der Welt, an der Konzentration auf Großbrauereien mit immer größerem Bierausstoß.

2. Dieser »Wellenschlag des Bieres« stimmt in auffälliger Weise überein mit der allgemeinen Bevölkerungskurve für Deutschland. Das 16. Jahrhundert ist eine Phase spürbarer Bevölkerungszunahme nach dem Abklingen der mittelalterlichen Pestkatastrophen. Nach dem Dreißigjährigen Krieg dauert es rund ein Jahrhundert, bis die Menschenverluste ausgeglichen sind und ab etwa 1740/50 neuerliches Wachstum einsetzt. Im letzten Abschnitt ab 1860/90 kommt es zu regelrechter Bevölkerungsexplosion im Gefolge von Industrialisierung, Verstädterung und medizinischem Fortschritt.

Es handelt sich dabei jeweils um Aufwärtsbewegungen der Bevölkerungszahl, die verbunden sind mit der Herausbildung einer breiten Unterschicht, ja eines Proletariats. Unübersehbar sind jeweils die Anzeichen von Verarmung und Verelendung dieser Massen.

So bietet sich ein Analogieschluß an: Der immer mehr gestiegene Bierkonsum ist zu begreifen als disproportionale Funktion der Bevölkerungsentwicklung. Bier wurde in dem Sinn Volksgetränk, daß die Zahl derer, die sich nicht Teureres leisten konnten, immer größer wurde (vgl. Tisowsky 1957, 53; Teuteberg 1972, 64 über die »Entfleischlichung« der Mahlzeiten). Den Arme-Leute-Geruch wird das Bier erst heute langsam wieder los.

### *IV. Schluß*

Überprüft werden sollte der oft leichthin gesagte Erklärungssatz, im Lauf der Jahrhunderte habe sich in Deutschland ein kollektiver Geschmackswandel vom Wein zum Bier vollzogen. Meine Interpretation – aus einer nicht ganz durchsichtigen Quellenlage heraus – geht dahin: Bier hat sich *nicht* so sehr *auf Kosten* des Weins, sondern *neben* dem Wein als vorherrschendes Volksgetränk breit gemacht. Während die Zahl der Weintrinker meines Erachtens ziemlich unberührt blieb, wurde der Bierkonsum zur Meßlatte der Bevölkerungszunahme und Gesellschaftsentwicklung zwischen Mittelalter und Gegenwart. Wir haben es nicht mit der Summe individueller menschlicher Launenhaftigkeit zu tun, sondern mit einem sozialen Degradierungsprozeß. Trinkgewohnheiten als Teil der menschlichen Kultur erweisen sich somit u. a. als abhängig von Wandlungen im Ökosystem. Sie sind ein gutes Beispiel für den von Professor Otto Koenig begründeten kulturethologischen Denkansatz.

Die Bevölkerungsgrundschicht nahm Bier als eines ihrer Grundnahrungsmittel an, das man – nach Zeugnissen des 18./19. Jahrhunderts – bedenkenlos auch Säuglingen verabreichte (Schlögl 1954, 421; Heller 1970, 62; Teuteberg 1978, 194). Für die immer größer werdende Masse der Taglöhner, Kleinhandwerker, Fabrikarbeiter usw. wurde Bier zum vorherrschenden Tischtrunk im familiären Mahlzeitenzyklus. Bier genügte aber auch als selbständige Zwischenmahlzeit (»flüssiges Brot«) und wurde zum wesentlichen Bestandteil der Männergeselligkeit in den einfachen Schankwirtschaften von Dorf und Industriestadt. Genußsucht befriedigte sich undifferenziert durch Menge . . .

Demgegenüber geriet der Wein in eine Position hoher Wertschätzung, die sich historisch unter anderem aus seiner Rolle in der kirchlichen Liturgie (»Meßwein«) und bei der Besiegelung eines Rechtsgeschäftes (»Weinkauf« = der Kaufsumme angepaßte gemeinsame Zeche; vgl. Kramer 1961, 260) abgeleitet. Sie wurde stabilisiert durch Qualitätsanhebung und entsprechende Preise, die den Wein zunehmend mit dem Hauch vornehmer Exklusivität umgaben. Wein verfeinerte die Kochrezepte der Oberschicht. Zur Bildung des gutsituierten Bürgers gehörte zu wissen, welche Weinsorte zu welcher Speise paßt. In der Weinstube trafen sich die Honoratioren.

Bei Wiegelmann (1972), der den Wandel der Speisen und Mahlzeiten unter dem Einfluß der Industrialisierung darstellt, finden sich zahlreiche Quellenzitate aus Medizinaltopografien usw., die diese soziale Zuordnung von Wein und Bier spätestens seit dem ausgehenden 18. Jahrhundert bestätigen. In Bremen schrieb man 1836 über die mittleren Volksklassen, der Genuß von Bier beim Mittagessen habe »seit einigen Jahren bedeutend abgenommen . . ., woran zum Teil die immer mehr überhand nehmende Vorliebe für den Branntwein und Wein« schuld sei (ebd. 247), während im Zusammenhang mit der städtischen Unterschicht nur von Bier die Rede ist (ebd. 248). Wein gehörte zu den Importgütern der Hafenstadt. Aus Stuttgart wird 1834 berichtet: »Der Tischtrunk, in der Regel dem Hausvater allein vorbehalten, ist Obstmost oder Bier«; bei den Wohlhabenden ist der »Landwein, häufig mit Sauerwasser gemengt, in seinem Rechte geblieben« (ebd. 253). Und sogar die vermeintliche Biermetropole München gibt sich in der Schilderung Lorenz Westenrieders von 1782 deutlich differenziert: »Rind- oder Kalbfleisch, Bier und Brot sind das gewöhnlichste«, was »der Bürger und Handwerker« zu sich nimmt; »der Vornehmere« hingegen bedient sich »scharfer gebrannter Wässer, Weine oder des Koffees« (ebd. 256).

Es fällt auf, daß dieses sozial bedingte Verhaltensmuster einheitlich über sonst im Nord-Süd-Profil stark abweichende Nahrungslandschaften hinweggreift. Offenbar gilt es – wenngleich abgeschwächt – sogar in Gegenden, wo schwerpunktmäßig entweder Wein oder Bier erzeugt wurden. Wenig ist über Stadt-Land-Gegensätze zu sagen. Lediglich die Bierkneipen der korporierten Studenten, die im 19. und frühen 20. Jahrhundert ja noch größtenteils bürgerlichen Kreisen entstammten, scheinen ein interessanter Ausnahmefall zu sein. – Die Richtigkeit unserer ökonomischen Beweisführung dürfte sich schließlich auch dadurch belegen lassen, daß sich in unserer heutigen nivellierten Wohlstandsgesellschaft die Polarisierung Weintrinker – Biertrinker spürbar gemildert hat.

*Literatur*

Abel, Wilhelm: Geschichte der deutschen Landwirtschaft vom frühen Mittelalter bis zum 19. Jahrhundert. 2. Auflage. Stuttgart 1967.
Abel, Wilhelm: Massenarmut und Hungerkrisen im vorindustriellen Europa. Hamburg – Berlin 1974.
Amman, Jost: Das Ständebuch. Frankfurt am Main 1568 (Nachdruck Leipzig 1975).
Amman, Hektor: Nürnbergs wirtschaftliche Stellung im Spätmittelalter. Nürnberger Forschungen 13. 1970.
Bauer, Hans: Ein Stück fränkische Weinbaugeschichte – aufgezeigt am Beispiel Dettelbach am Main. Zs. Frankenland 1975, S. 146 ff.
Beitl, Richard (Hg.): Wörterbuch der deutschen Volkskunde. 3. Auflage. Stuttgart 1974.
Böhm, Johann: Kurze Beschreibung und Geschichte der Stadt Altdorf. Nürnberg 1888.
Breider, Hans: Das Buch vom Frankenwein. 5. Auflage. Würzburg 1974.

Dege, Eckart: Weinbau, Obstbau und Sozialbrache am oberen Mittelrhein. Zs. Erdkunde 27. 1973, S. 34–54.
Fischer, Johann Bernhard: Statistische und topographische Beschreibung des Burggrafthums Nürnberg unterhalb des Gebürgs oder des Fürstentums Brandenburg-Anspach. Ansbach 1787.
Grimm, Gebrüder: Kinder- und Hausmärchen. Hg. Friedrich von der Leyen. 2. Band. Jena 1927.
Haas, Nikolaus: Geschichte des Slaven-Landes an der Aisch und den Ebrach-Flüßchen. – 2 Bände. Bamberg 1819.
Heinritz, Günter und Popp, Herbert: Sommerkeller in Franken. Jahrbuch für fränkische Landesforschung 34/35. 1974/75, S. 121 ff.
Heller, Hartmut: Herzogenaurach und Höchstadt an der Aisch. Die Entwicklung zweier oberfränkischer Kleinstädte im Großraum Nürnberg. Herzogenaurach 1970.
Höllhuber, Dietrich und Kaul, Wolfgang: Fränkische Schweiz – ein Wanderführer für Biertrinker. Nürnberg 1983.
Jäger, Helmut: Der Dreißigjährige Krieg und die deutsche Kulturlandschaft. Zs. f. Agrargeschichte u. Agrarsoziologie, Sonderband 3. Frankfurt 1967, S. 130 ff.
Jäger, Helmut: Der agrarlandschaftliche Umbau des 19. Jahrhunderts. Mainfränkische Heimatkunde Band 13. 1965, S. 210 ff.
Kettner, Lorenz: Hallertauer Hopfenbau. Geschichte und Gegenwart. Mainburg 1976.
Kramer, Karl Sigismund: Bauern und Bürger im nachmittelalterlichen Unterfranken. Veröffentlichung der Gesellschaft für fränkische Geschichte R. 9. Band 12. 1957.
Kramer, Karl Sigismund: Volksleben im Fürstentum Ansbach und seinen Nachbargebieten. – Veröffentlichungen der Gesellschaft für fränkische Geschichte R. 9. Band 15. 1961.
Kramer, Karl Sigismund: Volksleben im Hochstift Bamberg und im Fürstentum Coburg (1500–1800). Veröffentlichung der Gesellschaft für fränkische Geschichte R. 9. Band 24. 1967.
Leimeister, Thomas: Die Bedeutung des Brauwesens für die Stadt Erlangen. Zulassungsarbeit für das Lehramt Grundschule in Bayern 1984/I. Nürnberg 1983.
Meyers Konversations-Lexikon. 5. Auflage. Leipzig – Wien 1897 ff.
Pohlendt, Hans: Die Verbreitung der mittelalterlichen Wüstungen in Deutschland. Göttinger Geogr. Abhandlungen 3. 1950.
Ruppert, Karl: Die Bedeutung des Weinbaus und seiner Nachfolgekulturen für die sozialgeographische Differenzierung der Agrarlandschaft in Bayern. – Münchner Geogr. Hefte 19. 1960.
Schlögl, Alois (Hg.): Bayerische Agrargeschichte. München 1954.
Schnelbögl, Fritz: Die wirtschaftliche Bedeutung ihres Landgebietes für die Reichsstadt Nürnberg. Beiträge zur Wirtschaftsgeschichte Nürnbergs, Band 1. Nürnberg 1967, S. 261 ff.
Schreyl, Karl Heinz (Hg.): Die Welt des Hans Sachs. 400 Holzschnitte des 16. Jahrhunderts. Nürnberg 1976.
Teuteberg, Hans J. und Wiegelmann, Günter: Der Wandel der Nahrungsgewohnheiten unter dem Einfluß der Industrialisierung. Göttingen 1972.
Teuteberg, Hans J. und Bernhard, Annegret: Wandel der Kindernahrung in der Zeit der Industrialisierung. J. Reulecke und W. Weber (Hg.): Fabrik, Familie, Feierabend. – 2. Auflage. Wuppertal 1978, S. 177 ff.
Tisowsky, Karl: Häcker und Bauern in den Weinbaugemeinden am Schwanberg. – Frankfurter Geogr. Hefte, 33. Jg. 1957.
Weidinger, Alfons: Die Entwicklung des fränkischen Weinbaues und seine Hauptprobleme in der Gegenwart. Phil. Diss. Erlangen 1949.
Wiegelmann, Günter: Alltags- und Festspeisen. Marburg 1967.
Wirth, Eugen: In vino veritas? Weinwirtschaft, Weinwerbung und Weinwirklichkeit. – Erlanger Geogr. Arbeiten 41. 1980.

*Walter Hirschberg:*
# *Das festliche Mahl*

Im Herkunftswörterbuch des Großen Duden (Mannheim 1963) lesen wir unter dem Stichwort »Mahl«: »Das der gehobenen Sprache angehörige Wort für ›Essen‹ war ursprünglich identisch mit dem unter ›Mal‹ – ›Zeitpunkt‹ behandelten gemeingermanischen Substantiv. Auch im Englischen (vgl. meal) und im Nordischen (vgl. mal) entwickelte sich wie im Deutschen aus der Bedeutung ›Zeitpunkt‹, ›festgesetzte Zeit‹ die Bedeutung ›Essenszeit, Essen‹. Beachte auch, daß die seit dem 15. Jahrhundert bezeugte Zusammensetzung Mahlzeit im Sinne von ›Essen‹ gebraucht wird. Als Grundwort steckt Mahl in mehreren Zusammensetzungen, beachte z. B. Abendmahl, Gastmahl, Nachtmahl österreichisch für ›Abendbrot‹, davon nachtmahlen österreichisch ›zu Abend essen‹.«

Das »festliche Mahl« oder kurz »Festmahl« ist also an einen festen Zeitpunkt gebunden. Festmähler werden stets mit reichlichem Essen und Trinken begangen; Festzyklen oder Festmähler sind einfach nicht denkbar.

Angesichts der ungeheueren Vielfalt der verschiedenen Essens- und Trinkgewohnheiten wäre es ein müßiges Beginnen, sie hier auch nur andeutungsweise beschreiben zu wollen. Wir begnügen uns daher mit einem einzigen, allerdings außerordentlich charakteristischen Beispiel: das Schweineschlachtfest auf Papua-Neuguinea in Melanesien. In seiner Habilitationsschrift »Die Morphologie segmentärer Gesellschaften« (1974) hat Justin Stagl unter anderem die sozialpolitischen Funktionen des Schweineschlachtfestes eingehend beschrieben, so daß wir ihm gerne folgen wollen. Die Schweinehaltung bedeutet für die Papuamänner eine Prestigeangelegenheit und als ein Mittel zum sozialen Aufstieg, für die Frauen dagegen, welche die Hauptarbeit mit der Aufzucht der Schweine zu leisten haben, erweckt die Schweinehaltung »fast mütterliche Gefühle« für die von ihnen aufgezogenen Tiere. »Man schlachtet ein Schwein nur zu rituell gerechtfertigten Anlässen« (Stagl 1974, 55).

Die Schweineschlachtfeste finden in periodischen Abständen statt. »Man kann diese Feste – ähnlich wie den Potlatch an der Nordwestküste Amerikas oder den Kula-Handel im Massim-Distrikt – als totale Sozialphänomene ansehen. Sie sind der Inbegriff und die Zusammenfassung allen Rituals der festgebenden Gruppen und zugleich auch Märkte, Heiratsmärkte, Tierausstellungen, theatralische Darbietung der Paraden. Anläßlich dieser Feste kommen Tausende von Personen zusammen, die sich im täglichen Leben sonst nie sehen. Neben Ritualien, Gütern und Frauen werden auch Informationen ausgetauscht, Bekanntschaften geknüpft und politische Intrigen gesponnen. Derartige Feste sind für ganz Melanesien charakteristisch; im Hochland von Neuguinea sind sie aber – quantitativ und qualitativ – zu besonderer Großartigkeit gesteigert« (Stagl 1974, 272).

Die Tiere dürfen nur zu rituellen Anlässen gegessen werden, und da ein Räuchern und Einsalzen des Schweinefleisches bei den Papua unbekannt ist, ist auch die Teilnahme zahlreicher Esser an dem Festmahl eine zwingende Notwendigkeit. »Der rituelle Konsum von Schweinefleisch ist demnach ein Vergesellschaftsfaktor von eminenter Bedeutung« (Stagl 1974, 273). Zu den vielen Vorbereitungen des Festes, die sich auch auf mehrere Monate hin erstrecken können, gehört auch ein allgemeines Schlachtverbot vor dem anberaumten Fest. »Individuen und kleine Gruppen werden dadurch an der Durchführung ihrer Rituale behindert und diese auf einen späteren Zeitpunkt, eben auf das große Schlachtfest, verschoben. Die kleineren Rituale werden damit zu großen kombiniert, welche anstatt kleiner Personenkreise die ganze Kultgruppe und deren Umgebung betreffen. So besteht bei vielen Gesellschaften des Hochlandes die Tendenz, die individuellen rites de passage, vor allem die Initiationen, Verlobungen, Heiraten und Totenfeste, anläßlich dieser Feste kollektiv abzuhalten« (Stagl 1974, 273).

Das Zusammenströmen großer Menschenmassen anläßlich des Festes begünstigt auch den Austausch von Gütern verschiedenster Art, wodurch mitunter der Marktcharakter des Schlachtfestes wichtiger erscheinen mag als der sakrale. Die Schweineschlachtfeste nehmen dann Jahrmarktcharakter an und könnten unter solchen Umständen als »säkularisierte Kulturveranstaltungen« aufgefaßt werden. Daß dann Tanz, Flirt usw. ihre menschenverbindende Rolle spielen, erscheint nahezu selbstverständlich.

In Vergleich zu der Masse der Festteilnehmer ist die festgebende Gemeinde relativ klein. »Sie fällt meist mit der Lokalgruppe zusammen« (Stagl 1974, 275). »Durchschnittlich werden mehrere Hunderte von Schweinen getötet und von mehreren Tausenden von Teilnehmern verzehrt« (Stagl 1974, 274). Die wirtschaftliche Belastung für die Gemeinden bzw. Kulturgruppen ist jedenfalls ungeheuer, und wenn das Fest vorbei ist, sind die Kultgruppen erschöpft. Je nach den Verhältnissen ist nach etwa 3–15 Jahren die Kultgruppe wieder in der Lage, ein neues Fest zu geben.

Als die wichtigsten sozio-politischen Funktionen der melanesischen Schweineschlachtfeste nennt Justin Stagl folgende: 1. Alle Streitigkeiten persönlicher Natur oder Regelung, welche die Gemeinde spalten, werden durch rituelle Verbote formal gelöst; z. B. durch ein rituelles Verbot der Konfliktpartner, miteinander zu essen. 2. Bestimmte Rituale geben der Kult-

gruppe die Möglichkeit zur Kontaktaufnahme mit ihren Ahnen und der Welt des Übernatürlichen zwecks einer Erneuerung der Fruchtbarkeit von Mensch, Tier und Pflanze. 3. Beseitigung und Erneuerung überlokaler Allianzen der Gruppe. Es werden Einladungen und Gegeneinladungen ausgesprochen, um die Beziehungen zweier Gruppen aufrechtzuerhalten. 4. Solidaritätsbekundungen und wirtschaftliche und militärische Demonstration der Stärke der Kultgruppe (Zahl der geschlachteten Tiere, Schautänze und Promenaden oder Paraden als Selbstdarstellungen und Selbstbestätigungen mit Wettbewerbscharakter). 5. Das Prinzip reziproker Austauschverpflichtungen (Geben und Nehmen); sein Versagen deutet auf Schwäche.

Trotz der großen Menschenansammlungen und Gütermengen wie auch des kollektiven Charakters der Schweineschlachtfeste im allgemeinen ist die individuelle Basis der Transaktionen vieler Gruppen nicht als zu gering einzuschätzen (Einzelpersonen laden ihre Gäste ein und sorgen für Unterkunft und Verpflegung und verbinden damit ein erhöhtes Prestige. »Die einzelnen wirtschaftliche, sozialen, politischen und rituellen Interaktionen, welche schließlich in den Festen kulminieren, greifen aber ineinander und bilden als Ganzes ein derart kompliziertes System, daß es für das Einzelindividuum schon in seinen Anfangsstadien unübersichtlich wird. Die vielen Einzelereignisse werden jedoch durch das traditionell vorgegebene Ritual in festgelegte Handlungsabläufe zusammengefaßt. Allein das Ritual garantiert daher den reibungslosen Ablauf des Festes selbst, dessen zahlreiche Teilnehmer ja durch keinerlei zentrale Autorität koordiniert und kontrolliert werden« (Stagl 1974, 280).

Das Ritual an sich weist sich demnach als ein unveränderlicher, »das heißt von individuellen Entscheidungen und Irrtümern unabhängiger, selbstregulierender Mechanismus, durch den das Gleichgewicht zwischen benachbarten, autonomen Lokalgruppen erhalten wird« (Stagl 1974, 280). Dies alles unter der Voraussetzung, »daß allerdings die Ähnlichkeiten der Weltanschauungen und der Werte, der Sitten und der Bräuche sowie die gegenseitige Verständlichkeit der Rituale bei allen diesen Gruppen vorhanden ist« (Stagl 1974, 280).

Daß bei der von den Männern ausgehenden Organisation solcher Feste gerade jene Männer den größten Einfluß haben, die gegenüber den anderen über einen höheren Sozialstatus, besseren Kredit und über weiter reichende Verbindungen verfügen, erscheint naheliegend. »Schweinezucht, Prestigegüteraustausch, Finanzierung von Heiraten, Rituale – kurz alle diese Transaktionen, die letztlich in das Fest einmünden – werden von solchen Männern im eigenen sowie im Namen der weniger bedeutenden Gruppenmitglieder durchgeführt«, schreibt Stagl (1974, 281). Es ist dies zugleich ein Mittel zum »sozialen Aufstieg und zur politischen Macht«. Diese Männer stellen bei diesen Festen ihre Macht und ihren Reichtum zur Schau. »Ihr Status wird meßbar durch die Zahl der Schweine und Prestigegüter, die durch ihre Hand gehen. Die alten und die neuen Träger von Herrschaftsrollen setzen sich selbst in Szene, organisieren und leiten den rituellen und sekundären Teil des Festes und legalisieren damit ihre Autorität« (Stagl 1974, 181).

Mit gutem Recht verwies Stagl auf die Ähnlichkeiten der Schweineschlachtfeste in Melanesien mit den Potlatchfesten in Nordwestamerika trotz der durch die lokalen Umstände sich ergebenden Verschiedenheiten. Der Name Potlatch leitet sich her vom Nootkawort patschatl = geben, Gabe. Das Potlatch ist ein großes Geschenkverteilungsfest bei den Indianerstämmen der Nordwestküste Nordamerikas, bei den Kwakiutl, Tshimshian, Tlingit, Haida, Nootka u. a. »Der soziale Rang eines Mannes bemißt sich bei diesen Indianergruppen«, schreibt Walter Lindig im »Wörterbuch der Völkerkunde« (1965), »nach seinem Reichtum an materiellen Gütern, wie Matten, Körben, Decken, Muschelgeld, besonders geformten Kupferplat-

ten usw; dieser Besitz wird seit frühester Jugend dadurch erworben und vermehrt, daß man in Potlatch-Festen solche Stücke an andere verteilt, die sich später mit oft 100 und mehr Prozent Zinsen revanchieren müssen, um nicht ihr Ansehen zu verlieren. Potlatchfeste finden zu allen bedeutenden Zeitpunkten des Lebens wie Geburt, Initiation, Heirat, Tod usw. statt, aber auch bei kleineren Anlässen; dabei erwirbt der Veranstalter stets einen neuen, titelähnlichen Namen und steigt im sozialen Rang. Auch der Machtkampf rivalisierender Häuptlinge geschah in der Form des Potlatch: Sieger war derjenige, der den anderen im Güterangebot oder in der Zerstörung eigenen Besitzes übertraf. Dabei wurden Boote und Kupferplatten zertrümmert, Decken und Häuser verbrannt, ja sogar Sklaven getötet. Das Potlatch gehört als agonale Sonderform« – ähnlich dem sportlichen und musischen Wettkampf der alten Griechen als Lebensprinzip – »in die Reihe der Geschenkaustauschsysteme und Verdienstfeste, die besonders im hinterindisch-indonesisch-pazifischen Gebiet anzutreffen sind.«

Der Verdienstfeste-Komplex darf als eine über die Alte und Neue Welt verbreitete Institution betrachtet werden, in der versucht wird, durch besondere Taten oder Leistungen »Verdienst« zu sammeln und sich dadurch gegenüber anderen Mitgliedern der Gruppe auszuzeichnen, eine Institution, in der unter anderem auch das gemeinsame Mahl der Festteilnehmer, das Festmahl, nicht wegzudenken ist und gewissermaßen den Höhepunkt aller Festesfreude bildet. Das gemeinsame Mahl verbindet.

Das Verbindende gelangt auch in unserem Sprachgebrauch der beiden Worte »Gemahl« und »Gemahlin« zum Ausdruck. Tatsächlich scheint nach Duden das gemeingermanische Präfix ge- aus einer alten Präposition mit Bedeutung »zusammen, mit« entstanden zu sein. Das Präfix drückt zunächst die Vereinigung, das Zusammensein aus, und wir sagen »Mahlzeit« und meinen damit den willkommenen Zeitpunkt eines gemeinsamen Essens. Einen ähnlichen Charakter besitzt auch die bekannte Wunschformel: »Guten Appetit!«

Analoges geschieht beim Trinken: Prosit! (lat. »es nütze!«) und abgekürzt: Prost! Wohl bekomm's! Zum Wohl! sind geläufige Wunschformeln beim Zutrinken und sind seit dem 18. Jahrhundert über die Studentensprache ein Allgemeingut geworden. Es ist eine – religionsgeschichtlich gesehen – sehr alte Vorstellung, daß man beim Trinken (wie auch beim Essen) jeglichem Schadenzauber ausgesetzt wäre. »Daher gab es schon im Altertum Trinkgefäße mit apotropäischen Bildern. Das Zutrinken mit einer Wunschformel soll vergewissern, daß der Trank z. B. nicht vergiftet sei«, heißt es in der Großen Brockhaus Enzyklopädie.

Wie in aller Welt feiern auch die Schwarzafrikaner mit Essen und Trinken ihre Feste. Die Frauen brauen dazu das Bier. Offenbar war die Bierbereitung zumindest bei Inhabern priesterlicher Ämter mit rituellen Vorschriften verbunden. Bei den Baka in Äthiopien galt die Bierhütte des Klanführers Kullo Dagab als heilig. Kein Fremder durfte den mit einem Deckel verschlossenen Biertopf berühren, geschweige denn ihn öffnen (Ad. E. Jensen). Bei allen festlichen Gelegenheiten, sei es bei Verlobung oder Heirat, trinken die Afrikaner ihr Hirsebier. »Wenn beispielsweise ein junger Mann bei den Baka heiraten will, schickt er seinen Freund zu dem Mädchen, nicht an dessen Eltern, und wenn sie einverstanden ist, so wird ein Tag verabredet, an dem er sie abholt«, schreibt Adolf Jensen (1959). »Sie stiehlt inzwischen aus dem Elternhaus und auch von Verwandten Hirse zusammen, um Bier zu bereiten, das sie in dem Haus eines Nachbarn, den sie einweiht, bereitet. Am vereinbarten Tage geht der Jüngling mit 2 oder 3 Freunden – das Mädchen hat ebenso viele Freundinnen bei sich – in das Haus des Nachbarn, und sie trinken dort das bereitete Bier und tanzen die ganze Nacht.« Sind die Eltern einverstanden, dann werden je nach Reichtum ein oder mehrere Tiere getötet und der Festschmaus oder das Festmahl findet bei Fleisch und Bier, das die ganze Nacht hindurch andauert, im Hause des Nachbarn statt. Bei den verschiedenen Erntezeremonien wird das Zeremonialbier in einem besonderen Biertopf bereitet, und als erster hat der Priester von dem Bier zu kosten, ehe es von den alten Männern getrunken wird. Die für die Bereitung des Zeremonialbiers notwendige Hirse stammt von kleinen Feldern, die eigens dazu angelegt werden, und auf diesen heiligen Feldern finden auch die Bittzeremonien bei Dürre oder anhaltendem Regen statt.

Von analogen Eß- und Trinkgewohnheiten weiß auch Olfert Dapper (1670) auf Grund der ihm zugegangenen zeitgenössischen Berichte von der Loango-Küste Westafrikas zu erzählen. Hier standen zu beiden Seiten des Königsstuhles im Weinhaus des Königs – es wurde hier Palmwein getrunken – zwei große Körbe aus rotem und schwarzem Weidengeflecht, in denen der König seine Zaubermedizinen verwahrte, die ihn vor dem Vergiften bewahren sollten. Neben dem König saß der Mundschenk, der dem König, wenn er zu trinken verlangte, den mit Palmwein gefüllten Becher reichte. In diesem Augenblick warfen sich Höflinge und das versammelte Volk mit dem Gesicht zur Erde gewendet nieder, denn niemand durfte es wagen, dem König beim Essen oder Trinken zuzuschauen, war ihm sein Leben lieb. In dieser Stellung verharrte das vor dem Weinhaus versammelte Volk so lange, bis zwei aufeinander geschlagene Eisenstäbe das Zeichen gaben, daß der König getrunken hatte und ihm jetzt die Höflinge Wohlergehen und Gesundheit wünschen durften. Keinem gewöhnlichen Menschen war es auch vergönnt, in Gegenwart des Königs zu trinken, es sei denn, er kehrte ihm den Rücken zu, auch wurden alle Speisereste des Königs insgeheim in der Erde begraben. Nicht viel anders ging es auch an anderen afrikanischen Königshöfen zu, wie z. B. in Foumban am Hof des

Königs Njoya in Kamerun. Trank dort der König, mußten alle Frauen und Höflinge ihr Gesicht hinter den Händen verbergen.

Hat der Sudan sein Hirsebier, Westafrika seinen Palmwein, so hat die Südsee ihren Kawastrauch, aus dessen Wurzeln kunstvoll ein bitteres und schwach berauschendes Getränk bereitet wird. Dieses wird heute noch auf Samoa, Tonga und im melanesisch-polynesischen Grenzbereich des Fidji-Archipels getrunken. »Auf Samoa und Tonga finden Kawa-Partys statt«, schreibt Karl Wernhart, »bei denen sich die Jugend trifft, an denen aber auch Kawa-Süchtige teilnehmen. Der Genuß des Kawatrankes war und ist heute noch ein gesellschaftliches Ereignis. Man trank und trinkt heute Kawa bei allen Zeremonien (Staats-, Familien-, Hochzeits- und Begräbnisfeiern), aber auch bei magischen Riten wird Kawa verwendet. Die Initiation in ein Amt oder die Nachfolge in einen Titelrang wurde z. B. in Tonga im Kawazirkel durch das Nennen des neuen Titels legalisiert, wenn die Kawa dem neu Ernannten gerecht wurde.«

Essen und Trinken halten nicht nur Leib und Seele des einzelnen zusammen, sondern auch den Weiterbestand einer Gruppe.

*Literatur*

Dapper, Olfert: Umbständliche Beschreibung von Africa, Amsterdam 1670.
Haberland, Eike: Verdienstfeste (Wörterbuch der Völkerkunde). Stuttgart 1965.
Jensen, Adolf: Altvölker Südäthiopiens. Stuttgart 1959.
Lindig, Walter: Potlatch (Wörterbuch der Völkerkunde). Stuttgart 1965.
Stagl, Justin: Die Morphologie segmentärer Gesellschaften (Studia Ethnologica, Band 8). Meisenheim an der Glan 1974.
Wernhart, Karl: Kawa (Wörterbuch der Völkerkunde). Berlin, 2. Auflage (in Vorbereitung).

*Janpeter Kob:*

# *Soziale Disziplinierung individueller Bedürfnisbefriedigung Soziologische Bemerkungen zu Eßnormen*

»Essen ist eine offizielle Angelegenheit« war eine oft zu hörende elterliche Mahnung zur Zeit meiner Kindheit und Jugend. Sie war die lapidare und wirksame Begründung für die vielfachen und komplizierten Regeln, denen man bei Tisch zu folgen hatte und die hauptsächlich den Sinn hatten zu verhindern, daß individuelle Gier und persönliches Genußempfinden in Gegenwart anderer sichtbar oder hörbar würden.

Dieser »offizielle«, gesellschaftliche Charakter menschlichen Essens hält sich offenbar konstant durch die ganze Menschheitsgeschichte, sicher nicht etwa im Sinne der historisch eng begrenzten »bürgerlichen« Tischsitten, aber immer in Gestalt vielfältiger, oft skurriler und von Anfang an recht strenger Regelungen dessen, was und wie gegessen wird. Essen ist einer der am dichtesten und auffälligsten geregelten gesellschaftlichen Handlungsbereiche. Dabei sind erst in zweiter Linie interessant jene Detailregelungen der Essenszubereitung, der Speisenbewertung, der Tafelordnungen, der Eßinstrumente usw., die bei kultur- und sozialgeschichtlichen Beschreibungen im Vordergrund stehen. Wichtiger sind zunächst die auffälligen Bemühungen um die grundsätzliche Einbindung des Essens in das jeweilige gesellschaftliche Ganze: es wird meist gemeinsam und in zeitlicher Regelung gegessen, »Tafelordnungen« (etwa hierarchisch, geschlechts- und altersspezifisch) und »Tischsitten« regeln Position und Verhalten des beteiligten Individuums, und schließlich wird Essen in die wesentlichen gesellschaftlichen Ereignisse (Feste, Stammesbeziehungen, Hochzeit, Geburt, Tod u. v. a. m.) und Symbolzusammenhänge (Opferriten, Abendmahle) einbezogen. Nicht etwa erst in »gesättigten« Zeiten später Gesellschaftsentwicklung, in denen Essen einschließlich seiner Zubereitung mehr Sorgen und Mühe bereitet als die Nahrungsbeschaffung, sondern schon in den frühesten Entwicklungsphasen erscheint das Essen als eine wesentlich überindividuelle, sozial regelungsbedürftige Angelegenheit.

Dies muß als ein sehr eigenartiges Phänomen erscheinen, denn Nahrungsaufnahme und die Bedürfnisse, die zu ihr führen, sind grundsätzlich streng individuelle Vorgänge, physiologisch und psychisch an den Einzelorganismus gebunden. Nun kann man einwenden, daß zwar nicht der Komplex des eigentlichen Essens selbst, aber die Prozesse der Nahrungsbeschaffung und -bereitung beim Menschen kolletiv und arbeitsteilig wären, so daß von daher eine soziale Reglementierung gar nicht so erstaunlich erscheinen müsse. Aber das würde im strengeren Sinne nur die soziale Regelung der Nahrungsverteilung legitimieren, während die Essensriten, um die es hier geht, damit kaum etwas zu tun haben. Georg Simmel hat in seinem Essay »Soziologie der Mahlzeit« diese Problematik sehr präzise dargestellt und dabei zugleich Hinweise zur soziologischen Deutung gegeben, die mir beherzigenswert erscheinen: »Von allem nun, was den Menschen gemeinsam ist, ist das Gemeinsamste: Daß sie essen und trinken müssen. Und gerade dieses ist eigentümlicherweise das Egoistischste, am unbedingtesten und unmittelbarsten auf das Individuum Beschränkte: was ich denke, kann ich andere wissen lassen; was ich sehe, kann ich sie sehen lassen; was ich rede, können Hunderte hören – aber was der einzelne ißt, kann unter keinen Umständen ein anderer essen. In keinem der höheren Gebiete findet dies statt, daß auf das, was der eine haben soll, der andere unbedingt verzichten muß. Indem aber dies primitiv Physiologische ein absolut allgemein Menschliches ist, wird es gerade zum Inhalt gemeinsamer Aktionen, das soziologische Gebilde der Mahlzeit entsteht, das gerade an die exklusive Selbstsucht des Essens eine Häufigkeit des Zusammenseins, eine Gewöhnung an das Vereinigtsein knüpft, wie sie durch höher gelegene und geistige Veranlassungen nur selten erreichtbar ist[1].« Und etwas später heißt es dann: »Diese strenge Normierung und Gleichgestaltung hat gar keinen äußeren Zweck, sie bedeutet ausschließlich die Aufhebung oder Umbildung, die die materialistisch individuelle Selbstsucht durch den Übergang in die Sozialform der Mahlzeit erfährt[2].«

Es geht dabei also nach Simmel um die »Sozialisierung« einer prinzipiell individuellen Handlungsweise: die verzwickten Regeln und Sitten des Essens machen eine von Natur aus in ihren Auslösern – Hunger, Appetit – wie in ihren Realisierungen – Sättigung, Wohlgeschmack – unbedingt an den Einzelorganismus gebundene Angelegenheit zu einer sozialen, »öffentlichen« Sache. Hier funktioniert offenbar ein grundsätzlicher sozialer Mechanismus. Solch verstärkte »Sozialisierung« von unaustauschbar Individuellem begegnet einem in sehr typischen Handlungsbereichen: beim eigenen Körper – durch Kleidung und Bemalung, beim unvertretbaren Tod des Einzelorganismus – durch kollektive Mythen und Totenkulte, bei der intimen Lust der Sexualität – durch Verpflichtungen und Begrenzungen. Wie beim Essen lassen sich auch in diesen typischen Feldern in allen Gesellschaften gehäufte Reglementierungen und soziale Stilisierungen beobachten, von denen nur ein ganz geringer Teil offenkundige partikulare Funktionalität besitzt, die also vielmehr überwiegend – nach Simmel – ohne »äußeren Zweck« allein der »Aufhebung und Umbildung« von prinzipiell Individuellem in eine »Sozialform« dient[3].

Wenn das stimmt, dann sind die sozialen Reglementierungen des Essens ein generelles soziales Phänomen, das in allen Gesellschaften zu beobachten wäre. Das mag im Verlauf der Gesellschaftsgeschichte unterschiedlich ansetzen, dort vor allem an den Nahrungsmitteln, da eher an den Tischsitten oder in Gestalt mythischer und religiöser Ritualisierungen. Aber relativ zur Komplexität der jeweiligen Gesellschaft müßte hier das Maß der Normierung auf die Dauer gleichbleiben. Es gibt allerdings Autoren, die das scheinbar anders sehen. So beschreibt bekanntlich Norbert Elias in seinem »Prozeß der Zivilisation« (2. Auflage 1969) eine substantielle Zunahme der Reglementierung von sozialen Umgangsformen und nicht zuletzt Tischsitten vom Mittelalter zur Moderne hin, die parallel zum sozialen und ideologischen Wandel eine Abkehr vom Natürlichen und Unmittelbaren bedeutet[4]. Umgekehrt stellt Margot Berghaus in diesem Band dar, wie sich in der jüngsten Entwicklung hochindustrieller Gesellschaften ein rasanter Abbau der Essensrituale vollzieht, so daß Essen schließlich weitgehend individueller Beliebtheit überlassen bleibt. Ohne daß man näher auf Einzelheiten der Argumentation und des Materials eingeht, bleibt aber zunächst dagegen noch der Vorbehalt, daß in beiden Fällen die Aufmerksamkeit jeweils nur auf einen Teil der Reglementierung gerichtet ist, nämlich auf den jeweils traditionellen, wogegen neu einsetzende Regelungen nicht beobachtet wurden bzw. umgekehrt bei Elias die vor Beginn der Neuzeit geltenden nicht interessierten. Verbote von bestimmten Nahrungsmitteln oder dem gemeinsamen Speisen mit bestimmten Personen gibt es bei uns nicht, hat es aber wohl in anderen Gesellschaften und auch im Mittelalter gegeben. Dafür verbietet man heute Schmatzen und Rülpsen, was sonst geradezu zum gemeinsamen Essen gehörte.

Die sozialhistorische und ethologische Verifikation meiner These, daß Essen in jeder menschlichen Gesellschaft in erheblichem Maße reglementiert wird, bedürfte noch umfangreicher Materialarbeit. Ich möchte hier zum Schluß nur einige Anmerkungen zu der gegenwärtigen Entwicklung in diesem Zusammenhang machen.

Die These von Margot Berghaus ist zweifellos richtig: im Vergleich zur unmittelbaren

Tradition wird in unserer Zeit das Essen zunehmend individualisiert. Damit verfallen viele Regeln, die nur sinnvoll waren beim Zwang zu gemeinsamem Essen, zur Simmelschen »Mahlzeit«: feste Essenstermine, Rollenverteilungen, Regelungen des Ablaufes der Mahlzeit, Einhaltung gemeinsamer Tischsitten. Beim jederzeit möglichen »Essen nebenbei« sind sie weder sinnvoll noch durchsetzbar. Ich meine, daß die wesentliche Ursache dafür darin liegt, daß – vom einzelnen her gesehen – heute nicht mehr nur die Nahrungsbeschaffung arbeitsteilig von spezialisierten gesellschaftlichen Teilgruppen übernommen wird, sondern daß der einzelne auch zunehmend von der Zubereitung der Nahrung entlastet wird. Die breite Nutzung von Betriebskantinen, billigen Speiselokalen und Imbißstuben ebenso wie die immer differenzierteren Angebote von fertig produzierten Mahlzeiten setzt den einzelnen instand, jederzeit zu ausreichender und relativ angenehmer Nahrung zu kommen.

Aber es gibt auch Gegentendenzen, in denen sich möglicherweise neue Arten der Sozialisierung des Essens andeuten, die an die Stelle der traditionellen treten und somit weiter das Funktionieren des gesellschaftlichen Grundmechanismus sichern, in dem die gesellschaftliche »Umbildung« des bloß Individuellen geleistet wird. Ich sehe hier einmal sozial breit angelegte Bemühungen, die individuelle Ernährung in Normen eines »makrogesellschaftlichen« Verpflichtungszusammenhangs einzufangen, und zum zweiten die breite Entwicklung von antizivilisatorischen Bemühungen in Richtung auf sowohl »natürliche« Ernährung wie auf komplizierte »eigenständige« Zubereitung, wenn nicht gar Produktion von Essen. Beide Bemühungen haben im übrigen viel miteinander gemein und stützen einander.

Der größte Teil der gegenwärtigen wissenschaftlichen Literatur über Essen – vor allem sozialwissenschaftliche Untersuchungen – findet man in dem Zusammenhang der Bemühungen um »richtige Ernährung«. Es wird dabei vor allem den Ursachen der »Fehlernährung« nachgegangen, deren wesentliche Erscheinungsweisen »einseitige Ernährung« und »Überernährung« sind[5]. Hinter derartigen Bemühungen stehen normative Grundüberzeugungen, die von staatlichen und anderen offiziösen Institutionen verbreitet und propagiert werden: Gesundheits- und Bildungsministerien, Kranken- und Rentenkassen, Ärzteverbände und schließlich unterschiedliche Weltanschauungsgruppen. Ziel ist die Verbreitung eines rationalen und vor allem gesellschaftbewußten Ernährungsverhaltens, das bei Nahrungsmittelkauf, Nahrungszubereitung und Essen rationalen, wissenschaftlich fundierten Regeln folgt. Die normative Kraft gewinnen diese Kampagnen nur zum Teil aus dem Appell an die Eigensucht, also aus dem Argument, bei »richtiger« Ernährung würde man besser und länger leben; moralisch gewichtiger sind daneben die Argumente in Richtung der Allgemeinverpflichtung: man sollte durch falsche Ernährung nicht die Allgemeinheit belasten, welche die Folgen irrationalen Essens und Prassens zu tragen habe, wenn man erst an Kreislaufbeschwerden, Stoffwechselerkrankungen und Fettleber darniederliege. Zusätzlich abgestützt wird schließlich diese neue »rationale Essensmoral« durch den Hinweis auf die Milliarden Zeitgenossen in aller Welt, die hungern müssen, während bei uns noch der Ärmste die Gefahr laufe, sich »überzuernähren«.

Kalorientabellen, Ernährungsberatung in Massenmedien, Verpflichtung zur Angabe der Zusammensetzung von Nahrungsmitteln, Diätpläne, psychotherapeutische Gruppen für Übergewichtige wie für Magersüchtige u. v. a. m. deuten die brisante Verbreitung dieser neuen Essensmoral an: alles weist darauf hin, daß solche Dinge genügend Absatz und auch Anhängerschaft finden. Im Sinne solcher Verpflichtung auf ein »rationales« Ernährungsverhalten wird auch in unserer Gesellschaft mit Erfolg individuelles Essen an überindividuell normierende Gesellschaft angebunden. Gelingt das auch nur so weit, daß dem irrationalen Prasser Scham und Schuldbewußtsein suggeriert wird, kann man auf traditionelle Tischsitten verzichten.

Ebenso gegen das drohende kritiklose individuelle Konsumieren von vorfabrizierter Nahrung richten sich neuerdings vielbeachtete Regeln, die hauptsächlich in moderner Zivilisationskritik gründen: man solle auf verfälschte Nahrungsmittel und mechanistische Nahrungszubereitung verzichten und vielmehr wieder naturbelassene Produkte verwenden und diese liebevoll selbst bereiten oder, wenn es nicht anders geht, von anerkannten Meistern bereiten lassen. Diese neuen Ernährungsrituale werden praktiziert einerseits von sektenähnlichen Naturaposteln wie den »Makrobiotikern« und von überzeugten »grünen« Anklägern kritikloser Naturausbeutung auch im Ernährungsverhalten und andererseits von elitären Gourmets, welche die Essenszubereitung nach den Regeln großer Meisterköche zelebrieren, sich ihre Mühe auch nicht durch die kleinste Konserve erleichtern lassen und am liebsten auf einem Feuerherd kochen. Man könnte einwenden, diese Praktiken wären nur Sache relativ kleiner versponnener oder esoterischer Gruppen und insofern kein Symptom allgemein relevanter Essensnormierung. Andererseits ist aber die Propagierung der Regeln und Rezepte solcher Gruppen sehr aufwendig, noch im anspruchslosesten Massenblatt wird über sie berichtet. So ist zu vermuten, daß mindestens das Bewußtsein in der Gesellschaft breiter in diesem Sinne sensibilisiert wird und das eigene flüchtige Konsumieren von Vorgefertigtem als eine uneigentliche, mindere Form des Essens empfunden wird. Ich meine, daß eine weitere Suche nach solchen neuen Regelungen die These bestätigt würde, daß auf die Dauer auch in unserer Gesellschaft Essen nicht der sozialen Regellosigkeit verfällt.

### *Anmerkungen*

1 G. Simmel: Soziologie der Mahlzeit. In ders.: Brücke und Tür. Stuttgart 1957, S. 243 f.

2 a. a. O., S. 246.

3 An anderen Stellen habe ich ausgeführt, daß diese sozialen Verstellungen und Maskierungen von Individuellem nicht etwa als bloße gesellschaftliche Vergewaltigungen der Einzelperson gedeutet werden können, sondern daneben auch als Schutz- und Überlebensvoraussetzungen der Person in der Gesellschaft. Man müßte dies auch für die Essensrituale zeigen, ich verzichte hier aber aus Raummangel darauf. Siehe J. Kob: Die doppelte Wurzel des Maskenparadigmas in der Soziologie. In: Hamburger Jahrbuch 1979. Ders.: Verbergen und Darstellen. In Otto Koenig: Verhaltensforschung in Österreich. 1983.

4 Zur soziologischen Rezeption von Elias und der Auseinandersetzung mit ihm siehe neuerdings Gerhard Vowinckel: Von politischen Köpfen und schönen Seelen. München 1983.

5 Siehe hierzu vor allem die seit 1969 im Auftrag des Bundesministers für Jugend, Familie und Ernährung herausgegebenen »Ernährungsberichte«, Frankfurt am Main 1969, S. 72, 76 und 80.

*Uwe Krebs:*

# *Einige quantitative Aspekte der Nahrungsaufnahme im Tier-Mensch-Vergleich*

Wo gehobelt wird, fallen Späne, und wo ein lebender Organismus existiert, dort finden Stoffwechsel und Energieverbrauch statt. Jetzt, in diesem Moment, hat z. B. unser Körper drei Hauptabnehmer für Energie: 1. die Produktion der Körpertemperatur, 2. die Verdauung des Frühstücks und 3. last not least will das Hirn versorgt sein. Zuhören ist Energieverbrauch.

Nun ist Essen und Trinken mehr als Nahrungsaufnahme. Unser Thema ist, so scheint mir, deshalb interdisziplinär attraktiv, weil Essen und Trinken einerseits im basalen Bereich Nahrungsaufnahme ist, andererseits eine vollständige Würdigung der Phänomene zahlreiche weitere Aspekte integrieren müßte.

Wir haben, wissenschaftlich gesehen, einen Gegenstand dann gut im Griff, wenn wir Vorhersagen machen können. Angenommen, die Kalorienmenge und die Nährstoffe, die der menschliche Organismus braucht, wären uns bekannt, dann müßten wir doch theoretisch in der Lage sein, vorherzusagen, was z. B. ein hungriger Tiroler oder Australier essen wird. Wir wissen alle, daß dies im Detail unmöglich ist. Warum es unmöglich ist, könnte man mit dem Begriff der »kulturellen Zwischenvariablen« umschreiben. Wenn man das Problem etwas abstrakter ordnet, so haben wir 1. eine unabhängige Variable »Nahrungsbedarf«, 2. eine abhängige Variable »Nahrungsaufnahme«. Zwischen diesen beiden Variablen schiebt sich das ganze Feld intervenierender Einflußgrößen. Sie lassen sich in erster Näherung fünf Gruppen zuordnen:

1. ökologische Aspekte (abiotische und biotische);
2. kulturelle Aspekte (z. B. Grad der Naturbeherrschung, religiöse Einflüsse);
3. soziale Aspekte (z. B. Status und Speisenwahl);
4. individuelle Aspekte (z. B. Aversionen und Präferenzen);
5. pathologische Aspekte (z. B. Magersucht, Freßsucht, Unterernährung).

Erst wenn wir aus all diesen Bereichen Informationen haben, können wir eine Vorhersage wagen, was unser hungriger Tiroler essen wird. Ich möchte mich – um im Ordnungsraster zu bleiben – beschränken auf Aspekte der unabhängigen Variablen »Nahrungsbedarf« und bei den intervenierenden Variablen auf ein paar ökologische Aspekte. Ziel dabei ist, die bekannten physikalisch-physiologischen Grundtatsachen unserer Ernährung durch Vergleich mit anderen Organismen zu relativieren. Sie sind nur eine Stimme im Chor.

Jeder Organismus benötigt Nahrung, um Bau- und Betriebsstoffwechsel aufrechtzuerhalten. Den Physiker interessiert dabei die energetische Seite des Phänomens »Leben«. So könnte er untersuchen, ob eine Maschine wirtschaftlicher arbeitet als ein Organismus. Wenn man Energie definiert als die Fähigkeit eines Systems, Arbeit zu verrichten, könnte man Organismus und Maschine in bezug auf die Arbeitsleistung vergleichen. Dies ist in gewissem Umfange gemacht worden, und man konnte zeigen, daß der Wirtschaftlichkeitsgrad bei Organismen höher ist. So wird z. B. bei der Umsetzung von chemischer Energie in Bewegungsenergie vom Körper weniger unerwünschte Wärme produziert, als dies bei Maschinen gegenwärtig möglich ist.

Ich möchte mich allerdings nicht mit diesen energetischen Fragen beschäftigen, sondern ein Teilgebiet der Biologie – die Ökologie – bemühen. Dieses scheinbar so junge Gebiet der Biologie wurde bereits 1866 von dem Deutschen Zoologen Ernst Haeckel definiert als »Lehre vom Haushalt der Organismen, die die Beziehungen der Lebewesen sowohl zur anorganischen wie zur organischen Natur zu untersuchen hat« (Haeckel 1866). Hierzu zählt auch das Sammeln und Analysieren der Varianz von Lösungen, wie man in der Welt der Organismen an Baustoffe und Energie gelangt. Genauer gesagt, leistet dies das Teilgebiet der Autökologie. Die Bereiche der Autökologie, die hier thematisch im Vordergrund stehen, sind in ökologischer Terminologie die sogenannten »trophischen Faktoren« (Schwerdtfeger 1978).

Die Varianz im Bereich der trophischen Faktoren soll exemplarisch mittels dreier Fragen vorgestellt werden:

1. Was dient Lebewesen als Nahrung?
2. Welche Mengenunterschiede gibt es?
3. Wie verschaffen Lebewesen sich Nahrung?

Abschließend möchte ich versuchen, das Gemeinsame in dieser Vielfalt an Hand der Oberbegriffe »Stoffkreislauf« und »Energiefluß« herauszustellen.

*1. Was dient Lebewesen als Nahrung?*

Hier sind zunächst Pflanzen von Tieren zu unterscheiden. Pflanzen werden als autotroph bezeichnet, da sie für ihren Stoffwechsel im Gegensatz zu Tieren nicht auf organische Stoffe angewiesen sind; sie decken ihn aus anorganischen Substanzen und werden bezüglich ihres Energiebedarfs mittels Fotosynthese durch die Sonne gespeist. Die bekannten Ausnahmen – die fleischfressenden Pflanzen – praktizieren gewissermaßen eine »Notlösung«, weil die anorganischen Substanzen, die die Pflanze eigentlich brauchte, in ihrer Umgebung nicht oder nicht ausreichend vorhanden sind.

Tiere hingegen leben heterotroph. Sie benötigen also Pflanzen und/oder andere Tiere zu ihrer Ernährung. Nun kann man in der tierischen Ernährung viele Arten von Unterscheidungen vornehmen. So z. B. die Unterscheidung zwischen Pflanzenfressern und Fleischfressern, zwischen Generalisten und Spezialisten. Meines Erachtens sind für unser Thema Nahrungsgeneralisten, die wir auch als »Gemischtköstler« bezeichnen können, besonders interessant, weil wir uns dann selber einreihen dürfen. Unter diesem Gesichtspunkt, der Größe des Nahrungsspektrums, läßt sich ganz sinnvoll der Homo sapiens z. B. mit Braunbären oder Wildschweinen in Vergleich setzen. Als grobe Indikatoren für die Nahrungsgeneralisten bieten sich einmal die Breite des Nahrungsspektrums an, zum anderen kann hierfür auch die Darmlänge herangezogen werden. Der Mensch liegt mit seiner Darmlänge, ebenso wie z. B. verschiedene Bärenarten und unser Wildschwein, ungefähr in der Mitte zwischen Pflanzenfressern und reinen Fleischfressern.

Reine Pflanzenfresser hingegen besitzen einen Verdauungstrakt, der sehr viel aufwendiger konstruiert ist, was sich auch über die Darmlänge ausdrückt. Typische Fleischfresser nutzen eine sehr viel leichter aufschließbare Nahrung, so daß auch die Darmlänge kurz ist und der ganze Verdauungsakt wesentlich weniger Stationen umfassen kann.

Betrachtet man den Verdauungstrakt eines Organismus als eine Art Aufbereitungsanlage, so ist er dann ein getreues Abbild des Erschließungsaufwandes, den der einzelne Organismus treiben muß, um Stoffe und Energie zu gewinnen. Besondere Extrembeispiele dafür sind die Wiederkäuer, aber auch beispielsweise der Biber; also Tiere, die einen sehr langen Darm haben und mit einer Menge raffinierter Verfahren auch aus ziemlich minderwertigen Substanzen doch noch Nährstoffe aufschließen und Energie gewinnen können.

Aber auch bei den Pflanzenfressern gibt es unter diesem Aspekt eine große Varianz. So z. B. ist unser Reh in seiner Ernährung angewiesen auf relativ nährstoffreiche Blattspitzen und

Knospen und würde bei reiner Ernährung mit Heu eingehen. Ziegen hingegen liegen am anderen Extrem dieses Kontinuums; eine ziemlich lange Zeit wird man Ziegen z. B. nur mit Zeitungen und Wasser ernähren können; sie sind also mit ihrem Verdauungstrakt in der Lage, auch so schwer erschließbare Dinge wie fast reine Zellulose zu verarbeiten. Ohne auf die physiologischen Leistungen, die hinter dieser Verdauungsarbeit stehen, im Detail einzugehen, möchte ich nur daran erinnern, daß es gewissermaßen nicht die Ziege allein ist, sondern in Symbiose mit einer Menge von Mikroorganismen, die das Aufschließen dieser Nahrung möglich machen.

Nun könnte man sich fragen: Warum gibt es dann überhaupt Pflanzenfresser, wenn dies ein so unwirtschaftliches Verfahren ist? Würde man so fragen, übersähe man, daß im Grunde nur der Aufwand an eine andere Stelle rückt. Der Fleischfresser hat zwar wenig Verdauungsaufwand, aber er benötigt sehr viel Energie für das Suchen, Verfolgen und Überwältigen seiner Nahrung.

Fleischfresser untereinander unterscheiden sich bezüglich ihrer Ernährung ebenfalls erheblich. Ein Beispiel aus der Vogelwelt mag das für den Aspekt des Gewichtes der Beute veranschaulichen. Die Schleiereule, die sich nur von Mäusen ernährt, also selbst ein Mehrfaches ihrer Beute wiegt, hat eine Anzahl Beuteflüge nötig, um satt zu werden. Der Sperber hingegen schlägt gelegentlich auch noch Beutevögel wie z. B. Ringeltauben, die das Dreifache seines Eigengewichtes haben können.

Scheinbar glänzend gelöst haben das Problem der Nahrungsversorgung die Parasiten, wie z. B. die Bandwürmer. Tatsächlich jedoch ist in diesen Fällen das Existenzrisiko lediglich verlagert: nur eine extrem geringe Anzahl von Nachkommen gelangt ihrerseits wieder zum Wirt.

Besonders ungewöhnlich ist die Ernährung mancher Milben und Insekten. Sie regen junge Pflanzentriebe z. B. durch Stiche zur Bildung von Gallen an, die der eigenen Brut als Nahrung dienen.

Kannibalismus kommt ebenfalls häufiger vor: kleinere Artgenossen werden von größeren verzehrt. Bei Tausendfüßlern und Raubspinnen wird sogar der Paarungspartner nach der Kopula verzehrt und dient mit seiner organischen Substanz zum Aufbau der Nachkommenschaft (nach Schwerdtfeger 1978).

Es erscheint einsichtig, daß die große Varianz in der Art der Nahrung 1. die interspezifische Konkurrenz mindert und 2. eine gleichmäßigere Nutzung der Ressourcen zur Folge hat.

*2. Welche Mengenunterschiede gibt es?*

Die Varianz der Nahrungsmenge läßt sich unter verschiedenen Blickwinkeln betrachten:

a) kleine Organismen haben einen relativ zum Körpervolumen höheren Nahrungsverbrauch und Stoffwechsel. Andererseits ist ihre Produktivität pro Zeiteinheit höher. Bei Remmert (1980) findet sich ein eindrucksvolles Beispiel:

Ein Rind von 600 Kilogramm oder 300 Kaninchen, die gemeinsam ebenfalls 600 Kilogramm wiegen, zeigen folgende Lebensäußerungen: Die 600 Kilogramm Rind benötigen täglich 7,5 Kilogramm Heu; die 600 Kilogramm Kaninchen 30 Kilogramm Heu. Der tägliche Wärmeverlust des Rindes beträgt 20 000 Kilokalorien; der tägliche Wärmeverlust aller Kaninchen 80 000 Kilokalorien; die tägliche Gewichtszunahme beim Rind beträgt knapp 1 Kilogramm; bei allen Kaninchen zusammen 3,6 Kilogramm. Aus 1 Tonne Heu produzieren das Rind und die 300 Kaninchen jeweils 108 Kilogramm Zuwachs an Körpermasse, die Kaninchen allerdings in einem Viertel der Zeit. Somit reicht eine Wiese mit 3 Tonnen Heu theoretisch zwar ein Jahr für das Rind, aber nur 90 Tage für die gleiche, aber viermal intensivere Biomasse an Kaninchen.

b) Das Verhältnis von Oberfläche zu Volumen führt bei kleinen, warmblütigen Tieren zu verhältnismäßig höherer Wärmeabgabe als bei größeren. Dies wird über erhöhte Nahrungszufuhr kompensiert. So benötigt, wie Schwerdtfeger berichtet, ein Goldhähnchen von 6,3 Gramm Körpergewicht täglich fast 30 Prozent seines Gewichtes an Nahrung in Trockenmasse, also ohne den Wassergehalt der Nahrung; ein Steinkauz von 180 Gramm hingegen nur noch 6,5 Prozent seines Körpergewichtes in Trockenmasse. Würde man die Relation von Körpergewicht zu Nahrungsmenge im Falle des Goldhähnchens auf menschliche Verhältnisse übertragen, so hätten wir bei einem unterstellten Durchschnittsgewicht von 70 Kilogramm täglich ca. 20 Kilogramm Trockenmasse zu verspeisen, was z. B. im Falle von Steaks durch den hohen Wassergehalt der Nahrung zu einer Steigerung der Nahrungsmenge um ein Mehrfaches führen würde.

c) Wechselwarme Tiere leben unter diesem Aspekt energetisch wesentlich günstiger. Eine 45 Gramm schwere Erdkröte z. B. benötigt nur 5–6 Prozent Trockenmasse ihres Eigengewichtes an Nahrung, ein Star von 76 Gramm Körpergewicht hingegen 11 Prozent, also das Doppelte, ein Kleiber von 23 Gramm Körpergewicht das Dreifache (nach Schwerdtfeger 1978).

Würde sich also nicht ein prinzipieller energetischer Vorteil wechselwarmer organismischer Systeme auswirken, so wäre die Erdkröte bezüglich der erforderlichen Menge an Nahrung in Trockenmasse auf Grund ihres Gewichtes zwischen Kleiber und Star einzureihen.

d) Der Nährwert der Nahrung beeinflußt ebenfalls den Bedarf. Je hochwertiger das Futter, desto weniger wird unter sonst gleichen Bedingungen benötigt. Der Eiweißgehalt der Muttermilch korreliert z. B. hoch mit der Wachstumsgeschwindigkeit der Säuglinge. Katzen z. B. verdoppeln ihr Geburtsgewicht ca. 30mal schneller als Menschen. Katzen haben über 9 Prozent Eiweiß, Menschen ca. 2 Prozent Eiweiß in der Muttermilch. Pferde verdoppeln ihr Geburtsgewicht in der Hälfte der menschlichen Verdoppelungszeit, und ihr Eiweißgehalt liegt bei 2,5 Prozent (nach Schwerdtfeger 1978).

e) Thematisch gehört zur Frage der Varianz in der Nahrungsmenge auch die Varianz in der Fähigkeit, ohne Nahrung zu leben. Hungern ermöglicht den Organismen, auf bessere Zeiten zu warten, und hierin gibt es große Unterschiede. Der Floh kann ein Jahr, die Bettwanze viele Wochen hungern. Der Lachs lebt noch 8–15 Monate, nachdem er zu fressen aufhörte (nach Schwerdtfeger 1978).

Kleine, warmblütige Tiere hingegen wie z. B. die nur 2,5 Gramm schwere Etruskerspitzmaus oder das Goldhähnchen sterben bereits, wenn sie einen Tag ohne Futter sind.

Sie bewegen sich an der physikalisch möglichen Untergrenze eines warmblütigen Systems. Trotz hochwertiger Nahrung, bester Isolation gegen Wärmeabfluß ist die Wärmeabgabe auf Grund des energetisch ungünstigen Verhältnisses von Oberfläche zu Volumen nur durch ständige Zufuhr hochwertiger Nahrung zu kompensieren.

*3. Wie verschaffen Lebewesen sich Nahrung?*

Die Varianz in der Nahrungsbeschaffung zeigt eine schier unübersehbare Vielfalt. Zwar wartet die Seeanemone, bis die Nahrung in Reichweite ihrer Tentakeln vorbeiströmt, und die Schnappschildkröte lauert wie manches andere Lebewesen ihrer Beute regungslos auf, doch wesentlich häufiger wird die Nahrung aktiv gesucht. Die Suche kann ungerichtet sein und wird in dem Moment gerichtet, in dem das Tier auf Beutehinweise stößt. Dies geschieht, wenn

z. B. optische, akustische oder olfaktorische Reize auf die Nahrungsquelle deuten. Die verschiedenen Sinneskanäle werden hierbei oft sehr spezialisiert eingesetzt. Die Kirschfruchtfliege erkennt z. B. die Kirsche rein optisch an der Rundheit und Größe und legte im Versuch auch auf Plastilinkugeln mit diesen Eigenschaften Eier ab (Schwerdtfeger 1978).

Rüsselkäfer orten die Preßsäfte von Nadelbäumen rein olfaktorisch. Das Riechvermögen vieler Tiere ist dem menschlichen Geruchsvermögen derart überlegen, daß die Leistung dieser Tiere uns in Erstaunen versetzt. So vermag ein Rüsselkäfer einen Lockstoff bis einen Meter Entfernung auch dann zu orten, wenn dieser in einer Verdünnung von 1 : 10 Millionen Teilen Wasser geboten wird, berichtet Schwerdtfeger (1978). Fledermäuse waren im Versuch in der Lage, einen Käfer allein auf Grund seiner Laufgeräusche am Boden zu orten und zu fangen.

Während Pflanzenfresser sehr lange Zeitspannen zur Nahrungsaufnahme und Verarbeitung brauchen, benötigen Fleischfresser viel Zeit zur Ortung und Jagd der Beutetiere. Viele Verfolgungsjagden zwischen Gepard und Gazelle sind beispielsweise für den Geparden vergeblich. Die eingesetzte Energie ist verloren. Ein ruhig stehender Graureiher trifft keineswegs jedesmal erfolgreich, wenn er fischt. Oft steht er sehr lange, bevor überhaupt ein Beutetier in Erscheinung tritt. Wölfe müssen einen Elch oft über viele Tage und Kilometer verfolgen, bevor sie ihn erlegen, was nicht immer gelingt.

Nahrungsspezialisten, wie z. B. der Eisvogel oder die Schleiereule, sind in sehr kalten bzw. schneereichen Wintern von ihrer Beute abgeschnitten und verhungern zahlreich; in günstigeren Sommern erlaubt ihnen andererseits die gleiche Spezialisierung eine Fülle an Beutetieren abzuschöpfen, in mehreren Bruten zahlreiche Jungen aufzuziehen und so die Winterverluste zu einem erheblichen Teil zu kompensieren.

Generalisten unter den Jägern hingegen wie z. B. bei den Säugern der Luchs oder bei den Vögeln der Habicht konkurrieren um die gleichen Beutearten mit anderer Spezies.

Dem Vorteil eines erweiterten »Beutemarktes« steht der Nachteil vermehrter Konkurrenz (Artgenossen und fremde Spezies) gegenüber.

Sogenannte »Allesfresser« oder besser gesagt »Gemischtköstler« wie Braunbär, Wildschwein und Homo sapiens konkurrieren ebenfalls im Gegensatz zu Spezialisten stark mit anderen Spezies um die gleiche Nahrung. Zusätzlich sind sie aber in höherem Maße fähig, sich plastisch an die nach Ort und Zeit variierenden Nahrungsangebote anzupassen. Diese Leistung ist wiederum nicht ohne Bezug zur geistigen Differenzierungsfähigkeit zu sehen. Flexibilität in der Nahrungswahl scheint höhere geistige Fähigkeiten als konstantes Suchen einer stets ziemlich gleichen Ressource zu fordern. Man darf hier vielleicht von günstigen und ungünstigen nahrungsökologischen Voraussetzungen zur geistigen Differenzierung sprechen.

Zusammengefaßt zeigt sich: eine einheitliche Strategie zur Nahrungsversorgung gibt es nicht und kann es nicht geben. Ob die Zufuhr der Stoffe allmählich durch Aufschließen großer Mengen wenig hochwertiger Nährstoffe wie z. B. im Falle mancher Pflanzenfresser geschieht, wobei für das Erschließen wiederum viel Energie benötigt wird, oder ob die Stoffzufuhr abrupt durch Zuführen hochwertiger tierischer Nahrung nach langem und/oder häufigem, daher energetisch aufwendigem Jagen erfolgt, bleibt sich ungefähr gleich. Entscheidend ist allein, daß energetisch ein hinreichender Nettogewinn resultiert. Der Optimierung dieses Zieles scheint die Varianz in der Nahrungsbeschaffung zu dienen. Sie wird der Varianz der Nutzungsmöglichkeiten gerecht durch die Verzahnung von Spezies und spezifischer Umwelt.

*4. Stoffkreislauf und Energiefluß*

Betrachtet man abschließend die Vielfalt der geschilderten Phänomene unter dem abstrakten Gesichtspunkt des Stoff- und Energiehaushaltes, so lassen sich allgemeine Prinzipien destillieren, denen unsere menschliche Ernährung einschränkungslos ebenfalls unterliegt. Der lebendige Organismus ist gekennzeichnet durch Aneignung und Umwandlung von Materie wie durch den Gewinn und Verbrauch von Energie. Dies sind die Ursachen seiner Nahrungsaufnahme. Stoff und Energie sind in ihren Verläufen jedoch verschieden. Stoffe befinden sich gewissermaßen in einem ständigen Kreisverkehr durch die materielle Welt. Lediglich das Integrationsniveau der Stoffe wandelt sich im Laufe dieses Kreisverkehrs. Beispielsweise wird ein im Boden befindliches freies Stickstoffatom von einer Pflanze aufgenommen, diese von einem Käfer, jener von einer Spitzmaus gefressen. Die Leiche des Tieres wird von Bakterien abgebaut, es werden Stickstoffatome wieder im Boden frei usw.

Der Weg der Energie hingegen ähnelt eher einem Bewässerungsgraben: zu Anfang als Strahlungsenergie der Sonne ein voller Strahl, dann ein Rinnsal und schließlich nichts mehr.

Setzen wir beispielsweise die nutzbare Energie der pflanzlichen Masse eines gegebenen Gebietes, z. B. eines Kornfeldes, gleich 100 und unterstellen, dies würde vollständig z. B. von Mäusen oder anderen sogenannten Primärkonsumenten verzehrt, bliebe nur ein Wert von 50, dargestellt durch die nutzbare Energie der sämtlichen Mäusekörper. Denn ca. die Hälfte der Energie ging beim Aufbau der körperlichen Substanz und der dazu nötigen Energie verloren. Für Wiesel als Mäusefresser, die hier als sogenannte »Sekundärkonsumenten« betrachtet werden können, gilt prinzipiell das gleiche. Bei Transformation des energetischen Mäusevolumens in Wieselvolumen würde wiederum die Energiemenge durch Betriebskosten beim Aufbau eigener Substanz halbiert. Würden nun Uhus als Wieselkonsumenten und damit »Tertiärkonsumenten« auftreten, so stünde ihnen – bezogen auf die Ausgangsgröße – noch eine Energiemenge von 25 zur Verfügung, die sie selbst wieder halbieren würden durch Aufbau- und Betriebskosten. Diese Restenergie, dargestellt durch die organische Substanz des Uhus, würde z. B. beim Tode der Tiere von weiteren Lebewesen verbraucht, um die organische Masse zu mineralisieren. Sie stünde dann den Pflanzen zur Verfügung.

Es zeigt sich, die Erde ist kein vollständig geschlossenes ökologisches System, sondern bedarf bezüglich ihrer Energie ständiger »Fütterung« durch die Sonne. Nun ist das genannte Beispiel rein fiktiv und diente nur der Veranschaulichung der Abnahme der Produktivitätsdaten von einer trophischen Ebene zur nächstfolgenden. Dabei wurde realitätswidrig unterstellt, daß die eine Ebene von der nächsten vollständig assimiliert würde.

Vergleicht man empirisch den Schwund an energetischem Volumen von einer trophischen Ebene zur nächstfolgenden, so findet sich durchgängig ein Absinken von Stufe zu Stufe auf den jeweils zehnten Teil der vorhergehenden Stufe, gemessen in Kilokalorien pro Quadratmeter. Das energetische Volumen der Pflanzenproduktion eines Gebietes übersteigt also dasjenige der von ihr genährten Pflanzenfresser um das Zehnfache.

Was besagt das für die menschliche Ernährung?

Qua Kultur und auf der Basis unseres physiologischen Gemischtköstler-Erbes können wir gewissermaßen die Schwerpunkte unserer Ernährung zwischen den trophischen Ebenen wechseln. Im Falle des Übergangs von jägerischer Lebensweise zum Ackerbau kann dies sowohl mehr Nahrung wie auch mehr Arbeit oder beides bedeuten.

Der amerikanische Anthropologe Harris (1977) hat versucht, eine Beziehung zwischen der menschlichen Siedlungsdichte und dem Fleischanteil der Ernährung zu belegen. Bei zunehmender Siedlungsdichte und damit einhergehender Verknappung der Vorräte sank der

Fleischanteil zugunsten des Getreideanteils in der Ernährung früher indianischer Kulturen im heutigen Mexiko, die sich räumlich nicht ausdehnen konnten. Die jägerisch-nomadische Lebensweise transformierte sich in eine seßhaft-ackerbauliche. Es wurde also eine Verknappungssituation überwunden durch Verlagerung des Schwerpunktes der Nahrungsversorgung auf eine andere trophische Ebene.

Es scheint einleuchtend, daß auf diese Weise Kulturen zunächst eine zunehmende Populationsdichte kompensieren können. Steigt die Population weiter an, so sind – nach Harris – nur durch weitere Intensivierung und Optimierung der Kulturtechniken zur Nahrungsgewinnung Mangelsituationen hinauszuzögern. Unter diesem Aspekt scheint es gegenwärtig interessant, die hohe Siedlungsdichte Mitteleuropas und den Zufluß von außen an Nährstoffen und Rohstoffen zu analysieren.

In diesem Bereich mag eine Nahtstelle zwischen Ökologie und Kultur liegen. Sie macht deutlich, daß auch der Mensch, wie alle anderen Organismen, bis hinunter zum Einzeller, den gleichen physikalisch-physiologischen Rahmenbedingungen unterworfen ist, und zeigt andererseits, mit welchem unvergleichlichen Einfallsreichtum der Homo sapiens innerhalb dieser Grenzen agiert.

Otto Koenigs kulturethologische Kernthese: »Kultur ist ökologische Feineinpassung« findet sich im Bereich der menschlichen Nahrungsaufnahme, unserer Eß- und Trinkkultur, vielfach bestätigt. Ohne ihren ökologischen und historischen Hintergrund – nur aus aktuellen Kausalgefügen heraus interpretiert – bleibt sie unverständlich.

*Literatur*

Bräutigam, Walter und Paul Christian: Psychosomatische Medizin. Stuttgart (Thieme) 1975.
Glatzel, Hans: Verhaltenspsychologie der Ernährung: Beschaffung, Brauchtum, Hunger, Appetit. München (Urban & Schwarzenberg) 1973.
Harris, Marvin: Cannibals and Kings. New York (Random House, Inc.) 1977.
Herrmann, Theo W. (Hg.): Dichotomie und Duplizität. Grundfragen psychologischer Erkenntnis. Bern (Huber) 1974.
Illies, Joachim: Umwelt und Anpassung. In Bernhard Grzimek (Hg.): Grzimeks Tierleben, Sonderband Ökologie. München (Kindler) 1973.
Koenig, Otto: Urmotiv Auge. Neuentdeckte Grundzüge menschlichen Verhaltens. München (Piper) 1975.
Krebs, Charles J.: Ecology: The Experimental Analysis of Distribution and Abundance. 2nd ed. New York (Harper & Row) 1978.
Odum, Eugene P.: Fundamentals of Ecology. 3rd ed. Toronto (W. B. Sounders Comp.) 1971.
Reichholf, Josef: Zur Wiedereinbürgerung des Bibers (Castor fiber L.). Natur und Landschaft 51, 2:41–44. 1976.
Remmert, Hermann: Ökologie, Ein Lehrbuch. 2 ed. Berlin (Springer) 1980.
Schütz, Erich, Caspers, Heinz und Speckmann, Erwin-Josef: Physiologie: Lehrbuch für Studierende, 15 ed. München (Urban & Schwarzenberg) 1982.
Schwerdtfeger, Fritz: Lehrbuch der Tierökologie. München (Parey) 1978.

*Max Liedtke:*

# *»Ob der Philipp heute still Wohl bei Tische sitzen will?« Historische und systematische Marginalien zu leidigen Erziehungsfragen*

## *A. »Essen und Trinken« als Gegenstand der Pädagogik*

### *I. Das phänomen- und begriffsgeschichtliche Interesse*

»Essen und Trinken« kann ohne Zweifel unter zahlreichen Aspekten Gegenstand pädagogischer Überlegungen sein. Zunächst läßt sich eine Anmerkung machen, die phänomen- und begriffsgeschichtlich für das Verständnis von Erziehung bedeutsam ist. Begriffs- oder phänomengeschichtlich ist die Sicherung der Ernährung offensichtlich ein relativ früher Verhaltensabschnitt des Funktionskreises der Brutfürsorge und Brutpflege. Es ist Charakteristikum der gesamten Klasse der Säugetiere, daß die nachwachsende Generation in der frühen Phase ihrer Ontogenese durch die ältere Generation genährt werden muß. Dabei steht außer Frage, daß das »Säugen« stammesgeschichtlich zum Funktionskreis der Brutpflege zählt. Insoweit ist »Essen und Trinken« – mindestens bezogen auf die Säuglings- und Kleinkinderphase – phänomengeschichtlich ein Teilbereich der Erziehung, sofern dieser Begriff alle Maßnahmen umfassen soll, die aus der Bereitschaft, sich für das Wohl der nachwachsenden Generation einzusetzen, erfließen. Entsprechend stellt Essen und Trinken in diesem Sinne wenigstens unter geschichtlichem Aspekt auch ein Merkmal des Begriffs »Erziehung« dar, selbst wenn dieser Teilbereich unterdessen weitgehend an die Medizin abgetreten worden ist. Die faktische Anbindung auch an den Erziehungsbereich zeigt sich z. B. noch in einem Informationsblatt des Bayerischen Staatsministeriums für Arbeit und Sozialordnung von 1983. Dort trägt das Informationsblatt Nr. 23 der Serie »Erziehungsfragen mit Babys und Kleinkindern« den Titel »Essen und Trinken ohne Probleme.«

### *II. Systematische und historische Aspekte*

Unter diesen Aspekten könnten untersucht werden:

– Die unterschiedlichen Anweisungen zu Hygiene und Diätetik, wie sie in historischen und gegenwärtigen Schulbüchern und Lehrplänen – oft unter dem Rahmenthema »Gesundheitslehre« – auftauchen (vgl. Lehrplan für die Grundschulen Bayerns, 2. Schuljg., 1981, 617).

– Die Form und Entwicklung der Tischsitten und deren erzieherische Vermittlung in der Familie, in Heimen, in Peergroups.

– Praktische Anleitungen zum Kochen, Backen usw. in den Schulen, Institutionalisierung von »Kochschulen« in der reformpädagogischen Zeit.

– Essen und Trinken als erzieherische Belohnung, Entzug als Strafe.

– Nahrungsmittel als Unterrichtshilfen: Gebäck in Buchstabenform, Backmodeln mit Schulszenen, Alphabet usw.

– Erzieherische Probleme mit Unmäßigkeiten im Essen und Trinken (Naschhaftigkeit, Sucht, Drogenabhängigkeit).

– Gewährung von Essen und Trinken als besonderes Bindungsmittel zwischen Eltern und Kind usw.

– Spezifische Nahrungs- oder Genußmittel als Gruppenkennzeichen (vgl. Werbung für Getränke usw.).

– Unappetitliche Speisen und Getränke als Mittel von Mutproben in Peergroups usw.

*B. Ausgewählte Beispiele: Erzieherische Alltagsprobleme um das Essen und Trinken*

Aus dem breiten Kanon der pädagogischen Themen, die unter das Rahmenthema subsumierbar sind, sollen nur drei ausgewählt werden, die völlig undramatische, jeden einzelnen Menschen geläufige Alltagsprobleme sind, die aber, auch wenn sie keine pathologischen Ernstfälle sind, gleichwohl Kinder wie Eltern erheblich belasten können. Dabei ist es völlig gleichgültig, ob es sich um tatsächliches oder auch nur vermeintliches Fehlverhalten handelt.

Es geht um die Probleme mit den Tischsitten (Zappelphilipp),
mit dem Naschen (Naschkatze),
mit der Essensverweigerung (Suppenkaspar).

Dabei sollen nach der Vorstellung (1.) historischer Verhaltensvorschläge (2.) die kulturgeschichtlichen Bedingungen des abweichenden Verhaltens benannt, (3.) eine Rechtfertigung des gewünschten Verhaltens versucht und (4.) entsprechende Beispielgeschichten als erzieherische Hilfsmittel untersucht werden.

*1. Historische Lösungsversuche*

*1.1 »Tischzucht« als erzieherische Aufgabe*

Fragen von Tischsitten und regelmäßiger und angemessener Nahrungsaufnahme finden sich, soweit Erziehungsfragen geschichtlich zurückverfolgt werden können (vgl. ägyptische Hochkultur, griechische und römische Klassik). Es liegt auf der Hand, daß gerade Fragen der Tischsitten besonders nachdrücklich und historisch früh in den Erziehungsprogrammen der ökonomisch gutgesicherten Bevölkerungsschichten auftauchen. Als ein Beispiel der diesbezüglichen deutschsprachigen Erziehungsprogramme können die Anweisungen dienen, die der Wittelsbacher Friedrich I. von der Pfalz 1607 seinem Hofmeister für die Erziehung seines Sohnes Friedrich erteilte. Danach sollte der Hofmeister dafür sorgen, daß der junge Friedrich das »morgen und abent eßen ebenmeßig zu rechter Zeit und stundt haltte, auch mit zudrinckhen undt anderem ungeschickter weiß sich nicht überlade« (MGP XIX, 68). Er sollte »auch bei der Mahlzeit neben der Tischzucht uff erwehlung gutter speisen und des geträncks ein aug haben und dass mit vleiß verhüten, daß ihm mit ettwan was weitteres von eßender speiß oder getränk zugebracht, dan ihme ordentlicher weiß gereicht und fürgetragen würt« (a. a. O.).

In J. B. Basedows Elementarwerk von 1774 wird auf Tafel II eine Familie bei Tisch gezeigt. Im Begleittext wird dialogartig die Familienszene analysiert:

»Siehst du zwei noch ungeschliffene Kinder? – Ja, das eine greift in die Schüssel, das andere stützt sich so auf den Tisch, als wenn es nicht munter sein, sondern schlafen wollte. Bauern, welche schwere Arbeit tun, nehmen sich das einander so übel nicht, aber bei uns ist eine solche Stellung mißfällig.

Suche ein Kind, das unvorsichtig gewesen ist und ohne Willen etwas Schädliches und Mißfälliges getan hat – Hier, hier! Sie hat ihr Bierglas umgeworfen.

Ein Knabe beleidigt seinen Bruder. Wer ist der? – Dieser, weil er ihm etwas von seinem Teller nimmt.

Wie bezeigen sich die Eltern dabei? – Sie sind aufmerksam auf die Fehler ihrer Kinder und warnen sie.

Richtig. Drei davon werden wohl vom Tische aufstehen müssen. Sage mir, welche? – Der Beleidiger, der Grobian und der in die Schüssel greift« (Basedow 1774, Band I, 76).

Seiler (1805[14]) behandelt in seinem Schulbuch zunächst das »rechte Verhalten beym

Tischgebet« (177) und gibt dann dezidierte Anweisungen zum »rechten Verhalten, wenn man am Tisch mit andern isset«. Zu diesen Anweisungen zählen:

»2. Wohlerzogene Leute legen zwar die Hand ein wenig, aber nicht den Arm auf den Tisch . . .

3. Nimm die Speisen nicht zu schnell und hastig; heftige Eßgierde verräth einen eigennützigen Menschen . . .

4. Greife keinem bey Tische vor, wenn die Speisen herumgelangt werden; erinnere dich an die Pflicht der Höflichkeit, die andern gerne den Vorzug läßt.

5. Beflecke nicht das Tuch, womit der Tisch gedeckt ist . . .

6. Wenn eine Speise aufgetragen wird, die du noch nicht gegessen hast; so siehe zu, wie andere damit umgehen; dann erst geniese das Deine auf eben die Art, wie es die übrigen machen . . .« (Seiler $1805^{14}$, 178).

Auch in gegenwärtigen Schulbüchern ist die Frage angemessener Tischsitten nicht ausgespart. Gärtner/Casper sprechen unter dem Titel »Keiner kann tun, was er will« mit drei Bildern (Kindergeburtstag, Anordnung von Geschirr und Besteck für den Mittagstisch, parallele und gekreuzte Lage von Messer und Gabel auf dem Teller) den Themenkreis an und erteilen dazu ebenso drei Arbeitsaufträge: »1. Diese Geburtstagsfeier macht keinen Spaß. Nur drei Kinder [von 9; d. Verf.] verhalten sich richtig. 2. Hier ist für einen Mittagstisch richtig aufgedeckt. Mit echtem Geschirr nachdecken. 3. Die Anordnung des Bestecks drückt Absichten aus. Nachmachen und die Bedeutung angeben« (Gärtner/Casper 1976, 36).

*1.2 Probleme mit dem Naschen*

In den moralisierenden Schulbüchern der Aufklärungszeit ist das Problem des Naschens häufig angesprochen und in seinen schließlichen Auswirkungen hoch dramatisiert dargestellt. Eine charakteristische Beispielgeschichte hierzu ist die bei F. L. Wagner ($1812^{6}$, 32) abgedruckte Geschichte, die »Kartusche« betitelt ist:

»Kartusche war in seiner Jugend ein Näscher. Was er geschenkt bekam, das verthat er sogleich in Obst und Leckereien, z. B. Makronen, Bisquit, überzuckerten Mandeln und dergleichen. Je mehr er naschte, desto mehr wollte er naschen. Da nun sein Geld nicht hinreichte, seine bösen Begierden zu stillen, so bestahl er zunächst die Obstweiber und Krämer. Dann fieng er an, seine Mitschüler, endlich sogar seinen Vater zu bestehlen. Sein Vater wollte ihn ins Zuchthaus bringen; dem entlief er aber, und begab sich, da er nun schon des Stehlens gewohnt war, unter eine Diebesbande. Endlich war er selbst Anführer einer Spitzbubenrotte, und verübte so lange die schrecklisten Räubereien und Mordthaten, bis er ertappt wurde und in Verhaft kam. Naschen war der Anfang seines bösen Lebens und das Ende war, daß er gerädert wurde.

Im Kleinen fängt man an, im Großen hört man auf.«

Diese Art drastiger Beispielgeschichten (Naschen→ Stehlen→ Tod durch Rädern) wird zwar keineswegs von allen Aufklärungspädagogen akzeptiert (vgl. G. L. Schrader 1797, XIX), aber ist in den Schulbüchern (z. B. auch bei E. v. Rochow 1796) sicher stärker verbreitet als eine zurückhaltende und mehr am Prinzip der Verhältnismäßigkeit orientierte Darstellung.

*1.3 Probleme mit der Essensverweigerung*

Wiederum kann das Schulbuch von F. L. Wagner ($1812^{6}$) als Quelle dienen. Unter dem Titel »Der verwöhnte Mensch« zeigt Wagner die höchst nachteiligen Folgen verzärtelter Eßgewohnheiten: »Johann wurde von seinen Eltern verzärtelt, und sie gaben ihm oft etwas Besonderes zu essen. Die Mutter fragte ihn sogar bisweilen, was er heute gern essen wollte; und wozu er Lust hatte, das wurde angeschafft. Dies hatte die schlimme Folge, daß er oft gesunde und gute Speisen verachtete und nichts anderes essen wollte, als was ihm gerade nichts taugte« (a. a. O. 57). Die Ablehnung gesunder Nahrung führt dann zur Erkrankung von Johann. Da er nun auch die wenig appetitlichen Medikamente nicht zu sich nahm, wurde er »von Tag zu Tag kränker und starb in seinen besten Jahren« (a. a. O. 58).

Die Durchführung dieser Geschichte ist, selbst wenn Johann im Gegensatz zu Kartusche (vgl. 1.2) nicht zum Verbrecher wird, gleichwohl nicht weniger dramatisch und unangemessene Ängste schürend als im Falle »Näschers Kartusche«.

*2. Die kulturgeschichtlichen Bedingungen des unerwünschten Verhaltens (Naschen usw.)*

Sicher können die genannten Erziehungsprobleme auf Erziehungsfehler, auf physiologischen Mängeln oder auch auf sonstig verursachter Unlust der Kinder beruhen. Aber die konkreten Ausprägungsformen dieser Probleme und die Häufigkeit ihres Auftretens sind kulturbedingt, dazu oft noch in besonderer Weise auf einzelne Bevölkerungsschichten bezogen.

2.1: Die Tischsitten und die daraus sich ergebenden pädagogischen Probleme hängen ab von dem Vorhandensein und der Form der Tische, Stühle, Bestecke, von der Abfolge der Speisen, dem Einhalten von Pausen, von den Riten zu Beginn und zum Ende der Mahlzeiten. Die speziellen Möbel, Eßbestecke, Eßgewohnheiten, an welchen abweichendes Verhalten ja erst umschrieben werden kann – mit fixierter Holzbank läßt sich nicht wackeln, auf unbedecktem Tisch kann keine Tischdecke verzogen oder beschmutzt werden –, sind aber zu sehr unterschiedlichen Zeiten eingeführt worden. Die Gabel als Eßgerät, nicht als Vorlegegabel, bürgert sich erst im 17. Jahrhundert ein (G. Wiegelmann 1967, 61). Erst um 1800 übernimmt der Bürgerstand in größerem Umfang die Tischsitten, die vom Adel entwickelt worden waren (a. a. O. 62). Noch 1935 wurde in Südostdeutschland und verbreitet in Österreich ohne die Benutzung von Tellern aus der gemeinsamen Schüssel gegessen (vgl. G. Wiegelmann 1967, Karte 1). Auch bewegliche leichte Einzelstühle wurden in größerem Umfang erst in der Neuzeit in die bürgerlichen und bäuerlichen Wohnungen eingeführt.

Entsprechend sind auch die Erziehungsprobleme, die mit bestimmter Benutzung von Möbeln und Geräten und mit der Einhaltung bestimmter Riten überhaupt erst entstanden sein können, nach Zeit, Raum und den jeweiligen gesellschaftlichen Konventionen an jene Formen der Kulturentwicklung gebunden. Es kann nicht strittig sein, daß mit der Anzahl der durch Möbel, Besteck, Ritualien usw. erzeugten und erforderlichen Reglementierungen auch die Zahl der diesbezüglichen Erziehungsprobleme steigt.

2.2: In ähnlicher Weise ist auch das sogenannte Naschen, das heißt die starke Präferenz bestimmter Nahrungs- oder Genußmittel – insbesondere außerhalb der üblichen Mahlzeiten –, an bestimmte kulturelle Daten gebunden. Naschen ist unterhalb der Stufe der Vorratswirtschaft kaum denkbar. Zudem wird es sicher noch durch ein bestimmtes Wohlstandsniveau, auf dem Luxusspeisen (vgl. Feingebäck usw.) möglich werden, begünstigt. Anschaulich ablesbar wird dies am Wachstum der Zuckerproduktion. 1573 wurde erstmals Zucker durch Raffinade hergestellt. 1673 wird eine starke Ausbreitung von Raffinerien und ein schnelles Anwachsen des Zuckerverbrauchs festgestellt (vgl. Stein 1971). In Deutschland hat sich 1983 der Pro-Kopf-Verbrauch von Zucker gegenüber 1930 um 48 Prozent gesteigert (Nürnberger Nachrichten, 1983). Es liegt wiederum auf der Hand, daß die veränderte wirtschaftliche Produktion, die bislang beobachtbare durchschnittliche Verbesserung des gesellschaftlichen Wohlstandes auf der Nordhalbkugel der Erde auch veränderte Eßgewohnheiten nach sich zieht.

2.3: Die partielle speisenspezifische Nahrungsverweigerung ist die negative Form der Speisenpräferenz. Sie ist sicher auch nur innerhalb einer Überflußgesellschaft möglich, weil nur hier relativ leicht alternative Angebote zu weniger beliebten Speisen zu machen sind. Insofern darf auch diese spezifische Form von Erziehungsproblemen als in erster Linie kulturbedingt und als ein negativer Nebeneffekt des kulturellen Fortschritts angesehen werden.

*3. Versuch einer Rechtfertigung der gewünschten Verhaltensweisen als Erziehungsziele*

Wenn schon plausibel gemacht werden kann, daß die spezielle Ausprägung des hier angesprochenen Fehlverhaltens im Bereich von Essen und Trinken kulturbedingt ist und demnach in anderen bzw. früheren Kulturen gar nicht, mindestens nicht in der Häufigkeit auftritt, bleibt zu fragen, ob es sich als Erziehungsziel rechtfertigen läßt, dieses als Fehlverhalten deklarierte Verhalten zurückzudrängen. Umgekehrt wäre zu fragen, ob nicht die Bedingungen, durch die dieses Fehlverhalten ausgelöst wurde, beseitigt werden sollten.

Es wäre dem Thema sicher unangemessen, an dieser Stelle eine Rechtfertigung mit erkennntnistheoretischen Ansprüchen durchführen zu wollen. Generelle Möglichkeiten solcher Rechtfertigung sind bei Liedtke $1976^2$, 251 und 1981, behandelt. Hier soll die Rechtfertigung nur auf einer mittleren Ebene im Anschluß an die Frage erfolgen, ob die gewünschten Verhaltensweisen einen Anpassungswert haben im Sinne einer besseren Sicherung des Überlebens des Individuums und der Art.

Die allgemeine Antwort lautet: Sofern die betreffenden Verhaltensweisen überhaupt aus der Übernahme einer bestimmten relativ bewährten Kultur folgen, ist eine – allerdings notwendigerweise kritische – Übernahme der Kultur und eine – mindestens vorläufige – Eingewöhnung in die Formen dieser Kultur zunächst sinnvoll. Sinnvoll sind kritische Übernahme und mindestens vorläufige Eingewöhnung wegen der bisherigen durchschnittlichen Bewährung der Kultur, zum zweiten aber zur Minimalisierung der Reihungen zwischen den Generationen. Denn die überkommene Kultur, die weitergegeben werden soll, ist ja niemals ein indifferentes, zur Disposition stehendes Gebilde. Sie wird vielmehr getragen von den älteren Generationen, die sich in unterschiedlichem Umfang mit dieser Kultur identifizieren, aus ihren Wertvorstellungen gelebt haben und leben. Die Ablehnung dieser Kultur durch die nachwachsende Generation bedeutet in der Regel aber auch eine Verletzung der Wertvorstellungen der älteren Generation, als das, was ihr von Wert erschien, nunmehr als wertlos abgetan wird. Obgleich es sicher zu den Voraussetzungen weiterer Kulturentwicklung gehört, daß die ältere Generation sich, was die Tradierung von Kultur betrifft, überwiegend zum Vorteil der nachwachsenden Generation verhält und ihr insoweit auch ein großes Maß an Toleranz entgegenbringen muß – ein größeres, als die Jugend ihr entgegenbringt –, so hat gleichwohl auch die jeweils ältere Generation Anspruch auf Respektierung ihrer Wertvorstellungen. Wenn es um die Rechtfertigung von Verhaltensformen geht, und zwar gerade um sicher sekundäre Formen der Konvention, ist auch dieser Aspekt zu berücksichtigen.

Bezogen auf die Einzelfragen lassen sich noch folgende Ergänzungen anfügen:

3.1: Tischsitten besitzen zunächst insofern Anpassungswert, als über die äußeren Verhaltensformen, nach welchen zum Essen und Trinken ein gewisser Ritus eingehalten wird, das Essen zu einer Möglichkeit erweiterter sozialer Bindungen gemacht werden kann. Dabei ist nicht nur an die einende Wirkung des Teilens beim Essen gedacht (vgl. Beitrag H. J. Helle), sondern auch schon an die bloße Möglichkeit des Gesprächs und des gemeinsamen Erlebens. Überdies aber können durch die Art der Gestaltung von Tisch und Speise und durch die Art der Zeremonien von Essen und Trinken zusätzliche, über die bloße Befriedigung eines Elementarbedürfnisses hinausgehende ästhetische Aspekte eingeführt werden.

3.2: Das »Naschen« im Sinne einer unbedachten Präferenz bestimmter Nahrungs- und Genußmittel hat insofern keinen Anpassungswert, als in der Tat bei gravierenden Fällen Fehlernährungen mit entsprechenden gesundheitlichen Beeinträchtigungen (vgl. Zahnschäden, Fettsucht usw.) nicht auszuschließen sind. Darüber hinaus handelt es sich eben doch auch um Formen mangelnder Selbstbeherrschung und um Formen der Sofortbefriedigung, die in der Regel wohl eher zu vernachlässigen sind, durch die aber wiederum in gravierenden Fällen Erlebnisspannungen nivelliert werden können und die für die Entwicklung eines höheren Anspruchsniveaus, das Ausdauer und Planung verlangt, sicher nicht förderlich sind. Schon wegen der kulturbedingten Voraussetzungen dieses Fehlverhaltens ist das »Naschen« wohl auch unmittelbarer Ausdruck einer Wohlstandsverwahrlosung, wie sie häufig durch O. Koenig beschrieben worden ist (O. Koenig 1974, 53 f.; 1980, 228 f.).

3.3: Eine partielle Nahrungsverweigerung des Kindes ist wie im Falle des »Naschens« sicher auch eher zu vernachlässigen, als sich immer bestimmte Nahrungspräferenzen ausbilden. Andererseits kann es nicht Ziel der Erziehung sein, die Entwicklung der kindlichen Speisekarte nahezu unbegrenzt zu tolerieren. Eine buntere Palette der Speisekarte ist schon wegen der Gefahr der Fehlernährung wünschenswert, zumal bei der Form der Nahrungszubereitung, wie sie in den industrialisierten Gesellschaften üblich ist, eine sichere subjektive physiologisch angemessene Auswahl notwendiger Nahrungsmittel, insbesondere die Aufnahme notwendiger Spurenelemente, nicht mehr gewährleistet ist.

Dieser Versuch einer Rechtfertigung beabsichtigt nicht, Fragen bloßer Konvention zu substantiellen Voraussetzungen angemessener Individualentwicklung, der Kulturentwicklung und des Einvernehmens zwischen den Generationen zu machen. Andererseits sollte aber doch auch deutlich werden, daß Forderungen dieser Art pädagogisch vertretbar sind und keineswegs lediglich elterlicher Herrschsucht oder ähnlichem entspringen (vgl. B. Hassenstein 1973, 99–108).

### *4. Beispielgeschichten als erzieherische Hilfsmittel*

In der Anordnung über die Erziehung des Wittelsbacher Prinzen Joseph Karl vom 30. Dezember 1708 heißt es: »Drittens, sofern der HoffMeister wahrnimbt, dß einige untugenten alß der Zorn, unwahrheit oder ungehorsam etc., einwurzlen derfften, hat er alle Heilsame weg mit remonstrationes von der Hesslichkeit solcher untugenten durch verschidene exempl vorzukeren, hingegen die vortrefflichkeit der tugent vorzustreichen« (MGP XIX, 218). Hier wird auf die in der Aufklärungspädagogik häufig praktizierte Möglichkeit verwiesen, Exempla, das heißt, anschauliche Beispiele zur Abwehr oder zur Nachahmung bestimmter Verhaltensweisen erzieherisch zu verwenden. Wenngleich es natürlich auch im Falle der in diesem Aufsatz erwählten Erziehungsfragen eine große Anzahl erzieherischer Hilfsmittel gibt, wird im weiteren Verlauf nur nach den erzieherischen Möglichkeiten von sogenannten Beispielgeschichten gefragt.

#### *4.1 Welche Funktionen können Beispielgeschichten haben, welche erzieherischen Erwartungen kann man daran knüpfen?*

Über die Beispielgeschichte hat man die Möglichkeit, eine anschauliche Darstellung von Situationen zu geben, die für das Kind zukünftig von Bedeutung sein werden oder die in der Vergangenheit von Bedeutung waren. Insofern erlaubt die Geschichte, das Kind auf eine zu erwartende künftige Situation vorzubereiten, bzw. sie erlaubt, eigenes Verhalten aus der Vergangenheit zu reflektieren, zu bekräftigen oder zu kritisieren. Mehr als eine weitgehend abstrakte Situationsanalyse ermöglicht die Beispielgeschichte ein intensives Vor- und Nacherleben, durch das Wertvorstellungen erzeugt werden können, die schließlich ein bestimmtes Verhalten sichern helfen.

*4.2 Methodische Gestaltung von Beispielgeschichten*

Es ist davon auszugehen, daß Verhaltensänderungen eher über Werterlebnisse als über bloße rationale Werteinsichten erreicht werden (vgl. Liedtke 1978). Das gilt sowohl im ethischen wie im ästhetischen und sozialen Bereich. Die bloße rationale Einsicht, daß die Lüge das gegenseitige Vertrauen in einer Gesellschaft untergräbt, sichert lange noch nicht, daß nicht gelogen wird. Die Kenntnis der mathematischen Zusammenhänge in der seriellen Musik sichert noch keineswegs, daß diese Musik unmittelbar als ästhetisch wertvoll wahrgenommen wird. Daher ist zu fragen, wie solche Werterlebnisse vermittelt werden können. Die allgemeine Regel lautet: Werterlebnisse können hervorgerufen werden durch die Vermittlung von Vorstellungen oder durch die Reproduktion von Vorstellungen, die nach allgemeiner oder auch zunächst nach bloß subjektiver Erfahrung zu entsprechenden Gefühlslagen geführt haben, z. B. Begebenheiten, die freudig oder traurig gestimmt, Zustimmung oder Ablehnung hervorgerufen haben. Um jemanden in eine freudige Gestimmtheit zu versetzen, wird man in der Regel nicht über die gesundheitlichen Vorteile der Freude referieren oder an ihn appelieren, er möge sich freuen. Vielmehr wird man durch ein Geschenk, ein freundliches Wort, eine Pointe, eine Überraschung, das heißt durch einen Reiz, der ein bestimmtes Bedürfnis trifft, die entsprechende Gestimmtheit hervorzurufen suchen. Auslöser einer bestimmten Gefühlslage kann aber eben auch eine bloße Imagination sein, der gedankliche Nachvollzug einer entsprechenden Situation. Dieser gedankliche Nachvollzug kann durch Film, Theater, Hörspiel usw., aber eben auch durch Erzählungen, Texte und Beispielgeschichten erleichtert werden. Daß schließlich auf diesem Wege eine bestimmte Gefühlslage erzeugt wird, läßt sich besonders hinsichtlich positiver Gefühlslagen keineswegs garantieren. Man kann ein Angebot machen, erzwingen lassen sich eine positive Gestimmtheit und die Übernahme einer bestimmten Wertvorstellung nicht. Wenigstens aber läßt sich die Wahrscheinlichkeit erhöhen, daß sich jemand in eine bestimmte Gefühlslage versetzen läßt.

Die gestalterischen Regeln, die hier zu befolgen wären, sind für Film, Hörspiel, Beispielgeschichte usw. in den Grundsätzen völlig identisch:

– die Darstellung muß möglichst anschaulich sein;

– die Anschaulichkeit gewinnt, wenn der Ablauf der Geschichte an eine handelnde Person gebunden ist;

– die handelnde Person muß so eingeführt werden, daß man sich gerne damit identifiziert;

– die Handlungen müssen wert- (oder gefühls-)bezogene Assoziationen hervorrufen können (Handlungen, die auch dem Leser oder Zuhörer etwas bedeuten);

– die jeweiligen Wertbezüge müssen, um nicht durch Übertreibungen lachhaft zu werden oder Verängstigungen hervorzurufen, eher in Pastelltönen als in Signalfarben gezeichnet sein;

– sofern es sich um jüngere Kinder handelt, müssen ethische bzw. soziale Forderungen auch eudämonistisch nachvollziehbar sein, das heißt, es müssen auch konkrete Nachteile unangemessenen Verhaltens und Vorteile angemessenen Verhaltens deutlich werden. Eine Pflichtethik im Sinne kategorischen Verhaltens nach Kant ist, wie Kant selbst zugesteht, von Kindern nicht nachvollziehbar und deswegen zunächst nicht verhaltensrelevant (I. Kant, Kritik der praktischen Vernunft, Methodenlehre 271).

*5. Beispiele historischer Beispielgeschichten*

*5.1 G. L. Schrader: »Von einem Kind, das sich das Naschen abgewöhnte« (1797, Band I, 81 ff.)*

G. L. Schrader (1764-1832) war zeitweilig als Hauslehrer in Cammer bei Brandenburg tätig und hat dieses »Elementarische Lesebuch« einem seiner Zöglinge, Philippinchen von Brösigke, gewidmet. Er wollte mit diesem Buch, das sich an Kinder wendet, »die schon im ABC-Buch lesen gelernt haben«, für den Sachunterricht wie für die Erziehung neue Akzente setzen. Die methodischen Grundsätze hat er in einem ausführlichen Vorwort angesprochen. Die Darstellung des Stoffes solle möglichst anschaulich sein (1797, XII f.). Damit wiederholt er zunächst nur ein Prinzip, dem sich die gesamte Aufklärungspädagogik verpflichtet fühle. Bei allen Darstellungen solle Bezug auf eine Person genommen werden (1797, XIX). Aus diesem Grund faßt er alle Unterrichtsinhalte in die Form von Geschichten. Die Geschichten sollten möglichst kindgemäß sein, das heißt leicht, kurz und abwechslungsreich (1797, VIII). Bei Beispielgeschichten solle auf extreme Drohungen wie Tod, Galgen und Rad verzichtet werden (1797, XIX). Gleichwohl solle man die Bedeutung der kindlichen Verfehlungen nicht herabspielen, offensichtliche Verfehlungen durchaus durch eine »starke Darstellung« deutlich machen und »nicht im Vorbeigehen« behandeln (1797, XI). Gegenstände, die die Kinder unangemessen ängstigen könnten, sollten möglichst vermieden werden (1797, XVI).

Schrader bedient sich damit der gestalterischen Mittel, die bereits in Abschnitt 4.2 als Forderungen benannt wurden. Die Geschichte über das »Naschen« beginnt: »In Frankfurt am Main wohnte ein vornehmer Mann, der hatte einen Sohn, der hieß Eduard.« Schon in den Anfangszeilen bedient sich Schrader bewußt eines Mittels, eine Situation anschaulich und konkret werden zu lassen, nämlich die Benennung des Handlungsortes und der schließlichen Hauptperson. Daß der Name des Mannes nicht gesondert genannt wird, ist nicht abträglich, als diese Person später leicht als »Vater« einbezogen werden kann und dadurch für den Leser eine sehr unmittelbare Funktion erhält.

Im zweiten Abschnitt wird Eduard – natürlich in der historischen und zudem kindertümlichen Sprache – als munterer Junge dargestellt, mit dem Kinder sich leicht identifizieren können: »Dieser Eduard war ein munteres artiges Kind, und deßwegen hatten ihn viele Menschen lieb und gaben ihm oft Etwas zu naschen, als Pfefferkuchen, Torte, Rosinen, gebrannte Mandeln und Feigen und andere süße und leckerhafte Sachen« (1797, 81).

Im folgenden skizziert Schrader die Nachteile, die sich nach seiner Ansicht aus diesem Entgegenkommen der Mitmenschen ergeben können: »Die Menschen meinten es wohl gut mit dem Eduard; aber sie thaten ihm keine Wohlthat damit, denn Eduard gewöhnte sich dadurch das Naschen an, einen sehr garstigen Fehler. Eduard wurde alle Tage lüsterner. Er kaufte sich selbst Näschereyen und wenn er zu Hause eine Zuckerdose, oder einen Teller mit Obst, oder Backwaren stehen sahe, da konnte er's nicht lassen, Etwas für sein Leckermaul davon zu nehmen« (1797, 81).

Dann folgt die Einführung in den Hauptteil der Handlung. Für das Gewicht der Szene ist es durchaus bedeutsam, daß ein Festtag mit für Kinder hoher Erlebnisqualität angekündigt wird und daß das sich abzeichnende »böse« Schauspiel die Mutter betrifft, die für das Kind natürlich auch mit einer hohen positiven Einschätzung verbunden ist. An einen Kuchen beliebiger Herkunft, für beliebige Personen, an beliebigen Tagen zu gehen ist nicht ähnlich dramatisch: »Einsmals hatte sein Vater seiner Mutter zum Geburtstage eine schöne große Torte backen lassen, die stand in einer Stube auf einem Tische. Eduard wußte wohl, daß er von dieser Torte auch Etwas bekommen würde, wenn sie zu Mittage auf den Tisch käme; aber sein Leckermaul konnte die Zeit nicht erwarten. Er schlich sich also heimlich in die Stube und naschte am Rande der Torte ein großes Loch hinein, das sahe aus, als wenn eine Katze dabey gewesen wäre« (1797, 81 f.).

Bei der folgenden Szene ist zu beachten, wie Schrader die peinliche Szene, die von der Mutter doch vermutlich sofort durchschaut war, zunächst noch dehnt, um die Peinlichkeit hinreichend auszuspielen: »Als die Torte zu Mittage auf den Tisch gebracht wurde, sah die Mutter das Loch, und sagte: ›I Pfui! da ist wohl eine Katze dabey gewesen: oder sollte es gar ein Mensch gewesen seyn!‹ Da fühlte Eduard in seinem Gewissen, daß er Unrecht gethan hatte, und wurde blaß und roth. ›Ich will doch nicht hoffen, Eduard‹, sagte die Mutter, ›daß du es gewesen bist?‹ Eduard fing an zu weinen und gestand aufrichtig seinen Fehler.«

Der Vater übernimmt nun die Aufgabe, die Fehlerhaftigkeit des Verhaltens von Eduard zu begründen. Das tut er in eudämonistischer Weise, indem er versucht, mutmaßliche und unmittelbar von Eduard erlebbare Nachteile des Naschens zu schildern. Eduard gelobt daraufhin Besserung: »›Ey Eduard‹, sagte der Vater, ›bist du denn ein Näscher? Da bist du sehr krank; denn die Naschhaftigkeit ist eine schlimme Krankheit. Darum mußtest du auch bisher manchmal Arzney einnehmen und sahest oft so krank aus, und warst so träge und unlustig. Du darfst nun keine Torte bekommen, weil du schon davon genascht hast, und weil du krank bist.‹ Eduard bat seine Aeltern um Vergebung und versprach, sich das Naschen abzugewöhnen« (1791, 82 f.).

Die Geschichte geht noch weiter. Der Vater begründet ausführlicher, und die Erfolge Eduards werden berichtet. Für die Bewertung dieser Beispielgeschichte sind aber die weiteren Passagen nicht erforderlich.

Wenn man von den historisch bedingten Szenen und Begründungen und ebenso von der uns ungewohnten Sprache absieht, kann kaum ein Zweifel bestehen, daß in dieser Beispielgeschichte Schraders im Grundsatz ein Modell vorgegeben ist, das sich nicht nur gültiger dramaturgischer Prinzipien bedient, sondern das auch geeignet sein kann, bestimmte Wertvorstellungen bei dem Leser oder Hörer zu wecken und den Boden für Verhaltensänderungen zu bereiten.

### *5.2 Heinrich Hoffmann: »Der Struwwelpeter« (Frankfurt 1847)*

Dr. Heinrich Hoffmann (1809–1894) war Direktor der städtischen Irrenanstalt in Frankfurt. Er hat das Büchlein, dessen Original im Germanischen Nationalmuseum in Nürnberg liegt, 1844 als Weihnachtsgeschenk für seinen damals 3½jährigen Sohn Carl geschrieben (E. Hessenberg 1926, 106). Die erste gedruckte Auflage erschien 1845 als »Lustige Geschichten und drollige Bilder mit 15 schön kolorierten Tafeln für Kinder von 3 bis 6 Jahren« in der Literarischen Anstalt (J. Rütten), Frankfurt am Main. Es wurde zum erfolgreichsten Kinderbuch der deutschen Literaturgeschichte. In der empirischen Untersuchung von F. Minke (1958) wird der Struwwelpeter noch das zum Untersuchungszeitpunkt mit Abstand erfolgreichste Kinderbuch genannt. 1892 konnte Hoffmann noch das Erscheinen der 175. Auflage der deutschen Ausgabe erleben (Bogeng 1939, 44). Der Originalverlag zählte bis 1939 bereits 593 Auflagen (Ch. Pressler 1980, 105). Die Angabe von G. A. E. Bogeng, daß »bis 1920 allein beinahe fünftausend deutsche Auflagen« (1939, 57) erschienen seien, ist nicht belegbar. Die Zahl erscheint für diesen Zeitraum zu hoch, selbst wenn man Raubdrucke und die schließlich nach Ablauf der Urheberschutzfrist (1925) aufgelegten und in der Tat kaum mehr zu zählenden Nachdrucke (Ch. Pressler 1980, 105) einkalkuliert. H. Müller (1973, 154) verlegt die Angaben Bogengs ohne weitere Begründung in das Jahr 1939, was aber mindestens wieder philologische Probleme macht. Das Buch ist in alle Kultursprachen, selbstverständlich auch in Esperanto und ins Lateinische übertragen worden (vgl. Bogeng 1939, 43; Ch. Pressler 1980, 105). Obwohl Hoffmann sehr genau über mögliche Plagiate wachte (vgl. E. Hessenberg 1926, 110) – eine Plagiatsklage ist auch der ideenreiche »Ägyptische Struwwelpeter« von 1895 (Geschwitzer Neolitzky, Thot, der Struwwelpeter, Wien) zum Opfer gefallen –, gab es Nachahmungen (J. Lütje, Die Struwwel-Liese, Hamburg 1910[70]; Dr. Ernst, Die Schreiliesel, München ca. 1880[14]). Ebenso gab es verbesserte oder Anti-Struwwelpeter (F. Bonn, Pädagogisch verbesserter Struwwelpeter 1880; F. Stern, Struwwelpeter für die Großen, Frankfurt am Main 1914). Es gab eine Vertonung (A. Mußla, Melodien zu Dr. Heinrich Hoffmanns Struwwelpeter, Frankfurt am Main 1875), schließlich aber eine große Zahl Bücher, die in Text und Aufmachung den Struwwelpeter-Stil imitierten (A. Glasbrenner, Lachende Kinder, Hamburg 1850). Zu den nach 1950 erschienenen Imitationen und modernen Variationen zählen die »Struwwelliese«, Pestalozzi-Verlag Fürth/Bayern, »Struwwelchen«, Nürnberger Mal- und Bilderbücher, »Struwwelpetra«, Verlag Schreiber, Esslingen. Eine sehr eingehende Darstellung der Nachdrucke, Parodien, Satiren usw. gibt H. Müller (1973, 159–179).

Inwieweit der »Struwwelpeter« gegenwärtig weniger in Buchhandlungen als vielmehr als Billig-Buch in den Spielwarenabteilungen der Kaufhäuser angeboten, tatsächlich aus der bürgerlichen Mittelschicht unterdessen als »abgesunkenes Kulturgut« mehr in der »Unterschicht« der Bevölkerung angesiedelt ist (E. und I. Vogt 1974, 26,28), wäre noch zu untersuchen.

Verläßliche Auskünfte über die Gesamtzahl der Auflagen oder gar der Exemplare bis zum heutigen Tag sind nicht mehr zu erhalten. Nach Auskunft des Loewes-Verlages, Bayreuth, der die Nachfolge der »Literarischen Anstalt von Rütten und Loewing, Frankfurt«, des Originalverlags des »Struwwelpeter« übernommen hat, werden die Auflagen sowohl in Bayreuth als auch bei sonstigen Verlagen, die seit 1925 Nachdrucke herstellen, nicht mehr gezählt. Wegen der im Zweiten Weltkrieg verlorengegangenen Unterlagen ist auch bei intensiverer Nachsuche eine exakte Angabe der Auflagenzahl nicht mehr zu ermitteln.

Der »Struwwelpeter«, ein »Epos vom unartigen Kinde . . .«, das in verschiedenartigen Vertretern vorgeführt wird (Bogeng 1939, 54), war ohne Zweifel ein Zufallsprodukt, eine beliebig zu ergänzende Reihung von Bildergeschichten ohne strenge Planung, Geschichten, die er zum Teil vielfach schon bei häuslichen Krankenbesuchen seinen kleinen Patienten zur Beruhigung oder zur Ablenkung vor dem Schreckensbild »Arzt« hastig auf Notizzetteln gemalt hatte (vgl. E. Hessenberg 1926, 107). Gleichwohl lassen sich bestimmte pädagogische Intentionen benennen, die Hoffmann explizit mit seinem Struwwelpeter[1] verfolgen wollte. Die völlig berechtigte Frage, welche gesellschaftlichen Wertvorstellungen in den »Struwwelpeter« eingegangen sind und welche politischen Auswirkungen die über das Buch vermittelten Einstellungen hatten, wird hier nicht diskutiert. Die Frage ist – leider allerdings in geradezu monomaner Weise – von E. und I. Vogt (1974) vorgetragen worden. Der Entschluß, seinem Sohn Carl »Lustige Geschichten und drollige Bilder« – erst ab der 3. Auflage wurde der Titel »Struwwelpeter« gewählt (Bogeng 1939, 58) – als Weihnachtsgeschenk zu machen, beruhte ja auf der vergeblichen Suche nach einem den Vorstellungen Hoffmanns entsprechenden Kinderbuch. Einmal störte ihn der rationalistische und detaillistische Charakter der als Kinderbücher angebotenen Sachbuchliteratur (E. Hessenberg 1926, 105), zum zweiten die stark imperativisch moralisierende Form der angebotenen Kinderliteratur. Die Grundsätze, den »Struwwelpeter« in ganz bestimmter Weise zu gestalten[2], hat Hoffmann in seinen Lebenserinnerungen deutlich gemacht:

»Das Kind lernt einfach nur durch das Auge, und nur das, was es sieht, begreift es. Mit moralischen Vorschriften zumal weiß es gar nichts anzufangen. Die Mahnung: sei reinlich! sei vorsichtig mit dem Feuerzeug und laß es liegen! sei folgsam! – das alles sind leere Worte für das Kind. Aber das Abbild des Schmutzfinken, des brennenden Kleides, des verunglückten Unvorsichtigen, das Anschauen allein erklärt sich selbst und belehrt. Nicht umsonst sagt das Sprichwort: ›Gebrannter Finger scheut das Feuer‹« (E. Hessenberg 1926, 106).

Aus diesen Grundsätzen folgt literarisch-methodisch:

- Texte sind zurückzudrängen.
- Das Bild hat zu dominieren.
- Die Texte müssen bildbegleitende Texte sein.
- Die Texte müssen einprägsam sein.

Ohne gegen diese Grundsätze zu verstoßen, hätte Hoffmann bei der Durchführung zwei Alternativen befolgen können: Die Betonung positiver Beispiele als Aufforderung zur Nachahmung und die Betonung negativer Beispiele im Sinne der Abschreckung.

Auf ein positives Beispiel greift Hoffmann allenfalls in dem Text der Rückseite bzw. der Deckblatt-Innenseite des Struwwelpeter zurück:

»Wenn die Kinder artig sind,
Kommt zu ihnen das Christkind;
Wenn sie ihre Suppe essen
Und das Brot auch nicht vergessen,
Wenn sie, ohne Lärm zu machen,
Still sind bei den Siebensachen,
Beim Spaziergehn auf den Gassen
Von Mama sich führen lassen,
Bringt es ihnen Gut's genug
Und ein schönes Bilderbuch.«

Außer in diesem Text, der eudämonistisch auf die Vorteile des zu Recht oder Unrecht gewünschten Verhaltens – eines die Zeit des Biedermeier wohl zutreffend charakterisierenden Verhaltens (vgl. H. Müller 1973, 154) – verweist und der allerdings gegenüber den eigentlichen Bildergeschichten kaum Gewicht hat, bedient sich Hoffmann nur abschreckender, negativer Beispiele. Diese abschreckenden Beispiele, die Hoffmann im Vorwort zur 100. Struwwelpeter-Auflage 1876 durchaus verteidigt (vgl. H. Müller 1973, 155), sind wiederum ausschließlich eudämonistisch angelegt; das heißt, an keiner Stelle wird über die moralische Qualität von Gehorsam, Ungehorsam, Nächstenliebe, Toleranz, Tierliebe usw. diskutiert. Vielmehr werden allein die unmittelbar körperlich oder seelisch verspürbaren Folgen der als negativ eingestuften Taten – das Prinzip der negativen Strafe, wie J. J. Rousseau es im Emile postuliert – in der Regel höchst drastisch dargestellt. Außerdem wird der Zusammenhang »kleine Ursachen, große Wirkungen« betont. Dabei hat man zudem den Eindruck, daß bezüglich der Abschreckung zwei, bei Schrader (1797) gerade erst getrennte Strömungen wohl weitgehend unreflektiert zusammenfließen, nämlich die eben sehr drastische, zur schärfsten Form greifende Drohung (z. B. Suppenkaspar, Daumenlutscher, Fliegender Robert) und die eher am Prinzip der Verhältnismäßigkeit orientierte Warnung (vgl. Zappel-Philipp).

### *5.2.1 »Die Geschichte vom Suppenkaspar«*

In vier Stufen wird geschildert, wie Kaspar während 5 Tage vom kugelrunden und gesunden Buben bis auf den Tod abmagert, weil er seine Suppe nicht essen mag. Vier Bilder, in ein Rankenwerk gesetzt, das Hoffmann sehr gern benutzt, um die Bildfolge zugleich aufzulockern

# Die Geschichte vom Suppen-Kaspar

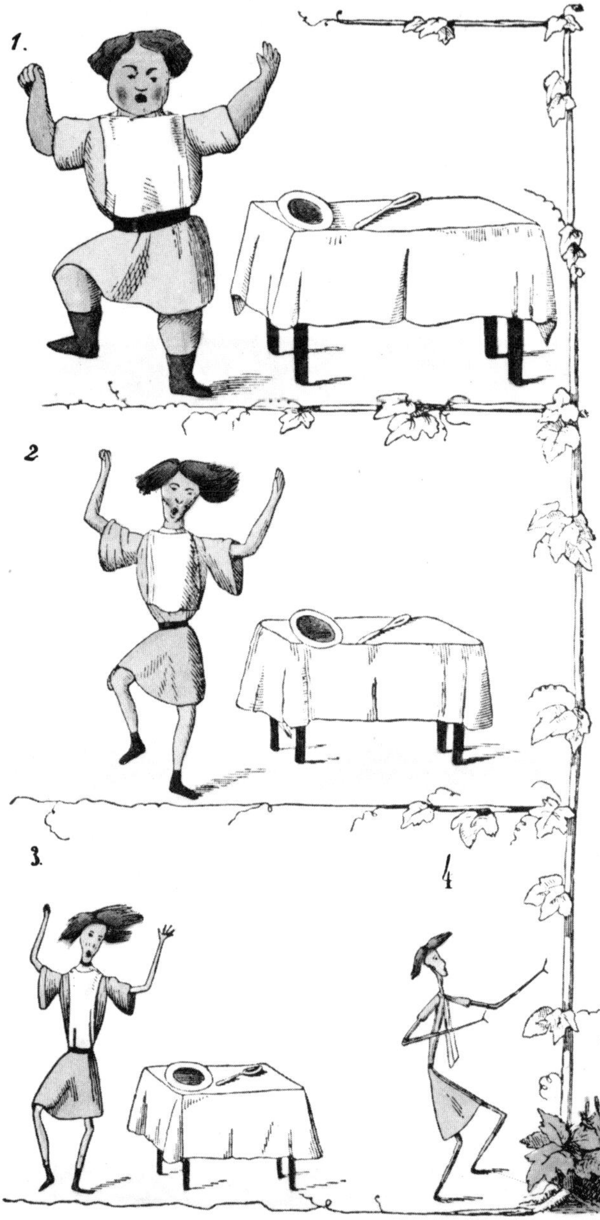


Der Kaspar, der war kerngesund,
ein dicker Bub und kugelrund.
Er hatte Backen rot und frisch;
die Suppe aß er hübsch bei Tisch.
Doch einmal fing er an zu schrein:
»Ich esse keine Suppe! nein!
Ich esse meine Suppe nicht!
Nein, meine Suppe eß ich nicht!«

Am nächsten Tag — ja sieh nur her!
da war er schon viel magerer.
Da fing er wieder an zu schrein:
»Ich esse keine Suppe! nein!
Ich esse meine Suppe nicht!
Nein, meine Suppe eß ich nicht!«

Am dritten Tag, o weh und ach!
wie ist der Kaspar dünn und schwach!
Doch als die Suppe kam herein,
gleich fing er wieder an zu schrein:
»Ich esse keine Suppe! nein!
Ich esse meine Suppe nicht!
Nein, meine Suppe eß ich nicht!«

Am vierten Tage endlich gar
der Kaspar wie ein Fädchen war.
Er wog vielleicht ein halbes Lot —
und war am fünften Tage tot.

und zu verknüpfen und um so das Unwirkliche an der Szene zu betonen (Bogeng 1919, 69), zeigen das Drama, in dem mit dem Kaspar auch Tisch und Teller abnehmen. Aber trotz der aufgelockerten Szenen und trotz der offensichtlich nicht durchgängig ernstgemeinten Texte – das Buch wurde ja gerade wegen der ungewohnt lockeren und unpädagogischen Gestaltung sehr begrüßt (vgl. H. Müller 1973, 155) – wird holzschnittartig ohne jede Differenzierung (warum schmeckt es dem Kaspar nicht?) eine – mindestens in den Augen des Erwachsenen – extreme Drohung ausgesprochen. Es ist wieder die Skizzierung der natürlichen Strafe im Sinne Rousseaus, aber eben ohne jeden Hinweis auf die Chance einer Besserung, eines möglichen günstigeren Ausgangs. Da die Drohung natürlich auf beliebige andere Speisen übertragbar ist, kann ein unverhältnismäßig starker Druck auf das Eßverhalten der Kinder ausgeübt werden. Wegen dieser auch für 3–6jährige Kinder sicher etwas undifferenzierten Drohung und wegen des Verstoßes gegen das Prinzip der Verhältnismäßigkeit ist es sicher völlig ausgeschlossen, diese Form der mit Struwwelpeter so erfolgreichen Beispielgeschichte als Ideal eines Versuchs zu erklären, die Speisekarte eines Kindes erweitern zu helfen. Insoweit teile ich, wenn auch aus anderen Gründen, die Kritik von E. und J. Vogt (1974, 20 f.) an dieser Geschichte.

Andererseits ist natürlich kein Anlaß gegeben, die Geschichte vom Suppenkaspar zu indizieren. Schon die »Klassik« von Bild und Text sollte verhindern, Bilderstürmerei zu treiben. Selbst wenn man diese Geschichte wegen ihrer Undifferenziertheit nicht als gutes erzieherisches Hilfsmittel im Themenkreis »Essen und Trinken« akzeptieren möchte, ist sie nicht grundsätzlich zu verwerfen, weil sie in sich oder auch im Kontext anderer Geschichten selbstverständlich auch andere Funktionen haben kann. Sofern man auf Grund des Textes und der Bilder davon ausgehen darf, daß die Kinder nicht brutalen Szenen ausgesetzt werden, können z. B. auch die Befremdung, die Spannung, die durch die sprachliche und bildhafte Aufmachung vermittelt werden, ja auch die Darstellung dramatischer Verläufe wichtige emotionale Erfahrungen für das Kind sein. Eben eine solche Erfahrung mit dem Suppenkaspar, völlig losgelöst von »Essen und Trinken«, hat R. G. Binding (1867–1938) eindrucksvoll beschrieben: »Ich weiß ganz genau, daß das erste menschliche Drama, daß ich vor Augen sah und zu ›erleben‹ in der Lage war – voll Schauder und Mitleid – die Geschichte des Suppenkaspars im Struwwelpeter war. Die großartige Kürze, die Unerbittlichkeit, mit der das Schicksal sich vollzieht, der eigentliche Gewaltschritt und Gewaltmarsch dieses Schicksals, der in jedem der wenigen Bilder so furchtbar deutlich ist, mußte es mir in anderer Weise angetan haben als alle anderen Vorgänge, die mir in dem gleichen Buche sich anboten. Als warnendes Beispiel, als eindrucksvolle Lehre, als welche der Suppenkaspar und sein Schicksal wohl bedacht waren, kam die Geschichte für mich gar nicht in Betracht. Ich aß meine Suppe – oder ich aß sie nicht; die Unglaubwürdigkeit des Vorgangs schreckten oder hinderten nicht im mindesten. Schuld und Verhängnis waren gleich großartig. Ich hing an diesem Blatt mit einer stillen heimlichen Glut. Obgleich ich diese Verse, die Bilder tausendmal in mich aufgenommen hatte, war das Drama unerschöpflich. Dort begann es mit dem blühenden Leben: ›Kaspar – kerngesund, ein dicker Bub und kugelrund‹, und unerbittlich hält das Verhängnis Schritt mit seiner Schuld. Selbst die Suppenschüssel wird in diesen Schicksalsschritt hineingezogen und wird in demselben Maße schmächtiger, wie Kaspar schmächtiger wird. Nichts hält das Schicksal auf. Es eilt dahin zum sicheren und unfehlbaren Schluß, zu diesem Schluß von fürchterlichen Vergänglichkeiten, diesem scheinbar ganz selbstverständlichen Schluß, dieser Aufhebung alles Menschlichen:

er wog vielleicht ein halbes Lot
und war am fünften Tage tot«
(R. G. Binding 1935, 5).

Hier wird, selbst wenn man Bindings Erfahrung nicht teilen mag, zugleich offenkundig, wie entsetzlich verengend es ist, den »Struwwelpeter« oder irgendein anderes Buch allein oder auch nur überwiegend unter dem Aspekt konkreter pädagogischer oder politischer Verhaltensänderungen sehen zu wollen. Der so missionarische Hinweis auf die politischen und pädagogischen Manipulationen, die E. und J. Vogt (1974) im »Struwwelpeter« zu sehen glauben, kann seinerseits – inquisitorisch angewandt – zu einer erheblichen geistigen und emotionalen Verarmung führen.

Eine gute Beispielgeschichte, die helfen kann, zur Erweiterung der Speisekarte die gelegentlichen Ängstlichkeiten des Kindes vor dem ungewohnten und als möglicherweise unangenehm befürchteten Geschmack neuer Speisen zu überspielen, findet sich gleichwohl im »Struwwelpeter« nicht.

*5.2.2 Die Geschichte vom Zappel-Philipp*

Wenn man bei anderen Geschichten des »Struwwelpeter« zur pädagogischen Rechtfertigung vielleicht auf die historische Bedingtheit der in der Geschichte explizierten Verhaltensform, auf die die Strenge unterlaufende derb-humoristische Textgestaltung, auf das die harte Realität auflösende Rankenwerk und auf die schon für das Kind um 1900 altertümliche und insofern gewissermaßen »märchenhafte« Bekleidung der Struwwelpeter-Figuren (vgl. H. Müller 1973, 156) verweisen mußte, bedarf die Geschichte vom Zappel-Philipp keiner

## Die Geschichte vom Zappel-Philipp

Seht, ihr lieben Kinder, seht,
wie's dem Philipp weiter geht!
Oben steht es auf dem Bild.
Seht! er schaukelt gar zu wild,
bis der Stuhl nach hinten fällt.
Da ist nichts mehr, was ihn hält.
Nach dem Tischtuch greift er, schreit.
Doch was hilft's? Zu gleicher Zeit
fallen Teller, Flasch und Brot.
Vater ist in großer Not,
und die Mutter blicket stumm
auf dem ganzen Tisch herum.

Nun ist Philipp ganz versteckt,
und der Tisch ist abgedeckt.
Was der Vater essen wollt,
unten auf der Erde rollt.
Suppe, Brot und alle Bissen,
alles ist herabgerissen.
Suppenschüssel ist entzwei,
und die Eltern stehn dabei.
Beide sind gar zornig sehr,
haben nichts zu essen mehr.

Rechtfertigung. Text und Bild, so freundlich, so humorvoll, so dramatisch, vereinigen sich zu einem großartigen Beispiel pädagogischen Verhaltens, das zwar die »schrecklichen« Folgen einer üblen Tischsitte minutiös beschreibt, aber zugleich das Gewicht von Gebot und Strafe relativiert.

Die Kritik, die in der Sekundärliteratur gleichwohl auch am Zappel-Philipp geübt wird, erkennt häufig weder Text noch Dramaturgie. Obwohl H. Müller im übrigen sehr ausgewogen urteilt, sieht er »in der Geschichte vom Zappel-Philipp die patriarchalische Familie vorgestellt, in der sich die Mutter darauf zu beschränken hat, stumm auf dem Tisch herum zu blicken« (H. Müller 1973, 156). Aber was würde der Geschichte an dramatischen Akzenten fehlen, wenn die Mutter nicht wortlos und sorgenvoll das Geschehen zweimal kommentierte:

»Und die Mutter blickte stumm
Auf dem ganzen Tisch herum.«

E. und J. Vogt kritisieren am Zappel-Philipp wie schon vorher am Suppenkaspar, daß »es beim Essen nicht ums Essen, sondern um Ruhe und Ordnung geht, das heißt um das Erlernen von Gehorsam« (1974, 21). Dies ist in den Augen der beiden Autoren exemplarisch, denn das Buch sei der »pädagogische Katechismus des Kleinbürgertums in der zweiten Hälfte des 19. Jahrhunderts« (E. und J. Vogt 1974, 23), der sich eben bruchlos »in die gängigen Sozialisationspraktiken und -ziele der Gesellschaft« (a. a. O. 24) einfüge. J. Merkel bemerkt wie E. und J. Vogt hintergründige politische Absichten und stellt, bevor er die ersten 8 Zeilen aus dem Zappel-Philipp zitiert, bedeutungsvoll fest, daß der Struwwelpeter »1845 in auffallender Nähe zur bürgerlichen Revolution erschienen« (J. Merkel 1974, 73) sei.

E. und J. Vogt bemängeln an der Geschichte vom Zappel-Philipp weiter, daß in der hier skizzierten Kernfamilie die übliche Rollenverteilung zu beobachten sei (1974, 21); sie halten es für »einleuchtend, daß die Ermahnung des Vaters das unerwünschte Verhalten beim Sohn erst provoziert« (1974, 21). Schließlich kritisieren sie den Ausgang des Dramas: »Die erzieherische Drohung erreicht hier höchste Verfeinerung (und vielleicht höchste Wirksamkeit): An Stelle von körperlicher Bestrafung oder ›natürlicher Folge‹ tritt in sentimentaler Falschheit der Hinweis auf die Not der Eltern (›haben nichts zu essen mehr‹), und schließlich – subtilstes Instrument mittelständischer Disziplinierung – die Androhung von Liebesentzug (›sind gar zornig sehr‹)« (E. und J. Vogt 1974, 22). Um die Einseitigkeit, die Monomanie solcher Kritik einschätzen zu können, ist es sinnvoll, die eine knappe Seite vorher von E. und J. Vogt vorgetragenen Kritik am »Suppenkaspar« zu zitieren: »Um kindlichen Lesern den Spaß am Widerstand auszutreiben, ereilt den verstockten Kaspar ein schlimmes Ende. Todesdrohung soll disziplinierend wirken, wobei die Logik der ›natürlichen Folge‹ (wer nicht ißt, stirbt) durch schlichte Übertreibung zur Täuschung wird (keiner stirbt, der vier Tage gefastet hat)« (a. a. O. 21).

Ohne Zweifel können Bücher eine Welt verändern. Und ohne Zweifel hat ein so verbreitetes Kinderbuch auch Wirkungen. Wer allerdings den »Struwwelpeter« als Instrument antirevolutionärer Kräfte in den Auseinandersetzungen von 1848 sieht, kann dies nur in Unkenntnis der Entstehungsbedingungen des Struwwelpeter und in einer erheblichen Überschätzung des seinerzeitigen Verbreitungsgrades des Buches wie aber überhaupt der Wirksamkeit eines Kinderbuches meinen. Die Wirksamkeit gerade des Kindergartenbuches ist schon deswegen durchaus eingeschränkt, weil sich Verhalten nicht einfach linear aufbaut, sondern nicht unerhebliche entwicklungs- und milieubedingte Schwankungen aufweist. Das gilt sowohl für Einstellungen wie insbesondere für Interessenrichtungen. Es ist natürlich überhaupt nicht zu bestreiten, daß Vertrauen zur Umwelt, Fähigkeit zu sozialem Kontakt, Auffassungsgabe,

Sprachflüssigkeit u. ä. in der frühen Phase der Ontogenese entwickelt und in ihrer Grunddisposition weitgehend festgelegt werden (vgl. B. Hassenstein 1973). Aber es ist eine besondere Form eines pädagogischen Pessimismus, den Menschen durch Bilderbucherfahrungen in allen wesentlichen Komponenten seines Verhaltens auf Dauer festgelegt zu sehen. Es gibt – keineswegs nur in der Jugendphase – deutliche Wandlungen im emotionalen wie erst recht im kognitiven Bereich. Darüber hinaus gibt es eben offensichtlich auch entwicklungsbedingte Wandlungen der Interessensfelder, der geschlechtsspezifischen Rollen, der Einstellungen zur Umwelt (vgl. O. Koenig 1973, 19 ff.).

Was aber den besonderen Kritikpunkt, nämlich eine Erziehung des Kindes zum Gehorsam, anlangt, ist E. und J. Vogt insofern zweifellos zuzustimmen, daß es niemals Ziel einer Erziehung sein darf, den jungen Menschen zu einem unterwürfigen Gehorsam zu erziehen. Wenn man wiederum auf mittlerer Ebene der Diskussion den biologischen Anpassungswert zum Maßstab nimmt, kann unterwürfiger Gehorsam keinen Anpassungswert haben, weil der große Vorteil von tradierter Kultur eben darin besteht, daß das Traditionsgut zwar übernommen, aber hinsichtlich seiner Stimmigkeit auch jeweils überprüft werden muß (vgl. Liedtke 1973). Aber gleichwohl gehört es selbstverständlich zur Funktionsfähigkeit von Kultur und ist zugleich ein besonderes Merkmal des Menschen, daß man Fremderfahrung zu übernehmen bereit und in der Lage ist. Das aber heißt besonders für die frühe Phase der Ontogenese, daß innerhalb bestimmter Grenzen »Gehorsam« verlangt werden darf und muß (vgl. Liedtke 1973). Den Ausgleich zwischen notwendigem Gehorsam und ebenso notwendigem Widerstand in jeder Phase der Entwicklung zu finden ist ohne Zweifel nicht leicht. Aber diese Schwierigkeit kann nicht ausschließen, daß auch die Gehorsamsforderung eine pädagogisch legitimierte Forderung ist.

Der »Zappel-Philipp« weist in – im Sinne der methodischen Vorschläge Schraders – gekonnter und nicht verletzender Dramatik am Beispiel der Tischsitten auf diese Forderung hin. Das Augenzwinkern des Verfassers ist dabei nicht zu übersehen.

### *6. Ergebnisse und Probleme, insbesondere in kulturethologischer Hinsicht*

6.1: Die Untersuchung konnte am Beispiel des Naschens, der Tischsitten und der Nahrungsverweigerung die Kulturbedingtheit bestimmter Erziehungsprobleme bestätigen und unterschiedliche Strömungen in den pädagogischen Einstellungen, insbesondere hinsichtlich des Einsatzes und der Form von Strafe aufzeigen. Es konnte plausibel gemacht werden, daß Tischsitten usw. – innerhalb bestimmter Grenzen – einen Anpassungswert haben und als Erziehungsziele gerechtfertigt werden können. Mindestens mit Rücksicht auf die Minderung der Konflikte zwischen den Generationen ließ sich begründen, daß auch die – wenigstens zeitweise – Übernahme »unzweckmäßiger« Kulturformen einen Anpassungswert besitzen können. Außerdem erschien keineswegs unwahrscheinlich, daß – wiederum innerhalb bestimmter Grenzen – auch Angst einflößende Situationen positive erzieherische Effekte haben können[3].

6.2: Ein ethologisches wie zugleich höchst schwieriges pädagogisches Problem besteht darin, wie die erzieherisch ohne Zweifel notwendigen Exempla Schritt halten können mit der sich differenzierenden Umwelt, mit der höchsten Sensibilität für Menschenwürde und Menschenrechte bzw. überhaupt mit der faktischen Rechtslage. Durch die Höherdifferenzierung von Signalen durch die Ritualisierung und Ziselierung elementarer Abläufe können nicht nur die Signale, sondern ganze Kulturen unverständlich werden. Das betrifft besonders den jungen Menschen, der schon aus lerntheoretischen Gründen auf den verschiedenen Stufen seiner

Entwicklung relativ kräftige Signale benötigt, um überhaupt angesprochen zu werden und verstehen zu können. Das Verstehen höherdifferenzierter und kulturell stark überformter Signale bedarf ja entsprechender, zum Teil langwierigerer Lernprozesse als das Erfassen physischer Überlegenheit. Die Hilfen zur Befriedigung konkret erfahrener Bedürfnisse werden leichter als Ausdruck der Zuneigung verstanden als die Sparbucheinzahlungen, die sich auf künftige Nöte beziehen mögen. Der kurzfristig erfahrbare Vorteil wie auch das kurzfristig erfahrbare Übel sind wirksamere Anstöße zu Verhaltensänderungen als die erst in einer ferneren Zukunft, z. B. auf Grund komplizierter ökologischer Zusammenhänge, zu erwartenden Vorteile oder Nachteile.

Diese Diskrepanz zwischen der Verstehbarkeit einfacher und komplizierter Signale, wobei die komplizierten Signale aber eben in der Regel auch für ein höheres Anspruchsniveau stehen, macht es außerordentlich schwer, angemessene erzieherische Exempla, die auf der einen Seite möglichst verständlich, auf der anderen Seite aber auch ein entsprechendes Maß kultureller Differenzierung in ästhetischer, ethischer, sozialer und technischer Hinsicht repräsentieren sollen, zu finden. Der große noch anhaltende Erfolg des Struwwelpeter läßt vermuten, daß diese Exempla mit Rücksicht auf die psychische Verfassung des heranwachsenden jungen Menschen doch sehr direkt und blutvoll sein müssen, sollen sie kognitiv und emotional verstanden werden. Wenn der junge Mensch kognitiv und emotional aber nicht angesprochen ist, kann er auch zu komplexeren und differenzierteren Signalen und Verhaltensformen keinen Zugang finden.

## *Anmerkungen*

1 Der Name Struwwelpeter hat übrigens mindestens in Leipzig schon eine längere Tradition; Goethe erinnert sich, dort »Frankfurter Strubbelpeter« benannt worden zu sein (Bogeng 1939, 67 f.).

2 Der gedruckte »Struwwelpeter« hat sich allerdings – zum Teil mit Hoffmanns Zustimmung, zum Teil ohne diese (vgl. H. Müller 1973, 144 f.) – inkonografisch (es wurde geglättet, modernisiert) und textlich vielfach vom Urstruwwelpeter entfernt (vgl. Bogeng 1939).

3 In der Diskussion betonte Prof. O. Koenig, daß man – wie in gewisser Weise an dem Interesse an spannungsgeladenen Filmen und Erzählungen ablesbar sei – geradezu von einer Appetenz nach Furcht sprechen könne.

## *Literatur*


Basedow, J. B., 1774: Elementarwerk, mit den Kupfertafeln Chodowieckis u. a., Berlin und Dessau; zitiert nach: Reprografischer Nachdruck, Georg-Olms-Verlag, Hildesheim 1972.

Binding, R.: Erste Bücher, erste Gedichte. In: Die Literatur, Jg. 1935, S. 5.

Bogeng, G. A. E.: Der Struwwelpeter und sein Vater. Geschichte eines Bilderbuches. Potsdam 1939.

Gärtner, H. und Casper B.: Die Sache. Freising 1976.

Hassenstein, B.: Verhaltensbiologie des Kindes. München 1973.

Hessenberg, E. (Hg.): »Struwwelpeter-Hoffmann« erzählt aus seinem Leben. Frankfurt am Main 1926.

Kant, I.: Kritik der praktischen Vernunft. 1788.

Koenig, O.: Das Kind in der Großstadt. In: Das Kind in der Großstadt. Bericht über ein Symposion des Wiener Jugendhilfswerks. Wien und München 1973.

Koenig, O.: Rendezvous mit Tier und Mensch. Wien 1974.

Koenig, O.: Tier und Mensch. Wien – München 1980.

Liedtke, M.: Unterwerfung und Ungehorsam als pädagogisches Problem. In Schlemmer, J. (Hg.): Anpassung als Notwendigkeit. S.119–130, München 1973.

Liedtke, M.: Evolution und Erziehung. Ein Beitrag zur integrativen Pädagogischen Anthropologie. Göttingen 1976$^2$.

Liedtke, M.: Die Funktion der emotionalen Komponente bei der Wertorientierung und Wertvermittlung. In: Blätter für Lehrerfortbildung, Heft 9, S. 386–391. 1978.

Liedtke, M.: Ethologie bzw. Kulturethologie als Instrument der Normenkritik. In: Institut für Vergleichende

Verhaltensforschung der Österreichischen Akademie der Wissenschaften (Hg.). Beiträge zur interdisziplinären Kulturforschung, Matreier Gespräche, Maske – Mode – Kleingruppe. Wien – München, 1981, S. 59–67.
Merkel, J.: Wirklichkeit verändernde Phantasie oder Kompensation durch phantastische Wirklichkeiten? Zur Rolle der Phantasie in der Kinder- und Jugendbuchliteratur. In Richter, D. und Vogt, J. (Hg.): Die heimlichen Erzieher. Kinderbücher und politisches Lernen. Reinbek 1974, S. 64–90.
Minke, F.: »Kleinkind und Bilderbuch.« Empirische und theoretische Untersuchung des Bilderbuches aus psychologischem und pädagogischem Aspekt. Diss. München 1958.
Monumenta Germaniae Paedagogica XIX: Erziehung der Wittelsbacher.
Müller, H.: »Struwwelpeter« und Struwwelpetriaden. In Doderer, K., und Müller, H. (Hg.): Das Bilderbuch, Weinheim und Basel 1973, S. 141–182.
Nürnberger Nachrichten, November 1983: Bericht über die Consumenta.
Pressler, Chr.: Schöne alte Kinderbücher. München 1980.
Richter, D. und Vogt, J. (Hg.): Die heimlichen Erzieher. Kinderbücher und politisches Lernen. Reinbek 1974.
Stein, W.: Kulturfahrplan. 1971.
Vogt, E. und Vogt, J.: »Und höre nur, wie bös er war.« Randbemerkungen zu einem Klassiker für Kinder. In Richter, D. und Vogt, J. (Hg.): Die heimlichen Erzieher. Kinderbücher und politisches Lernen. Reinbek 1974, S. 11–30.
Wiegelmann, G.: Alltags- und Festspeisen, Wandel und gegenwärtige Stellung. Marburg 1967.

## *Elisabeth Mayr:*
# *Der Haushalt im 19. Jahrhundert – Kostproben aus alten Kochbüchern*

Alte Kochbücher sind eine Unterstützung bei dem Versuch, vergangene Epochen lebendig werden zu lassen. Die Kochrezepte geben über mehrere Aspekte einer Kultur Aufschluß. Sie zeigen beispielsweise, welche Tiere und Pflanzen gegessen wurden, von denen viele inzwischen ausgestorben oder in Vergessenheit geraten sind. Weiters spiegelt der Speisezettel die historischen Verhältnisse wider – im Zeitalter der Entdeckungen wurden fremde Gewürze und Lebensmittel importiert bzw. heimisch gemacht; Einfuhrsperren bewirkten eine Rückbesinnung auf heimische Kost; innerhalb Europas beeinflußten die jeweils politisch dominanten Länder Mode, Sitten und Küche der übrigen Staaten. Außerdem sind die Rezepturen auf Grund des Stils, der Bezeichnungen für Speisen und Gewürze und wegen der alten Maßeinheiten von Interesse.

Neben den Speisen finden sich aber auch zahlreiche Ratschläge, die nicht nur das Kochen betreffen – z. B. in bezug auf Ordnung und Sparsamkeit, Verhalten gegenüber Dienstboten, Haltung von Haustieren u. a. m. Man kann daher nicht nur auf die Kochkultur der jeweiligen Epoche schließen, sondern bekommt auch einen Einblick in ihre gesellschaftlichen Verhältnisse. Dieser Aspekt soll hier an Hand zweier Kochbücher aus dem 19. Jahrhundert beleuchtet werden. Damit können nicht nur Einblicke in den Speisezettel, sondern auch in den Alltag von Biedermeier und beginnender Gründerzeit gewonnen werden.

Die folgenden beiden Kochbücher wurden für diese Arbeit herangezogen:

Anna Dorn
Neuestes Universal oder:
Großes Wiener Kochbuch
Bey Tendler und von Manstein
Wien, 1827.

Magdalena Rettig
Hausköchin
Jaroslav Pospišil
Prag, 1881.

Bei Anna Dorn finden wir eine »Wiener Küche« mit starkem internationalem Einfluß. Die Palette reicht von der »Türkischen Suppe« über den »Karpfen auf polnische Art« bis zum »Englischen Lungenbraten«. Das »Wiener Schnitzel« wurde damals noch nicht gegessen, es sollte erst in der Gründerzeit aus Mailand importiert werden. Es werden zahlreiche französische Küchenausdrücke verwendet, wie »blanc-manger« oder »Chadeau«. Blumen und Pflanzen werden in den Speiseplan einbezogen, welche wir sehr wohl noch kennen, aber keineswegs kulinarisch verwenden. So gibt es eine »Creme von Veilchen« oder Tee aus getrockneten Erdbeerblättern.

In der Vorrede erzählt Anna Dorn ihre eigene Geschichte. Sie brachte ihre »Jugendjahre in der Küche eines der ersten Häuser zu«, heiratete dann und führte bald einen großen Haushalt, um zuletzt, »beinah in Dürftigkeit versetzt«, einen bescheidenen, aber von Freunden und Bekannten gelobten Haushalt zu führen.

Magdalena Rettigs Küche ist eine österreichische mit böhmischer Färbung. Der Einfluß Frankreichs auf die Küchensprache hat bereits abgenommen, manche Ausdrücke wurden verdeutscht (aus dem »Chadeau« wurde ein »Schodoh«). Das Wiener Schnitzel ist bereits unter den Rezepten zu finden. Stilistisch interessant ist, daß die Leserin durchgehend mit »Du« angesprochen wird, es heißt also »nimm«, »hacke« usw. Über das persönliche Schicksal der Magdalena Rettig erfahren wir nichts; es findet sich nur eine Zeichnung, welche die Patronin, würdevoll aus ihrer Spitzenhaube hervorblickend, zeigt.

Die beiden Kochbücher sind typische Vertreter der Küche des 19. Jahrhunderts. Im Gegensatz zu Frankreich waren es in Österreich Frauen, die sich vorrangig mit der Kochkunst und deren Weitergabe in Form von Kochbüchern beschäftigten. Im Vergleich zur mittelalterlichen Küche wirken die Speisen einfach, es überwiegt die sogenannte »Hausmannskost«. Die Kontinentalsperre und die Franzosenkriege bewirkten eine Wiederbesinnung auf heimische Produkte. Mehlspeisen nahmen gegenüber Fleischspeisen an Bedeutung zu.

Viel Raum nehmen die Fastenspeisen ein, welche die zahlreichen kirchlichen Fasttage durchaus angenehm gestalteten. Durch die Einbeziehung von Säugetieren in die Klasse der Fische konnte der Speisezettel abwechslungsreicher gestaltet werden. Jesuitenpater Charlevoix schreibt 1754 über den Biber[1]: »Bezüglich seines Schwanzes ist er ganz Fisch, und er ist als solcher gerichtlich erklärt durch die Medizinische Fakultät in Paris, und in Verfolgung dieser Erklärung hat die Theologische Fakultät entschieden, daß das Fleisch an Fastentagen gegessen werden darf.«

Doch nicht nur Tiere, die »bezüglich ihres Schwanzes ganz Fisch« waren, sondern auch eine ganze Anzahl weiterer im Wasser lebender Tiere wurden an Fasttagen gegessen. Bei Anna Dorn findet sich unter Fischspeisen folgende »Vorerinnerung«: »Zu diesen [den Fischspeisen] rechnet man nicht nur die gewöhnlichen, uns hinlänglich bekannten, wirklichen Fischgattungen, sondern sogar Thiere aus allen übrigen Classen; – Säug-Thiere und Geflügel – wie Biber und Fischottern, Tauchänten und Rohrhühner, weil der Aufenthalt und hauptsächlich die Nahrung, ihr Fleisch in Verwandtschaft mit jenem wirklicher Fische bringt – Schildkröten, Frösche, Krebse, Schnecken und Austern.« Bemerkenswerterweise wurde zwischen Schwimmenten und Tauchenten unterschieden, und nur letztere wurden, auf Grund ihrer Nahrungsaufnahme unter Wasser, an Fasttagen gegessen.

Zieht man den Vergleich mit heutigen Gepflogenheiten, so wurde damals ausgesprochen viel gegessen; für eine Mahlzeit an einem Wochentag werden 5–6 Gänge vorgeschlagen, zu festlichen Anlässen noch einige mehr. Die Zubereitung der Speisen war sehr aufwendig, die Hausfrau mußte um 5 Uhr früh aufstehen, um mittags alle Gänge fertig zu haben. So Mengenangaben vorhanden sind, sind die Speisen meist für 12 Personen berechnet. Bei dem angesprochenen Leserkreis handelt es sich durchwegs um die Vorsteherinnen großer Haushalte, in welchen Dienstboten selbstverständlich waren.

Der Stil der beiden Bücher ist belehrend und macht deutlich, daß hier ältere Frauen ihre Erfahrungen weitergeben, die sich ihrer Autorität durchaus bewußt sind. Die Leserin wird oft mit »Du« angesprochen oder es heißt: »man nimmt«, »man schneidet« usw. (sehr ähnlich dem heutigen »man nehme«).

Einerseits findet sich der Hinweis, daß eine neue, moderne Küche vertreten wird, andererseits soll man auf die Ratschläge der Alten hören, welche in Form von Sprichwörtern präsentiert werden. Auch wird erwähnt, daß Frauen »heutzutage« nicht mehr allzu großen Eifer zur Hauswirtschaft aufbrächten und daß die Kinder schlimmer seien als früher.

Ratschläge zur Haushaltsführung finden sich in beiden Büchern in Einleitung und Anhang.

Bei A. Dorn ist der Anhang besonders ausführlich, neben »wohlgemeinten Ratschlägen für Haushaltungen« gibt es Anweisungen für Tranchieren und Vorlegen sowie Menüvorschläge für jeden Tag des Jahres. Auf die folgenden Punkte wird besonders Wert gelegt:

*1. Ordnung, Reinlichkeit, Sparsamkeit*

M. Rettig betont in der Einleitung, die sie auch »vorläufige wichtige Belehrung« nennt, daß »sich die Verfasserin dieses Buches ganz insbesondere der Deutlichkeit beflissen und alles so gründlich angegeben (habe), daß jede der angeführten Speisen gerathen muß, wenn man sie[2] genau, selbst in Kleinigkeiten nach der Vorschrift hält. Man hört zwar oft Frauen sagen: ›Ei, wer möchte sich damit pantschen, und dann kostet es auch so viel.‹ Beides ist falsch.« Die Rezepte mögen zwar manchmal teuer aussehen – beispielsweise eine Suppe mit zahlreichen Ingredienzien – seien aber sehr wohl sparsam, da viele Bestandteile für die weitere Speisenfolge verwendet würden.

In bezug auf Ordnung und Reinlichkeit schreibt die Kochbuchautorin: »Es versteht sich übrigens von selbst, daß jeder Köchin vor allem Ordnung und Reinlichkeit angerathen werden muß. Sämmtliche Töpfe, Reindeln und Kasserollen sollen rein gewaschen und in entsprechenden Schränken umgestürzt gehalten werden, und wenn eines gebraucht werden soll, muß es noch mit einem reinen Tuch gehörig ausgewischt werden.« Auch auf die persönliche Reinlichkeit wird eingegangen: »Wenn du die Hände bei der Kocherei rein und zart erhalten willst, so nimm, die Küche verlassend, 2 Deciliter Lauge, 4 Deciliter Wasser und 1 Löffel voll Seifengeist, und wasche dir damit die Hände, so geht aller Schmutz heraus, und die Hände bleiben glatt und zu jeder feinen Arbeit gefügig. Dieses ist besonders zu empfehlen, wo die Hausfrau selbst in der Küche den Vormittag zubringt und den Nachmittag wieder den feinen Arbeiten widmet.«

Bei A. Dorn finden wir zu diesem Thema folgendes: »Die ersten und vorzüglichsten Dinge, die in jeder Küche vorherrschen müssen, sind Ordnung und Reinlichkeit. – Jedes gebrauchte Küchengefäß muß sogleich wieder gereinigt werden, und auf dem Gestelle oder dem Schranke, den ihm angewiesenen Platz einnehmen, ein unreines darf nie, unter keinem Vorwande gebraucht werden. Kupfer und Messing trocknet man, um es vor dem Anlaufen zu sichern, nach dem letzten Abwaschen aus kaltem Wasser mit feinen Sägespänen ab.«

Der Sparsamkeit widmet A. Dorn 10 Seiten. Sie betont, daß man einen Haushalt nicht groß anfangen solle, da man sonst durch die anwachsende Familie oder schwere Zeiten sehr bald vor dem Ruin stehen könne. Die Frau, als Verwalterin des Haushaltes, habe eine große Verantwortung zu tragen: »›Anfang, bedenk 's Ende‹, sagten die Alten. Der Mann vornähmlich soll erwerben, die Frau muß ersparen – der Erstere schafft herbey, die Andere muß zusammenhalten, sonst reicht der beste und reichlichste Erwerb nicht aus, und – ich bin einmal in die sprichwörtlichen Redensarten gekommen – ein altes, nur allzu wahres Wort sagt: Die Frau kann in Schürzen und Taschen mehr aus dem Hause tragen, als der Mann mit Wagen hineinfahren kann – und ebenfalls sie mehr umkommen lassen, als er zu erwerben im Stande ist.«

Man solle versuchen, mit den Einnahmen auszukommen, eventuell noch so manche Summe zurücklegen, keinesfalls aber Geld ausborgen. »Borgen ist ein übel Ding. Man ist der gehorsamste Diener von denjenigen, die ausgeborgt haben, man muß ihr Wohlwollen, ihre ferneren Dienste mit schmeichelnden, vertröstenden, versprechenden Worten erbetteln, man wird den Leuten geringschätzig.«

*2. Gute Einteilung*

(Die in diesem und den folgenden Abschnitten vorkommenden Zitate stammen alle aus A. Dorns Kochbuch.)

Will die Hausfrau alle Gänge für das Mittagessen rechtzeitig fertig haben, so soll sie möglichst bereits am Abend die Speisenfolge für den nächsten Tag überlegen und um 5 Uhr früh aufstehen. Für unerwartete Gäste sollte man grundsätzlich bereit sein. Wie es in einem Haushalt nicht aussehen sollte, wird folgendermaßen geschildert: »Es wird consuliert und debattiert, und am Ende das Decisium mit dem tröstenden Wahlspruche: ›Guter Rath kommt über Nacht‹ – auf den folgenden Morgen verschoben. – Das sollte aber nie seyn, denn durch diese Unschlüssigkeit geht viel Zeit verloren, die man zu den nöthigen Vorkehrungen hätte anwenden können, und oft wird man noch überdieß durch die Verlegenheit bestraft, in die man durch das unvermuthete Erscheinen eines, vielleicht empfohlenen Fremden, oder eines guten Freundes um die Mittagszeit, den der Herr, ohne weitere Rücksprache mit Frau oder Köchinn, zum Speisen einzuladen, um so mehr sich berechtigt glaubt, da ihm seiner, keineswegs zu tadelnden Meinung nach, für die bedeutenden Summen, welche er das Jahr hindurch zur Bestreitung der Haushaltung hergibt, diese kleine Freyheit doch wohl zusteht?«

Die gute Einteilung bezieht sich auch auf den Umgang mit den Dienstboten, die nur dann effektiv arbeiten können, wenn sie entsprechend angewiesen werden. Hier wird folgendes Negativbeispiel angegeben: »Da gibt es ein Suchen, Fragen, Hin- und Herlaufen, die Zeit geht verloren, Küchen- und Hausgeschäfte stocken, es entsteht Confusion, die Herrschaft wird verdrüßlich, dann ärgerlich, dann schimpft sie wohl gar auf das Gesinde, dieses belfert entgegen, wird unlustig und nichts wird zu rechter Zeit fertig. – Da gibt es viel Verdruß und ein schweres Leben. Pfuy, und dreymahl Pfuy, über einen solchen, die Herrschaft – die Frau am meisten entehrenden Haushalt.«

*3. Gesinde*

Von großer Wichtigkeit ist bereits die Wahl des richtigen Gesindes – es muß gesund, geschickt und gutmütig sein. Es soll gütig, aber auch streng behandelt werden und je nach Bedarf belohnt oder gezüchtigt. Weiters soll es gut beaufsichtigt werden: »Die Frau, und zum Theil auch der Herr sey überall, und zwar unvermuthet, ums Himmelswillen überlasse man sorglos das Gesinde sich nicht selbst – selbst die Taglöhner nicht, die gewißer Maßen auch dazu gehören. Das beste Gesinde wird, wo auch nicht schlecht, doch bequem, nachlässig und ein wenig unordentlich, wenn man demselben ganz und gar vertraut, und ihm Alles überläßt. Wird die Frau bequem und sorglos, wird es das Gesinde bald auch, und, um nicht aus dem Sprichwörtlichen so ganz und gar heraus zu kommen: ›Wie der Herr, so der Knecht, und – wie die Frau, so die Magd.‹«

Über die Art der Züchtigungen erfahren wir nichts Näheres, Belohnungen aber sollen folgendermaßen aussehen: »Belohnungen? Auch bey ihnen sey man vorsichtig und bedacht. Nicht jede Kleinigkeit müsse mit Geld oder andern Geschenken belohnt werden, ein paar Worte des Beyfalls sind hinlänglich; aber freylich, zu Jahrmarkts-, Messens- und Weihnachtszeit müsse das Geschenk reichlicher ausfallen, als es ist erwartet worden – und wenn man es recht treffen will, so schmeichle man, namentlich bey dem weiblichen Gesinde, der Eitelkeit ein wenig mit hübschen, vorstechenden Farben in Zeugen und Bändern usw.«

*4. Haustiere*

»In mittleren Haushaltungen auf dem Lande und in kleinen Städten wird man wohl immer einigen Viehstand nebenbey halten, und kann dieß auch nicht gut vermeiden, wenn man nicht alle Augenblicke in Verlegenheit kommen will, was man auf den Tisch tragen soll. Man hält sich daher Schweine und Gänse, auch wohl Änten und Hühnervieh, und Haus und Hof wollen ihren treuen Hauswächter haben, der vielleicht auch wohl der Liebling der Familie und besonders der Kinder ist. Einige Stubenvögel hat man gleich zur Gesellschaft, oft auch noch[3].«

Auf diese Einleitung zum Thema Haustiere folgen Anweisungen zur Haltung von Schweinen, Gänsen, Enten, Hühnern, Hunden und Vögeln. Es werden Unterbringung, Nahrung und Versorgung im Krankheitsfall besprochen.

*5. Gäste*

Es wird genau beschrieben, wie der Tisch gedeckt werden soll, was für Geschirr und welche Gläser für die verschiedenen Speisen und Getränke verwendet werden und wie die Sitzordnung auszusehen hat. Dem »ängstlichen Rangabmessen der Gäste« sei keine Bedeutung mehr zuzumessen, jedoch mehr Aufmerksamkeit, Überlegung und genaues Abzählen hat der Gastfreund bei Gesellschaften von beyderlei Geschlecht nöthig, um a.) eine sogenannte Buntereihe zu bilden, nach welcher jede Dame zwischen zwei Chapeaux[4], und jeder Chapeau zwischen zwey Damen zu sitzen kommt, b.) die Unterhaltung zu beleben, und c.) sich selbst dadurch die Bedienung der Damen zu erleichtern, daß er die neben ihnen sitzenden Chapeaux für ihre Bequemlichkeit und die Erfüllung ihrer Wünsche sorgen läßt. – Wenn die Buntereihe in voller Ordnung gebildet ist, so muß auch jeder Dame ein Chapeau, und so umgekehrt gegenüber sitzen, nur placiert man nie die Dame neben den Gemahl, oder die Schwester neben den Bruder, nicht einmal einander gegenüber, weil eheliche und geschwisterliche Verhältnisse zu beengt und alltäglich sind, um auf geistreiche Unterhaltungen – die wahren Würzen des Mahls einer gebildeten Gesellschaft – einzugehen. Kinder, die sich an einer Tafel noch nicht mit Anstand und Geschicklichkeit zu benehmen gelernt haben, halte man, oft unvermeidlicher Störungen wegen, lieber entfernt, besonders wenn sie von kindischem Dünkel, Altklugheit und ungestümer Sucht, ihr Schärflein zur Unterhaltung der Erwachsenen beizutragen, besessen sind, denn so modern auch diese Eigenschaften sind, so belästigen sie doch jeden Gast, und vergällen ihm das Mahl durch Ärger über die Verkehrtheit und Blindheit der lieben Eltern so kleiner Quälgeister.«

Auch soll bei einem Gastmahl auf besondere Reinlichkeit geachtet werden: »Welch ein ärgerlicher Zufall wäre es, wenn sich z. B. eine Spinne von der Decke des Zimmers an einem Faden auf die Tafel herabließe, oder Fliegen in die dampfenden Schüsseln fielen, und Mäuse von den Speisedüften aus ihren Löchern gelockt, sich zur Schau stellten!«

Die beiden Bücher geben eine Vorstellung vom Alltag des angesprochenen Leserkreises. Sie wenden sich an die Verwalterinnen großer Haushalte, niemals aber an die Köchinnen selbst. Auch Arbeiterinnen oder Bäuerinnen werden mit keinem Wort erwähnt. Wenn auch die Autorinnen Sparsamkeit und Bescheidenheit loben, so sprechen doch die Rezepte eine andere Sprache. Arbeiterfamilien mußten sich in weit größerem Ausmaß bescheiden können. Maier-Bruck zitiert Joseph Schulz, der 1854 schrieb: »Es gibt Familien, welche vor und nach jedem Vierteljahr, oft sogar volle sechs Wochen vor und sechs Wochen nach jedem Vierteljahr, trockenes Brot und höchstens an großen Feiertagen einen Bissen Fleisch essen, um nur den Mietzins zur Zeit zahlen zu können. Der arme Familienvater mit Weib und fünf, sechs, sieben, acht Kindern bei einem täglichen Erwerbe von höchstens 1 Gulden Wiener Währung, und ist er Taglöhner, diesen noch unsicher, ist nicht mehr imstande, ihnen nur hinreichend, um ihren Hunger zu stillen, Brot herbeizuschaffen.«

Für die Bauern war die Situation gleichfalls eine andere. Außerhalb der Städte war man weitgehend autark und die Küche eines Landstriches von Boden, Klima und der jeweiligen Erwerbsform abhängig. Fastenspeisen bestanden zum Großteil aus Mehl- und Milchspeisen, da sich für die Landwirtin kaum Gelegenheit bot, auf Märkten Fisch einzukaufen. Die Fischer waren eine eigene Zunft, die ihre Fänge an Klöster abgaben oder auf Märkten feilboten.

In den großen Haushaltungen, die wir uns in Städten oder auf Gutshöfen vorzustellen haben, war der Haushalt eine sehr aufwendige Angelegenheit. Man hielt sich offensichtlich auch in Städten manchmal Haustiere, es wurde geschlachtet, geräuchert, Würste gemacht, Seifen und Essig wurden selbst hergestellt, Kaffee mußte man vor dem Mahlen erst rösten, Tee wurde oft selbst aus getrockneten Erdbeerblättern oder Kirschenstengeln hergestellt.

Vorratswirtschaft war wichtig; es gibt Ratschläge für das Aufbewahren von Eiern und Butter sowie Gemüse, für Einkochen und sogar für Suppenzelteln auf Reisen – Vorläufer der Suppenwürfel –, die durch starkes Einkochen einer Suppe hergestellt werden, und dann, in Scheiben geschnitten und getrocknet, bis zum Gebrauch aufbewahrt werden können.

Auch das Sauberhalten von Küche und Geräten war damals bei weitem schwieriger. Der Küchenboden mußte mehrere Male pro Woche (und ohne die Hilfe moderner Reinigungsmittel) gescheuert werden; Kupfer-, Zinn- und Silbergeschirr erforderten eine eingehende Pflege. In einer Zeit ohne Kühlschrank und Tiefkühltruhe konnten verderbliche Lebensmittel nicht lange aufbewahrt werden, so daß beinahe täglich am Markt, beim Bäcker, beim Fleischer und im Spezereiladen eingekauft werden mußte.

Aber nicht nur die Notwendigkeit gestaltete den Haushalt so aufwendig. Kochen wurde als eine Kunst angesehen und dementsprechend ganz besonders sorgfältig ausgeführt. Man dachte darüber nach, ob Brunnen- oder Flußwasser für die diversen Speisen zu verwenden war; für die Ribiselmarmelade wurden aus jeder einzelnen Beere die Kerne herausgestochen; um Hagebutten zu trocknen, wurden diese halbiert und entkernt, und schließlich einzeln auf Zwirnsfäden aufgehängt.

Diese Situation macht die strenge Rollenverteilung zwischen Mann und Frau verständlich. Der Haushalt im 18. Jahrhundert war eine Aufgabe, welche den ganzen Einsatz forderte. Für diesen Bereich war allein die Frau zuständig, welche durch die Kinder bereits ans Haus gebunden war.

Ernstzunehmende Emanzipationsversuche von Frauen entstanden erst parallel zur Technisierung und Vereinfachung des Haushaltes. Diese »Erleichterungen« bewirken einerseits, daß Frauen mehr Zeit für Weiterbildung und Beruf widmen können, andererseits, daß viele Hausfrauen, aus dem Verband der Großfamilie herausgelöst und einen weitgehend technisierten Haushalt führend, der keinerlei Naturverbundenheit mehr aufweist, sich unausgefüllt fühlen.

Eine Hausfrau im vorigen Jahrhundert hatte keinerlei »Freiheit« im modernen Sinn, aber eine Rolle, in der sie sich sicher fühlen konnte. Sie war zwar »dem Manne untertan«, wurde aber von Kindern und Dienstboten respektiert und fühlte sich offensichtlich in keiner Weise unterdrückt oder ausgebeutet. Besonders in großen Haushaltungen dürfte sie eine Respektsperson gewesen sein, die hauptsächlich mit der Organisation des Haushaltes und den »feinen Arbeiten« (Nähen und Sticken) beschäftigt war, während das Dienstpersonal die groben Arbeiten verrichtete.

Zusammenfassend läßt sich sagen, daß die rasanten kulturellen Veränderungen, welche in Europa im Laufe der letzten 100 Jahre stattfanden, am Alltag der Menschen abzulesen sind. Zur Verdeutlichung des täglichen Lebens können Kochbücher als schriftliche Quellen dienen.

## *Anmerkungen*

[1] Aus Stubbe, H.: Buch der Hege. VEB Landwirtschaftsverlag. Berlin 1982.
[2] Die alte Schreibweise und Druckfehler wurden beibehalten – es müßte hier »sich« heißen.
[3] Der Satz bricht hier unvermittelt ab.
[4] Herren werden hier als »Chapeaux« bezeichnet.

## *Literatur*

Dorn, A.: Neuestes Universal oder: Großes Wiener Kochbuch bey Tendler und von Manstein. Wien 1827. Reprint: 1975 by Verlag Kremayr & Scheriau, Wien.

Maier-Bruck, F.: Vom Essen auf dem Lande. Kremayr & Scheriau (ohne Jahresangabe).

Neunteufl, H.: Das erste Grazer Kochbuch und die Entwicklung der österreichischen Küche. Österreichische Zeitschrift für Volkskunde, Band 81, Heft 2. Wien 1978.

Rettig, M.: Hausköchin Jaroslav Pospišil. Originaldruck. Prag 1881.

*Johann Günther Muhri:*
# *Formen der Askese*

Dr. J. G. Muhri hat das folgende Referat am 4. Dezember 1983 in Matrei gehalten. Er wollte das Referat als Beitrag für die Festschrift von Professor Otto Koenig überarbeiten. Obgleich die vorliegende Niederschrift den Ansprüchen einer historisch-philologischen Arbeit entspricht, hat J. G. Muhri, der im Dezember 1983 schwer erkrankte, es noch am Tage vor seinem Tode abgelehnt, den Beitrag in der vorliegenden Form für den Druck freizugeben. Er wollte sich nicht mit einer bloßen historisch-philologischen Aufarbeitung zufriedengeben, sondern wollte das gesammelte Material auf einer Metastufe unter anthropologischen und pädagogischen Aspekten auswerten. Er hoffte, dies in 2 bis 3 Tagen erledigen zu können. Diese Überarbeitung war ihm nicht mehr vergönnt. J. G. Muhri ist am 2. März 1984 im Alter von 41 Jahren verstorben.
Mit dem ausdrücklichen Einverständnis seiner Gattin, Frau Helga Muhri, soll das Referat gleichwohl in die Festschrift aufgenommen werden. J. G. Muhri hatte es für die Festschrift geplant. Wenn er den Beitrag auch mit Rücksicht auf den eigenen wissenschaftlichen Anspruch und auf das Ansehen Professor Otto Koenigs überarbeiten wollte, so ist gerade diese unvollendete Arbeit dennoch Ausdruck der hohen Verehrung, die J. G. Muhri Herrn Professor Otto Koenig entgegengebracht hat und entgegenbringen wollte.

*Max Liedtke*

Gemessen am Generalthema »Essen und Trinken« der diesjährigen Matreier Gesräche würde mein Thema »Formen der Askese«, wollte man es angemessen aspektreich verhandeln, weit über das Generalthema hinausführen. Denn der Begriff »Askese«, das griechische ἄσκησις, das »Bearbeitung«, »Übung«, aber auch »Bildung« und »Erziehung« bedeutet – das sehr oft allerdings den »Körper« zum Objekt hat, bezeichnet eine sehr weite Spanne möglicher Verhaltensweisen, die vom Verzicht auf gewisse Bequemlichkeiten bis hin zu grober Selbstquälerei reichen kann. Zumeist ist im Zusammenhang mit Askese die Vorstellung verbunden, daß das Leibliche auf die eine oder andere Weise »dem Geistigen« untergeordnet sei. Nicht selten liegt dem eine strikt dualistische Anthropologie zugrunde, derzufolge der Körper als etwas Böses, als ein »Gefängnis« aufzufassen sei, wie etwa in der Antike im Platonismus oder innerhalb des Christentums im Manichäismus.

Sehr weit ist folglich auch das Feld asketischer Praxis. Askese kann bedeuten streng geregelte Zucht, Kampf gegen Fleisch und Blut, selbstverzichtende Demut, unterwürfiger Gehorsam, gewollte Armut, sexuelle Enthaltung; Askese kann bedeuten Verzicht auf Lebensgenuß, Erholung und Schlaf, auf eigenen Besitz und noble Garderobe. Mit Askese kann man aber auch verbinden steigendes und verinnerlichtes Sündenbewußtsein, Weltflucht, Abtötung der Sinne, einsames Leben, Vorbereitung der Ekstase, Sinnüberwindung und Gottähnlichkeit des Gnostikers, Kampf mit dem Teufel und Dämonen, freiwillige oder obligatorische Peinigungen und vielerlei dergleichen mehr (vgl. Troeltsch, in: Frank 1975, 69).

Ein wesentlicher Bestandteil der Askese ist in den meisten Fällen das Fasten in irgendeiner Form. Ausschließlich dem Fasten gelten die nun folgenden Überlegungen.

*1. Zur generellen Bedeutung des Fastens im interkulturellen Vergleich*

Fasten im ursprünglichen Sinne der Enthaltung von allem, was dem Körper zugute kommt und ihm nützen könnte (vgl. Gerlitz 1954, 82), ist wohl in allen Religionen – zumeist mit rituellen oder magischen Praktiken verbunden – niemals Selbstzweck, sondern ist immer ein Mittel zu einem mehr oder minder klar umgrenzten Zweck. Beim Fasten geht es zunächst um die Beziehung des Menschen zu einer Gottheit oder auch zu irgendeinem Dämon, deretwillen für einen bestimmten Zeitraum ganz auf Speisen oder auf ganz bestimmte Nahrungsmittel verzichtet wird. Fasten ist vielfach der Versuch, die verlorengegangene Bindung an eine Gottheit wiederherzustellen oder diese Bindung nicht zu gefährden. Fasten ist insofern ein schlechthin vermittelndes Phänomen, insofern es die Wege für die Begegnung zwischen Gott und Mensch freimacht (vgl. Gerlitz 1954, 170).

Der Mensch fühlt sich im Spannungsfeld zwischen dem Reinen und dem Unreinen, dem Guten und dem Bösen, dem Göttlichen und dem Dämonischen. Einzelne Speisen können tabu sein, weil sie entweder kultisch oder »dämonisch« besetzt sind und mithin Abstinenz erheischen. Dabei kommt der Nahrungsaskese eine wichtige purgative oder kathartische, das heißt reinigende, und eine apotropäische, das heißt unheilabwehrende Funktion zu. In den Formen des Fastens, die diesen Funktionen entsprechen, ist die Urform des Fastens zu sehen: Fasten ist in irgendeiner Hinsicht immer auch apotropäisch-karthartisch. Schon bei Plutarch heißt es, es werde gefastet δαιμόνων λε φαύλων 'αποτροπῆς 'ένεκα (Gerlitz 1954, 7; das heißt zur Abwehr der bösen Dämonen). Und Matthäus schreibt im Anschluß an die Heilung eines Knaben von einem Dämon durch Jesus: »Diese Art von Dämon wird nicht anders ausgetrieben als durch Gebet und Fasten« (Mt 16, 21). In der Nacht ist der Zugriff der Dämonen am meisten zu fürchten, deshalb fasten z. B. Hindus bis zum Sonnenaufgang. Gleichwohl fastet man in den meisten übrigen Religionen vorwiegend tagsüber.

*2. Unterschiedliche Formen des Fastens je nach ihrer Funktion*

Bekanntlich gibt es eine Vielzahl unterschiedlicher Formen von Fasten. Dabei läßt sich im strengen Sinne keine eindeutige Entwicklungslinie nachzeichnen, gleichwohl lassen sich aber bestimmte Tendenzen ausmachen. So z. B. läßt es sich behaupten, daß die Abstinenz- und Fastengebote in den antiken Religionen in der Regel mit rigoroserem Anspruch zur Geltung gebracht worden sind als später bei den meisten Hochreligionen. Im Urchristentum wiederum gab es strengere Fastenpraktiken als im Christentum des Mittelalters oder gar der Neuzeit. Von Formen der Totalabstinenz, dem Jejunium, führte der Weg alsbald zum gemäßigteren Semijejunium, das durch eine immer differenzierter werdende Kasuistik immer mehr relativiert worden ist. Generell läßt sich also sagen, daß wenigstens im abendländischen Kulturkreis mit der zunehmenden Säkularisierung der Lebenszusammenhänge und der zunehmenden Entmythologisierung der Religionssysteme eine verstärkte Relativierung der Abstinenz- und Fastenpraxis einhergeht.

*a) Abstinenz bestimmter Speisen*

In der hellenistisch-römischen Antike und im indischen Kulturkreis bedeutete Fasten fast nie eine totale Nahrungsenthaltung, sondern meist nur eine Nahrungsbeschränkung. Diese Art von Enthaltung hat insoweit mit Askese an sich noch wenig zu tun. Dieses Fasten wurde eingehalten, weil es einfach vom Gesetz befohlen war.

In der Geschichte der antiken Religionen spielte das Bohnenverbot eine bedeutende Rolle. Bei den Griechen bestand das Bohnenverbot, weil man glaubte, die Bohnen machten unfruchtbar, also ein typisch apotropäischer Grund. Eine andere Erklärung ging dahin, daß die Bohnen Blähungen verursachten, diese wiederum Träume. Träume aber könnten besonders leicht zum Spielball von Dämonen und Totengeistern werden (vgl. Lohse 1969, 19).

Plinius nahm an, daß in den Bohnen die Seelen der Toten wohnten und sie deshalb zu meiden seien (vgl. Lohse 1969, 19). Auch die ägyptischen Priester des Isis-Kultes, die Pythagoräer (vgl. Gerlitz 1954, 3) wie auch die Orphiker (vgl. Gerlitz 1954, 12) lehnten den Konsum von Bohnen strikt ab (vgl. Lohse 1969, 36). Nach Herodot durften die ägyptischen Priester die Bohnen nicht einmal ansehen (vgl. Gerlitz 1954, 12). Von den Pythagoräern wird gesagt, sie ließen sich lieber erschlagen, als durch ein Bohnenfeld zu flüchten (vgl. Gerlitz 1954, 12). In allen diesen Fällen wird der Ursprung der Bohnen auf das Totenreich zurückgeführt. Heutzutage gelten Bohnen mancherorts als Totenspeise (vgl. Gerlitz 1954, 12).

Nach Julian war der Genuß von Rüben und Granatäpfeln verboten, weil beide als Totenopfer galten (vgl. Gerlitz 1954, 3). Durch den Genuß eines Granatapfels wurde nämlich auch Persephone einst gezwungen, ins Reich der Schatten zurückzukehren (vgl. Gerlitz V, A 36). Rüben, Äpfel, Zwiebeln und Knoblauch waren vielfach deshalb verbotene Speisen, weil ihnen – wie übrigens auch den Fischen – ein besonderer chthonischer (das heißt erdverbundener, unterirdischer) Charakter zugeschrieben wurde (vgl. Gerlitz 1954, 11). Man nahm an, daß diese Früchte auf Grund ihrer besonderen Erdverbundenheit über eine besondere Verbindung zu den Mächten der Unterwelt verfügten.

Die Enthaltung von Fleisch- und Blutspeisen war entweder die Folge von Furcht vor der dämonischen Seele des gewaltsam getöteten Tieres (vgl. Porphyrius; Gerlitz 1954, 13) oder weil das Blut als Sitz der Seele gedacht wurde; Fleischverbot und Seelenwanderung korrespondierten einander oft: Der Vater tötet die Seele seines eigenen Sohnes, weil er ihn in dem Schlachttier nicht wiedererkennt (vgl. Gerlitz 1954, 14).

Auch das Schweinefleischverbot, das fast bei allen orientalischen Völkern galt, hatte seinen Grund im chthonischen Charakter des Schweinefleisches (vgl. Julian; Gerlitz 1954, 13).

Herodot gibt einen mythologischen Grund für die Unreinheit des Schweines in Ägypten an: Das Schwein ist das Attribut des bösen Seth. Unter seiner Gestalt hatte Seth einst den Horus verwundet (Gerlitz 1954, 13 f.). Das Schwein gehört somit ihm und ist tabu. Wer Umgang mit Schweinen hatte, mußte sich in Ägypten besonderen Reinigungsvorschriften unterwerfen: Schweinehirten durften z. B. nicht den Tempel betreten (vgl. Gerlitz 1954, 14).

Diese akzentuiert chthonische Betrachtungsweise der Schweine findet sich auch noch gelegentlich im Neuen Testament. Bei Matthäus heißt es in Kapitel 8, 28–32: »Als Jesus über den See kam in das Gebiet der Gadarener, liefen ihm aus den Grabkammern herauskommend, zwei Besessene entgegen, die überaus gewalttätig waren, so daß niemand vorbeizugehen vermochte auf jenem Wege. Sie schrien: ›Was willst du von uns, Sohn Gottes? Bist du hierhergekommen, uns vor der Zeit zu quälen?‹ Entfernt von ihnen war eine große Herde von Schweinen auf der Wiese. Da baten ihn die Dämonen: ›Wenn du uns austreibst, so schick uns hinein in die Herde der Schweine!‹ Er sprach zu ihnen: ›Fahret hin!‹ Sie aber fuhren aus und fuhren in die Schweine, und siehe, es stürzte sich die ganze Herde den Abhang hinunter in den See und ertrank im Wasser.«

*b) Formen von Vorbereitungsfasten*

Fasten im Sinne der Vorbereitung auf bestimmte gesellschaftliche Ereignisse oder kultische Handlungen läßt sich als Vorbereitungsfasten bezeichnen. Fasten ist auch in diesem Sinne immer Teil eines großen Ganzen: Es wird gefastet zur Erlangung von Visionen, Ekstasen, zur Tilgung von Schuld, zur Gewinnung der Tauf-, Ordinations- oder Opfermahlsgnade; zur Verstärkung des Gebets, der Buße oder der Erkenntnis von Gott (vgl. Gerlitz 1954, 38). So vielfältig die einzelnen Formen dieses Vorbereitungsfastens auch sein können, eines zieht sich durch alle diese Fastenformen: ihre apotropäische Dimension im Sinne des Austreibens von Dämonen (vgl. Mt 17, 20).

Bei Naturvölkern wurde gefastet vor einem Kriegszug, zur Entdeckung eines Diebes, zur besseren Wirkung eines Zauberspruches, zur Erweckung von Toten oder zur Verstärkung und Sicherung des Eides, der ohne Fasten leicht zum Meineid werden konnte. Mütter bzw. Eltern fasteten, um das neugeborene Kind vor Unglück zu bewahren (vgl. Gerlitz 1954, 15 f.). Zauberer und Medizinmänner unterzogen sich einer längere Zeit anhaltenden Speise- und Getränkeenthaltung, ehe sie mit ihrer Magie begannen (vgl. Gerlitz 1954, 15).

Im Islam zählt zu den zentralen Vorbereitungsfasten das Ramadanfasten, zu halten während des gesamten 9. Monats des moslemischen Mondjahres. Dieses Fasten geschieht vornehmlich zur Erinnerung an jenen Monat, an dem über die Person Mohammed und in Gestalt des Qur'an die Heilsbotschaft den Menschen vermittelt wurde. Jedes Jahr von neuem sollte im Monat Ramadan von Sonnenaufgang bis Sonnenuntergang jeder gläubige Muslim zur Vertiefung seiner Frömmigkeit fasten, und zwar 30 Tage hindurch. Das islamische Fasten im Ramadan ist keine Abstinenz oder ein Semijejunium im christlich-katholischen Sinne, sondern bedeutet totale Enthaltung von Speisen und Getränken von Sonnenaufgang bis Sonnenuntergang. Insofern besteht diesbezüglich ein außerordentlicher Rigorismus. Selbst vom Privileg des Fastenaufschubs bzw. der Fastendispens, die es für Reisende, Kinder, Kranke, Schwangere und Schwerarbeiter gibt, machen viele keinen Gebrauch. Stirbt jemand im Ramadan, so soll er möglichst vorher einen Ersatzmann für die restliche Zeit des Monats bestellt haben (vgl. Gerlitz 1954, 61). In der Nacht allerdings wird das tagsüber Versäumte reichlich nachgeholt.

Was das Ramadanfasten für den Islam, ist die Quadragesima für die Christen. Ab dem Konzil von Nicäa (325) ist das 40-Tage-Fasten eine feststehende Größe, gedacht als Vorbereitungsfasten auf die Auferstehungstage des Herrn. Zunächst wurde die Quadragesima rigoros gehandhabt: das Jejunium verbot alle Mahlzeiten, die über die übliche Morgen- und Abendnahrung hinausgingen, sowie jeglichen Genuß von Fleisch. Wer das Fasten nicht einhielt, durfte das Passahfest nicht mitfeiern (vgl. Athanasius; Gerlitz 1954, 67). Kranke mußten das Fasten zu Pfingsten nachholen. Einzelnen Berichten zufolge wurden Leuten die Zähne ausgeschlagen, die in der Fastenzeit beim Fleischessen ertappt worden waren (vgl. Gerlitz XXVII, A 29). Unter Karl dem Großen sind bei Mißachtung kirchlicher Fastengebote noch Todesstrafen verhängt worden (vgl. Gerlitz 1954, 67). Ab dem 8./9. Jahrhundert wurde aus dem Jejunium ein Semijejunium, das heißt, es setzte sich die einmalige Sättigung am Tage durch (vgl. Gerlitz 1954, 68). Schließlich mußte in der römisch-katholischen Kirche das Fasten zunehmend dem »bonum opus« einer bußfertigen Gesinnung weichen (vgl. Gerlitz 1954, 69). Eine Nahrungsaskese im eigentlichen Sinne besteht schon lange nicht mehr.

Als weitere Form des Vorbereitungsfastens gelten zudem alle jene Fastenarten, die mit Initiation in irgendeiner Form zu tun haben; im christlichen Bereich fallen sie teilweise auch mit dem Jejunium sacramentale zusammen, dem Sakramentsfasten, oder ganz allgemein: mit dem Jejunium praeparationis. In gewisser Hinsicht sind auch das große kollektive Ritual des jüdischen Versöhnungsfestes (jôn hakippûrîm), die christliche Quadragesima (τασσαρακοστή) und der islamische Fastenmonat Ramadan Fastentypen, die dem Fasten den Charakter eines Vorbereitungsaktes für die Initiation verleihen (vgl. Gerlitz 1965, 271). Hintergrund ist jeweils die vergleichbare Überlegung: Wenn die Dämonen nichts zu essen bekommen, dann verlassen sie den ungastlichen Körper. Dies gilt für Fasten oder Teilfasten im Zusammenhang mit Pubertätsriten bei verschiedenen afrikanischen und australischen Stämmen sowie südamerikanischen Indianerstämmen. Es wird eine Verbindung zwischen Initiation und Vision hergestellt. Mit dem neuen Lebensabschnitt, der Mannbarkeit, tritt der Initiand zugleich auch in das Stadium einer tieferen Einsicht in die Dinge. Der fastende Mensch läßt durch Fasten und Gebet eine Weile den irdischen Bereich hinter sich, um aufnahmebereit für die Weisungen der Gottheit zu sein. Der Brahmanenschüler z. B. muß stehend und schweigend den Rest des Tages verbringen und darf zunächst 3 Tage lang nichts Gesalzenes essen. Sodann, ehe ihm ein als heilig geltender Teil des Lehrplanes übergeben wird, muß er »mit verbundenen Augen, schweigend, sich 3 Tage lang bzw. einen Tag und eine Nacht lang der Speise enthalten« (Gerlitz 1965, 273).

Ähnlich apotropäisch-kathartisch und präparativ verhält es sich mit dem frühchristlichen Taufexorzismus, den Jejunium sacramentale bzw. dem Jejunium baptismum. Es ist bezeichnend, daß gerade die Nahrungsaskese einen notwendigen Bestandteil des Taufexorzismus darstellt (vgl. Gerlitz 1965, 273). So ging beispielsweise dem Taurobolium, das an den Mysten des phrygischen Attis vollzogen wurde, eine Speiseenthaltung in der Form der νεστεία (Fasttag) voran. Dieses antike Taufsakrament diente dem Ziele, alle Schuld abzuwaschen und die Wiedergeburt zu vollziehen. Dabei spielte das Fasten eine herausragende Rolle. Denn beim Empfang des Sakraments müssen die Dämonen durch einen intensiven Exorzismus vertrieben werden. Das Heilige darf nicht gefährdet sein (vgl. Gerlitz 1965, 273 f.). Genau die gleiche Vorstellung ist bei Gregor von Nazianz anzutreffen, der bezüglich der christlichen Taufe schreibt: Jede sündigende Seele und jede Seele des Ungetauften ist von bösen Geistern bewohnt. Bei der Taufe jedoch irrt der Dämon unbehaust umher. Es wird deshalb deutlich, warum aus Furcht vor den umherirrenden Dämonen gefastet werden muß. Der Täufling müßte ja sonst befürchten, daß diese Dämonen mit ins Taufbad steigen (vgl. Gerlitz 1965, 274). Um 400 war die Nahrungsaskese im Westen fester Bestandteil des Taufritus. Unmittelbar vor der Taufe wurden den Katechumenen dann die sogenannten Exorzismusspeisen Brot, Salz und Wasser (oder Öl) gereicht. Brot und Wasser reinigen die Seele, Salz gilt als Dämonen vertreibendes Mittel. Erst der Getaufte durfte das Fasten durch den Genuß von Milch und das Zaubermittel Honig brechen (vgl. Tertullian; Gerlitz 1965, 275). Noch um 440 vollzog ein gallischer Bischof an 3 000 burgundischen Soldaten, die gegen die Hunnen kämpfen sollten, die Taufe erst dann, nachdem diese 7 Tage lang gefastet hatten (vgl. Gerlitz 1965, 275).

Zu dem Phänomen des Jejunium sacramentale gehört nun aber auch das Fasten vor dem Opfermahl bzw. vor dem Empfang der Eucharistie. Der Sinn einer solchen Nahrungsaskese besteht offenbar darin, daß man sich einerseits mit einem gefüllten Magen nicht der Gottheit nähern möchte und man andererseits bestrebt ist, das Opferfleisch rein und unvermengt in den Magen zu bekommen. Das Heilige muß unbedingt vom Profanen abgegrenzt werden. So ist z. B. bekannt, daß südamerikanische und afrikanische Naturvölker sogar Brech- und Abführmittel anwenden, um die heiligen Speisen gegenüber den profanen abzuwehren und sich deren Wirkungskraft zu sichern (vgl. Gerlitz 1965, 275 f.). Das Fasten vor dem Opfermahl wird also als eine Art Purgativ gebraucht, welches die kultische Reinheit und damit die Verbundenheit mit der Gottheit wiederherstellen soll. Die unheilvolle Macht muß ausgestoßen und die heilvolle angezogen werden. Auch hier geht es letzten Endes um die Vorbereitung auf eine Kommunikation zwischen Gott und Mensch, welche sich in der Speisegemeinschaft vollzieht (vgl. Gerlitz 1965, 276).

Dazu gehört auch das Fasten vor der christlichen Eucharistie, das Jejunium eucharisticum. Da es sich bei der christlichen Eucharistie nicht um ein bloßes Teilnehmen an der Opfermahlzeit handelt, sondern um ein tatsächliches Vorhandensein der Gottheit *in* dieser Mahlzeit, wird das Numinose an diesem Phänomen um ein Vielfaches gesteigert. Besonders streng ist man bei der Einhaltung des Fastens dann gewesen, wenn es sich um eine »Erstkommunion« handelte, also um einen Ritus der Initiation. Schon ab dem 3. Jahrhundert ist die Überzeugung weit verbreitet, daß der Leib und das Blut Christi nüchtern empfangen werden müssen, das heißt, bevor man profane Nahrung zu sich genommen hatte (vgl. Gerlitz 1965, 277).

Die Kommunion wurde oft sehr spät abends gefeiert, damit die Gläubigen bis dahin fasteten; erst das heilige Mahl konnte das Fasten brechen (vgl. Gerlitz 1965, 277). Das 3. Konzil von Nicäa (Canon 29) hatte das Kommunionsfasten endgültig zum Gesetz erhoben (Gerlitz 1965, 277). Bis zum Vaticanum secundum legte die römisch-katholische Kirche großen Wert darauf, daß das eucharistische Nüchternheitsgebot von Mitternacht an bis zur Messe eingehalten wurde. Ab dem zweiten Vatikanischen Konzil wurde das Gebot erheblich gemildert: Demnach sind bis zu 3 Stunden vor der Kommunion feste Speisen und bis zu 1 Stunde vor der Kommunion Flüssigkeit erlaubt, wobei der Genuß von Wasser in keinem Fall das Nüchternheitsgebot bricht (vgl. Gerlitz 1965, 277 f.).

Zum Jejunium sacramentale zählt auch das Jejunium ordinationis, das Weihefasten z. B. vor der Priesterweihe. Bereits unter Leo dem Großen werden die Ordinationen von Bischöfen, Priestern und Diakonen vor versammelter Gemeinde unter allgemeinem Fasten vorgenommen. Als Ordinationstermin wählte man die Quatembertage, die schon frühzeitig wichtige Fast- und Bußtage der alten Kirche waren (vgl. Gerlitz 1965, 278). (quattuor tempora: jeweils Mittwoch, Freitag, Samstag zu Beginn der 4 Jahreszeiten: nach dem 1. Sonntag im Quadragesima, in der Woche vor Pfingsten, in der Woche nach dem Erntedankfest sowie nach dem 1. Adventsonntag).

Ein weiterer Typus des Fastens des Ritus der Initiation ist das ekstatische Phänomen des Visionsfastens, das Jejunium exstaticum oder Jejunium propheticum. Dieses Fasten stellt einen präparativen Faktor dar in bezug auf die bevorstehende Nähe und Erleuchtung Gottes. Es handelt sich hierbei ausschließlich um ein Fasten für Mystiker und Propheten, die sich auf die Verkündigung ihres Evangeliums vorbereiten. Insofern wird die Initiation zur Voraussetzung für die Inspiration (vgl. Gerlitz 1965, 279).

Fast alle Schamanen und Seher haben ihren Auftrag mit einem ekstatischen Fasten begonnen. Nahezu alle Propheten und Stifter der großen Religionen haben denselben Weg beschritten: Als Visionäre wollten sie über Fasten die Offenbarung Gottes erzwingen. Der Schamane oder Zauberer eines Stammes wußte, daß ein gefüllter Magen keine geheimen Dinge sehen kann. Bei den Griechen waren es hauptsächlich die Orakelstätten, an welchen Visions- und Offenbarungsfasten geübt wurde (vgl. Gerlitz 1965, 281). Bei allen Stiftern der vier großen Religionen steht vor Beginn ihrer Lehrtätigkeit die eigentliche Erleuchtung, und dabei spielt das Fasten eine zentrale Rolle. Nur bei Buddha war es im einzelnen etwas anders verlaufen. Zunächst unterzog sich Buddha 6 Jahre lang der großen Prüfung, der mahāpadhāna, einer jainistischen Askesemethode. Die wesentlichsten Elemente davon sind Meditation, Atemanhalten und strenges Fasten. Die Zunge auf den Gaumen gepreßt wartet Buddha auf den Augenblick der Erleuchtung. Aber der kommt nicht. Es wird ihm die Erkenntnis zuteil, daß derartige Askese nicht zur Erleuchtung führen kann. Da nimmt er wieder Nahrung zu sich – seine fünf asketischen Begleiter wenden sich unwillig von ihm ab. Schließlich tritt doch die Erleuchtung unter dem Bo-Baume ein. Und nun verweilte er dennoch sieben Tage lang mit gekreuzten Beinen und fastete (vgl. Gerlitz 1965, 282).

Der erste, der im AT das Jejunium revelationis übt, ist Moses, bevor er auf dem Sinai das Gesetz empfängt (Ex 34, 28). Erst nach der langen Zeit von 40 Tagen und 40 Nächten erfolgten Offenbarung und Inspiration. Durch sein Fasten macht sich also Moses für das göttliche Offenbarungswort bereit. Er befähigt sich selbst zur Aufnahme des Numinosen (vgl. Gerlitz 1965, 283). Ähnlich geht es dem Elia auf dem Horeb oder dem Daniel (vgl. Gerlitz 1965, 283).

Den prophetisch-messianischen Typus des Fastens findet man auch in der Versuchungsgeschichte Jesu (vgl. Mt 4). Jesus erhält seine Berufung zu Christus und damit zum Empfang der Offenbarung erst, nachdem er – in Analogie zu Moses – 40 Tage und 40 Nächte gefastet hat.

Wenn man in der Taufe Jesu, die ja vor der Versuchung stattfand, nur den Auftakt zu seiner Berufung sieht, so findet man in der Versuchungsgeschichte die eigentliche Bewährungsprobe zum künftigen Heilshandeln des Messias vor (vgl. Gerlitz 1965, 283). Es ist bezeichnend, daß die Versuchung des Satans nach Ablauf der 40 Tage und 40 Nächte erfolgte. Die Angriffsmöglichkeit des Bösen ist gerade dann am größten, wenn der Prophet oder Asket auf dem Wendepunkt zu einem neuen Leben steht, im Falle Jesu unmittelbar vor dem Empfang der Offenbarung.

Muhammad schließlich hatte das Fasten als besondere Form der Enkratie gewählt, die ihm die Offenbarung des Qur'an und damit den Auftrag zu seinem prophetischen Amt ermöglichte (vgl. Gerlitz 1965, 284).

Allen diesen Typen des Fastens im Sinne des Vorbereitungsfastens ist ein Merkmal gemeinsam: der Wille zur Kommunikation mit der Gottheit (vgl. Gerlitz 1965, 286).

*c) Weitere Fastenformen*

Im Jejunium poenitentiae, im Bußfasten, einem Akt des Sühnegeschehens, bekommt das Fasten eine ethische Dimension: der ursprünglich purgatorische Vorgang erhält eine justifikatorisch-meritorische Motivation. Für Jesus z. B. ist die Nahrungsaskese vornehmlich eine Frömmigkeitsübung. Sie gehört zum Gottesdienst und ist nur im Zusammenhang mit der Metanoia, der Umkehr zu verstehen (Mt 6, 16 ff.). Brot, Salz und Wasser ist die typische Büßernahrung (vgl. Gerlitz 1954, 100). Augustinus ermahnte die Gemeinden, sich während der Fastenzeit von Wein und anderen alkoholischen Getränken zu enthalten, sich auf diese Weise zugleich um eine Besserung der Lebensführung zu bemühen (I, 52). Schon früh in der Fastenpraxis der Urchristen werden Fasten und Almosengeben miteinander in Verbindung gebracht. Auch in der Theologie der christlichen Kirchenväter verdrängt die ethisch-spirituelle 'εγκράτεια die materielle Bedeutung der Nahrungsaskese. Das vollkomme Fasten besteht in der Enthaltung von jedem bösen Tun (Athanasius; vgl. Gerlitz 1972, 261).

Auch Thomas von Aquin bezeichnet die Nahrungsaskese als einen besonderen Tugendakt der abstinentia bzw. der temperantia, welche die Nahrungsaufnahme vernünftig regeln und den Geist sich zu göttlichen Dingen erheben lassen (vgl. Gerlitz 1972, 261).

Eng verbunden mit dem Bußfasten ist die in der Religionsgeschichte bedeutsame Praxis des Trauerfastens, in dem die Entwicklung vom apotropäischen Ritus zum Sühnegeschehen fortgesetzt wird. In den Religionen des Mittelmeeres galten Leichen als verunreinigend; mit auch als Folge von abergläubischer Furcht mußte man sich drei Tage nach dem Tode eines Angehörigen dem Trauerfasten hingeben (vgl. Lohse 1969, 19 f.). Ein Brahmane soll nicht im Hause eines Verwandten essen, in dem jemand gestorben ist, bevor die 7 Reinigungstage um sind (vgl. Gerlitz 1954, 21). Die Ägypter fasteten beim Tode des Pharao, David nach dem Tode Sauls, Jonathans und Abners, Priamos nach dem Tode seines Sohnes Hektor. Der Gedanke des Trauer- und Sühnefastens ist in der Regel verknüpft mit Reue und Gram über begangene Sünden, etwa als der König von Ninive nach Jonas' Predigt ein Fasten ausruft (Jon 3, 4–10). Auch das Gebot bei den Juden, am Tage des Versöhnungsfestes zu fasten, ist eng verknüpft mit Reue und Buße (Lohse 1969, 81). Trauerfasten steht faktisch immer im Zusammenhang mit anderen Trauerriten wie dem Zerreißen von Kleidern, Asche aufs Haupt legen, sich verhüllen, sich an die Brust schlagen uws. (vgl. Gerlitz 1954, 24).

Im Judentum spielte neben dem Regenfasten auch das Fasten in Unglücks- und Notzeiten eine große Rolle. Zum Unglücksfasten griff man, wenn die Pest eine Stadt heimsuchte, durch Erdbeben Häuser einstürzten; ebenfalls wurde zum Unglücksfasten aufgerufen im Falle von Dürre und Gelbsucht, bei einer Heuschrecken- oder Insektenplage, beim Auftreten wilder Tiere oder in Kriegszeiten (I, 46). Die regelmäßigen Fastzeiten nach dem Exil sollten sicherlich auch die Erinnerung an vergangene Unheilsereignisse wachhalten (Sach 7, 3; I, 49).

Angesichts des drohenden Chaldäerangriffs gaben sich die Israeliten auch dem Unglücksfasten hin (Jer 36, 6.9; Gerlitz 1954, 26).

Unglücksfasten gab es aber auch während der großen Verfolgung der Christen im Urchristentum. Unter Berufung auf 1 Samuel 7,6 forderte Calvin bei großen Unglücksfällen die Kirche zum Fasten auf, um damit Gottes Zorn zu beschwichtigen (Gerlitz 1954, 28).

Daneben gab es natürlich noch viele Anlässe, im Laufe eines Kirchenjahres zu fasten: neben Gebets- und Gerichtsfasten gab es auch noch das Weihnachts- und Pfingstfasten, Marienfasttage und Fasttage an den verschiedenen Heiligenfesten der Kirche (vgl. Gerlitz 1954, 75 ff.).

In der Konstitution »Poenitemini« (18. Februar 1966) erfolgte die Neuordnung der Fastengebote für die katholischen Christen. Alle Feiertage und der Aschermittwoch sind demnach Tage der Buße und Tage einer gewissen Zucht. Fasten und Abstinenz werden für den Aschermittwoch und Karfreitag verlangt. Die Abstinenzforderung gilt für ein Alter zwischen 14 und 60 Jahren. Die Bischofskonferenzen der Kirchenprovinzen erhalten ausgedehnte Vollmachten zur Verschiebung der Bußtage (außer Quadragesima) und zur Ablösung einiger oder aller Fasten- und Abstinenzpflichten durch andere fromme oder Liebestaten. Die Fastenordnung ist somit sehr flexibel geworden. Hauptgedanke ist nunmehr der Ausdruck der Buße.

### *3. Monastische Fastenpraktiken*

Mit den unterschiedlichen Formen monastischen Lebens lassen sich auch unterschiedlich strenge Formen von Fasten verbinden. Eines aber läßt sich vorweg generell sicherlich behaupten: daß zu allen Zeiten übertriebene Enthaltsamkeit mit verschiedenen Mitteln bekämpft worden ist mit Verweis auf die Überzeugung, daß Gott den Menschen die guten Dinge der Welt ja zum Genuß geschenkt habe.

#### *a) Rigorose Formen monastischen Fastens*

Die ersten Mönchsgruppen der Urkirche versuchten sich einer sehr strengen Askese zu unterwerfen, wobei das Fasten ein Wesensmoment der Askese darstellte. Das Ideal der mönchischen Askese war das Erreichen der Vollkommenheit. Essen wurde als Nebensache betrachtet (vgl. Gerlitz 1954, 146). Die Speise sollte nur der Notwendigkeit dienen, nicht der Erquickung. Als Maß der Speise galt vielfach »sustentatio carnis, non desiderium saturitatis« (die Aufrechterhaltung des Fleisches, nicht der Wunsch nach Sättigung). Einige Kräuter, einige Wurzeln, ein wenig Wasser mußten vielfach genügen (vgl. Hilpisch 1929, 13). Das mönchische Fasten der ersten Jahrhunderte lag großteils außerhalb der offiziellen kirchlichen Praxis.

In der sketischen Wüste in Unterägypten hatte sich im 2./3. Jahrhundert eine Mönchskolonie gebildet, die in einer Askese lebte, die in der Tat die Großkirche in den Schatten stellte.

Von Abt Eladios wird z. B. berichtet, daß er, der das ganze Jahr über nur von Brot und Salz lebte, in der Quadragesimalzeit diese Abstinenzspeisen im Stehen statt im Sitzen einnahm. Fleisch wurde von diesen Mönchen grundsätzlich gemieden, manchen war es überhaupt nicht bekannt (vgl. Gerlitz 1954, 145). Von Mönch Sisvers wird berichtet, er habe oft nicht gewußt, ob er schon gegessen hatte. Viele aßen bloß im Umhergehen (vgl. Gerlitz 1954, 146). Die sogenannten Apotakiten in Jerusalem nahmen noch um 400 das ganze Jahr hindurch nur eine Mahlzeit täglich ein. Wer es aushalten konnte, der hungerte sogar von Sonntagabend bis Sonnabendabend durch. Dann tranken sie Wasser- und Mehlsuppe (vgl. Gerlitz 1954, 146).

Es gab unter den Mönchen auch manche, die dem heroischen Fasten frönten, die eine Dauerabstinenz übten, während welcher sie nur von Gras, Baumfrüchten, rohen Getreidekörnern, eingeweichter Gerste oder angeblich auch nur von der Eucharistie lebten (vgl. Gerlitz 1954, 146).

Der Asket Symeon Stylites vollführte 28 Jahre lang ein 40tägiges Jejunium plenum in der Passionszeit, die übrige Zeit soll er nur von einer Erbse pro Nacht gelebt haben. Der Mönch Elpidius soll 25 Jahre lang nur an Sonnabenden und Sonntagen gegessen haben (vgl. Gerlitz 1954, 146). Macrion forderte den völligen Verzicht auf Fleischgenuß. Nur Fische waren mit der Begründung erlaubt, Jesus habe nach der Auferstehung auch Fisch gegessen (vgl. Lohse 1969, 137). Auch Wein war bei den Marcioniten verboten (Lohse 1969, 138). Der Montanismus, eine asketische Bewegung im späteren 2. Jahrhundert, postulierte aus eschatologischer Motivation heraus zur Vorbereitung auf das nahe Ende eine strenge Fastenzucht (Lohse 1969, 145). Als Hauptnahrungsspeise dienten ihnen sogenannte Xerophagien: eine trockene Speisemischung, die ohne Fleischbrühe und ohne saftige Früchte und selbstverständlich auch ohne Wein zubereitet werden mußte (Lohse 1969, 145).

Eine besondere Form monastischen Fastens war das Fasten der Manichäer, die der Strömung der Gnosis eng verbunden waren (vgl. Gerlitz 1954, 154). Die Manichäer fasteten sonntags und montags und mieden alles, was die Triebe des Leibes begünstigte. Vor allem Fleisch, Eier, Milch, Fische und Wein galten bei ihnen als Sitz der bösen Begierden. Wein nannten sie die Galle des Fürsten der Finsternis (vgl. Gerlitz 1954, 155). Alle jene Speisen dagegen, welche durch Geruch und Farbe ihre Lichtsubstanz verrieten, durften gegessen werden: etwa weißes Brot, goldene Früchte wie Kürbisse und Melonen sowie klares Wasser (vgl. Gerlitz 1954, 155). Den Manichäern war es auch verboten, Tiere zu töten oder Pflanzen auszureißen. Dahinter verbarg sich die alte stoisch-pythagoräische Seelenwanderungshypothese, wonach derjenige, der Getreide mäht, selbst zu Getreide werden und mithin vom selben Schicksal ereilt werden wird (vgl. Gerlitz 1954, 156). Dies ging so weit, daß die »Electi«, die Auserwählten unter den Manichäern, auch keine Früchte pflückten und kein Brot zu backen wagten. Diese unerlaubten Handlungen mußten für sie die Auditores, die »Laienhörer«, verrichten. Um sich von jeglicher Verletzungssünde reinzuwaschen, mußten die Electi deshalb beim Essen jeder Speise erklären, sie trügen an all dem, das zur Herbeischaffung und Zubereitung der Speisen geschehen war, keine Schuld (vgl. Gerlitz 1954, 156). Das Gebet, das die Electi vor dem Essen zu sprechen pflegten, lautete in der Regel folgendermaßen: »Ich habe dich nicht geschnitten, nicht gemahlen, nicht geknetet, nicht in den Backofen geschoben, sondern ein anderer hat dies getan, hat dich mir gebracht, ich esse dich ohne Schuld« (Gerlitz 1954, 156). Die christlichen apologetischen Kreise behaupteten sogar, daß die Auditores nach der Herbeischaffung des Brotes von den Pneumatikern bzw. Electi verflucht worden seien (vgl. Gerlitz 1954, 156). Bei den mittelalterlichen Waldensern gab es eine vergleichbare Fastenmentalität und auch eine ähnliche Unterscheidung in Perfecti (= Electi) und Credentes (= Auditores) (vgl. Gerlitz 1954, 157). Ähnliche Praktiken finden sich auch bei den mittelalterlichen Katharern und Albigensern. Kathartische Sektierer kasteiten sich durch Beten und Fasten so lange, bis sie dem Tode nahe waren. Dann ließen sie sich von ihrem Genossen töten, um den Genuß des Martyriums zu haben (vgl. Gerlitz 1954, 157).

Eine Art »asiatische« Gnosis läßt sich bei den Jainamönchen im Hinduismus feststellen. Das jainistische Fasten führte nicht selten zum Fastentod des betreffenden Mönchs. Prinzipiell verzichteten sie auf alle gewürzten Speisen. Durch sich zunehmend steigerndes Auslassen von Mahlzeiten verschärften sie ihr Fasten. Am anstrengendsten war wohl das dreieinhalbtägige Fasten: in dieser Zeit nahmen sie weder Nahrung noch Flüssigkeit zu sich. Zusätzlich kasteite sich dabei der Asket, indem er mit gestreckten Armen und mit einem erhobenen Fuß in der Sonne stand (vgl. Gerlitz 1954, 162.)

Der Fastentod war den Mönchen vorbehalten. Mönche, die in Todesgefahr standen oder eine lebensgefährliche Krankheit durchmachten, unterzogen sich der ītvara, einer totalen Aushungerung, die für den betreffenden Mönch einen Ausweg aus der Ausweglosigkeit bedeutete (vgl. Gerlitz 1954, 163 f.).

*b) Fastenvorschriften der Regula Benedicti*

Die Regeln der großen abendländischen Mönchsorden setzten sich in bezug auf die Fastengebote von den radikaleren Gruppierungen der Urkirche entschieden ab.

Als erster verläßt Benedikt in seiner Regel die alte Mönchstradition. Nicht mehr das alte Mönchsgericht, nämlich vorwiegend Kräuter, Salz und Wasser, ist gefragt, sondern bei jeder Mahlzeit soll es zwei gekochte Speisen geben, denn Essen soll keine Qual und Last sein. Insbesondere trifft Benedikt für Kranke, Alte und Kinder besondere Vorkehrungen. Nicht Hunger und Durst, sondern Mäßigkeit ist sein Prinzip. Ähnliches gilt auch für den Weingenuß (vgl. Hilpisch 1929, 68).

Generell gab es bei den Benediktinern das Verbot, nach der Complet, nach dem den Tag abschließenden Chorgebet, etwas zu sich zu nehmen (Zimmermann 1973, 39). Die Benediktiner hielten die üblichen Fastenzeiten der Kirche. An Fasttagen war der Genuß von Fisch erlaubt, jener von Eiern, Käse und von Fleisch vierfüßiger Tiere verboten (vgl. Zimmermann 1973, 6). Es wurde bald nach Benedikts Tod zur Streitfrage erhoben, ob unter die vierfüßigen Tiere auch das Geflügel darunterfalle. In der Regel aus der Zeit um 1100 war es den Kranken erlaubt, auch in der Fastenzeit Fleisch zu essen. Allerdings mußte sich dann der Kranke, sobald er wieder genesen war, vor dem versammelten Konvent der Brüder dafür entschuldigen (Zimmermann 1973, 62). Strengere Orden, wie etwa die Kartäuser oder Wandermönche, gestatteten auch den Kranken den Genuß von Fleisch in der Fastenzeit nicht. In der Fastenzeit wurde den Benediktinern nahegelegt, an Stelle einer zweiten ausgiebigeren Mahlzeit ein frommes Buch zu lesen. Immer wieder betont wurde die Freiwilligkeit des Fastens (V, 236). Häufig stößt man bei den Benediktinern auf Warnungen vor Übertreibungen im Fasten. Man legte größten Wert auf »discretio« und »moderatio« (Zimmermann 1973, 77).

Der gemeinsame Tisch der Benediktinermönche wurde auch als Disziplinierungsmittel in Anspruch genommen. Bei leichteren Verfehlungen wurde ein Mönch vom gemeinsamen Tisch ausgeschlossen. Bei schwereren Verfehlungen mußte er auch allein essen, zudem bekam er eine geringere Essensration zugeteilt, und vor allem wurde dessen Speise nicht vom Abt gesegnet (V, 218 f.).

Natürlich gab es eine Reihe von Gründen, die es erlaubten, das Fasten entweder auszusetzen oder es wenigstens teilweise zu umgehen. Kam ein Gast im Kloster während der Fastenzeit an, dann sollte der Abt bzw. der gerade anwesende Obere um dessentwillen sein Fasten unterbrechen, es sei denn, es handelte sich um einen besonderen Fasttag. Die anderen Brüder allerdings sollten weiterfasten (V, 239). Alle Fest- und Sonntage erlaubten eine Unterbrechung des Fastens (Zimmermann 1973, 40). Die Zisterzienser des 12. Jahrhunderts lehnten dagegen Sonderleistungen für Feiertage prinzipiell ab (Zimmermann 1973, 41). Das ursprünglich am Mittwoch geübte Fasten wurde alsbald durch Handarbeit oder Gebet ersetzt (Zimmermann 1973, 41). Auch an besonderen Arbeitstagen (z. B. Ernteeinfahrten) konnte Fasten unterbrochen werden (Zimmermann 1973, 41). An Kartagen gab es regelmäßig zusätzlich Caritas, das heißt eine zusätzliche Weinzuteilung. Diese sollte als besondere Stärkung dienen an Tagen mit beschwerlichem liturgischen Dienst (Zimmermann 1973, 43). Während das normale Tagesmaß für Wein eine Hemina betrug (V, 229), etwa ¼ Liter Wein, und diese Weinration nach Benedikt »justitia« hieß, weil sie jedem rechtens zustand, wurde die zusätzliche Weinzuteilung »Caritas« genannt, weil sie »per caritatem« gewährt wurde (Zimmermann 1973, 42). Caritas mußte vom Abt als Zusatz auch gestattet werden, wenn es die örtlichen Verhältnisse, Arbeit oder Hitze verlangten (Zimmermann 1973, 43).

An Tagen mit nur einer Mahlzeit durften die Küchen- und Tischdiener sowie die Vorleser etwas zu sich nehmen. Sie sollten nicht hungrig ihre Arbeit verrichten, zumal sie ihre Mahlzeit erst nach dem Essen des Konventes einnahmen. Dieses Vorwegessen hieß »Mixtum«: ursprünglich war es ein mit Wasser gemischter Wein. Schließlich bestand es aus Brot und einem Getränk. An Fasttagen mit besonders anstrengendem liturgischen Dienst, z. B. am Gründonnerstag, wurde bei den Reformbenediktinern ein Mixtum allen Mönchen zugebilligt (Zimmermann 1973, 44). In den lothringischen und cluniazensischen Reformklöstern war es üblich, daß am Karfreitag nur Brot und rohe Kräuter gegessen wurden. Aber auch diese Entbehrungen wurden durch stärkende Getränke, eben der Caritas, gemildert (Zimmermann 1973, 52). Als Caritas-Wein waren in der Fastenzeit vor allem solche Weine besonders beliebt, die man »pigmentum« oder »claretum« nannte, Weine, die durch zusätzliche Gewürze besonders nahrhaft waren.

Im übrigen war es dem Abt jederzeit freigestellt, das Quantum der Speisen und Getränke zu erhöhen, wenn Klima oder Arbeit dies erforderten (Zimmermann 1973, 74). Der Abt ist es ja auch, der zu Mittag oder beim Abendessen den Beginn des Essens signalisiert, indem er den Brotkorb senkt (Frank 1975, 329).

Die mittelalterlichen Bettelorden wie etwa Minoriten, Franziskaner und Dominikaner kannten beinahe keine detailliertere Fastenvorschriften. Da sie zunächst ihr Essen für jeden Tag bei Leuten erbetteln mußten, lautete bei ihnen die Regel: »Iß, was dir vorgesetzt wird.«

*4. Speisezettel für 12 Personen an Fasttagen – aus einem bayerischen Kochbuch aus der Mitte des 19. Jahrhunderts:*

1. Schneckensuppe oder Suppe mit Fischklößchen. Beliebig blau abgesottene Fische mit Essig und Öl.
2. Pastetchen mit Krebs und Fisch oder Kroketten von Fischfarce.
3. Sauerkraut mit Stockfisch oder Spinat mit Rühreiern.
4. Schwarzer Karpfen mit abgeschmalzten Nudeln oder gesalzenen Krebsen. Pudding.
5. Dampfnudeln mit Vanille-Sauce oder Wandeln mit Brot, Konfitüre und Chateau-Sauce.
6. Beliebig gebackener Fisch und gebackene Froschschenkel mit Salat.
7. Gekochte Krebse.
8. Desert: Mandeltorte oder beliebiger Obstkuchen. Schokolade-Creme. Kleinkonfekt.

»Na denn, fröhliches Fasten!«

*Literatur*

Frank, Karl Suso: Askese und Mönchtum in der alten Kirche. Darmstadt 1957.
Gerlitz, Peter: Das Fasten im religionsgeschichtlichen Vergleich. Erlangen 1954.
Gerlitz, Peter: Außerchristliche Einflüsse auf die Entwicklung des christlichen Trinitätsdogmas. Zugleich ein religions- und dogmengeschichtlicher Versuch zur Erklärung der Herkunft der Homosie. Leiden 1963.
Gerlitz, Peter: Gott hat viele Gesichter. Das Bild Gottes in den Religionen der Gegenwart. Hamburg 1972.
Hilpisch, Stephanus: Benediktinisches Klosterleben in Deutschland. Geschichte und Gegenwart. Berlin 1929.
Lohse, Bernhard: Askese und Mönchtum in der Antike und in der alten Kirche. München und Wien. 1969.
Troeltsch, E. (1916/17): Askese. In Frank, Karl Suso: Askese und Mönchtum in der alten Kirche. Darmstadt 1957.
Zimmermann, Gerd: Ordensleben und Lebensstandard: die cura corporis in den Ordensvorschriften des abendländischen Hochmittelalters. Münster 1973.

*Bertl Petrei:*
# *Die »Paprikalinie«*

Trotzdem sich in den letzten Jahren in der Volkskunde viel geändert hat, sind ihre vier Hauptprobleme geblieben: 1. Die übermäßige Konzentration auf den bäuerlichen Lebensbereich (was angesichts des Absinkens des Anteiles der landwirtschaftlichen an der Gesamtbevölkerung von rund drei Viertel auf rund ein Zehntel zur ausgesprochenen Fehlleistung der »Kunde vom Volk« wird). 2. Die unverhältnismäßige Befassung mit dem Festlich-Feiertäglichen der Volkskultur gegenüber den Alltagserscheinungen. 3. Die Überbetonung der Tradition und des »Bleibenden« gegenüber Wandel und Werden, obwohl H. Freudenthal schon 1955 in seiner »Wissenschaftstheorie der deutschen Volkskunde« vom »Gegenstand der Volkskunde, dem Volksgut« gesagt hatte, daß es »vergeht und entsteht als ein ewig Lebendiges, das jede Zeit, auch die unsere, ihren Bedürfnissen entsprechend gestaltet«. 4. Die im Verhältnis zu anderen Disziplinen »besonders drastische Abschließung und Isolierung« (H. Bausinger, »Volkskunde«, o. J. [1972]).

Was Wunder also, daß sich seit dem Zweiten Weltkrieg aus der Frontstellung fortschrittlicher Volkskundler Spezialdisziplinen wie »Gegenwartsvolkskunde«, »Alltagskulturkunde« oder »Generative Ethnografie« entwickelt hatten und daß diese um Kontakt und Zusammenarbeit mit Nachbarwissenschaften bemüht waren. So habe ich, zusammen mit deutschen und Schweizer Kollegen, die Möglichkeit der interdisziplinären Begegnung bei den »Matreier Gesprächen« gesucht. Besonders vielversprechend schien mir das Thema 1983 zu sein: »Essen und Trinken«. Ist doch die Nahrungskunde jenes volkskundliche Teilgebiet, dessen Forscher sich früher als andere auch dem Alltag und der Gegenwart zugewandt haben, ab und zu sogar aus dem bäuerlichen Bereich ausbrechend. So hat mich die international angesehene ungarische Nahrungs-Volkskundlerin (wenn man so sagen darf) E. Kisbán vor etwa 10 Jahren auf das Thema »Paprikalinie« aufmerksam gemacht, von dem sie meinte, daß es nicht nur für ihr Spezialgebiet, sondern auch für meine generativen Forschungen ergiebig sein könnte. Damals noch beim Österreichischen Rundfunk tätig, versuchte ich mit Hilfe des Mediums Radio zu Angaben darüber zu kommen, wo denn die Grenzlinie zwischen den Bereichen verlaufe, wo – wie in Ungarn – im Gasthof Salz und Paprika und wo Salz und Pfeffer – wie im Westen – auf dem Tisch stehen. Klar war uns, daß diese Grenze »irgendwo im Burgenland« ihren Verlauf haben müsse. Um ihn festzustellen, so war mir weiter klar, müsse man sich sozusagen auf die Herkunft der Volkskunde aus der Statistik besinnen (in deren Literatur diese Bezeichnung gebräuchlich war, noch bevor es unsere Wissenschaft gab).

Leider hatten die Ergebnisse der Umfrage über Radio Burgenland einen Schönheitsfehler: Die Angaben waren zu ungleichmäßig gestreut, um schlüssig ausgewertet zu werden. Und durch meine »Abwanderung« aus dem Burgenland war eine systematische Ergänzung nicht mehr möglich. Zwei Schlüsse boten sich allerdings schon aus diesem Material an (B. Petrei: Alltag und Festbrauch in der regionalen Kulturforschung. In Bockhorn – Gaál – Zucker: Minderheiten und Religionalkultur. Wien 1981). Auf sie werden wir noch zurückgreifen.

Sobald mir O. Koenig das Thema 1983 mitteilte, fiel mir nämlich die »Paprikalinie« wieder ein. Sie sollte eines der Themen in meinem Referat in Matrei sein. Leider verhinderten andere Verpflichtungen gerade diesmal meine Teilnahme. So habe ich die Möglichkeit, die mir die Initiative von W. Hirschberg zum vorliegenden Buche bot, gerne aufgegriffen, zumal ich schon mit den Vorbereitungen zu einer wenn auch bescheidenen, so vergleichsweise dichteren und systematischeren Untersuchung begonnen hatte. Ich schrieb also 40 Gasthöfe im ganzen Burgenland an, von denen mir 10 antworteten. Durch 2 persönliche und 36 telefonische Befragungen gewann ich Angaben aus weiteren 38 Orten und deren Umgebung hinzu; 2 davon liegen knapp außerhalb der Landesgrenze in Niederösterreich bzw. in der Steiermark. Das Ergebnis ist auf der beigefügten Karte ersichtlich. Jetzt konnte ich mit gutem Gewissen auch die seinerzeitige Befragung heranziehen, deren Ergebnisse verdichtet, bestätigt, aber auch aktuell ergänzt wurden.

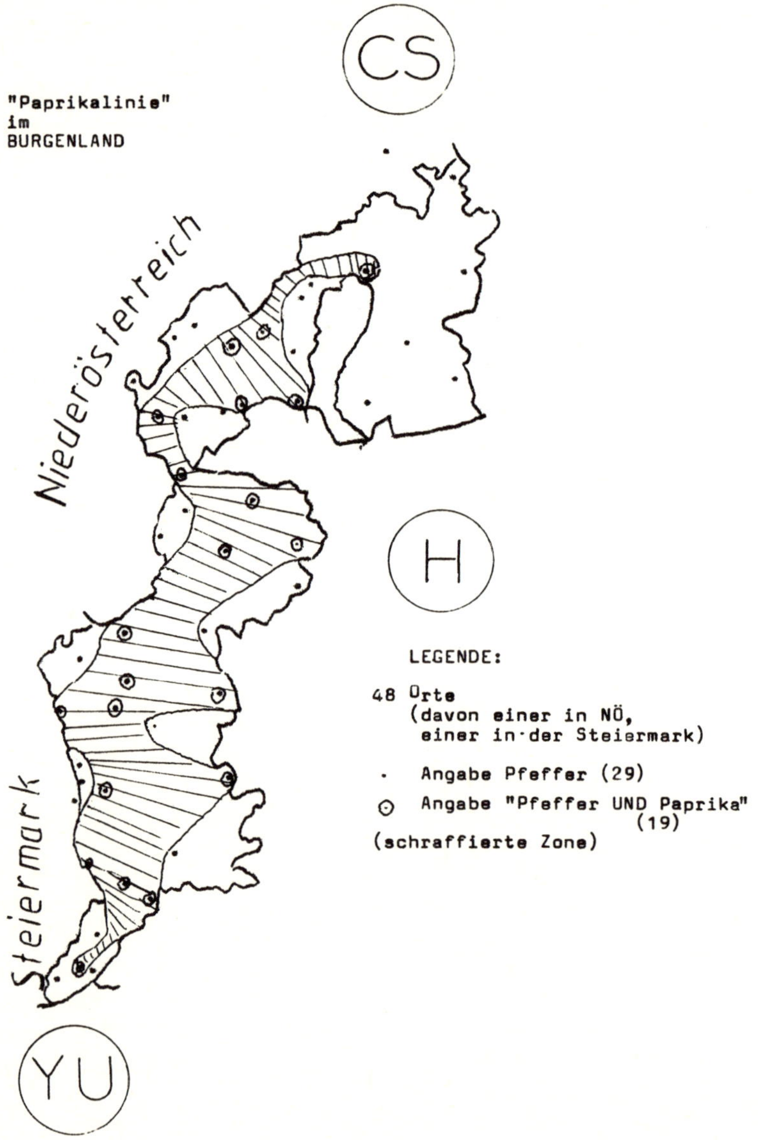

Auch diese Ergänzungen bestätigen, was der »Vater der volkskundlichen Pannonienforschung«, M. Gavazzi, über »kulturelle Gebiete und die Grenzen zwischen ihnen« sagte. Um kulturelle Gebiete handelt es sich beim »Paprika-« und beim »Pfefferbereich« zweifelsohne, ist doch der überwiegende Gebrauch eines Gewürzes durch die ganze Nahrungskultur bestimmt und diese wieder wesentlicher Teil der Kultur, der Lebensform überhaupt. Wie 1981 zitiert, betrachtet Gavazzi »die kulturellen Gebiete als Provinzen, in denen sich mehr oder weniger Kulturelemente solcherart anhäufen, wie es in einer anderen Provinz in ähnlicher Weise nicht geschieht. Die Einzelelemente treten aber an sich in verschiedenen Kulturgebieten in Erscheinung, das heißt, sie sind weit verbreitet.« Was aber durch unsere »Paprikalinie« besonders schön dokumentiert wird: »Die Grenzen der einzelnen Gebiete sind selbstverständlich keine Grenz*linien,* sondern nur symbolische Abgrenzungen, Grenz*zonen* [Hervorhebung von mir], die sich im Laufe der Zeit bald verengen, bald wiederum ausweiten.«

So ist auch unsere Grenze nirgends eine Linie, sondern eine Zone, eine Art Gürtel, bald enger, bald breiter – auch im geografischen Sinne. Denn sie ist manchmal nur einige hundert Meter (Umland einer Ortschaft), bald mehrere Kilometer breit (an einigen Stellen fast die gesamte Breite des Burgenlandes). Zeitlich – das ergibt der Vergleich der beiden Untersuchungen – spiegelt sie ohne Zweifel eine Entwicklung wider: Die Übergangszone, in der Pfeffer *und* Paprika auf dem Gasthaustisch stehen, ist in den letzten Jahren breiter geworden, vorwiegend freilich auf Kosten der »Paprikazone«. Im Gasthof Gregorits in Klingenbach heißt es: »Althergebracht Paprika, jetzt nur mehr ein paar Sets mit Paprika, sonst Pfeffer« und beim Peck in Andau: »Jetzt Pfeffer, bis vor 10 Jahren Paprika.« Jetzt existieren statt wie vor 10 Jahren drei (Pfeffer – Paprika – Pfeffer und Paprika) Zonen nur mehr zwei: die flächenmäßig kleinere Pfeffer- und die größere, geschlossene »Beides«-Zone. Vereinzelt gibt es in diesen letzten Jahren wieder eine Entwicklung vom bloßen Pfeffer zu »Beidem«; z. B. steht im »Alten Brauhaus« in Frauenkirchen außer dem Pfeffer auch »Magyar-Gewürz« (mit Paprika) zur Verfügung; fast überall kann man »auf Verlangen auch Paprika bekommen«.

Insgesamt aber könnte man meinen, es handle sich – nach *6 Jahrzehnten* der Zugehörigkeit des Burgenlandes – um eine langsame Angleichung an die Würz- und Eßgewohnheiten in Österreich. Aber es zeigt sich nicht nur, wie H. Wislocki schon 1893 in seiner »Zusammenstellung der ungarischen Festbräuche« formuliert, »wie nachhaltig die Macht der Gewohnheit ist, auch wenn ihr längst der säftezuführende Boden entzogen wurde«, der »Pfeffer-Paprika-Gürtel« ist auch ein charakteristisches Symptom der Entwicklung einer eigenständigen burgenländischen Küche (die sich bezeichnenderweise gerne »pannonisch« nennt) – sie gehört zu den Pluspunkten im aufstrebenden Fremdenverkehr. Volkskundlich gesehen ist sie wiederum nur ein Symptom der Entwicklung einer eigenständigen Regionalkultur, die weder »ungarisch« noch »österreichisch« (noch »kroatisch«), sondern eben »burgenländisch« ist.

Wie sich zeigt, vermag die »Generative Ethnografie« aus einer bescheidenen Untersuchung an einem bescheidenen Gegenstand vergleichsweise aussagekräftige Ergebnisse zu gewinnen zum Vergehen, Werden und Wandel von kulturellen Erscheinungen. In diesem Falle zur funktionstüchtigen Formierung einer »neuen« Regionalkultur und damit zur »Identitätsfindung« eines verhältnismäßig jungen politischen Gebildes.

*Franz Simon:*
# *Gemeinsames Essen als Mittel zur Stärkung der Gemeinschaft*

Im Jahre 1963 haben wir im Ahrntal – ein Nebental des Pustertales – den Maskenschnitzer H. Reichegger kennengelernt.

Zu dieser Zeit lebte er mit seiner Frau (geb. 1926, verh. seit 1951) und mit seinen Kindern Anna (geb. 1952), Agnes (geb. 1953), Elisabeth (geb. 1955), Margareth (geb. 1956), Josef (geb. 1958), Johann (geb. 1959), Theresia (geb. 1960), Alois (geb. 1961), Martin (geb. 1962), Paul (geb. 1964), Eva (geb. 1965) und Maria (geb. 1968) von den Erträgen des Matziler Hofes, den er von seiner Mutter geerbt hatte. Der Hof (1 Hektar und 600 Ar) wurde von ihm, im Sommer mit Hilfe eines Knechtes, bewirtschaftet und bildete die Existenzgrundlage der Familie.

Im Ahrntal findet man Maskenschnitzer, die die traditionellen Masken des heute nur noch selten aufgeführten Nikolausspiels nachschnitzen. H. Reichenegger in St. Jakob ist einer dieser Maskenschnitzer.

Er verkaufte seine Masken größtenteils an Touristen und sicherte sich dadurch einen Nebenverdienst.

Der frühere starke Einfluß der Ahrntaler Bergknappenkultur auf das Volksschauspiel und Maskenwesen hat eine heute noch anhaltende, durch neuzeitliche Entwicklungsaspekte beeinflußte Wirkung auf die Maskenschnitzerkunst dieses Tales, und so schien eine Filmdokumentation über den Maskenschnitzer lohnenswert.

Im Dezember des Jahres 1964 wurden die ersten Aufnahmen durchgeführt. Wegen Materialschäden mußten sie aber wiederholt werden. Im Juni 1965 wurden dann weitere Aufnahmen erstellt, die im gleichen Jahr veröffentlicht wurden[1].

Reichegger schnitzte zumeist in der Stube. Der Schnitzstuhl stand zwischen Fenster und Ofen, die Werkzeuge waren in Reichweite verteilt. Die nicht allzu große Stube war zugleich bevorzugter Aufenthaltsort der elf Kinder, und gleich zu Beginn der Filmaufnahmen erwies sich der Platz durch die hinzugekommenen Filmgeräte und die weiteren drei Personen als zu eng. Um die Filmaufnahmen überhaupt durchführen zu können, mußte ein Teil der sonst üblichen und selbstverständlichen Umgebung des Alltages weggelassen werden. In der entstandenen Kompromißlösung wurde auf die vielfältigen Äußerungen der Familienmitglieder, die in ihrer Gesamtheit das tatsächliche Leben im Rahmen der notwendigen oder auch möglichen Interaktionen ausmachen, verzichtet. Gefilmt wurde nur das Schnitzen einer Maske.

Wenn ein Arbeitsvorgang zur Dokumentation ansteht, wird häufig eine arbeitsmethodische Trennung – a) Arbeit als Technik, b) Arbeit als Verhaltenssituation – notwendig. Das bedeutet im Falle »Arbeit als Technik« eine Herauslösung des Vorganges aus der Gesamtsituation. Hierbei wird auf den Kontext verzichtet. (Daß diese Arbeitsweise kein Prinzip, sondern nur von Fall zu Fall auftretende Notwendigkeit sein kann, ist selbstverständlich und findet hier nur Erwähnung, weil nicht selten das Unvermögen des »Praktikers: oder/und die Unkenntnis des »Theoretikers« eine, wenn auch unangebrachte, so doch kraftvolle Kritik an einem nichtvorhandenen Prinzip produziert.) Eine so entstandene monostrukturelle Darstellung kann immer nur eine mit engen Grenzen versehene Kompromißlösung sein[2] und bedarf unter allen Umständen der uneingeschränkten und unmißverständlichen Offenlegung dieses Umstandes.

In dieser Situation, in der wir starke Einschränkungen hinnehmen mußten, entstand der Wunsch, den Versuch zu machen, die in dieser Familie so vielfältigen Interaktionen in einem anderen Beispiel filmisch festzuhalten. So hieß es, eine in sich abgeschlossene und verständliche Handlung zu erfassen, an der alle oder die meisten Familienmitglieder beteiligt sind. Zudem sollte diese Handlung vorhersehbar, also kalkulierbar sein, um eine gezielte filmtechnische Realisierung zu ermöglichen. Aus diesen Überlegungen resultierte der Plan, Filmaufnahmen über das gemeinsame Essen dieser Familie herzustellen.

Es war auch beabsichtigt, an Hand dieser Filmaufnahmen eine methodische Klärung für die Dokumentationsarbeit in derartigen Themenbereichen zu versuchen. Bei häufigen Diskussionen wurden die erstellten Aufnahmen positiv beurteilt, der eingeschlagene Weg begrüßt, denn die Aufnahmen setzten dort an, wo andere Dokumentationsmittel ihre Grenzen haben. Die Erfassung einer Situation, die nur im Zusammenspiel unzähliger Einzelelemente menschlichen Verhaltens im ständigen Fluß der Interaktionsfolgen und Dynamik verstanden und dargestellt werden kann, ist eine ausgesprochen filmische Aufgabe. So richtet auch der Film sein Augenmerk primär auf das »Wie«.

Zur Zeit der Aufnahmen kannten wir die Familie schon seit drei Jahren. Ein guter Zugang wurde durch das vorhandene freundschaftliche Verhältnis erleichtert. Die Aufnahmen sind *nicht unbemerkt* durchgeführt worden, und so ist für den quellenkritischen Betrachter des Filmes eine von der Durchführung der Aufnahmen ausgehende Störung anzunehmen. Allerdings ist diese Störung nicht oder kaum zu merken, und auf Grund der bis dahin gemachten Erfahrungen mit dieser Familie meinen wir auch, diese Störung als nur geringfügig einstufen zu können. Diese Meinung aber wird aus erklärlichen Gründen keinen Anspruch auf Objektivität erheben können.

Vor der eigentlichen Durchführung haben wir die Filmaufnahmen realistisch simuliert.

*14. April 1966*
Abendessen – Aufnahme (simuliert)
*15. April 1966*
Mittagessen – Aufnahme (simuliert)
Abendessen – Aufnahme (simuliert)
*16. April 1966*
Mittagessen – Aufnahme (simuliert)
Abendessen – Aufnahme (durchgeführt)

Die Aufnahmegeräte standen außerhalb der Stube im Flur, der nicht beleuchtet war. Während der Mahlzeiten (Aufnahmen) haben wir uns mit der Familie nicht verständigt. Auf unsere Bitte wurde aber die der Kamera zugewandte Seite des Tisches nicht voll besetzt, damit die Sicht auf den Tisch nicht genommen wurde. Dadurch hat sich die Tischordnung zwar verschoben, die Grundordnung aber wurde beibehalten.

»Früher hat man geglaubt, wer an der Ecke sitzt, bleibt ledig! Früher!«

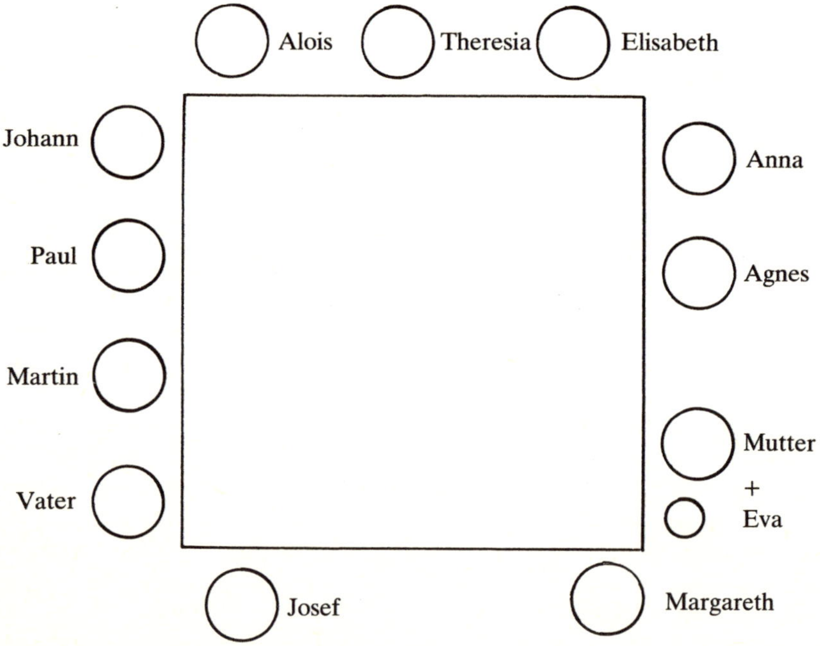


Zum Essen wurde der Tisch mit einem Tischtuch bedeckt; dies ist üblich. Als erster Gang wurde aus einer gemeinsamen Schüssel Milchsuppe gegessen.

Der Umstand, daß keines der Kinder zum Essen ermuntert oder daran gehindert wurde, möge vielen als Denkanstoß dienen. Eine Reihenfolge beim Nehmen des Essens war nicht vorgegeben. Allerdings – so wurde versichert – »wenn ein Knecht am Tisch sitzt, dann nimmt er zuerst«. Das kleinste Kind wurde von der Mutter gefüttert. Sie führte den Löffel zuerst zu ihrem Mund, wohl um die Temperatur der Suppe zu prüfen, und gab ihn dann weiter an das

Kind. Schweißnudeln bildeten den zweiten Gang. »Wenn ein Schwein geschlachtet wird, wird der Schweiß – das ist das Blut vom Schwein – aufgefangen und kaltgerührt. Am nächsten Tag verrührt man in einer Schüssel Weizenmehl, Schweiß, etwas Salz und bereitet davon einen harten Teig zu. Dann wird der Teig zu dünnen Blättern ausgetrieben und zum Trocknen aufgehängt. Wenn sie trocken sind, werden sie wie Nudeln geschnitten. Man legt sie in kochendes Wasser und läßt sie 10 Minuten kochen, seiht sie ab und gibt braune Butter und zum Schluß Parmesankäse darauf.«

Das gemeinsame Essen hat im Film folgenden Verlauf[3]:

Um den Tisch sitzt die Familie; der Bauer mit Hut. Die Bäuerin ist mit dem Auftischen gerade fertig und geht aus dem Bild. Der Bauer nimmt seinen Hut ab. Mit der rechten Hand schlägt er das Kreuz und beginnt mit lauter Stimme das Tischgebet zu sprechen. Als die Kinder einstimmen, betet er (kaum hörbar) ganz leise weiter.

»Im Namen des Vaters und des Sohnes und des Heiligen Geistes, Amen. Gott sei Lob und Dank für Speis und Trank. Vater unser, der du bist im Himmel, geheiligt werde dein Name, zu uns komme dein Reich, dein Wille geschehe wie im Himmel also auch auf Erden. Unser tägliches Brot gib uns heute und vergib uns unsere Schuld, wie auch wir vergeben unseren Schuldigern, und führe uns nicht in Versuchung, sondern erlöse uns von dem Übel.

Gegrüßet seist du Maria, voll der Gnade, der Herr ist mit dir, du bist gebenedeit unter den Weibern, und gebenedeit ist die Frucht deines Leibes Jesus. Heilige Maria, Mutter Gottes, bitte für uns Sünder jetzt und in der Stunde unseres Todes, Amen. Die Gnade des Heiligen Geistes sei und bleibe bei uns, jetzt und alle Zeit.

Im Namen des Vaters und des Sohnes und des heiligen Geistes, Amen.«

Am Ende des Gebetes wird das Kreuz geschlagen. Jeder greift zu seinem Löffel. Aus einer gemeinsamen Schüssel, die in der Mitte des Tisches steht, beginnen sie zu essen. Die Mutter gibt dem zweitjüngsten Kind einen Teller und setzt sich auch an den Tisch. Während des Essens herrscht keine Stille, sondern die Familie unterhält sich, ohne daß das Essen unterbrochen wird. Es wird ohne Hast gegessen; keines der Kinder wird zum Essen ermuntert oder daran gehindert.

Die Bäuerin füttert das kleinste Kind, das sie auf dem Schoß sitzen hat. Sie führt den Löffel zuerst zu ihrem Mund und gibt ihn dann weiter an das Kind. Als der Bauer und die anderen Kinder schon mit dem Essen aufhören, ißt die Bäuerin und füttert weiter. Die Kinder unterhalten sich und spielen mit einem Metallteller. Der Bauer schaut zu und lacht. Er nimmt den Teller weg (während dieser Zeit wird die Suppenschüssel weggetragen).

Eine der Töchter bringt den nächsten Gang und stellt ihn auf den Tisch; sie stellt auch eine Schüssel mit Milch hin. Es wird mit dem Löffel weitergegessen; auch die Milch wird gelöffelt. Die Bäuerin füttert weiterhin das Kleinkind und ißt selbst weiter. Die Kinder hören nacheinander mit dem Essen auf und unterhalten sich. Das eine Kind bekommt vom Vater einen Schlag (wegen einer Unartigkeit, die im Film nicht zu sehen ist). Nachdem alle mit dem Essen fertig sind, beginnt der Vater mit dem Dankgebet, die Familie stimmt ein. »Im Namen des Vaters und des Sohnes und des heiligen Geistes, Amen. Gott sei Lob und Dank für Speis und Trank.

Vater unser im Himmel, geheiligt werde dein Name, dein Reich komme, dein Wille geschehe, wie im Himmel so auf Erden. Unser tägliches Brot gib uns heute und vergib uns unsere Schuld, wie auch wir vergeben unseren Schuldigern, und führe uns nicht in Versuchung, sondern erlöse uns von dem Bösen. Gegrüßet seist du Maria, voll der Gnade, der Herr ist mit dir. Du bist gebenedeit unter den Frauen, und gebenedeit ist die Frucht deines Leibes

Jesus. Heilige Maria, Mutter Gottes, bitte für uns Sünder jetzt und in der Stunde unseres Todes, Amen.«

Nach dem Gebet räumen die Mädchen den Tisch ab, und die Mutter geht mit dem Kleinkind aus dem Bild. Der Bauer beißt Kautabak ab. Das Tischtuch wird zusammengelegt und in die Tischschublade getan[3].

In dem Film wird aus der Fülle der Möglichkeiten, bei denen in Südtirol das gemeinsame Essen einen gruppenfördernden Charakter hat, nur eines der Beispiele dargestellt.

In einer aufmerksamen Arbeit hat sich H. Mang mit der besonderen Bedeutung des gemeinsamen Essens in Südtirol beschäftigt[4].

H. Mang behandelt in seiner Arbeit die verschiedenen Gelegenheiten, bei denen das Essen einen betont sozialen Aspekt aufweist und eindeutig der Gemeinschaftsförderung dient. Die große Anzahl dieser Anlässe berechtigt die Annahme, daß der Mensch gezielt die Stärkung der Gruppe durch das Mittel »gemeinsam essen« anstrebt. Besondere Anlässe erhöhen die angestrebte Wirkung in jeder Hinsicht.

Neben Geburt, Vermählung und Tod bieten sich noch als besondere Anlässe die verschiedenen Feiertage des Jahreslaufes, Beginn und Beendigung wichtiger Arbeiten, das Einstellen oder Ausscheiden von Dienstboten usw. an. Es sind verschiedene Gruppen, die unmittelbar angesprochen werden. Die engere Familie, die nähere und weitere Verwandtschaft, die verschiedenen Formen des Vereinswesens usw. Die unterschiedlichen Gemeinschaften greifen organisch ineinander, dieses Mittel der Gemeinschaftsförderung ist bei allen anzutreffen, auch in der Formgebung gruppenspezifisch ausgerichtet.

Das Resultat – der Studie vorangestellt – faßt H. Mang übergreifend zusammen: »Essen und Trinken bringt Menschen in eine Gemeinschaftszelle, festigt das Band der Familie, verbindet die Sippe, die Nachbarschaft und die verschiedensten Einheiten ernster und heiterer Art, stärkt die Orts-, Tal- und Landeszusammengehörigkeit, sucht sogar die Geister in seinen Bann zu ziehen und knüpft selbst die Bodenverbundenheit enger.«

Die Bedeutung des gemeinsamen Essens als Mittel der Gemeinschaftsförderung beschränkt sich nicht allein auf die Bevölkerung Südtirols. Schon die ersten Leseproben in der Literatur zeigen ein reichhaltiges und weitreichendes Belegmaterial an.

Aber auch der »moderne Mensch« liefert aus dem täglichen Leben der heutigen Zeit eine große Fülle von Beispielen.

Essen ist mehr als nur Nahrungsaufnahme, und so überrascht es auch nicht, daß das Konzept für die »4. Internationale Konferenz für Ethnologische Nahrungsforschung« unter dem Leitgedanken »Nahrung als Kommunikation« entstanden ist. Durch die Beiträge auf dieser Konferenz wurde nicht nur ein weitgefächertes Forschungsfeld dargestellt, sondern auch die Vielschichtigkeit des Problemkreises sehr deutlich[5].

In dem großen Bereich einer Nahrungsforschung, die erklärterweise über die physiologischen Fragen der Nahrungsaufnahme hinausgeht und sich sozialen Aspekten zuwendet, weil »Speisen und ihr Verzehr verschiedene Botschaften signalisieren können«, kann die Frage nach der Funktion und die Bedeutung des gemeinsamen Essens sicherlich nur einer der möglichen Aspekte sein.

Allerdings zeigt sich dieser Aspekt in den verschiedenen Lebensphasen sehr deutlich.

Schon bei der Paarbildung ist das gemeinsame Essen ein bedeutender Teil der beginnenden Gemeinsamkeiten. In dieser Lebensphase ist das gemeinsame Mahl zugleich ein Signal für die größere Gemeinschaft. Es deutet auf die Entstehung einer neuen Gemeinschaft, auf die Entstehung einer neuen Familie hin.

Führt die Paarbildung zur Gruppenbildung – am Ende dieser Entwicklung steht dann die Familie – so werden die Zwischenstationen dieses Prozesses jeweils durch gemeinsame Mahlzeiten, entsprechend der örtlichen Gepflogenheiten, mit großer oder geringer Beteiligung an die Gemeinschaft signalisiert, aber auch, und das vielleicht primär, sanktionierend dargestellt.

Auf die entsprechende Gestaltung einer Verlobung bis hin zu dem Festmahl der Hochzeit wird hier hingewiesen. Somit ist das gemeinsame Essen auch als »Rites de passage« zu sehen und tritt auch überall dort in Erscheinung, wo ein Individuum in eine Gemeinschaft aufgenommen wird.

Wenn neuere soziologische Untersuchungen aufzeigen, daß das gemeinsame Essen in den Familien abnimmt[6], zeigt dies lediglich die Unsicherheit in der Gruppenidentität und somit in der Gruppenzugehörigkeit an. Die Suche nach neuen Formen und Möglichkeiten der Gruppenzugehörigkeit, verbunden mit einer verhältnismäßig großen Freiheit des Protestes, führt zu einer Neuorientierung in der Gruppenidentität. Die Bildung von neuen Gruppen, die die alten ablösen – oder ablösen sollen –, bedeutet aber noch lange nicht den Verlust des Bedürfnisses, einer Gruppe anzugehören.

So kann auch nicht angenommen werden, daß der soziale Aspekt des gemeinsamen Essens abnimmt. Was sich hier zeigt, ist eine Verlagerung, und dieser Umstand verstärkt die Annahme, daß das gemeinsame Essen die Gruppenbildung fördert, bestehende Gruppen stärkt. Die Meidung des gemeinsamen Essens in der Familie bedeutet, daß man der »Gruppe« Familie eine Absage erteilt, aus welchen Gründen auch immer. Diese Absage geht aber mit der Bestrebung, einer anderen Gruppe anzugehören, einher. Ob es sich hierbei um eine Kommune oder Wohngemeinschaft handelt, ist in diesem Zusammenhang von sekundärer Bedeutung. Worauf es ankommt, ist, daß bei diesem Prozeß der Umorientierung das gemeinsame Essen als Signal, Demonstration und Manifestation eine besondere Rolle spielt.

Wenn bei Ehescheidungen der Begriff »Trennung von Tisch und Bett« eine festgefügte Formulierung ist, wird damit der hier angesprochene Zusammenhang unterstrichen.

Es kann nicht übersehen werden, daß unter Mitgliedern einer Tischgemeinschaft der individuelle Meideabstand auf ein Minimum reduziert wird. Eine weitere Reduzierung dieses Meideabstandes ist allenfalls unter Zwang oder auf sexueller Ebene denkbar.

Aufschlußreich ist in unserem Zusammenhang eine Untersuchung bei indonesischen Studenten.

Die größte soziale Distanz zeigt sich in den Antworten auf die Frage, ob man Mitglieder der anderen Gruppe als Mitglieder der eigenen Familie gern sähe. Die zweitstärkste Ablehnungsquote ergibt sich bei der Frage, ob man Mitglieder der anderen Gruppe bei einem gemeinsamen Essen gern sähe[7].

Das gemeinsame Essen setzt eine starke Bindung voraus oder zielt auf eine neue Verbindung ab.

Augenfällig ist auch in diesem Zusammenhang die »Teilhabe« der Verstorbenen an einem gemeinsamen Mahl, das fälschlicherweise oft als Opfergabe interpretiert wird. Hier handelt es sich vielmehr um die Darstellung einer als existent empfundenen Gemeinschaft, die auch die verstorbenen Vorfahren zu ihren Mitgliedern zählt.

Auch wenn es gewagt erscheint, soll darauf hingewiesen werden, daß zu dem hier angesprochenen Komplex auch die heilige Kommunion gehört, bei der sich die Religionsgemeinde als Gemeinschaft demonstriert und versteht. Daß der Ursprung dieser Handlung auf ein gemeinsames Mahl zurückgeführt wird, ist nicht von ungefähr, ist doch das biblische

Abendmahl unter diesem Aspekt nichts anderes als der letzte Akt bei der Bildung einer Gemeinschaft und wird als ein definierbares Signal eines Bündnisses empfunden.

Die Gültigkeit der hier angedeuteten Zusammenhänge muß, natürlich auch unter dem hervorgehobenen Aspekt betrachtet, immer wieder im einzelnen geprüft werden, kann es doch von Fall zu Fall um sehr unterschiedliche Zusammenhänge gehen. Es kann die Stärkung einer bestehenden Zusammengehörigkeit oder den Anfang einer erwünschten und angestrebten Zusammengehörigkeit usw. signalisieren.

Es kann aber auch das Einwirken einer formalen Gruppenbildung zum Ziel haben oder eine Zusammengehörigkeit demonstrieren.

Im Gegenzug wird die Aufkündigung bestehender und nicht mehr erwünschter Gemeinsamkeiten, durch Verlassen oder Meiden des gemeinsamen Tisches, demonstriert und signalisiert. Bei der großen Variationsbreite um den gemeinsamen Kern bietet sich natürlich auch die Möglichkeit an, durch gemeinsames Essen eine nicht vorhandene Zusammengehörigkeit vorzutäuschen. Auf kuriose Beispiele aus der Geschäftswelt oder aus der politischen Landschaft müßte man hierbei nicht verzichten.

All diese Merkmale sind z. B. an dem Verhalten einer Arbeitsbelegschaft im gemeinschaftlichen Speiseraum, in einem relativ kurzen Zeitraum gut zu beobachten. Aus welchen Gründen und nach welchen Kriterien sich die einzelnen Tischgemeinschaften bilden oder auflösen, in ihrer Zusammensetzung bestehen bleiben oder sich umbilden, wäre sicherlich eine Studie wert.

Die vorliegende Ausführung erhebt lediglich den Anspruch eines *Diskussionsbeitrages* und kann auf folgende Zusammenfassung reduziert werden:

Gemeinsames Essen ist gruppenförderndes Geschehen und hat eine fundamentale soziale Funktion überall dort, wo die Stärkung der Gruppe angestrebt wird. Auch bei der Bildung und Selbstdarstellung einer Gruppe ist das gemeinsame Mahl von großer Bedeutung. Für die Familiengemeinschaften trifft das besonders zu, weil – von wenigen Ausnahmen abgesehen – wir die Familie nur beim Essen als Ganzes vor uns haben.

## *Quellenhinweise*


[1] F. Simon: Schnitzen einer Teufelsmaske. Encyclopaedia Cinematographica, Film-Nr. E 980.

[2] F. Simon: Volkskundliche Filmdokumentation. Research Film, Vol. 5, Nr. 6, S. 604–611, Göttingen 1966.

[3] F. Simon: Abendessen einer Bauernfamilie. Encyclopaedia Cinematographica, Film-Nr. E 1958.

[4] H. Mang: Essen und Trinken als Gemeinschaftsförderung in Südtirol. Volkskundliches aus Österreich und Südtirol. Hermann Wopfner zum 70. Geburtstag dargebracht. S. 152–170 (Österreichische Volkskultur, Forschungen zur Volkskunde, Nr. 1). Wien 1947.

[5] M. Schindler: Bericht über die 4. Internationale Konferenz für Ethnologische Nahrungsforschung. Österreichische Zeitschrift für Volkskunde, Band 83, Heft 1, S. 252–263. Wien 1980.

[6] M. Berghaus: Von der Tischgemeinschaft zur Konsumgesellschaft. Gemeinschaftsbildung durch Essen und Wandlungen in der sozialen Bedeutung des Essens (Matreier Gespräche, Festschrift für Otto Koenig, Wien 1984).

[7] M. Schweizer: Interethnische Meinungen bei indonesischen Studenten. Kölner Ethnologische Studien, Band 1, Seiten 191, 218, 313, 340, 432, 460. Berlin 1980.

*Günter Smolla:*
# *Kochen und Kultur*

Es ist scheinbar eine Selbstverständlichkeit, daß wir mit dem Wort »kochen« alles verbinden, was mit der Zubereitung von Lebensmitteln für den menschlichen Genuß zusammenhängt. Wir sprechen von Koch und Köchin, Kochbuch und Kochkunst selbst in Zusammenhang mit Gerichten, deren Bestandteile »roh« geblieben sind, wie »grüne« Salate oder Beefsteak Tatar, oder wenn es sich um Gebratenes handelt. Dabei weiß jeder, wann das Wasser kocht und daß »kochen« im engeren Sinne soviel wie »sieden« bedeutet: ». . . das Aufbereiten von Lebensmitteln in siedendem Wasser (Garen), um sie leichter verdaulich und wohlschmeckender zu machen« (Meyers Enzyklopädisches Lexikon, Band 14, 1975, 15). Über Geschmacksfragen ließe sich streiten, beim Fleisch z. B. ob es gebraten oder gekocht besser schmeckt. Viele unserer Nahrungspflanzen wären aber ungekocht nicht nur unbekömmlich, sondern sogar ungenießbar. Einige werden es durch »Säuern«, das heißt durch einen Gärungsprozeß, wie er bei der Herstellung von Sauerkraut und Gurken noch heute genutzt wird.

Damit sind wir in die Vergangenheit zurückgewiesen. Kochen und Braten setzt Feuer voraus. Alle bisherigen archäologischen Befunde sprechen dagegen, daß der Besitz des Feuers zur menschlichen »Grundausstattung« gehört. Wenn wir die Menschheit mit der bewußten Werkzeugherstellung einsetzen lassen – und das ist zwar nicht die einzig mögliche, aber zur Zeit allein praktikable Definition –, dann ist die Menschheit mindestens 1–2 Millionen Jahre – in den Tropen jedenfalls länger als am Nordrand der alten Ökumene – ohne Feuer ausgekommen. Roh Genießbares gab es in der Regel genug, vor allem wenn man berücksichtigt, was wir Heutigen vor Ekel kaum anzurühren wagten und was auch ich hier nicht näher bezeichnen will, um niemandem den Appetit zu verderben.

Mit der Feuernutzung – das heißt seit kaum mehr als 500000 Jahren, in manchen Gebieten noch später – war das Braten verbunden. Aber das Feuer brachte auch Schutz vor Kälte, »wilden« Tieren, vielleicht auch seelische und soziale Veränderungen, die wir nicht einmal erahnen können. Nutzlos wären auch alle Spekulationen darüber, welche dieser »Funktionen« des Feuers die primäre war. Gewiß ist nur, daß seit dem ausgehenden Altpaläolithikum bzw. Mittelpaläolithikum Fleisch gebraten wurde und daß sich die Bratmethoden seitdem nicht grundlegend geändert haben, obwohl es – z. B. durch Einführung von Bratspieß und Bratrost – einige »Fortschritte« gibt.

Anders das Kochen im engeren Sinne. Von Natur aus heiße Quellen sind so selten und dann zum Teil auch noch mit appetithemmenden Stoffen wie Schwefel versetzt, daß wir sie – im Gegensatz zu F. Boas (1938, 240) – wohl aus unseren Spekulationen über die Anfänge des Kochens ausschalten dürfen. Auch für das Kochen von Fleisch ist ein primäres Bedürfnis nicht recht vorstellbar. Gebratenes schmeckt doch nicht schlechter als gekochtes – sonst wäre es längst durch dieses ersetzt worden.

Auch bei der Pflanzennahrung ist es schwer, ein primäres Bedürfnis zu erkennen, das zum Kochen führen mußte. Hier haben wir allerdings eine bessere Ausgangslage, denn daß die seit dem Neolithikum nachgewiesenen Kulturpflanzen – eventuelle Ausnahmen können hier unberücksichtigt bleiben – nur durch Kochen für Menschen genießbar wurden, ist unbestreitbar. Ebenso, daß mit den keramischen Gefäßen auch die Möglichkeit gegeben war, Kochtöpfe in größerer Zahl und in verschiedenen Klimazonen herzustellen. Natürlich kann man in großen Bambusabschnitten und mit Hilfe erhitzter Steine in verschiedenartigen Behältern kochen. Über das »Steinkochen« ist viel geschrieben worden (Literatur bei Smolla 1960, 25 – ferner besonders Boas 1893, 438, 460; Foster 1960, 71; Tylor 1865/1964, 279 ff. – dieses Thema wäre überreif für monografische Behandlung!). Dabei wurde die – auch im Rahmen der »Experimental Archeology« sehr wichtige Arbeit von Michael J. O'Kelly (1954) zwar gelegentlich zitiert, aber seltener gelesen. Wer das nicht getan hat, ist für jede weitere Diskussion disqualifiziert. Deshalb vermeide ich auch eine Zusammenfassung seiner erstaunlichen Ergebnisse, weil diese notgedrungen zu knapp sein müßte. Daß Kochfleisch mindestens seit der späten Bronzezeit (Reinecke BzD) eine bedeutende Rolle spielte, hat auch A. Jockenhövel (1974) gezeigt. Aber es ist eben kaum vorstellbar und durch nichts zu begründen, daß das Kochen bei der Fleischnahrung begonnen habe.

So werden wir erneut auf die Pflanzen verwiesen. Aber auch da ist kein Argument dafür zu finden, warum man zur »Entdeckung« der Nützlichkeit des Kochens kam. War das »Einsäuern« durch einen Gärungsprozeß eine Vorform? Dafür könnte eine Mythe der Kosi (oder Kossi) in Kamerun sprechen (Staffe 1941, 183): »In alten Zeiten kannten die Menschen das Feuer nicht. Brachte einer Früchte vom Feld, so ließ er sie liegen, bis sie faulten und weich wurden.« (Es folgt die Mythe vom Hund als Feuerbringer.) Aber das ist wohl eher eine »logische« Schlußfolgerung, die bei Pflanzen nahelag, wenn die Frage beantwortet werden sollte: Wie haben die Menschen sich ernährt, bevor sie kochen konnten? Ob Jörg Lechler, der um 1944 in einer amerikanischen Universitätszeitschrift einen Aufsatz über »Sauerkrautmaking in paleolithic times« (oder ähnlich) veröffentlicht hat, bessere Argumente hatte, weiß ich nicht, da es mir trotz einiger Bemühungen nicht gelang, diesen zu Gesicht zu bekommen. Vielleicht gab W. Volz (1942, 42) den Anstoß, der in seinem auch heute noch trotz vieler Irrtümer anregenden Kapitel »Das Ernährungsproblem« zwar auf die Rolle der Gärungsprozesse hinweist, sie jedoch – mit Recht – mit dem »Vorratsgedanken« in Verbindung bringt, den er – wohl zu Unrecht – dem Paläolithikum absprach. Aber auch damit ist für unsere Fragestellung nicht viel gewonnen. Es bleibt bei der resignierten Aussage des großen dänischen Ethnologen K. Birket-Smith (1948, 131), daß das Kochen »keine ganz so einfache Kulturerrungenschaft« war, wie man denken könnte. Die oben zurückgewiesenen Spekulationen von F. Boas (1938, 241) folgten auf den Satz: »The discovery of boiling food is also [wie die des Feuers!] difficult to understand.« Der des extremen Diffusionismus kaum verdächtige große deutsch-amerikanische Ethnologe hat sogar mündlich die Ansicht vertreten, das Kochen gehe auf eine einmalige Entdeckung zurück, die sich dann von da ausgebreitet habe (W. Koppers 1952, 15). Schon Leo Frobenius (1934, 397) hatte in einem 1920 gehaltenen Vortrage gefragt: »Was ist gewaltiger: der erste Sieg über die Elemente, die Hervorbringung des Feuers, das erste Kochen mit Wasser, die erste Steinzurichtung oder die spätere Anwendung zu Hochofen, Dampfkessel und Quaderbau?«

Daß wir es mit einer Erfindung hohen Ranges zu tun haben, dürfte jetzt klar sein. Claude Lévi-Strauss (1964, a, b) hat zum Thema »roh – gekocht« im Sinne von »bearbeitet und unbearbeitet« oder endlich »Natur und Kultur« viel an Material und an geistvollen Gedanken beigesteuert – obwohl der Archäologe – wenn auch gelegentlich nicht ohne Bedenken – von »Kultur« als menschlicher Grundeigenschaft schon bei den frühesten Steinwerkzeugen zu sprechen hat. Den unglückseligen, nur im Deutschen so hervorgehobenen Vorstellungen von einer Gegensätzlichkeit von »Kultur« und »Zivilisation«, die in der Verteufelung der »Technik« zur Zeit zu letzten Eruptionen führten, können wir nur mit der Frage entgegentreten, seit wann von »Kultur« die Rede sein soll (je später, um so entlarvender, weil rassistischer).

Mit der Erkenntnis der Bedeutung der Erfindung des Kochens wächst also auch das Interesse an dem Wo?, Wie? und Warum? Es geht dabei nicht um die spätere Anwendung. Daß Kochfleisch offensichtlich eine sekundäre Nutzung war, ist schon erwähnt worden. Aber auch für das Kochen von Pflanzen findet sich kein hinreichender Grund – wenn man sich nicht auf reine »Zufallsentdeckungen« zurückziehen will. Es gibt aber eine Argumentationsreihe, die vielleicht weiter führt. Die klimatischen Veränderungen am Ende der letzten Eiszeit – mit ihren innerkontinentalen Umweltänderungen und eustatischen Meeresspiegelerhöhungen scheinen die Lebensform des »Küstensammlertums« begünstigt zu haben. Dafür spricht das weltweite Phänomen der Muschelhaufen an den Küsten der Meere und den Ufern größerer Binnengewässer. Schon früh ist aufgefallen (Literatur bei Smolla 1960, 24), daß Muscheln in der Regel keine Spuren gewaltsamer Öffnung zeigen – was sich bei eigener Feldarbeit an der Küste Südmosambiks bestätigte. Bekanntlich öffnen sich die Muscheln durch Kochen. Vielleicht läßt dieser Erklärungsversuch der Erfindung des Kochens auch die verschiedenen Anfänge der Keramik in Vorderasien und Ostasien verständlich werden: In Vorderasien erscheinen Figuren aus gebranntem Ton mindestens gleichzeitig, wahrscheinlich aber früher als Gefäße (Smolla 1967, 93). In Ostasien – wo der Forschungsstand vor allem in Japan den westlichen eher übertrifft – treten Figuren erst viel später auf als Tongefäße. Hinzu kommt, daß dort die Spitzbodigkeit gerade der Frühformen kennzeichnend ist, und diese sind in der Regel mit Küstensammlern und Muschelhaufen verbunden. Dirk Spennemann (1984) hat für das seit längerer Zeit diskutierte Phänomen des »Verlustes« der Keramik in weiten Teilen der Südsee wahrscheinlich gemacht, daß dieser »Verlust« mit dem Aufhören des Vorwiegens der Molluskennahrung und dem Übergang zu in Erdöfen zubereiteter Pflanzenkost zusammenhängt. Damit sind unsere Fragen natürlich noch nicht abschließend beantwortet, aber ein Weg gewiesen und eine Hypothese aufgestellt, die weiter führen könnte als die bisherigen Spekulationen.

Otto Koenigs Leben und Wirken ist durch die Erlebnisse in der Jugendbewegung der späten zwanziger und frühen dreißiger Jahre geprägt worden, und er wird – wie ich – beim Nachdenken über die Rolle des Kochens für das menschliche Verhalten an jene Tage zurückdenken, als wir »auf Fahrt« gingen, mit Kochen und Zelten und den Nächten am Lagerfeuer . . .

*Literatur*

Birket-Smith, K.: Geschichte der Kultur. 2. Auflage. Zürich 1948.
Boas, F., in Zeitschrift für Ethnologie (Verhandlungen) 25, 1893.
Boas, F.: Invention. In: General Anthropology, herausgegeben von F. Boas. New York 1938, S. 238–281.
Foster, G. M.: Culture and Conquest. Americas Spanish Heritage. New York 1960.
Frobenius, Leo: Paideuma (Erlebte Erdteile Band 4). 4. Auflage. Frankfurt am Main 1934.
Jockenhövel, A.: Fleischhaken von den Britischen Inseln. In: Arch. Korr. Blatt 4. 1974, S. 329 ff.
Koppers, W.: Der historische Gedanke in Ethnologie und Prähistorie. Wiener Beiträge zur Kulturgeschichte u. Linguistik 9. 1952, S. 11 ff.
Lévi-Strauss, C.: (a) Mythologie I: Le cru et le cuit. Paris 1964. Deutsch: Das Rohe und das Gekochte. Frankfurt am Main 1970.
Lévi-Strauss, C.: (b) Le Triangle culinaire. In: L'Ars, Nr. 62, S. 19 ff. Deutsch: Das kulinarische Dreieck. In: Frankfurter Allgemeine Zeitung vom 26. März 1966.
O'Kelly, M. J.: Excavations and Experiments in Ancient Irish Cooking-Places. The Journal of the Royal Society of Antiquaries of Ireland 84. 1954, S. 105–155.
Peschel, O.: Völkerkunde. 6. Auflage 1885, S. 168 f.
Smolla, G.: Neolithische Kulturerscheinungen. Studien zur Frage ihrer Herausbildungen. Antiquitas, Reihe 2, Band 3. Bonn 1960.

Smolla, G.: Epochen der menschlichen Frühzeit. Freiburg – München 1967.
Spennemann, D.: Zu einer neolithischen Kulturerscheinung in Polynesien. Ein Beitrag zum Kulturwandel der Lapita-Kultur. In: Materialien zur Vor- und Frühgeschichte von Hessen, Band 3 (Festschrift G. Smolla) (in Druck).
Staffe, A.: Den Mungo entlang. Berlin 1941, S. 183. Zitiert nach B. Frank: Die Rolle des Hundes in afrikanischen Kulturen. Studien zur Kulturkunde 17. Wiesbaden 1965, S. 120.
Tylor, E. B.: Researches into the Early History of Mankind 1865. Zitiert nach der von P. Bohannan herausgegebenen Bearbeitung. Chicago – London 1964.
Volz, W.: Die Besitznahme der Erde durch das Menschengeschlecht. Stuttgart 1942.

## *Hans Trümpy:*
## *Verhaltensvorschriften beim Essen und Trinken*

Für die Volkskunde ist nicht nur interessant, was man ißt und trinkt, sondern auch, wie das vor sich geht. Dafür gibt es Regeln, die über die Erziehung vermittelt werden, innerhalb der Familien meist mündlich, aber die seltsame literarische Gattung der Anstandsbücher erlaubt jederzeit auch eine Orientierung über das gedruckte Wort. Schon vor dem Buchdruck sind Verhaltensregeln in handschriftlicher Form verbreitet worden, und dabei stand gerade das Benehmen am Tisch durchaus im Vordergrund[1]. In Europa ist das älteste Dokument die »Disciplina clericalis« des getauften Juden Petrus Alphonsus aus dem Beginn des 12. Jahrhunderts. Da erteilt ein Vater seinem Sohn Ratschläge, was er beim Essen am Hofe, aber auch sonst zu beachten habe: Zuerst sind die Hände zu waschen; die Speisen dürfen vor dem Essen nicht berührt werden; das Brot darf nur zusammen mit dem Hauptgericht gegessen werden, weil man sonst als ungeduldig gelten würde; man soll nicht einen so großen Bissen in den Mund stecken, daß Brosamen herabfallen; der Bissen soll erst hinuntergeschluckt werden, wenn er gut gekaut ist, denn sonst könnte man daran ersticken; als Säufer würde gelten, wer Wein in den vollen Mund hinein trinkt; mit vollem Mund darf man ferner nicht sprechen, weil sonst etwas in die falsche Röhre geraten könnte, was tödliche Folgen haben kann; bäurisch wäre es, etwas aus der Schüssel zu nehmen, was nahe bei einem anderen Gaste liegt; am Ende der Mahlzeit sind wieder die Hände zu waschen.

Ebenfalls aus dem 12. Jahrhundert stammt das Gedicht »Facetus«, das später mehrfach ins Deutsche übersetzt worden ist. Hier sind die Ansprüche noch höher geschraubt: Ein Gast darf sich nicht zu Tische setzen, bevor er dazu aufgefordert worden ist. Man darf sich nicht mit den Ellbogen aufstützen, man darf sich während des Essens nicht kratzen; angebissenes Brot darf nicht in die (gemeinsame) Schüssel getunkt werden; das Tischtuch soll nicht zum Putzen der Nase dienen; weder in die Speise noch in den Trank darf man blasen.

Die Regeln der beiden lateinischen Tischzuchten vereinigt der älteste deutsche Text dieser Art. Er stammt aus der Mitte des 13. Jahrhunderts und wird dem Dichter Tannhäuser zugeschrieben. Neu dazugekommen sind die Verbote zu schmatzen, das Brot beim Schneiden an sich zu drücken, das Messer als Zahnstocher zu verwenden, ferner die Erwähnung eines Tischsegens zu Beginn der Mahlzeit:

Zum dem essen sült ir sprechen sus:
Gesegen vns jesus christus.

Im übrigen sind die Regeln im Namen der »Hofzucht« aufgestellt; wer etwa ein angebissenes Stück Brot in die Schüssel steckt, begeht »Unzucht«, hält sich an »bäurische Sitte«. – Zwei spätere Überarbeitungen dieses Lehrgedichts wenden sich ausdrücklich an Kinder; sie werden darin ermahnt, sich nicht wie das Vieh bzw. die Schweine zu benehmen. Die eine der beiden Fassungen verlangt zum Schluß ein Dankgebet vor dem Händewaschen.

Typisch für diese und andere spätmittelalterliche Tischzuchten ist, daß sie das Verhalten der Oberschicht, das sich von dem der Bauern abhebt, als vorbildlich darstellen. Eine Möglichkeit des sozialen Aufstiegs schließen sie freilich nicht aus; Petrus Alphonsus wollte ihn sogar ausdrücklich erleichtern. Im städtischen Bürgertum zwischen Mittelalter und Neuzeit bestand offensichtlich ein verstärktes Bedürfnis nach solcher Unterweisung. Ein Augsburger Einblattdruck von 1509 kam ihm entgegen[2]: Hier geht den Tischregeln die generelle Aufforderung zur Reinlichkeit am ganzen Körper, zum Verzicht auf Fluchen und Schwören und zur Vermeidung böser Gesellschaft voraus, das heißt, dieser Druck ist schon auf dem Weg zum Anstandsbuch, aber noch immer ist das Verhalten bei Tisch zentral; dafür werden die bisherigen Regeln wiederholt. Den Text zu einem wenig jüngeren Nürnberger Einblattdruck hat Hans Sachs verfaßt[3]. Hier sind die Vorschriften neu, man dürfe den Tischnachbarn nicht mit dem Ellbogen belästigen, und man solle keinen andern, während er esse, anstarren.

Es ließen sich noch berühmtere Autoren nennen, vor allem Erasmus von Rotterdam mit seinem 1530 erstmals gedruckten Anstandsbuch »De civilitate morum puerilium«, das ungezählte Male nachgedruckt und auch in verschiedene Volkssprachen übersetzt worden ist. Erasmus hat den bewährten Stock der Vorschriften um einige Punkte erweitert: Zum Schneuzen empfiehlt er die Benützung eines Taschentuchs, denn es sei bäurisch, sich die Nase mit dem Rockärmel zu putzen. Bei Tisch hat man sich zum Schneuzen abzuwenden; dafür erlaubt Erasmus auch die Benützung von zwei Fingern, doch muß zertreten werden, was dabei auf den Boden fällt, denn der Anblick unzertretener Exkremente ruft bei den Anwesenden Übelkeit hervor[4]. Ähnlich wie seinerzeit Petrus Alphonsus war Erasmus auch sonst darum bemüht, seine Vorschriften zu begründen: Ein Kind soll nicht zuerst Speisen schöpfen, weil das auf Eßgier schließen lasse, und zudem verbrenne es sich leicht den Mund. Neben dem Taschentuch erwähnt er als weitere kulturgeschichtliche Neuerung die Serviette: Man soll sie über die linke Schulter oder über den linken Arm legen. Diese Vorschrift ist über die Vermittlung der Zünfte bei den Freimaurern rituell geworden[5], doch steckt dahinter nichts Mystisches, sondern etwas durchaus Praktisches: Erasmus rät nämlich, fettige Finger nicht abzulecken, sondern am Tischtuch oder an der Serviette abzuwischen. Für die üblichen Rechtshänder war damit die Serviette am linken Arm richtig plaziert.

Das Stichwort »Zünfte« lenkt unsern Blick auf einen weiteren Strang des Anstands, der in der sonst besten Untersuchung zu unserem Thema, »Über den Prozeß der Zivilisation« von Norbert Elias[6], übersehen ist. Da die vorreformatorischen Zünfte immer auch geistliche Bruderschaften waren, gehörten zu ihren Verhaltensvorschriften, wie sie in den Zunftordnungen und/oder Zunftstubenordnungen festgehalten waren, auch religiöse Tabus: So war verboten, während des Essens zu fluchen und zu schwören. Anderes aber gehörte durchaus in die untere Etage des Anstands, so, wenn Naturtöne vom obern und vom untern Ende des Verdauungsapparates mit Buße bestraft wurden[7]. Die Zunftorganisation ermöglichte also sogar interne gerichtliche Sanktionen gegen Verstöße, während im privaten Bereich Mißachtung der Tischzucht nur mit Tadel oder gesellschaftlicher Diskriminierung bestraft werden konnte.

In allen bisher erwähnten Dokumenten ist selbstverständliche Voraussetzung die Nahrungsaufnahme in einem geschlossenen Raum an einem Tisch. Man darf daraus schließen, daß die Tabuierung des Essens und Trinkens im Stehen und Gehen schon damals galt. Für die Ethologie ebenso beachtlich ist die Tatsache, daß den Tischordnungen das religiöse Element häufig ganz fehlt, der Schwerpunkt dafür eindeutig im Bestreben lag, alles Unappetitliche vom Essen fernzuhalten. In dieser Hinsicht sind die Ansprüche seit Erasmus bis in unsere Zeit immer höher geschraubt worden. In einem französischen Anstandsbuch von 1672 (Traité de Civilité)[8] ist das Taschentuch nicht nur eine Selbstverständlichkeit, sondern zugleich etwas Peinliches geworden. Sich zu schneuzen, ohne die Serviette vors Gesicht zu halten, oder sich mit dem Taschentuch den Schweiß von der Stirn zu wischen, bezeichnet das Buch als »des saletez«. Steht gerade keine Serviette zur Verfügung, so hat man beim Schneuzen das Gesicht mit der linken Hand zuzudecken; auf keinen Fall darf man nach vollzogener Tat das Taschentuch betrachten. Die Tischzuchten spiegeln, wie Elias formuliert, die jeweilige

»Peinlichkeitsschwelle« und »Schamgrenze«, und er konstatiert mehrfach deren »Vorrücken« im Laufe der Geschichte[9]. Französische Tischregeln von 1672 verboten, mit einem schon zum Essen gebrauchten Löffel zu schöpfen, und erwähnen, manchenorts lege man neuerdings einen besonderen Schöpflöffel bereit. Im gleichen Buch heißt es, früher sei es erlaubt gewesen, Unzerkaubares aus dem Munde zu nehmen und auf den Boden zu werfen; jetzt aber gelte das als eine »saleté«[10]. Weiteres Raffinement brachte ein französischer Text von 1786: Brot darf man nicht mehr zerschneiden, und es gilt als unschicklich, heißen Kaffee zur Abkühlung in die Untertasse zu schütten[11].

Einige Autoren von Anstandsbüchern versuchten, das anständige Verhalten bei Tisch mit der Bibel zu rechtfertigen, ein Unterfangen, das von vornherein zum Scheitern verurteilt war. Trotzdem umgibt eine gewisse Ritualität wenigstens die Hauptmahlzeiten auch dort noch oft, wo das Tischgebet längst außer Gebrauch gekommen ist: Man wartet mit dem Beginn des Essens, bis alle geschöpft haben, man wünscht gegenseitig guten Appetit, und man hebt die Tafel nach Möglichkeit gemeinsam auf. Im ausführlichen Artikel »Essen« im Handwörterbuch des deutschen Aberglaubens verweist Eckstein auf ethnologische Parallelen und fährt dann so fort: »Jedes Gemeinschaftsmahl ist für den primitiven Menschen eine heilige Handlung, welche die Beteiligten verbindet und zu Brüdern macht.« Aufnahme am gemeinsamen Tisch bedeutet somit Aufnahme in einen Kreis des Friedens. Daß umgekehrt Unfriede am Tisch den Appetit verschlagen kann, haben wir alle schon irgendeinmal erlebt, auch das zweifellos ein ethologisches Faktum. – Ebenso bemerkenswert aber sind die erwähnten »Peinlichkeitsgefühle«. Die in den Tischzuchten gelegentlich erwähnte Begründung, ein unappetitliches Verhalten könnte bei den Tischgenossen Übelkeit hervorrufen, ist grundsätzlich ernst zu nehmen. Man weiß schließlich, wie ansteckend es bei Seekrankheit wirkt, wenn sich die ersten davon Betroffenen übergeben müssen. Die »Saleté«, Halbzerkautes auszuspeien, kann empfindlichen Zuschauern in gleicher Weise »auf den Magen schlagen«. Im weitern erwähne ich einen mir denkbar nahestehenden Knaben, der unter keinen Umständen mit einem Löffel gegessen hätte, den vor ihm ein anderer zum Munde geführt hatte. Die Eltern versuchten vergeblich, ihm diese Zimperlichkeit abzugewöhnen, und noch als Erwachsenen kostete es ihn größte Überwindung, im Militärdienst sein Eßbesteck mit Kameraden zu teilen. Ferner kenne ich verschiedene Kinder, die es nicht dulden wollen, daß sich im Teller zwei Speisen vermischen. Ein Ekelgefühl in diesem Bereich kann uns offensichtlich angeboren sein, und damit liegt für die Volkskunde eine Folgerung auf der Hand: Bei der Verfeinerung der Tischsitten und beim »Vorrücken der Peinlichkeitsschwelle« sind offenbar empfindlichere Naturen zum Zuge gekommen; ihre Ekelgefühle wurden berücksichtigt und damit, wenigstens auf dem Papier der Anstandsbücher, als allgemein verbindlich erklärt. Mit den steigenden Ansprüchen an das Verhalten bei Tisch ließ man Gesellschaftsschichten zum Zuge kommen, die man bei bösem Willen als zimperlich charakterisieren dürfte. Unnötig zu sagen, daß sich solche Zimperlichkeit auch anerziehen läßt und daß sie produktiv wirken kann.

Die Tischsitten haben also meines Erachtens gewisse »natürliche« Hintergründe, ihre Formen jedoch sind durchaus kulturell geprägt; es genüge an das Schmatzen der Chinesen zu erinnern, das in Westeuropa als unanständig gilt, weil es uns seit Jahrhunderten abgewöhnt worden ist. Ein Basler Schullesebuch von 1817 enthielt drei Seiten mit »Regeln anständiger und guter Sitten«, wo unter anderem verboten wird, sich am Tisch mit den Ellbogen aufzustützen und mit schmutzigen Fingernägeln zum Essen zu kommen. Dann wörtlich: »Fahre beym Essen nicht heißhungrig zuerst in die Schüssel, sondern warte, bis deine Eltern (. . .) zugegriffen haben. Hüthe dich, die Speisen mit den Fingern anzufassen und diese hernach abzuschlecken, zu schlürfen, laut zu schmatzen.« Wer wollte bezweifeln, daß von solchen Vorschriften eine gewisse Wirkung ausgegangen ist[12].

Zum Abschluß ein Wort zum Tabu, Fische mit dem Messer zu zerlegen, das oft auch für gekochte Eier gilt. Es begegnet zuerst in humanistischen Tischregeln, jedoch ohne Begründung. Gehalten hat es sich in »gehobenen« Kreisen bis heute. Es gibt dort Leute, die zusammenzucken, wenn sie Zeugen eines Verstoßes werden; in diesem Fall geht es ganz gewiß um ein anerzogenes, nicht um ein spontanes Ekelgefühl. Nach Angabe neuester Anstandsbücher hätte das Eisen der Klinge früher die Eier und das Fleisch der Fische verfärbt; da die rostfreien Messer keine solche Wirkung mehr haben, wird deren Verwendung in diesen Büchern denn auch ausdrücklich erlaubt. Ich vermag aber an die Verfärbung als Grund des Tabus nicht zu glauben; wahrscheinlich ist mir ein anderer: Fische sind und Eier waren Fastenspeisen; deshalb sollte man sie nicht wie das Fleisch zerkleinern[13]. Wenn diese Erklärung richtig ist, hätte für einmal eine Anstandsvorschrift einen echten religiösen Hintergrund.

### *Anmerkungen*

[1] Die mittelalterlichen Texte sind zugänglich in: Thomas Perry Thornton (Hg.): Höfische Tischzuchten. Berlin 1957 (Texte des späten Mittelalters, Heft 4).

[2] Reproduziert bei Hans Boesch: Kinderleben. Leipzig 1900 (Monographien zur deutschen Kulturgeschichte, 5), Abb. 47.

[3] ib., Abb. 52.

[4] Norbert Elias: Über den Prozeß der Zivilisation, 2. Auflage, zwei Bände, Bern – München 1969.

[5] Vgl. Heinrich Boos: Geschichte der Freimaurerei, 2. Auflage. Aarau 1906, S. 17 (für England seit dem 17. Jahrhundert bezeugt).

[6] Vgl. Anm. 4.

[7] Vgl. Heinrich Heckendorn: Wandel des Anstands im französischen und im deutschen Sprachgebiet. Bern 1970, S. 28 f.

[8] Elias (wie Anm. 4) 1, S. 198.

[9] ib., z. B. 1, S. 181 ff.

[10] ib. 1, S. 122 f.

[11] ib. 1, S. 132.

[12] Vgl. H. Trümpy: Volkskunde im Schulbuch des 19. Jahrhunderts. In: Schweizerisches Archiv für Volkskunde 67. 1971 (S. 62–83), S. 65.

[13] In der Diskussion in Matrei ist meiner These entgegengehalten worden, daß das Fleisch des Bibers, das innerhalb der Fastenspeisen dem Fischfleisch gleichgestellt wurde (wann?), nur mit Hilfe eines Messers verzehrt werden könne. Das ist gewiß richtig, aber eine allgemein verbreitete Fastenspeise war das Biberfleisch sicher nicht, sondern eine Ausnahme, welche die Regel bestätigte.

*Jürgen Zwernemann:*

# *Essen und Trinken bei den Moba in Nord-Togo*

Die Moba sind ein Savannenpflanzervolk, das im äußersten Nordwesten Togos lebt. Obwohl dieses Gebiet nicht mehr zur Sahelzone rechnet, ist die Wirtschaft ganz wesentlich vom Klima abhängig, das durch eine Regenzeit und eine Trockenzeit charakterisiert wird. Die Regenzeit dauert etwa von April bis Anfang November. Die anschließende Trockenzeit erstreckt sich bis Ende März oder Anfang April.

Wenn wir bedenken, daß es in Afrika gegenwärtig etwa 460–500 Millionen Menschen gibt und daß man im Jahr 2000 dort mit 850 Millionen[1], vielleicht sogar mit einer Milliarde rechnen muß, dann handelt es sich bei den Moba, die vielleicht 150000 bis 200000 Menschen[2] umfassen, um eine kleine Gruppe.

Die Moba haben eine typische Subsistenzwirtschaft, die auf Feldbau und Viehzucht basiert. In normalen Jahren steht als Grundnahrungsmittel ganzjährig Rispenhirse oder Sorghum zur Verfügung. Daneben sind Erdnüsse und Bohnen ebenfalls fast immer vorhanden. Kolbenhirse oder Pennisetum reicht von August bis März. Kolbenhirse ist übrigens die Körnerfrucht, die man als erste ernten kann. Yamsknollen stehen von September bis November oder Dezember zur Verfügung, Bataten (Süßkartoffeln) von Oktober bis Januar. Mais reicht im allgemeinen von Juni bis August. Einige Pflanzer bauen auch Reis an, der zwischen Oktober und Dezember geerntet wird und nur in Ausnahmefällen bis zur nächsten Ernte reicht[3]. Die pflanzliche Nahrung wird ergänzt durch Gemüse und Gewürze, die direkt bei den Gehöften angebaut werden, sowie durch Früchte, Kräuter und Blätter, die im Busch gesammelt werden. Zu erwähnen ist noch, daß Rispenhirse, also Sorghum, zur Herstellung von Hirsebier verwendet wird.

Grundnahrungsmittel sind Sorghum und Pennisetum, also Hirsen, die beide in mehreren Varietäten vorkommen. Die Moba unterscheiden beim Sorghum einige Sorten, die nach den von mir mitgebrachten Proben von Botanikern nicht als unterschiedliche Varietäten festgestellt werden konnten.

Hirse wird abends als fester Brei genossen. Die von den Frauen im Mörser durch Stampfen enthülste und auf einem Mahlstein zu Mehl zerriebene Hirse wird zu einem Brei gekocht, der so fest sein muß, daß er seine Form behält, wenn er gestürzt wird. Dies ist ein Zeichen dafür, daß der Brei gut gekocht ist. Der Brei enthält weder Gewürz noch Salz. Zum Hirsebrei genießt man eine Soße, die Fett (Schibutter, Erdnußöl) enthält und der man – je nach Jahreszeit – frische oder getrocknete Gemüseblätter sowie Fruchtkapseln von Hibiscus esculentus und eventuell einige Erderbsen zusetzt. Auch Salz und Gewürz und – wenn vorhanden – frischer oder getrockneter Fisch, seltener Fleisch, werden in die Soße getan. Im allgemeinen wird Fleisch von Haustieren nur nach Opfern genossen oder wenn ein zu ehrender Gast kommt, für den ein Perlhuhn, ein Huhn, eine Ziege oder sogar ein Schaf geschlachtet wird.

Abends ist die wichtigste und oft auch die einzige Mahlzeit. Morgens wird sauer gewordener Brei vom Vortag gegessen, welcher »alter Brei« genannt und eventuell mit etwas Wasser verdünnt wird. Alternativ wird oft in Wasser gelöstes Hirsemehl getrunken. Mittags gibt es normalerweise keine Mahlzeit. Wesentlich ist bei jeder Mahlzeit das Opfer für die Ahnen: etwas Hirsebrei wird auf den Boden geworfen oder etwas verdünnter »alter Brei« oder Hirsewasser auf den Boden geschüttet. Als Getränk dient normalerweise Wasser. Auch davon wird etwas auf den Boden geschüttet. All dies geschieht dort, wo man gerade sitzt und ißt. Diese selbstverständliche Opfergeste ist ein Hinweis auf die enge Verbindung zwischen Ahnen und Erde und auf eine früher vorhanden gewesene Glaubensvorstellung vom Totenreich in der Erde. Keiner meiner Gewährsleute war allerdings in der Lage, das Totenreich in irgendeiner Weise zu lokalisieren.

Wer ißt nun gemeinsam? Stark verallgemeinernd kann man sagen, daß Erwachsene und Heranwachsende gemeinsam, aber nach Geschlechtern getrennt essen. Der Hausherr ißt normalerweise allein mit seinen Söhnen, aber der erste Sohn ißt unter keinen Umständen zusammen mit seinem Vater. Er muß entweder allein essen oder mit anderen Männern aus dem Gehöft. Die Frauen eines Gehöftes und ihre kleinen Kinder essen gemeinsam, wenn sie sich verstehen. Gibt es zwischen ihnen starke Differenzen, ißt jede Frau mit ihren Kindern. Selbstverständlich kann es in einem Gehöft zu unterschiedlichen Gruppenbildungen bei Männern und Frauen kommen, die sich unter Umständen in Eßgemeinschaften widerspiegeln. In anderem Zusammenhang wurde festgestellt, daß die Gehöfte sehr unterschiedlichen Umfang haben können[4]. Bei einem großen Gehöft können nicht alle Frauen und Kinder miteinander essen, sondern es bilden sich Eßgemeinschaften entsprechend den Kleinfamilien, das heißt, jeder Mann ißt für sich zusammen mit seinen Söhnen, und seine Frau oder seine Frauen und deren kleine Kinder essen gemeinsam. Unverheiratete Männer werden entweder von ihrer Mutter versorgt, oder sie essen bei einem älteren Bruder mit. Gäste essen bei ihren Freunden oder bei einer aus ihrer Familie stammenden Frau des Gehöftes, die sie besuchen. Wenn es sich um Fremdlinge handelt, übernimmt das Gehöftoberhaupt die Pflichten des Gastgebers. Gelegentlich essen Frauen auch gemeinsam mit der Frau oder den Frauen des ältesten Sohnes. Mann und Frau essen *nie* gemeinsam. In der traditionellen Moba-Gesellschaft sitzen Männer und Frauen beim Essen auch nicht am gleichen Platz. Die Frau bringt das Essen zunächst ihrem Mann und den Söhnen und beobachtet, ob noch etwas benötigt wird (z. B. nach dem Essen Waschwasser für die Hände). Erst wenn ihre Männer versorgt sind, essen die Frauen. Im Falle einer Hungersnot bekommen zuerst die Kinder und die Greise etwas zu essen, danach die Frauen und dann erst die Männer, erklärte ein Gewährsmann spontan.

Die Bewohner eines Gehöftes bilden eine Wirtschaftseinheit, die unter der Leitung des Gehöftoberhauptes steht. Die Besonderheit dieser Wirtschaftseinheit ist, daß die Familienfelder von allen Gehöftbewohnern gemeinsam bestellt werden. Die Ernte wird gemeinsam eingebracht und in den Familienspeichern gelagert. Daneben haben die einzelnen Männer oder Frauen eigene Felder, deren Ertrag sie nach Gutdünken verwenden können. Nur nach einer wirklichen Mißernte hat das Gehöftoberhaupt das Recht, auch über die Erträge der Individualfelder zu verfügen. Über die Verwendung des Inhalts der Familienspeicher entscheidet ausschließlich das Gehöftoberhaupt. Nur er hat das Recht, den Speicher zu öffnen bzw. öffnen zu lassen, und die Pflicht, jeder Frau die ihr zustehende Portion Hirse zuzuteilen. Solange das Gehöftoberhaupt dazu in der Lage ist und noch keine größeren Knaben im Gehöft vorhanden sind, steigt das Gehöftoberhaupt selbst in die Speicher. Sind aber größere Knaben vorhanden, beauftragt er einen davon, in den Speicher zu klettern, und läßt sich von ihm die Hirse in einer Kalebassenschale herausreichen, um sie den Frauen zuzuteilen. Ich habe nie gesehen, daß ein Mädchen in einen Speicher eingestiegen ist. Außerdem ist es dem ältesten Sohn des Gehöftoberhaupts verboten, in den Speicher hineinzusteigen. Dieses Verbot ist wohl in einem Zusammenhang mit dem Verbot zu sehen, das den ältesten Sohn vom gemeinsamen Mahl mit dem Vater ausschließt, dessen möglicher Nachfolger er ist. Vielleicht dienen die Verbote dazu, jeden Verdacht und jeden Anlaß auszuschließen, daß der Sohn dem Vater die Position streitig machen könnte.

In der bei den Moba noch immer häufig vorkommenden polygamen Ehe hat die »diensthabende« Frau für ihren Mann zu kochen. Hiermit ist die Frau gemeint, die nachts das Lager mit dem Mann teilt. In der polygamen Ehe ist genau festgelegt, welche Frau wann das Recht hat, nachts bei ihrem Mann zu sein. Diese Frau kocht dann auch für ihn. Das ist ein Vorrecht, das sich keine Frau nehmen läßt. Wenn sich die Frauen gut verstehen, kocht die »diensthabende« Frau auch für alle anderen Frauen und die Kinder ihres Mannes.

Ein wichtiges Problem ist die Wasserversorgung. Im Busch erfolgt die Wasserversorgung vorwiegend aus Teichen oder Bächen, die in der Trockenzeit fast ganz ausgetrocknet sind. Etwas Wasser findet sich eigentlich meistens noch irgendwo, wenn es auch für unsere Begriffe nicht gerade immer appetitlich ist. Eigentlich müßte es vor dem Gebrauch gefiltert und abgekocht werden, das aber tut normalerweise kein Moba, sondern das Wasser wird so verwendet, wie es geschöpft wird. Erfreulicherweise werden in neuerer Zeit Brunnen häufiger, welche hygienischen Anforderungen besser entsprechen und in der Nähe der Gehöfte angelegt werden. Das erleichtert den Frauen die Arbeit erheblich, denn eine vierköpfige Familie benötigt nach einer Erhebung von Elisabeth Saucourt 136 Liter Wasser pro Tag, nämlich 20 Liter zum Kochen, 12 Liter Trinkwasser, 24 Liter für die Geschirrwäsche und 80 Liter Waschwasser. Das Wasser wird in Töpfen transportiert, die etwa 18 Liter fassen[5]. Das bedeutet, daß die Frau achtmal den Weg zur Wasserstelle zurücklegen muß, um den Wasserbedarf der Familie zu decken. Wenn die Wasserstelle nur 1,5 km vom Gehöft entfernt ist, muß die Frau täglich 24 Kilometer zurücklegen, nur um das erforderliche Wasser herbeizuschaffen. Schon die kleinen Mädchen helfen ihren Müttern, in kleineren Töpfen Wasser auf dem Kopf nach Hause zu tragen. Dies entlastet die Mutter etwas und kann ihr nach und nach ganze Wege ersparen.

Für das Trinken wurden bisher keine festgesetzten Zeiten beobachtet. Außer zu den Mahlzeiten trinkt man, wann immer man Durst hat.

Eine wichtige soziale Funktion haben Märkte. Der Markt ist nicht nur der Platz, an dem man sich das besorgt, was man nicht selbst herstellt oder nicht selbst hat, also der Ort, an dem Waren und Güter verkauft oder ausgetauscht werden, sondern Markt ist auch ein Platz der sozialen Kommunikation. Man erfährt dort Neuigkeiten und gibt seinerseits Wissenswertes weiter. Der Lokalhandel ist auf den Märkten fast ganz in Händen der Frauen, die das Marktbild auch beherrschen[6]. Die Frauen bieten das an, was sie auf ihren Individualfeldern produzieren oder was sie mit ihrer Hände Arbeit herstellen (Flechtwaren, Keramik, Kalebassenschalen). Einige Frauen verkaufen auch Speisen und Getränke. Man kann in Fett gesottene Kuchen verschiedenster Art aus Hirsemehl, Maismehl oder Bohnenmehl, Erdnußgebäck, geröstete Yamsstücke und ähnliches zum Verzehr erwerben. Andere Frauen brauen Hirsebier, um es auf dem Markt feilzubieten. Sie gehen unter Umständen kilometerweit mit einem großen Topf Hirsebier auf dem Kopf dorthin[7]. Auf dem Markt gibt es eine besondere Ecke mit Schattendächern[8], unter denen sich die Frauen mit dem Hirsebier niederlassen, um es kalebassenweise zu verkaufen.

Kunden für Speisen und Getränke sind auf dem Markt in erster Linie die Männer. Selbstverständlich kommen auch Frauen als Kundinnen in Betracht, aber die meisten Frauen bringen sich selbst etwas zu essen mit, oder sie bekommen von den Nachbarinnen etwas, aber Käufer sind fast ausschließlich die Männer. Wenn Freunde oder gute Bekannte einander auf dem Markt treffen, spricht bestimmt einer eine Einladung zum Hirsebier aus. Man setzt sich dann unter das Schattendach, trinkt und plaudert dort im Kühlen, andere Bekannte kommen bald hinzu, wenn ein Mann einem Freund einen ganzen Topf Hirsebier spendiert. Auch auf dem Markt ist es üblich, von Speisen und Getränken etwas als Opfer für die Ahnen und/oder die Geister des Ortes auf den Boden zu werfen oder zu gießen.

Besonderer Erwähnung bedarf die Verteilung der Jagdbeute. Dabei geht es nicht um einen erlegten Vogel oder einen Hasen, sondern in erster Linie um größere Tiere wie z. B. Antilopen – ein Ereignis, das nur noch selten eintritt. Wenn aber ein solches Tier erlegt wurde, dann muß die Jagdbeute in bestimmter Weise aufgeteilt werden. Der Erdherr, der Priester der Erde, bekommt den Kopf (mit den Hörnern), den linken Hinterlauf, die Leber, den Magen, die Lunge, die Bauchlappen und das Mittelteil der Brust, ferner ein Stück Fell. Der Häuptling des Dorfes bekommt etwas Fleisch. Der Vater des Jägers hat Anspruch auf den rechten Hinterlauf und ißt ihn gemeinsam mit dem Jäger und seiner Familie. Lebt der Vater nicht mehr, so bekommt der Jäger selbst diesen Hinterlauf. Dem Jäger stehen das Herz und das Fell des Tieres zu. Das Fell eines Löwen oder eines Leoparden muß allerdings dem Häuptling oder dem Erdherrn übergeben werden, denn diese Felle sind Symbole der Herrschaft, mit denen sich kein anderer schmücken darf. Der Rest des Fleisches wird innerhalb des Gehöftes verteilt. Bei einem sehr großen Tier (Elefant, Büffel) mag die Verteilung über diesen kleinsten Verwandtschaftsverband hinausgegangen sein, aber hierüber habe ich keine Angaben. Diese Verteilung der Jagdbeute wie auch bestimmte Jagdrituale und Glaubensvorstellungen, die sich auf den Busch beziehen, das heißt genau gesagt auf das nichtkultivierte Land, sind zweifellos Reste einer früheren Jägerkultur. Wenn wir das Sammeln wildwachsender Pflanzen, Blätter, Früchte usw. einbeziehen, können wir sogar von Resten einer alten Wildbeuterkultur sprechen.

Eingangs wurde erwähnt, daß Fleisch von Haustieren normalerweise nur bei Opfern gegessen wird. Auch hierzu sind für unser Thema einige Angaben wünschenswert. Am wichtigsten sind die Opfer am Erdaltar, am Ahnenaltar der Lineage[9], am Ahnenaltar des Gehöftes und bei Totenfesten. Bei den Opfern am Erdaltar und an den Ahnenaltären sind Frauen nicht zugegen. Sie sind bei diesen Opfern nicht zugelassen, denn sie würden das Opfer unter Umständen unwirksam machen. Sie könnten, so wird gelegentlich argumentiert, gerade ihre Periode haben. Damit wären sie unrein und das Opfer würde »verdorben«.

Bei Totenfesten sind die Frauen dagegen selbstverständlich beim Opfer zugegen. Dabei wird auch nicht an einem Altar geopfert. Die Opfer für die Toten finden vielmehr vor dem Gehöft oder im Hof des Gehöftes statt[10]. Der Tote wird angerufen und das Tier geschlachtet. Das Blut fließt irgendwo auf den Boden. Ich habe jedenfalls nicht festgestellt, daß es sich um eine bestimmte Stelle handelt. Eines dieser Opfer findet bald nach dem Eintritt des Todes statt, bevor der Tote zum Friedhof gebracht wird. Nach einer gewissen Zeit muß ein zweites Totenfest veranstaltet werden, damit die Seele des Abgeschiedenen ins Jenseits gelangen kann und sich nicht mehr beim Gehöft und somit bei den Lebenden aufhält, die durch seine Gegenwart nur beunruhigt werden könnten. Gerade bei diesem zweiten Totenfest werden viele Opfertiere geschlachtet, denn aus solchem Anlaß müssen beispielsweise die Ehemänner aller Frauen, die aus dem Trauergehöft stammen, Opfertiere liefern. Es gibt viel Fleisch, das unter die Anwesenden verteilt wird. Ferner stehen große Mengen Hirsebrei und Hirsebier bereit. Beides wird zum Opfer und zur Bewirtung der Trauergäste benötigt. Wenn ein Fremder an einem Totenfest teilnimmt, bekommt auch er selbstverständlich seinen Anteil.

Bei Opfern an den Erdaltären oder am Ahnenaltar der Lineage darf am Opfermahl nur derjenige teilnehmen, der mit seinen Nachbarn in Frieden lebt. Ein Häuptling sagte mir einmal: »Wer nicht mit offenem Herzen kommt, der wird sterben.« Zu ergänzen ist: wenn er dennoch vom Opfermahl genießt. Er kann wohl anwesend sein, aber er darf sich am Mahl nicht beteiligen. Man achtet darauf, daß zerstrittene Alte sich vor der Zeremonie aussöhnen. Wenn das nicht gelingt, dann wird meistens derjenige, der als zweiter kommt, wieder nach Hause gehen, wenn er sieht, daß sein Kontrahent schon zugegen ist. Der Häuptling sagte mir ferner, daß Alte nicht lügen können. Keiner würde bei einem Opfer bleiben, wenn er auf einen anderen Anwesenden vielleicht einen geheimen Groll hat, denn »wer alt ist, ist offenen Herzens«. Alte Männer sind meistens bereit, sich mit anderen Alten zu versöhnen. Daher werden eventuelle Streitereien zwischen ihnen vor der Teilnahme am Opfermahl beigelegt. Die beiden versöhnen sich erforderlichenfalls angesichts des Altars. Junge Männer und Knaben dürfen beim Opfer zugegen sein und erhalten ihren Teil vom Opferfleisch. Frauen sind, wie erwähnt, ausgeschlossen.

Bei einem Opfer wird zunächst etwas in Wasser gelöstes Hirsemehl über den Altar gegossen. Dabei erfolgt eine erste Anrufung. Als nächstes wird ein Huhn geopfert. Aus der Lage des verendeten Huhnes sieht man, ob das Opfer angenommen ist oder nicht. Man schneidet dem Huhn die Gurgel durch, läßt etwas Blut über den Altar laufen und wirft das Huhn zur Seite. Verendet das Huhn auf dem Rücken, ist das Opfer angenommen, verendet es auf der Brust, wird jedes Opfer sofort abgebrochen, und die Alten gehen nach Hause. Der Opferer begibt sich zum Wahrsager, um herauszufinden, warum das Opfer nicht angenommen worden ist. Im allgemeinen wird eine Verfehlung festgestellt werden, die durch Sühneopfer bereinigt werden muß. Erst im Anschluß an die Sühneopfer können die Alten das ursprünglich vorgesehene Opfer bringen. Bei diesem zweiten Versuch wird das Huhn wohl auf dem Rücken verenden, und damit wird das Opfer angenommen. Nach dem Huhn wird vielleicht ein weiteres Tier geschlachtet, je nachdem, was der Wahrsager gesagt hat oder je nach dem Anlaß des Opfers. Vielleicht wird nach einer guten Ernte ein Schaf oder eine Ziege geschlachtet, in bestimmten Clans auch ein Hund. Dieses Opfer wird ebenfalls vollzogen, indem die Gurgel des Tieres durchschnitten wird. Das Blut läßt man über den Altar fließen. Während dies geschieht, wird das zuvor geopferte Huhn von den jungen Männern beiseite genommen, gerupft und ausgenommen. Ein Feuer wird entzündet, das Huhn wird gebraten und danach auch das größere Tier. Diese Opfer geschehen normalerweise in der Trockenzeit, zumindest zu einem Zeitpunkt, an dem es nicht gerade regnet. Zwischen und nach den Tieropfern werden Libationen mit Hirsebier über dem Altar dargebracht. Schließlich wird auch etwas von dem mitgebrachten Hirsebrei auf den Altar gelegt. Wenn die Opfertiere gebraten sind, kommt etwas Fleisch und vor allem ein Stück Leber auf den Altar. All das ist für die immer wieder angesprochene übernatürliche Macht[11] gedacht, die an dem Altar verehrt wird. Mit diesen Opfern werden die Seelen der Opfergaben und -tiere dieser übernatürlichen Macht übergeben. Untersuchungen über den sehr komplizierten Mechanismus des Opfers haben ergeben, daß vor allem das Blut über den Altar fließen muß, denn im Blut sitzt die Lebenskraft[12]. Erst wenn auch von den zubereiteten Opfern Fleisch und Leber auf den Altar gelegt worden sind, setzen sich die Anwesenden zusammen und genießen das Opfermahl. Jeder, der zugegen ist, bekommt etwas von den Opferspeisen. Während des Mahles sitzen die Alten beieinander. Die jüngeren Männer und anwesende Knaben halten sich etwas abseits. –

Essen und Trinken ist bei diesem nordtogolesischen Savannenpflanzervolk – wie übrigens auch bei allen seinen Nachbarn – offenkundig ein sozialer Akt, dessen Bedeutung gar nicht überbewertet werden kann. Wenn auch die Zusammensetzung der Eßgemeinschaften bei unterschiedlichen Anlässen unterschiedlich ist, stets finden sich mehrere Menschen zusammen, um gemeinsam zu essen und zu trinken. Aus der Sicht unserer eigenen Kultur ist dabei vielleicht am auffälligsten, daß Männer und Frauen nicht gemeinsam essen[13]. Ferner sollte beachtet werden, daß die Gelegenheiten gemeinsamen Essens, die hier vorgestellt wurden, sich nicht sonderlich von den Anlässen unterscheiden, die auch bei uns durchaus nicht ungewöhnlich sind. Abgesehen von den normalen Mahlzeiten sind dies besonders gestaltete Gastmahle (Fleisch!), Marktbesuche mit Einladungen, die bei uns etwa Kaffeehaus- oder Gastwirtschaftsbesuchen entsprechen, Totenfest und sonstige kultische Mahle, zu denen es bei uns den Leichenschmaus, das Abendmahl und neuerdings gemeinsame Mahlzeiten am Ostermorgen oder bei kirchlichen Gemeindefesten als Parallelen gibt. Freilich ist die Zusammensetzung der Eßgemeinschaften bei den Moba und bei uns unterschiedlich, dies ist aber kulturbedingt.

## *Anmerkungen*

[1] Vgl. z. B. H.-D. Ortlieb: Von den menschheitsgefährdenden Auswirkungen der Menschlichkeit. In: Sozioökonomische Aspekte von Tropenkrankheiten in Afrika. Herausgegeben von Hans-Harald Schumacher und Heinz-Dietrich Ortlieb. Hamburg 1981, S. 142–144.

[2] Genaue Zahlen jüngeren Datums liegen mir nicht vor.

[3] Vgl. J.-C. Froelich: Les Konkomba, les Moba, les Dyé. In Froelich, J.-C., P. Alexandre et R. Cornevin: Les Populations du Nord-Togo. Paris 1963, S. 128 f.

[4] Vgl. J. Zwernemann: Die Kleingruppe in völkerkundlicher Sicht. In: Matreier Gespräche. Maske – Mode – Kleingruppe. Beiträge zur interdisziplinären Kulturforschung. Herausgegeben vom Institut für Vergleichende Verhaltensforschung der Österreichischen Akademie der Wissenschaften. Wien und München 1981, S. 145 ff.

[5] Elisabeth Saucourt: La Vie de la Femme Moba. Maison Familiale de Dapango. 1965, S. 14 f. (vervielfältigtes Ms).

[6] Hinzu kommen Handwerker (Schmiede, Lederarbeiter, Weber) aus dem Nahbereich und Händler fremder Herkunft, die den Fernhandel betreiben, auch mit europäischen und ostasiatischen Waren.

[7] Zum Marktbesuch werden ohne weiteres Entfernungen bis zu 20 Kilometern mit derartigen Lasten zurückgelegt.

[8] Über in den Erdboden eingelassene Pfosten sind einige Knüppel gelegt, auf denen eine kräftige Lage Hirsestroh oder Gras ruht.

[9] Vgl. J. Zwernemann, a. a. O., S. 147 f. – Der Erdaltar ist der Platz, an dem die Erde als Gottheit verehrt wird. Die Erde wird sowohl global als auch lokal aufgefaßt. Der Kult gilt allerdings der lokalen Erde, das heißt der Erde, die den Kultbezirk umfaßt, an dessen Altar geopfert wird. Die Erde ist zwar personifiziert gedacht, nicht aber anthropomorph. Irgendeine Vorstellung von einer speziellen Gestalt der Erdgottheit habe ich nicht festgestellt. – Am Ahnenaltar der Lineage werden nicht nur der Lineagegründer und seine Nachfolger als Lineageälteste verehrt, sondern das Kollektiv der Ahnen dieses Verwandtschaftsverbandes. Ebenso werden an einem Gehöftaltar nicht nur die verstorbenen Gehöftoberhäupter verehrt, sondern alle Ahnen des Gehöftes, auch die, die nicht Gehöftoberhäupter waren.

[10] Wenn eine Frau gestorben ist, opfert man auch auf dem Weg, der in ihr Heimatdorf führt.

[11] Hiermit sind in unserem Beispiel die Erde oder die Ahnen gemeint. Es gibt aber noch eine große Anzahl anderer übernatürlicher Mächte, auf die einzugehen hier nicht der Ort ist. Jede dieser Mächte ist namentlich bekannt und hat ihren Altar.

[12] Vgl. z. B. Marcel Griaule, Remarques sur le Mécanisme du Sacrifice Dogon. In: Journal de la Société des Africanistes. Vol. X, Paris 1940, S. 127–129.

[13] Dies bezieht sich auf das bäuerliche Milieu. In der Stadt wird die Trennung der Geschlechter bei den Mahlzeiten nicht unbedingt streng eingehalten.